北京大学震旦古代文明研究中心学术丛书之二十七

从百越土著到南岛海洋文化

吴春明　著

文物出版社

北京·2012

封面设计　张希广

责任印制　陈　杰

责任编辑　黄　曲

图书在版编目（CIP）数据

从百越土著到南岛海洋文化／吴春明著.—北京：文物出版社，2012.12

（北京大学震旦古代文明研究中心学术丛书）

ISBN 978-7-5010-3644-8

Ⅰ.从… Ⅱ.吴… Ⅲ.①百越－民族文化－中国－文集
②海洋－文化－南岛－文集 Ⅳ.①K289－53②P7－53

中国版本图书馆 CIP 数据核字（2012）第 295065 号

从百越土著到南岛海洋文化

吴春明　著

＊

文 物 出 版 社 出 版 发 行

（北京市东直门内北小街 2 号楼）

http://www.wenwu.com

E-mail：web@wenwu.com

北京中达兴雅印刷有限公司印刷

新 华 书 店 经 销

787×1092　1/16　印张：26.75

2012 年 12 月第 1 版　2012 年 12 月第 1 次印刷

ISBN 978-7-5010-3644-8　定价：148.00 元

Aurora Centre for Study of Ancient Civilizations, Peking University
Publication Series, No. 27

The Maritime Cultural Interaction between Indigenous *Yue* and Austronesian

Wu Chunming

Cultural Relics Press

Beijing · 2012

序

严文明

中国不但有辽阔的陆地面积，还有几百万平方千米的海疆，历来在开发海洋和发展海外交通的事业中做出了很大的贡献，而最早起步的是先秦的东夷和百越的祖先们。东夷祖先入海的路线是比较明确的，那就是从山东半岛经过渤海与黄海分界线的庙岛群岛到辽东半岛，此后更延伸到朝鲜半岛和日本列岛，对朝鲜和日本社会的发展起到了非常积极的作用。而百越文化及其历史作用的研究则要复杂和困难得多。

"百越"一名是战国、秦汉时期对今中国东南沿海及中南半岛一带非华夏居民的称呼。这些越人喜欢住干栏式房屋，流行平地葬或悬棺葬，有披发文身、穿树皮布衣服、拔牙、喜吃蛇蛤和崇拜蛇鸟等风俗，特别是善于操舟水行，都是与华夏民族大不相同的。但越人并非一个严格意义上的民族实体，而是各有种姓，分布地域甚广，地区之间也有许多差别，故谓之"百越"。

历史上关于百越及其先民的记载几乎都出自华夏民族，资料零散又不甚确切，有时甚至带有偏见。要恢复百越及其先民与后续子孙的历史，需要靠文化人类学、体质人类学、考古学、民俗学和语言学等多种学科的共同努力。在这方面做出最大成绩的，当推厦门大学的林惠祥先生和他的学术继承人。

林先生有很好的文化人类学和考古学功底，早在20世纪30年代初期开始，就曾经在台湾、福建和菲律宾、马来西亚等地广泛地从事民族学和考古学的调查，伴随有少量的考古发掘，并且把民族学和考古学研究紧密地结合起来。他视野开阔，不是局限于百越或东南沿海土著文化的研究，而是把东南沿海与东南亚联系起来，首次提出"亚洲东南海洋地带"的概念。之后，凌纯声先生主要通过民族学的研究，提出"亚洲地中海文化圈"的概念，与林惠祥先生相呼应。由于当时考古学还没有得到充分的发展，有关研究的深度和广度自然会受到一定的局限。所幸林先生开辟的学术路线在厦门大学得到了很好的继承和发展。

　　我在学生时代就拜读过林先生一些著作，十分仰慕他的学识。他关于有段石锛的分析曾给我很深的印象。那时曾有一位新西兰的年轻学者杜夫访问北京大学，历史系请他做学术报告。他一开头就说：我到中国来是要寻找毛利人的祖先，因为毛利人普遍使用有段石锛，中国东南史前文化中就有许多有段石锛；毛利人的房屋和衣服上的装饰跟中国商周器物上的花纹也很相似。其实他讲的有段石锛不只是毛利人用，东南亚和太平洋上许多岛屿上的居民也用。那时我就想到中国东南沿海的古代居民也许真的与太平洋上的岛民存在某种文化上的联系。后来读到一些学者关于南岛语族起源的论述，有的径直把太平洋上岛民文化的起源追溯到中国东南沿海。例如张光直就认为南岛语族的祖先应是分布在台湾与福建沿海的大坌坑文化创造者。我曾经到大坌坑遗址和出土过所谓大坌坑文化遗存的台北圆山和芝山岩等遗址考察过，那都是一些很小的遗址，出土遗物不多，没有一件可以复原的陶器，难以准确把握其文化特征。所以他所画文化分布的范围也不确定，有时把广东沿海也画进去了，同时又强调闽台是第一起源地。澳大利亚国立大学的贝尔伍德也认为南岛语族起源于闽台地区，并且像海浪一样一波一波地向东面的太平洋扩张。这些都有一定道理，但总觉得把起源地过分集中到一个很小的地区，证据不够充分。首先依赖语言学的所谓原语言研究来探索民族文化的起源也不甚恰当。本书作者吴春明则别开生面，在继承林惠祥等先生研究的基础上，以考古学研究为出发点，同时注重民族学、民俗学、语言学和体质人类学等的研究成果，把百越和南岛语族的研究结合起来，提出百越—南岛一体化的主张，是很有见地的。

　　吴春明教授关于百越和南岛语族的论述甚多，本书将其汇集在一起，分为四编：第一编讨论南岛语族的起源问题；第二编研究百越民族的历史与考古，重点在用民族考古的方法进行华南民族史与文化史的重建；第三编是关于百越—南岛海洋文化中一些具有鲜明特色的个案的研究；第四编主要是讨论华夏文化的南渐与东南土著文化的变迁，重点在发掘土著文化的基础。全书大致构成一个完整的系统，内容十分丰富。这里不拟进行全面的评述，只想就第一编和第三编讨论的问题谈一点粗浅的看法。

　　第一编首先从万年前后亚洲东南海洋地带文化特征的分析开始，力图弄清楚南岛语族文化的源头。他认为万年前后在华南的洞穴遗址和东南亚和平文化中普遍存在的介壳堆积里，"带穿孔、磨刃并不同程度共出小石片石器的遗存，乃是与当地旧石器时代砾石石器文化的传统一脉相承的，是砾石石器工业发展的新阶段"。而且正是这个新阶段孕育了亚洲东南海洋地带新石器时代定居、农耕文化的代表性因素。这就是说，在整个华南和东南亚海洋地带，从旧石器时代起，经中石器时代到新石器时代，主要是自身的发展和演变，而不是传播、征服与替代。他在这个认识的基础上对以往南岛语族起源研究中出现的"太平洋群岛说"、"东南亚群岛说"、"中南半岛说"和"华南大陆说"等一一作了评述。特别对近年来影响较大的"闽台起源说"发表了不同意见，认为它

"忽视了东南土著文化的统一性"，又"割裂了东南土著文化发展的连续性"。他在本书中除了比较详细地研究了大陆东南包括台湾的史前与历史时期文化的发展，还用专门的章节研究了菲律宾史前文化与华南的关系，研究了越南红河下游新石器时代文化与东山文化等问题。因此，他的结论应该是建立在可信的基础之上的。不过，由于这一广大地区的考古工作不很充分也很不平衡，因此并不排除今后会有更加细致和更加明确的分析。至于太平洋三大群岛上的居民，应该是较晚时期逐步迁移过去的。

第三编中对树皮布、边架船、裸体文身和台湾原住民始祖神化等的研究都十分精彩。

一般认为中国古代的衣着主要是丝麻织品，其实这只是华夏民族的情况。北方的少数民族很多是衣皮毛，东北个别民族更有以鱼皮为衣的，历史上称为"鱼皮部"。西北较早有毛织物，而东南沿海则流行树皮布的服饰。后来广泛流行的棉织品只是很晚才从印度传入我国的。所谓树皮布乃是用具有较好韧性纤维的树皮经过拍打等工艺而制成的一种无纺布。中国古代文献中很早就提到这种树皮布，只是过于简略。民族学家则有比较详细的描述。其流行范围广布于太平洋上的美拉尼西亚和波利尼西亚群岛等地，在东南亚的印度尼西亚、马来西亚、越南、泰国，中国的台湾、海南岛和云南西双版纳也多有发现。这些地方正是古百越和南岛语族分布的区域。基于对树皮布制作工艺中广泛使用拍打工具的认识，考古学者陆续在东南亚的菲律宾、印度尼西亚、越南、泰国和华南的台湾、福建、广东等地的新石器时代和早期历史时代的遗址中，发现了许多刻槽的石拍，认为就是制作树皮布的工具。香港中文大学的邓聪教授认为最早的石拍出于环珠江口，距今约 6000 ~ 5000 年；之后向南传播到越南北部的冯源文化，距今约 4000 ~ 3500 年；距今 3500 年前后到了泰国和马来半岛，之后再到达中国台湾和菲律宾。太平洋岛上最早的树皮布木拍出自法属社会群岛，距今 1100 ~ 700 年。我相信今后随着考古工作的进展，这个年表一定会有所修正。但它反映的大致趋势应该是符合实际的。正如本书作者所说："树皮打布石拍的发现与编年研究，不但从考古实物资料的角度再现了华南、东南亚土著树皮布文化的内涵，而且石拍的编年所反映的树皮布文化的华南起源、东南亚和太平洋群岛传播扩散，还印证了华南百越先民与太平洋南岛语族的民族关系史。"

人们都知道百越先民和南岛语族都善于乘舟水行，在近岸的地方普通舟船甚至竹木筏即可充用；如果远洋航行，在原始技术的条件下，怎样才可能实行呢？人类学家很早就注意到太平洋岛民经常使用一种叫做边架艇或边架帆船的交通工具。就是凿一个独木舟，在其一边或两边做一浮架，使独木舟不易倾覆。如果远航，还必须有风帆以解决动力问题，单靠人力是难以持久的。尽管这样的船在太平洋各岛之间往来非常适用，但最初究竟是什么人在什么地方首先使用或发明的，却是一个不易解决的难题。人类学家在调查中发现：双边架艇主要分布于印尼群岛和美拉尼西亚及其附近，范围较小；而单边架艇几乎分布于南岛语族的全部领域，太平洋东部的密克罗尼西亚和波利尼西亚更只有单边架艇。一般认为单边架艇航海性能优于双边架艇，因而推测印尼—美拉尼西亚一带居民较早使用双边架艇，在向东部的密克罗尼西亚和波利尼西亚扩展的过程中才加以改进为单边架艇。这与南岛语族自西向东扩展的假说相一致。但印尼等地发现的双边架艇年代并不早，无法与百越—南岛语族走向海洋的历史相联系。吴春明注意到 2001 年在浙江萧山跨湖桥遗址发现的独木舟，旁边还有许多长短和横竖不一的木料，应该是边架的设施，不远处遗留的竹席残片可能就是船帆。如果这个判断不错，它就是迄今所知最早的带帆边架艇，因为其年代为距今 8200～7500 年！不但如此，他还注意到在华南各地周汉时期遗存中发现的独木舟，上面的穿孔也可能是安装边架用的，可见跨湖桥的边架独木舟并不是孤立的。他还特别调查了贵州台江施洞的龙舟——子母船，这种船虽然不用帆，功能也和普通边架艇不同，但其形状和结构却和双边架艇十分相似。因此，他推测施洞子母船应该是百越先民曾经使用过的边架独木舟的活化石，是"太平洋南岛语族边架艇独木舟的逻辑原型"。这使我想起 20 世纪 50 年代以前在洞庭湖和鄱阳湖上航行的宏船。那是一种挂着双帆的大船，能够乘四五十人，有船篷可以遮风避雨。值得注意的是船的两边各有一个"腰划子"，很窄很长像独木舟但不是独木舟，用横木与大船连接而略高于大船，与大船相距约半米左右。平时悬空不着水面，但在很多情况下，大船因风向关系是侧身航行的。这时一边的"腰划子"就贴到水面而起到平衡的作用，使大船不致倾覆。因风向的不同，大船会向左侧或向右侧，两边的"腰划子"可以轮流使用，但从不会也不可能同时贴水航行。我想这比施洞龙舟更像双边架艇的形状和结构，而且有帆，功能也是远航，更像是双边架艇的发展形态，是百越先民曾经使用过的边架独木舟的活化石。这样在华南地区就有从 8000 年前直到现代可能用于航海的边架帆船的实物标本或改进型的活化石，相信以后的考古发现会把这一残缺不全的发展链条逐步连接起来。

　　吴春明的著作内容十分丰富，这里不可能一一加以评述，仅就部分内容谈了一点个人的看法。最后我想要强调的是，关于古代百越与南岛语族海洋文化历史的研究，是一个非常重要的国际性课题，相关部门应该给予足够的重视。而研究这一课题的学者又需要有考古学、人类学、语言学乃至航海知识等方面的修养，充分掌握国内外研究的历史与现状。吴春明正是具备了这些基本条件和学术素养，才能写出这部高水平的著作。希望在此基础上继续努力，今后做出更大的贡献！

"环中国海"海洋文化圈的土著
生成与汉人传承论纲[*]

（代自序）

以中国东南沿海为中心的"环中国海"是古代世界海洋文化繁荣发展的主要区域之一，"环中国海"的视野克服了以王朝"正史"为核心的传统"中国历史"框架下的错误海洋观。传统史学以中原遥望四方、从陆地鸟瞰海洋的"中心"自居，代表了以农耕文化为基础的古代帝国的话语，忽视了中国古代文化大陆性与海洋性二元共存的史实，造成海洋文明史认识上的"边缘"、"附庸"和"汉人中心论"的偏颇，无法捕捉到"海洋世界"的真实历史及其人文价值。以几何印纹陶遗存为核心的中国东南史前、上古考古学文化，与东南亚、大洋洲土著人文关系密切，代表了"善于用舟"的"百越—南岛"土著先民文化传播、融合的海洋性人文空间，明显区别于北方华夏的大陆性文化体系，是失忆于汉文史籍的环中国海海洋人文土著生成的考古证据。汉唐以来，"环中国海"成为世界海洋商路网络中最繁忙的段落，被看为"海上丝绸之路"、"陶瓷之路"、"香料之路"、"香瓷之路"、"茶叶之路"的起点，从海洋族群变迁、东南港市发展与基层海洋人文的土著特征看，被传统史学誉为"汉人主导"的"大航海时代"实际上是对史前、上古东南土著海洋文化内涵的传承与发展。

一 "环中国海海洋文化圈"的说法

"环中国海海洋文化圈"的提出，试图突破海洋文化研究中陆地国别隔膜的跨界海洋文化视野，突破建立在中原农耕文化基础上的古代中原北方帝国话语、王朝"正史"

* 教育部哲学社会科学研究重大课题攻关项目"中国海洋文明史研究"（2009JZD0015）成果之一，原文刊于《复旦学报》（社会科学版）2011年1期。

特征的"中国历史"框架下的海洋观偏颇。① "环中国海"是指以中国东南沿海为中心的古代海洋文化繁荣发达地带，包括我国东南沿海及东南亚半岛的陆缘地带、日本、中国台湾、菲律宾、印尼等岛弧及相邻的海域。古代"环中国海"海洋社会经济文化实践，截然不同于以黄河、长江干流流域农耕文化为中心的大陆性社会经济文化史，后者是传统史学上"中国古代文明"的核心内涵。

在"环中国海"海洋文化圈中，自史前到上古（先秦两汉）时期的百越土著先民就曾扬帆海洋，成为东南亚、太平洋群岛"南岛语族"的直系祖先，"百越—南岛"共同体是"环中国海"海洋文化的奠基者。② 唐宋以来，以中国东南沿海为中心的历代船家，扬帆东洋、北洋、西洋、南洋之"四洋"海域，再次形成一个实际上超越国别、曾经驰骋于太平洋与印度洋之间广阔海域的巨大航海文化圈。在古代"中国—四方"民族文化体系中，"中国"的客观主体是华夏的夏商周和汉人的汉唐宋明，中华民族"多元一体"的核心是华夏、汉民族。如果说古代"华夏中国"是一个以中原为中心的大陆性文化体系，那么从史前上古的"百越—南岛"土著到汉唐以来的东南"汉人"船家文化，就形成了一个以中国东南沿海为中心的"环中国海"跨界地带的海洋性文化体系。

在当代学术中，中国古代文化的大陆性传统与海洋性传统的二元共存已成为共识，海洋文化本来就是当代中国行政区划范围内之古代文明的有机内涵。但是，囿于传统史学之"中国历史"框架所具有的鲜明的王朝"正史"色彩，曾造成对以东南沿海为中心的"环中国海"海洋文明史认识上的严重偏颇。一方面，古代中国文明的中心是农耕华夏所在的中原帝国，王朝"正史"氛围下的"中国历史"主旋律是站在中国（中原）遥望四方、高居华夏鸟瞰蛮夷，从史、汉到明清历史，历代汉文史籍的"春秋大义"都带有突出的中原华夏中心论。"四方万国"、"蛮夷"所述缺乏本民族自身的文献历史，多元文化在不同族群历史上的相继失忆，而在汉文史籍叙述中缺失或零星而偏颇。华夏"中国"视野下"东夷"、"南蛮"范畴中的环中国海地带的"百越—南岛"土著先民所创造的发达的海洋文化史，同样无法依据汉文史籍的"历史文献学"予以真实、客观的重建。另一方面，在华夏中原中心的制约下，传统史学与古代帝国话语下的"中国"海洋文明史的根本特点是，从大陆视角看海洋文化，以农夫心态书写船民、渔夫的历史。从夏商周到元明清，帝国社会与王朝政治的根基是大陆性的农耕文化，帝国历史的建构也是围绕着农耕社会的大陆性文化史，中国历代王朝的"正史"只能以

---

① 吴春明：《致读者》，载《环中国海沉船——中国古代帆船、船技与船货》，江西高校出版社 2003 年。
② 吴春明：《中国东南与太平洋的史前交通工具》，《南方文物》2008 年 2 期；《黔东南台江施洞子母船在太平洋文化史上的意义》，《贵州民族研究》2008 年 5 期。

农耕文化视角对待海洋社会经济。因此，从司马迁《史记》开始的历代正史，都主要是站在农耕文化的立场看"中国历史"，历史文本中海洋社会文化的话语很少，海洋文化史只是传统"中国历史"的边缘、附庸环节。能站在海洋文化的立场、客观对待海洋社会文化价值的论述更少，即便有也被大陆性文化史的浩瀚篇章所淹没。就是说，在传统史学的话语中，无法客观地再现海洋文化的真实情景与人文价值。

由于传统史学的学术惯性，当代学人在"中国海洋文明史"的重建中，也难于逃脱因传统史学之"华夏"、"中心"偏见所带来的对海洋文化的误解，从大陆看海洋的视野差别带来海洋空间认知上的错位，华夏、汉人中心主义立场带来文化主体与文化价值认知的失真。"环中国海海洋文化圈"是突破传统史学上海洋文化空间错位的有效概念工具，海洋文化的土著生成与汉人传承的论说，是在"环中国海海洋文化圈"概念基础上，力图突破农耕华夏为中心的、汉籍文献历史学为工具的传统史学之海洋观，弘扬"他文化历史学"的立场，通过环中国海海洋地带的民族学、考古学实践，发掘海洋性物质文化遗产（如历代沉船、船货与舶来品、港市与航路遗迹、海滨聚落与建筑形态等）、海洋性非物质文化遗产（如民间造船法式、航海技术、舟子秘本、海洋神灵、海洋民俗、船家社会形态等），钩沉、挖掘海洋族群失忆的海洋文化真实历史。

"环中国海海洋文化圈"的策源地是中国的东南地区，这里是中国古代历史与民族文化的一个重要而特殊的环节，是先秦两汉时期土著"百越"及其先民"善于用舟"的空间，又是唐宋元明以来东南沿海"汉人"主导的"大航海时代"的核心区域。面向海洋、面向外部世界的地理生态，塑造了东南文化的海洋、开放特性，海洋文化是东南人文亘古未变、一脉相承的本质特点。

二　中国东南土著与"亚洲东南海洋地带"

"东南"作为我国人文地理的一个传统区域，是在古代华夏话语下之"中国—四方万国"为特点的东亚民族文化框架内，基于以中原华夏为中心的"中国"视野，观察"非我族类"的"四方（东夷、南蛮、西戎、北狄）万国"而获得认知的，是华夏话语下的一个边缘"蛮夷"文化区。《尚书·禹贡第一》载："淮海惟扬州；……岛夷卉服，厥篚织贝，厥包橘柚，锡贡。沿于江海，达于淮泗。"① 《周礼·职方氏》载："东南曰扬州，其山镇曰会稽，其泽薮曰具区，其川三江，其浸五湖，其利金、锡、竹箭，其民二男五女，其畜宜鸟、兽；其谷宜稻。"② 《吕氏春秋》曰："东南为扬州，越

---

① ［汉］孔安国：《尚书》卷三"禹贡第一·夏书"。
② ［汉］郑玄：《周礼》卷八"夏官司马下"。

也"①，"扬汉之南，百越之际。"② 汉文史籍所载华夏视野中的东南民族，传说时代至夏代有"三苗"，商周时期有吴、越、瓯、粤、闽等诸蛮，东周以来又渐为于越、闽越、南越、东瓯（越）、西瓯（越）等不同支系的"百越"文化所取代，即《吕氏春秋》所谓"扬汉之南，百越之际"。秦汉以来，百越文化逐渐融合于汉文化之中，但也有部分越人逃避山里，形成东汉六朝的"山越"、唐宋时期的"峒蛮"、"峒僚"和明清以来的畲、瑶、黎等少数民族。③

考古学者很早就认识到以有段、有肩石器和印纹陶文化为代表的东南土著考古学文化的区域特殊性。早在 1914 年，当广东南海南越文王墓发掘出土了首批印纹陶资料后，就因其与夏商周秦考古发现中代表华夏文化系统的素面灰陶文化的截然不同而引起学术界的重视。1937 年，林惠祥教授调查发掘了福建武平的小径背史前遗址，并在"第三届远东史前学家大会"上宣读了武平研究报告，提出"武平式"史前文化不同于华北的看法。20 世纪 50 年代，林惠祥还在"武平式"概念的基础上，论述在我国新石器时代以有段石锛和印纹陶为特征的"东南区"是一个独立文化系统的看法，并提出这一考古学文化的创造者是古代"百越"及其先民，初步确立了考古学上东南区民族历史文化区的轮廓。④ 在 1978 年"江南地区印纹陶问题学术讨论会"上，与会者综合讨论了先秦两汉时期东南地区几何印纹陶遗存的分区、分期与文化关系等问题，确立了以印纹陶文化为代表的东南区土著民族文化体系即"东南区考古"在我国早期考古学文化区系类型中的地位。⑤

《越绝书·越绝外传·记地传》载："夫越性脆而愚，水行而山处，以船为车，以楫为马，往若飘风，去则难从。"⑥《淮南子·主术训》语："汤武圣主也，而不能与越人乘舲舟而浮于江湖。"⑦ "善于用舟"的东南百越土著及其先民是我国远古海洋文化的主要缔造者。考古学上对东南土著海洋文化的探索，就是率先从有段石锛、印纹陶等东南土著考古学文化特质在台湾、东南亚群岛乃至太平洋上的海洋"扩展"中得到启发的。作为我国考古学文化总谱系中特征性非常显著的一环，在东南印纹陶文化的发现与研究过程中，林惠祥、凌纯声、苏秉

① ［秦］吕不韦：《吕氏春秋》第十三卷 "有始览第一·有始。"

② ［秦］吕不韦：《吕氏春秋》第二十卷 "恃君览第八·恃君"。

③ 吴春明：《中国东南土著民族历史与文化的考古学观察》，第 6 页，厦门大学出版社 1999 年。

④ Lin Huixiang: A Neolithic Site in Wuping, Fukien. *The Proceedings of the Third Congress of the Far Eastern Prehistorians*, 1931, Singapore. 林惠祥：《福建武平县的新石器时代遗址》，《厦门大学学报》1956 年 4 期。《中国东南区新石器时代文化特征之一：有段石锛》，《考古学报》1958 年 3 期。

⑤ 文物编辑委员会：《文物集刊（3）》，文物出版社 1981 年。

⑥ ［汉］袁康：《越绝书》卷八 "越绝外传·记地传第十"。

⑦ ［汉］刘安：《淮南子》卷九 "主术训"。

琦等先生先后注意到东南早期古文化因海洋人文特质、海洋联系而区别于中原北方华夏的大陆性文化。

20 世纪 30 年代，林惠祥教授将中国东南、东南亚的史前土著文化称为"亚洲东南海洋地带"，这是现代学术文献中对"环中国海"土著海洋文化的首次考古学概括。他将台湾史前文化看成"祖国大陆东南一带的系统"，将这种同一性的原因归为大陆人文从海上"漂去"。在武平的研究报告中，他将印纹陶遗存的特殊存在作为东南文化与华北文化差异的考古表征，更将东南地区看成文化史上的"亚洲东南海洋地带"，并从具体的文化因素论证印纹陶文化在环中国东南海洋地带的空间分布特征，"武平的曲尺纹陶也见于马来半岛的陶器上，有段石锛见于台湾、南洋各地，武平也有，由此可见武平的石器时代文化与台湾、香港、南洋群岛颇有关系"。[①]

20 世纪 50 年代，凌纯声教授在《中国古代海洋文化与亚洲地中海》等文章中，将中国文化分成西部的"大陆文化"和东部的"海洋文化"两大类，他主要从原住民族史的角度将西部华夏农业文明推为大陆性文化的主流，将东部沿海蛮夷的渔猎文化推为海洋文化主体，即"亚洲地中海文化圈"，并以"珠贝、舟楫、文身"概括，区别于"金玉、车马、衣冠"的华夏大陆性文化。[②] 凌纯声的"亚洲地中海文化圈"，主要指中国的东海到南海间的水域，这是一个亚洲与澳洲之间、亚洲大陆东南与周邻岛群之间自远古以来就形成的文化交流、传播的纽带，是土著海洋文化一体化的熔炉，与林惠祥所说"亚洲东南海洋地带"指的是同一范畴。

1979 年，在南京举行的"长江下游新石器时代文化学术讨论会"上，苏秉琦先生也将我国早期古文化的关系格局划分为"面向海洋的东南部地区和面向亚洲大陆腹地的西北地区"两大部分，认为"从山东到广东，即差不多我国整个东南沿海地区"，"区别于和它们相对应的西北广大腹地诸原始文化"。[③] 就是说，东南早期土著是一个广义的海洋文化体系，是指面向海洋、取向海洋、与海洋发生直接或间接关系的东南地区早期土著民族文化群体。

随着东南亚、南太平洋群岛史前考古工作的不断推进，越来越多的证据表明这一地区原始文化的主要源头在中国大陆的东南沿海地区。至少自距今 30 万年的和县猿人开

① 林惠祥：《台湾番族之原始文化》，中研院社科所专刊第三号，1930 年。《台湾石器时代遗物的研究》，《厦门大学学报》1955 年 4 期。Lin Huixiang: A Neolithic Site in Wuping, Fukien. *The Proceedings of the Third Congress of the Far Eastern Prehistorians*, 1931, Singapore.

② 凌纯声：《中国古代海洋文化与亚洲地中海》，《海外杂志》1954 年 3 期，转引自《中国边疆民族与环太平洋文化》，台湾联经图书 1979 年。

③ 苏秉琦：《略谈我国东南沿海地区的新石器时代考古——在长江下游新石器时代文化学术讨论会上的一次发言提纲》，《文物》1978 年 3 期。

始,我国大陆东南的原始人类就开始不断迁徙东南亚、进而传播大洋洲,成为东南亚、大洋洲土著人类发生的重要来源,也开辟了东南土著人文的第一批海外"移民"。从这个意义上说,中国东南早期海洋人文实际上是从我国东南到东南亚、大洋洲广泛范围的土著海洋文化圈的一环,甚至是这个土著文化圈的策源地。进入新石器时代、青铜时代以来,东南土著仍不断远航东南亚、南太平洋群岛,成为东南亚、太平洋三大群岛"南岛语族"海洋人文的直系祖先,这是我国东南早期土著人文"海洋性"的最有力的注脚。①

　　史前时代东南土著的海洋扩散问题,林惠祥等学术前辈早在 20 世纪 30 年代起就已经作了初步的探索,他在论述人文区系上的"亚洲东南海洋地带"时,就从体质特征、人文习俗、考古文物等多方面论证南洋土著马来人是史前期蒙古利亚种海洋系自华南大陆南下东南亚后,与先住的尼格罗种、高加索种吠陀支混合而成的。20 世纪 50 年代起,凌纯声先生在论述"亚洲地中海文化圈"时,也说现在广泛分布于东南亚、大洋洲等地的土著"南岛语族"文化不仅限于中南半岛和印尼群岛,且在秦岭淮河一线以南、东起于海、西至滇缅的东亚大陆南部均可找到。张光直、贝尔伍德等所勾画的南岛先民自大陆东南(闽粤)沿海、通过台湾东南群岛、抵达太平洋群岛的迁徙路线,实际上是林惠祥、凌纯声理论的发展。②

　　总之,从考古学文化区系的角度界定的先秦、两汉东南土著文化,主要是以几何印纹陶遗存为核心的物质文化,区别于以素面灰陶遗存为核心的北方华夏系统文化,分别代表了东亚早期文化宏观分野中的海洋性与大陆性两大体系,东南早期土著以其鲜明的

---

① 张光直:《中国东南海岸考古与南岛语族起源问题》,《南方民族考古》第一辑,四川大学出版社 1987 年。Peter Bellwood, *Prehistory of the Indo-Malaysian Archipelago*, Honolulu: University of Hawaii Press, 1997. Patrick V. Kirch, *On the Road of the Winds: An Archaeological History of the Pacific Islands before European Contact*, Berkeley: University of California Press, 2000. Tianlong Jiao, edited, *Lost Maritime Cultures: China and the Pacific*, Honolulu: Bishop Museum Press, 2007. 吴春明:《南岛语族起源与华南民族考古》,《东南考古研究》第三辑,厦门大学出版社 2003 年。吴春明:《万年前后的亚洲东南海洋地带》,《浙江省文物考古研究所学刊》(第八辑)——纪念良渚遗址发现七十周年学术研讨会文集,科学出版社 2006 年。

② 林惠祥:《马来人与中国东南方人同源说》,原载 1938 年新加坡《星洲半月刊》。《福建民族的由来》,原载《福建生活》1947 年 1 期。《南洋马来族与华南古民族的关系》,载《厦门大学学报》(社科版)1958 年 1 期。《南洋民族的来源与分类》,载《学术论坛》1958 年 1 期。上述论文均参考《林惠祥人类学论著》,第 289～354 页,福建人民出版社 1981 年。凌纯声:《东南亚古文化研究发凡》,原载台湾《新生报》副刊"民族学研究专刊"第 3 期,1950 年 3 月 20 日。《中国古代海洋文化与亚洲地中海》,原载台湾《海外杂志》第 3 卷 10 期,1954 年。《太平洋上的中国远古文化》,原载台湾《大陆杂志》第 23 卷 11 期,1961 年。《中国史志上的小黑人》,原载台北"中央研究院院刊"第三辑,1956 年。《南洋土著与中国古代百越民族》,原载台湾《学术季刊》2 卷 3 期,1954 年。《中国边疆民族》,原载台湾《边疆文化论集》,1953 年。均转引自《中国边疆民族与环太平洋文化》(论文集),台湾联经图书 1979 年。

海洋人文性质而区别于北方华夏的大陆农耕文明。自远古至先秦、两汉，我国东南土著人文与东南亚、大洋洲土著人文间关系密切，是东亚地区土著种族、人文的一个相对独立的分区，分布于环东、南中国海的四周，构成一个土著文化传播、融合的海洋性的人文空间。在这个海洋文化发达的时空中，"百越—南岛"土著先民创造了人类历史上最古老的海洋文明之一，从南岛语族的空间扩散范围看，这个土著文化体系还曾是世界古史上扩散范围最广阔的海洋文明圈。只不过因"百越—南岛"缺乏本民族自身的文字历史，其数千年来发达的海洋文化史失忆于历史文本。在汉文史籍占据统治地位的传统中国王朝史学中，百越及其土著先民"善于用舟"的早期海洋文化史，只是在"中国"与"东南"的互动中，零星地、被动地出现在华夏、汉族主导的"汉文史籍"中。华夏、汉民对东南海洋历史的模糊、无知，也成为早期土著海洋文明史"缺失"以及海洋文明史上华夏、汉人"鸠占鹊巢"的原因。由于现代学术的传统史学烙印，在一般的航海史、海交史学者认识中，将"海洋文化"狭义地等同于汉唐、甚至唐宋以后"汉人"主导的"海上丝绸之路"、"海外交通史"、"大航海时代"、"海外贸易史"等，是现今"环中国海"海洋文化史学的最大缺憾。

三　从百越土著到"华南汉人"的海洋文化传承

汉唐以来、尤其是唐宋元明之间，以中国东南沿海为中心的"环中国海"再次成为世界海洋文化舞台上最活跃的区域，这一时空的海洋文化成就伴随着汉人"南迁"成为东南人文主体而比较详尽地见载于汉文史籍并为考古发现不同程度地证明。[①] 在海船技术方面，从汉晋时代就有分舱抗沉结构的东南早期海船，到唐宋以来的"四大海船"与南、北生态船型、水密隔舱技术，远洋大船技术在明代以前高度发达，其中"南船"水密舱技术被马可·波罗誉为世界上唯一触礁不沉的古代海船技术。在航海技术上，在汉晋间的风帆技术与望日、月、星宿而进的先进航海技术基础上，唐宋时代进入了以"船行八面风"、"指南针法"和"过洋牵星"等为代表的定量航海技术，东南船家掌握了最先进的航海技术。在航路网络与海洋社会经济体系方面，在汉晋间番禺、东冶港市为中心的徐闻、合浦道与南海离岸航路的基础上，唐宋以来以广州、扬州、泉州、明州等四大港市为起点的东洋、西洋、南洋、北洋"四洋"通海夷道形成并逐步网络化，在太平洋西岸和印度洋诸番间托起一个庞大的海洋社会经济活跃地带，"环中国海"成为世界海洋商路网络中最繁忙的段落。唐宋元明以来的"环中国海"因发达的海上交通，被誉为"海上丝绸之路"、"陶瓷之路"、"香料之路"、"香瓷之路"、"茶

---

① 吴春明：《环中国海沉船——中国古代帆船、船技与船货》，江西高校出版社 2003 年。

叶之路"等，反映了发达的海洋社会经济形态在"环中国海海洋文化圈"中的地位。①

唐宋元明间"环中国海"发达的海洋社会经济文化实践是如何形成的？在华夏、汉人主导的中国古代帝国文明中，王朝"正史"的思维逻辑是从中心看边缘、从大陆看海洋，古代中国多元文化互动的历史进程，常被简单地看成"中国"（中原华夏）向"四方"（非我族类之万国社会）的同化、统一过程，看成华夏、汉民人文的扩张过程。具有传统史学深刻烙印的当代中国史学者对华南历史、海洋文化的一般看法是，汉唐以来、尤其是唐宋以后，随着中原北方汉人的大规模南迁，因汉武帝灭东南两越土著王国、大量内迁越人而出现的东南"地广人稀"的局面有了根本的改变，南迁的汉人带来的中原内地先进的农业等生产技术，促成南方社会经济的飞速发展，导致了中国经济重心"南移"，海外交通发展"崛起"，"海上丝绸之路""出现"，"大航海时代""到来"。在这一中原华夏与汉族中心主义史观下，从中原"南迁"的汉人成了东南海洋社会经济文化的开创者，东南海洋文化史被长期聚焦于汉唐至明清时期汉人主导的海外交通史。这一传统海洋史观的错误在于，忽视、甚至否认"善于用舟"的百越及其土著先民在中国东南乃至"环中国海"海洋文化上的开创之功，无视数千年前东南沿海土著族群开发海洋、以海为田的海洋生活史和逐岛漂航形成太平洋"南岛语族"的史前海洋交通史，否认了土著先民的早期海洋文化与汉人时代的晚期海洋文化之间的历史传承。

首先，"大航海时代"发达的海洋文化的主体是土著先民的后裔文化。唐宋元明以来航海文化的创新成就，不应该是六朝以来中原北方汉民大规模南迁所带来先进社会经济文化的"移殖"，因为以农耕社会经济为基础、在整个古代社会都不曾有过发达的海洋文明史的北方汉民人群是不可能将海洋文明"移殖"到东南社会的。作为汉唐以来"环中国海"海洋社会经济实践主体的"南方汉人"，是指操"汉语"南方方言的非"官话"人群，生活在长江中下游以南的东南地区，南方汉人"民系"的空间分布（以汉语方言为例，如吴语、闽语、粤语、客家语、赣语、湘语等）与历史上土著百越先民的族群分支基本重叠。传统语言史与民族史认为，南方汉人是汉晋以来不断从中原北

---

① 联合国教科文组织海上丝绸之路综合考察泉州国际学术讨论会组委会编：《中国与海上丝绸之路》、《中国与海上丝绸之路（续集）》，福建人民出版社 1991、1994 年。中国与海上丝绸之路研究中心等编：《海上丝绸之路研究》第 1 辑，福建教育出版社 1997 年。三上次男：《陶瓷之路》，文物出版社 1984 年。韩槐准：《南洋遗留的中国古外销陶瓷》，新加坡青年书局 1960 年。马文宽、孟凡人：《中国古瓷在非洲的发现》，紫禁城出版社 1987 年。冯先铭：《中国古代外销瓷的问题》，《海交史研究》1980 年刊。叶文程：《中国古外销陶瓷研究论文集》，紫禁城出版社。陈佳荣：《古代香药之路刍议》，《中国与海上丝绸之路》，福建人民出版社 1991 年。庄国土：《茶叶贸易与十八世纪的中西商务关系》，厦门大学出版社 1993 年。庄国土：《从丝绸之路到茶叶之路》，《海交史研究》1996 年 1 期。

方迁来的，南方地方志有不少"中原板荡，士族南迁"的话语，南人的族谱中更有许多"河洛祖籍地"、南方"汉语"方言是"中原古音的活化石"的话语。但最新研究表明，南方"汉人"是汉化了的土著越人，还有相当多的是土著化、在地化的南迁汉人，即便"客家"也不是传统认知上的"客居汉人"，而是土著的后裔。南方"汉人"文化的土著来源造成了他们与中原北方汉人在文化上的显著不同，其最大的差别是海、陆文化的不同，长期以来东南海商的海洋冒险精神也是土著先民"善于用舟"、"力海为田"之族群心理的积淀与传承。南方"汉语"方言中不同于中原北方官话的因素，正是百越、南岛语族的语言成分。① 因此，汉唐以来南方"汉人"的发达的海洋文化、"海上丝绸之路"的成就，实际上是土著先民的海洋文化奠基与传承的结果，汉化的土著人及土著化的南迁汉人在土著先民"善于用舟"的传统文化基础上，将史前、上古时期率先发达的东南海洋文化推向"大航海时代"。

其次，"大航海时代"繁盛的港市经济与海洋交通的发达，也是在上古百越海洋性聚落形态中心——番禺、东冶、东瓯、山阴等基础上发展与不断变迁的结果。《史记·货殖列传》载："番禺亦其一都会也，珠玑、犀、玳瑁、果布之凑。"② 《后汉书·郑弘传》载："旧交趾七郡贡献转运，皆从东冶泛海而至。"③ 从汉文史籍的线索看，早在周汉之际，东南沿海百越王国都城已经发展成为我国早期航海的最重要中心，东南早期古文化的中心与百越王国都城无一例外地位于大江大河的入海口上，如珠江口的南越国都和秦汉以来的南海郡治番禺、闽江口的闽越国都和闽中郡治东冶、瓯江口的东瓯都城东瓯、太湖流域的吴国都城、钱塘江口的于越都城山阴。而在长江以北的沿海一带，没有这样的中心港市，北方的华夏早期古文化的中心和王国、郡县的首府无一例外地取"广川之上"、"天下之中"的平原沃野，凸显了中原华夏的大陆性农耕文明与东南土著海洋性文化的差别。④ 汉晋以后，这些早期土著港市相继延续或变迁为郡县时代的中心治所和作为"大航海时代"区域性海洋社会经济集散地的中心港市，比如在岭南地区，广州始终保持第一大港的地位，就是在南越国都番禺的基础上发展起来的；在闽中地区，汉唐最大港市东冶、甘棠港也是奠基于闽越国都冶城，宋元明清以来依次更迭为泉州港、漳州月港和厦门港，这也是闽中港市自然变迁的结果。

---

① 吴春明：《南方汉人的形成：民族考古学提纲》，载《桃李成蹊集——庆祝安志敏先生八十寿辰》，香港中文大学中国考古艺术研究中心 2004 年。吴春明：《东南汉民人文的百越文化基础》，载《百越研究》第一辑，广西科学技术出版社 2007 年。

② ［汉］司马迁：《史记》卷一百二十九"货殖列传第六十九"。

③ ［南北朝］范晔：《后汉书》卷三十三"朱冯虞郑周列传第二十三·郑弘传"。

④ 吴春明、林果：《闽越国都城考古研究》第九章，厦门大学出版社 1998 年。曹峻：《百越都城海洋性的探讨》，载《东南考古研究》第三辑，厦门大学出版社 2003 年。

再次，在"环中国海"海洋文化圈中，基层海洋人文一脉相承的线索非常清楚。比如，与唐宋元明的海洋文明密切相关的妈祖、临水夫人等海神信仰也都源于土著。天妃妈祖原名林默娘，北宋建隆年间生于泉州府的莆田湄洲岛，终身不嫁却精于神巫，死后被邑里奉为保护航海的海神。在宋元泉州海外贸易兴盛的背景下，妈祖海神的地位凸显，元代中央政府先后七次册封妈祖为"护国明著灵惠协正善庆显济天妃"等，从此全国沿海乃至中国船家所至世界各地都流传着妈祖信仰，天妃成为东方海神的代名词。可是根据南宋"顺济圣妃庙记"和"灵惠妃庙记"，莆田绅士称妈祖为"龙女"、"龙种"即疍民，如是则妈祖就是越人的后代了。① 临水夫人即陈靖姑是闽东北著名的民间信仰，唐代宗年间生于闽侯下渡，少小神异，曾坐化成神降伏蛇精而受封为"临水夫人"，供奉于古田县大桥镇的临水殿，为著名的救产护卫神，也是闽江船民和福州出海舟子主要的救护神。有学者认为，临水夫人也是源于奉蛇崇拜的古田溪峒民即闽越的原始崇拜。② 在岭南地区，唐宋以来的海神龙母也是在上古越人及疍民社会（中）成长起来的，五代元明以来相继被敕封为"博泉神日龙母夫人"、"永济夫人"、"程溪龙母崇福圣妃"、"护国通天惠济显德龙母娘娘"等，成为岭南地区民间航海的守护神。③

忽视百越土著到"华南汉人"间海洋文化传承的一个重要原因是"汉族中心主义"思想。中华民族"多元一体"的文化结构是以华夏——汉民族为主导的，古代"中国—四方"的民族文化框架中的"中国"主要就是"华夏"的夏商周和汉人的汉唐宋明。在华夏、汉人主导的帝国文明中，王朝史学的思维逻辑只从中心看边缘，在这一史观下中国历史的进程就是从"中国"（中原华夏）向"四方"（非我族类之万国）的扩张、统一，创造历史的轨迹几乎等同于华夏、汉民人文扩张的轨迹。于是，在汉武大帝"剪灭"东南两越土著王国之后，才有王朝史学视野中真正的东南历史开端，哪怕是东南土著固有的海洋文化，也被看成华夏民族的伟大创造。同时，先秦两汉时期东南土著缺乏本民族自身的文献历史，百越及其土著先民创造的东南早期海洋文化史记述，是在"中国"与"东南"的互动中，"善于用舟"的历史才零星地出现在华夏、汉族主导王朝史学的"汉文史籍"，华夏、汉民对东南海洋历史的模糊、无知，也成了早期土著海洋文明史"缺失"的重要原因。

不管是"百越—南岛"土著创造的早期海洋人文，还是唐宋元明"华南汉人"的

---

① 郑振满：《妈祖是疍民之后？》，载《华南研究资料中心通讯》1997年7期。

② 谢重光：《客家文化中的闽越文化因子》，载《闽越文化研究》，海峡文艺出版社2002年。

③ 蒋明智：《龙母信仰的历史发展——悦城龙母信仰研究之三》，《广西民族研究》2003年4期。黄桂秋：《大明山龙母文化与华南族群的水神信仰》，《广西师范学院学报（哲社版）》2006年3期。

"大航海时代"，海洋文化在中华文明史上的地位没有得到充分的彰显。虽然以长江、黄河流域为核心的面向内陆、面向平原沃野的大陆性、封闭性农耕文明，与东南沿海这一个面向海上、面向外部世界的开放性的海洋文化，共同构建了中华文化的大陆性与海洋性两面性格，但中国古代的王朝政治是以大陆性文化为基础的，中国文明的熏染也以农耕为基调。农耕人文作为中国人文的显性、强力层面，几乎成了中华文化的标志，而海洋人文一直被看成中国文明的边缘，沦为中国人文的隐性层面，甚至处于被"海禁"的尴尬境地。我们的传统历史人文研究虽都以"中国"自居，但因大陆性农耕文化事实上的强势地位，在"中国"历史人文框架中的海洋文明史难免成为大陆性农耕文明史的延伸和补充，往往被视为强势农耕文明史的附庸。用农耕文明的视野去看待海边、乃至海上发生的一切社会文化事象，海洋性的区域人文被不正确地置于大陆性"中心"人文的"海疆"、"海防"位置予以观察和"研究"。因此，不管是东南区的考古研究还是历史重建，我们应站在东南看海洋，而不是从中原内陆看东南海上，摆脱华夏、汉民族中心主义史观的束缚，尊重土著先民开创早期海洋文化的历史，从"百越—南岛"的"善于用舟"到汉民人文的"大航海时代"，全面、系统地再现以东南沿海为中心的"环中国海"海洋文化史。

目　　录

第四编　"东南曰扬州"——华夏视野与东南人文变迁

第一编 "亚洲东南海洋地带"
——南岛语族溯源

"有段石锛在台湾、香港、南洋、太平洋群岛都有……在华北尚未发现，或即因这物原为亚洲东南海洋地带的产物。"

——林惠祥《福建武平县的新石器时代遗址》（Lin Huixiang：A Neolithic Site in Wuping, Fukien. *The Proceedings of the Third Congress of the Far Eastern Prehistorians*, 1937, Singapore. 中文刊于《厦门大学学报》1956 年 4 期）

"我国历史地理，在某些意义上，大体可以分为两大部分——面向海洋的东南部地区和面向亚洲大陆腹地的西北部地区。"

——苏秉琦《略谈我国东南沿海地区的新石器时代考古——在长江下游新石器时代文化学术讨论会上的一次发言提纲》（《文物》1978 年 3 期）

"南岛语族（Autronisian）"是西语民族志用语，是 16 世纪以来西方人在南太平洋群岛"发现"的一群土著"非我族类"，并成为 19 世纪中叶始的欧美人类学调查研究的热点。"南岛语族"主要包括了波利尼西亚人、美拉尼西亚人、密克罗尼西亚人、印度尼西亚人（含西非马达加斯加人）四个分支，西方人类学一般都"从海洋看陆地"，将"南岛语族"的起源追溯到华南沿海的新石器时代早期文化。"百越"是周汉时代汉文边疆民族志用语，是华夏视野下东南方的"非我族类"。20 世纪前期起，中国民族、考古学者开始关注华南"百越"的历史与文化，并在东南亚之马来人（即"南岛语族"印尼支系）的起源研究中，"从陆地看海洋"，论证百越先民的海洋迁徙形成马来人的民族史观点。从华南"百越"到东南亚、太平洋"南岛"，一个关系密切的土著民族文化体系被分置于中外学术的不同话语下。林惠祥"亚洲东南海洋地带"之陆岛一体理论，克服了"从海洋看陆地"或"从陆地看海洋"区隔之偏颇，为探索"南岛语族"起源及"百越"与"南岛"土著民族关系提供了一个客观角度。

万年前后的"亚洲东南海洋地带"*

在世界史前学上，旧石器时代向新石器时代的过渡曾被英国考古学家柴尔德（V. G. Childe）称为"革命"，以表达人类在新时代的农耕、畜养、制陶、磨制石器等全新的发明。[①]实际上，这一转变并不是一场短期的"革命"，而是历时漫长的过渡阶段，即所谓的"中石器时代"。由于不同地区生态系统和文化传统的差异，万年前后世界各地中石器时代的文化面貌与形态也都不同。在东亚北部，以华北为中心的中石器时代主要以细石器文化为特征，而在华南、东南亚的半岛和群岛地带，除广东南海西樵山等极个别地点外，几乎不见华北式的细石器文化。在这个先后被林惠祥、凌纯声先生称为"亚洲东南海洋地带"、"亚洲地中海文化圈"的跨界区域[②]，最具特色的是砾石石器文化传统的延续，椭圆形、斧形等形态规整的砾石打制石器的进步，逐步出现的穿孔、磨刃的砾石石器，代表了亚洲东南海洋地带远古土著文化的发展与新石器时代工艺技术的本地发生。

一 万年前后华南洞穴遗存的文化因素分析

华南更新世末至全新世初期，以洞穴"介壳堆积"为代表的地层中，存在一系列特征显著的史前文化遗存。综合分析这些洞穴遗存的文化内涵，大体上包含了三大

* 本文根据国家社科基金项目（项目号01BMZ023）结题成果《台湾原住民及南岛语族起源研究》（结项证书号20040165）第三章第三节"华南中石器时代文化与东南亚和平文化的统一性"修改而成，原为提交2006年10月在杭州举行的"东南地区史前考古研究——纪念良渚遗址发现70周年国际学术讨论会"论文，刊登于《浙江省文物考古研究所学刊（第八辑）——纪念良渚遗址发现七十周年学术研讨会文集》，科学出版社2006年。

① ［英］柴尔德著、周进楷译：《远古文化史》（原著名《人类创造了自己》），中华书局1958年。

② Lin Huixiang: A Neolithic Site in Wuping, Fukien. *The Proceedings of the Third Congress of the Far Eastern Prehistorians*, 1931, Singapore. 林惠祥：《福建武平县的新石器时代遗址》，《厦门大学学报》1956年4期。凌纯声：《中国古代海洋文化与亚洲地中海》，原载台湾《海外杂志》第3卷10期，1954年，转引自《中国边疆民族与环太平洋文化》（论文集），台湾联经图书1979年。

类文化因素：一是中更新世以来发生的华南本土砾石石器工业典型文化内涵的延续，二是穿孔、磨刃砾石石器的最初出现，三是形态多样且不同于华南细石器文化的小石器工业群的出现。这三类文化因素虽然不完全共出，但却形成一个既不完全相同于本地区旧石器时代的砾石石器工业、又与后来生成的新石器时代文化内涵有别、更不同于华北同期的中石器时代文化面貌，绝对年代约距今万年左右，构成一组鲜明的时空文化特征。①

（一）广西柳州白莲洞洞穴中石器文化的复合结构

这一时空文化最典型的内涵见于南岭山地石灰岩洞穴更、全新世之交的"介壳堆积层"中，广西柳州白莲洞第二、三期的文化因素组合集中代表了这一时空文化的内在结构。② 白莲洞二、三期石制品除石核、石片外，石器内涵有三类因素，即砾石打制石器、燧石小石器、穿孔砾石与磨刃器（图一）。

A类：砾石敲砸器、砍砸器、砾石石片打制成的刮削器和尖状器。其中，敲砸器是用扁平或长圆砾石从中部打断，并将断面修理成握手，另一端保留砾石皮用于敲砸；砍砸器是用整块砾石或砾石石核修理成厚刃砍砸器，或用砾石厚石片修理成薄刃砍砸器，并不同程度保留砾石皮；大砾石石片或砾石断块刮削器有直刃、弧刃、盘状、扇形等类。

B类：燧石小刮削器、小尖状器、雕刻器和镞等。其中雕刻器和镞是白莲洞一期所未见的，是该阶段的全新因素。雕刻器是将小燧石石片或柱状石核侧缘加工成鸟缘状尖器；镞是用薄小燧石石片加工成三角形，两侧刃剥去若干小石片以成锋口，并将背部底缘剥去小片以便夹缚箭柄。

C类：磨刃切割器和穿孔"重石"。切割器是将扁平砾石石片的疤痕磨光而成弧状斜刃，并有使用痕迹；穿孔"重石"都是在矽质砂岩砾石上两面琢凿成孔，再加磨孔壁而成。

三类文化因素代表了这一地区史前文化在特定阶段的发展与变化，迄今仍是衡量这一时空文化内涵结构的重要标尺。A类是本地区源远流长的砾石石器文化传统，B类是燧石小石器工艺也是白莲洞一期文化的延续和发展；C类的磨刃、穿孔技术是本阶段新出现的文化因素。白莲洞二期含西③、②层共生全部的现生种哺乳动物化石和螺、蚌、蜗牛等软体动物介壳，^{14}C数据为距今 1.991±0.018 万年，与

① 吴春明：《试析华南中石器时代文化的本土传统与外来影响》，《中石器文化及有关问题研讨会论文集》，广东人民出版社 1999 年。

② 柳州白莲洞博物馆等：《广西柳州白莲洞石器时代洞穴遗址发掘报告》，《南方民族考古》第一辑，四川大学出版社 1987 年。

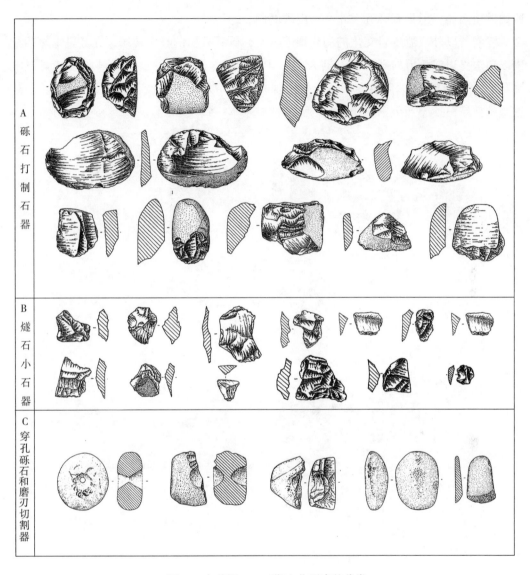

图一　白莲洞二、三期文化因素的分类

其相接一体的东⑦层^{14}C 年代为距今 1. 167 ± 0. 015 万年；第三期即 3 ~ 5 组，其中第 4 组的东③层铀系年代为距今 8000 ± 800 年，所以确定第 3 组年代距今 10000 ~ 9000 年。

（二）广西桂林甑皮岩遗址的内涵

历经多次发掘的广西桂林甑皮岩洞穴遗址包含五期史前文化，发掘者将一至四期文化定为"新石器时代早期"，年代为距今 12000 ~ 8000 年。从第一期开始就出现了非常原始的粗陶器，但只有第五期才真正出现磨制石器。[①]

　　除陶器以外，甑皮岩文化的洞穴聚落形态，砾石石器的技术传统，尤其是一至四期中以单边直刃或弧刃的砾石砍砸器为主，共出圆形、椭圆形的盘状砍砸器（"盘形石锤"、"有凹石锤"），自第一期就开始出现并逐步增加的骨器磨制技术以及穿孔石器，这些特征与白莲洞二至三期的两组内涵的性质基本一致（图二）。

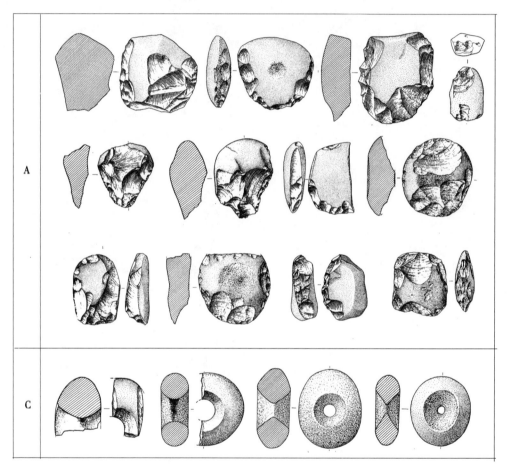

图二　甑皮岩石器的两组内涵构成

（三）广东阳春独石仔洞穴的文化因素

1960～1978 年间三次发掘的广东阳春独石仔洞穴遗址所获石制品 400 余件，骨、角、蚌器 52 件。石制品与白莲洞二、三期（早）的 A、C 类文化因素一致，主要是砾

---

①　中国社会科学院考古研究所等：《桂林甑皮岩》，文物出版社 2003 年。

石打制石器，少量磨刃和穿孔石器。[①] A 类砾石石器的打制方法简单，均单面打击，上层有少量经第二步加工，器身保留大部分砾石皮，主要有砾石砍砸器、刮削器等。砍砸器是沿砾石边缘打击，或将砾石打出断面后再简单修理成砍刃，器身保留石皮，有弧刃、直刃等式。刮削器器形不规整，仅利用石片断面为刃部，不见第二步加工。C 类包括原始磨刃、穿孔石器 16 件，磨刃切割器形状不规整，多为石片和石核打制后将器身下端加磨成弧刃，穿孔石器用扁圆砾石一面或两面凿孔后加磨，下层有些只凿孔不加磨（图三）。独石仔遗址下层[14]C 年代距今 16690 ± 570 年，中层距今 17700 ~ 14260 年，上层距今 14900 ~ 13220 年。

（四）广东封开黄岩洞遗址的内涵

1961 ~ 1990 年间发现并三次发掘的广东封开黄岩洞下层也发现了更、全新世之交的砾石打制石器与磨刃、穿孔石器的共存关系，相当于白莲洞的 A、C 类组合。在该洞穴早期堆积中发现 589 件石制品中，多是 A 类的砂岩砾石石器，石器大部分保留砾石皮，加工时不见修理台面，多用锤击法直接加工，器类贫乏单调，以各种形态的砍砸器、刮削器为大宗。C 类为原始磨刃和穿孔石器，数量很少，其中穿孔石器用砾石两面凿打钻孔，并加磨；磨刃石器用石片制作，刃部磨光，器身保留石片疤，属切割器一类（图三）。该地层共出现生种动物化石和螺、蚌等介壳类，早文化层[14]C 年代为距今 11930 ~ 10950 年。[②]

（五）广东英德牛栏洞的文化因素

1983 年发现、1996 年发掘的广东英德牛栏洞是华南地区一处重要的中石器时代前后的文化遗存。牛栏洞文化以发展过程中的砾石石器文化为特征，主要器类为砾石砍砸器、陡刃器和刮削器，其中第一、二期大致属于中石器时代文化（图三）。第一期只见打制陡刃器、砍砸器和刮削器，骨锥、铲、针等，器形不甚规整，相当于白莲洞的 A 类，堆积中已经出现极少量介壳，[14]C 年代为距今 12410 ~ 10780 年。第二期内涵比较丰富，有 A 类的打制砍砸器、陡刃器、刮削器、铲形器，B 类的中心穿孔砾石石器，该层是典型的介壳堆积，可靠[14]C 年代为距今 11220 ~ 9320 年。[③]

（六）湖南道县洞穴文化的性质

1988 年，在湖南道县麻拐岩、三角岩、后龙洞、杨家岩、洞尾岩 5 处洞穴堆积中

---

① 莫稚：《广东考古调查的新收获》，《考古》1961 年 12 期。邱立诚等：《广东阳春独石仔洞穴文化遗址发掘简讯》，《古脊椎动物与古人类》1980 年 3 期；《广东阳春独石仔新石器时代洞穴遗址的发掘》，《考古》1982 年 5 期。

② 宋方义等：《广东封开黄岩洞洞穴遗址》，《考古》1983 年 1 期。张镇洪等：《广东封开黄岩洞遗址综述》、《广东封开黄岩洞动物群的研究》，载《纪念黄岩洞遗址发现三十周年论文集》，广东旅游出版社 1991 年。

③ 英德市博物馆等：《英德云岭牛栏洞遗址》，载《英德史前考古报告》，广东人民出版社 1999 年。

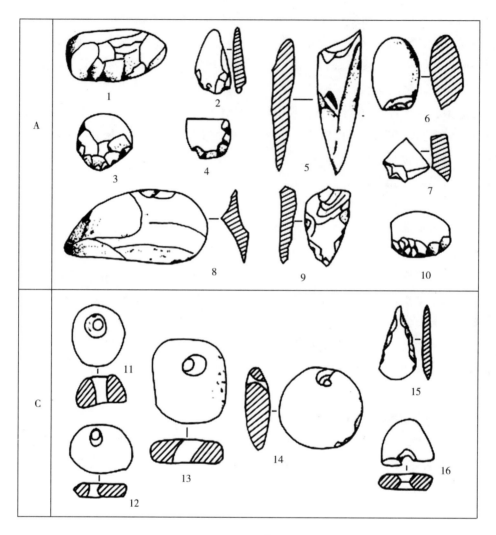

图三　粤北山洞中石器文化内涵分类

（1、6、7、10、15. 独石仔　2~4、16. 黄岩洞　5、8、9、11~14. 牛栏洞）

发现了一批石、骨、角、牙、蚌、甲制品。其中石制品为锤击法单面打击的砂岩、硅质岩砾石砍砸器和刮削器等，属于白莲洞 A 类。骨器有刮磨、切割、打凿的锥、镞等，还有角、牙、蚌、甲制成的铲、刮器、饰品、甲片等。这些洞穴以介壳堆积为特征，共存现生种动物化石，为更新世末至全新世初期。[①]

（七）海南三亚落笔洞的内涵

---

① 袁家荣：《湖南道县全新世早期洞穴遗址及其相关问题》，载《纪念黄岩洞遗址发现三十周年论文集》，广东旅游出版社 1991 年。

在 1992、1993 年发掘的海南三亚落笔洞中层的介壳堆积中找到了一批石制品、骨角制品。比较成型的石制品 90 件，相当于白莲洞的 A、C 两大类。A 类砾石打制石器 84 件，单向直接加工，器类有敲砸器、砍砸器、石锤、刮削器、石核、石片等。C 类穿孔磨制石器 6 件，使用砾石打凿成型后再磨制成两面平整的圆形或椭圆形，之后沿中部两面钻孔。还有少量骨、角制成的铲、锤、锥、矛形器、尖状器、镞、匕、管等器形。中、下层的介壳堆积中共出有现生种的哺乳动物化石，中层 ^{14}C 年代距今 10642 ~ 10890 年。[①]

（八）台湾长滨八仙洞、垦丁鹅銮鼻遗址的内涵

台湾长滨八仙洞中的海雷洞、潮音洞和垦丁鹅銮鼻岩厦遗址年代较晚，但性质雷同于华南大陆山洞更、全新世之交介壳堆积层中的中石器时代文化，是这一阶段性文化的持续形态。海雷洞、潮音洞的石器工业中，既有与乾元洞相同的大型砾石石器，相当于白莲洞 A 类；但主要是为乾元洞所不见的小型石器制品，典型的石制品是不定型石核、楔形石器及其相应的各种石片，石器器形主要是边刃刮削、刀形器、缺刻刮削等细小石器。潮音洞还发现了 110 余件骨角器，^{14}C 年代为距今 5340 ~ 4870 年，海雷洞高程处于乾元、潮音之间，年代也约处于两者之间。鹅銮鼻的文化遗物包括打制石器、骨器、贝器等，其中打制石器均用砂岩砾石制成，包括砍砸器、刮削器、凹石和具有使用痕迹的石片，相当于白莲洞 A 类，^{14}C 年代为距今 4820 ~ 4790 年。[②]

（九）两广地区其他洞穴遗址的内涵

20 世纪 30 年代裴文中先生就在广西武鸣苞桥 A 洞、芭勋 B 洞、腾翔 C 洞、桂林北门 D 洞发现有相同组合的石制品，包括了砾石制成的刮削器、尖状器和穿孔重石、"磨盘"和"磨棒"等，与白莲洞的 A、C 两类内涵相同。柳州思多岩、柳江陈家岩、崇左矮洞、来宾盖头洞、桂林东岩洞等遗址中也采集少量砾石砍砸器、石片等制品，虽未见穿孔、磨刃石器，但性质与 A 类相同。广东封开水乞岩、乞丐岩、罗髻岩、罗定饭甑山也发现有相同的砾石砍砸器、刮削器、石锤及极少穿孔器等两类组合。[③]

① 郝思德等：《海南三亚人遗址 1992 年发掘报告》，《人类学学报》1994 年 2 期；《三亚落笔洞遗址》，南方出版社 1998 年。

② 宋文薫：《长滨文化》，载台湾史迹研究会《台湾丛谈》，台北幼狮文化事业公司 1977 年。韩起：《台湾省原始社会考古概述》，《考古》1979 年 3 期。加藤晋平：《长滨文化的若干问题》（邓聪译），《人类学学报》1990 年 1 期。李光周：《垦丁国家公园所见先陶文化及其相关问题》，《考古人类学刊》第 44 期。

③ 何乃汉等：《试论岭南中石器时代》，《人类学学报》1985 年 4 期。宋方义等：《广东罗定饭甑山岩、下山洞洞穴遗址发掘报告》，《人类学学报》1989 年 2 期。邱立诚：《广东封开、怀集的几处洞穴人类文化遗存》，《考古与文物》1989 年 4 期。

（一○）万年前后华南的细、小石器文化及其性质

除了上述洞穴遗址中的三类文化遗存外，华南沿海平地旷野遗址中还散布两类特征不同的细、小石器工业，即闽粤沿海的莲花池山上层小石器和西樵山细石器，是万年前后华南史前文化多样性的反映。

莲花池山上层小石器是指以福建漳州市北郊的莲花池山、竹林山上层为代表的闽西南的漳州、龙岩、厦门及粤东的潮汕地区广泛分布的200多处打制石器地点，先后发现石制品近2000件，表现了更新世末至全新世初这一区域文化的鲜明特色。[①] 该文化的原料主要是砾石和石块，质料有黑、灰黑、灰色的燧石，其次为玄武岩、石英岩、石英。石核细小，用砸击法、锤击法及可能的间接法生产小石片，石片普遍薄小且类型多样。石器类型复杂，加工精细，加工痕迹细小、连续，多双向加工，器形普遍细小，有刮削器、尖状器、镞形器、雕刻器、钻、杵等。其中刮削器数量最多，类型最复杂，是最具代表性的器类，除单直刃、单凹刃、凸刃、凹刃4种刮削器数量最多外，还有双直刃、双凹刃、双凸刃、圆头、端刃、盘状等计10余种刮削器形态（图四）。该类遗存

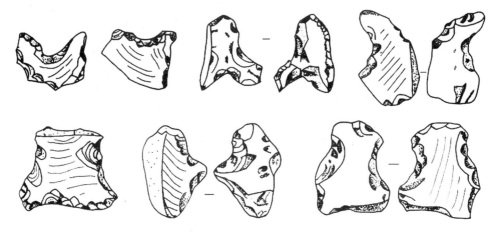

图四　莲花池山上层的小石器

明显不同于北方旧石器时代晚期以来形成的细石器文化，与白莲洞组合中的B组燧石小石器工艺的时代特征相似，但刮削器、尖状器等主要形态差别很大。

广东南海西樵山17、18地点是华南地区仅见的细石器文化，原料以燧石、玛瑙为主，少量为霏细岩石料。石核种类有楔状、柱状、锥状、多台面石核等，石核石器有扇状石器、石核刮削器、石核雕刻器、尖状器等，石片石器有多种刃部形态的刮削器、尖

①　尤玉柱主编：《漳州史前文化》，福建人民出版社1991年。曾骐等：《广东南澳县象山新石器时代遗址》，《考古与文物》1995年5期。

状器、琢背小刀、镞等,多数类同于华北细石器文化。① 西樵山文化与华北中石器时代以来的细石器文化无大的差别,因此它不是华南本土的文化而是北方系统文化直接移植的结果。

综上所述,以介壳堆积为特征的洞穴更、全新世地层中的文化遗存是万年前后华南史前文化的主体,表现为土著砾石石器文化传统的延续,以白莲洞二、三期文化的主体(A类)和独石仔、黄岩洞下层、道县各洞、落笔洞等砾石石器为代表的文化,甚至持续更晚的海雷洞、潮音洞、鹅銮鼻石器工业还不同程度地延续这个文化传统。这一时空文化的标志是砾石石器文化传统基础上的技术突变与文化更新,突出的作品就是以白莲洞二、三期和独石仔、黄岩洞下层、落笔洞等文化中的C类为代表的砾石石器的磨刃、穿孔技术,这一新的文化形态无疑是本地区砾石石器文化内部发展、变化过程中形成的,并透露出华南新石器时代文化本土起源的重要讯息。作为旧石器时代晚期以来具文化共同趋势的细小石器工业因素也在这一时空文化中不同程度地发育,最典型的遗存就是在白莲洞二、三期中与A、C两类砾石石器共存的燧石小石器文化(B类),海雷洞、潮音洞、莲花池山上层等细小石器也都是这一阶段文化的地区类型。总之,万年前后华南文化的主体是本土的砾石石器文化及其更新形态,不同程度共出的细小石器内涵复杂、形态多样但不为主体。

二　中南半岛"和平文化"的内涵特点

万年前后的东南亚是与"和平文化"有关的一个时空存在。"和平文化"是由1926～1930年间法国 M. 科拉尼(Madeleine Colani)博士先后在越南北方和平、宁平、清化等省的石灰岩洞穴中发现的51个史前遗址的内涵确定的,她于1932年在第一次远东史前学家大会上提出"和平文化"(Hoabinhian)的定名。最初认识的和平文化内涵是多样的、复杂的,包括了许多扁砾石打制石器,还夹杂有少量局部磨光或通体磨光的石器,这些遗存实际上是来自不同层位的,但无论如何,"和平文化"为20世纪东南亚考古学上旧石器时代向新石器时代过渡阶段文化的认识、研究提供了一个最重要的概念和对象。"和平文化"的发现与研究还纠缠着"北山文化"的问题。"北山文化"是1924年由法国地质学家 H. 蒙斯伊(Henri Mansuy)在越南谅山省的北山发现的刃部磨光的石斧和带沟槽的砥石而确立的,他认为这支文化较和平文化进步。考古学家对于两个文化的内涵、关系、年代以及在东南亚史前文化体系中的位置等存在一系列的争议。

根据东南亚史前考古的最新资料,和平文化应是以扁砾石打制石器和磨刃、穿孔的

---

① 黄慰文等:《广东南海县西樵山遗址的复查》,《考古》1979年4期。曾骐:《西樵山石器和"西樵山文化"》,载《中国考古学会第三次年会论文集》,文物出版社1984年。

砾石石器为特征的洞穴文化，是东南亚地区旧石器时代向新石器时代过渡阶段的文化遗存。据查尔斯·海格曼（Charles Higham）的统计，东南亚"采集狩猎和早期定居人群"即"和平文化"阶段的遗址主要集中在四个区域，即越南北部红河流域及其沿海、泰国北部石灰岩地区、泰国西部北碧府高地和泰国湾沿岸。[①]

（一）红河三角洲的和平文化内涵

越南北部是和平文化阶段遗存最密集的分布区，据越南国家社会科学研究中心布宛氏（Bui Vinh）的最新统计，在和平、宁平、清化、义安、广平等省的石灰岩山区发掘了 120 多个洞穴遗址。[②] 这些遗址以靠近江河的洞穴聚落为特征，文化层多由河螺壳、山螺壳、兽骨及洞穴中碎泥土构成，选择河床和溪流中的砾石打制成砾石工具，最基本的工具为杏仁形、盘形、短斧形的砍砸器、挖掘器、带有小坑洼的砾石，一些遗址中有少量刃部磨光的石器和骨角器具（图五）。

清化省马江三角洲上的住潘高地（Cuc Phuong upland）的空芒洞（Con Moong）就是一处典型的"三叠层"，下层是山韦（Son Vi）文化层，出土了石英砾石砍砸器和刮削器等，中层是典型的和平文化层，上层是北山文化层。山韦文化传统的砾石石器与圆盘形的"苏门答腊"石器、端刃"短斧"砾石石器共出，并伴有骨角器。和平文化层的开始年代为距今 12000～11000 年。[③]

科拉尼当年发掘的和平省勺洞（Sao Dong）遗址也包含三层文化，下层为大型砾石石器，中层出现了少量磨制石器，陶器是上层发现的。[④]

1981、1982 年发掘的北太省（Bac Thai）的积姆岩阴（Nguom Rockshelter）除表层外有 4 个文化层堆积，越南考古学者何文瑨（Ha Van Tan）将其分成三个阶段。晚期阶段即第二层，灰色堆积中包含大量淡水介壳及动物、人体遗骸，发现两座墓葬和石器，石器有砾石砍砸器、"苏门答腊"式盘状器、短斧、磨刃石器和没有使用过的石片石器，该阶段属于和平文化。中期阶段即第三层，灰色堆积中也包含大量介壳、蜗牛壳及现生种的哺乳动物化石，石器以砾石打制的边刃、端刃砍砸器为代表，还共出不少石片石器，[14]C 数据为距今 23100～18600 年。早期阶段即第四、五层黄色堆积，为旧石器时

① Charles Higham, *The Archaeology of Mainland Southeast Asian*, P 31－32, Cambridge University Press, 1989.

② Bui Vinh, The Stone Age Archaeology in Viet Nam: Achievement and General Model, Pierre－Yves editor, *Southeast Asian Archaeology 1994: Proceeding of the 5th International Conference of the European Association of Southeast Asian Archaeologists*, Paris, 24th－28th October 1994, Special Issue of Centre for Southeast Asian Studies, University of Hull, 1994.

③ Charles Higham, *The Archaeology of Mainland Southeast Asian*, P 35－37, Cambridge University Press, 1989.

④ M. Colani, *Lage de la Pierre dans la province de Hoa Bina*. MSGIVIII: 1. from Charles Higham, *The Archaeology of Mainland Southeast Asian*, P 38, Cambridge University Press, 1989.

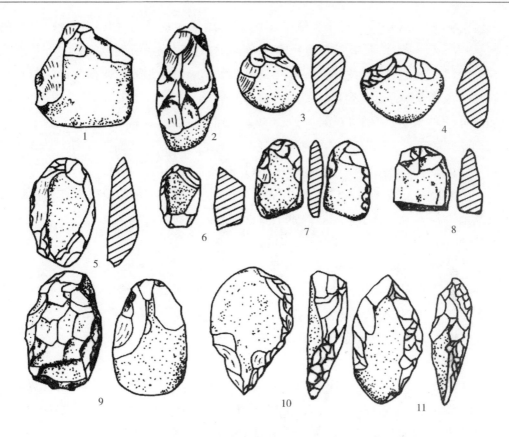

图五　北越的和平文化石器

（1、2、9. 北太省积姆岩阴　3～8. 北部湾　10、11. 和平省）

代晚期遗存。[①]

（二）湄南河流域的和平文化内涵

　　泰国境内也有丰富的"和平文化"洞穴遗存的发现。20世纪60年代以来，夏威夷大学人类学系的切斯特·戈尔曼教授选择泰国西北部夜丰颂府（Mae Hongson）石灰岩洞穴作了一系列的调查发掘，以研究史前采集狩猎人群及其向低地农耕转化的过程。据K. 凯尔南（K. Kiernan）等人的调查统计，这一地区包含史前采集狩猎人群和古代船棺葬遗存的洞穴、岩阴遗址有32处，是同类聚落最密集的分布区。[②]

①　Ha Van－tan, The Nguom Rockshelter and the Paleolithic Flake Industries in Mainland Southeast Adia, *Archaeology in Southeast Asia*（《东南亚考古论文集》），P171－180, The University Museum and Art Gallery, The University of Hongkong, 1995.

②　Kiernan, K., Dunkley, J., and Spies, J., Prehistoric Occupation and Burial Sites in the Mountains of the Nam Khong Basin, Northwestern Thailand, Paper in preparation in 1987. form Charles Higham, *The Archaeology of Mainland Southeast Asian*, P 46－48, Cambridge University Press, 1989.

　　仙人洞（Spirit Cave）位于泰缅交界的萨尔温江水系派河（Pai River）上游的空河（Khong Stream）西岸，1966～1974 年间戈尔曼对其进行连续发掘，并将所获遗存分两期。第 I 期包含第 4、3、2a 层的内涵，出土物主要为砾石石器，包括四周打片的盘状砍砸器、刮削器、使用石片、磨制砾石等，与越南北部“和平文化”内涵吻合，¹⁴C 测定为距今 11690～8750 年。第 II 期为第 2、1 层的内涵，除了与 I 期内涵相同的砾石石器外，新出现了琢制并加磨的方形石锛、磨制石刀、手制粗绳纹陶等新因素，¹⁴C 测定为距今 8806～7622 年。仙人洞遗址的 I、II 期的内涵差别，比较准确地反映了争论已久的“和平文化”、“北山文化”阶段东南亚史前文化发展的进程，为亚洲东南海洋地带中石器和新石器时代早期文化的分类提供了重要的标尺。①

　　班样谷洞穴（Banyan Valley Cave）位于仙人洞以东 35 千米处，1972 年戈尔曼对其进行两次发掘。班样洞的堆积与仙人洞相似，下层包含周缘打片的圆盘形石器即“苏门答腊”石器等，同样找到大量的动、植物遗存，属于仙人洞 I 期文化。上层发现了两边刃的板岩石刀、长方形磨刃石锛、石枪头、绳纹陶片等，还有不少稻谷遗存，与仙人洞 II 期文化一致。②

　　拔昌岩阴（Pha Chang Rockshelter）是泰国西北部清迈府（Chiang Mai）清迈市西南 100 千米的麦差（Mai Chaem）河岸阿卢安（Obluang）史前遗址群之一。1984～1986 年间，泰国与法国考古机构联合调查并发掘麦差河岸的聚落、墓地和岩阴遗址，分三期，其中第一期为拔昌岩阴，堆积厚达 1 米，发现砾石打制石器和岩画遗存，石器有砍砸器、刮削器、石锤、打制石斧、石锛、磨石、穿孔砾石等（图六）。③

　　泰国西部北碧府（Kanchangaburi，即干差那武里府）瓜夜河（Khwae Yai）和瓜农河（Khwae Noi）河谷是史前文化遗址的一个密集分布区，20 世纪 60 年代以来还发现了一系列中石器、新石器时代以来的洞穴和低地聚落遗址。塞尤克洞穴（Sai Yok）和萨姆·翁巴洞（Tham Ongbah）遗址是最先发掘的两个洞穴，20 世纪 60 年代初丹麦的考古队在此工作，洞穴时代距今 11000～9000 年，其砾石打制石器的内涵与北越“和平

① C. F. Gorman, The Hoabinhian and after: subsistence patterns in Southeast Asia during the late Pleistocene and early Recent periods. *World Archaeology*, 1971 (3). 中译文：切斯特·戈尔曼：《和平文化及其以后》，《考古学参考资料（2）》，文物出版社 1979 年。Charles Higham, *The Archaeology of Mainland Southeast Asian*, P 46－54, Cambridge University Press, 1989.

② Charles Higham, *The Archaeology of Mainland Southeast Asian*, P 54－56, Cambridge University Press, 1989.

③ Marielle Sabtoni, Jean－Pierre Pautreau and Sayan Prishanchit, Excavations at Obluang, Province of Chiang Mai, Thailand, *Southeast Asian Archaeology 1986——Proceeding of the First Conference of the Association of Southeast Asian Archaeologists in Western Europe*, BAR International Series 561, 1990 England.

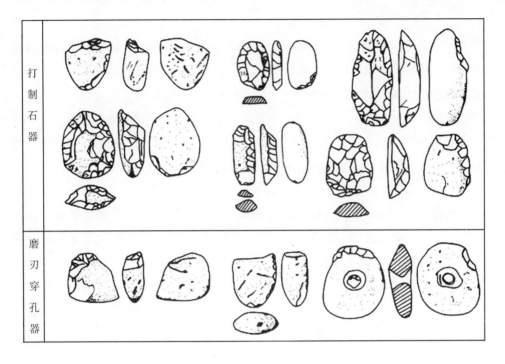

打制石器

磨刃穿孔器

图六　泰国拔昌岩阴遗址的石器组合

文化"相似。考他路洞（Khao Talu）、芒洞（Men Cave）、希卜洞（Hip Cave）、比库哈洞（Phet Kuha）等是瓜农河畔四个重要的岩阴遗址，1977～1979 年蒲加宗（S. Pookajorn）对四个洞穴进行发掘。考他路洞穴内有几个支洞，有多层堆积，下、中层发现了三个连续堆积的居住面，发现有"苏门答腊"式的单面打片盘状砍砸器、石片尖状器，石凿、刮削器、石锤等，与北越和平文化相似，[14]C 测定数据为距今 9980 ± 530 年和距今 7580 ± 850 年。上层为一处新石器时代墓地。芒洞距考他路洞仅 30 米，地层堆积厚达 1.6 米，石器类型有"苏门答腊"式盘状器、刮削器、边刃砍砸器等，共出包括淡水介壳在内的野生动植物遗存。希卜洞堆积与考他路洞穴非常相似，也有连续堆积的四个居住面，除最上面的一层发现陶片外，均为和平文化内涵。查尔斯·海格曼认为，上述四个洞穴的资料证明了泰国西部高地的史前采集狩猎人群有持续数千年的活动历史。[①]

---

① Surin Pookajorn, Hoabinhian Cave Excavations in Ban Kao District, West Thailand, *Southeast Asian Archaeology 1986——Proceeding of the First Conference of the Association of Southeast Asian Archaeologists in Western Europe*, BAR International Series 561, 1990 England. Charles Higham, *The Archaeology of Mainland Southeast Asian*, P61 – 63, Cambridge University Press, 1989. P. 苏伦逊著、罗宗真译：《班高：1960 至 1962 泰国丹麦史前考察队在北碧省班高的调查简报》，《民族考古译丛》第二辑（云南和东南亚考古），云南省民族研究所 1982 年。

（三）湄公河流域的和平文化因素

湄公河中游的拉昂斯边（或称桥洞，Bridge cave）遗址位于柬埔寨西部的马德望省，是一处具有多层叠压打破关系的洞穴贝丘，由五个连续发展的文化层组成。其中最下两层的¹⁴C年代分别为距今7000年和距今4000年，底层发现了少量打制石器，可能是旧石器文化的持续形态，其上的地层中发现了新石器时代的磨制石器和陶器，但共出短斧、刮削器和"苏门答腊"式盘状石器，应是"和平文化"因素的持续发展。遗址地层堆积中丰富的野生动植物遗存反映了一种广谱的采集渔猎经济形态。[①]

（四）马来半岛的和平文化

戈尔曼在20世纪70年代初期统计的马来半岛的"和平文化"遗址就有包括吉兰丹州（Kelantan）的扎洞（Gua Cha）在内的十余处。[②]近二十年来，马来西亚考古学者又发掘了丁加奴州（Terengganu）布吉塔特洞（Gua Bukit Taat），霹雳州（Perak）的古农朗图洞（Gua Gunung Runtuh）、克拉洼洞（Gua Kelawar）、哈里猫洞（Gua Harimau）、彭亨州（Pahang）的沙古洞（Gua Sagu）、藤吉克洞（Gua Tenggek）和吉兰丹州的卑拉岭洞（Gua Peraling）、查沃斯洞（Gua Chawas）等在内的十多处重要的"和平文化"阶段遗址。[③]

扎洞是吉兰丹州吉兰丹河支流的能吉里河（Nenggiri River）河岸的一处石灰岩岩阴，石器以两面打击扁砾石的盘状石器为特征（图七），有少量粗糙的砾石石器、石片、石锤等，时代为距今10000年。发现了方形石锛、陶器、墓葬及少量和平文化石器为特征的新石器时代文化层。

古农朗图洞是由竺良那·马吉德（Zuraina Majid）发掘的一处和平文化阶段的曲肢葬墓地，死者是一名具有澳大利亚美拉尼西亚种族特征的男子，含淡水介壳堆积的地层年代为距今11000～7500年，该洞穴上层不含新石器时代阶段遗存。

在吉兰丹州发掘的查沃斯洞、卑拉岭洞是两处大型中石器时代至新石器时代的岩阴遗址。查沃斯洞和平文化地层淡水介壳测定年代至少为距今12000年，之上的新石器文化层距今3000年。卑拉岭洞穴的和平文化堆积达3米，包含两面打击的石片、大量两

① Cecile Mourer and Roland Mourer, *The Prehistoric Industry of Laang Spean, Province Battambang, Cambodia*, APAO1970, 5. from: Charles Higham, *The Archaeology of Mainland Southeast Asian*, P 63 – 65, Cambridge University Press, 1989.

② C. F. Gorman, The Hoabinhian and after: subsistence patterns in Southeast Asia during the late Pleistocene and early Recent periods. *World Archaeology*, 1971（3）. 切斯特·戈尔曼：《和平文化及其以后》，《考古学参考资料（2）》，文物出版社1979年。

③ Peter Bellwood, *Prehistory of the Indo – Malaysian Archipelago*, P158 – 169, Honolulu: University of Hawaii Press, 1997.

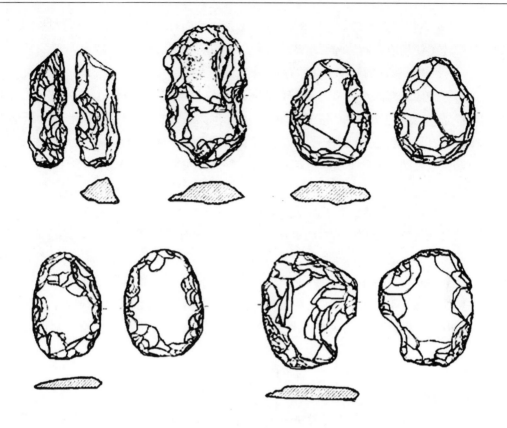

图七　马来半岛扎洞的中石器遗存

面打击的砾石盘状器、大量动物骨骼和淡水介壳，上部地层中发现了和平文化的磨刃石器。和平文化层被新石器时代墓葬所叠压。

马来西亚霹雳省哥打（Kota）的淡邦（Tampan）地点，是一处以砾石石器为特征的旧石器时代文化遗址，1987 年以来竺良那·马吉德对该地点的进一步调查研究中发现了一些砾石工具、单边磨刃工具和大量的石片，被认为可能与北越的山韦文化和和平文化有关。

在马来半岛的吉兰丹州的卑拉岭洞、马度洞（Gua Madu）和霹雳州的白克洞（Gua Baik）、克保洞（Gua Kerbau）还相继发现过和平文化的磨刃石器。

泰国南部马来半岛中部的克拉比府（Krabi Province）的琅隆仁（Lang Rongrien）岩阴，其上层为全新世初期，以和平文化的砾石石器为特征。

三　"和平时期"东南亚群岛的文化构成

菲律宾、东马来西亚、印度尼西亚在"和平文化"之前是砾石石器和石片石器复合技术的广泛分布区，其砾石石器以不同比例的简单不定型的砾石工具、石核、石片为特征，"和平文化"典型的规整的两面打制或通体单面打制的砾石石器却罕见于群岛，群岛地带较多使用燧石和黑曜石块制作各种细小石器类型。①

（一）苏门答腊岛的和平文化遗存

苏门答腊西北部的洛克肖马韦（Lhokseumawe）和棉兰（Medan）之间的贝丘遗址是迄今群岛地带仅见的"和平文化"遗存。许多大贝丘的直径达100米、堆积达10米，采集的石器主要是一面通体打片的圆盘状石器、长条形砾石石器，少量两面打片和磨刃石器，以及磨石、凹形石、红赭石、人骨等，不见陶器，时代为距今10000~3000年间。②

（二）加里曼丹岛的"和平时期"文化

北加里曼丹的沙捞越尼阿大洞也发现有前陶阶段的"中石器地层"，其特征是进步的石片石器和刃部磨光的砾石石斧，具有鲜明的和平文化因素。竺良那·马吉德认为尼阿"中石器地层"的年代为距今20000~10000年，而发掘者哈里森（Tom Harrisson）认为是距今10000年以来出现。尼阿前陶地层中还有蹲踞葬和曲肢葬的遗存，前者时代为距今14000~8000年，后者约从距今11000年开始出现并延续至新石器时代地层中。③

1980年，彼得·贝尔伍德（Peter Bellwood）在马来西亚加里曼丹岛东北的沙巴州（Sabah）东南海岸的丹加于（Tingkayu）发现一处露天遗址。丹加于文化石器主要以硅质岩砾石制作，使用砾石石核和大砾石石片进行双面加工，器类包括形态规整的椭圆形砍砸器、器身左右对称的尖状器、石钻、雕刻器等，有比较进步的两面加工技术（图八）。附近的马代（Madai）洞穴、巴图隆（Baturong）岩阴、拉哈德·达杜海湾（Lahad Batu Bay）也发现了类似的文化。④

（三）苏拉威西、东帝汶、摩鹿加等岛屿的小石器文化

在西南苏拉威西，20世纪初期以来，在马加撒（Makassar）的马若（Maros）地区发掘了一些洞穴和岩阴遗址，其中拉昂·布伦Ⅱ号（Leang Burung 2）遗址和尤卢·拉昂Ⅰ号（Ulu Leang Ⅰ）遗址的石器工业大致相当于中石器时代。拉昂·布伦Ⅱ号洞穴

---

① Peter Bellwood, *Prehistory of the Indo – Malaysian Archipelago*, P169 – 191, Honolulu：University of Hawaii Press, 1997.

② Ibid. , P169 – 170.

③ Cheng Te – kun, *Archaeology in Sarawak*, W. Heffer & Sons Ltd, Cambridge University of Toronto Press, 1969. 中译文见郑德坤：《沙捞越考古》，载《东南考古研究》第二辑，厦门大学出版社1999年；Peter Bellwood, *Prehistory of the Indo – Malaysian Archipelago*, P173 – 175, Honolulu：University of Hawaii Press, 1997.

④ Peter Bellwood, The Tingkayu Industry of Late Pleistocece Sabah, *Southeast Asian Archaeology* 1986——*Proceeding of the First Conference of the Association of Southeast Asian Archaeologists in Western Europe*, BAR International Series 561, 1990 England.

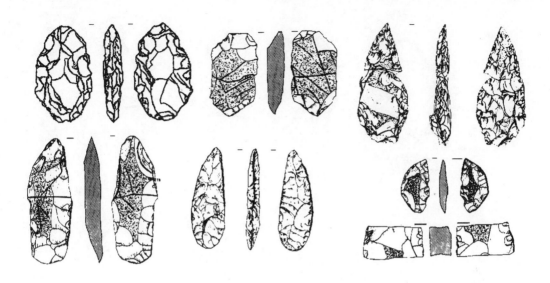

图八　马来西亚加里曼丹岛的丹加于（Tingkayu）文化

遗址石器以黑曜石为原料，常见使用石片和多台面石核，许多石片有切割使用的痕迹，洞穴堆积的淡水介壳标本^{14}C 测定距今 29000～17000 年。尤卢·拉昂 I 号洞穴石器以白耀石为原料，以边缘陡峭的圆形石器和马蹄形石核为特征。在北苏拉威西米那哈沙（Minahasa）半岛的巴索（Paso）贝丘遗址，发现了以黑曜石石片石器、骨镞等为特征的文化，^{14}C 年代为距今 8500 年。[1]

东帝汶的 Uai Bobo 四个洞穴遗址中也发现了距今 13000 年的石器工业，这些石器主要是燧石石片以及经过二次加工的边缘陡峭的刮削器，还有一些使用痕迹的石片、长而厚的石叶（图九）。[2]

印尼摩鹿加群岛北部的几伯岛（Gebe I.）上，相距仅 1 千米的高罗（Golo）洞和威特夫（Wetef）洞中，距今 12000 年的地层中发现了刃部磨光的贝壳锛，珊瑚铺设的地面建筑残迹是迄今印尼、马来群岛地带发现的最古老的人类复杂建筑。类似的磨刃贝壳锛在美拉尼西亚的阿德米勒尔提（Admiralty）群岛帕姆瓦克（Pamwak）洞和菲律宾南部也有发现。[3]

（四）吕宋岛的小石器文化

1926 年，美籍东南亚考古学家拜雅（H. O. Beyer）教授在吕宋岛西南的莱泽

---

[1]　Peter Bellwood, *Prehistory of the Indo - Malaysian Archipelago*, P181 - 186, Honolulu：University of Hawaii Press, 1997.

[2]　Ibid. .

[3]　Ibid. .

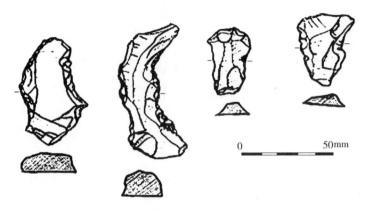

图九　东帝汶 Uai Bobo 2 号洞穴的小石器文化

（Rizal）省发现了一种万年前后的细小石器文化，紧接着邻省布拉坎（Bulakan）又有同类发现。该文化使用黑曜石、燧石、火山玻璃等材料，加工成各种细小刮削器和尖状器，间接打片形成的凹刃、凸刃、凹凸刃、凹直刃、单直刃等多种形态的刮削器组合，独具特征（图一○）。拜雅认为该文化与先前已在加里曼丹东面的西里伯斯（Celebes）群岛发现但没有引起重视的细小石器属同类，并认为它代表了这一海域地带中石器时代特殊的"细石器"或"类细石器"文化，与"和平文化"同期。约卡诺认为其时代为距今 12000～8000 年之间。①

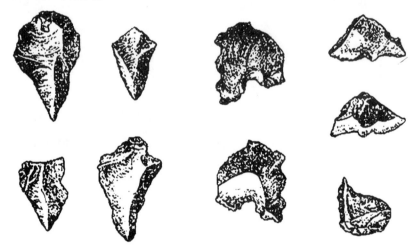

图一○　菲律宾莱泽—布拉坎（Rizal－Bulakan）小石器

① H. Otley. Beyer, *Philippine and East Asian Archaeology*, P12－14, National Research Council of the Philippines, Bulletin 29, University of the Philippines, 1948; F. landa Jocano, *Philippine Prehistory*, P186－90, University of the Philippines System, Diliman Quezon City, 1975.

四 万年前后"亚洲东南海洋地带"的文化比较与相关问题

综上所述，万年前后的亚洲东南大陆与海岛地带的史前文化内涵，主要有三大类型的文化形态，即砾石石器工业及其穿孔、磨刃新形态与区域性的细小石器工业群。这三大内涵与特征反映了这一地区史前文化在更、全新世前后的发展、变化的模式，凸显了中石器时代"亚洲东南海洋地带"土著延续性特征和区域文化内在关系。

万年前后亚洲东南海洋地带文化的主流是砾石石器文化的发展与变革的新形态。从华南山洞介壳堆积层到北越山地、泰国西北部和西部石灰岩地区，以及马来半岛与苏门答腊的石灰岩岩阴中，史前文化继承了更新世中期以来的砾石石器传统并发展出具有鲜明时代特色和地区特色的文化因素。该文化共同体的典型特征是洞穴与岩阴聚落，丰富的野生动植物遗骸、尤其是水生介壳遗骸堆积，砾石石器器形相对规整、对称，尤其是穿孔石器、磨刃砾石石器和单面周缘打击的盘形"苏门答腊"式砾石石器，偶出骨、角贝器。这些共同文化要素中的一些代表性者如磨刃、穿孔技术，在万年前后以石片石器和细小石器为主的亚洲东南群岛至西南太平洋群岛间也不同程度地发育。该文化共同体或共同文化传统的存在，表明更、全新世间亚洲东南大陆、海岛广泛的海洋地带间主流文化形态的土著性、延续性与统一性。

与旧石器时代亚洲东南海洋地带史前文化的多样性基础一致的是，石片石器和细小石器技术在亚洲东南大陆与群岛间，尤其是群岛地带的中石器时代文化中发育。石器工具的细化、形态各异的细石器工业的出现是更、全新世之交人类文化总体一致的适应方式，在旧大陆各地都不同程度地发现了细、小石器文化。不过，除了华南广东的西樵山个别地点文化属于以华北为中心的东北亚细石器文化传统外，亚洲东南大陆与群岛间的石片石器、细小石器工业群都不同程度地区别于华北，而具有鲜明的土著特征，像华南大陆粤东、闽南间广泛分布的莲花池山上层类型、菲律宾群岛的吕宋莱泽—布拉坎（Rizal–Bulakan）文化、东帝汶尤埃—珀珀Ⅱ号洞（Uai Bobo Cave 2）文化等的小石器都以各种型式的刮削器，尤其是刃口凹缺的刮削器为特征，成为万年前后这一海洋地带文化的典型特征之一。

万年前后亚洲东南海洋地带文化的区域性、延续性特征，对于认识这一时空人群活动的历史具有重要的意义。在华南、东南亚、西南太平洋史前文化关系的研究中，文化传播、征服论的观点一直支配着许多著名的史前考古学家的思维，他们认为，东南亚、西南太平洋地区的"南岛语族"人群是本地区史前文化发展过程中文化传播、人群迁徙与文化形态取代的结果，即"农耕的"、"新石器时代的""南岛语族"人群是完全不同于这一地区旧石器时代、中石器时代采集—狩猎人群的一群新的人类文化，是外来文化入侵、征服的结果。泰国仙人洞等重要的史前文化发掘者、夏威夷大学的戈尔曼（C. F. Gorman）就主张"后和平"阶段的磨制技术和制陶是外来引进的新石器文化因素所出现的变化，这些以低地稻作农耕为特征的新石器文化是存在于其他地方的发达文化，"到了公元前 6500 年左右，一种新的工艺组合传入了东南亚，或者在东南亚发展起来。在其后 1500 年间，居民大都由滨河岩溶地区和山区河谷地带迁居到东南亚的平原地区，促成此变化的原因很可能是由于栽培谷物的引进，使得平原地区开发成为最富饶的环境"。① 作为"南岛语族"研究的权威，澳大利亚大学人类学系的彼得·贝尔伍德（Peter Bellwood）几乎也有类似的论述，他以语言学的研究成果为据，主张迄今可确定的最古老的"南岛语族"人群是台湾土著，他将"南岛语族"人群看成天生的农耕、海洋生计、木作房屋、磨制石器和制陶人群，他们由台湾向南扩散到菲律宾、印尼群岛和大洋洲。他的主要观点是：①操南岛语的人群在向印尼—马来群岛扩张的过程中，带来了成熟的农耕经济、制陶技术和单边刃的石锛，编织也是与农耕共存的海、陆渔猎中所不可缺少的。在语言学上，稻谷是农耕的南岛语族不可缺少的因素，虽然考古学上的证据并不很充分。②虽然群岛上的前南岛语族的人群已经使用了磨刃石斧和贝锛，但他们没有制造陶器；虽然他们毫无疑问地开发了许多块根植物和果蔬，这些植物和果蔬也都是南岛语族主要的栽培物，但前南岛语族人群并没有系统栽培这些果蔬和植物。如果他们栽培了，那么迄今东南亚主要群岛上的非南岛语族和非蒙古人群的人口一定比现在要多得多。③在南岛语族扩张的过程中，非南岛语族的采集狩猎者呈人数递减的趋势残存着，期间在新几内亚高地独立发生了栽培谷类以外植物的农耕经济，所以新几内亚岛上的南岛语族只分布于沿海。④在南岛语族向南扩张至大洋洲的过程中，南岛语族人群的经济模式仅仅传播了若干纬度，有不少区域性的生态适应模式。在东印尼群岛，谷类栽培就被块根植物和果蔬栽培所取代，一些人群更是在海、陆渔猎经济的轨道上发展而远离农耕。⑤在公元前 500 至公元 500 年间，群岛的文化融入了更广泛的东亚和南亚互动圈中，该阶段的主要发展是冶金、可能的家畜和水牛蓄养、某些地方（北吕宋、爪哇、巴厘岛）出现梯田和灌溉农业。与印度和中国文明的接触也在该阶段开始。②

"南岛语族"起源上的文化传播、征服论割裂了亚洲东南海洋地带以砾石石器为特征的土著旧石器文化、中石器文化甚至新石器文化的一脉相承的发展关系。"南岛语族"是亚洲东南至大洋洲海洋地带一个非常复杂的文化共同体，是这一地区史前

---

① C. F. Gorman, The Hoabinhian and after: subsistence patterns in Southeast Asia during the Late Pleistocene and early Recent periods. *World Archaeology*, 1971（3）. 切斯特·戈尔曼：《和平文化及其以后》，《考古学参考资料（2）》，文物出版社 1979 年。

② Peter Bellwood, *Prehistory of the Indo-Malaysian Archipelago*, P201–202, Honolulu：University of Hawaii Press, 1997.

至历史时代民族文化长期互动、融合的产物,因此"南岛语族"的起源绝不能理解成单纯的某个民族文化的取代而后就一成不变的问题。"南岛语族"起源研究上的上述传播论、人群征服论,考古学家过分地依赖了语言学的研究成果,用语言学束缚考古学的发现,以至于作为考古学家的戈尔曼、贝尔伍德在"南岛语族"起源问题上的认识与华南、东南亚、大洋洲史前考古学文化发展、变化的基本面是相矛盾的。首先,"南岛语族"起源研究中单纯的"传播论"、民族文化"征服论"、"替代论"割断了亚洲东南至大洋洲广阔海洋地带间史前考古学文化延续发展、内在演化的客观进程。万年前后该区域以华南山洞和东南亚"和平文化"的介壳堆积中带穿孔、磨刃并不同程度共出小石片石器的砾石石器工业新阶段确切无误地、一脉相承地继承了旧石器时代本土砾石石器文化的传统,而且万年前后的这一文化共同体中也已经准确无误地孕育了亚洲东南海洋地带新石器时代定居、农耕文化的代表性因素,如作为新石器时代石器工业根本的磨制、穿孔技术就是率先出现于亚洲东南海洋地带的土著中石器文化层中的,新石器时代最初的制陶技术也往往率先出现于华南山洞和"和平文化"的介壳堆积的上层即同一洞穴聚落,换句话说,以磨制石器、农耕、制陶等为特征的"南岛语族"实际上就是地地道道的亚洲东南海洋地带源远流长的土著人文共同体的延续。这就是贝尔伍德难于合理地解释为什么东南亚的前南岛人群已经出现了磨刃石器和贝锛的原因。不可否认,史前时代区域人文的传播、融合对于文化变迁、文化更新的作用,但这一传播论的文化史过程不能完全排斥演化论的文化史过程,从亚洲东南海洋地带史前考古学文化延续性的客观事实来说,"南岛语族"人群在这一广阔区域内具有深厚的土著根基,中石器时代的文化就是这一土著人文共同体发展进程的一个重要阶段,"南岛语族"不可能是单纯的外来人群在东南亚、大洋洲地带的传播者与征服者。考古学家在越南红河三角洲中石器时代的"和平文化"和新石器时代早期的"北山文化"的一个重要发现是,两文化墓葬中的死者遗骸都属于美拉尼西亚种族和印度尼西亚种族(即马来人种),也就是"南岛语族",可见"南岛语族"先民在这个地区自远古以来的源远流长。[①]

将"南岛语族"起源研究上的语言学成果作为考古学探索预设的前提,将语言学家复原的"原南岛语族"人文特征作为探索"原南岛语族"史前考古学文化的定义、标准和概念,如将稻作农耕、磨制石器、低地定居等视为"南岛语族"排他的人文特

---

① Bui Vinh, The Stone Age Archaeology in Viet Nam: Achievement and General Model, Pierre – Yves editor, *Southeast Asian Archaeology 1994: Proceeding of the 5th International Conference of the European Association of Southeast Asian Archaeologists*, Paris, 24th – 28th October 1994, Special Issue of Centre for Southeast Asian Studies, University of Hull, 1994.

征，忽视了历史与现实的变迁关系，也将"南岛语族"复杂的文化构成简单化。贝尔伍德等考古学家对待语言学成果的做法，已经将考古学置于语言学"附庸"的地位，而不是学术研究中的"科际整合"，由于"南岛语族"起源研究上单纯语言学不可否认的局限性，即限定在所谓"今南岛语族"人群活动的东南亚、大洋洲空间范围内寻找"原南岛语族"的活动空间，限定在"今南岛语族"的语言成分中"拟测""原南岛语族"的人文构成，都忽视了从历史到现实的文化变迁关系。从现实的民族志材料来说，虽然所谓的"南岛语族"人群局限于东南亚、大洋洲群岛等地，但"南岛语族"文化因素的积淀在华南大陆土著与汉人社会中是客观存在的，说明这一地区虽已不是"南岛语族"的聚居区，但确是"原南岛语族"的重要活动区，不能被排除在包括语言学在内的"南岛语族"起源研究的多学科实践中。"南岛语族"的人文是复杂多样而不是单纯排他的，如稻作农耕并不是所有"南岛语族"的主流经济形态，块根植物和果蔬类的园艺农业、广谱采集渔猎等多样的经济生活手段都是"南岛语族"现实人文中不可或缺的内涵。从考古学文化内涵看，亚洲东南至大洋洲海洋地带间的史前土著人们共同体与"南岛语族"人文间既是延续发展，又存在文化的变迁。今现实"南岛语族"的许多人文内涵既是历史过程的积淀，也是区域人文演化的结果，磨制等新石器、单斜刃的石锛、稻作农耕等并非原、今"南岛语族"不同阶段一成不变的人文形态，不可以现实的"今南岛语族"人文现状为标准去衡量历史上、甚至千万前的"原南岛语族"存在与否。换句话说，亚洲东南至大洋洲间史前（旧石器、中石器、新石器各阶段）土著与现实"南岛语族"间的人文差距，主要是同一大的土著人文共同体内在文化演化、变迁的结果，而不是简单化的文化传播、人群征服与替代的问题。

基于上述分析，亚洲东南至大洋洲间自中更新世以来一脉相承的史前土著文化与"南岛语族"人群间具有不可否认的延续发展关系，史前土著与"南岛语族"间文化因素的差异不是不同人文共同体间的差异，不是人群间迁徙与征服、传播与替代的关系，而是同一共同体的进化与文化变迁的问题，中石器时代的华南山洞与"和平文化"洞穴的介壳堆积中新阶段的砾石文化、华南到东南亚群岛间万年前后以来延续的非华北系统的细小石器工业群，就是这一土著文化进化、变迁过程的有机环节。因此，"南岛语族"的起源，是亚洲东南海洋地带广阔地域内自远古以来复杂的民族文化演化过程，并不是由台湾出发向南经菲律宾、印尼、大洋洲的如此简单化的"远征史"。

"南岛语族"起源与华南民族考古[*]

"南岛语族（Austronesian）"即"马来—波利尼西亚语系"（Malayapolynesian），是一个今民族学的概念，指现今居住于北起我国台湾、中经东南亚、南至西南太平洋三大群岛、东起复活节岛、西到马达加斯加等海岛上的、具有民族语言亲缘关系和文化内涵相似的土著民族文化体系。南岛语族主要包括马来人（一般包括台湾高山族）、密克罗尼西亚、美拉尼西亚人、波利尼西亚人等几大族群，总人口达2亿多，是一个十分庞杂的民族文化体系。南岛语族的起源是20世纪跨界民族考古学研究上的一个热门课题。

"南岛语族"的起源课题在中、外学术上都有很长的探索历史。在19世纪后期以来的国际民族、考古学界，西方学者主导的太平洋跨界民族史学研究主要着眼于"今南岛语族"人群的语言学观察，在东南亚与太平洋群岛范围内探索"原南岛语族"的起源。而在20世纪的大部分时间里，我国历史、考古学者主要是在中国民族史的学术框架中探讨"南岛语族"的文化来源，都曾不同程度地联系中国东南大陆的上古百越文化。由于中外学术沟通的不足，西方学者"南岛视野"和中国学者"百越视野"之间长期隔阂，导致了南岛语族起源研究的众说纷纭。

民族考古学的研究表明，华南越系土著民族文化与"南岛语族"间是一个巨大的跨界民族文化共同体体系，在古代汉文化、阿拉伯文化、印度文化和近代欧洲海洋文化相继移植之前，构筑了一个以环南中国海为中心的"百越—南岛"一体化的民族文化蓝图。

一　"今南岛"语言学视野中的"原南岛语族"起源论

人文学者关注南岛语族问题起于19世纪中、后期西方人类学家的"殖民地研究"。近古欧洲航海家在东航远东、西航美洲的初期，所遇到的陆地都被称为"印度"，荷兰

＊　国家社科基金2001年度民族学课题"闽台土著民族关系史与南岛语族起源研究"（01BMZ023）资助成果。原刊于《东南考古研究》第三辑，厦门大学出版社2003年。

人更将东南亚土著民语言文化相同的苏门答腊、加里曼丹、爪哇一带称为"东方印度群岛（Oost Indie）"。1850 年前后，英国人开始使用"东印度群岛民（Indonesian）"或"马来群岛民（Malayanesian）"一类的族群概念，即后来使用的"印度尼西亚人"、"马来人"。1884 年德国古典进化论人类学家巴斯典（A. Bastian）在《印度尼西亚人》、美国历史学派人类学家克鲁伯（A. L. Kroeber）在《菲律宾的民族》等论文中先后概述了以东南亚群岛为中心、分布于东西两大洋和亚澳两大洲之间的土著文化共同体特征，即"印度尼西亚文化圈"或"东南亚古文化圈"。克鲁伯指出："中南半岛与东印度群岛土著组成一个文化区域，直到现在，印度尼西亚式文化虽较落后，然到处所遇见的仍为同一的原始文化。在今菲律宾、印尼群岛、阿萨姆及中南半岛等地，这一系文化还多保存着相同的文化特质，例如刀耕火种梯田、祭献用牺牲、嚼槟榔、高顶草屋、巢居、贵重铜锣、竹弓、吹箭、少女房、重祭祀、猎头、人祭、竹祭坛、祖先崇拜、多灵魂。这许多文化特质组成了东南亚古文化。"克鲁伯是欧美人类学界著名的文化形貌导师，他的描述代表了西方早期人类学者对南岛语族土著人群的认识。[①] 在其后的一个多世纪以来，国际人类学界就南岛语族的文化起源提出了种种不同的认识，主要有"太平洋群岛说"、"东南亚群岛说"、"中南半岛说"、"华南闽台说"等几类。

"太平洋群岛说"是南岛语族起源论中的一种简单的文化圈推论。该学说的理论基础是"德奥传播论"大师格雷布内尔（Fr. Grabner）在 19 世纪末提出的"文化圈"学说。该说认为，在特定文化圈内，中间区域是文化的原生地带，但却是晚出文化因素的聚集地带，区域的边缘是被排挤出中心区的先驱文化聚集地。[②] 福克斯（C. E. Fox）将南岛语族文化圈定于太平洋三大群岛，认为起源地在群岛中部的密克罗尼西亚，后来因海陆变迁向外围的西、南、东面扩张迁徙。[③] 这个说法的缺陷很明显，即便是"今南岛语族"文化圈也不仅限于太平洋群岛，而且在该文化圈内的民族考古文化编年中，太平洋群岛文化恰是比较晚出的。

"东南亚群岛说"是一种民族语言分类研究成果。戴恩（I. Dyen）采信萨皮耳（E. Sapier）的历史语言学观点，即在语言亲缘的族群关系中，语言变异、复杂性程度最高的地区就是该族群的原住地，于 20 世纪 60 年代提出东南亚群岛东端的新几内亚岛是南岛语族起源地的看法。戴恩选用苏瓦迪士（Swadesh）的"基本词汇表"，用于现今南岛语族语言分类的比较研究，发现"今南岛语族"中有三个地区的语言变异、复

① 转引自凌纯声《东南亚古文化研究发凡》，原载台湾《新生报》副刊"民族学研究专刊"第 3 期，1950 年 3 月 20 日，收入《中国边疆民族与环太平洋文化》，台湾联经图书 1979 年。

② 托卡列夫著、汤正方译：《外国民族学史》，第 149 页，中国社会科学出版社 1983 年。

③ 参见李壬癸：《台湾原住民的族群与迁徙》，第 20 页，台北常民文化 1997 年。

杂性程度最高，即台湾、苏门答腊和新几内亚岛，尤以新几内亚岛语言的总数最多，因而确定其为南岛语族的起源地。戴恩的看法在南岛语族研究者中受到了诸多的批评：首先，该理论脱离了民族学、考古学的材料互证；其次，语言变异的原因很多，萨皮耳历史语言学理论的可信度及其在南岛语族研究上适用性如何？苏瓦迪士"基本词汇表"中的 200 个词字是否适用于南岛语族？第三，今南岛语族居留的西南太平洋群岛地带不是南岛语族自远古以来稳定不变的"世居"地，虽然我国华南地区已经不是现今南岛语族人群的居留地，但我国语言学工作者在岭南的壮侗语族和华南汉语方言中都已经不同程度地发现有"古南岛语的底层因素"，因此通过在今南岛语群中寻找语言歧异程度、确定南岛语族起源的语言学实践忽视华南地区的材料是存在很大的漏洞的，是不科学的。①

"中南半岛说"也是一种单纯的语言学看法，依据的方法是所谓的"语言古生物学"。柯恩（H. A. Kern）在 1889 年用荷兰文发表的《推定马来—玻利尼西亚语族起源地的最早证据》一文迄今仍是这类研究的代表作。柯恩的方法是，根据现代南岛语言中词汇的构成拟测南岛语族的祖语即原南岛语，看古南岛语中包含哪些环境内容，尤其是植物群和动物群的构成，从而推测南岛语族可能的发源地。柯恩拟测出的原南岛语里面的动植物成分有：甘蔗、椰子、香蕉、竹、苇、稻米、黄瓜、红薯、荨蔴、芋头、毒鱼药、沙鱼、章鱼、龙虾或大虾、鹬鱼、海龟船、蚊、蝇、房屋、虱卵、蛾子或壁虱、蜘蛛、鼠、狗、猪、鸡、苍鹭、鳄鱼、水牛、黑毛猴、猿和铁等，他认为这些是一种热带海岸地带的环境特征，从而推定原南岛语族可能居住在印度尼西亚或印度支那半岛的东岸，北不超过北回归线，南不超过爪哇，最可能是在印度支那半岛的海岸。20 世纪70 年代以来，不少语言学家开展了类似的工作，结论也大致相近。② 但我们认为，柯恩方法的缺陷在于，第一，原南岛语族生活的史前、上古时期"热带海岸地带"与现代的热带海岸地带不一定是一个重叠的区域。考古学和地质学的研究表明，包括温度带南北移动在内的全球气候变化是第四纪环境变迁的常见现象，至少全新世初、中期就有若干次的气候转暖、气候带的北移，因此，语言学家柯恩所发现的原南岛语族居住的"热带海岸地带"正好应该包括我国华南大陆沿海在内的。第二，柯恩的"语言古生物学方法"实践中，赖以拟测"原南岛语族"生存环境的仍然是所谓的"今南岛语"，缺乏华南地区这一不可或缺的空间材料。基于华南大陆壮侗语族与汉语闽粤方言中共存

---

① 李壬癸：《台湾原住民的族群与迁徙》第 34～40 页，台北常民文化事业公司 1997 年。郭志超、吴春明：《台湾原住民"南来论"辨析》，《厦门大学学报》2002 年 2 期。

② 李壬癸：《台湾原住民的族群与迁徙》第 23～34 页，台北常民文化事业公司 1997 年。张光直：《中国东南海岸考古与南岛语族起源问题》，《南方民族考古》第一辑，四川大学出版社 1987 年。

"古南岛语底层因素"的事实，原、今南岛语族都是一个复杂的、"多元一体"的土著文化体系，从不同空间范围内的"今南岛语"或"南岛语底层因素"中拟测出不同的"原南岛语"基本词汇、"原南岛语族"不同支系的不同生存环境背景是完全可能的，即便"今南岛语族"不同族群的空间分布中环境的差异也是明显的。因此，这些脱离民族学、考古学方法与材料的单纯"语言学古生物学"实践，对于重建已经消亡的原南岛语族历史具有多大的可信度，也是值得怀疑的。

到 20 世纪 60 年代以来，国际学术界在南岛语族起源研究上开始"突破"单纯的语言学框架，而尝试民族学、考古学等"科际整合"，而且也关注华南在这个问题上的重要性，其中南岛语族起源的"华南闽台说"是最有代表性的理论。张光直、格雷斯（G. Grace）与索尔海姆（W. G. Solheim）合作《马来—玻利尼西亚语族的迁移史：公元前 1500 年至公元 500 年之间》一文，就将考古学与语言学方法结合起来探索华南与太平洋群岛之间土著居民迁徙的路线、年代，开始将华南的绳纹陶文化与南岛语族祖先联系起来。[①] 贝尔伍德（Peter Bellwood）更明确地论述南岛语族从华南的台湾到大洋洲的扩张史，即距今 5000 年以前从以闽台为中心的中国东南海岸出发，距今 5000～3000 年间扩张到南海海域的东南亚群岛，距今 3000～1000 年间传播到太平洋群岛。[②] 其后，张光直在《中国东南海岸考古与南岛语族起源问题》一文中，更将南岛语族最早的源头指向台湾西海岸的大坌坑文化和福建沿海的富国墩类型，明确地将岭南和北部湾沿海早期古文化和华南龙山期以后的考古学文化排除在南岛语族起源研究对象之外，他的论述对近年学术界在南岛语族上的研究有很深刻的影响。但是，他们的研究在方法上还有明显的欠缺。首先，他们的方法从本质上说只是以考古学的材料解释历史语言学的某种具体看法，考古学成为语言学的傀儡，"闽台说"并没有突破语言学的窠臼。他们认为台湾的土著语言是南岛语言体系中分群最多和最歧异的语言分支，因而是最古老的南岛语，在台湾土著文化连续发展序列上最古老的新石器文化是大坌坑文化，该文化就是台湾土著以及原南岛语族老家的一部分。将历史语言学的"发现"作为考古学研究的前提，实际上是给考古学的研究设置了一个无法解脱的"圈套"。他的"论证"只是找到了台湾南岛文化的源头，指出了历史语言学家所谓的最古老的南岛语族文化在考古学上的表现，并没有为语言学所谓的"台湾南岛语族文化就是整个南岛语族最古老文化"的"发现"提供考古学的佐证。其次，南岛语族是一个"多元一体"的族群文化体系，

① Kwang – chih Chang, George W. Grace, Wilhelm G. Solheim II, Movement of the Malayo – Polyncsians: 1500B. C. to A. D. 500, *Current Anthropology*, 1964（5）：359 – 406.

② Peter Bellwood, *New Perspectives on Indo – Malaysian Prehistory*, Bulletin of Indo – Pacific Prehistory Association, 1983，4. 转引自张光直《中国东南海岸考古与南岛语族起源问题》，《南方民族考古》第一辑，四川大学出版社 1987 年。

可他们却在逻辑上将原南岛语族的考古学文化内涵作了"同一"的假设。他们虽然也将南岛语族的老家延伸到了海峡对岸的大陆沿海，但以大坌坑文化的一些具体特征（如贝齿印纹的绳纹陶、小型石器与树皮布棒、水边小聚落等）去衡量大陆东南的史前文化，将原南岛语族文化体系的一个环节等同于这个复杂多样的文化体系，认为大陆上与大坌坑文化同类的只有福建沿海的富国墩类型，大坌坑与富国墩为同一文化的两个类型，因此将南岛语族在"华南"的起源地局限在闽台沿海，排除了向西到两广和越南沿海、向北到浙江沿海的可能性。

可见，一个多世纪以来国际人类学界在南岛语族起源研究上的学术实践有两个共同的方法论特点，一是语言学方法的主导，即便是贝尔伍德、张光直等著名考古学家的"考古学探索"也是以所谓"历史语言学的公认结论"为前提的，没有摆脱语言学具体看法的束缚，还没有实践真正的"科际整合"；二是"今南岛语族"的学术视野，即在语言学的实践中都无一例外地从所谓"今南岛语族"生存的空间范围去寻找"原南岛语族"的文化起源，忽视了现今已经消亡的、但在壮侗语族和闽、粤等汉语方言中尚保留浓厚的"古南岛语底层因素"的华南地区的材料。总之，国际人类学界南岛视野下的原南岛语族起源的语言学研究是存在不同程度的学术缺陷的。

二 "古百越"视野中的马来民族起源论

20 世纪的中国民族学、考古学者在东南地区史前、上古土著文化的统一性问题上是有充分认识的，主要围绕"百越民族"的文化源流和统一性、多样性的内在族群结构进行了系统的复原研究，重建广泛分布于长江下游以南沿海地带、自史前到周汉间、不同于中原华夏系统的土著的"百越民族史"。[①] 以林惠祥、凌纯声、徐松石等为代表的早期学者更将这一"百越文化"体系扩展到远方的东南亚马来民族，半个多世纪前就相继提出了马来民族起源于中国东南百越系统的看法。

20 世纪 30 年代以来，林惠祥教授在《福建武平县的新石器时代遗址》、《中国东南区新石器时代文化特征之一：有段石锛》等重要学术文献中，就关注到华南与台湾乃至东南亚、太平洋群岛间土著新石器文化的密切关系，提出"武平式"史前文化所代表的"亚洲东南海洋地带"文化不同于华北，"由浙江北部以至武平，中经浙南、闽北"，"武平的石器时代文化与台湾、香港、南洋群岛颇有关系"；"有段石锛确是大陆东南区即台、闽、粤、赣、浙一带的特征物"，这种特征性器物"在中国大陆东南区即

---

① 林惠祥：《中国民族史》第六章"百越系"，商务印书馆 1936 年。陈国强、蒋炳钊、吴绵吉、辛土成：《百越民族史》，中国社会科学出版社 1988 年。

闽、粤、浙、赣和苏皖一带地方发生，然后北向传于华北、东北，东南面传于台湾、菲律宾以至玻里尼西亚诸岛"。[①] 在《马来人与中国东南方人同源说》、《福建民族的由来》、《南洋马来族与华南古民族的关系》、《南洋民族的来源与分类》中，林惠祥先生还将视野扩大到整个马来族的起源上，指出华南大陆的百越民族就是居留在大陆上的古代马来人，即所谓"原马来人"，并从体质特征、文化习俗、考古遗存等学术角度比较全面地论述了华南大陆是马来人的起源地。在体质特征方面，现代华南人尤其是闽、粤人群与华北人有明显的差别，如身材矮小、双眼帘不斜吊的圆形眼（即马来眼）、面形短、须发少、鼻形广等，就是华南人类似于马来人的特征。在文化习俗方面，古越族、华南苗蛮与台湾番族、南洋马来族共有一系列特殊人文现象，如断发、文身、黑齿、蓄短须、跣足、拜蛇、巢居、精于航海、操不同于北方系统"孤立语"的"胶着语"等，构成了一个广泛的文化共同体。在史前考古遗物方面，有段石锛、有肩石斧、石箭镞、印纹陶器等华南史前考古特征性的因素在南洋和太平洋诸岛也是常见者。据此认为南洋的马来族是蒙古人种海洋系和高加索种的原始支派印尼族及更古老的矮黑人尼格利陀混血的产物，并指出应是在印度支那至华南一带混合形成，新石器时代逐渐南迁南洋群岛，南迁的路线有两条，即印度支那经苏门答腊、爪哇到菲律宾的西线和闽粤沿海到台湾、菲律宾、苏拉威西、苏禄、婆罗洲的东线。[②] 限于当时的历史条件，林惠祥的立论还只是建立在列举共同体质特征与文化因素的基础上，还无法从人群与文化的区系结构这一更为清晰的视角去梳理百越系统到马来民族文化之间的源流、过程，但他较之同时期及此前国际人类学界以语言学方法主导的南岛语族起源研究局限于"今南岛语族"聚居的东南亚、大洋洲地带的状况，视野要广阔得多、客观得多，而且以民族学、考古学、体质人类学多学科整合而取得的认识无疑具有更多的科学价值。

20 世纪 50 年代以来，凌纯声先生在《东南亚古文化研究发凡》、《中国古代海洋文化与亚洲地中海》、《太平洋上的中国远古文化》、《中国史志上的小黑人》、《南洋土著与中国古代百越民族》等文中，凌先生创建环南中国海的"亚洲（亚澳）地中海文化圈"理论，阐述了东亚大陆、东南亚到西南太平洋三大群岛之间的土著民族文化共同体的存在，指出当时西方人类学者中将"南岛语族"研究局限于东南亚群岛地带的缺

①　Lin Huixiang: A Neolithic Site in Wuping, Fukien. *The Proceedings of the Third Congress of the Far Eastern Prehistorians*, 1937, Singapore. 林惠祥：《福建武平县的新石器时代遗址》，《厦门大学学报》1956 年 4 期；《中国东南区新石器时代文化特征之一：有段石锛》，《考古学报》1958 年 3 期。

②　林惠祥：《马来人与中国东南方人同源说》，原刊于 1938 年新加坡《星洲半月刊》；《福建民族的由来》，原载《福建生活》1947 年 1 期；《南洋马来族与华南古民族的关系》，载《厦门大学学报（社科版）》1958 年 1 期；《南洋民族的来源与分类》，载《学术论坛》1958 年 1 期。上述论文均参考《林惠祥人类学论著》第 289 ~ 354 页，福建人民出版社 1981 年。

陷。他指出："实际上，印度尼西亚文化圈不仅在东南亚的半岛和岛屿，且在大陆方面可至中国南部。""克鲁伯所列的二十六种文化特质中，十之八九都可在华西南找到。还有超出者，即铜鼓、龙船、弩箭、毒矢、梭镖、长盾、涅齿、穿耳、穿鼻、鼻饮、口琴、鼻笛、贯头衣、衣著尾、父子联名、犬图腾、蛇图腾、长杵、楼居、占腊印花布、岩葬、罐葬、石板棺等，合克氏五十种。"认为西方人类学家所指的"印度尼西亚文化圈"的范围应扩展到华南大陆，并对该文化圈的古代文化进行分区、分层的对比研究，即大陆区的美拉尼西安层→小黑人层→汉藏层，半岛区的澳大利安层→美拉尼西安层→小黑人层→近古以来的印度、汉藏、西洋文化层，岛屿区的澳大利安层→波利尼西安层→美拉尼西安层→小黑人层→近古以来的印度、汉藏、阿拉伯、西洋文化层。确立了印度文化、汉藏语族文化、阿拉伯文化、西洋文化等相继传入之前，以大陆区、半岛区、群岛区共存的同类基层文化为代表的土著文化圈的理论框架。他还站在东亚古代文明的宏观立场上把握了这一土著文化圈的地位，将东亚上古人文区分为中西部华夏集团的"大陆文化"和东南部夷越集团的"海洋文化"两类，将"亚洲地中海文化圈"中的土著族群（即"南岛语族"）归于远古时代以来大陆东南沿海地区以"珠贝、舟楫、文身"为特点的海洋文化的远航结果。"汉平百越"标志着以"金玉、车马、衣冠"为特点的华夏集团势力覆盖了土著夷越人群在华南大陆的故地，百越民族或渐纳入华夏，或渐南退汇入其在南洋群岛的先支，此即南洋印度尼西亚系土著的来源。在《中国边疆民族》一文中，将南岛系作为中国民族五个系统之一的东南系统，明确地指出"（南岛系民族）曾分布于中国南部，势力强大，人口众多，为汉藏系南下前中国重要土著之一"。将华南的台湾高山群的九族、海南岛黎人群的四分群、西南洞僚群的仡佬水家土僚民家等纳入南岛系范畴。①凌纯声先生的这一以时空文化结构为核心的土著文化圈理论体系，较之林惠祥先生单纯捕捉土著共同体文化因素的论说前进了一大步，对于认识华南大陆土著文化与今东南亚、大洋洲南岛语族文化的内在关系提供了一个更清晰的学术框架。不过，由于当时材料的局限，凌纯声先生的文化圈时空结构分析还只能限于单纯的民族学逻辑分析，各分区的文化层研究并没有建立在可靠的考古资料基础上，但这并不影响他在南岛语族起源研究上应有的学术地位。

在《粤江流域人民史》、《泰族僮族粤族考》的基础上，1959 年徐松石先生出版了

---

① 凌纯声：《东南亚古文化研究发凡》，原载台湾《新生报》副刊"民族学研究专刊"第 3 期，1950 年 3 月 20 日；《中国古代海洋文化与亚洲地中海》，原载台湾《海外杂志》第 3 卷 10 期，1954 年；《太平洋上的中国远古文化》，原载台湾《大陆杂志》第 23 卷 11 期，1961 年；《中国史志上的小黑人》，原载台北"中央研究院院刊"第三辑，1956 年；《南洋土著与中国古代百越民族》，原载台湾《学术季刊》2 卷 3 期，1954 年；《中国边疆民族》，原载台湾《边疆文化论集》，1953 年。均转引自《中国边疆民族与环太平洋文化》（论文集），台湾联经图书 1979 年。

《东南亚民族的中国血缘》，阐明了东南亚的"马来民族，缅甸民族，越南民族，泰民族和高棉民族等"，"他们的祖先都是由中国移民而来的。古代的中国南方住民，好像潮水一样，继续冲进这个区域"。他着重解释了马来族源于华南土著的看法，认为"马来族的前身是大越族。浙江江苏福建乃他们最初居住的地方。今日的苗人僚人蜑人与马来族祖先关系最为密切"。并将马来族先民从华南迁去一概归结为楚越战争，"楚威王击杀越王无彊，越族分散于江南海上"，"大越移民大批乘船出海，漂流到苏门答腊去"。马来族形成于马来群岛和马来半岛，但在他们的仍然传说自己的老祖宗不是这些地方的土著。"大约在二千三百年前，马来人祖先大批自中国的浙闽沿海移到，逼走了颇里尼西亚人，征服了小黑人，吸收了他们的血质，马来族就因此而形成。今日苏门答腊的巴特人，乃是颇里尼西亚族，在印度尼西亚境内的残余。"先生从语言、习俗、体质、物质文化等共同性角度分别阐述了吴越族、闽粤族、苗僚、蜑族等与马来族的源流关系。具体讲，吴越闽越区域是马来族的最大发祥地，马来族今还保留着古吴越、闽粤土著的语言，今吴语、闽语、粤语中都有大量马来语的遗迹，尤其是南中国汉语方言鼻音即 Ng 音多、分类的公用冠首词多、形名倒置等文法上的相似、重音双声和叠韵等，都与马来语相一致；吴越的披发文身、雕题黑齿、不冠不履、喜佩刀剑、重巫教禁咒等风俗与马来民族何等相似，吴越善于用舟而马来族是有名的航海民族；在闽浙为中心的华南常称河为溪及由溪演变而来的墟，而马来的巽他方言中仍呼河为溪 Chi、Tjai、Tji，两广地名中有很多属于僮族、苗僚、蜑族的遗迹，如僮族的那字板字零字地名，蜑族的都字地名，在马来语中都类似；而今两广福建人、尤其是水上人还有很深的马来祖先的血质，马来人的体质与今闽粤人有许多相似的地方，如皮肤鸢色、身材不高、眉低、目深、鼻扁、唇厚、颧骨高、颊削等。苗族与马来族的语言、神话、文化习俗、体质等也有很多相同、相似之处。徐松石先生的这一研究基本上与林惠祥、凌纯声先生的思路是一致的，从民族志材料类比与历史文献的钩沉中，探索华南古今民族与东南亚马来民族间的源流关系。不过，他将华南土著向东南亚的迁徙一概归结为战国晚期以来的楚越战争、越族散流到江南海上，显然将华南土著向东南亚地区的迁徙史过分简单化了。[①]

此外，新中国成立以来，国内对于华南与东南亚、太平洋土著（南岛语族）关系的研究，基本上是沿着林惠祥、凌纯声、徐松石等这些前辈学者的"百越"视野展开的。厦门大学陈国强、蒋炳钊、吴绵吉、辛土成等先生的代表性成果就是他们的导师林惠祥教授学术的延伸和发展，《百越民族史》一书在"越族与东南亚民族的关系"上指出："早在新石器时代后期，百越民族的先民文化和东南亚各国的新石器时代文化，关

---

① 徐松石：《粤江流域人民史》，中华书局 1939 年；《泰族僮族粤族考》，中华书局 1946 年版，香港东南亚研究所 1967 年再版；《东南亚民族的中国血缘》，香港东南亚研究所 1959 年。

系就很密切，后来，越族曾数次南迁，特别是我国东南地区的越族，从大陆经台湾南迁进入菲律宾等地；在西南和南方的越族，也南迁进入印度支那等地。南迁的越族和当地土著一起，融合发展成为现在的东南亚民族。"他们同样列举了考古与民族志材料中古代越族和东南亚民族共有的有段石锛、体质、语言、断发文身、缺齿、干栏、食人猎头、崖葬、洪水传说等为源流关系的主要证据，并从文献资料寻找越族三次向东南亚迁徙的事件，即楚灭越、秦统一岭南、汉武帝平两越。可以说，由于新中国成立以来中外学术的长期隔阂，《百越民族史》一书所涉及的东南亚土著考古与民族志材料很有限，基本上没有超出林惠祥、凌纯声等早期学者论著中的文化因素罗列。而且，在思考华南与东南亚土著的源流关系时，强调楚越、秦楚、汉越三次战争作为越族迁徙东南亚的历史，与凌纯声、徐松石先生的有关论说如出一辙。

总之，近一个世纪以来我国学者在探索华南与东南亚、大洋洲土著民族关系问题时，很少涉及"南岛语族"这个具体的民族志形式（虽凌纯声先生在《中国边疆民族》中将台湾、海南土著和岭南壮侗语族称为"南岛系"），而代之以"东南亚民族"这个含糊的概念，或将问题集中于"马来民族"这个南岛语族分支，几乎无视东南亚、大洋洲广泛分布的南岛语族民族文化，对于华南族群可能的南岛系性质关注不够，更无法从该立场去思考南岛语族的起源。在探索东南亚土著民族起源时，几乎都树立百越视野，充满华南大陆向海洋单线传播、扩散的观点，尤其是将东南亚的马来民族视为华南百越、甚至东周战败的于越国民海洋迁徙的结果，将一个十分复杂的民族史课题简单化了。更由于中外学术的隔阂，国内学者对于与南岛语族起源直接相关的东南亚、大洋洲史前考古新材料的把握也十分有限，较多停留在零星考古器物与文化因素的捕捉，即便凌纯声先生的亚洲地中海古文化圈的文化分层也只是民族学上文化因素的逻辑程序，几乎没有该区域考古地层学文化编年基础上的文化过程研究，无法从考古学角度提供华南大陆土著向海洋扩张的具体过程的证据。

三 华南民族考古学上的"百越—南岛"一体化

过去一个多世纪的中外学术分力于东南亚土著民族的文化起源，国际民族、考古学界主要是基于今南岛语族的民族语言学的立场，思考、论证原南岛语族东南亚或华南闽台一隅文化起源问题；而国内民族史者的主要是基于古代华南大陆百越民族史的立场，单一地构建百越民族向海洋扩散、传播的移植史。东南亚民族起源上"南岛"与"百越"的视觉差距，造成了中外学术"各说各话"的尴尬局面，制约了学术探索的广度和深度。民族学、考古学、体质人类学与民族语言学的新证据表明，南岛语族与华南百越同属于一个人文系统，学术文献中的"百越"与"南岛"并没有真正的文化内涵与族群系统的"差别"。

环"亚洲地中海"区域的考古学研究为"百越—南岛"一体化的民族史蓝图提供了重要的实证依据。首先是东南大陆至东南亚之间的更新世化石人类与旧石器文化的考古发现，我国东南地区发现的十多处人类化石遗存都不同程度地表现出与华北同期人类不同的地理分域特征，而这些分域特征恰好又同样表现在东南亚群岛、大洋洲的化石人类上。如直立人阶段的和县人表现出一系列与爪哇猿人类似而不同于北京猿人的体质特征，早期智人阶段的马坝人也具有许多类似于爪哇岛的昂栋人而不同于华北早期智人的性状，晚期智人阶段的柳江人与加里曼丹岛尼阿人的歧异系数也明显小于柳江人与山顶洞人的歧异系数。在文化构成上，自中更新世晚期以来就形成的特色鲜明的砾石石器工业分布广泛、源远流长，代表了东南地区旧石器文化的主流形态。而在整个东亚地区旧石器文化体系中，中国东南的砾石石器工业与匼河—丁村系、北京—峙峪系构成的华北石片工业传统明显有别，成为东南土著文化本土起源、发展的最早证据。有趣的是，这个砾石石器工业同样是自中南半岛到东南亚群岛间旧石器文化的代表性特征。[①]

新石器、青铜器至早期铁器时代的考古反映了这一土著文化传统的延续。因地理环境等因素的影响以及在"背倚华夏、面向南岛"的空间关系上的距离远近，土著的印纹陶文化表现为"分地带、多区系而一体"的繁复的谱系结构，江南湖网平原地带、沿海丘陵山地地带、海岛地带的土著文化因素由北往南、由内陆向海洋递次增长、社会进程递次减缓。这个多样文化体系的一体性表现为非常明确的土著共性，以陶器群内涵的构成为例，形成了以圜底、圈足器为根本特征的传统。即便在最靠近华夏的江南湖网平原地带，以三足、袋足器具为代表的来自中原北方文化系统的文化影响非常少，即便在龙山、三代以后南下的文化影响有递增之势，但以圜底、圈足器为代表的土著器群始终是该地带文化的主体特征，直到周汉间的戚家墩类型仍是如此。在武夷山—南岭以东、以南的沿海山地丘陵地带，这一土著性表现得更为彻底，壳丘头、前石峡等早期阶段文化是清一色的圜底器和圈足器，即便在龙山、三代有所加强的中原北方系统的渗透和影响也从未真正成为文化的主体，更不具有持久的影响力。[②] 台湾等岛屿地带土著文化的封闭性就更不用说了，新石器文化诸区系的陶器群一直是土著系统而不见中原系的三足、袋足器，甚至在持续发展到近代的高山族各支系的原始制陶文化还只是东南的圜

---

① 董兴仁：《中国的直立人》；吴新智：《中国的早期智人》；吴茂霖：《中国的晚期智人》，均载《中国远古人类》，科学出版社1989年。吴新智：《中国晚旧石器时代人类与其南邻（尼阿人和塔邦人）的关系》，《人类学学报》1987年2期。吴春明：《中国东南土著民族历史与文化的考古学观察》，第41～60页，厦门大学出版社1999年。

② 吴春明：《中国东南土著民族历史与文化的考古学观察》，第63～81页，厦门大学出版社1999年。

底、圈足器，与上古闽、粤地带的土著文化器群一脉相承。[1] 华南土著印纹陶文化体系同样延伸到了东南亚和大洋洲群岛的史前文化中，菲律宾的卡拉那（Kalanay）、塔邦（Tabon）、诺瓦列加（Novaliches）等代表性的史前文化陶器也是以圜底为主、部分圈足的罐或釜、钵是主要的形态，器表装饰也以几何纹样为主；印尼群岛的新石器文化中，刻划、戳印几何纹样的圜底罐、钵也是代表性的器具；大洋洲史前代表性的拉皮塔（Lapita）文化中，磨光红衣、戳印 V 形、齿形和几何纹带的釜、壶、盘、碗等一群陶器同样显露出上述华南陶器群浓重的土著韵味。[2] 最近，古人类学家在对我国南方地区史前、上古时期人骨遗存的综合研究中发现，浙江余姚河姆渡、福建闽侯昙石山、广东佛山河宕、广东南海鱿鱼岗、广西桂林甑皮岩等颅骨组的种族特征非常集中，代表了古代人群的一个重要区域类型"古华南类型"，其前身还可以追溯到旧石器时代的广西柳江人。该类型的分布正与古越人的活动空间重叠，其体质特征与现代华南汉民人群有别，而与东南亚的印尼人、大洋洲的美拉尼西亚人等现代对比组比较接近。[3] 这一成果佐证了文化史上的一个事实，即南岛语族与华南地区的广泛联系。

由于华南百越系统民族文化与南岛语族间是一个长久持续的土著文化系统，并不是一个文化源流简单的大陆向海洋传播的问题，更不能因此将南岛语族在华南的活动时间局限于新石器时代早期或早中期。张光直先生将闽台新石器时代早期的富国墩类型、大坌坑文化与龙山时代的昙石山文化、石峡文化割裂开来，将前者视为南岛语族，后者看成北方龙山形成期的文化波动形成的所谓"汉藏语族"文化，[4] 这与华南新石器、青铜时代文化中土著文化主体地位的持续发展的事实不相吻合。在岭南考古上，20 世纪 70 年代石峡遗址发现之后，苏秉琦先生强调了石峡文化与江西、苏南、浙北诸龙山时代文化的密切关系，并勾画出我国早期古文化区系上"以鄱阳湖—珠江三角洲为中轴的南方地区"。[5] 但是，在石峡文化的因素构成中鼎、盘类器是否为陶器群的根本特征？石峡文化是否可以作为整个岭南史前文化发展的代表，并据此推论鄱阳湖—珠江三角洲古文化的一体性？这些疑问并没有得到很好的思考。张光直先生的看法就是在这一模糊认识的背景下出现的。随着 20 世纪 80 年代后期以来珠江三角洲地区一系列沙丘遗址的发

---

① 吴春明：《从原始制陶探讨高山族文化的史前基础》，《考古》1994 年 11 期。

② 吴春明：《菲律宾史前文化中的大陆因素》，"中国百越民族史学会 2002 年年会论文"，2002 年 6 月浙江绍兴。Patrick V. Kirch, Advances in Polynesian Prehistory: Three Decades in Review, *Advances in World Archaeology*, Vol 1, New Pork: Academic Press, 1982.

③ 朱泓：《中国南方地区的古代种族》，《吉林大学学报》2002 年 3 期。

④ 张光直：《中国东南海岸考古与南岛语族起源问题》，《南方民族考古》第一辑，四川大学出版社 1987 年；《新石器时代的台湾海峡》，《考古》1989 年 6 期。

⑤ 苏秉琦：《石峡文化初论》，《文物》1978 年 6 期；《关于考古学文化的区系类型问题》，《文物》1981 年 5 期。

掘，史前、上古时期岭南地区真正的土著文化内涵更加单纯地展示在我们面前，石峡文化中大量的岭北因素给岭南古文化认识上造成的"龙山形成期"的"汉藏语族"文化的错觉开始得到纠正。这些史前、上古沙丘遗址文化序列的重建，使我们有理由在客观评估大湾文化中的大溪因素、银洲一期文化中的龙山因素、夔纹陶文化中的商周因素、米格纹陶文化中的楚文化因素的基础上，看到岭南土著文化延续发展的主流。实际上，石峡文化中以圜底釜、罐及圈足盘、豆类器为代表的土著器群，就完全不同于以鼎、盘、鬶类为代表的岭北龙山因素，而且本土因素始终占据主干地位，向上可与石峡下文化层为代表的北江谷地先龙山文化衔接，向下与石峡中层为代表的夏商时期文化面貌一致，从这个角度上看石峡文化与石峡中层文化间是没有文化"断层"的。而且，这组本土因素与珠三角地区常见的土著文化器群也有充分的可比性。这些线索使我们更加坚信，石峡文化中的大量岭北龙山文化因素的影响力只是短暂的，没有在岭南地区造成深刻、持久的文化影响，更没有伴随着汉藏语族文化移植到岭南。

闽江下游地区史前、先秦两汉土著文化发展的延续性也是十分明确的。在距今约6000～3000年间，约相当于中原文化编年的新石器时代中晚期和青铜时代早期，闽江流域原始文化始终停留在新石器文化持续发展的水平，在壳丘头文化—昙石山下层文化—昙石山文化—昙石山上层文化—黄土仑文化的发展序列上，文化内涵，尤其是陶器群的陶系、装饰纹样、器物组合、典型器物形态等的演变都一脉相承、延续发展，几乎没有缺环。影响这一文化序列之土著"纯度"的有昙石山文化中鼎等个别龙山时代特征的因素、昙石山上层和黄土仑文化中个别夏商青铜文化因素，前者正是张光直先生将昙石山文化断为"龙山形成期"的"汉藏语族"文化的依据。实际上，昙石山文化的主体是以宽沿圜底釜、直颈圜底罐、壶、圈足罐、豆等为代表的土著器物群，它们是从壳丘头文化直接继承下来的，而且在其后的昙石山上层、黄土仑文化中再次显现，鼎等个别因素数量很有限，而且是在土著的宽沿圜底釜基础上加三柱足而成的，只是龙山文化的影响而不是移植。更重要的是，昙石山文化中龙山因素的影响只是短暂的，在其后续的昙石山上层、黄土仑文化中没有留下痕迹。在距今3000～2000年间，约相当于中原编年的两周秦汉间，东南地区百越文化系统内部出现了较深刻的文化整合，闽江流域的铁山类型青铜文化、富林岗—凤林山类型早期铁器时代文化就是土著文化与吴越青铜文化融合形成的土著文化新阶段。在这一新阶段中，北方华夏系统的文化影响确有增长，但土著文化主流传统的延续也是明确的，铁山、富林岗、凤林山文化陶器群仍主要是新石器时代以来形成的圜底器、圈足器为代表的土著传统，代表性器物形态的上承下传特征也很明显，以至于秦汉时代以富林岗—凤林山文化为代表的闽越考古学文化内涵与中原北方秦汉文化系统截然不同。迄今为止，代表这一地区华夏、汉文化直接移植的最早的考古学证据是闽侯庄边山楚汉文化墓地，它才是闽中地区最早的"汉藏语族"

考古学文化遗存，但该文化也没有取代富林岗—凤林山类型土著文化而成为秦汉时期闽江流域文化主体。六朝以后，闽江流域的考古学文化内涵与面貌才发生根本性的变化，土著内涵的主流地位不复存在，土著文化向所谓"汉藏语族"文化的更迭最终出现。①

由于秦汉以来北方中央王朝对包括岭南在内的百越地带的军政统一、郡县推行和汉民人文的大规模移植，岭南地区百越—南岛系统土著民族文化的主体地位让位于汉藏语族文化，这是南岛语族起源于华南大陆而今南岛语族人群又不见于华南大陆的原因。实际上，百越—原南岛人群退出东南民族的舞台，并不等于百越—南岛系统土著文化因素的终结。东南沿海壮侗语族各系和汉民人文社区中，百越—南岛土著系统的语言与文化积淀是十分丰富的。在语言学上，不少学者对南方壮侗语族的许多人群做了深入的语言调查，并与今南岛语族语言进行比较，发现黎族、水族、侗族、壮族等民族的方言和口语与今高山族、菲律宾土著、马来语等南岛语言在基本词汇上有很大的共性。同样的现象存在于南方汉语方言中，闽、粤汉语方言和客家方言的语言调查表明，南方汉语方言的构词和语音与台湾阿美族、排湾族等高山族分支语言有很大的共性。这些同于南岛语言的特征，正是南方汉语方言区别于北方汉语的层面。类似的积淀在社会文化的其他方面也有不少线索。在海洋人文方面，唐宋元明期间以闽粤为中心的东南沿海海外交通"崛起"，实际上就是百越先民"善于用舟"的海洋传统的延续发展。传统的海交史研究一概强调汉唐以来汉人南迁带来先进的生产力、中国社会经济重心南移、唐宋王朝鼓励海外贸易的发展等带动了航海事业的繁盛，论述忽视了自史前时代东南土著奠基的海洋人文传统。如果不是东南汉民社会继承百越先民的海洋人文传统，以农耕社会经济为基础、在整个古代社会都不曾有过发达的海洋文明史的北方"衣冠"人群又如何在六朝以来将海洋文明"移植"到东南？百越先民复杂的自然崇拜、原始宗教和社会惯习内容在闽粤汉民社会中也有不少残余。如闽粤山地汉民的蛇（龙母）崇拜、盘瓠崇拜文化，客家文化中的鸟、石头、大树等多神灵崇拜，客、瑶等人群中的女劳男逸、母权文化、天黑抢亲、拔牙镶金等民俗文化，都不难联系史前、上古土著人文的积淀，形成了现代东南社会文化内涵中不同于内地北方汉民人群的诸多特异现象。②《史记·封禅书》载："是时既灭两越，越人勇之乃言，'越人俗鬼，而其祠皆见鬼，数有效。昔东瓯王敬鬼，寿百六十岁。后世怠慢，故衰耗。'乃令越巫立越祝祠，安台无坛，亦祠天神上帝百鬼，而以鸡卜。上信之，越祠鸡卜始用。"③《汉书·食货志》载："汉连出兵

---

① 吴春明：《闽江流域先秦两汉文化的初步研究》，《考古学报》1995 年 3 期。
② 陈支平：《福建六大民系》，福建人民出版社 2000 年。黄叔娉主编：《广东族群与区域文化研究》，广东高等教育出版社 1999 年。龚伯洪：《广府文化源流》，广东高等教育出版社 1999 年。
③ ［汉］司马迁：《史记》卷二十八"封禅书第六"。

三岁，诛羌，灭两粤，番禺以西至蜀南者置初郡十七，且以其故俗治，无赋税。"① 可见，华南汉民社会人文中的这些特异内涵确实是在汉晋以来汉越文化冲突、融合过程中"以其故俗治"而保留下来的土著文化因素。壮侗语族的许多支系本来就是汉唐以来随着百越民族的主体融合于汉民人文而残存下来的，大分散、小聚居于华南山地的百越后裔；而南方汉民人群方面，除了汉晋以来大规模南迁但"居越而越"地受到土著人文影响的汉人移民外，还有不少汉化了的土著越人。华南现代民族文化中的百越—原南岛语族文化积淀有力地支持了百越—南岛一体化的民族史蓝图。

---

① ［汉］班固：《汉书》卷二十四下"食货志第四下"。

南岛语族起源研究中的四大误区[*]

"南岛语族"（Austronesian）即"马来—波利尼西亚语系"（Malayapolynesian），是西语民族志文献中出现频率很高的一个族群概念，是指太平洋西南部群岛地带的土著人们共同体，主要包括马来人（含台湾高山族）、密克罗尼西亚、美拉尼西亚人、波利尼西亚人等几大族群，是一个十分庞杂的民族文化体系。南岛语族也是一个世纪以来西方人类学研究的热点，长期以来语言学家、考古学家、民族学家、人种学家乐此不疲。但是，在南岛语族起源研究的基本"套路"中，存在不少概念、方法的问题，许多研究者都循着"权威"指导的方向去搜寻、探索，将一系列学术上的谬误不断重复成看似"真理"的多数主张。

一 南岛语族起源研究中语言学方法的漏洞

南岛语族的发现与研究是从语言学开始的，迄今南岛语族起源研究中最基本的方法也是语言学的方法。实际上，语言学严重地束缚着国际人类学界在南岛语族起源问题上的考古学、民族学和体质人类学等多学科研究。

"南岛语族"本身就是一个语言民族学的识别符号。19世纪中期，在西方人类学家的"殖民地研究"中就开始关注语言文化特殊的苏门答腊、加里曼丹、爪哇等东南亚群岛一带土著民，并称之为"东印度群岛民（Indonesian）"、"马来群岛民（Malayanes-ian）"，即后来所谓的"印度尼西亚人"、"马来人"，巴斯典（A. Bastian）、克鲁伯（A. L. Kroeber）等欧美早期人类学家还分别使用"印度尼西亚文化圈"、"东南亚古文化圈"的概念。随着亚太殖民地的扩张与对大洋洲土著文化的认知，西方人类学家进

* 国家社科基金2001年度民族学课题"闽台土著民族关系史与南岛语族起源研究"（01BMZ023）资助成果。2002年10月参加吉林大学举办的"全国高校边疆考古学术研讨会"提交的《"南岛语族"起源研究中"闽台说"的商榷》一文，修改后刊于《民族研究》2003年4期。在此基础上扩展而成本文，提交2004年11月参加福建武夷山举办的"中国百越民族史研究会第十二次年会"，修改后刊于《厦门大学学报》2005年3期，《中国人民大学复印报刊数据》（语言学）2005年6期全文转载，与曹峻合作。

而发现大洋洲三大群岛民的语言也属于这个系统，于是统称"南岛语族"，西语"Austronesian"即"澳洲群岛土著民"之意。①

南岛语族共同体确认以来，有关该族群起源的研究也都是基于语言学的实践，其中语言类型学是最基本的方法。戴恩（I. Dyen）采信萨皮耳（E. Sapier）的历史语言学观点，认为在语言亲缘的族群关系中，语言变异、复杂性程度最高的地区就是该族群的原住地，在实践中他选用苏瓦迪士（Swadesh）的"基本词汇表"，调查、研究"今南岛语族"的语言分类，发现台湾、苏门答腊和新几内亚岛，尤以新几内亚岛语言的总数最多、语言变异、复杂性程度最高，因而确定为"南岛语族"的起源地。这个理论还直接影响了民族考古学的实践，张光直、贝尔伍德（Peter Bellwood）的南岛语族闽台起源论就是该理论的一个注脚，这在下文再说。南岛语族起源上的语言类型学研究是存在明显的方法论缺陷和学术漏洞的：第一，从人文科学的本质上说，民族文化起源研究中单纯的语言学方法终究只是一种学术假说，脱离了民族学、考古学印证的语言学研究是触摸不到历史文化"过程"的脉搏的。第二，就分类学本身而言，语言变异的原因很多，萨皮耳关于变异即原乡的理论并没有得到充分的论证，是否适合于南岛语族的起源研究是未知的；不同民族的语言文化内涵差异很大，苏瓦迪士"基本词汇表"中的200个字汇是否适合于南岛语的调查、分类也是有疑问的。第三，就语言调查的范围而言，南岛语族居留地是变动不居的，所谓"今南岛语族"居住的西南太平洋四大群岛地带并不是"南岛语族"自远古以来稳定不变的"世居"，虽然华南地区已经不是现今"南岛语族"人群的分布区，但华南壮侗语族和汉语方言中都有不同程度的"古南岛语的底层因素"，因此语言学上忽视华南材料的"今南岛语群"研究是很不科学的。②

"语言古生物学"的方法也被许多的南岛语族起源研究者所乐道。柯恩（H. A. Kern）在1889年用荷兰文发表的《推定马来—玻利尼西亚语族起源地的最早证据》一文，根据现代南岛语言中词汇的构成拟测即原南岛语，发现古南岛语中包含的动、植物群是热带海岸地带的环境特征，从而推定"原南岛语族"可能居住在印度尼西亚或印度支那半岛的东岸，北不超过北回归线，南不超过爪哇，最可能是在印度支那半岛的海岸。20世纪70年代以来，不少语言学家开展了类似的工作，结论也大致相近。③ 柯恩方法的缺陷在于：第一，史前、上古时期"热带海岸地带"与现代的热带海

① 凌纯声：《东南亚古文化研究发凡》，台湾《新生报》副刊"民族学研究专刊"，1950年3期。

② 李壬癸：《台湾原住民的族群与迁徙》，第34~40页，台北常民文化事业公司1997年。郭志超、吴春明：《台湾原住民"南来论"辨析》，《厦门大学学报》2002年2期。

③ 李壬癸：《台湾原住民的族群与迁徙》，第34~40页，台北常民文化事业公司1997年。张光直：《中国东南海岸考古与南岛语族起源问题》，《南方民族考古》第一辑，四川大学出版社1987年。

岸地带不是一个重叠的区域，全球气候变化是第四纪环境变迁的常见现象，至少全新世初、中期就有若干次的气候转暖、气候带的北移，因此语言古生物学发现的"原南岛语族"居住的"热带海岸地带"正好应该包括华南大陆沿海在内。第二，"语言古生物学方法"赖以调查、分析的语言学材料仍是"今南岛语"，缺乏华南这一不可或缺的空间材料。基于华南大陆壮侗语族与汉语闽粤方言中共存"古南岛语底层因素"的事实，原、今南岛语族都是一个复杂的、"多元一体"的土著文化体系，即便"今南岛语族"不同族群的空间分布中环境的差异也是明显的，从不同空间范围内的"今南岛语"或"南岛语底层因素"中完全可能拟测出"原南岛语族"不同支系的不同生存环境。因此，语言学古生物学重建已经消亡的"原南岛语族"历史，可信度也是有限的。

由于语言学在南岛语族调查研究上的主观缺陷，造成了南岛语族起源地不能超越东南亚的群岛和半岛的假象，这对南岛语族起源、族群关系等重大问题的认识产生了十分深刻的、负面的影响。比如在台湾原住民起源问题上，日据时期的鸟居龙藏、宫本延人等都曾提出台湾原住民"南来"的看法，主张高山族在种族上属于南方蒙古人种的原马来人系，语言上属于马来波利尼西亚语族，文化特质上属于印度尼西亚文化群，由此可以说他们系由东南亚北上而移住于台湾者。[1] "鸟居龙藏博士在日据初认为台湾土著民族及史前时代文化皆为马来语系的这一论断，深刻地影响了日据时期的台湾研究，加以台湾土著民族正好在目前'南岛语族'地理分布的最北边缘，使得大多数学者都只注意由南而来的民族及文化的移动，而忽略了与台湾最为靠近的大陆之关系。"[2]

不过，从20世纪30年代起，语言学的南岛语族东南亚起源论就已经受到了考古发现与研究的广泛质疑。历史学派人类学家美国人拜雅（H. O. Beyer）长期坚持菲律宾群岛的史前考古，在1948年结集出版的《菲律宾与东亚考古》一书中初步阐述了东亚大陆与太平洋群岛土著民族文化的空间联系。他主要依托石器形态的类型学研究，重建东亚大陆与东南亚、大洋洲群岛土著文化的空间联系，特别关注石锛的不同形态及其时空分布，认为最初原始型的有柄石锛发现于华南大陆和台湾，传到吕宋岛发展成高级型的菲律宾式的有段石锛，最后才传播、发展为夏威夷和东波利尼西亚的型式。[3] 同时期的奥地利海因·戈尔登也根据中国和波利尼西亚都有有段石锛的事实推断大洋洲的古文化有些是起源于中国的，主张东南亚史前文化和种族来源的北来说，认为新石器时代便有

---

① 金关丈夫、国分直一著，庄景辉、黄东毅译：《台湾考古学研究简史（上、下）》，《福建文博》1982年1期、1984年1期。张德水：《激动！台湾的历史：台湾人的自国认识》，台湾前卫出版社1995年。

② 宋文薰：《史前时期的台湾》，载《台湾史论丛》第一辑，台湾众文图书公司1980年。

③ H. Otley Beyer, *Philippine and East Asian Archaeology*. National Research Council of the Philippines, Bulletin 29, University of the Philippines, 1948.

一种使用澳亚语（Austroasiatic speech）而体质上属于蒙古利亚的民族迁移到了印度支那、华南大陆沿海、台湾、菲律宾、苏拉威西。[①] 在这一大的学术背景下，日据后期的日本文人也都承认台湾原住民与东亚大陆密切关系的客观事实，金关丈夫在《论台湾先史时代之北方文化的影响》中指出台湾史前文化中不但有浓厚的大陆北方文化要素，而且所谓"南方要素"中也有许多是经由中国大陆沿海地方传入台湾的。[②] 鹿野忠雄也在《台湾先史时代的文化层》中总论了台湾史前文化发展的七个"文化层"，认为前四个文化层属于大陆系统，后三个文化层则分别源自中南半岛再经由菲律宾诸岛北上的，"台湾先史文化的基底是中国大陆的文化，此种文化曾有数度波及于台湾；其次，又受印度支那混有青铜器、铁器等之金石并用文化的影响；而最后，则从菲岛传入铁器文化"。[③] 近年来，"台独"文人又重新拾起"台湾原住民＝南岛语族＝南来"这一源于语言学缺陷的、早为中外学术所否定的定式为至宝，作为渲染"台湾民族独立论"的主要依据，更从学术反动走向了政治反动。[④]

二　南岛语族"闽台起源说"的缺陷

除了单纯语言学框架下的南岛语族东南亚起源论外，20 世纪中叶以来最具代表性的南岛语族起源研究还是在民族学、考古学、语言学的"科际整合"旗号下出炉的"闽台起源说"。张光直、格雷斯（G. Grace）与索尔海姆（W. G. Solheim）等就将考古学与语言学方法"结合"起来，探索华南与太平洋群岛之间土著居民迁徙的路线、年代，将华南的绳纹陶文化与"南岛语族"祖先联系起来。[⑤] 贝尔伍德（Peter Bellwood）更明确地论述"南岛语族"从华南的台湾到大洋洲的扩张史，即距今 5000 年以前从以闽台为中心的中国东南海岸出发，距今 5000～3000 年间扩张到东南亚群岛，距今 3000～1000 年间传播到太平洋群岛。[⑥] 在汉语学术圈，代表作是张光直先生的《中国东南海岸考古与南岛语族起源问题》，他认为台湾土著各族所操的南岛系统语言彼此差异很大，语族分群众多，表明这些南岛语言在台湾的历史比较古老，台湾史前文化比较完整的谱系已经建立，土著文化具有长久的连续性，直到明郑时代，而在这一连续的史前

①　林惠祥：《中国东南区新石器时代文化特征之一：有段石锛》，《考古学报》1958 年 3 期。

②　宋文薰：《史前时期的台湾》，载《台湾史论丛》第一辑，台湾众文图书公司 1980 年。

③　鹿野忠雄著，宋文薰译：《台湾先史时代的文化层》，载《台湾史论丛》第一辑，台湾众文图书公司 1980 年。

④　张德水：《激动！台湾的历史：台湾人的自国认识》，台湾前卫出版社 1995 年。

⑤　Kwang‐chih Chang, George W. Grace, Wilhelm G. Solheim II, Movement of the Malayo‐Polynesians：1500B. C. to A. D. 500, *Current Anthropology*, 1964（5）：359–406.

⑥　Peter Bellwood, *New Perspectives on Indo‐Malaysian Prehistory*, Bulletin of Indo‐Pacific Prehistory Association, 1983, 4. 转引自张光直《中国东南海岸考古与南岛语族起源问题》，《南方民族考古》第一辑，四川大学出版社 1987 年。

文化体系中时代最早、分布广泛的新石器时代文化是大坌坑文化，因此大坌坑文化就是台湾南岛语族的祖先，也是整个原南岛语族老家的一部分。同时，还以大坌坑文化的三个具体特征（如贝齿印纹的绳纹陶、小型石器与树皮布棒、水边小聚落等）去衡量大陆东南的史前文化，将福建沿海的富国墩类型视为大坌坑文化的同类，由此将"南岛语族"最早的源头指向闽台两岸的这两支新石器时代早期的绳纹陶文化。① 张先生的论述对近年华裔学者的"南岛语族"研究有很深刻的影响，他们一般都主张将大坌坑文化在闽粤沿海的起源及台湾新石器文化向东南亚群岛的扩散作为探索南岛语族起源、传播的主要学术方向。台湾"中研院"许木柱主持的基因研究项目，也通过对包括台湾、东南亚、大洋洲南岛语族人群 DNA 序列的"群聚性"研究，发现台湾和菲律宾自成一个群聚，尤其是台湾的排湾族与东南亚、大洋洲南岛语族的基因序列相近，由此得出太平洋区的南岛语族是从台湾扩散出去的推论。②

南岛语族的"闽台起源说"实际上只是以闽台地区的民族学和考古学材料解释前述戴恩南岛语族语言分类学调查、研究的一种具体看法。他们的主要依据是两条，其一是台湾的土著语言变异最大，因而是原南岛语的发生地；其二是大坌坑文化是这个原南岛语发生的岛地中最古老的新石器文化，因此大坌坑文化及"延伸"的富国墩类型就是原南岛语族老家。将历史语言学的"发现"作为考古学研究的前提，实际上是给考古学的研究设置了一个"圈套"，考古学成为语言学的傀儡，"闽台说"并没有突破前述单纯语言分类学的窠臼。所谓考古学的"论证"只是找到了台湾南岛文化的源头，指出了语言学家所谓的最古老的"南岛语族"文化在考古学上的表现，并没有为语言分类学所谓的"台湾南岛语族文化就是整个南岛语族最古老文化"的"发现"提供考古学的佐证。令人遗憾的是，迄今在南岛语族起源研究上的学术主流并没有认识到考古学在这一理论中的傀儡角色，在探索南岛语族文化起源时，主观上不愿摆脱闽台沿海新石器文化的局限。

南岛语族是一个"多元一体"的族群文化体系，原南岛语族的考古学文化也应是一种土著文化体系，而不应在逻辑上将"原南岛语族"的考古学文化内涵作"同一"的假设。"闽台说"虽然也将"南岛语族"的老家延伸到了海峡对岸的大陆沿海，但以大坌坑文化的一些具体特征去衡量大陆东南的史前文化，将"原南岛语族"文化体系的一个环节等同于这个复杂多样的文化体系，认为大陆上与大坌坑文化同类的只有福建沿海的富国墩类型，大坌坑与富国墩为同一文化的两个类型，因此将南岛语族在"华南"的起源地局限在闽台沿海，排除了向西两广和越南沿海、向北浙江沿海的可能性，

① 张光直：《中国东南海岸考古与南岛语族起源问题》，《南方民族考古》第一辑，四川大学出版社 1987 年。
② 许木柱、陈淑倬：《南岛语族基因新发现》，《经典》2001 年 37 期。

与东南土著民族文化的统一性格局不相吻合。

在东南地区史前、上古土著文化的统一性问题上，我国民族史学界主要围绕"百越民族"的文化源流和统一性、多样性的内在结构，重建广泛分布于长江下游以南沿海地带、自史前到周汉间、不同于中原华夏系统的土著的"百越民族史"。[①] 如果将百越及其先民文化的统一性放在整个东亚地区上古民族文化空间分布的宏观角度考察，其地域文化特征、尤其是不同于中原华夏的文化史地位就更凸现了。百越的民族文化特征几乎全部都在台湾高山族文化的历史与现实中表现出来，因此，南岛语族系统的台湾高山族先民也被看成百越系统的一个成员。换句话说，不但中国东南大陆的上古百越各民族是一个统一的文化整体，其与台湾、东南亚和西南太平洋群岛地带的南岛语族之间也绝非两个系统的民族文化。

从考古学上看，"百越—南岛"统一性的民族史蓝图更为明确，尤其是新石器、青铜器至早期铁器时代，东南土著民族考古学文化的多元一体结构更具体地表现在印纹陶文化上。印纹陶文化是指广泛集中分布于我国东南地区、以形成和发展过程中的印纹陶遗存共出为特征的、多时空的考古学文化体系，而不是一个具体的考古学文化。[②] 我们主张因地理环境等因素的影响，印纹陶文化各区系间的内涵并非整齐划一、平行等同的，江南湖网平原、沿海丘陵山地、海岛三个地带、多区系而一体的土著因素由北往南、由内陆向海洋递次增长。[③] 以陶器群内涵的构成为例，三个地带自新石器时代以来就形成了以圜底、圈足器为根本特征的土著文化传统。即便在最靠近华夏的江南湖网平原地带，早期文化中土著器群比较单纯，以三足、袋足器具为代表的来自中原北方文化系统的文化影响非常少，虽然在龙山、三代以后南下的文化影响加强，三足和袋足器具有递增之势，但以圜底、圈足器为代表的土著器群始终是该地带文化的主体特征。在武夷山—南岭以东、以南的东南沿海山地丘陵地带诸时空文化中，土著器群的组合表现得更为彻底，虽然在龙山、三代受到中原北方系统文化不同程度的渗透和影响，但这些南下因素从未真正成为文化的主体和具有持久的影响力，所以直到周汉时代，在东南两越考古学文化遗存中三足、袋足器具仍是十分稀罕的。在台湾等岛屿地带，圜底、圈足器为代表的土著文化更为封闭，新石器文化诸区系的陶器群一直是东南土著系统，在持续发展到近代的高山族各支系的原始制陶文化还只是东南系统的圜底、圈足器，与上古

---

① 陈国强、蒋炳钊、吴绵吉、辛土成：《百越民族史》，中国社会科学出版社 1988 年。蒋炳钊、吴绵吉、辛土成：《百越民族文化》，上海学林出版社 1988 年。

② 文物编辑委员会：《长江下游新石器时代文化学术讨论会论文集》，《文物集刊（1）》，文物出版社 1980 年。文物编辑委员会：《江南地区印纹陶问题学术讨论会论文集》，《文物集刊（3）》，文物出版社 1981 年。李伯谦：《我国南方地区印纹陶遗存的分区、分期及其有关问题》，《北京大学学报》1981 年 1 期。

③ 吴春明：《中国东南土著民族历史与文化的考古学观察》，第 63～81 页，厦门大学出版社 1999 年。

闽、粤地带的土著文化器群一脉相承。这个百越系统的土著考古文化体系同样延伸到了东南亚和大洋洲的史前、古代文化中，菲律宾、印尼史前文化陶器的总体上也以圜底器为主，部分圈足器，不见三足器具，器类单一，罐或釜、钵是主要的形态；大洋洲新石器时代代表性的拉皮塔（Lapita）文化中，磨光红衣、戳印"V"形、齿形和几何纹带的釜、壶、盘、碗等一群陶器同样显露出上述华南陶器群浓重的土著韵味。①

就是说，南岛语族的东南亚、大洋洲史前文化与整个百越系统的华南史前、上古文化同属于一个系统，南岛语族"闽台起源论"割裂了包括闽台在内的整个百越、乃至南岛系统民族文化的统一性，不符合东南土著文化史的客观事实。

三 南岛语族"扩张征服论"的困惑

在南岛语族起源研究中，还有一个在国际学术界几乎达成共识的"扩张征服论"。该理论仍然受到语言学研究的束缚，主要依据语言古生物学家"拟测"的"原南岛语"的环境与文化成分，提出南岛语族是天生"新石器时代的"、"农耕的"、"制陶的"民族。于是主张现今东南亚、大洋洲南岛语族是新石器时代以来的种族扩张、传播与替代的结果，与该地区旧石器时代、中石器时代原住采集—狩猎的人群无关，是一群新的、外来文化的入侵与征服。彼得·贝尔伍德说，最古老的"南岛语族"人群是台湾土著，他们是天生的农耕、海洋生计、木作房屋、磨制石器和制陶人群，他们由台湾向南扩散到菲律宾、印尼群岛和大洋洲。"①操南岛语的人群在向印尼—马来群岛扩张的过程中，带来了成熟的农耕经济、制陶技术和单边刃的石锛，编织也是与农耕共存的海、陆渔猎中所不可缺少的。②虽然群岛上的前南岛语族的人群已经使用了磨刃石斧和贝锛，但他们没有制造陶器；虽然他们毫无疑问地开发了许多块根植物和果蔬，这些植物和果蔬也都是南岛语族主要的栽培物，但前南岛语族人群并没有系统栽培这些果蔬和植物。如果他们栽培了，那么迄今东南亚主要群岛上的非南岛语族和非蒙古人群的人口一定比现在要多得多。③在南岛语族扩张的过程中，非南岛语族的采集狩猎者呈人数递减的趋势残存着，期间在新几内亚高地独立发生了栽培谷类以外植物的农耕经济，所以新几内亚岛上的南岛语族只分布于沿海。④在南岛语族向南扩张至大洋洲的过程中，南岛语族人群的经济模式仅仅传播了若干纬度，有不少区域性的生态适应模式。在东印尼群岛，谷类栽培就被块根植物和果蔬栽培所取代，一些人群更是在海、陆渔猎经济的轨道上发展而远离农耕。⑤在公元前500至公元500年间，群岛的文化融入了更广泛的东亚和南亚互动圈中，该阶段的主要发展是冶金、可能的家畜和水牛蓄养、某些地方（北吕宋、

---

① Patrick V. Kirch, Advances in Polynesian Prehistory: Three Decades in Review, *Advances in World Archaeology* Vol 1, New York: Academic Press, 1982.

爪哇、巴厘岛）出现梯田和灌溉农业。与印度和中国文明的接触也在该阶段开始。"①
夏威夷大学的戈尔曼（C. F. Gorman）也在泰国仙人洞中石器时代的"和平文化"遗址发掘后主张，"后和平"阶段的磨制技术和制陶是外来引进的新石器文化因素，这些以低地稻作农耕为特征的新石器文化是存在于其他地方的发达文化，"到了公元前6500年左右，一种新的工艺组合传入了东南亚，或者在东南亚发展起来"。②"扩张征服论"是南岛语族历史研究中的一个基础理论，张光直先生在台湾寻找最古老的南岛语族文化时，只关心"最古老的新石器时代文化"即大坌坑文化，而无视更早的旧石器时代长滨文化的存在，就是以这个理论为预设前提的。

南岛语族是亚洲东南至大洋洲海洋地带一个非常复杂的文化共同体，是这一地区史前至历史时代民族文化长期互动、融合的产物，南岛语族起源研究上的"扩张征服论"以语言学的"拟测"束缚考古学的发现，有悖于华南、东南亚、大洋洲史前考古学文化发展、变化的基本事实。

一方面，"扩张征服论"割断了亚洲东南至大洋洲广阔海洋地带间史前考古学文化延续发展、内在演化的客观进程。以和县猿人—爪哇猿人种族共性和砾石石器工业为代表的亚洲东南海洋地带土著人文共同体在中更新世以来就已形成，并在几十万年的远古人文发展进程中延续不断，万年前后该区域以华南山洞和东南亚"和平文化"的介壳堆积中带穿孔、磨刃并不同程度共出小石片石器的中石器文化确切无误地、一脉相承地继承了旧石器时代本土砾石石器文化的传统。而且，万年前后的中石器文化共同体中也已经准确无误地孕育了亚洲东南海洋地带新石器时代定居、农耕文化的代表性因素，如作为新石器时代石器工业根本的磨制、穿孔技术就是率先出现于亚洲东南海洋地带的土著中石器文化层中的，新石器时代最初的制陶技术也往往率先出现于华南山洞和"和平文化"的介壳堆积的上层即同一洞穴聚落。换句话说，以磨制石器、农耕、制陶等为特征的南岛语族实际上就是地地道道的亚洲东南海洋地带自旧石器时代以来源远流长的土著人文共同体的延续。这就是贝尔伍德难于合理地解释为什么东南亚的前南岛人群已经出现了磨刃石器和贝锛的原因。不可否认，史前时代区域人文的传播、融合对于文化变迁、文化更新的作用，但这一传播论的文化史过程不能完全排斥演化论的文化史过程，从亚洲东南海洋地带史前考古学文化延续性的客观事实来说，南岛语族人群在这一广阔区域内具有深厚的土著根基，中石器时代的文化就是这一土著人文共同体发展进程的一个重要阶段，"南岛语族"不可能是单纯的外来人群在东南亚、大洋洲地带的传播者与征服者。考古学家在越南红河三角洲中石器时代的"和平文化"和新石器时代早

---

① Peter Bellwood, *Prehistory of the Indo-Malaysian Archipelago*, Honolulu: University of Hawaii Press, 1997. P201.
② 切斯特·戈尔曼：《和平文化及其以后》，《考古学参考资料（2）》，文物出版社1979年。

期的"北方文化"的一个重要发现是，两文化墓葬中的死者遗骸都属于美拉尼西亚种族和印度尼西亚种族（即马来人种），也就是南岛语族，可见南岛语族先民在这个地区自远古以来的源远流长。[①]

另一方面，将南岛语族起源研究上的语言学成果作为考古学探索预设的前提，将语言学家"拟测"的"原南岛语族"人文特征作为探索"原南岛语族"史前考古学文化的定义、标准和概念，如将稻作农耕、磨制石器、低地定居等视为"南岛语族"排他的人文特征，忽视了历史与现实的变迁关系，也将"南岛语族"复杂的文化构成简单化了。贝尔伍德等考古学家对待语言学成果的做法，已经将考古学置于语言学"附庸"的地位，而不是学术研究中的"科际整合"，由于"南岛语族"起源研究上单纯语言学不可否认的局限性，即限定在所谓"今南岛语族"人群活动的东南亚、大洋洲空间范围内寻找"原南岛语族"的活动空间、限定在"今南岛语族"的语言成分中"拟测""原南岛语族"的人文构成，都忽视了从历史到现实的文化变迁关系。从现实的民族志材料来说，虽然所谓的"南岛语族"人群局限于东南亚、大洋洲群岛等地，但南岛语族文化因素的积淀在华南大陆土著与汉人社会中是客观存在的，说明这一地区虽已不是"南岛语族"的聚居区，但确是"原南岛语族"的重要活动区，不能被排除在包括语言学在内的"南岛语族"起源研究的多学科实践中。南岛语族的人文是复杂多样而不是单纯排他的，如稻作农耕并不是所有南岛语族的主流经济形态，块根植物和果蔬类的园艺农业、广谱采集渔猎等多样的经济生活手段都是南岛语族现实人文中不可或缺的内涵。从考古学文化内涵看，亚洲东南至大洋洲海洋地带间的史前土著人们共同体与南岛语族人文间既是延续发展，又存在文化的变迁。今南岛语族的许多人文内涵既是历史过程的积淀，也是区域人文演化的结果，磨制等新石器、单斜刃的石锛、稻作农耕等并非历史上南岛语族不同阶段一成不变的人文形态，不可以"今南岛语族"人文现状为"尺度"去衡量历史上、甚至千万年前的"原南岛语族"存在与否。换句话说，亚洲东南至大洋洲间史前（旧石器、中石器、新石器各阶段）土著与现实南岛语族间的人文差距，主要是同一土著人文共同体内在文化演化、变迁的结果，而不是简单化的文化传播、人群征服与替代的问题。

因此，南岛语族的起源是亚洲东南海洋地带广阔地域内自远古以来复杂的土著民族文化演化进程的一个环节，并不是新石器时代由台湾出发向南经菲律宾、印尼、大洋洲

---

① Bui Vinh. The Stone Age Archaeology in Viet Nam: Achievement and General Model. Pierre – Yves editor. *Southeast Asian Archaeology* 1994: *Proceeding of the 5th International Conference of the European Association of Southeast Asian Archaeologists*, Paris, 24th – 28th October 1994. Special Issue of Centre for Southeast Asian Studies, University of Hull, 1994.

的如此简单化的"远征史"。

四　南岛—百越研究中的视角反向

"南岛语族"是近、现代西方民族学上使用的一个族群概念,是西方航海家闯入南海、太平洋和西方民族学家关注西南太平洋群岛土著之后,出现于西语民族志文献的。"百越"是汉文史籍对周汉时期活动于中国东南方的土著民族的概称,"扬汉之南,百越之际"大致包括了"句吴"、"于越"、"闽越"、"东瓯(越)"、"南越"、"西瓯与骆越"、"干越"、"扬越"等先后割据于中原王朝之外的土著王国"文明"。民族史学上"百越先民"或"百越文化"的时空更为宽泛,一般地指东南地区自史前、上古到秦汉间不同阶段的土著人群。[①] 民族考古学的研究表明,史前、上古中国东南的"百越先民"与东南亚、大洋洲"南岛语族"实际上是一个土著文化体系。[②]

但是,在20世纪的大部分时间里,"百越先民"与"南岛语族"在中、西学术上长期分述。我国学者主要局限在中国民族史的学术框架中探讨中国东南大陆的上古百越及其向海洋扩散、传播的移植史,可谓"从陆地看海洋"。而在19世纪后期以来的欧美、澳洲等国际民族、考古学界,主要基于着眼于"今南岛语族"人群的语言学视野,局限在东南亚与太平洋群岛范围内探索"原南岛语族"问题,就是"从海洋看陆地"。中国学者"百越视野"和西方学者"南岛视野"间视角反向,学术隔阂。

20世纪的中国东南民族史、考古学者在主要围绕"百越民族"的文化源流和统一性、多样性的内在族群结构进行了系统的复原研究,重建广泛分布于长江下游以南沿海地带、自史前到周汉间、不同于中原华夏系统的土著的"百越民族史"。[③] 林惠祥教授是"百越"视野的主要创立者,他的导师拜雅的研究深刻地影响了林教授在华南、东南亚民族史与考古学上的研究,而且锁定了从"百越看南岛"即华南百越民族史立场观察、研究台湾原住民与马来(即南岛)民族起源的学术视野。20世纪30年代以来,林教授就关注到华南、台湾、东南亚、太平洋群岛间新石器文化的密切关系,提出

---

① 陈国强、蒋炳钊、吴绵吉、辛土成:《百越民族史》,中国社会科学出版社1988年。蒋炳钊、吴绵吉、辛土成:《百越民族文化》,上海学林出版社1988年。

② 凌纯声:《东南亚古文化研究发凡》,台湾《新生报》副刊"民族学研究专刊",1950年3期。凌纯声:《中国古代海洋文化与亚洲地中海》,《海外杂志》1954年3卷10期。凌纯声:《太平洋上的中国远古文化》,《大陆杂志》1961年23卷11期。

③ 陈国强、蒋炳钊、吴绵吉、辛土成:《百越民族史》,中国社会科学出版社1988年。林惠祥:《中国民族史》,商务印书馆1936年。

"亚洲东南海洋地带"不同于华北、"有段石锛"在中国东南发生传于台湾、菲律宾以至波利尼西亚诸岛，并指出华南大陆的百越民族就是居留在大陆上的古代马来人，即所谓"原马来人"，华南大陆为马来人的起源地。①

与林先生的论述大致同时，徐松石、凌纯声先生的百越民族史学术立场也非常鲜明。徐先生在《粤江流域人民史》、《泰族僮族粤族考》、《东南亚民族的中国血缘》等著中，也阐明了"马来族的前身是大越族。浙江江苏福建乃他们最初居住的地方"，"楚威王击杀越王无疆，越族分散于江南海上"，"大越移民大批乘船出海，漂流到苏门答腊去"。将华南土著向东南亚的迁徙一概归结为楚越战争、越族散流到江南海上，将百越—南岛的关系史更简单化了。② 凌先生创建的环南中国海的"亚洲地中海文化圈"理论，对东亚大陆、东南亚到西南太平洋三大群岛的古代文化进行分区、分层的研究，确立了印度文化、汉藏语族文化、阿拉伯文化、西洋文化等相继传入之前，该广阔地带的基层文化为代表的土著文圈。他还从中国民族史的立场认识南岛民族，将南岛系作为中国民族五个系统之一的东南系，将华南民族志上的台湾高山族、海南岛黎族、西南洞僚群的仡佬水家土僚民家等纳入南岛系。③

近半个世纪以来，两岸土著民族关系史及东南亚、太平洋土著（南岛语族）关系的研究基本上是沿着林惠祥、凌纯声、徐松石等这些前辈学者的"百越"视野展开的。厦门大学陈国强、蒋炳钊、吴绵吉、辛土成等先生的成果就是他们的导师林惠祥教授学术的延伸和发展，《百越民族史》在"越族与东南亚民族的关系"方面，认为"早在新石器时代后期，百越民族的先民文化和东南亚各国的新石器时代文化，关系就很密切，后来，越族曾数次南迁，特别是我国东南地区的越族，从大陆经台湾南迁进入菲律宾等地；在西南和南方的越族，也南迁进入印度支那等地。南迁的越族和当地土著一起，融合发展成为现在的东南亚民族。"④

"南岛语族"是16世纪以来欧洲航海家开辟远东航路、闯入南海后遭遇到的最重要的土著人群，继而在19世纪以来成为近代学术范畴中欧美民族学、人类学"殖民地研究"中关注的一个重要对象。因此，南岛语族的学术研究与欧美世界在

① Lin huixiang, A Neolithic Site in Wuping, Fukien. *The Proceedings of the Third Congress of the Far Eastern Prehistorians*, Singapore, 1931. 林惠祥：《福建武平县的新石器时代遗址》，《厦门大学学报》1956 年 4 期。

② 徐松石：《粤江流域人民史》，中华书局 1939 年。徐松石：《泰族僮族粤族考》，中华书局 1946 年。徐松石：《东南亚民族的中国血缘》，香港东南亚研究所 1959 年。

③ 凌纯声：《东南亚古文化研究发凡》，台湾《新生报》副刊"民族学研究专刊"，1950 年 3 期。凌纯声：《中国古代海洋文化与亚洲地中海》，《海外杂志》1954 年 3 卷 10 期。凌纯声：《太平洋上的中国远古文化》，《大陆杂志》1961 年 23 卷 11 期。

④ 陈国强、蒋炳钊、吴绵吉、辛土成：《百越民族史》，中国社会科学出版社 1988 年。

亚太地区的殖民地格局密切相关，这是欧美主导的南岛语族研究局限在东南亚、大洋洲的主要原因。在欧美人文学术史上，南岛语族起源研究除了前述语言学理论与实践的主导外，另一个极为重要的特征就是空间的局限和学术视野的定向，他们几乎都局限于东南亚、大洋洲群岛的所谓"今南岛语族"人群的社会文化，从这群主观定位的"今南岛语族"人群的角度去探索南岛语族的起源、去观察南岛语族的周邻关系。

戴恩的南岛语言类型学研究仅及东台湾、菲律宾群岛、印尼群岛和大洋洲群岛等所谓"今南岛语"分布区，而忽视了实际上与原南岛语有直接源流关系的岭南壮侗语族和华南汉语方言的材料。暂且不论戴恩所信的语言分类学是否可靠、是否适合于南岛语族的历史研究，假如他的研究能触及语言变异、复杂性程度不亚于台湾原住民的华南民族语言（含汉语方言）的话，他的南岛语族源流史理论很可能要重新撰写。

柯恩等人的语言古生物学研究也是如此，同样暂且不论该方法的可信性程度以及更新世末期以来全球气温变化、温度带南北移动的地球环境变迁史，假如他们的研究包括了与南岛语族本就是一个系统的华南民族语言材料，而且考虑到历史与现实中的南岛语族跨越的地域广阔、生存环境差异大、文化内涵复杂多样的事实，那么依据"今南岛语""拟测"史前期原南岛语族的生存环境的研究结论同样就应该重新撰写。

由于张光直、贝尔伍德等先生的民族语言学、考古学的"科际整合"实际上是考古学充当语言分类学的傀儡，暂且不论这个傀儡角色是否合理，仅就他们所信的南岛语族语言分类学研究离不开西方学者所谓的"今南岛"视野而言，问题也就同样存在。假如他们语言分类学研究考虑到华南地区复杂的民族语言现状，完全有可能失去"台湾是南岛原乡"的论证前提，而得出"华南大陆是南岛原乡"的结论。那么，大坌坑文化是否就是台湾最古老的新石器文化？富国墩类型是否与大坌坑文化同类？这些问题就都无关紧要了，因为几乎华南大陆各省都发现有较大坌坑文化、富国墩类型更古老的新石器文化形态，作为语言学傀儡的考古学至少也应关注华南大陆的这些新石器时代早期文化，而不应局限于闽台一隅了。

总之，近一个世纪以来我国民族史学者在探索东南亚土著民族的关系与起源时，几乎都站在百越民族的视野上，充满华南大陆向海洋单线传播、扩散的观点。而西方人文学者的南岛视野同样局限于所谓"今南岛"人群，仅仅从台湾、东南亚群岛、大洋洲三大群岛土著民族志的调查入手，去研究"原南岛"的起源。由于中外学术的隔阂，客观上形成了"各说各话"的尴尬局面，制约了亚澳海洋地带土著民族史探索的广度和深度。在这个视角反向的学术形势下，我们忽视了两个重要的民族考古学课题：华南至东南亚、大洋洲考古学文化的系统比较研究，这一研究要思考的是古百越先民与原南岛语族的文化关系；华南至东南、大洋洲土著民族志的比较研究，这一研究要思考的是华南百越后裔族群与所谓"今南岛语族"的民族学文化关系。

菲律宾史前文化与华南的关系 *

　　菲律宾群岛是东亚大陆古代文化扩展、传播到东南亚、大洋洲海洋地带的重要环节。近百年的史前考古资料表明，菲律宾群岛是华南百越系统的土著文化沟通西南太平洋之"南岛语族"文化的主要纽带，其证据就是菲律宾史前文化序列中递次增长的来自华南大陆的文化因素，其旧石器、新石器和早期金属器时代考古文化的主体内涵均表现出与东亚大陆的密切关系。

一　关于菲律宾史前文化序列的重建

　　由于具有可靠地层关系的考古资料不足，菲律宾的史前文化编年一直未有确定的结论，长期以来菲律宾考古学者较多地依据单纯的器物，尤其是石器类型学进行观察、分类，并与周邻、尤其是东亚大陆史前文化作比较研究，以确定群岛地带史前文化的不同阶段。

　　美籍东南亚考古学家拜雅（H. O. Beyer）1948 年在《菲律宾与东亚考古》一书的分类研究成果是最有代表性的。[①]他的研究建立在奥地利考古学家海因·戈尔登（Heine‑Geldern）对于东亚与太平洋群岛石器时代文化著名分类法的基础上，将群岛已知的史前文化区分为六个大的历史阶段：1. 旧石器时代文化，包括在吕宋和棉兰老岛发现的可能属于中更新世时期的打制石器，以及在吕宋八打雁（Batangas）省发现的可能属于晚更新世时期的切割器、手斧等。2. 中石器时代文化，即吕宋岛的莱泽—布拉坎（Rizal—Bulakan）文化，是菲律宾的"细石器"文化，绝对年代相当于印支半岛的

　*　国家社科基金 2001 年度民族学课题"闽台土著民族关系史与南岛语族起源研究"（01BMZ023）资助成果。原文《菲律宾史前文化中的大陆因素——兼论"原南岛语族"文化圈》为 2002 年 6 月参加浙江绍兴举办的"中国百越民族史研究会第十一次年会"论文，曾刊于《厦大史学》第二辑，厦门大学出版社 2006 年。后修改、增补，刊于《考古》2008 年 9 期。

①　H. Otley Beyer, *Philippine and East Asian Archaeology*, P2 – 4, 79 – 82, National Research Council of the Philippines, Bulletin 29, University of the Philippines, 1948.

"和平文化"阶段。3. 原新石器文化，与印支半岛史前文化编年中的"北山文化"阶段相当，典型特征是打制粗磨的石斧。4. 新石器时代早期文化，也就是所谓圆柱形或椭圆形磨光斧、锛阶段，没有陶器或少量来自马来西亚的绳纹陶传入，该阶段文化是印支半岛、华南古文化传播的结果。5. 新石器时代中期文化，这是有肩、有段的斧和锛流行的阶段，还可以根据石锛的形态差别分成若干小期，即有肩与有段石锛、有脊石锛、海丰型有段石锛等，从华南沿海到太平洋岛屿之间的广泛地带都发现有同类文化。6. 新石器时代晚期与铜石并用时代文化，该阶段石器的特点是通体磨光技术提高、切割和穿孔技术出现、斧锛凿类工具两侧完全平直呈方形和梯形、大量小型木作工具出现、大量装饰品和宗教器具出现、陶器等，并认为该阶段的源头是华北和印度支那史前、上古文化。他还将最后阶段文化进一步区分成四个小期，各阶段的石器技术特征分别为：公元前 1750～前 1250 年间出现的平背方形的斧、锛、凿，公元前 1250～前 800 年出现的具有初步台阶段部的过渡形态的菲律宾型有段石锛，公元前 800～前 500 年出现的以石器的切割、穿孔、攻玉为特征的"仰韶文化"技术，公元前 500～前 200 年出现的真正菲律宾型（高级型）有段石锛。拜雅理论迄今仍是最详尽、精彩的菲律宾史前文化分期研究，但由于这一研究纯粹建立在类型学的观察、比较上，是没有地层支持的、不具有绝对性的相对年代关系，因此，研究者对他的结论顾虑较多。

　　拜雅式的分期研究很长时间左右了东南亚的史前考古，如他的学生林惠祥教授对于有段石锛的研究就受到他的很大影响。[1] 拜雅以后近半个世纪的菲律宾考古也主要是延续他的方法，菲律宾考古学者约卡诺（F. L. Jocano）1975 年的《菲律宾史前史》一书就是其中一个代表性的成果。[2] 约卡诺描述的菲律宾史前史包括了石器工艺发展的五个阶段：1. 旧石器时代早期的利万文化（Liwanian），见于吕宋岛的卡加延（Cagayan）谷地，绝对年代为中更新世。2. 旧石器时代晚期的塔邦文化（Tabonian），见于巴拉望（Palawan）岛，绝对年代为晚更新世晚期。3. 中石器时代文化，包括了所谓"和平文化"的打制石器和拜雅提出的莱泽—布拉坎文化"细石器"，距今 12000～8000 年。4. 新石器时代早期文化，又分成前后两段：前段为距今 6000～4000 年间的粗磨石器工艺，即所谓"北山文化"阶段；后段为距今 4000～2250 年间的断面为圆形、椭圆形的磨光石器阶段。5. 新石器时代晚期文化，也分成前后两段：前段为距今 2250～1750 年间的有肩斧、有脊、有界的石斧或石锛工艺阶段；后段为距今 1750～200 年间的精美磨光、两侧和背部都磨平的方形或梯形石锛或石斧阶段。约卡诺并没有将若干地点的史前陶器

---

①　林惠祥：《中国东南区新石器时代特征之一：有段石锛》，《考古学报》1958 年 3 期。

②　F. landa Jocano, *Philippine Prehistory*, P11 – 18, University of the Philippines System, Diliman Quezon City, 1975.

群资料置于这个分期体系中。

近几年来,台湾历史语言研究所的臧振华先生与菲律宾国家博物馆在吕宋岛进行了一系列发掘,从 9 个遗址获得一批地层资料和 30 个[14]C 年代数据,并尝试建立了新的吕宋岛史前文化年代表。[①] 这是一个包括四期文化的序列:1. 距今 6000 ~ 5000 年前,以砾石石器和石片石器为特征的"打制石器"时代,与台湾长滨文化有相似性。2. 距今 5000 ~ 4500 年前,以素面、偶带简单线条划纹或施加红色陶衣的夹砂陶器为特征的文化遗存,为群岛最早使用陶器的人。3. 距今 2000 多年前,以红褐色和黑色陶器为特征,较多如压印、圈点、刻划纹饰。4. 距今 1000 多年前,以素面无纹的红陶、中国和泰国瓷器、铁器共出为特征。这个建立在地层关系基础上的编年体系虽然比较粗糙,但应是相对可靠的。

菲律宾群岛的史前文化尚未有一个很确切、统一的编年框架。但参考上述分类、分期研究情况初步可知,群岛的史前文化内涵是丰富多彩的,尤其是旧石器和新石器阶段文化都获得了不同程度地发展,同时,群岛的史前文化发展又是总体滞后的,尤其是青铜、铁器时代文化迟迟未能发育。虽然不同学者对于菲律宾史前文化进程、分期还有不同的看法,但都不同程度地认识到这个土著文化体系中来自华南大陆因素的广泛传播。

二　旧石器、中石器文化与华南的关系

从现有的考古资料看,从旧石器、中石器时代开始,菲律宾史前文化就与华南大陆密切相关。综合有关资料,利万文化、塔邦文化、莱泽—布拉坎文化等几类代表性的打制石器文化都表现出不同程度的东亚大陆系统的文化特征。

菲律宾群岛已知的旧石器文化遗存主要有利万文化和塔邦文化。利万文化是典型的砾石石器工业,1936 年在吕宋岛北部的卡加延谷地发现,后经德籍东南亚考古学家孔尼华(H. R. von Koenigswall)和拜雅教授的研究。20 世纪 50 年代中期,孔尼华调查了卡加延河谷的卡巴万(Cabalwan)地点,并将所发现的遗物定名为卡巴万文化(Cabal-wanian)。1970 年以来,菲律宾国家博物馆又在卡加延河谷的卡林加—阿帕瑶(Kalin-ga—Apayao)地区调查、发掘了一系列旧石器遗址,利万(Liwan)遗址就是其中最有代表性的一处,因此确认利万文化,并取代原有的卡巴万文化的定名。利万文化主要内涵有单面打击的砾石石片刮削器,砾石石核石器有砍砸器和原型手斧等,少量双面交互打击的石片,许多工具都保留有砾石皮(图一,1 ~ 4)。该文化没有[14]C 年代测定数据,菲律宾考古学者根据遗址所出的大象、犀牛、野猪等动物化石种类,认为属于中更新

---

① 臧振华:《菲律宾吕宋岛考古:南岛原乡在台湾的新挑战》,台湾《经典》杂志第 37 期(2001 年)。

世，年代为距今 50 万年。① 实际上，该器群中所见周边打片的"马蹄形刮削器"很接近于环南海中石器、新石器早期文化中常见的所谓"苏门答腊"式石器，所以其年代很可能也晚到晚更新世。

塔邦洞穴是巴拉望岛西南海岸的一组石灰岩洞穴群中最大的一个，1962 年菲律宾国家博物馆发掘该洞穴，发现了晚期智人化石塔邦人及共存的打制石器文化，在塔邦洞穴东南约 1 千米的古里（Guri）洞发现了相同的文化遗存。② 塔邦文化主要是燧石和石英砾石制品，也是一种石核、石片石器共存的文化，石制品中还有很多的石片、使用痕迹的石片和废弃石片，二次修整的石片很少（图一，5 ~ 10）。塔邦文化层位的 ^{14}C 年代测定数据为距今 30500 ± 1100 年距今 9250 ± 250 年。

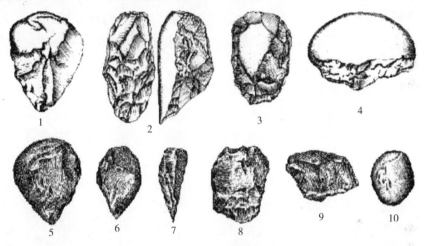

图一 菲律宾旧石器内涵与形态

1 ~ 4. 吕宋卡加延（Cagayan）谷地的利万（Liwan）遗址 5 ~ 10. 巴拉望岛塔邦（Tabon）洞穴（均引自 F. L. Jocano1975）

莱泽—布拉坎文化是拜雅教授于 1926 年在吕宋岛西南的莱泽（Rizal）省首先发现的，紧接着邻省布拉坎（Bulakan）又有同类发现，采集石器遗存的地点有上百处。③ 这是一组细小石片石器文化，使用黑曜石、燧石、火山玻璃等材料加工成各种细小的刮削器、刀形器、锯形器、雕刻器、尖状器、石镞等，尤其是间接打片形成的凹

① F. landa Jocano, *Philippine Prehistory*, University of the Philippines System, Diliman Quezon City, 1975. , P77 – 79.

② Ibid. , P79 – 85.

③ H. Otley. Beyer, *Philippine and East Asian Archaeology*, National Research Council of the Philippines, Bulletin 29, University of the Philippines , 1948. P12 – 14；F. landa Jocano, *Philippine Prehistory*, University of the Philippines System, Diliman Quezon City, 1975. P86 – 90.

刃、凸刃、凹凸刃、凹直刃、单直刃等多种形态的刮削器、刀形器独具特征（图二，1~11）。约卡诺认为其时代为距今 12000~8000 年之间。在拜雅的发现之前，考古学家已在加里曼丹东面的苏禄岛发现同类细小石器遗存，但没有引起重视。拜雅在吕宋发现并比较研究后认为，莱泽—布拉坎文化代表了南海群岛地带中石器时代特殊的"细石器"或"类细石器"文化，是与印支半岛中石器时代的"和平文化"同期的菲律宾群岛中石器文化。最近，类似的文化在印尼群岛上又有报道，在苏拉威西的马加撒（Makassar）的拉昂·布伦 II 号（Leang Burung2）、尤卢·拉昂 I 号（Ulu Leang 1）洞穴遗址和东帝汶岛一些洞穴遗址，都发现了万年前后的小石器遗存，以燧石为主要原料，石制品有边缘陡峭的直刃、凹刃刮削器和使用痕迹的石片等（图二，22~25）。[①]

众所周知，在东亚地区旧石器文化体系中，华南大陆及相邻的东南亚地区广泛分布并占据为文化主体的砾石石器传统，不同于华北同时期盛行的分别以匼河—丁村系大石片石器、北京—峙峪系小石片石器为代表的石片石器工业，成为东亚南部区域土著文化远古发生的最早证据。砾石石器文化在秦岭—淮河一线以南地区发生最早、延续时间长，中更新世的湖北大冶石龙头文化是其早期代表，最北地点为陕南的蓝田公王岭文化。在更新世晚期遍及华南各省，迄今已经发现数百处地点，如皖南的水阳江、赣鄱的潦河、两广的百色、曲江马坝、柳州白莲洞 1 期 A 组、闽台的漳州莲花池山、长滨乾元洞等，并发展成为以白莲洞 2、3 期 C 组磨刃、穿孔砾石石器为代表的华南本土的中石器文化。在东南亚的半岛和群岛地带也分布一系列同类文化，如半岛的安雅沙（Anyathian）、邦高（Bankao）、淡邦（Tampan）文化，群岛的尼阿（Niha）、巴其丹（Patjianian）文化等。[②] 可以说，从华南到东南亚的砾石石器文化，构成了一个环南中国海早期的文化共同体，上述菲律宾群岛的利万、塔邦两支旧石器文化的内涵并没有超出这个文化共同体的特征，成为从华南到东南亚以砾石石器工业为特征的远古土著文化共同体雏形的重要组成部分。

除了这一占据主流的砾石石器工业传统外，华南史前文化自晚更新世开始还出现了一些特征各异的细小石器文化形态，我们曾认为这一现象符合世界范围内旧石器工业从早期的粗大形态到晚期趋向细化的总体规律，也与华北系统的细小石片石器工业传统的影响有关。如江苏吴县三山岛的石片工业与广西柳州白莲洞一、二、三期 B 组的小石器文化都不同程度地与北京—峙峪系小石片文化相近，广东南海西樵山的细石器则与华北中石器时代典型的细石器文化没有多少差别。而最近十多年来闽、粤沿海广泛发现并引起注意的莲花池山上层文化（即所谓"漳州文化"）则是一组地域特色浓厚的小石器

① Peter Bellwood, *Prehistory of the Indo - Malaysian Archipelago*, P181 - 187, Honolulu：University of Hawaii Press, 1997.

② 吴春明：《中国东南土著民族历史与文化的考古学观察》，第 57、58 页，厦门大学出版社 1999 年。

文化，使用燧石、石英等材料，生产各种形态的小型刮削器、尖状器、镞、雕刻器、石钻等，尤其是各种刃口的刮削器特色显著（图二，12～21），在华北、甚至华南其他地点均不见同类。① 实际上，菲律宾的莱泽—布拉坎文化以及苏禄、苏拉威西、东帝汶等岛屿

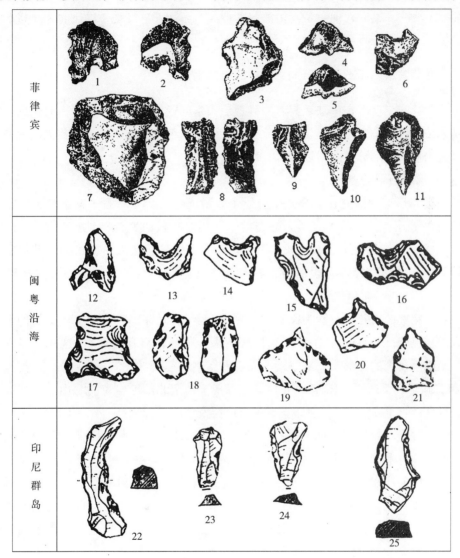

图二　菲律宾小石器与周邻地区的比较

1～11. 菲律宾吕宋莱泽（Rizal）、布拉坎（Bulakan）　12、18～21. 广东南澳象山　13～17. 福建东山　22～25. 东帝汶尤埃勃勃（Uai　Bobo）2 号洞穴（1～11. 引自 H. O. Beyer 1948；12、18～21. 曾骐等 1995；13～17. 尤玉柱 1991；22～25. 引自 P. Bellwood 1997）

① Peter Bellwood, *Prehistory of the Indo - Malaysian Archipelago*, P59 - 60, Honolulu：University of Hawaii Press, 1997.

上的燧石小石器技术、内涵与闽粤沿海的莲花池山上层文化非常接近，我们认为这一文化联系的确立在环南中国海史前史的研究上具有十分重要的意义，即近年来被学术界琢磨不透的粤东闽南"莲花池山上层文化"的材料以及备受怀疑的莱泽—布拉坎文化都不再孤立，为中石器时代前后华南沿海与菲律宾、东南亚群岛地带的土著文化接触史的研究提供了一个十分重要的线索。

三　菲律宾群岛新石器、青铜文化中的大陆因素

虽然菲律宾史前考古中缺乏具有明确地层关系的资料，新石器、青铜时代的研究实际上是无法以考古学文化为单位进行分析的，但其中与华南地区古文化相关的一系列因素可以在物质文化的分类中得以钩沉。

（一）磨制石器的形态

磨制石器形态的研究在菲律宾史前学上是最充分的，在海因·戈尔登、拜雅、约卡诺等有关著述中，石器工具形态的类型学和相对年代研究尚待地层学资料的证明，但这些分类可以作为空间关系比较研究的基础。正如拜雅等人所指出的，菲律宾群岛新石器和铜石并用时代各阶段的石器都与从华南到印支半岛之间的大陆文化密切相关。[①]

打制、粗磨的石斧、石锛为代表的"原新石器"，是菲律宾史前史上最初的磨制石器，先后在巴坦（Bataan）、莱泽、布拉坎、八打雁等省都有发现。[②] 这些石器的特点是，打制成不规则的方形，刃部磨光，周身保留剥片疤痕（图三，1~3）。这类石斧为1924年法国学者蒙斯伊（H. Mansuy）首先发现于越南北部谅山省的北山，并据以确立新石器早期的"北山文化"，在印支半岛有广泛发现。

作为一种新石器早期特征器具，延续使用的时间可以较晚，拜雅已经注意到这一点，他说"莱泽和布拉坎发现的这些原新石器与真正（即磨光）的新石器是混出的"。但近年在华南的广东英德青塘、史老墩一期、潮安陈桥、泰国的班阳谷（Banyan Valley）洞穴、越南北部湾的博朗（Bo Lum）、博南（Bo Nam）等万年前后的史前文化地点，也先后发现同类刃部磨光的砾石石斧（器），说明这类石器曾是从华南大陆到东南

---

① H. Otley Beyer, *Philippine and East Asian Archaeology*, National Research Council of the Philippines, Bulletin 29, University of the Philippines, 1948. P12, 19, 28, 33 –41.

② F. landa Jocano, *Philippine Prehistory*, University of the Philippines System, Diliman Quezon City, 1975. P92 – 97. H. Otley Beyer, *Philippine and East Asian Archaeology*, National Research Council of the Philippines, Bulletin 29, University of the Philippines, 1948. P17 – 19.

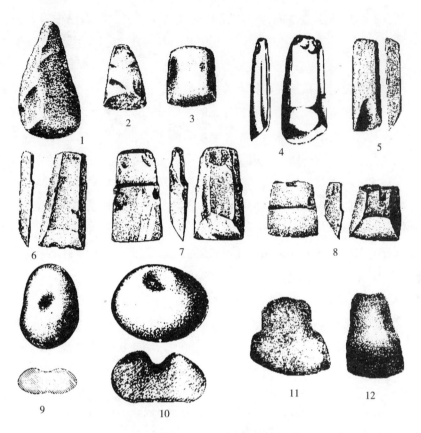

图三　菲律宾吕宋发现的磨制石器

1 ~ 3、5 ~ 12. 引自 H. O. Beyer 1948　4. 引自 F. L. Jocano 1975

亚中石器到新石器初期阶段文化的特点之一。[1]

　　海因·戈尔登、拜雅等人着力研究过菲律宾斧、锛的形态分类，区分了横断面呈圆形或椭圆形、有肩石器、两侧和上背面均平直的直角方形或直角梯形，后一形态又常伴随着刃部的向下凹弧（图二，3 ~ 8、11、12），认为三种形态代表了早、中、晚三个阶段的相对年代关系，并将平面方形（即常型）的磨光石斧、石锛的出现看成是东亚、太平洋群岛"真正新石器时代"出现的标志。[2] 毋庸置疑，常型石斧、石锛是整个东亚史前、上古

① 广东省博物馆：《广东翁源县青塘新石器时代遗址》，《考古》1961 年 11 期。英德市博物馆等：《英德沙口史老墩遗址》，载《英德史前考古报告》，广东人民出版社 1999 年。广东省文物管理委员会：《广东潮安的贝丘遗址》，《考古》1961 年 11 期。Charles Higham, *The Archaeology of Mailian Southeast Asia*, P35 – 37、54 – 56, Cambridge World Archaeology, Cambridge University Press, 1991. 吴春明：《试析华南中石器时代文化的本土传统与外来影响》，《中石器文化及有关问题研讨会论文集》，广东人民出版社 1999 年。

② H. Otley Beyer, *Philippine and East Asian Archaeology*, National Research Council of the Philippines, Bulletin 29, U-niversity of the Philippines , 1948. P19.

文化的共同特征，值得特别关注的是，四面平直磨光的"晚期"石锛中有一类刃部向下凹弧的石锛特征显著，并未在整个东亚区广泛分布，目前在大陆区主要见于闽粤沿海的新石器晚期至青铜时代初期，尤其是浮滨类型中发现最多。① 有段和有肩的斧、锛是华南到太平洋群岛海洋地带史前工具发展的特有形态，成为这一地带土著文化区别于华夏史前人文的特点之一，菲律宾群岛是这两种石器形态的主要分布区。半个世纪以前，海因·戈尔登、拜雅、林惠祥等先后对这一有肩石器、有段石锛遗存进行了系统的类型学考察，找到了两种石器尤其是有段石锛初级、中级、高级形态的逻辑序列，并提出有肩、有段石器在华南到印支半岛之间的大陆发生、海洋传播并最终落脚于西南太平洋三大群岛的文化史轨迹。② 后来，傅宪国综合了近半个世纪以来的考古新材料，尤其是华南大陆的地层资料，更准确地研究了有段石锛、有肩石器的谱系，认为有段石锛发生于河姆渡、马家浜文化，有肩石器起源于珠江三角洲，并经不同线路传播到东南亚、太平洋群岛③，结论更为可信。无论如何，菲律宾群岛都是该类器具文化空间传播的中间跳板。

（二）凹形石器和树皮布石拍

凹形石器是一种带有人工敲击凹窝的砾石，1931 年日人宫本延人在我国台湾垦丁遗址就发现该类"石锤"，半个世纪以来，在台湾西海岸的大坌坑、圆山、凤鼻头、垦丁、鹅銮鼻、十三行等几十处史前遗址中都有发现。④ 在福建沿海的金门、平潭、云霄以及广东沿海的珠海宝镜湾、香港元朗吴家园等新石器和青铜时代遗址中，这类石器也有集中的发现。⑤ 郑辉认为这是敲击贝类食物留下的凹痕，与海洋生态人文有

①　广东省博物馆等：《广东饶平古墓发掘简报》，《文物资料丛刊（8）》，文物出版社 1983 年。Peter Bellwood, *Prehistory of the Indo - Malaysian Archipelago*, Honolulu：University of Hawaii Press, 1997. P118 - 126.

②　H. Otley Beyer, *Philippine and East Asian Archaeology*, National Research Council of the Philippines, Bulletin 29, University of the Philippines , 1948. P28 - 37. 林惠祥：《中国东南区新石器时代特征之一：有段石锛》，《考古学报》1958 年 3 期。

③　傅宪国：《试论有段石锛和有肩石器》，《考古学报》1988 年 1 期。

④　宋文薰：《史前时期的台湾》，载《台湾史论丛》第一辑，台湾众文图书公司 1980 年。K. C. Chang, *Fengpitou, Tapenkeng and Prehistory of Taiwan*, Yale University Publication in Anthropology, No. 73, 1969. 杨君实：《台北县八里乡十三行及大坌坑两史前遗址调查报告》，《考古人类学刊》17 ~ 18 期，台湾大学人类学系 1960 年。李光周：《垦丁国家公园所见的先陶文化及其相关问题》，《考古人类学刊》第 44 期，台湾大学人类学系 1984 年。臧振华：《台北县八里乡十三行遗址文物陈列馆规划报告》，台湾历史语言研究所 1995 年。

⑤　林朝启：《金门富国墩贝丘遗址》，《考古人类学刊》第 33、34 期，台湾大学人类学系 1970 年。福州市文物考古队等：《1992 年平潭岛考古调查新收获》，《考古》1995 年 7 期。福建省博物馆等：《福建云霄墓林山遗址发掘简报》，《东南文化》1993 年 3 期。李世源、邓聪主编：《珠海文物集萃》，第 220 页，香港中文大学中国考古艺术研究中心 2000 年。香港考古学会：《元朗下白泥吴家园沙丘遗址试掘工作报告》，《香港考古学会会刊》第 14 期（1993 ~ 1997）。

关。① 拜雅曾报告了菲律宾莱泽省等地的几处发现，形态与粤、闽、台沿海的发现没有差别，他称之为"臼"（图三，9、10），同样不失为菲律宾史前文化大陆联系的重要证据。②

树皮打布也是华南到东南亚、太平洋群岛地带一项重要的民族考古学遗产。《后汉书·南蛮传》所记南方土著祖先传说的"盘瓠故事"中有"织绩木皮、染以草实"③语，《尚书·禹贡》也有"（扬州）岛夷卉服，厥篚织贝"④，应就是南方土著不同于华夏经纬纺织丝布的无纺树皮打布文化。树皮布文化在华南大陆土著民族中已经找寻不到，但在上个世纪的台湾高山族、海南黎族、越南和菲律宾土著、印尼群岛和太平洋群岛上的南岛人群均还不同程度地保留有树皮布的打制和穿着文化，50 年前，凌纯声、凌曼立父女两代民族学家对此作了专题调研。⑤ 近十年来，邓聪博士着力这一文化遗产的民族考古学复原，尤其是打制树皮布的石拍遗存的调查和类型学研究，最重要的收获是发现了在华南大陆消失已久的上古树皮布文化（图四，1~3），从类型学上分析了复合型树皮布棒发展到棍棒型树皮布棒的逻辑序列，阐述该文化在华南大陆沿海的产生和海洋传播，即珠江三角洲产生，通过印支半岛传播到马来群岛、菲律宾群岛、太平洋群岛。⑥ 不论是复合型、还是棍棒型的有槽树皮布打拍，在菲律宾史前考古遗址中都有不少发现（图四，8、9），这在拜雅、约卡诺等人的著述中都有明确的收录。⑦ 在中南半岛的越南、泰国和我国的台湾等地都有不少发现（图四，4~7）。⑧ 这些新石器时代的特殊器具无疑也是华南大陆土著文化传播菲律宾群岛的重要因素之一。

（三）珠贝文化和装饰器具

50 年前，凌纯声先生在《中国古代海洋文化与亚洲地中海》等文中以环南中国海

① 郑辉：《闽台凹石初论》，《福建文博》1990 年增刊。

② H. Otley Beyer, *Philippine and East Asian Archaeology*, National Research Council of the Philippines, Bulletin 29, University of the Philippines , 1948. P40.

③ ［南北朝］范晔：《后汉书》卷八十六"南蛮西南夷列传第七十六·南蛮"。

④ ［汉］孔安国：《尚书》卷三"禹贡第一夏书"。

⑤ 凌纯声：《树皮布、印纹陶与造纸印刷术的发明》，台北《民族学研究所专刊》第三号，1963 年。

⑥ 邓聪：《香港古代树皮布文化的发现及其意义浅释》，《东南文化》1999 年 1 期；《从二重证据法论史前石拍的功能》，《东南考古研究》第三辑，厦门大学出版社 2003 年。

⑦ H. Otley Beyer, *Philippine and East Asian Archaeology*, National Research Council of the Philippines, Bulletin 29, University of the Philippines, 1948. P40、59 - 61. F. landa Jocano, *Philippine Prehistory*, University of the Philip-ppines System, Diliman Quezon City, 1975. P101.

⑧ 何文瑞：《关于冯原文化遗址中的一些所谓"石拍"》，Amara Srisuchat：《泰国的树皮布石拍》，均载《东南考古研究》第三辑，厦门大学出版社 2003 年。连照美：《台湾的有槽石棒》，《大陆杂志》第 58 卷 4 期（1979 年）。李德仁主编：《郭德铃先生收藏史前暨原住民文物图录》，台湾史前文化博物馆 2003 年。

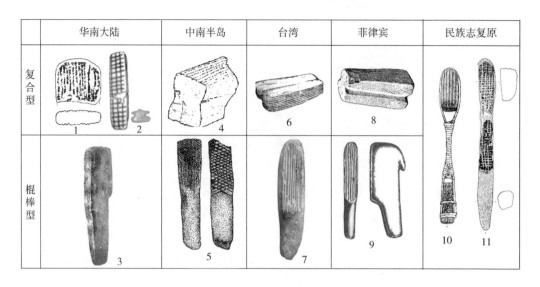

	华南大陆	中南半岛	台湾	菲律宾	民族志复原
复合型	1　2	4	6	8	
棍棒型	3	5	7	9	10　11

图四　菲律宾与环南海地区发现的树皮布石拍

1. 香港虎地湾　2. 广东中山龙穴　3. 杭州良渚　4. 越南 Go Bong　5. 泰国那空足贪玛呖府　6. 台湾台南白水溪　7. 台湾台北大坌坑　8. 菲律宾宿务　9. 菲律宾吕宋　10、11. 印尼苏绿岛（1、2、10、11. 引自邓聪 2003；3、6. 凌纯声 1963；4. 何文瑨 2003；5. Amara Srisuchat 2003；7. 李德仁 2003；8、9. H. O. Beyer 1948）

"珠贝、舟楫、文身"为代表的共同体特征，区别于大陆性华夏的"金玉、车马、衣冠"文明。[1] 此后的民族考古学不断证明凌先生所强调的"珠贝"确实在华南大陆到东南亚、太平洋群岛地带土著文化中占有特殊地位。珠贝文化的内涵是多方面的，包括了贝壳制作的工具、佩饰、衣服。在华南，不论是在福建沿海的昙石山、溪头、庄边山、墓林山，还是在珠江三角洲的一系列沙丘遗址中，都不同程度地发现贝壳制作的刀、铲类工具和穿孔的坠饰品，在台湾的史前遗址中也不乏同类发现（图五，5～9）。[2] 在印支半岛，泰国、越南等史前遗址中贝壳制作的镯、坠、串饰等装饰品也有不少发现。[3] 在民族志上，台湾高山族和太平洋群岛的南岛族群中，珠贝装饰品迄今仍然是一项有特色

---

① 凌纯声：《中国古代海洋文化与亚洲地中海》，载《中国边疆民族与环太平洋文化》，台北联经图书 1979 年。

② 福建博物院：《闽侯昙石山遗址第八次发掘报告》，科学出版社 2004 年；《闽侯溪头遗址第二次发掘报告》，《考古学报》1984 年 4 期；《福建闽侯庄边山遗址发掘报告》，《考古学报》1998 年 2 期；《福建云霄墓林山遗址发掘简报》，《东南文化》1993 年 3 期。李光周：《垦丁国家公园所见的先陶文化及其相关问题》，《考古人类学刊》第 44 期（1984 年）。臧振华：《台湾的考古发现与研究》，载《东南考古研究》第二辑，厦门大学出版社 1999 年。

③ Nitta Eijj, The Respected White Shell——Southeast Asian Shell Ornaments，载邓聪编《东亚玉器》，香港中文大学中国考古艺术研究中心 1998 年。

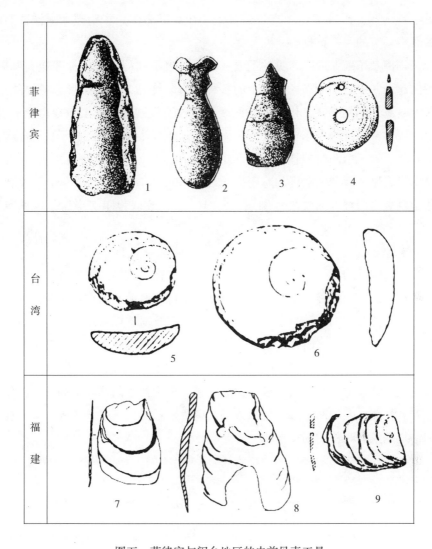

图五　菲律宾与闽台地区的史前贝壳工具

1～4. 菲律宾吕宋　5、6. 台湾垦丁鹅銮鼻　7、8. 福建闽侯昙石山　9. 闽侯庄边山（1～

3. 引自 H. O. Beyer 1948；4. E. J. Dizon1998；5、6. 李光周 1984；7～9. 引自福建省博物

馆 2004、1998）

的文化内涵，尤其是高山族和巴暖岛民以珠贝串织的"珠贝衣"，是海洋民族珠贝文化

的典型代表，再现了前引《尚书·禹贡》语"（扬州）岛夷卉服，厥篚织贝"中的

"织贝"文化。在菲律宾群岛，考古遗存中的珠贝文化早就引起了考古学者的关注，巴

拉望和苏禄岛的考古遗址中出土了不少贝壳制作的铲、刀类工具，镯、坠、耳饰等器物

更是屡见不鲜（图五，1~4）。① 珠贝器具是菲律宾群岛作为华南至太平洋群岛南岛语族文化圈有机环节的又一证据。

此外，华南及东南亚大陆常见的玉器文化形态也不同程度地传播菲律宾群岛地带。拜雅曾经注意到并描述了菲岛考古出土的各种玉石装饰品，主要是形态各异的穿孔坠、串饰和玦饰，真正华夏玉器文化中的"六瑞"并没有发现。菲律宾各地出土的玉玦中，除了圆形玦口的常形玉玦与东亚大陆所见无异外，还有几种复杂的异形玦，如带四个凸纽的圆形耳环、带三个凸纽的挂钩状坠形玦和兽形玦等（图六，1~4），这几类器具在台湾的芝山岩、卑南以及大陆区的越南扪丘（Go Mun）、沙莹（Sa Huynh）文化和岭南石峡文化中都有不同程度的发现（图六，5~14），一般认为印支半岛是这种器具的起源地。②

（四）铜、铁工具

菲律宾金属时代的发生明显晚于东亚大陆，早年在吕宋岛八打雁省发现的双肩形或束腰宽弧刃、凹口銎的铜斧、柳叶形铜矛等器具被拜雅看成是新石器至铜石并用期第二阶段的文化，即公元前1250~800年。后来，约卡诺根据塔邦洞穴墓葬中发现的同类铜器的共出关系，认为金属器时代的到来要晚得多，大约为公元前800~250年，而凹銎柳叶形铁矛、两翼式铁镞的出现更是公元前200年的事（图七，1~7）。③ 无论如何，菲律宾所发现的这些铜、铁器具与东亚大陆先秦文化中常见的同类器间看不出什么明显的差别，尤其是斧、矛的凹口銎、宽弧刃、双肩等形态特征更是同于闽、粤、桂等华南沿海青铜、早期铁器时代的同类器。④

---

① F. landa Jocano, *Philippine Prehistory*, University of the Philippines System, Diliman Quezon City, 1975. P96 – 100.

② F. landa Jocano, *Philippine Prehistory*, University of the Philippines System, Diliman Quezon City, 1975. P114 – 116. E. Z. Dizon, Earrings in Philippine Prehistory; Nguyen Kim Dung, Ancient Jade – manufacturing Tradition in Vietnam. 陈仲玉：《台湾史前的玉器工业》；连照美：《台湾卑南玉器研究》；杨式挺：《广东史前玉石器初探》，均载邓聪编《东亚玉器》，香港中文大学中国考古艺术研究中心 1998 年。黄士强：《玦的研究》第37~38 合刊（1971 年）。阮维毗：《扪丘文化的历史地位》，《考古学参考资料（6）》，文物出版社 1983年。Charles Higham, *The Archaeology of Mainland Southeast Asian*, P230 – 233, Cambridge University Press, 1989. Peter Bellwood, *Prehistory of the Indo – Malaysian Archipelago*, P271 – 275, Honolulu：University of Hawaii Press, 1997. Nguyen Kim Dung, Jewellery from late prehistoric sites recently excavated in South Viet Nam, *Indo – Pacific Prehistory：The Melaka Papers* (vol. 5), Canberra, 2001.

③ H. Otley Beyer, *Philippine and East Asian Archaeology*, National Research Council of the Philippines, Bulletin 29, University of the Philippines , 1948. P54、55；F. landa Jocano, *Philippine Prehistory*, University of the Philippines System, Diliman Quezon City, 1975. P107 – 122.

④ 黄展岳：《论两广出土的先秦青铜器》，《考古学报》1986 年 4 期。吴春明：《福建先秦青铜器文化类型的初步探索》，《厦门大学学报》1994 年 1 期。

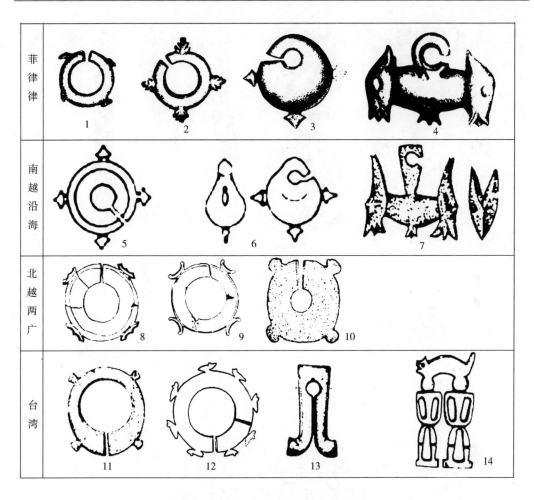

图六　菲律宾与环南海地区发现的异型玦

1~4. 菲律宾吕宋、巴拉望　5~7. 南越沙莹文化　8、9. 广东曲江石峡文化　10. 北越扪丘文化　11~14. 台湾台东卑南文化（1~4. F. L. Jocano 1975；5、6. Peter Bellwood 1997；7. Nguyen Kim Dung2001；8、9. 杨式挺 1998；10. 阮维毗 1993；11、13、14. 连照美 1998；12. 黄土强 1971）

（五）日用陶器

菲律宾史前考古上缺乏完善的史前陶器群编年体系，使得我们无法理清原始文化的发展脉络，但若干成组单位陶器与华南大陆土著文化的共性也是显而易见的。

迪摩里特（Dimolit）组陶器，20 世纪 70 年代首先发现于吕宋岛北部的伊萨贝拉省（Isabela）的迪摩里特遗址，陶器以素面和红衣为特征，典型陶器为圆腹圜底的罐和盘、圈足带小镂孔的豆等，^{14}C 年代为公元前 2500~1500 年。相同的陶器群在吕宋的卡加延（Cagayan）谷地有不少发现，如拉贝尔（Rabel）洞穴和劳伦特（Laurente）洞穴的红衣陶年代为公元前 2800 年，安德拉延（Andarayan）洞穴的同

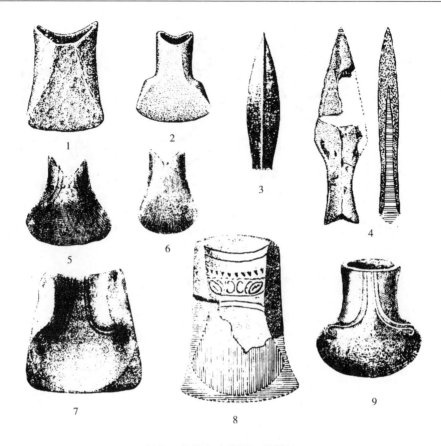

图七　菲律宾史前铜、铁器具

1~3、5~6、9. 铜器　4. 铁器　7、8. 铸铜陶范（1~4. 吕宋八打雁 Batangas；5~9. 巴
拉望塔邦洞；1~3. 引自 O. H. Beyer 1948；4~9. 引自 F. L. Jocano 1975）

类器年代为公元前 1500 年，姆桑（Musang）洞穴和阿窟（Arku）洞穴相同的素面
和红衣圈足陶器群的年代为公元前 1500 至公元前后。贝尔伍德认为，这类素面红
衣陶器群与台湾的卑南文化有关。①

　　拉洛（Lal-lo）组陶器，首先发现于吕宋岛卡加延下游河谷的拉洛和马加比特
（Magapit）两处贝丘遗址，陶器的典型特征是素面红衣陶与戳印纹、锯齿状附加堆纹，
带小镂孔的圈足器，共出有段石锛，时代为公元前 800 年。类似的陶器群还有美国考古
学家索尔海姆（W. Solheim Ⅱ）在菲律宾中部马斯巴特岛（Masbate）的巴塔干（Ba-
tungan）贝丘的发现，大量素面红衣、戳印纹、锯齿状堆纹、圆圈印纹的陶器（图八，

────────────

① Peter Bellwood, *Prehistory of the Indo-Malaysian Archipelago*, P219-221, Honolulu：University of Hawaii
　Press, 1997.

19～24），年代为公元前900年。贝尔伍德认为，该组陶器与台湾圆山陶器和美拉尼西亚、波利尼西亚最古老的陶器有关。①

卡拉那（Kalanay）组陶器，1951年索尔海姆在马斯巴特岛（Masbate）上的卡拉那洞穴发现。该组陶器的装饰内容非常丰富，刻划、戳印、拍印的平行斜线、复线三角纹、复线方格填交叉线纹、浮现"S"形（蛇形）填点纹以及附加堆纹、堆塑等，主要器形为大小不等的卷沿束颈圆腹圜底罐（釜）、敛口圜底钵、器盖等（图八，15～18）。②

塔邦组陶器是1962～1968年间发现于巴拉望岛的塔邦墓地，完整和可复原的陶器有上百件。根据不同的地层位置，这批陶器实际上是有早晚的，早期均为手制，晚期出现了慢轮技术，但有关报道中没有将早、晚不同的陶器区分开来。这批陶器除素面陶和磨光陶外，还有刻划、拍印平行斜线三角纹、曲折纹、回纹、圆圈纹、"S"形复线填点等纹饰，以及红色、黄褐色的彩绘和陶衣。主要器类有宽沿束颈垂腹、或扁腹或折腹的圜底罐（釜），高领广肩深腹瓮，圈足罐、壶，圜底钵等（图八，1～8）。③

诺瓦列加（Novaliches）组陶器是吕宋岛的一群史前陶器，刻划、戳印、拍印的篦点、平行短线、平行竖线及镂孔圈足等装饰很有特色。与前两组不同的是，该器群不但有侈口束颈圆腹罐（釜）、浅腹钵等圜底器类，而且有浅腹的高圈足或矮圈足豆、矮圈足罐等圈足器（图八，9～14）。④

虽然这几组史前陶器的形态与装饰有所不同，但它们之间的共性非常明显，尤其是将这些陶器放在东亚早期古文化的总体背景下考察，所具有的特点就非常突出，即以圜底器为主，部分圈足器，不见三足器具；器类单一，罐或釜、钵是主要的形态；器表装饰比较丰富，但以几何纹样为主。这三个特征与华南地区尤其是闽粤沿海自新石器时代以来形成的以圜底器和圈足器为特征的土著器物群总体面貌基本一致，束颈圜底釜或罐、钵等基本器类也与粤、闽、台沿海史前文化同为主流的同类器无大的差异，而且在台湾高山族残存的原始制陶文化内涵中同样可见许多共性。而且，这些共性又正是这一土著文化与以黄河中下游为中心的北方华夏系统史前、上古文化的最大差别所在。⑤ 由此可见，菲律宾的史前陶器确与华南土著文化

---

① Peter Bellwood, *Prehistory of the Indo - Malaysian Archipelago*, P221, Honolulu：University of Hawaii Press, 1997.

② F. landa Jocano, *Philippine Prehistory*, University of the Philippines System, Diliman Quezon City, 1975. P130 - 132.

③ Ibid. , P128 - 130.

④ Ibid. , P132 - 134.

⑤ Peter Bellwood, *Prehistory of the Indo - Malaysian Archipelago*, Honolulu：University of Hawaii Press, 1997.

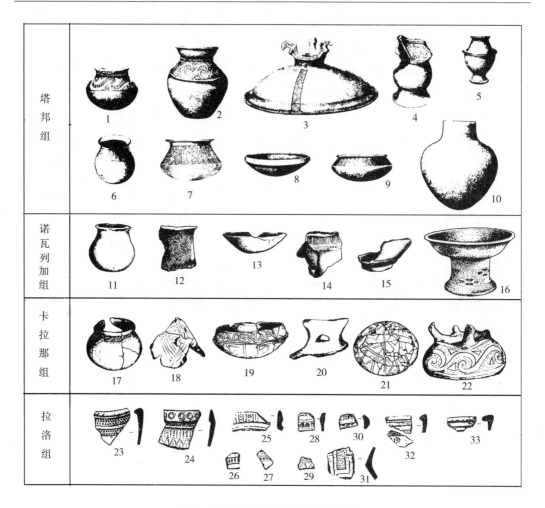

图八　菲律宾史前陶器的内涵与分组

1～10. 巴拉望岛塔邦遗址　11～16. 吕宋岛诺瓦列加（Novaliches）遗址　17～22. 马斯巴特岛卡拉那（Kalanay）洞穴　23～33. 马斯巴特岛巴塔干（Batungan）贝丘（1～22. 引自 F. L. Jocano 1975；23～33. 引自 P. Bellwood 1997）

同属于一个系统。

四　"原南岛语族文化圈"中的菲律宾史前文化

"南岛语族"即马来—波利尼西亚语系的族群集团，分布于西自非洲马达加斯加岛、东至复活节岛、北自台湾岛和夏威夷岛、南至新西兰岛的广阔地带。现存的"南岛语族"一般按地域分为印度尼西亚、波利尼西亚、美拉尼西亚、密克罗尼西亚四支分群，是一支典型的海洋民族文化。"南岛语族"是国际人类学界在跨界民族研究上的一个重要课题，"南岛语族"的起源一直是学术上争论较多的领域。

19 世纪末，德国人类学家巴斯典（A. Bastian）在《印度尼西亚人》一书中，描述了以东南亚群岛为中心的、处于东西两大洋和南北两大洲之间的土著民族文化圈，并概之以"印度尼西亚人"。之后，美国人克鲁伯（A. L. Kroeber）在《菲律宾的民族》一书中，进一步描述从中南半岛到东印度群岛之间的这个土著人们共同体的"文化形貌"，即东南亚古文化的二十六种文化特质，长期代表了人类学界对"南岛语族"文化的认识状态。在"南岛语族"起源研究中，语言人类学家扮演了重要角色，他们主要根据现代南岛语言的构成，拟测"原南岛语"及其反映的文化内容和环境状态，并寻找相应的地理区域，多数看法是"原南岛语族"可能居住于印度尼西亚或印度支那半岛的东岸，北部不会超过北回归线。[①]

不管是语言学家，还是民族考古学家，西方学者主导的"南岛语族"起源研究经常忽视了华南的材料，他们的眼光总是盯着东南亚的半岛和群岛一带。这是由于中国长期隔离于西方人文科学研究对象之外，加之现存"南岛语族"的地理分布的北部边缘是台湾岛而不及华南大陆，使得华南大陆已经消亡的土著民族群体的考古学文化遗存在"南岛语族"研究中不受重视，即便与"南岛语族"密切相关的畲、瑶、黎、壮等华南土著后裔文化也没有落入"南岛语族"研究者的视野。对此，林惠祥、凌纯声等国内学者早在半个世纪以前就有不同的认识。他们分别以当时有限的华南考古材料与华南民族志中的土著文化残存因素为依据，先后提出了华南大陆至东南亚之间以基层文化为特征的土著民族文化共同体的存在。[②] 但是，像林惠祥、凌纯声这样在广阔的地理空间上进行华南与东南亚的民族考古比较研究，在"南岛语族"起源研究上极为有限。

最近十多年来，华南大陆的材料在"南岛语族"起源研究上开始引起国内外人类学界的更多关注，越来越多的考古学者、民族语言学者在华南大陆的考古学文化和语言学材料中"发现"了"原南岛语族"的祖先或底层文化。[③] 从考古学文化上的华南大

---

① 参见李壬癸：《台湾南岛语族的来源——从语言的证据推论》，载《台湾南岛民族的族群与迁徙》，台北常民文化 1997 年。张光直：《中国东南海岸考古与南岛语族起源问题》，载《南方民族考古》第一辑，四川大学出版社 1987 年。

② 林惠祥：《南洋马来族与华南古民族的关系》，《厦门大学学报》1958 年 1 期。凌纯声：《中国古代海洋文化与亚洲地中海》，载《中国边疆民族与环太平洋文化》，台湾联经图书 1979 年。

③ 张光直：《中国东南海岸考古与南岛语族起源问题》，载《南方民族考古》第一辑，四川大学出版社 1987 年。邓晓华：《从语言推论壮侗语族与南岛语系的史前文化关系》，《语言研究》1992 年 1 期。《南方汉语方言中的古南岛语成分》，《民族语文》1994 年 3 期。吴春明：《"南岛语族"起源与华南民族考古》，《东南考古研究》第三辑，厦门大学出版社 2003 年；《南岛语族起源研究的四大误区》，《厦门大学学报》2005 年 3 期。

陆到民族学上"今南岛语族"聚居的西南太平洋的三大群岛上，才真正构成了民族考古学上"原南岛语族文化圈"的基本框架。菲律宾群岛地处这一文化圈的中间环节，菲律宾史前文化上源远流长的华南大陆联系与大陆因素就是这一文化史地位的真实反映。

第二编　"扬汉之南，百越之际"

——百越历史与考古

"扬汉之南，百越之际，敝凯诸、夫风、余靡之地，缚娄、阳禺、驩兜之国，多无君。"

——《吕氏春秋·恃君览》

"自交趾至会稽七八千里，百越杂处，各有种姓，不得尽云少康之后也。"

——《汉书·地理志》颜注引臣瓒语

在古代东亚"中国—四方万国"族群关系的宏观框架下，由于四方"蛮夷"多缺乏本民族自身的文字历史，"蛮夷"的历史与族群记忆尽在华夏的笔下，带有强烈的中原中心色彩。"百越"是华夏、汉人话语中先秦两汉时期分布于我国东南沿海的土著民族，百越历史被动记忆于汉文史籍。"反映了华夏在中原遥望东南的他文化视野。百越的历史重建得益于考古学。百越民族史的考古学研究应坚持夏鼐先生关于考古学文化的本质就是"考古学遗迹中所观察到的共同体"的论述（《考古》1959 年 4 期），通过考古学文化谱系法、文化因素分析法及多学科整合研究，去探索史前、上古东南土著族群的空间结构、互动关系与历时变迁。

"自交趾至会稽"

——百越的历史、文化与变迁[*]

《吕氏春秋·恃君览》曰："东南为扬州"，"扬汉之南，百越之际"。蒙文通先生考"扬汉"乃"扬州之汉水"，即汉志上豫章郡之湖汉水，今赣鄱水系，不同于荆州之"汉水"。[①]如是，则百越活动之地域就是长江下游以南。百越是先秦两汉时期活跃于我国东南地区的重要民族文化集团，号称"百"，就是强调其内部族群复杂、各有种姓。《汉书·地理志》颜注引臣瓒语："自交趾至会稽七八千里，百越杂处，各有种姓，不得尽云少康之后也。"就是说，今中国东南至东南亚之间上古土著是"百越"，原本不属于中原华夏（汉）文化系统。

据《史记》、《汉书》记载，周汉时期活动于中国东南之江苏（南部）、浙江、福建、广东、广西、海南、江西、湖南等地及东南亚半岛的土著"百越"支系有"吴"、"（于）越"、"闽越"、"东瓯（越）"、"南越"、"西瓯"、"骆越"、"干越"、"扬越"、"滇越"、"夷越"、"腾越"、"儋耳"、"雕题"等。汉武帝派遣大军剪灭东、南两越王国后，这一土著地带最终纳入了华夏、汉为核心的中原王朝政治版图。此后，"百越"民族或遁逃山谷为"山越"，或辗转迁徙西南滇、黔及中南半岛山地为今"壮侗语族"诸民族，或就地"汉化"为"似汉非汉"的"华南汉人"，或飘航海上成为东南亚群岛马来民族的重要来源之一。正是由于历史上从华南到东南亚之间跨越巨大时空的文化变迁、融合，至今在这一地区不同程度地留下越或具有越文化特征的考古遗迹、族群文化、民俗景观、语言形态。百越文化的研究是历史学、考古学、民族学、文化人类学、体质人类学、语言学、民俗学、地理学等多学科共同关注的课题。

---

[*] 原刊于车越乔主编的《越文化实勘研究论文集（二）》，科学出版社 2008 年。原文是在《透视中国东南：经济文化的整合研究》一书第二编"汉越合韵"之第二章"百越在东南的繁衍及其文化特征"基础上改写而成的，厦门大学出版社 2003 年。

[①] 蒙文通：《越史丛考》，人民出版社 1983 年。

一　百越先民的族群构成

百越及其先民是一个统一而多样的民族集团，这个民族集团是由不同的时空共同体组成的，它不但包括了东南不同分域的族群文化，而且这些族群文化在先秦两汉间经历了不同的阶段变迁。在汉文史籍中，位于上古华夏之东南的民族文化的发展大致经历了传说时代的"三苗"、商周时期的诸"蛮"，他们是"百越"的先民。

东南最早的民族是传说时代至夏代的"三苗"。《帝王世纪》卷二"五帝"载：帝尧时"诸侯有苗氏处南蛮而不服"；《淮南子·坠形训》载："自西南至东南方：结胸民，羽民，讙头国民，裸国民，三苗民。"从排列顺序看，结胸民、羽民是西南民族，大致是《华阳国志·南中志》西南地区的"哀牢夷，皆穿胸"和铜鼓图像上的"羽人"，讙头、裸国民约为华中山地民①，所以三苗就是东南的原始民族。《战国策·魏策一》更明确说："三苗之居，左彭蠡之波，右洞庭之水，文山在其南，衡山在其北。恃此险也，为政不善，而禹放逐之。"②彭蠡即鄱阳湖一带，衡山在江北某处而非今湖南衡山，可见禹时三苗的活动区域就在鄱阳、洞庭两湖之间。

到了商周时期，华夏对东南土著人文的认识有了明显的拓展，代之先前仅有的"三苗"，汉文史籍中"新增"了"十蛮"、"越沤"、"七闽"、"八蛮"等东南民族成分。这些"新"成员，实际上都是东南固有土著，只是在"三苗"时代末为华夏所知。《逸周书·王会解》"伊尹朝献商书"段曰："臣请正东符娄、仇州、伊虑、沤深、九夷、十蛮、越沤……正南瓯、邓、桂国、产里、百濮、九菌。"③东部的"越沤"为汉文献中明确出现的最早以"越"称谓的民族，应是江浙吴、越文化的先民；"十蛮"也是当时东南的土著民；南面的"瓯"推测即是后来岭南"西瓯、骆越"的先民。《周礼·象胥》载："象胥掌蛮、夷、闽、貉、戎、狄之国。"《周礼·职方氏》载："职方氏掌天下之图，以掌天下之地，辨其邦国、都鄙、四夷、八蛮、七闽、九貉、五戎、六狄之人民。"虽然四、八、七、九、五、六并非确数，但却说明华夏对外围民族认识的进一步深化。从七闽后裔的闽越族的分布与活动区域看，《周礼》"七闽"应主要指分布于福建一带的土著，"八蛮"约相当于"七闽"以外的东南、以至南方土著。《周礼·冬官考工记》载："粤无镈，燕无函，秦无庐，胡无弓车。""吴、粤之金锡，此材之美者也。"《逸周书·王会解》载："东越海蛤，瓯人蝉蛇。"④《山海经·海内南经》

---

① 徐旭生：《中国古史的传说时代》，文物出版社 1985 年。俞伟超：《先楚与"三苗"文化的考古学推测》，《文物》1980 年 10 期。

② 《战国策》卷第二十二"魏一"。

③ 《逸周书》卷第八"王会解第五十九"。

④ 《逸周书》卷第八"王会解第五十九"。

载："瓯居海中，闽在海中。"说明粤、吴、越、瓯、闽是大致共存于东南的土著民族，而且周代已记录下这些民族，说明它们的出现应更早。

东周以来，"百越"族名最早见于《吕氏春秋》，前引《吕氏春秋·恃君篇》曰"扬汉之南，百越之际"；《史记·秦始皇本纪》也有"南取百越之地"；《汉书·地理志》颜注也有"臣瓒曰：自交趾至会稽七八千里，百粤杂处，各有种姓，不得尽云少康之后也。""百越"出现的同时，商周时期活动于东南地区的土著诸蛮如吴、越沤、瓯、粤、闽等也从汉文史籍中"消失"，代之而为"于越"、"闽越"、"东瓯（越）"、"南越"、"西瓯与骆越"、"干越"、"扬越"等不同支系的越民族文化。

"句吴"活动于太湖流域为中心的长江下游，本来就是商周时期的东南土著荆蛮。《史记·吴太伯世家》载："吴太伯，太伯弟仲雍，皆周太王之子，而王季历之兄也。""太伯之奔荆蛮，自号句吴。荆蛮义之，从而归之千余家，立为吴太伯。"可见，周太伯是句吴的建国者，但句吴的民族是荆蛮，商周时期太湖流域的湖熟、土墩墓文化的内涵也证明了句吴的土著性。[①]　《史记·吴太伯世家》又载"寿梦立而吴始益大，称王。……大凡从太伯至寿梦十九世。"寿梦时期（前583～561年），句吴多次征战楚国，"吴岁不有吴师"，在列国争霸中暂露头角。阖庐即位后开始了句吴最强大的时期，多次打败楚国并扫平楚都郢，阖庐晚年句吴曾败于新兴的于越王国。子夫差即位后，称霸一方，夫差二年（前494年）打败越国，七年攻齐，九年伐鲁，十一年再攻齐，十四年北上会盟诸侯于黄池。但就在吴国称霸于诸侯的时候，国力空虚，夫差十八年、二十年、二十一年、二十三年（前473年）连续遭到越王句践的攻击，终于兵败灭国。灭国早，不是战国"百越"之一，但考古资料表明句吴是与于越文化内涵面貌相似、社会进程同步的东南土著，公元前473年越灭吴后吴国不复存在，但"句吴之越"也是百越之一支。

"于越"又称"越"，就是商代"越沤"的直系后裔，活动于以今浙江绍兴为中心的宁绍平原及相邻的杭嘉湖一带。《竹书纪年》"周成王二十四年"语"于越来宾"；《春秋左传集解》"定公五年"语"于越入吴"，杜预解"于，发声也"。说明"于越"是两周时期的百越支系。《史记·越王句践世家》说句践"封于会稽"，《汉书·地理志》语"会稽，东接于海，南近诸越，北枕大江"，可见"于越"活动于以会稽为中心的浙江北部。春秋战国时期于越与吴国同时为东南北部地区两个强盛的侯国，相继图霸，互为攻守。据《史记·越王句践世家》，"允常之时，与吴王阖庐战而相怨伐。允常卒，子句践立，是为越王"；公元前494年吴王夫差"悉发精兵击

---

① 梁白泉：《太伯奔吴说》，《南京博物院集刊》第二集。刘和惠：《荆蛮考》，《文物集刊（3）》，文物出版社1981年。

越"，大败越军于夫椒；句践经过"十年生聚，十年教训"的准备，终于在公元前473 年灭吴，并一度称霸于江淮间。"句践已平吴，乃以兵北渡淮，与齐、晋诸侯会于徐州，致贡于周……当是时，越兵横行于江淮东，诸侯毕贺，号称霸王。"公元前465 年，句践卒，据《竹书纪年》记载，句践之后，二世为鼠与鹿郢，三世不寿为盲姑，四世王翁即朱句，五世王翳即王授，六世之侯（无余之）即莽安，七世无颛（王子搜）即葵蜀卯，八世无彊。公元前 334 年，"楚威王兴兵而伐越，大败越，杀王无彊。尽取故吴地至浙江"。① 越国灭亡后，不再复国，但楚属吴、越地还是保留了越人君长，所以《史记·秦始皇本纪》才有"（秦始皇二十五年）王翦遂定荆江南地，降越君，置会稽郡"。

"东瓯（越）"活动于瓯江流域为中心的浙南地区，"闽越"的中心地带是闽江流域，合称"东越"。《史记·越王句践世家》将闽越、东瓯描述为越王句践的子民，"（前334 年）楚威王兴兵而伐越，大败越，杀王无彊。尽取故吴地至浙江，北破齐于徐州。而越以此散，诸族子争立，或为王，或为君，滨于江南海上，服朝于楚……后七世，至闽君摇，佐诸侯平秦。汉高帝复以摇为越王以奉越后，东越、闽君皆其后也。"但文献与考古资料表明，"七闽"土著人文早在越王句践之前的史前和商周时期就已活跃，可见闽越不可能是纯碎句践之"于越"扩散的结果，而是"七闽"与"滨于江南海上"的"于越"合成的融合体。② 又《史记·东越列传》载："汉五年（前202 年），复立无诸为闽越王，王闽中故地，都东冶。孝惠三年（前192 年），举高帝时越功，曰闽君摇功多，其民便附，乃立摇为东海王，都东瓯，世号为东瓯王……建元三年（前138 年），闽越发兵围东瓯，东瓯食尽，困且降……东瓯请举国徙中国，乃悉举众来，处江淮之间……元封元年（前110 年）冬，咸入东越……于是天子曰东越狭多阻，闽越悍，数反复，诏军吏皆将其民徙处江淮间。东越地遂虚。"东瓯存国 54 年，闽越国传三代、存 92 年。

"干越"是居于赣郡流域的百越的一支，宋《舆地纪胜》引《职方乘序》语"吴头楚尾"③，就是指这里所处的吴国上游、楚国下游的地理位置。《荀子·劝学篇》语："干越夷貉之子，生而同声，长而异俗。"《史记·货殖列传》载："合肥受南北潮，皮革、鲍、木输会也。与闽中、干越杂俗，故南楚好辞，巧说少信。"《太平御览·州郡部》引韦昭汉书注："干越，今余干县越之别名。"④ 有人便据此说干越是以江西余干为

---

① 《史记》卷四十一"越王句践世家第十一"。

② 吴春明：《闽文化刍议》，《厦门大学学报》1990 年 3 期。

③ 《舆地纪胜》卷第二十五"江南东路"。

④ 《太平御览》卷第一百七十"州郡部十六·饶州"。

中心的越族支系。①

"扬越"居于湘、鄂之间的东部，为楚、越杂处之地。《史记·楚世家》载："熊渠甚得江汉间民和，乃兴兵伐庸、扬粤，至于鄂。"《战国策·秦策》："吴起为楚悼罢无能，废无用……南攻扬越，北并陈蔡。"有人认为这支扬越人活动于湘、鄂、赣交界地带。②

"南越"意为百越南支，南越族先民活动于珠江三角洲为中心的岭南地区即南海郡范围，但汉初赵佗之南越国顺势占据了秦设之桂林、象郡即西江流域和红河三角洲一带，地域范围达到"东西万余里"（《史记·南越列传》）。《汉书·地理志》载："粤地，牵牛、婺女之分野也。今之苍梧、郁林、合浦、交趾、九真、南海、日南，皆粤分也。其君禹后，帝少康之庶子云，封于会稽。"《史记·南越列传》载："南越王尉赵佗者，真定人也，姓赵氏。秦时已并天下，略定扬越，置桂林、南海、象郡，以谪徙民，与越杂处十三岁……秦已破灭（前206年），佗即击桂林、象郡，自立为南越武王……汉十一年（前196年），遣陆贾因立佗为南越王……其东闽越千人众号称王，其西瓯、骆裸国亦称王……元鼎六年（前111年）冬，楼船将军将精卒先陷寻陕，破石门……楼船攻败越人，纵火烧城……自尉佗初王后，五世九十三岁而国亡焉。"

海南岛的越人古称"儋耳"、"雕题"。《山海经·海内南经》载："离耳国、雕题国、北胸国，皆在郁水南，郁水出湘陵南海。"晋郭璞注记"馈离其中，分令下垂以为饰，即儋耳也。在朱崖海渚中。"或说海南也有"骆越"的足迹，秦并入赵佗之南越，汉属儋耳、珠崖郡。《汉书·地理志》载："自合浦徐闻南入海，得大洲，东西南北方千里，武帝元封元年略以为儋耳、珠崖郡。民皆服布如单被，穿中央为贯头。"又《贾捐之传》："初武帝征南越，元封元年立儋耳、珠崖郡，皆在南方海中洲居……骆越之人父子同川而浴，相习以鼻饮，与禽兽无异，本不之群县置也。"

"西瓯"、"骆越"是岭南西部即今广西到越南北部的百越支系。《史记·南越列传》载："佗因此以兵威边，财物赂遗闽越、西瓯、骆，役属焉，东西万余里。""尉佗之王，本由任嚣。遭汉初定，列为诸侯。隆虑离湿疫，佗得以益骄。瓯、骆相攻，南越动摇。汉兵临境，婴齐入朝。"又引赵佗语："南方卑湿，蛮夷中间，其东闽越千人众，号称王，其西瓯、骆、裸国亦称王。"一般认为，西瓯活动于南岭以南、南越族以西、今广西东部的西江干流和北部的桂江流域，骆越活动于左右江流域所在的广西西南部和红河下游所在的越南北部。其中，骆越先民曾在红河下游建立强大方国，但最终为南越王赵佗所灭。《水经注》卷三十七"叶榆河"引成书于三四世纪的《交州外域记》载：

---

① 刘美崧：《试论江西古代越族的几个问题》，载《百越民族史论集》，中国社会科学出版社1982年。

② 杨权喜：《扬越民族的分布区域与文化特点》，载《百越史论集》，云南民族出版社1989年。

“交趾昔未有郡县之时，土地有骆田，其田从潮水上下。民垦食其田，因名为骆民，设骆王骆侯，主诸郡县。县多为骆将，骆将铜印青绶。后蜀王子将兵三万，来讨骆王骆侯，服诸骆将，蜀王子因称为安阳王。后南越王尉佗，举众攻安阳王。”在越南古代文献中，常见骆越王国的历史描述成“雄王”时代。宋《太平广记》引5世纪《南越志》载：“故今称其地为雄地（雄田），其民为雄民，有君长亦曰雄王，有辅佐焉亦曰雄侯，分其地以为雄将。”① 15世纪的《大越史记全书》延续了“雄王”的历史。实际情况是，《南越志》的作者将汉字字型相近的“雒（骆）”混淆成“雄”，因而将交趾历史上的“骆（雒）王”误写作“雄王”了，《大越史记全书》等后世史籍只是以讹传讹。②

“滇越”、“夷越”、“越嶲”、“腾越”等是川、滇、黔高原所在西南地区的百越支系。《史记·大宛列传》载：“（昆明）其西可千余里，有乘象国，名曰滇越，而蜀贾奸出物者或至焉。”《三国志·诸葛亮传》载：“跨有荆益，保其岩阻，西和诸戎，南抚夷越。”《华阳国志·南中志》载：“南中在昔夷越之地，滇濮、句町、夜郎、叶榆、桐师、嶲唐侯王国以十数。”又“永昌……有穿胸儋耳种、闽越濮、鸠僚，其渠帅皆曰王。”《史记·西南夷列传》有语“南越破后……乃以邛都为越嶲郡”。《史记正义》语：“滇越、越嶲，则通号越，细分而有嶲、滇等名也。”《太平广记·南诏》引骠信诗有“避风鄯阐台，极目见腾越”③ 语。乾隆《腾越州志·建置》载：“腾越者，古滇越也，亦曰越赕。其来久矣，在西汉时为张骞所称之滇越。旧志曰：五岭外古称南越，亦曰百越。交、广、滇南俱滨海，接壤腾越，风气俗尚类之，越赕其百越之一乎?”④《太平御览》卷七七一引《异物志》语“其山，在海中，小而高，以系船伐也，俗人谓之越王牂柯。”不过，濮、越的杂处及其相互关系一直是南方古史研究中一个有争议的问题。一说濮、越同，百濮即百越，两者是同一族群的不同发展阶段，早期文献多言“濮”而不说“越”，先秦时期楚、巴、蜀、滇、夜郎境内的濮、夷、蛮、僚、獽等土著都属百越文化的范畴。⑤ 多数学者认为濮、越及其先民明显有别，濮僚是西南民族，汉晋以后，西南土著又多称“僚”、“夷僚”，都是百濮之后。⑥

---

① 《太平广记》卷四百八十二“蛮夷三·交阯”。

② 陶维英：《越南古代史》上册，第181～183页，商务印书馆1976年。

③ 《太平广记》卷四百八十三“蛮夷四·南诏”。

④ 《（乾隆）腾越州志》卷一建置“建置沿革考”。

⑤ 尤中：《先秦时期的“百越”民族》，载《百越民族史论丛》，广西人民出版社1985年。江应梁：《说濮》，《思想战线》1980年1期。

⑥ 蒙文通：《越史从考》，人民出版社1983年。蒙默：《关于濮越关系的几个问题》，载《百越史论集》，云南民族出版社1989年。蒋炳钊：《“濮”和“越”是我国古代南方两个不同的民族》，载《百越民族史论丛》，广西人民出版社1985年。

从商周时期的"吴"、"越"、"粤"、"瓯"、"闽"等诸蛮文化，到战国以来的"于越"、"扬越"、"干越"、"东瓯"、"南越"、"西瓯与骆越"等百越，不仅是族称上的变化。"越"本是商周时期居于江浙一带的"蛮"族支系，而战国以来东南土著民族都成为"越"的一支，这说明周秦间发生了因江浙"越"的迁徙并与各地原住诸蛮的融合、生成百越民族的历史事件。商周以前的诸蛮文化发展水平不一，其中吴、越民族的文化成就最高，至少在周代已有吴、越王国的建立，这就决定了在东南诸蛮内部的文化互动中，吴、越民族处于优势地位，形成江浙的吴、越文化向东南其他地区扩展的原动力。文献中多有先秦"越族"向南散迁的事，《史记·越王句践世家》载："（而）越以此散，诸族子争立，或为王，或为君，滨于江南海上，服朝于楚。"《越绝书·越绝外传记地传》载："楚威王灭无彊，无彊子之侯窃自立为君长，之侯子尊时君长，尊子亲失众，楚伐之，走南山。"越人"滨于江南海上"、"走南山"，就包括了江浙以南广阔的东南地区。这里只是说越国灭亡之后于越臣民大量南迁的事件，实际上，吴、越文化向南传播与扩散应早于此，征战逃亡与和平迁徙都有可能发生。而且由于吴、越的相继称霸和相互间的战乱，吴、越民族迁徙东南的历史也是不难向前推进的。吴、越族的迁徙及其与诸蛮的融合生成"百越"，在百越的族称上留下了鲜明的印记，如原住福建的"七闽"与南来"越"族的融合生成"闽越"，浙南"瓯"与"越"融合生成"东瓯（越）"，又如南越、骆越、干越等。

二　百越民族的人文特征

《后汉书·南蛮传》谈到图腾盘瓠的东南"蛮夷"文化时强调"衣裳斑斓，语言侏离，好入山壑，不乐平旷"，这表明中原华夏视野中的东南百越及其先民文化内涵上的极大特性。文献与考古资料的综合表明，百越及其先民创造了一系列独具地域特色的社会文化。[①]

（一）海洋人文的价值取向——舟楫

海洋人文的价值取向是百越民族区别于内陆性文化的最重要特征。1950 年起凌纯声先生发表《中国古代海洋文化与亚洲地中海》等文，提出"亚洲地中海文化圈"的探索，他将中国文化分成西部"大陆文化"和东部"海洋文化"两源。[②] 百越先民就是历史悠久的东南海洋人文传统的奠基者。舟楫是海洋人文的载体，善于用舟是百越先民的一种天性，东南百越的舟楫区别于中原华夏的车马，是海洋人文最重要体现。《越

---

① 凌纯声：《中国古代海洋文化与亚洲地中海》，载《中国边疆民族与环太平洋文化》，台湾联经图书 1979 年。蒋炳钊等：《百越民族文化》，学林出版社 1988 年。吴春明：《中国东南土著民族历史与文化的考古学观察》第 14 节，厦门大学出版社 1999 年。

② 前引凌纯声《中国古代海洋文化与亚洲地中海》。林惠祥：《福建武平县的新石器时代遗址》，《厦门大学学报》1956 年 4 期。

绝书·越绝外传记地传》载："夫越性脆而愚，水行而山处，以船为车，以楫为马，往若飘风，去则难从。"《淮南子·主术训》载："汤武圣主也，而不能与越人乘舲舟而浮于江湖。"《淮南子·齐俗训》载："胡人便于马，越人便于舟，异形殊类。"百越地带是我国早期航海的中心。《史记·货殖列传》载："番禺亦其一都会也，珠玑、犀、玳瑁、果布之凑。"又《后汉书·郑弘传》载："旧交趾七郡贡献转运，皆从东冶泛海而至"，说明早期的广州、福州已是我国最主要的航海贸易集散地，实与百越及其先民的航海天性有关。汉晋、唐宋以来，我国远洋航海活动逐步进入繁盛时代，但中国古代主要的航海中心和大型港市仍主要集中于东南的闽、粤、浙沿海一带。由于历史上以农耕文化为特征的国家社会的强势地位，海疆人文的边缘、附庸地位凸显，在皇家史学主导的古代正统学术中，总将唐宋元明间闽粤沿海海洋社会经济的发展与繁盛的原因归功于六朝以来衣冠南渡、中国社会经济重心南移，忽视了自史前时代东南土著奠基的海洋人文传统，忽视了百越先民海洋人文价值取向对于汉唐以来入迁东南的汉民社会文化的影响、跨文化传承。实际上，汉唐东南航海活动的繁盛，就是百越先民人文价值取向上的海洋性在南方汉民文化上的传承、延续，在汉晋时期的汉越文化的深刻融合中百越文化并非被简单地削弱、摧毁，百越民族的优秀文化遗产也被吸收于汉民人文中，丰富、发展了东南汉民人文的内涵。

（二）特殊的聚落形态——干栏居和洞居

山水环境中特殊而多样的聚落形态，是百越人文外显特征之一，干栏居和洞居是两大特异形式。居住面悬空的"干栏式"建筑（又称巢居、脚楼）是水乡、河岸地区百越及其先民特殊聚落文化的最重要、最常见内容。《博物志》卷三《五方人民》曰："南越巢居，北朔穴居，避寒暑也。"《岭外代答》卷四《风土门》载："深广之民，结棚以居，上设茅屋，下豢牛豕。棚上编竹为栈，不施椅桌床榻"，"乃上古巢居之意也"。《临海水土志》载："安家之民，悉依深山，架立屋舍于栈格上似楼状。"[1]百越先民的干栏式建筑遗迹在东南史前至秦汉时期的考古上屡见不鲜，如新石器时代的浙江余姚河姆渡、吴兴钱山漾和夏商时期的广东高要茅岗等水乡、河岸遗址中，发现了干栏式房屋废弃后遗留的成排的木结构桩础遗存，在战国秦汉时期的福建武夷山城村的闽越王城遗址中还建筑大型木结构柱础支撑的干栏式"宫殿"。原始的"洞居"是山地丘陵地区百越先民聚落文化的特殊内涵。《后汉书·南蛮西南夷列传》谈到盘瓠故事就有"走入南山，止石室中"，故汉唐间百越的后裔还多称"溪峒"、"峒蛮"、"峒僚"。《隋书·南蛮传》载："南蛮杂类……随山洞而居，古先所谓百越是也"；《岭外代答·外国门下》称宋代俚僚"自蛮峒出居，专事妖怪，若禽兽然"；《太平寰宇记》说宋代土僚"江山献峻"还是"礼异俗殊，以岩

――――――――――――
[1]　《太平御览》卷七百八十四"夷部一"。

穴为居止"。洞居聚落遗迹在我国东南考古上有不少发现，如广东封开黄岩洞、阳春独石仔、广西桂林甑皮岩、江西万年仙人洞等新石器时代遗址都是典型的洞穴聚落遗址，仙人洞的洞穴内还有商周时期土著人的活动遗存；台湾台东的长滨洞群，土著人群在洞穴内的活动也延续到距今5000年左右；福建明溪县的南山塔洞遗址中，也发现了夏商时期土著人的生活遗迹。迄今在福建武夷山、鄂西峡江、两广山地等地，都发现了不少明清以来崖洞居聚落遗迹，都是土著洞居文化的传承与残余。[1]

（三）特殊而多样的丧葬形式

东南百越先民在特定生存环境下不但产生了特色鲜明的聚落形态，同样导致了特殊而多样的丧葬形式。古人"事死如事生"，墓葬是死人的聚落，死人的墓葬是活人聚落的延续。在平地水乡、低谷河岸地带最具特色的是平地无穴葬，江西新余拾年山新石器遗址中的无圹墓是目前所见最早的平地葬，两周时期不挖墓穴、铺设河卵石床的土墩墓成为吴、越等文化的重要特征，东周秦汉时期墓底铺设河卵石的结构就是土墩墓的余绪。

崖（洞）葬也是百越丧葬文化的特征之一。《太平御览》卷四十七"武夷山"条载："萧子开建安记曰：武夷山高五百仞……顾野王谓之，地仙之宅，半岩有悬棺数千。"1973年以来在福建武夷山地调查了19处崖葬，并取下两具崖葬船棺，证明其为商周时期遗存。时代稍晚的为江西仙岩崖葬，《舆地纪胜》卷二十一"信州"条载："仙岩……峰峦削立，高出云表。岩石嵌空，多为洞穴，房室，窗牖床榻，仓廪，棺椁，鸡犬，禽鸟之状。"1979年以来调查、发掘了14处崖葬，取下37具棺木和220件随葬品，时代为东周。三国时期沈莹《临海水土志》载："安家之民……父母死亡，杀犬祭之，作四方函以盛尸。饮酒歌舞毕，仍悬着高山岩石之间，不埋土中作冢椁也。"这里的"安家"应是闽浙山地的越人后裔。据研究，崖葬文化就是东南百越先民首创的丧葬形态，但不为百越民族独有，在秦汉至明清之间还先后传播到长江上游的湘鄂西、川南、桂黔山地，一般位于溪流河谷之中、悬崖峭壁之上，成为延续时间很长的南蛮民族丧葬习俗。[2]

（四）广谱的经济活动

百越先民在湿热环境下的经济活动以广谱为特征，稻、薯作业与采集渔猎并重。稻作农耕是百越经济的重要特征，《周礼·职方氏》语"东南曰扬州……其谷宜稻"。1996年在江西万年县吊桶环遗址发现的距今万年以上的孢粉硅植石分析找到了类似水

---

① 佟珊：《武夷山崖居与华南土著早期聚落形态》，载车越乔主编《越文化实勘研究论文集（二）》，科学出版社2008年。

② 凌纯声：《中国与东南亚的崖葬文化》，载《中国边疆民族与环太平洋文化》，台湾联经图书1979年。中国民族学研究会：《民族学研究》第四辑，民族出版社1988年。吴春明：《中国南方崖葬的类型学考察》，《考古学报》1999年3期。

稻的扇形体，这是探索稻作农耕起源的最早线索，而在太湖流域的罗家角、马家浜等新石器时代早期文化更普遍发现人工栽培稻遗存。东南百越地带就是我国稻作农业的发源地、主要实践区，与秦岭、淮河以北的旱地粟、黍农业区构成两个相对独立的农耕文化体系。[①] 但将水稻栽培等同于东南土著的早期农耕文化是不全面的，薯、芋等类块根植物的栽培应是山地土著原始农业的主要内容。据《异物志》："甘薯似芋，亦有巨魁。剥去皮，肌肉正白如脂肪。南人专食，以当米谷。"《南方草木状》载："旧珠崖之地，海中之人皆不业耕稼，惟掘地种甘薯"，"不食五谷，而食甘薯"。而在一些滨河、滨海地带，采集捕捞天然食物成为土著先民的主要生活来源。《逸周书·王会解》载："东越海蛤，欧人蝉蛇，蝉蛇顺食之美，姑于越纳，曰姑妹珍，且瓯文蜃，共人玄贝。"《史记·货殖列传》载："楚越之地，地广人稀，饭稻羹鱼或火耕而水耨，果隋蠃蛤，不待贾而自足，地势饶食，无饥馑之患。"《博物志》载："东南之人食水产……龟、蛤、螺、蚌以为珍味，不觉其腥臊也。"在考古发现上，内河地区的"螺蛳壳堆积"和海滨地区的"贝丘"中含有大量野生介壳动物遗骸，成为东南沿海考古文化遗存的一大特色，应就是先民渔捞经济的反映。[②]

（五）特殊多样的装饰艺术

活跃于东南山水环境中的土著先民的装饰艺术非常丰富，既有"断发文身"、"黑齿雕题"等独特的人体装饰，还有"卉服"、"织贝"等服饰文化内容，与华夏、汉民的"衣冠"精神完全不同。

《淮南子·齐俗训》载："三苗髽首，羌人括领，中国冠笄，越人劗发……越王句践劗发文身。"《论衡·书虚篇》记载："禹时，吴为裸国，断发文身，蠃以为饰。"《战国策·赵策二》载："被发文身，错臂左衽，瓯越之民也。黑齿雕题，鳀冠秫缝，大吴之国也。"断发即剪发被肩。百越先民还有梳髻风俗。《吴越春秋·吴王寿梦传》载吴王梦寿语："孤在夷蛮，徒以椎髻之俗。"《论衡·率性》曰："南越王赵佗，本汉贤人也，化南夷之俗，背叛王制，椎髻箕坐，好之若性。"百越先民的断发被肩或梳髻不同于华夏族的束发加冠之礼，在考古上有不少线索，如江西仙岩东周越人崖葬中的剪发遗存、广西罗泊湾汉墓随葬铜器上的被发与髻发图像、浙江绍兴坡塘 M306 铜屋中的结发人物塑像等。[③] 文身雕题即在皮肤上刺纹染色，考古学上虽难有文身雕题的遗迹可

① 严文明：《中国稻作农业的起源》，《农业考古》1982 年 1 期。安志敏：《中国的史前农业》，《考古学报》1988 年 4 期。

② 袁靖：《中国大陆东南沿海贝丘遗址研究的几个问题》，《考古》1995 年 12 期。

③ 刘诗中等：《贵溪崖墓所反映的武夷山地区古越族的族属和文化特征》，《文物》1980 年 11 期。广西文物队：《广西贵县罗泊湾一号墓发掘简报》，《文物》1978 年 9 期。浙江省文管会：《绍兴 306 号战国墓发掘简报》，《文物》1984 年 1 期。

寻，但在黎族、高山族等东南土著民族的后裔中仍保留这种习俗。[①] 百越的人体文身艺术还包括黑齿、凿齿。除了《战国策》说句吴"黑齿雕题"，《楚辞·招魂》载："魂兮归来，南方不可以止些；雕题黑齿，得人肉以祀"；《管子·内业篇》载："昔者吴、干战，未龀不得入军门，国子摘其齿，遂入"。广东佛山河宕、福建闽侯昙石山先秦遗址中的人骨遗骸都发现了拔牙的现象。百越先民的凿牙习俗甚至在当代东南汉民人群中也有传承，如闽、赣汉民的凿齿后镶嵌金、银牙的习俗就是土著遗风的嬗变。

东南百越及其先民装饰文化除了直接表现在人体艺术上的断发文身外，同样有其自身系统的民族服饰。《尚书·禹贡》载："（扬州）厥贡惟金三品，瑶琨涤荡，齿、革、羽、毛惟木。岛夷卉服，绩篚织贝。"顾颉刚注《禹贡》语："卉服，孔颖达说即草服，南方居亚热带，岛民以草编织成衣服。"近代台湾的高山族还有用椰树皮、芭蕉皮、树叶为服，应是这种文化的残余。百越及其更早的先民曾经创造的树皮布文化更是"卉服"中源远流长的装饰艺术特产。"盘瓠传说"就有"织绩木皮，染以草实"之语。《赤雅·卉服》说："南方草木可衣者曰卉服。绩其皮者，有勾芒布、红蕉布、弱锡衣苎麻所为。"民族志上的树皮布文化不仅有台湾高山族的树皮衣，还广泛分布于东南亚的岛屿与大陆边缘以及马达加斯加和非洲东海岸，属于南岛语族的文化范畴，在南岛语中称 Tapa。[②] 除了"卉服"，《禹贡》还提到扬州的"厥篚织贝"，其中"织贝"就是百越先民的一种非常特殊而重要的装饰艺术。"织贝"就是用细拧串织起来的、经过细致加工的精品贝饰。1929 年林惠祥先生在台湾高山族调查时就发现了这样的织贝文化，并带回一件精美的珠贝衣服，这件一级文物珍品现藏于厦门大学人类博物馆。[③]

（六）复杂的自然崇拜

百越先民有许多复杂的自然崇拜内容，将自然界的许多存在都赋予超自然力，形成多精灵和多鬼神的社会信仰体系。

盘瓠图腾是包括百越先民在内的南蛮民族重要的原始宗教内容。《后汉书·南蛮西南夷列传》载："帝（高辛氏）有畜狗，其毛五采，名曰盘瓠"，"乃以女配盘瓠……其后滋蔓，号曰蛮夷。"百越民族的狗图腾在其后裔文化中得到具体的表现，畲族的盘瓠图腾文

① 林惠祥：《台湾番族之原始文化》，《中央研究院社会科学研究所专刊》第三号，1930 年。刘咸：《海南黎人之文身研究》，中山文化教育馆《民族研究集刊》第一辑。何廷瑞：《台湾土著诸族文身习俗之研究》，《考古人类学刊》第 15～16 辑。

② 张光直：《中国东南海岸考古与南岛语族起源问题》，《南方民族考古》第一辑，四川大学出版社 1987 年。凌纯声：《树皮布印纹陶与造纸印刷术的发明》，台北《民族学研究所专刊》第三号，1963 年。邓聪：《古代香港树皮布文化的发现及其意义》，《东南文化》1999 年 1 期。

③ 林惠祥：《台湾番族之原始文化》，《中央研究院社会科学研究所专刊》第三号，1930 年。

化非常丰富，都普遍供奉人身狗头的祖先偶像，年节时间模仿狗的动作行为以示盘瓠子孙。

龙、蛇图腾的地位也不逊于盘瓠图腾。《说文解字》"虫部"曰："南蛮，蛇种"，"闽，东南越，蛇种"。《吴越春秋·阖闾内传》载："（子胥）立蛇门者，以象地户也……越在巳地，其位蛇也，故南大门上有木蛇，北向首内，示越属于吴也。"《汉书·地理志》语："文身断发，以避蛟龙之害。"今海南黎族、台湾高山族的文身内容中都有龙、蛇形象，而且高山族的许多日用陶器、竹木器具、建筑屋饰、服饰等物质文化中也都有不同形态的龙、蛇图像，排湾族的一些村社还将灵蛇、蛇神、蛇卵作为人群的祖先。百越先民的蛇神崇拜在东南汉民社会中广泛传承，"九使蛇神"流传于闽中，迄今闽中地区还有许多祭祀"九使蛇神"的神庙，其中连江品石岩庙为最大，该庙正殿就供奉着"蟒天洞主"、"刘夫人"和"九使"、"十使"、"十一使"三个蛇仔的塑像。"侍者公"流传于闽南，传说唐武宗年间，漳州平和有蛇妖作祟，僧人杨义制服蛇妖，使之归正为和尚的随从侍者，侍者多从善事，日久成神，民众塑其神像以祭祀，今平和三平寺内供奉的就是蛇侍者的塑像。此外，各地还有其他不少它姓的蛇神崇拜，如南平樟湖板的"连公庙"、南平西芹、闽侯洋里、长汀罗汉岭、上杭灵蛇山的蛇腾寺等。南平樟湖板的"连公庙"供奉蛇神是连姓的蟒蛇精，当地人称之"连公"或"连公爷"，每年农历正月十七、十八、十九都有"游蛇灯"，七月初七有活蛇赛神，构成完整的蛇神信仰体系。厦门大学人类博物馆藏有一尊采自闽西长汀的蛇王宫偶像，蛇王瞪目獠牙、手举杖棒，供座上雕刻的浮雕为青龙腾空而起。[①] 图腾崇拜是民族文化中最重要的内聚情结，东南汉民的这些蛇神崇拜应就是百越先民蛇图腾崇拜演变而来的，既有移植东南的内地汉民受"杂处"土著文化"越化"的结果，更多的应是"汉化了的"越人文化的再现。

百越先民其他复杂的自然崇拜内容在东南汉民社会中也有不同程度的表现。闽西南客家的民间信仰中有著名的"定光佛"。武平县"定光佛"有五个化身，称"五古佛"，其形象是五只猫头鹰状的怪鸟，应就是百越先民鸟图腾信仰的残余。闽西的伯公、猎射神等还与石头、大树崇拜有关，在上杭官庄树人村的田边地头都有伯公坛，就是大石头上或大树下用三块石头垒起来的神坛，村民就烧香祈拜；在官庄坝的镇龙庵供奉的一个大石头又被说成是"定光佛"的化身，可以祈求降雨；在永定湖坑李姓客家，每个村子都有伯公庙，供奉的就是一块石头或一棵树；在南靖、永定客家，还流行小孩或拜石头、或拜古树、或拜太阳为父信仰，更具有祖先崇拜的鲜明的图腾特征。[②] 所有

①　林蔚文：《闽越原始宗教信仰略论》，载《闽越文化研究》，海峡文艺出版社 2002 年。

②　谢重光：《客家文化中的闽越文化因子》，载《闽越文化研究》，海峡文艺出版社 2002 年。

这些自然崇拜都不是移植东南前中原北方汉民文化固有的文化内容，应是东南沿海山地丘陵地带的百越先民在复杂、多样、艰苦的自然环境下生存与斗争中产生的多精灵、多鬼神的自然崇拜文化的延续。[①]

（七）南岛底层方言系统

汉代《说苑·善说》记载了一则春秋时代楚、越语不相通的故事："鄂君子皙之泛舟于新陂之中也……会钟鼓之音毕，榜枻越人拥楫而歌。歌辞曰：滥兮抃、草滥予？昌桓泽予？昌州州湛。州焉乎秦胥胥。缦予乎昭澶秦逾渗。惿随河湖。鄂君子皙曰：'吾不知越歌，子试为我楚说之。'于是乃召越译。"楚王母弟皙听"越人歌"仍需通过翻译，说明越语与楚、汉系统的语言差异是很大的。林惠祥考越语为"胶着语"，与今南洋土著"南岛语族"同类，不同于汉人的孤立语。[②] 近年语言学家开始从中国大陆南方壮侗语族和汉语方言中寻找古语的底层，将《说苑·善说》所记录的"越人歌"与百越的重要后裔支系壮族语言进行比较，发现两者的句法结构、语法与大部分词语都相同。南方汉语方言也是如此，也有许多土著先民的语言"痕迹"，如闽方言实际上就是北来汉语与原住土著语言的融合产物，汉语闽、客语都有一批最常用口语词与南方土著民族语包括南岛、南亚、苗瑶、壮侗语同源，这批词汇是汉语闽、客语不同于其他方言的基础。这表明，南方汉语方言不是古代北方中原汉语的简单延续，而与华南土著民族文化关系密切。这是因为，留在大陆上的古南岛人（或称古百越人）的文化分化，一种是已经汉化的闽、粤、吴人，另一种是受中原文化很大影响、但尚未完全汉化的操壮侗、苗瑶语言诸族。总之，现代南方汉语方言都不同程度包含了百越土著先民的语言成分。[③]

与百越语言相对应的书写文字一直没有在考古发现上予以确定，东南地区的几何印纹陶上的刻符成为百越及其先民文字起源探索的最直接依据，其中最重要的地点是江西樟树的吴城和鹰潭的角山两个商代遗址，分别发现陶文和刻符 170 多个和 1480 多个。唐兰认为："吴城遗址出土的文字材料，其中又有一些跟商周文字截然不同的，尤其是一期遗物中，灰陶钵的七个字和黄陶盂的五个字，更是突出，很可能是另一种已经失传的古文字。"[④] 从这一"已经失传的古文字"中去寻找百越自身的文字起源，应是最有

① 彭维斌：《从百越的巫鬼神灵信仰到汉式佛、道宗教——闽南民间信仰历史变迁的分析》，载车越乔主编《越文化实勘研究论文集（二）》，科学出版社 2008 年。

② 韦庆稳：《试论百越民族的语言》，载《百越民族史论集》，中国社会科学出版社 1982 年。林惠祥：《南洋马来族与华南古民族的关系》，《厦门大学学报》1958 年 1 期。

③ 韦庆稳：《试论百越民族的语言》，载《百越民族史论集》，中国社会科学出版社 1982 年。邓晓华：《南方汉语中的古南岛语成分》，《民族语文》1994 年 3 期。《客家话与畲语及苗瑶语、壮侗语的关系》，《民族语文》1999 年 3 期。

④ 唐兰：《关于吴城文化遗址与文字的初步探索》，《文物》1975 年 7 期。

希望的途径。

三　百越的融合与消亡

随着秦汉王朝军事征服百越王国的推进，相继在百越故地推行了统一的郡县制度，并对百越民族采取内迁、同化政策。《史记·秦始皇本纪》载："（秦王政）二十五年（前222年），大兴兵……王翦遂定荆江南地，降越君，置会稽郡。"《史记·南越列传》载："（元鼎六年即前111年）南越已平矣，遂为九郡。"《汉书·武帝纪》载："遂定越地，以为南海、苍梧、郁林、合浦、交趾、九真、日南、珠崖、儋耳郡。"《史记·东越列传》载：建元三年（前138年）"东瓯请举国徙中国，乃悉举众来，处江淮之间"；元封元年（前110年）"闽越悍，数反复，诏军吏皆将其民徙处江淮间。东越地遂虚"。

在郡县制度下的于越、南越故地，越民族的后裔在汉晋间相当长时期内还在原地生存、繁衍。《三国志·孙权传》载："时扬越蛮夷多未平集，内难未弭。"同书《许靖传》载："会苍梧诸县夷越蜂起，州府倾覆，道路阻绝。"又《朱治传》载："建安七年（202年）权表治为九真吴郡太守，行扶义将军，割娄、由拳、无锡、毗陵为奉邑，置长吏。征讨夷越，佐定东南。"可见在这些郡县地带上被称为"蛮夷"、"夷越"的土著越人的活动还很"猖獗"，说明秦汉王朝的军事征服不等于文化统一，而文化的统一和民族融合是一个很长的过程。就《史记》、《汉书》所记"将其民徙处江淮间"的闽越、东瓯而言，也完全不可能做到"东越地遂虚"，至少还有相当部分东越人逃避山里，成为东汉六朝以来活跃的"山越"。《宋书·州郡志》："汉武帝世，闽越反，灭之，徙其民于江淮间，虞其地后有遁逃山谷者颇出，立为冶县。"《资治通鉴》汉纪胡三省注："山越本亦越人，依阻山险，不纳王租，故曰山越。"

汉晋间东南夷越、山越（山贼）的活动几乎遍及百越故地，而且这些"山越"在同中央王朝与汉人主导的官府的冲突中通常被指为"山贼"、"贼"。[①] 在《后汉书》中，"永和二年（137年），日南、象林徼外蛮夷区怜等数千人攻象林县，烧城寺，杀长吏"（卷八十六《南蛮西南夷列传》）；"建宁二年（169年），丹阳山贼围太守陈夤，夤击破之……光和元年（178年）春正月，合浦、交趾乌浒蛮叛，招引九真、日南民攻没郡县"（卷八《孝灵帝纪》）；"熹平元年（172年），会稽妖贼许昭起兵句章，自称大将军，立其父生为越王，攻破城邑，众以数万"（卷五十八《虞傅盖臧列传》"藏洪传"）；"初平中（190～193年），天下乱，避地会稽，遂浮海客交趾，越人化其节，至

---

① 叶国庆、辛土成：《关于山越若干历史问题的探讨》，载《百越民族史论集》，中国社会科学出版社1982年。

间里不争讼"（卷三十七《桓荣传》）。《三国志·吴书》诸"传"中所记这类"山贼"的活动更见于东南所有郡地。在江东各郡，"是时丹阳、吴、会山民复为寇贼，攻没属县"（卷三十《全琮传》）；"黄武五年（226年），分三郡恶地十县，置东安郡，以全琮为太守，平讨山越"（卷五十五《孙权传》）；"嘉禾三年（234年），诸葛恪领丹阳太守，讨平山越"（《陈表传》）；"（吕蒙）当为孙策将，数讨山越。蒙年十五六，窃随当击贼，当顾见大惊，呵叱不能禁止"（卷五十四《吕蒙传》）。在庐江、鄱阳间，"（韩当）还讨鄱阳，领乐安长，山越畏服"（卷五十五《韩当传》）；"时庐江介有山贼陈策众数万人，临险而守"（卷十四《刘晔传》）。在会稽、吴兴、临海郡地，"时吴、会稽、丹阳，多有伏匿，逊陈便宜，乞与募焉。会稽山贼大帅潘临，旧为所在毒害，历年不禽"（卷五十八《陆逊传》）；"（贺齐）少为郡吏，守剡长……齐率吏民，开城门突击，大破之，威震山越……余杭民郎稚合宗起贼，复数千人，齐出讨之，即复破稚，表言分余杭为临水县。"（卷六十《贺齐传》）；"权表治为九真吴郡太守，行扶义将军，割娄、由拳、无锡、毗陵为奉邑，置长吏。征讨夷越，佐定东南"（卷五十六《朱治传》）。在闽中故地，"会稽冶贼吕合、秦狼等为乱，钦将兵讨击，遂禽合、狼，五县平定，徙讨越中郎将"（卷五十五《蒋钦传》）；"以齐为永宁长……贼盛兵少，未足以讨，齐住军息兵。（贼帅）雅与女婿何雄争势两乖，齐令越人因事交构，遂致疑隙，阻兵相图……侯官既平，而建安、汉兴、南平复乱，齐进兵建安，立为都尉府"（卷六十吴书十五《贺齐传》）。在岭南各郡，"会苍梧诸县夷越蜂起，州府倾覆，道路阻绝"（卷三十八蜀书八《许靖传》）。

唐宋以来，在汉民族文化的同化、融合和挤压下，百越后裔的聚居地区更进一步收缩到偏远的山区，在汉文史籍中不再直接称为"越"，而被称为"溪峒"、"峒僚"、"黑齿"、"金齿"、"银齿"、"绣脚"、"绣面"、"茫蛮"、"百夷"、"摆夷"、"白衣"、"仲家"、"洞家"、"水家"、"僮"、"侬家"、"徭人"等各类"蛮（苗）"、"僚"，现今东南的畲、瑶、黎等及西南的傣、布依、侗、水、壮等壮侗（壮傣）语族各民族文化。《隋书·南蛮传》载："南蛮杂类，与华人错居，曰蜒、曰獽、曰俚、曰獠、曰狏，俱无君长，随山洞而居，古先所谓百越是也。"南宋刘克庄《漳州谕畲》载："然炎昭以来常驻军，于是岂非以其壤接溪峒，苑苇极目，林箐深阻，省民山越往往错居，先朝思患豫防之意远矣。凡溪峒种类不一：曰蛮、曰畲、曰黎、曰蜒，在漳曰畲。"明谢肇制《五杂俎》说："吾闽山中有一种畲人，相传盘瓠种也，有盘、雷、蓝三姓，不巾不履，自相匹配。"梁绍猷《南海县志》卷三十五"杂录"载："岭表溪峒之民，号峒僚，古称山越。"《嘉应州志》卷三十二"丛谈"也说："峒僚，岭表溪峒之民，古称山越。"

除了少数百越后裔"遁逃山谷"，演变为唐宋以来的少数民族文化外，绝大多数的百越人群在长期、全面汉化的过程中融合成为当地汉民，与汉唐以来南迁的中原北方汉民共同构成东南汉民文化体系。这些汉化的越人丰富、发展了东南汉民社会文化内涵，以至于越文化因素在东南汉民文化中仍有丰富的积淀。

从彩陶看史前期闽江下游的周邻文化关系[*]

彩陶是史前期人类文化的重要内涵，是亚欧大陆新石器、青铜时代文化中最重要的艺术创造之一，因此彩陶内涵的地域性异同也成为认识旧大陆史前期人们共同体文化空间关系的重要指标。东亚系统史前彩陶文化的发育以黄河流域为中心，以仰韶文化最为著称，但又不完全限于这个时空，通过彩陶文化内涵的分类来研究史前、上古族群文化的关系，是中国考古学的一项重要工作。

"几何形纹彩陶"是粤、闽、台等东南沿海地区史前文化中不可忽视的特殊文化形态之一，它明显不同于黄河及长江流域新石器时代的彩陶文化。闽江是福建的母亲河，闽江下游是福建文化发育的心脏地带，闽江下游的史前文化是周汉以来福州早期都市文明产生的基础。闽江下游地区是东南土著系统彩陶文化发育的重要地区之一，它是闽浙沿海彩陶文化的核心，又表现出与珠江三角洲、台湾西海岸等周邻地带彩陶文化不同程度的共性和差异，反映了闽中地区国家文明形成之前土著文化的空间地位与周邻关系。

一 闽江下游彩陶文化的源流

迄今考古发现的闽江下游新石器时代遗址中的彩陶在福建史前彩陶遗存中内涵最丰富、分布最密集，而且表现出不同时代内涵的差异性、复杂性和延续性。依据昙石山、溪头、庄边山、东张、壳丘头、黄瓜山等遗址的地层关系和学术界既有的编年成果[①]可

---

[*] 本文原题《从彩陶看史前福州的周邻文化关系》，原文提交 2003 年 11 月在福州举行的"闽都文化研究学术研讨会"，收入《闽都文化研究》一书，海峡文艺出版社 2006 年。收入本集时改现题名并增补插图。

[①] 福建省博物馆：《闽侯昙石山遗址第六次发掘报告》，《考古学报》1976 年 1 期；《福建闽侯昙石山遗址发掘新收获》，《考古》1983 年 12 期；《闽侯溪头遗址第二次发掘报告》，《考古学报》1984 年 4 期；《闽侯庄边山新石器时代遗址第二次发掘报告》，《考古学报》1998 年 2 期；《福建平潭壳丘头遗址发掘简报》，《考古》1991 年 7 期。福建省文物管理委员会：《福建福清东张新石器时代遗址发掘报告》，《考古》1965 年 2 期。王振镛等：《闽江下游印纹陶遗存的初步分析》。吴绵吉：《昙石山遗址的分期和年代》，《文物集刊(3)》，文物出版社 1981 年。林公务：《福建史前文化遗存概论》，《福建文博》1990 年增刊。吴春明：《闽江流域先秦两汉文化的初步研究》，《考古学报》1995 年 2 期。

以看出这一地区彩陶文化大致经过了三个阶段的发展。

（一）早期　距今五六千年前的壳丘头下层类型和昙石山下层类型，是闽江下游彩陶文化的初现阶段。

壳丘头下层类型的彩陶见于平潭壳丘头下层和闽侯白沙溪头下层底部堆积。该类遗存以质粗、胎软、色杂的手制粗陶为特点，器类简单，器表拍印、压印、戳刻绳纹、麻点纹、贝齿划纹、平行短线纹等，彩绘表现为在少量灰胎釜、罐类器器表涂饰红衣，不见其他彩绘图案。

昙石山下层类型彩陶见于昙石山下层、庄边山下层的早期（即第⑤、④层）、溪头下层与早期灰坑。该遗存含细砂红陶、粗砂灰胎陶和泥质陶，后两种陶系以涂饰红衣、赭红衣、黄衣为特点。施衣砂陶主要器类为宽沿釜、高领罐，器表素面或拍打绳纹、戳印麻点纹，之后又用湿手抹光并涂陶衣；施衣泥陶主要器类为盆、钵类，器表打磨光滑并涂陶衣，再戳印圆圈纹、重圈纹、连圈纹和镂孔等图案；还见少量泥质陶饰白衣红彩，施绘宽带纹、卵点纹等简单纹样。

（二）中期　距今四五千年前的昙石山中层类型，是闽江下游彩陶文化的发展阶段。

该类型彩陶仅见于闽侯昙石山中层、闽侯溪头下层墓葬，同属于该类型文化的闽侯庄边山下层晚期（即第③、②层）、福清东张下层不见有彩陶报道。该类型主要陶系是泥质磨光灰陶和拍印（简化绳纹）的夹砂灰陶两类。彩陶有三类，其一为红衣，如溪头下层直颈圈足罐（M49∶8）器表及颈部内均涂饰红衣，昙石山中层发现类似的红衣纺轮和陶片；其二为昙石山中层所见的直壁杯、宽沿簋的口、沿部涂饰一圈宽带纹红彩；其三为直颈圈足罐器表、颈和足内表施绘条带纹、竖条纹、卵点纹、勾状纹红彩，昙石山、溪头都有发现。

（三）晚期　距今三四千年之间的昙石山上层类型，是闽江下游彩陶文化的鼎盛阶段。

闽侯昙石山上层、闽侯庄边山上层（第①层）、福清东张中层都发现了这一类型丰富的彩陶遗存。该类遗存代表性陶系为橙黄硬陶和灰硬陶，大部分陶器都施彩绘，分成两类。一类为在器表拍印篮纹、绳纹、方格纹、梯格纹、曲折纹的基础上涂饰赭色、黑赭色陶衣；一类为在尊、罐、盆、纺轮等器表施绘黑褐色、赭红色几何形图案，图案主题为宽带纹、竖条纹、平行斜线三角纹、席纹、复线交叉纹、网格纹、菱形填点填线纹、梯格纹、回纹、云雷纹等。

闽江下游新石器时代文化中的彩陶是一个自成源流的地方文化传统，彩陶文化发展一脉相承的轨迹是比较清晰的（图一）。早、中、晚三期彩陶图案都是发展过程中的几何形纹，早期出现的宽带纹、卵点纹图案为第二期所继承，并发展为中期的宽带、卵

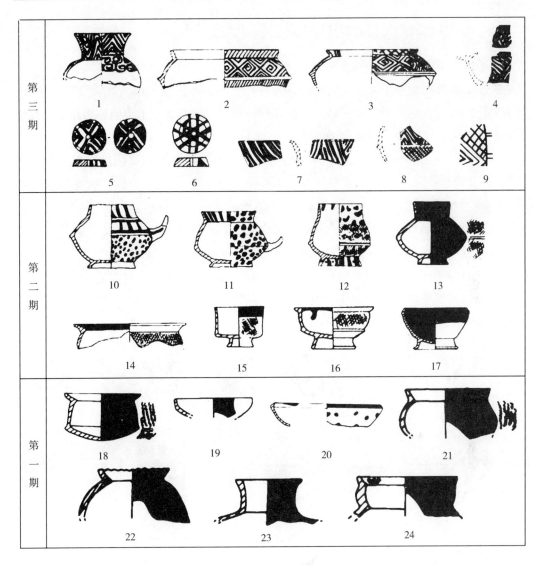

图一　闽江下游彩陶源流

（12～13、22～24. 溪头；余为昙石山）

点、钩形、竖条纹组合；晚期继承第二期图案内容，并使线的平行、交叉组合更加复杂多样化。从彩绘着色看，早、中期为红彩、赭红彩，工艺较差，彩色容易剥蚀，晚期仍有少量赭红彩，但许多彩绘和陶衣介于赭红和黑褐之间，可以看出这一地区彩绘颜色从鲜红向暗褐逐渐演变的线索。晚期的彩绘比较牢固和不易剥蚀，是工艺进步的表现。迄今在晚期之后的黄土仑类型中尚未发现彩陶遗存，因此，距今三千余年间是闽江下游史前文化从彩陶时代进入印纹陶时代的过渡阶段。

二 闽江下游彩陶文化的传播与影响

除了闽江下游地区外，邻近的闽东浙南沿海、闽北山地、闽南沿海等地也都不同程度地发现史前彩陶遗存。由于这些地区缺乏可靠的典型考古遗址以为文化分期的依据，史前文化发展的进程尚不十分明晰，从现有的材料看，这些地区的史前彩陶主要是闽江下游彩陶文化系统传播、影响的结果。

闽东沿海各县都发现有史前彩陶，是除闽江下游外闽中彩陶文化最密集的分布区（图二）。1958 年调查发现了罗源中房，周宁埔源、西门，寿宁武曲，福安溪潭、穆阳，霞浦牙城等多处含有彩陶的遗址；1988 年以来又在福安、霞浦、宁德、古田、寿宁、屏南、福鼎等县发现了 40 多处彩陶遗址，其中福安县就达 23 处；霞浦黄瓜山下层彩陶遗存内涵最丰富，最有代表性，1989 年全面发掘。[①] 从总体上看，闽东沿海彩陶文化内涵单一，以黑褐色、赭红色施衣陶和多种组合几何形纹黑彩硬陶为特点，彩绘图案与共存物面貌同闽江下游晚期彩陶即三四千年间的昙石山上层类型彩陶基本一致，应属于同一类型文化。

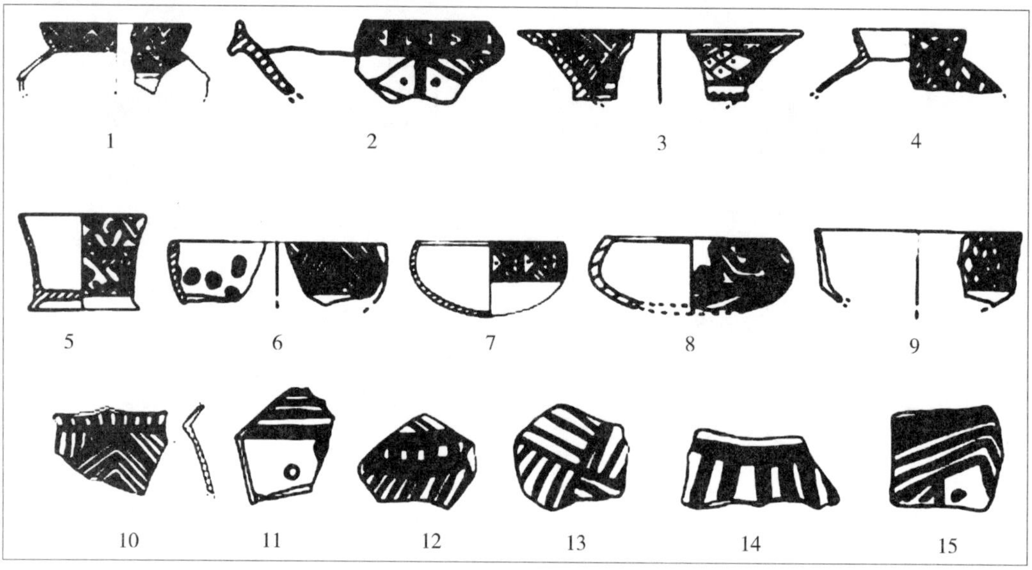

图二 闽东沿海地区的史前彩陶

（1～9. 霞浦黄瓜山；10、11. 周宁；12. 寿宁；13～15. 福安）

① 曾凡等：《闽东新石器时代遗址调查》，《考古》1959 年 11 期。林聿亮：《闽台彩陶文化略论》，《福建文博》1990 年增刊。福建省博物馆：《福建霞浦黄瓜山遗址发掘报告》，《福建文博》1994 年 1 期。

　　浙江东南的瓯江、飞云江流域在地域上与闽东沿海相连，乐清、永嘉、瑞安等地曾发现一些几何形纹黑色彩陶遗存，最近浙江省文物考古研究所又在飞云江上游流域发现了多处同类遗存，内涵更为丰富（图三）①。这些遗存同样与闽江下游晚期彩陶文化内涵一致，应是史前期闽江下游为中心的土著文化向东北方向传播、影响的结果。

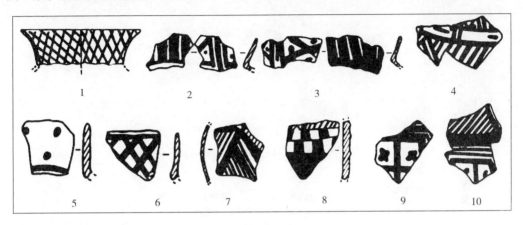

图三　浙东南地区的史前彩陶

（1. 牛头岗；2～10. 狮子岗）

　　闽江中上游地区，彩陶也零星地共存于史前遗址中（图四）。中游的南平宝峰山、尤溪梅仙等遗址也有少量彩陶，上游的建溪、富屯溪、沙溪三支流流域所在的建瓯、崇安、政和、松溪、清流、宁化，甚至远至闽西的长汀、连城、龙岩等地县也有零星发现（图五）。②初步观察，闽江中上游及闽西的零星彩陶片图案主题也属于闽江下游晚期彩陶，但共存物却不完全相同，说明这些彩陶是该地区原始文化接受闽江下游彩陶文化影响、移植的结果。

　　闽江口以南的闽南沿海彩陶遗址有惠安涂岭、大岞、厦门灌口、云霄墓林山、漳浦香山、南安等地（图六）。③ 其中惠安涂岭、云霄墓林山、漳浦香山等地的彩陶主要为

---

①　牟永抗：《浙江新石器时代文化的初步认识》，载《中国考古学会第三次年会论文集》，文物出版社 1984
年。浙江省文物管理委员会等：《浙江省新石器时代文物图录》，浙江人民出版社 1958 年。浙江省文物考
古研究所等：《浙南飞云江流域青铜时代文化遗存》，载《东南考古研究》第二辑，厦门大学出版社 1999
年。

②　福建省博物馆等：《南平樟湖宝峰山遗址发掘报告》，《福建文博》1991 年 1、2 期。福建省文物管理委员会：《闽
北建瓯阳新石器时代遗址调查》，《考古》1961 年 4 期；《福建崇安新石器时代遗址调查》，《考古》1959 年 11
期；《福建省新石器时代遗址资料汇编》，1959 福建省文物管理委员会油印本。

③　林聿亮等：《惠安涂岭新发现的贝丘遗址》，《考古》1990 年 2 期。陈存洗：《惠东崇武大岞的史前遗址》，
载《崇武研究》，中国社会科学出版社 1990 年。吕荣芳：《厦门市灌口区临石寨山发现新石器时代遗址》，
《文物参考资料》1958 年 12 期。福建省博物馆：《福建墓林山遗址发掘简报》，《东南文化》1993 年 3 期。
福建省考古队漳浦香山、南安彩陶图片。

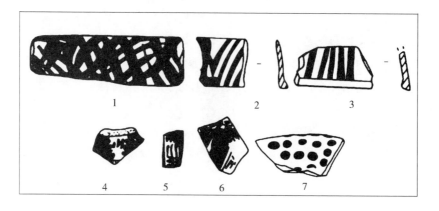

图四　闽江中上游地区的史前彩陶

（1. 南平樟湖板；2、3. 建瓯；4～6. 南平宝峰山；7. 建阳）

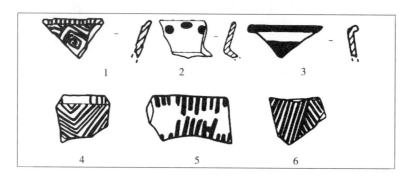

图五　闽西地区的史前彩陶

（1、2. 连城；3、4. 长汀；5、6. 龙岩）

夹砂陶釜、罐、杯器表涂饰红衣或口、肩、腹部施绘宽带纹、圆点纹红彩，彩绘风格和图案，同闽江下游四五千年间的中期彩陶接近，但陶器的内涵与时代风格却与三四千年间的昙石山上层类型相似。厦门灌口、惠安大岞及南安所见彩陶片，含黑衣陶和平行斜线三角纹、直线纹的黑彩或黑褐彩陶，彩绘图案及施彩风格与闽江下游晚期彩陶一致，但内涵却以灰胎、红胎软陶为特点，与昙石山上层类型的橙黄硬陶、灰硬陶系相去甚远。因此，从古文化区系上看，闽南沿海与闽东沿海文化有别，但从彩陶内涵看，基本同属一个文化体系，闽南沿海的彩陶也是闽江下游彩陶艺术传播、影响的结果。

　　总之，在浙南沿海、闽东沿海、闽西北山地、闽南沿海地区都发现了与闽江下游相同的彩陶文化内涵，都是闽江下游中、晚期尤其是晚期（昙石山上层类型）彩陶的风格和花纹主题，都以红或黑衣陶和以直线、圆点为基本要素构成复杂程度不等的几何形复合图案的红、黑色彩陶为特点。可见，这些彩陶是闽江下游彩陶文化在发展过程中对周邻地区发生不同程度文

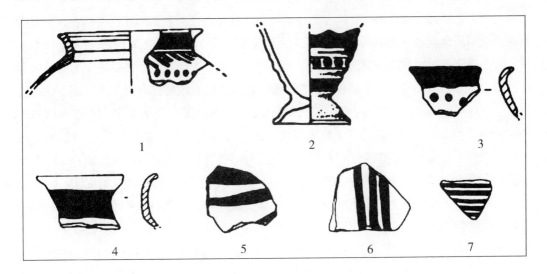

图六　闽南沿海地区的史前彩陶

（1、2. 惠安蚁山；3. 云霄墓林山；4. 漳浦香山；5. 南安；6、7. 崇武）

化传播、影响的结果，是史前期闽江下游土著文化中心地位形成的一个重要考古指标。

三　在东南沿海土著彩陶系统中的地位

我们将视野拉远一些，可以从宏观角度观察以闽江下游为中心的闽浙沿海史前彩陶文化在我国东南土著文化、乃至整个东亚地区史前彩陶文化体系中的关系与地位。东南沿海土著系统的彩陶文化主要还发现于以珠江三角洲为中心的广东沿海、台湾西海岸平原地区，与闽浙沿海的史前彩陶有相当的共性。

粤、港、澳地区的彩陶遗存集中发现于珠江三角洲及邻近沿海[①]，这一地区的彩陶文化大致经过了四个发展阶段：第一期为初现期，距今六七千年间的翁源青塘洞、南海 KG

① 广东省博物馆：《广东翁源青塘新石器时代遗址》，《考古》1961 年 11 期。广东省博物馆：《广东南海西樵山遗址》，《考古》1963 年 12 月。广东省博物馆等：《广东高要县蚬壳洲发现新石器时代遗址》，《考古》1960 年 6 期。莫稚：《广东考古调查的新收获》，《考古》1961 年 12 期。简庆华主编：《中山历史文物图录》，中山市博物馆 1991 年彩印本。李子文：《淇澳岛后沙湾遗址发掘》，载《珠海考古发现与研究》，广东人民出版社 1991 年。深圳市博物馆等：《广东深圳市大黄沙沙丘遗址发掘简报》，《文物》1991 年 11 期。莫稚：《深圳市考古重要收获》，《文物》1982 年 7 期。深圳市博物馆等：《深圳市大鹏咸头岭沙丘遗址发掘简报》，《文物》1990 年 11 期。邓聪等：《环珠江口史前考古学刍议》，载《环珠江口史前文物图录》，香港中文大学出版社 1991 年。邓聪、黄韵璋：《大湾文化初论》，载《南中国及邻近地区古文化研究》，香港中文大学出版社 1994 年。香港中文大学中国文化研究所：《香港和澳门近十年来的考古收获》，载《文物考古工作十年》，文物出版社 1990 年。杨式挺等：《谈谈佛山河宕遗址的重要发现》，载《文物集刊（3）》，文物出版社 1981 年。广东省文物管理委员会：《广东潮安的贝丘遗址》，《考古》1961 年 11 期。

地点、潮安陈桥贝丘等遗址的彩陶，彩绘简单，一般都是在器表涂饰红、白陶衣，少量陶器口沿或颈肩部施绘一圈宽带纹；第二期为鼎盛期，距今五六千年间的深圳大黄沙第④层、后沙湾第⑥层、香港大湾、春坎湾、澳门黑沙下层、中山龙穴、高要蚬壳洲等遗址彩陶，彩绘多见于泥质陶上，于器表和口沿、圈足内表施红色或赭红色宽带纹、圆点纹、波浪纹、不规则折线纹、"S"形纹等，整体结构繁而不缛；第三期为衰退期，距今四五千年间的深圳咸头岭、增城金兰寺、海丰沙坑、东莞万福庵等遗址彩陶，彩绘数量明显减少，仍只见于泥质陶器表施绘红彩宽带纹、平行短斜线等简单图案或施赭红衣；第四期为残存期，距今三四千年间的佛山河宕下层、南海西樵山第7地点等少数几处彩陶，主要见于泥质陶的圈足盘口沿上施绘简单的宽带纹、竖条纹红彩，或者一些夹砂陶器的器表涂饰红色或赭红色陶衣。

　　台湾史前彩陶遗存集中发现于西海岸一带，台东地区极为少见，见于报道的彩陶遗址主要有台北大垄坑、芝山岩、圆山，台中社脚、营埔，高雄凤鼻头、桃仔园，澎湖果叶、锁港、良文港等。[①] 这些彩陶可以分成三组：大垄坑下层组彩陶距今四五千年间，广布于台湾西海岸，在部分器表涂饰红衣或在口沿内外壁施绘宽带纹、竖条纹图案；芝山岩下层组为距今三四千年间，分布于台湾北部地区的彩陶文化形态，彩绘表现为泥质陶表面经打磨光滑并涂饰红、橙、褐、黑衣，或者在磨光陶罐、豆的口、腹、圈足外表与钵内外表施绘灰黑色或橙红色的平行竖条纹、圆点纹、三角形纹、网格纹、平行斜线纹等；凤鼻头中上层组为距今三四千年间，分布于台湾南部地区的彩陶文化形态，包括凤鼻头中层的杯外表和钵内表施绘竖条纹、钩形纹红彩，凤鼻头上层橙红陶器表、口沿、圈足上施绘倒三角相间纹、菱形纹、成组平行线纹、平行斜线三角纹、席纹、云形纹、网格纹、成排卵点纹等复合几何形图案的棕红彩，少量宽带纹黑彩等。

　　东南沿海的彩陶文化的共性表现为施衣陶和以点、直线、弧线、折线等基本要素的连续排列和组合，构成或简或繁的几何形图案，如卵点纹、宽带纹、竖条纹、平行斜线三角纹、曲折纹等；彩绘着色以红色为基调，闽江下游彩绘陶在发展过程中有一个由鲜红向暗红、赭红、黑褐变化的线索。所有这些与黄河流域仰韶文化的以动植物形纹为核心的写实图案的黑色彩绘陶明显有别。与长江流域彩陶文化有一定的共性，如珠江三角洲的波浪形纹红彩圈足盘与长江中游大溪、屈家岭文化中饰

① 游学华：《介绍台湾新发现的芝山岩文化》，《文物》1986年12期。K. C. Chang, *Fengpitou, Tapenkeng and Prehistory of Taiwan*, Yale University Publication in Anthropology, No. 73, 1969. 韩起：《台湾省原始社会考古概述》，《考古》1979年3期。厦门大学历史系考古教研室等：《台湾三十年来的考古发现》，载《文物考古工作三十年》，文物出版社1979年。臧振华：《澎湖群岛上的远古文化》，台湾《历史》月刊第21期，1989年10月。吕荣芳：《福建台湾的贝丘遗址及其文化关系》，载前引《文物集刊（3）》。

刻划镂孔组合纹的圈足盘及红衣黑彩、白衣黑彩或红彩的绞索纹、宽带纹组合图案都有一定的相似之处。闽江下游和台湾西海岸平原的彩绘陶与长江下游的北阴阳营、圩墩，甚至苏北东部沿海的大墩子等遗址所出土的白衣红彩、黑彩的网格纹、宽带纹彩陶也有相似因素。但差别是主要的，如珠江三角洲波浪形纹、"S"形纹为特点的彩陶表现出的与贝齿印纹纹样的共性以及同海洋文化的密切关系，闽江下游逐步发展起来的多种几何纹组合中的网格纹、梯格纹、平行斜线三角纹、席纹、云雷纹、回纹等与本地印纹陶纹样的一致性和相互继承发展关系，都是长江流域彩陶文化所无法概括的。

　　东南沿海的史前彩陶集中分布于武夷—南岭山系一线以东、以南的沿海和台湾山脉以西平原，具有一个相对封闭的文化空间，基本上就是前述东南古文化区系中土著传统浓重的地带。在广东沿海，彩陶文化基本限于珠江三角洲，与粤北山区的石峡墓葬为代表的石峡文化中那种不见彩陶、并以出现鼎、三足盘、袋足鬶为特点的文化内涵有明显的区别，区界也明确。如果说粤北山区石峡文化是一个受到黄河、长江流域史前文化强烈影响的古文化分域的话，那么地处珠江三角洲沿海平原的以几何形纹彩陶为特征的文化圈则是一个土生土长的古文化区系的核心区。与广东沿海毗连的福建沿海也是如此，彩陶文化也相对集中发生于闽江下游为中心的东部沿海，几何形纹彩陶文化构成一个自成源流的体系。闽江上游和汀江流域所处的西北部山地只有零星彩陶发现，不成体系，且属于东部沿海晚期彩陶的特点，说明这一区域的彩陶是东部沿海文化溯闽江而上传入的。与彩陶文化发展格局相一致的，闽西北山地新石器文化中有不少相似于境外龙山时代的樊城堆文化、良渚文化的因素，如陶器中较多鼎、三足盘、袋足鬶等，而这些外来文化因素在东部沿海的彩陶文化中心区极为罕见。所以，闽西北武夷山湿地一个受到黄河、长江流域龙山期文化较深刻影响的文化分域，而该山地以东的沿海地区则是一个以闽江下游三期几何形纹彩陶文化圈为标志的土著文化核心区。台湾的彩陶文化集中于靠近海峡一侧的西部平原，彩陶及共存物与粤、闽彩陶文化圈的特点有相当的一致性，关系极为密切。总之，东南沿海的彩陶文化在我国史前彩陶文化文化体系中是一个自成源流、地域相对集中且基本上独立发展的土著文化传统。[1]

---

①　吴春明：《粤闽台沿海的彩陶及相关问题》，载《中国考古学会年会第九次年会论文集》，文物出版社 1997 年。

"闽"、"越"融合与"闽越"生成的考古学解释[*]

在中原华夏文明尚未真正扩展到闽中地区的上古时期，留在汉文史籍中的华夏族对闽中历史的零星、有限的"客位观察"记载令历代史家信疑有之，笔战不已。秦汉称王东南一隅的"闽越"人群的来源就是文献历史上解不开的一个疑点。不少研究福建史的学者根据上古历史的一些线索，认为"七闽"是商周土著，"闽越"则是土著"七闽"与南来的"越"族的融合产物。但此说所依据的史籍不很明确，许多学者也不以为然。我们附和"融合说"，主要的依据是对上古闽中考古学文化形态变迁的认识。

一 "闽"、"闽越"异同说

关于"闽"与"闽越"的异同，研究者中存在着不同的看法。一种观点认为"闽"和"闽越"是指同一民族，是文献中对先秦两汉时期居住于福建一带的土著居民的不同称谓。蒋炳钊先生说："闽、瓯都属于越族，就是后来《史记·东越列传》中所称闽越和东瓯的前身。"①辛土成先生也认为"闽"就是"越"，是东南地区的土著，"闽越"是在东南土著的基础上向前发展而形成的"越"的一支。②

"混合说"则认为，"闽"和"闽越"并不是同一性质的民族，"闽"是福建土著民族，"闽越"是由土著的"闽"与南来的"越"融合形成的产物。朱维干、陈元煦先生说："闽和越不是同一的民族。福建在古代是七闽的分布地区之一。闽是福建的土著，越则是由会稽南来的客族。"他们所说的"闽越"形成很晚，不早过战国晚期，因为他们把春秋战国时期的"百越"、"干越"、"于越"都看成是"七闽"的邻居。③林祥

---

* 原载陈支平主编《林惠祥教授诞辰 100 周年纪念论文集》，厦门大学出版社 2001 年。与曹峻合作。

① 蒋炳钊：《东越历史初探》，载《百越民族史论集》，中国社会科学出版社 1982 年。

② 辛土成：《台湾海峡两岸的古闽越族》，厦门大学出版社 1988 年。

③ 朱维干等：《闽越的建国及北迁》，载《百越民族史论集》，中国社会科学出版社 1982 年。

瑞先生也认为闽越族是由当地土著与外来的百越其他支系相融合而形成的。[①]

我们支持"混合说",但更明确介定了"闽"与"闽越"存在的时间,认为"闽"是商周及更早时期已经活动于闽中地区的土著民族,"越"是商周江浙土著,"闽越"是周代以来因吴、越人群的南迁并与土著闽文化融合的产物。[②]

二 关于"七闽"、"闽越"变迁的史籍钩沉

上古华夏站在中原遥望东南,对闽中社会历史发展的全过程并没有成篇的描述。直到秦汉以后伴随着汉武帝海陆四路军马的推进,对闽中社会的观察才逐步直接、详细起来,成篇的《东越列传》就是在这样的背景下出现于一辈子都没有到过闽中地的太史公的笔下。因此,汉文史籍关于先秦闽中的历史就只有一些十分模糊且不确切的"印象",但这些"印象"是文献上仅有的说法,不可置之不理。

至少在商周时期,"闽"、"七闽"的名称已经见于《周礼》等华夏史籍中。《逸周书·王会解》记载商朝的"四方"为"正东符娄、仇州、伊虑、沤深、九夷、十蛮、越沤……正南瓯、邓、桂国、损子、产里、百濮、九菌。"说明蛮、越、瓯等是商周时期共存于东部、东南部的土著居民。《周礼·象胥》载:"象胥掌蛮、夷、闽、貉、戎、狄之国。"《周礼·职方氏》载:"职方氏掌天下之图,以掌天下之地,辨其邦国、都鄙、四夷、八蛮、七闽、九貉、五戎、六狄之人民。"这里的"闽"、"七闽"应主要指分布于福建一带的周代土著,"八蛮"约相当于"七闽"以外的东南、以至南方土著。《山海经·海内东经》也说:"瓯居海中,闽在海中。"《周礼·冬官考工记》载:"粤无镈,燕无函,秦无庐,胡无弓车。""吴、粤之金锡,此材之美也。"《逸周书·王会解》载:"东越海蛤,瓯人蝉蛇。"可见闽是周代前后大致与蛮、越、瓯等同时共存的东南地区土著民族。

在汉文史籍中,"闽越"作为百越的一支,最早出现在战国时期。《吕氏春秋·恃君篇》曰"扬汉之南,百越之际",《史记·秦始皇本纪》载:"及到秦王……南取百越之地";《越王句践世家》将闽越、东瓯描述为越王句践的子民,"(前334年)楚威王兴兵而伐越,大败越,杀王无彊。尽取故吴地至浙江,北破齐于徐州。而越以此散,诸族子争立,或为王,或为君,滨于江南海上,服朝于楚……后七世,至闽君摇,佐诸侯平秦。汉高帝复以摇为越王以奉越后,东越、闽君皆其后也"。《东越列传》载:"闽越王无诸及越东海王摇者,其先皆越王句践之后,姓驺氏,秦已并天下,皆废为君长……汉五年,复立无诸为闽越王,王闽中故地。"据此,闽越是周汉间福建、浙南的

① 林祥瑞:《关于福建古代闽越族问题若干探讨》,《福建师大学报》1981年4期。
② 吴春明:《闽文化刍议》,《厦门大学学报》1990年3期。

百越支系，秦汉时甚至建立了封建割据王国，与南越国等一起雄踞东南并与汉中央王朝相对峙。

《周礼》等成书于战国，记载的都是两周时期已经发生和存在的史事，所以其中的"七闽"当是西周或更早些时候（即商周时期）业已存在的古民族。"闽越"并没有与"闽"一起出现于周史中，而是出现于《史记》等所记载的汉代以后的历史里，说明"闽越"是秦汉时期才出现不久的，它的形成时间要晚于"闽"族。

既然汉文史籍将"七闽"、"闽越"明确地区分为前后两类，两者就不应是完全同一的民族存在。前引《越王句践世家》将闽越王无诸与东海王摇说成是"句践之后"、无疆"后七世"，而且"闽越"取商周时期业已存在于东南的"闽"、"越"两族族名之叠加，都不可能是华夏文人的随意。从这点上说，将"闽越"看成是土著的"闽"与南迁"越"的融合体是合理的。闽越融合体生成的前提是越族传播与扩散闽地，这在汉文史籍中也有体现。前引《越王句践世家》载："越以此散，诸族子争立，或为王，或为君，滨于江南海上，服朝于楚。"《越绝书·越绝外传记吴地传》载："楚威王灭无疆，无疆子之侯窃自立为君长，之侯子尊时君长，尊子亲失众，楚伐之，走南山。"越人既"滨于江南海上"，又曾"走南山"，就至少包括了浙南、福建山区在内的广阔地区。这里只是说越国灭亡后于越臣民大量南迁的事件，实际上吴、越文化向南传播与扩散的历史应远远早于此，吴、越的相继称霸和相互间的战乱在春秋时代就开始了，征战中人群的逃亡早已不可避免，更不用说为文人所不经意但客观发生的和平迁徙。当然，仅仅凭借华夏文人笔下表达出来的对东南人群的这些模糊观察是很难全面、清晰地诠释上古闽中社会历史的，那么福建先秦考古学文化形态的变迁说明了什么呢？

三　从福建商代考古学文化类型看"七闽"

从福建先秦两汉考古学文化形态变迁的总体规律来说，大致商末周初间是一个重要的临界点。在新石器时代直到夏商时期的古文化体系中，即便随着中原北方文明向"四方"地区的扩展，诸时空的考古学文化也存在不同程度的北方式新石器文化（如所谓"龙山"）和夏商文化因素的影响，但直到黄土仑文化、白主段文化和闽南沿海的蚁山文化等商代闽中考古学文化中，封闭的土著文化格局基本维持，这与汉文史籍所述闽中民族史上早期阶段的"七闽"土著文化存在、发展的态势相吻合。

（一）黄土仑文化

在闽江下游距今6000～3000年间的原始文化发展过程中，壳丘头文化—昙石山三层文化—黄土仑文化一脉相承、延续发展。黄土仑文化是这一序列上发展最成熟、完善的阶段性类型，大约距今3500～3000年，相当于中原历史编年的商代前后。

黄土仑文化以闽侯黄土仑墓葬为代表，同类遗存在闽江下游集中发现，如福州浮村下层、福清东张中层后段、闽侯昙石山表层、闽侯杜武、古洋等地都是。[①] 该文化的生产工具有石、骨、贝、陶诸类，石器以通体磨光长方形小石锛、有段石锛为多数，并有数量不等的石凿、石锥、石镞、骨镞、穿孔石刀、贝刀、贝铲、石矛、鱼镖和扁平算珠形陶纺轮等。该文化包含的一组印纹硬陶器群特征显著、内涵稳定，几乎是清一色的细砂灰白硬陶，器表拍印严谨规范的云雷纹、方格纹、刻划斜线三角纹、复线回纹、锥刺云雷纹图案等，部分器物有褐色釉斑及多种刻符；器物的肩、腹、銎、耳部装饰"S"形、卷云形、漩涡形附加堆纹和羊、虎、夔龙等动物形象堆塑；典型器物有圜凹底的双腹瓶形器、长腹罐、圆腹罐、高领折肩尊、杯口双系壶、鬶形器、钵、凸棱圈足豆、簋、壶、平底或圆饼形座的杯、盆、虎子形器，另有陶鼓、圆柱状支座等。

黄土仑类型中以陶生活用品为主体的文化内涵集中体现了对昙石山三层文化为代表的土著新石器文化的继承与发展。该文化的灰白硬陶系是在昙石山中、下层夹砂灰陶的基础上进一步提高的结果，昙石山上层文化中的橙黄硬陶就是两者的过渡形态；陶器装饰的方格纹、梯格纹、网纹、席纹等几何印纹纹样在昙石山三层文化中也已不同程度地发生；拍印的云雷纹和双线刻划回纹等代表性纹样在昙石山上层的彩绘图案中已有相同的主题，只是装饰工艺有差；造型上，黄土仑类型的圜底瓶形器、凸棱节状柄下接喇叭形器座的豆、带圆饼座的瓿形杯、单銎鼓腹圜底罐、盘式折肩豆、鬶形壶、叠形器等富于地方特色的典型器物，即是闽江下游原始印纹陶文化序列中阶段性特征非常突出的器物，但器物的基本形态也非决然前所未有的，可分别在前期诸类型中常见的釜、豆、杯、罐、壶等典型器上找到源头。因此，黄土仑类型文化是闽江下游新石器时代文化序列中继昙石山中、上层文化而发展起来的土著文化的新阶段。

（二）白主段文化

在分别以浦城牛鼻山、光泽马岭、白主段墓地为代表的闽北早期古文化发展的初步序列（约距今 5000~3000 年）中，白主段文化大致与闽江下游的黄土仑文化同时，是商代闽江上游的土著文化。[②]

白主段文化印纹灰硬陶器的特征也很显著，陶器群拍印方格纹、云雷纹为主，另见绳纹、篮纹、"S"形纹、曲折纹；典型器类有直口双腹圜底罐、折肩尊、高领广折肩罐、高领斜肩垂腹罐、带銎罐、敛颈釜、钵、深腹豆等。该类型不仅是闽北地区自牛鼻

① 福建省博物馆等：《福建闽侯黄土仑遗址发掘简报》，《文物》1984 年 4 期；《福州浮村遗址的发掘》，《考古学报》1958 年 2 期；《福建福清东张新石器时代遗址发掘报告》，《考古》1965 年 2 期；《福建昙石山遗址第六次发掘报告》，《考古学报》1976 年 1 期；《福建闽侯昙石山遗址发掘新收获》，《考古》1983 年 2 期；《南福铁路过程中福州附近的考古发现》，《考古通讯》1958 年 1 期；《闽侯古洋遗址调查》，《福建文博》1994 年 1 期。

② 福建省博物馆等：《光泽县古遗址古墓葬调查和清理》，《考古》1985 年 12 期。

山新石器文化以来形成的地域文化的直接发展，还由于地理位置作用而具有闽江下游黄土仑类型与江西吴城文化影响的痕迹。白主段类型中的敛颈釜、高领罐、单鋬罐及圜底器、圈足器的传统都是牛鼻山、马岭类型土著特点的延续；严谨的方格纹、云雷纹灰硬陶及甗形器、高领尊等与黄土仑文化相同，是闽中商代文化共同性的体现。白主段甗的细绳纹作风、折肩尊等与吴城文化甲组同类器相近，应是受吴城文化影响的结果。但相比较而言，白主段类型中来自吴城文化的影响只是少量的，不足以动摇白主段文化的土著性。因此，白主段类型是与黄土仑类型时代相当、关系密切、并受吴城等外来文化一定程度影响的闽江上游土著商代文化。

（三）蚁山文化及其他

闽南沿海周代以前的原始文化有不少但零星的发现，大致说来有距今 6000～5000 年前的富国墩、腊洲山文化遗存，距今 5000～4000 年前的大帽山文化遗存以及距今 3500 年左右的蚁山类型文化。

蚁山文化以惠安涂岭蚁山遗址为代表，同类遗存还见于云霄墓林山、惠安小岞、东山坑北、漳浦香山、南安狮子山、厦门灌口等①，说明这支商代前后的古文化在闽南地区还是比较繁荣的。该文化的石器有打制或刃部磨光的常形石锛、凹弧刃石锛、凹状石器、砍砸器，显得比较粗糙和原始；陶器中红、灰、黑各色相杂的夹砂陶为多，少量泥质灰硬陶，工艺也较其他商代文化都要落后；器表以拍印网格纹、梯格纹为多，少量曲折纹、席纹、叶脉纹、贝齿印纹及红或黑彩宽带纹、卵点纹；器形有圜凹底、圈足、平底器，无三足、袋足器，主要器类为各式侈口高领罐、尊或釜、筒形支座，及豆、杯、钵、盘等。该文化遗存中有许多闽中夏商时代印纹陶文化的共性，如夹砂软陶突出，流行网格、梯格纹、叶脉纹、席纹，常见大口尊形器、圜凹底器等；平行斜线三角、网格纹等黑、红彩陶与闽江下游昙石山上层文化、黄土仑文化都有不同程度相似，但显然也是后几支文化所不能概括的地域性土著分支。

此外，武平、长汀等地发现的方格纹尊形器与江西吴城文化的相似，"S"形纹与方格纹组合的敛口圜凹底罐、方格纹圜底钵、节棱把的器座等在闽江下游黄土仑类型中也能找到共同因素。它们应就是本地区商代前后活跃于闽西山地的土著文化遗存。②

总之，黄土仑、白主段、蚁山等文化是迄今福建考古学上比较明确的几支商代前后的

① 林圭良等：《惠安涂岭新发现的贝丘遗址》，《考古》1990 年 2 期；《福建墓林山遗址发掘简报》，《东南文化》1993 年 3 期；《东山坑北发现新石器时代遗址》，《考古》1965 年 1 期；《福建丰州狮子山新石器时代遗址》，《考古》1961 年 4 期；《厦门市罐口区临石寨山发现新石器遗址》，《文物参考资料》1958 年 12 期；《闽南新石器时代遗址的调查》，《考古》1961 年 5 期；《漳浦新石器时代遗址调查》，《考古》1959 年 6 期。

② 林公务：《福建史前文化遗存概论》，《福建文博》1990 年 3 期。

地域性文化，它们在陶器群上均表现为圜底釜、甗、配以支座的炊器系列和以圜底、圈足的罐、壶、杯、碗、豆为组合的盛食器系列，这是闽中地域自新石器时代前期以来土著文化的传统。虽然在这些分支文化内涵中出现了一些夏商文化的因素，如不少学者看中的黄土仑陶器群的"仿铜器"风格、闽西北山地白主段等文化中的一些吴城文化因素，但这种影响太微弱了。与闽中以外地区的商代文化相比较，它们尤其是黄土仑文化总体面貌的土著特征是非常显著的，它不但与以三足器、袋类器为特征的中原夏商文化完全不同，与东南地区同时期的湖熟文化、马桥文化、吴城文化、石峡中层文化等商代诸"蛮"考古学文化内涵也差别明显。而且以石、骨、贝、陶等类为组合的工具形态并没有被青铜工具取代的迹象，该文化虽受夏商青铜文化的渗透，但考古学上没有任何证据表明这是一支青铜文化。因此，比照汉文史籍中的上古闽中土著活动史，我们将黄土仑、白主段、蚁山等这些封闭、土著的闽中商代文化指为"七闽"各支，应是没有问题的。

四　从福建两周考古学文化的变化看生成中的"闽越"

福建两周时期的考古学文化虽没有丰厚的地层单位为代表，但已经发现的遗存还是大量的。从以往我们所作的分类研究看，闽江流域铁山文化与闽南地区浮滨文化间在内涵、面貌上仍存在较大的差别，应区别对待。不过，从文化史的历时过程考察，两者却有一个共同的特点，即前述黄土仑、白主段、蚁山等文化中表现出来的封闭式的纯土著文化传统已不复存在，以吴、越土墩墓文化为代表的境外文化不同程度地传入及与土著文化的融合是重要的时代特征。这一考古学文化形态上的变迁线索在闽中民族史的研究上应引起足够的重视。

（一）闽江流域铁山文化中内、外两种因素的融合格局

闽江流域已发现的周代文化的地层或墓葬单位有福清东张上层、闽侯溪头上层、昙石山表层、闽清后门寨、光泽油家垄、杨山、建瓯九郎科、建阳后门山、政和铁山、稻香村等，零星发现更多。① 这些遗存单位中，政和铁山（墓葬）较有代表性，所以我们曾将该类文化冠以"铁山类型"来研究。②

---

① 福建省文物管理委员会等：《福建福清东张新石器时代遗址发掘报告》，《考古》1965 年 2 期；《福建闽侯白沙溪头新石器时代遗址第一次发掘简报》，《考古》1980 年 4 期；《闽侯溪头遗址第二次发掘报告》，《考古学报》1984 年 4 期；《福建光泽新石器时代遗址调查简报》，《考古通讯》1955 年 6 期；《光泽县古遗址古墓葬的调查和清理》，《考古》1985 年 12 期；《闽北建瓯、建阳新石器时代遗址调查》，《考古》1961 年 4 期；《建阳县发现青铜器》，《考古》1983 年 11 期；《福建政和县发现春秋时期的青铜器》，《考古》1979 年 6 期；《福建地区出土原始青瓷的初步研究》，《东南文化》1989 年 4、5 期；《福建闽清永泰新石器时代遗址调查》，《考古》1965 年 2 期。

② 吴春明：《福建先秦青铜器的文化类型的初步探索》，《厦门大学学报》1994 年 1 期；《闽江流域先秦两汉文化的初步研究》，《考古学报》1995 年 2 期。

　　铁山文化已是地道的青铜时代文化，这在闽中考古学文化总谱系中是前所未有的。该文化已发现的青铜器有30多件，包括剑、矛、戈、斧、凿、刮刀等器类，有趣的是这些青铜器的形制、纹饰特点几乎都与周代江南地区的吴、越青铜文化相一致。如剑均为圆茎，剑身狭长，有的茎上饰雷纹、有左右扉耳，有的在格上饰圆圈纹、兽面纹等，与江苏镇江金坛、六合程桥、浙江长兴等地所出的两周同类器相似[①]；矛均两翼式、扁圆骹，两叶近骹处微内收，同类器见于安徽屯溪西周墓[②]；长方内、长胡无穿的青铜戈与周代吴越地区常见者也相似[③]；长方銎、圆弧宽刃、两侧内收的束腰式斧，也同江苏六合程桥M2所出一致[④]；铙、凿、刮刀等也可在吴越文化中找到同类器的相同或相似的形态[⑤]。因此，铁山文化中的青铜器体现了两周时期吴越文化的内涵特点，是吴越文化传播、扩散闽江流域的直接结果。

　　与青铜器文化内涵上的几乎完全的外来移植态势不同的是，铁山文化的陶器群则有土著延续和外来播入两类传统的"共出"。该文化典型的印纹硬陶器中有不少本地区土著传统的延续，如杨山、稻香村等地的束腰折腹圜底甗是黄土仑文化的继续；溪头上层直口壶形罐也可以在昙石山文化、黄土仑文化中找到相同的风格；东张上层的直口带座杯也广见于黄土仑文化中；杨山的筒形罐也似为白主段类型中同类器的直接发展。但是，铁山文化的陶器群中是有不少外来文化成分的，如席纹硬陶瓮、罐和以碗、钵、盘、豆等代表的釉陶器，都是周代江南土墩墓文化的典型器物。而且在一些保存比较完整的铁山文化墓葬中，还有土墩墓式的墓葬结构，如杨山墓葬的石室、石床结构与两周时期流行于江浙地区的石室土墩的文化取向没有差别。

　　可见，铁山文化的土著与外来两种因素在不同物质文化类别上的体现程度是不同的。青铜器具代表了当时最先进的技术水平，从组合、造型到主体纹样都与江浙一带土墩墓中发现的吴、越式青铜器基本一样；而陶器、石器工艺技术相对简单的器具则既体现了新石器时代以来就确立的闽中土著文化的传承和发展，又有吴越土墩墓文化的形态；墓葬形态的资料虽不全面，但至少从杨山墓葬中见到土著的丧葬文化也受到了吴越文化的影响。这说明，以铁山文化为代表的两周时期闽江流域文化虽有对黄土仑、白主

①　肖梦龙：《镇江博物馆藏商周青铜器》图六：4，《东南文化》1988年5期。夏星南：《浙江长兴出土吴、楚、越铜剑》，《考古》1989年1期。江苏省文物管理委员会等：《江苏六合程桥东周墓》，《考古》1965年3期。

②　刘和惠：《荆蛮考》图六：4，《文物集刊》第3集，文物出版社1981年。

③　肖梦龙：《吴国青铜兵器研究》图二，《考古学报》1991年2期。

④　江苏省文物管理委员会等：《江苏六合程桥东周墓》，《考古》1965年3期。

⑤　长兴县文化馆：《浙江长兴县的两件铜器》，《文物》1973年1期；《浙江长兴县出土的两件铜器》，《文物》1960年7期。张翔：《浙江萧山杜家村出土西周甬钟》，《文物》1985年4期。徐恒彬等：《广东德庆发现战国墓》，《文物》1973年9期。

段土著文化的继承，但大量接受了江南吴、越文化传播、移植的影响。

（二）闽南地区浮滨文化的文化因素分析

浮滨文化是广泛分布于粤东闽南地区的先秦考古学文化，因该文化内涵之中尤其是青铜器具中有不少"商代"特征者，曾被笼统地视为这一地区商周时期的遗存。不过，该文化的总体内涵应是周代特征的，是两周时期与铁山类型大致同时发展、但面貌不同的又一支青铜文化。该文化在闽中地区的重要遗存单位有南靖浮山、龙海枕头山、诏安陂里后山、南安民安丙址、狮子山上层、大盈寨山、云霄墓林山上层、平和西山、南靖三凤岭等，几乎遍及闽南地区。①

闽南浮滨文化是本地区青铜文化的早期代表。该文化已发现的青铜器具有戈、矛、锛、铃等器类，这批青铜器也大部分都是吴越和商周式。如大盈寨山直内无胡戈的形态与河南辉县琉璃阁、安阳武官大墓、偃师二里头等商周遗址和浙江湖州袁家汇等吴越遗址所出同类器相似②，带扉耳的铜铃在殷墟屡有出土，这说明浮滨类型青铜文化的出现与境外商周、吴越文化的传播影响有关。但是，浮滨类型青铜器的地方性特征较之闽江流域的铁山文化要多一些，如大盈寨山的有段弧刃铜锛、云霄墓林山等地的弧形凹刃锛（斧）等与商周、吴越式的常型斧、锛类器不完全相同，锋部细长、宽扁骹的铜矛也具有浓厚的地方特点，上述戈、锛、铃等青铜器上装饰的圆圈纹、网格纹、弦纹等更体现了鲜明的地域特征。因此，浮滨类型的青铜文化应是移植闽中的吴越文化或通过吴越文化传播的商周青铜文化与土著文化融合的产物。

浮滨文化的陶器群更多地体现了本地区的土著文化传统，以灰硬陶、褐釉陶为特征，共出夹砂陶；典型器物有大口高领折肩平底尊或罐、高领单錾圈凹底壶、口沿带穿的圈足壶、口沿带穿的深折腹喇叭足豆、钵盘高足豆、深折腹圈足杯等，构成一组特征显著的、为它处所不见的土著器群，大部分可以在本地区更早阶段的土著文化中找到原型。但是，在浮滨文化陶器中仍然可以找到吴越文化影响的因素，如折腹平底碗或钵、圈足碗、盘就与江南土墩墓文化同类器相似，只不过浮滨文化中的这类吴越式陶器要比铁山文化少得多，这应与两者地理位置的差别、文化传播的过程有关。

---

① 福建省文物管理委员会等：《闽南新石器时代遗址调查》，《考古》1961 年 5 期；《福建漳浦新石器时代遗址调查》，《考古》1959 年 6 期；《福建丰州狮子山新石器时代遗址》，《考古》1961 年 4 期；《福建诏安考古调查简报》，《福建文博》1987 年 1 期；《福建墓林山遗址发掘简报》，《东南文化》1993 年 3 期；《东山坑北发现新石器时代遗址》，《考古》1965 年 1 期；《福建南靖县三凤岭西周墓》，《东南文化》1990 年 4 期；《福建南安大盈出土青铜器》，《考古》1977 年 3 期；《福建南安发现成套石锛》，《考古》1993 年 4 期。

② 马承源主编：《中国青铜器》，第 48～49、70 页，上海古籍出版社 1988 年。牟永抗：《浙江新石器时代文化的初步认识》，《中国考古学会第三次年会论文集》，文物出版社 1984 年。

可见，浮滨文化的两组文化因素组合也是明确的，与铁山文化一样表现为吴越文化的传播和土著文化的延续。尤其是浮滨类型的青铜文化内涵的主体还是吴越式，或通过吴越地域传播的商周式，没有这种外来文化的传播、作用，粤东闽南地区同样无法跨入青铜时代的门槛。只不过该文化中所保留的自新石器时代以来的土著文化传统要浓重得多，甚至外来的青铜文化也染上了不少土著文化的色彩，陶器群的强烈土著性更不用说。从总体上说，浮滨类型同铁山类型一样，也是闽中土著因素和外来吴越因素的混合文化。

综上所述，分别以铁山文化和浮滨文化为代表的周代闽中地区北、南两支考古学文化在内涵构成上发生了深刻的变化，这一变化的共同点是吴越文化或通过吴越文化的商周文化因素的不同程度传播、影响，尤其是吴越、商周式青铜文化的强有力移植。吴越文化的传播与影响不但改变了闽中社会文化的进程，从原始、滞后的新石器时代阶段真正迈向青铜文化的新阶段；而且改变了闽中人民的文化构成，从新石器时代以来封闭、土著的单一文化格局发展为以土著为一方、主要以南来的吴越文化为另一方的融合态势。很显然，以铁山文化、浮滨文化为代表的闽中地区周代文化中的这种融合式内涵结构，与汉文史籍所描述的越族人民迁徙、扩散闽中并形成融合式的"闽越"文化的历史相吻合。换句话说，周代的铁山文化、浮滨文化就是早期闽越族的考古学文化。只不过，考古学文化所揭示的吴越文化传播与"闽越"文化生成的事件在周代就开始了，远远早于前引《越王句践世家》所记载的楚威王灭越的公元前 334 年。考古学材料与文献历史的这一差距，验证了前文所推测的吴越人民的迁徙尤其是和平迁徙东南要早于战国时代，而且站在中原遥望东南的华夏文人所记载的"汉文史籍"滞后于东南历史的真实动态也是合乎逻辑的，而在此时考古学材料的实证结论将更为准确。

五　从周末汉初考古文化回望"闽越"

闽中地区继铁山、浮滨文化之后发展起来的考古学文化是周末汉初的富林岗文化，该文化几乎遍布闽中全境，典型遗存如闽江下游的闽侯杜坞、荆溪庙后山、福州浮村上层、金鸡山、冶山、屏山、新店古城等①；闽江上游的崇安城村古城、富林岗、建阳邵口怖、平山等②；闽南地区的长泰梨头山、石牛山、西山、漳浦沙西院前、平和尖埔

---

① 曾凡等：《南福铁路过程中福州附近的考古发现》，《考古通讯》1958 年 1 期；《福建荆溪庙后山古墓清理》，《考古》1959 年 6 期；《福州浮村遗址的发掘》，《考古学报》1958 年 2 期；《福州洪塘金鸡山古墓葬》，《考古》1992 年 10 期；《福建福州市新店古城发掘简报》，《考古》2001 年 3 期。

② 福建省文物管理委员会等：《福建崇安汉城遗址试掘》，《考古》1960 年 10 期；《崇安城村汉城探掘简报》，《文物》1985 年 11 期；《崇安汉城北岗一号建筑遗址》，《考古学报》1990 年 3 期；《福建建阳县邵口怖汉代遗址》，《考古》1988 年 7 期；《福建平山汉代遗址》，《考古》1990 年 2 期；《福建浦城三处古遗址调查简报》，《考古》1993 年 2 期。

山、永春九兜山、武平亭子岗等单位。① 该文化与闽越国的时空存在相吻合，表明闽越时期闽越文化较之周代的早期闽越文化具有更广泛的统一性。

富林岗文化是闽越国时期的闽越族文化这一认识在考古学者中已无争议，在民族文化的构成上明确地表现为继承与发展的双重性质。首先，富林岗文化的聚落、丧葬与日用器具组合上的主体内涵是地域性的，而且这些地域性文化因素是直接继承两周时期的铁山文化而来。在聚落形态上，以干栏式建筑为特征，甚至武夷山闽越国王城的宫殿建筑都是干栏式的结构。在丧葬形态上，富林岗类型保存完好的墓葬都是长方形竖穴土坑，以墓底铺设河卵石的石床为特征。日用器具和随葬陶器组合的主体是泥质灰硬陶系统的宽斜沿束颈圜底釜、侈口广肩深腹平底瓮、直口深圆腹平底瓿、深弧腹平底罐、小口垂腹平底匏壶、直口深斜腹平底的提桶等；通过拍印、戳印、刻划、镂孔、附加在器表上装饰绳纹、方格纹、水波纹、篦点纹、绞索纹、锯齿纹等，都是百越地区几何印纹硬陶系统中常见的纹饰。所有这些都与周汉以来东南百越地区的考古学文化内涵特征一致，是闽越国时期闽越族自身传统的物质文化形态。而且就闽中地区而言，富林岗类型的这些越文化特征几乎都是直接继承两周时期的铁山文化而来的，如干栏式建筑是东南土著民族的共同的文化特征，铁山文化中虽尚未发现聚落遗存，但也肯定具备这一特征；丧葬形态上，墓地铺设河卵石的石床结构应就是铁山文化石室结构墓葬的发展，其共同源头都是东南新石器时代以来的平底葬和周代吴越土墩、石室土墩；越式陶器群中的大部分如釜、瓮、罐、提桶、瓿等也都可以在铁山类型中找到同类，许多器物如瓮、罐等的形态变化都不大。

其次，富林岗文化较之铁山文化的一个重要发展在于高度的"汉化"，尤其是周汉式先进的技术与国家制度的传入和为闽越所用。富林岗文化是闽中地区最早的铁器时代文化形态，仅在武夷山城村古城就发现了数百件铁器标本，包括锸、锄、镢、犁、镰、耙、斧、锛、凿、锤、锯等生产工具，剑、矛、刀、钺、镞、匕首等兵器，釜、勺、拨铲、炉架等生活用具和圈、环、铺首、叉等杂器。这些铁器绝大多数是秦汉内地物质文化的常见形态，而城村的黄瓜山、元宝山等地都发现了当时的冶铁作坊，说明这些汉式铁器是闽越人在本地生产的。可见，以铁器为代表的周汉王朝最先进的工艺技术已传播到闽中，并为闽越族所接受、运用到社会生产和生活的各个方面。此外，富林岗文化中以"四合院"式的高台建筑和大量的秦汉式瓦当、砖瓦材料为代表的聚落文化，日用器具和随葬品中部分汉式陶器如香熏、盂、盆甚至仿铜陶礼器鼎等的共出，陶文、瓦

① 王振镛：《论闽越时期的墓葬及相关问题》，《福建文博》1990 年 1 期。林惠祥等：《一九五六年厦门大学考古实习队报告》，《厦门大学学报》1956 年 6 期；《长汀河田区新石器时代遗址》，《考古学报》1957 年 1 期；《福建武平新石器时代遗址》，《厦门大学学报》1956 年 4 期。

文、铜铁器铭文中的汉字书写体系，以及闽越王城、都城建筑中遗存的"万岁"瓦文资料所折射出来的周汉式国家政权的组织形态，都说明富林岗文化为代表的周末汉初的"闽越"族文化已经不是两周时期生成中的"早期闽越"，而是高度汉化的闽越文化。

不过，富林岗主体内涵尤其是体现在日用陶器等"传统"层面上的主体内涵是越式的。这里我们要强调的是，富林岗文化的越式内涵，尤其是陶器群的构成完全是在闽中地区两周时期的铁山类型文化上的直接发展，而且形态变化不大。因此，从与富林岗文化的比较中回望"闽越"，再次确认了两周时期的铁山文化及闽南的浮滨文化才是闽、越融合并生成的"早期闽越"，这与汉文史籍所捕捉到的、并为不少民族史学者所诠释的战国晚期楚灭越、越人南迁并形成"闽越"的说法是有差别的。

没有帝国的东南

——闽中地区国家文明起源与发展的初步研究[*]

　　在中华民族"多元一体"的文化结构中，各地区国家产生与社会文明的进程也存在很大差别，表现在上古"中国"与"四方"关系框架中，"四方"、"万国"社会与"中国"建构的"帝国"文明存在巨大的发展落差。考古发现与研究表明，先秦时期的东南"七闽"土著长期停滞于没有"帝国"的原始时代，直到东周晚期至秦汉时期，周楚、秦汉文化的传播才最终推动了闽中社会文明发展的进程。

一　关于福建先秦社会发展进程的学术争论

　　"文明"是社会形态进化研究中的概念工具，用以指示社会分层、复杂化进程中的高级形态，人文学术意义上的"文明"是 19 世纪社会进化论者首先使用的一个概念，将"文明"与"原始"、"野蛮"对应，将文明视为社会史上的一个进步阶段。1877 年摩尔根（L. H. Morgan）在《古代社会》中将人类社会发展的全史第一次系统地划分为蒙昧、野蛮、文明三个渐进的时代，"文明"表达了氏族、部落制下的原始社会向国家社会的跨越。紧接着，恩格斯在《家庭、私有制和国家的起源》中精辟地论述了原始社会后期国家、文明社会出现的情形："国家是阶级矛盾不可调和的产物"、"国家是文明社会的概括"，作为统治阶级政治堡垒的都城是国家文明的最集中反映，"下一步把我们引向野蛮时代高级阶段，一切文化民族都在这个时期经历了自己的英雄时代"，"父权制确立以来，就逐渐转变为世袭制，人们最初是容忍，后来是要求，最后便僭越这种世袭制；世袭王权和世袭贵族的基础奠定下来了。""我们就走到文明时代的门槛了。"^①

---

*　本文原题为《闽中地区社会文明起源的考古学初探》，为提交 2001 年 4 月在福州举行的"闽越文化研讨会"论文，载于福建省炎黄文化研究会等编《闽越文化研究》，海峡文艺出版社 2002 年，后经增补、修改刊登于山东大学东方考古研究中心编《东方考古》第 2 集，科学出版社 2005 年。

①　摩尔根：《古代社会》（新译本），商务印书馆 1977 年。恩格斯：《家庭、私有制和国家的起源》，第 167～176 页，人民出版社 1972 年。

闽中早期社会什么时候进入国家文明阶段？这不但是以零星文献线索为依据的福建早期历史研究的难点，也是考古学中一直争论的一个问题，焦点在于商周时期。大部分福建本土的考古学、历史学研究者都认为，福建早期社会的发展步伐与中原地区基本一致，笼统地说就是于商周时期同步进入青铜时代和国家、阶级社会。吴绵吉在评估昙石山三层文化内涵时说："上层，几何印纹硬陶已占主导地位"，"这类遗存已进入青铜器时代了。一般地讲，在我们中国，青铜器时代是属于阶级社会的范畴了"。① 陈国强、吴诗池等认为："中国史前考古学的时代划分应按一个统一的标准"，"几何印纹硬陶是福建青铜文化的特征之一"，"其时代属商周时期"，"福建商周时期与周围邻省，甚至可以说与江南一带商周时期的生产力发展水平相当，那么我们就可以肯定地说，福建地区商周时期也同邻省其他地区同时进入青铜时代"，"同时也进入文明时代"。② 王振镛、陈龙等也说："所谓'几何印纹硬陶'主要是青铜时代的文化遗存，它反映了青铜文化的一个方面，是福建地区青铜时代的文化特征之一。""从黄土仑印纹陶制作技术和工艺以及强烈的仿铜器作风判断，这是一批比较成熟的青铜器时代的陶器群。"③

　　我们认为，这些同步论存在一系列理论上的缺陷。首先，他们混淆"时代"与"文化"这两个非常重要但完全不同的学术概念，一概将华南沿海"商周时期"文化等同于"商周"青铜文化和奴隶社会阶段。仅因几何印纹硬陶文化的鼎盛与商周青铜文明共时，而忽视边远地区古代文化发展的特殊性，不考虑具体时空的印纹硬陶是否与青铜器共出、是否具备文明社会的证据，就直接冠以"青铜时代"、"文明社会"。其次，区域文化研究中自我中心观念的制约。十多年前苏秉琦先生在主张文明起源多元化的背景下提出"文明的起源恰似满天星斗一样分布在我国九百六十万平方公里的土地上"，之后一场声势浩大的区域间争夺文明上游的竞赛又拉开了帷幕，将文化多样性和文明多元论的研究推向极端，蛮番边地也强求在中国早期文明"满天星斗"中寻找优越的位置、与夏商周同步的"文明火花"。也就是在这一心态下，福建早期社会研究中的上述同步论不愿承认本地区古代文化发展落后的一面。再次，他们多数模糊了技术史与社会史的区分。国家文明的产生虽以技术的进步为基础，但文明史与技术史间没有具体和必然的联系，如欧洲大陆的文明史常伴随着成熟铁器时代文化，美洲的玛雅文明则以新石器和铜石并用文化为基础，中原的古代文明则与青铜文化一同肇始。在福建早期社会研

---

① 吴绵吉：《试论昙石山遗址的文化性质及其文化命名》，《厦门大学学报》1979 年 2 期；《昙石山遗址的分期与年代》，《文物集刊（3）》，文物出版社 1981 年。

② 陈国强等：《闽台考古》第三章，厦门大学出版社 1993 年。吴诗池：《浅谈福建南部先秦考古及有关问题》，《福建文博》1987 年 2 期；

③ 王振镛、林公务：《闽江下游印纹陶遗存的初步分析》。陈龙、林忠干：《浅谈黄土仑印纹陶器的时代风格和地方特色》，《文物集刊（3）》，文物出版社 1981 年。

究中，撇开实证资料而直接借用中原模式，将华南沿海技术史上的青铜时代直接视为社会史上国家文明出现的证据，显然有失客观。

考古、历史实证研究表明，福建先秦社会文化相对独立于中原的原始文化和夏商周文明体系之外，福建早期社会发展水平的研究应该以考古资料确切的时空编年为基础，具体、历史地考察国家文明在这一地区从无到有的渐进过程。林惠祥先生早年就指出：闽广地区"春秋时代以前"处于新石器时代。① 我们在最近的研究中也得出相似的结论，包括福建在内的华南沿海与商周文化不属于"统一"文化，不能"直接借用商周模式，将华南沿海技术史上的青铜时代直接视为社会史上国家文明出现的证据"。具体说，这一地区"约西周开始才进入青铜时代"，"从战国时期起，华南沿海已经建立了国家文明"，"华南沿海的文明史不等于青铜技术史"。②

二 夏商时期闽中地区新石器时代文化的持续发展

在我国早期古文化的发展进程中，长江和黄河中下游是发展水平最高的地区，成为"多元一体"的龙头。严文明先生曾将中国史前文化的统一性与多样性总结为"重瓣花朵式"结构，中原地区处于这一多层次、多等级格局的核心，周边的古代文化只是这一整体"花朵"的外瓣。③ 福建地处偏僻的东南海疆一隅，早期古文化的发展水平十分低下，正处于中国早期文明花朵的外瓣。直到中原历史进入以发达青铜文化为基础的夏商文明之际，不论是闽江下游的昙石山上层类型——黄土仑文化，到闽南沿海的蚁山类型，还是闽北山地的马岭、白主段类型，生产工具仍停留在以石、骨、贝、陶器的不同程度使用上，在可靠的地层和共出关系中没有任何青铜器物的发现，在这一地区的零星采集品中也绝无早到商代的青铜器，它们都还处于新石器时代文化持续发展的末期水平。④

在石器时代发展水平的制约下，夏商时期闽中地区七闽土著的社会经济活动以采集、渔猎等攫取手段为主，农耕等生产经济贫乏，甚至缺乏，长江、黄河中下游新石器时代文化中常见的大型磨光石斧、锛、刀、铲等工具在这里很少发现。昙石山上层类型——黄土仑类型中的生产工具仍延续龙山时代的组合，以中、小型石锛、镞为特点，它们都不可能是农耕工具，只能是适于本地区采集、狩猎活动的工具。贝丘堆积仍然是该阶段沿海地区的主要聚落类型，地层中大量的海生软体动物躯壳、鱼类、野生陆生动

① 林惠祥：《福建武平县新石器时代遗址》，《厦门大学学报》1956 年 4 期。
② 吴春明：《从考古看华南沿海先秦社会的发展》，《厦门大学学报》1997 年 1 期。
③ 严文明：《中国史前文化的统一性与多样性》，《文物》1987 年 3 期。
④ 吴春明：《闽江流域先秦两汉文化的初步研究》，《考古学报》1995 年 2 期。

物遗骸等的发现，都是这一以攫取为主要手段的经济活动的反映。

石器时代的发展水平、攫取经济的突出地位和生产经济的贫乏，决定了这一时空社会组织的发展也应是缓慢的，社会结构的复杂程度不会太高。在聚落形态上同样延续龙山时代的格局。闽江流域上游的河谷、山地类型和下游的河旁、沿海贝丘类型基本代表了夏商时期聚落分布的两种形态。两类宏观聚落分布的共同特点是适应生态环境和经济活动的"群落散布"，缺乏黄河、长江中下游地区龙山时代即已出现的那种围绕中心遗址分布的等级结构。从分散发现的单体房屋遗迹看，有半地穴式、干栏式、洞居、岩棚、窝棚等多样类型，都是因地制宜建造的小型居所，缺乏结构完善的大中型"基址"。① 这类简单的聚落形态只能是原始社会中比较平等的群团——氏族、部落成员的居住遗迹，与复杂社会还有一定的差距。

墓葬遗迹也有类似的线索。闽侯黄土仑、光泽马岭与白主段等墓地都是小型土坑墓，均随葬陶、石器，黄土仑随葬多者 21 件陶器，少者一无所有。② 这些墓葬与从壳丘头下层类型、昙石山下层类型到中层类型的墓葬所见一样，其共同特点是社会剩余财富的积累非常有限，社会成员之间虽有一定的差别，但差别程度没有超过氏族社会中群团首领与普通成员之间的正常范围，不属于阶级对抗的性质。迄今为止，福建周代以前的考古发现中还不见结构与内涵都比较复杂、或伴随杀牲与杀殉的大、中型墓葬，没有出现社会极端分层的迹象，国家文明还是很遥远的事情。

夏商时期，中原王朝的政治文明对周边地区发展产生了强烈的"辐射"和"推进"作用，东南地区的江、浙、赣地带都于这一时期相继发展出了强大的青铜文化和早期文明，像湖熟文化、吴城文化就是这一时空"方国"文明的遗存。夏、商时期福建原始文化诸类型也受到了境外青铜文化的强烈渗透，表现出许多夏商青铜时代共有因素，像陶器中的云雷纹、回纹及圈凹底、尊形器等显然是夏商青铜文化向闽中地区辐射的结果。但是，由于武夷—南岭山地对闽中地区社会文化与外界的阻隔，严重限制了夏商文明对闽中地区的影响程度，上述夏商文化因素在闽中文化体系中仍是局部的和有限的，不但没有从根本上改变本地区土著文化传统，更重要的是没有将这一地区早期古文化"推进"到青铜时代，夏、商王朝成熟的奴隶制形态难于"嫁接"到这一地区。

三 两周时期闽中地区文明"因素"的起源

福建考古发现的近百件先秦时期的青铜器标本，分属于铁山类型和浮滨类型青铜文

---

① 吴春明：《武夷山脉以东地区史前文化聚落形态研究的几点思考》，《考古与文物》1996 年 3 期。

② 福建省博物馆：《福建闽侯黄土仑遗址发掘简报》，《文物》1984 年 4 期。

化。① 福清东张上层、闽侯溪头上层、政和铁山等地层和共出关系表明②，铁山类型青铜文化的出现始于西周，而浮滨类型青铜文化中虽有一些早到商代的因素，但也应主要是浮滨类型文化发展到西周阶段的产物。可见，商周、吴越文化的传播，推动福建青铜文化的初现，成为闽中地区社会历史发生深刻变化的基础，这个阶段始于西周时期。这种情形与岭南早期古文化的发展也有类似。岭南地区明确的最早的青铜文化初现于所谓的"夔纹陶类型"中，分布中心在珠江三角洲和北江流域，典型遗址中的器物可以石峡上层的 23 件青铜器为代表。③ 广西武鸣马头、兴安发现的窖藏"晚商"提梁卣、直内戈，形态虽与殷末铜器类似，但这几件铜器均无共出的陶器等物，一般也不被作为华南沿海地区青铜文化上限到商代的证据。④

这说明，武夷、南岭山脉向海洋一侧的古代文化进程是相当一致的。

在铁山、浮滨两类青铜文化的复合结构中，青铜器的外来因素明显多于日用陶器，两类文化的青铜器形态基本上都同于或类似于吴越、商周器，只是装饰和细部延续土著因素。这说明，闽中地区青铜文化的初现与外来文明的影响、推动密切相关。随着青铜文化的出现，土著文化封闭格局的打破，吴越与商周文明的传播，伴随着"七闽"向"闽越"文化的变迁过程，两周时期闽中地区的原始社会形态中出现了一系列复杂社会的新因素。

首先，吴越文化的传播带来了青铜斧、钺、刀等先进的农耕生产工具，长江中下游地区历史悠久的稻作文化与技术也随之传入，成为农耕经济较之前一时期有重大发展的基础。当然，铁山、浮滨类型的青铜农具还与石器共出，不见犁、锄等农具，说明农业经济还处于比较原始的阶段，不能与长江、黄河流域发达的农耕文化水平相比较。

其次，吴越、商周社会的许多上层建筑的内容已经不同程度地为早期闽越人所接受。建瓯等地发现的西周铜铙，就是吴越文化中的军旅集会或祭祀山川的"礼乐制度"或"宗教祭祀观念"的体现⑤；青铜剑、矛、戈的兵器组合，是吴越文化"军兵法式"的影响；南安石窟山 12 件成套石锛，大小递变、三层排列、没有使用的痕迹，推测与商周礼玉中的"圭"性质相同。⑥ 这类专门的仪式用器，说明闽越上层社会的生活模式

① 吴春明：《福建先秦青铜器文化类型的初步探索》，《厦门大学学报》1997 年 1 期。
② 福建省文物管理委员会：《福建福清东张新石器时代遗址发掘报告》，《考古》1965 年 2 期。福建省博物馆：《闽侯白沙溪头遗址第二次发掘报告》，《考古学报》1984 年 4 期。铁山中学等：《福建政和县发现春秋时期的青铜器》，《考古》1979 年 6 期。
③ 朱非素：《马坝石峡遗址出土的青铜器》，见《广东文博通讯》3 期（1978 年）。
④ 黄展岳：《论两广出土的先秦青铜器》，《考古学报》1986 年 1 期。
⑤ 王振镛：《福建建瓯县出土西周铜钟》，《文物》1980 年 11 期。
⑥ 张仲淳、郑东：《福建南安发现成套石锛》，《考古》1993 年 4 期。

出现了一些重要变化，这是夏商时期闽中地区原始文化中所不见的复杂现象。

最后，阶级分化、冲突也体现于考古遗存中，文明社会的一些现象在起源。南安大盈寨山、政和铁山等以随葬青铜兵器为主的墓葬不是一般的平民墓葬[①]，墓主人应是一定地域范围内处于社会上层的首领或头目，说明上层贵族与一般平民的距离在扩大。夏商时代的那种社会分层不明显、组织结构简单朴素的土著原始社会已经不复存在，出现了只有文明社会才具有的一些复杂现象。

但是，这种初步的文明社会现象还处于萌芽阶段，上述各铜器墓葬的规模所对应的墓主人只能是小地域内集权贵族——群团首领或部落酋长一类。这一时空考古中，始终缺乏较大型的墓葬和城址的发现，说明具有较大范围控制能力的"王国"还没有出现，此时，闽中地区发展大致处于国家文明的起源阶段。

四　东周末至汉初"闽越国"文明产生的考古反映

战国时期是中国古代社会历史与文化发展的重要转折点，通过诸侯国之间的兼并融合，逐步形成了以黄河、长江干流流域为中心的中华民族统一体的雏形。文明中心对周边地区的影响更加强烈，加速了包括闽中在内的华南沿海地区社会文明的发展进程。约在战国晚期开始，在楚、秦、汉先进文明的推动下，闽中地区不但跨入了早期铁器文化阶段，而且这一新的生产力已经在闽越国的农业、手工业、军事活动和日常生活等许多领域都得以应用，成为闽越国时期社会经济全面进步的主要基础。崇安城村古城所发现的数百件铁器标本，主要是农业生产工具类，有锸、锄、镢、犁、镰、耙、斧等；其次是手工工具，如锛、凿、削、锤、锯、钩、钉、铲、齿轮等；还有武器类，如剑、矛、刀、钺、匕首、镞等；少量釜、勺、圈、环、铺首、叉、炉架等生活用具和杂器。[②]

铁器时代带动了闽中地区社会经济基础的全面提高。首先，农业生产的各个环节都使用了与楚汉地区毫无差别的铁农具，崇安城村古城出土的大型铁犁铧重达15公斤，即使在秦汉地区也不多见，在犁地翻土作业中发挥巨大的威力；在平时的起土翻地、开沟修渠所用的铁锸也有尖刃、弧刃、平刃等多种形式，刃长都在十厘米以上；此外，耕地下种的铁镢、中耕锄草的铁锄和耙、收割庄稼的铁镰等，都是常见的。这些铁农具不但见于崇安城村，在闽越的其他地区也有发现。这说明闽越国的农业生产已经接近楚、汉地区的发展水平，成为闽越国社会文化发展与一度强盛的物质基础。其次，手工业生

---

① 庄锦清等：《福建南安大盈出土青铜器》，《考古》1977 年 3 期。铁山中学等：《福建政和县发现春秋时期的青铜器》，《考古》1979 年 6 期。

② 杨琮：《武夷山闽越国故城出土的铁器研究》，《福建历史文化与博物馆学研究》，福建教育出版社 1993年。

产也达到了一个新的发展阶段，集中体现在冶铸、制陶等主要手工业领域。前述各类铁器虽都属于楚汉技术文化的范畴，但它们又都是进步了的闽越人自己的手工业产品。在崇安城村的下寺岗、富林岗、黄瓜山、元宝山、赵厝圩等地，都发现了生产铁器的冶铸作坊遗址。在面积不大的这个闽越"城市"内外，如此密集分布多个制铁作坊，可见铁器的冶铸业在这一地区的"繁荣"景象。① 虽然生产工具、武器等已基本上铁器化，闽越族日常生活的部分用具也有了铁制品，但与土著文化一脉相承的印纹硬陶器仍是绝对优势的生活用具。闽越族的陶器制造业已经达到了一个很高的水平，陶器器形规整、圆周线条流畅、胎壁厚薄均匀，装饰手法多样、纹样整齐规范。不少闽越的陶器上戳印有"林"、"黄"、"胡"、"宫"、"官黄"、"官径"、"乾官"等印记，应就是官府作坊的官吏或工匠的名记。最后，手工业生产专业化程度的明显提高，不可避免地促进闽越族社会商品经济的发展。虽然福建的汉代货币考古发现没有明确早过闽越国时期的，崇安三姑曾发现数千枚"五铢"、"货泉"，浦城永兴发现"半两"、"五铢"、"货泉"共出千余枚，福州金鸡山东汉墓也有"五铢"、"货泉"的共出，它们都是东汉以后的货币②，说明闽越地区与全国统一市场的联系要晚于闽越国后。但并不能据以贬低闽越国内商品经济的发达程度，只能说明闽越国时期对外经济交流的局限性。

　　建立在社会经济发展水平大幅度提高的基础上，闽中地区的社会组织结构发生了深刻的变化，反映在聚落形态、丧葬制度等方面，阶级社会式的等级制度和都市文明已经确立。在聚落形态上，等级分类极端明确。闽北崇安城村古城内外发现的多处大型建筑基址，都以严谨、规整的殿堂为中心，对称地环绕着厢房、回廊，构成一种突出中心、体现权威与尊严的建筑文化内容。城内最高点的高胡坪甲组四合院式的建筑基址，空间布局上高低错落，可与秦咸阳宫一号宫殿布局相比。③ 体现了闽越族顶级建筑文化的内涵。在等级分类的另一端，崇安城村古城内外发现多处一般居址，虽未发掘，但其规模、结构与包含物均不可与殿堂一类相比。闽越的宫室建筑的形态、建筑材料等内涵都与秦汉文化相类，说明这种在建筑形态上表现出来的等级社会制度与闽越族吸收外来文化有关。"都城"、"宫室"遗存是闽越"国家"在考古学上的重要标志。虽然福州新店古城遗址的考古资料还不丰富，但这一带"万岁"、"万岁未央"特别是龙凤呈祥"万岁"一类文字瓦当，显然不可能是氏族社会公共活动场所的建筑部件，只能是"万岁爷"所据的王国社会的宫殿残骸，而这一文化遗存又与汉文献所记闽越国都城"东

---

① 福建省博物馆：《崇安城村汉城探掘简报》，《文物》1985 年 11 期。

② 朱维干：《福建史稿》上册第 69 页，福建教育出版社 1986 年；曾凡：《关于福建史前文化遗存的探讨》，《考古学报》1980 年 3 期。赵洪章等：《浦城出土的两汉钱币》，《福建文博》1990 年 2 期。

③ 秦都咸阳考古工作站：《秦都咸阳第一号宫殿建筑遗址简报》，《文物》1976 年 11 期。

冶"的时空相吻合。崇安城村古城也发现了类似于新店古城的瓦当遗存，更重要的是该城已经揭示出以高台基址为代表的翔实的宫殿遗迹，体现了闽越国的都市文化内涵，如果汉文献的线索无误的话，它就是余善苦心经营的割据"都城"，也是闽越"国家"文明的一个侧面。[①]

　　在丧葬的等级规格上，闽越上层社会所仰慕的楚、汉式礼乐制度一类的等级观念进一步传播到闽中地区。虽然庄边山类型墓群是入住闽中的楚汉贵族墓葬，但也可以从一个侧面上体现闽越国时期的丧葬制度。[②] 该类型虽无周、楚式严格的用鼎制，但鼎、豆、盒、壶的配置有明确的规律可循，除 M49 外，均使用鼎；用鼎墓中，除 M47 一鼎外，均二、四鼎偶数配置；在鼎、豆、盒、壶的完整配置中，四种礼器用数相等；在豆或盒缺一类时，还有另一类倍数相配的，如 M3 鼎、壶各二，缺盒而用豆四。同时，用鼎数与墓葬规模、等级相一致，M50 是规模最大、随葬品最多的一座，用鼎 4 件、豆 4 件、盒 2 件、壶 2 件。结合分期资料，一期的 M16、M33 正是该墓地四类礼器完全偶数、等数配置的墓例，二期的各座墓葬均不同程度地出现了或盒、或豆、或壶、甚至鼎的缺乏，说明随着闽越国时期的丧葬文化中外来礼器的使用制度开始时是严格的，随着时间的推移而削弱了。富林岗类型墓葬中还未见这类仿铜陶礼器的使用，但该类型的建筑遗迹中也发现了仿铜陶鼎、壶等器物。当然将这些鼎的使用与"周礼"用鼎的等级规范作直接的联系是不切合实际的，但却可以说明周、楚地区渐趋衰弱的"礼制"从战国前后开始确实在闽中地区发育，成为这一边缘地带社会历史发展步伐逐渐靠近岭北的重要标志。

五　关于闽中地区国家文明产生的模式

　　闽越王国是秦汉前后东南地区的一个相当强捍的少数民族割据政权，闽越的国家既有深刻的民族国家特点，又有周、秦、汉王朝政治深刻影响的历史烙印，这些很明确地反映在考古文化遗存上。

　　一方面，闽中文明具有鲜明的边疆民族国家文明的特色。福建先秦两汉考古文化谱系告诉我们，虽然从新石器时代文化发展的前期起，外来的原始文化和夏、商、周、秦、汉文明对闽中文化的影响不断加强，但在周代以前半封闭的七闽土著文化诸类型的基础上，浮滨、铁山类型→富林岗类型→凤林山类型文化构成了周、秦、汉时期闽中文化一脉相承的主体，而闽越国家文明就是在这个主体中孕育生成的。周代以来楚、汉文

---

① 吴春明：《闽越冶城地望的新证据》，《民族研究》1998 年 4 期。

② 林公务：《闽侯庄边山的古墓群》，《东南文化》1991 年 1 期。吴春明：《汉化中的"越王城"与越化中的楚汉墓》，《东方博物》第四辑，浙江大学出版社 1999 年。

化因素虽逐步增长，但闽中土著与吴越文化融合生成的东南区域土著文化内涵始终占据优势地位，特别是日用陶器形态与组合更是如此。在人类文化史上，当多民族文化处于交叉、融合的关键时刻，处于民族文化变迁最活跃的前沿地带的总是作为推动社会文化发展之基础的生产力要素，而在历次变迁中始终以惰性姿态出现的又总是那些能够深刻体现传统文化之核心的日常生活模式和器具。秦汉前后闽中国家文明的发展集中体现在富林岗类型的以"万岁城"为核心的聚落形态上，而富林岗类型正是闽中土著文化承前启后的中间环节，虽然汉式铜、铁器具等作为秦汉时期先进生产力内容已经拿来，但她的日用陶器基本上都是源于铁山、浮滨类型而来的印纹陶文化，甚至直到闽越灭国以后的凤林山类型中仍然缺乏华夏民族文化中代表性的三足、袋足陶器，这说明创造闽中国家文明的主体民族"闽越"的文化基因中土著"七闽"传统的延续。就是说，闽中国家具有鲜明的民族国家特点。

另一方面，在创造闽越民族国家的历史进程中，土著民族并不是在历史文化自然进化的道路上跨入文明社会门槛的。闽中地区考古文化内涵同样表明，闽越民族的社会历史进程受到了外部力量的强有力地推动，闽越国家的上层建筑具有中原王朝的国家模式。早在两周时期，正是由于商周、吴越青铜文化的传播，带动福建青铜文化的初现，在铁山、浮滨两类文化的复合结构中，青铜文化的外来成分要大大浓重于日用陶瓷器类，两类型中的青铜器的形态几乎都与吴越、商周器相同或类似，只是装饰和细部延续土著因素。到了战国秦汉时期，富林岗类型的铁器虽都是闽越地制造，但无一例外地属于汉式器物。就是说，闽中地区的青铜、铁器文化阶段相继都是商周、秦汉先进的文化技术传播的结果，如果不是这种文化传播所促成的闽中社会跳跃式发展，闽中地区社会的历史进程恐怕还要滞后一段时间。如果说外力只是推动闽中地区社会发展水平整体提高的催化剂的话，那么闽越国家的上层建筑则基本上就是周、汉式文明制度与社会组织结构的移植。在闽中地区国家文明起源的两周时期，铁山、浮滨类型青铜文化中吴越式、商周式的"制度"、"宗教观念"在考古器物组合中已经有不同程度的体现。在闽越国内，周汉式鼎的使用已经成为丧葬和日常活动中"等级"的标明物，其精神实质已经近乎"周礼"。而"万岁"、"万岁未央"、龙凤呈祥"万岁"一类具有鲜明秦汉王朝政治色彩的产品也赫然出现于割据东南的闽越王国中。可以理解，发展水平长期滞后的闽中土著在与吴越、商周、楚汉等进步的民族社会文化关系的过程中，对他们的社会文明表现出仰慕之情，采取的是拿来主义。

闽台考古百年刍议*

　　闽台地区的考古发现与研究始于 1896 年以来日人栗野传之丞、伊能嘉矩、鸟居龙藏等调查和研究台北芝山岩、圆山遗址。闽台百年考古发现与研究表明，远自史前时期开始，台湾岛就一直是我国大陆东南文化联系太平洋西南部各群岛（包括自菲律宾群岛到太平洋三大群岛）文化的重要纽带之一，闽台土著民族文化无疑是这个文化共同体——民族学上的南岛语族文化时空的关键[①]，闽台考古由此成为中国区域考古研究中的重要环节。

一　东南文化研究中的闽台考古

　　从东亚早期民族历史文化分区的角度来说，闽台史前文化实际上是东南区域文化的一个环节。《周礼》语"东南曰扬州"，《吕氏春秋》说"东南为扬州，越也"、"扬汉之南，百越之际"，历史与考古文化意义上的东南大致就是长江下游以南的沿海一带。脱离东南文化，闽台考古无从谈起。

　　早在 30 年代，东南古文化在中国早期古文化中的相对独立问题已经出现于许多考古学者的论述中，最为重要的是 1937 年林惠祥先生在"第三届远东史前学家大会"上宣读的武平研究报告，"至于北向则杭州、湖州亦皆有石器陶器，而其物据上文比较，与武平者乃颇相类似，可见系同一系统文化。故由浙江北部以至武平，中经浙南、闽北必皆有石器遗迹，虽未发现然可预推。至于南向则香港也曾发现石器时代遗物，印度支那也有石器遗址，而据上文的比较，武平的曲尺纹陶也见于马来半岛的陶器上，有段石锛见于台湾、南洋各地，武平亦有，由此可见武平的石器时代文化与台湾、香港、南洋

---

　　*　原文提交 2000 年 7 月在北京举行的"纪念中国社会科学院考古研究所成立 50 周年大会暨 21 世纪中国考古学与世界考古学国际学术研讨会"，载中国社会科学院考古研究所编著《21 世纪的中国考古学与世界考古学》，中国社会科学出版社 2002 年。
　　①　张光直：《新石器时代的台湾海峡》，《考古》1989 年 6 期。

群岛颇有关系，其间的广东大陆应有石器时代，而与武平毗连的潮、梅一带似更当有武平式的新石器文化"。提出"武平式"史前文化所代表的"亚洲东南海洋地带"文化不同于华北。[1] 虽然当时的材料非常零星、有限，但林惠祥的武平研究堪称东南区域考古的奠基性文献。到了 50 年代，林先生又在著名的《中国东南区新石器文化特征之一：有段石锛》中提出了考古文化区系上"东南区"概念。指出"有段石锛确是大陆东南区即台、闽、粤、赣、浙一带的特征物"，通过有段石锛的研究"不但可以了解我国东南区的新石器时代文化，也可以帮助了解东南亚以至太平洋诸岛的古代文化状况。"他通过有段石锛的类型学考察，找到了"原始型"、"成熟型"、"高级型"等不同形态的空间分布规律，从而得出这种特征性器物"在中国大陆东南区即闽、粤、浙、赣和苏皖一带地方发生，然后北向传于华北、东北，东南面传于台湾、菲律宾以至波利尼西亚诸岛"[2]，比较明确地界定了考古学文化上"东南区"的时空范围，以及与华北、东南亚、西南太平洋群岛等周邻关系的基本线索。林惠祥先生就是将闽台考古放在这样一个文化"共同体"的框架中讨论的，结合 30 年代两次考察台湾史前遗址的收获，写成《台湾番族之原始文化》、《台湾石器时代遗物的研究》，列举了闽台两地共存的有段石锛、有肩石斧、印纹陶、彩陶等特征鲜明的文化特质作详尽的比较研究，得出"台湾的新石器时代文化虽有一点地方特征，但从大体上看，却是属于祖国大陆东南一带的系统"[3]。

1950 年，凌纯声发表《东南亚古文化研究发凡》一文，指出西方民族学家所说的南岛语族文化不仅限于中南半岛和印尼群岛，且在秦岭淮河一线以南、东起于海、西至滇缅的东亚大陆南部的古代文化中均可找到，并借以提出"大东南亚文化圈"的概念。[4] 为了阐明这个古代文化"共同体"的内在结构，他将这个文化圈再分成三个分区，即大陆区、半岛区、岛屿区，并采取民族学"文化特质"的研究法，从纷繁复杂的文化构成中区分出古今文化的"分层"关系，即大陆区文化的美拉尼西亚层→小黑人层→汉藏文化层，半岛区的澳大利亚层→美拉尼西亚层→小黑人层→印度文化层→汉藏文化层→西洋文化层，岛屿区的澳大利亚层→玻利尼西亚层→美拉尼西亚层→小黑人层→印度文化层→中国文化层→阿拉伯文化层→西洋文化层。这一文化体系虽难有尽善

① Lin Huixiang：A Neolithic Site in Wuping, Fukien. *The Proceedings of the Third Congress of the Far Eastern Prehistorians*, 1931, Singapore. 林惠祥：《福建武平县的新石器时代遗址》，《厦门大学学报》1956 年 4 期。

② 林惠祥：《中国东南区新石器时代文化特之一：有段石锛》，《考古学报》1958 年 3 期。

③ 林惠祥：《台湾石器时代遗物的研究》，《厦门大学学报》1955 年 4 期；《台湾番族之原始文化》，《中央研究院社会科学研究所专刊》第三号，1930 年。

④ 凌纯声：《东南亚古文化研究发凡》，原载台湾《新生报》副刊《民族学研究专刊》第 3 期，1950 年 3 月 20 日，见《中国边疆民族与环太平洋文化》，台北联经图书 1979 年。

之处，但凌先生确实通过这一独特的民族学区系类型方法重建了从我国东南到东南亚古代文化的多样与统一。紧接着，凌先生又在《中国古代海洋文化与亚洲地中海》一文中将上述文化"共同体"重新表述为环南中国海"亚洲地中海文化圈"，并将其定性为海洋文化。① 他将中国文化分成西部"大陆文化"和东部"海洋文化"两源，即"夏"与"夷"，夏的文化以"金玉、车马、衣冠"为志，夷文化以"珠贝、舟楫、文身"著称，并将汉平百越作为夏、夷文化结束南北对峙而进入加速迁徙融合时代的开端。在《太平洋上的中国远古文化》一文中，他从民族学角度找到了中国东南海洋民族的迁徙文化，将广泛分布于大东南亚、太平洋群岛等地"大同小异"的"印度尼西亚式"即南岛语系土著民族的起源归于远古时代东方沿海诸夷的远航文化。② 从共同的文化特点与文化关系角度将中国文化分成两类，并探索与东南亚、西南太平洋土著民族文化的不同关系，这一主要以民族学取向的研究框架对于东南文化的认识是有很大的启发的。

在 20 世纪的后半叶，内地考古学者对于东南文化同一性的认识主要是围绕着印纹陶文化问题提出和展开的。50 年代以来，分布于我国东南地区的印纹陶文化在我国历史文化总谱系中相对独立的地位逐步得以确立，夏鼐先生就认为应将出"几何印纹硬陶"的江苏、浙江、福建等东南省区作为我国古文化的一个重要分布区域来认识；曾昭燏、尹焕章先生还提出以"首次经过科学发掘的"福建昙石山遗址来命名"以几何印纹陶为主的文化"，称"昙石山文化"。③ 以印纹陶为代表的东南区域古文化内部还存在明显的时空差异，实际上是由不同考古学文化组成、由不同族群创造的一个地域文化传统，但由于五六十年代的工作还是以较多的调查和一些不很严格的发掘资料为基础的，这种多样性没能得以区分；同时，以"青莲岗文化"问题为中心的长江南、北史前文化的关系与区分也长期未有清晰的认识。1977 年，"长江下游新石器文化学术讨论会"在南京召开，多数学者肯定了长江南北史前文化的基本差异，认为所谓青莲岗文化江北类型实际上属于"东夷"族的考古文化，青莲岗文化江南类型则与广阔东南地区的早期古文化一样，属于东南土著民族的考古学文化，使得东南文化在考古学上有了一个更明确的空间概念。④ 1978 年，"江南地区印纹陶问题学术讨论会"在庐山召开，

---

① 凌纯声：《中国古代海洋文化与亚洲地中海》，原载台湾《海外杂志》1954 年 3 卷 10 期，见《中国边疆民族与环太平洋文化》，台北联经图书 1979 年。

② 凌纯声：《太平洋上的中国远古文化》，原载台湾《大陆杂志》1961 年 23 卷 11 期。

③ 夏鼐：《十年来的中国考古新收获》，《考古》1959 年 10 期；曾昭燏、尹焕章：《江苏古代历史上的两个问题》，载《江苏省出土文物选集》，文物出版社 1963 年。

④ 严文明：《论青莲岗文化与大汶口文化的关系》；吴绵吉：《长江南北青莲岗文化的关系》，均载《文物集刊（1）》，文物出版社 1980 年。

几何印纹陶遗存区系类型问题得到了广泛深入的讨论。[①] 1981 年，李伯谦先生发表著名的《我国南方地区几何印纹陶遗存的分区、分期及其有关问题》，系统地总结了印纹陶文化的不同时空内涵与特点，指出宁镇皖南区、太湖杭州湾区、赣鄱区、湖南区、岭南区、闽台区、粤东闽南区是印纹陶文化的七个基本区系，成为东南地区早期古文化区系类型研究的一个代表性成果。[②]

　　以印纹陶为代表的东南文化诸区系类型间的关系并不是整齐划一、平行发展的，而是明确地表现为多层次的复杂结构，即三个地带、多区系而一体的谱系。在临近中原的江南湖网平原地带，土著文化内涵中共出较多的北方文化因素，这里是东南区早期古文化发展水平最高的龙头地带，在新石器和青铜时代相继创造了发展水平很高的稻作农耕文化、早期国家文明和发达的青铜文化；在远离中原文明的东南沿海丘陵山地地带，因武夷—南岭山地的阻隔而较难受到中原文化的直接影响，古文化表现出更强烈的地域性，是土著文化发育和顽强延续的核心地带，特殊的自然环境制约农耕形态的发展水平，采集、狩猎形态在早期古文化的发展进程中长期占据重要地位，文化发展的整体水平远落后于江南湖网平原地带；而台湾及附近岛屿则是东南早期古文化发展的边缘地带，远在中原早期古文化影响力的辐射范围之外，古文化长期停滞，与沿海丘陵山地地带的福建隔海相望，自然背景也大体相仿，因而从现有材料看两个地带间的早期古文化内涵存在相当的共性。[③] 我们认为，这一谱系比较准确地描述了东南文化的同一性和内在结构的不平衡性，以及东南文化在东亚文明总谱系中的地位与关系。

　　张光直先生曾先后从探讨南岛语族文化起源的角度关注中国东南考古与闽台文化，他从民族考古学的角度将闽台地区作为南岛语族起源地区的关键环节，认为四五千年前的大坌坑文化就是原南岛语族文化的一部分，将隔着台湾海峡分布于从闽江口向南到韩江口的大陆东南海岸地带的富国墩文化作为大坌坑文化的一部分，从而推出中国大陆东南海岸是原南岛语族老家的结论。[④] 闽台史前文化是汉唐以来北方汉人大规模南迁之前东南土著民族文化的组成部分，倘若能从中国东南文化整体乃至更广泛的东亚文化宏观视野去考察闽台文化，南岛语族的文化起源以及原南岛语族的空间分布无疑将更加明晰。从这点上说，张先生将原南岛语族的分布限于闽、粤东沿海一隅，可能并不符合史前文化的实际。我们还应重视从史前到历史早期东南沿海土著民族文化的延续发展、土著文化因素与北方移入文化因素的关系，准确地把握南岛语族文化在包括闽台在内的东

---

①　文物编辑委员会：《文物集刊（3）》，文物出版社 1981 年。

②　李伯谦：《我国南方地区印纹陶遗存的分区、分期及其有关问题》，《北京大学学报》1981 年 1 期。

③　吴春明：《中国东南土著民族历史与文化的考古学观察》第 6 节，厦门大学出版社 1999 年。

④　张光直：《中国东南海岸考古与南岛语族起源问题》，《南方民族考古》第一辑，四川大学出版社 1987 年。

南沿海地区的变迁与融合过程。从这点上说，我们不能理解张先生割裂东南沿海仰韶、龙山时代文化关联，将昙石山、石峡、圆山等龙山时代文化看成与南岛语族文化对立的汉藏语族文化的理论。南岛语族文化起源是包括闽台考古在内的东南考古的核心问题，我们必须重新审视早期古文化空间分布与历时发展的问题，更深刻理解两岸原住民族的文化关系。

二　闽台史前文化谱系重建与比较研究中的问题

考古学文化时空框架的重建是区域文化比较研究的前提，在田野资料不断积累的基础上，两岸史前文化的区系类型逐渐明晰，比较研究也取得一定的成果①。

先秦时期福建土著没有本民族自身的文献历史，中原文明视野下记录闽中的资料也十分稀罕零星。由于秦汉王朝文化、政治上的相继统一，闽中历史才纳入汉文史籍的范畴，司马迁《东越列传》是福建成文历史的第一篇。福建史前文化区系类型的建构是从闽江下游昙石山遗址的编年开始的，该遗址是一处包括新石器时代至青铜时代多种文化类型叠压的典型遗址，1954 年以来历经八次发掘，但直到第五次发掘才注意到"第二层以下所出遗物基本一致，不过愈近下部砂陶愈多，其他陶系则相对减少。第三层全为粗砂陶片"以及"墓葬随葬品中不见硬陶"等重要现象。第六次发掘才开始明确将遗存分成上、中、下三个文化层。②曾凡先生据以提出了昙石山下层类型、中层类型、上层类型的区分，下、中层处于新石器时代，上层处于商周青铜时代，并统称为"昙石山文化"，代表了福建先秦文化的发展序列。③

随着地层和空间资料的不断增加，曾凡先生的这个编年框架在两个方面得到不断的修正。一方面，闽江下游以外地区史前文化的特征不断得到重视，福建史前文化整体统一的观点被重新认识，基本否定了统属于"昙石山文化"的看法。尤其是邻近闽南的粤东饶平古墓资料公开后④，大家逐步认识到粤东闽南间的早期古文化不属于闽江下游昙石山三层文化的系统，李伯谦先生在印纹陶文化区系类型的研究中提出了"闽台区"和"粤东闽南区"两个文化分区⑤。在区域文化比较研究深化的基础上，我们还先后提出了闽西、闽北靠山地一侧的古文化不同于沿海一侧的看法，由此逐渐形成以闽江下游

①　由于篇幅限制，本文暂不涉及两岸旧石器文化内涵。

②　福建省文物管理委员会：《福建闽侯昙石山遗址第五次发掘简报》，《考古》1964 年 12 期。福建省博物馆：《闽侯昙石山遗址第六次发掘报告》，《考古学报》1976 年 1 期；《福建闽侯昙石山遗址发掘新收获》，《考古》1983 年 12 期。

③　曾凡：《福建史前文化遗存概论》，《考古学报》1980 年 3 期。

④　广东省博物馆等：《广东饶平古墓发掘简报》，《文物资料丛刊（8）》，文物出版社 1983 年。

⑤　李伯谦：《我国南方地区印纹陶遗存的分区、分期及其有关问题》，《北京大学学报》1981 年 1 期。

为中心的闽东浙南沿海区、闽江上游所在的闽北河谷区、粤东闽南沿海区、闽西山地区的四个区系文化的认识，基本上反映了汉人大规模南迁之前土著"七闽"先民文化的空间分布。①

另一方面，历时编年不断深入，以闽江下游为例，考古学文化诸阶段性类型的区分更加准确。首先是昙石山中、下层类型与上层类型间差异性的认识，吴绵吉、王振镛先后分析了昙石山三层内涵的关系，认为中、下层是新石器时代的昙石山文化持续发展过程中的两个文化期，而上层类型的内涵和性质已发生了质的变化，属于商周青铜文化的范畴，否定了昙石山三层内涵所代表的延续近 3000 年的福建先秦文化都归为昙石山文化的看法。② 其次是昙石山下层类型、中层类型内涵与关系的重新界定与认识，吴绵吉、王振镛等先后将历次报告中被误为"下层"的中层内涵回归中层③，我们还确认仰韶时代的昙石山下层类型与龙山时代的中层类型不应作为一个考古学文化的认识。④ 最后，所谓"昙石山上层类型"也获得进一步的区分，在庄边山上层、黄土仑墓葬等新的地层单位发现和东张中、上层内涵重新分析的基础上，绝对年代上跨越夏商至两周时期的所谓"昙石山上层类型"内涵的复杂性和多样性越来越明确⑤，将商代前后的黄土仑类型、两周时期的东张上层类型从"昙石山上层类型"中剥离出来，将昙石山上层类型作为闽江下游夏代前后考古学文化的代表，渐为学术界所共识。⑥ 在闽江下游以外的粤东闽南、闽西山地、闽北河谷，先秦两汉时期的土著文化编年也有了初步的成果。⑦

台湾土著高山族同样没有本民族的文献历史，直到明郑以来大陆汉人大规模移入才翻开了台湾历史时代的第一篇。台湾史前文化时空结构的重建始于 20 世纪 40 年代，日人鹿野忠雄将台湾史前文化划分为七个层次，即绳纹陶文化层→网纹陶文化层→黑陶文

---

① 吴春明：《福建史前文化的综合研究》，厦门大学 1990 年硕士学位论文。林公务：《福建史前文化遗存概论》，《福建文博》1990 年增刊。吴春明：《闽文化刍议》，《厦门大学学报》1990 年 3 期。

② 吴绵吉：《试论昙石山遗址的文化性质及其文化命名》，《厦门大学学报》1979 年 2 期。王振镛：《试论福建贝丘遗址的文化类型》，《中国考古学会第三次年会论文集》，文物出版社 1984 年。

③ 吴绵吉：《昙石山遗址的分期与年代》；王振镛、林公务：《闽江下游印纹陶遗存的初步分析》，均载《文物集刊（3）》，文物出版社 1981 年。

④ 吴春明：《闽江流域先秦两汉文化的初步研究》，《考古学报》1995 年 2 期。

⑤ 所谓"昙石山上层类型"内涵复杂的原因是昙石山遗址第六、七次报告中描述的"昙石山上层"内涵混淆了许多表层采集的黄土仑式印纹陶和东张上层式釉陶器。

⑥ 吴春明：《闽江下游史前文化发展序列的初步探索》，《东南文化》1990 年 3 期。林公务：《福建史前文化遗存概论》，《福建文博》1990 年增刊。

⑦ 吴春明：《粤东闽南地区早期古文化的初步编年》，《东南考古研究》第一辑，厦门大学出版社 1996 年；《晋江、九龙江流域新石器和青铜时代文化遗存》，《南方文物》1996 年 3 期；《闽江流域先秦两汉文化的初步研究》，《考古学报》1995 年 2 期。

化层→有段石斧文化层→原东山文化层→巨石文化层→菲律宾铁器文化层，并认为前四个文化层属于大陆系统的文化，后三个文化层是东南亚古代文化影响所致。[1] 进入60年代，随着区域考古资料的增长，以及大坌坑、凤鼻头、十三行、牛骂头、芝山岩等遗址的地层资料的相继发现[2]，史前文化层序的讨论开始建立在文化分区的基础上，张光直、宋文薰、连照美等相继将台湾史前文化分成西、东海岸两大区和西海岸的北、中、南三个分区，逐步建立起比较完整的史前文化谱系。[3]

台湾新石器时代的基层文化是大坌坑文化，即所谓绳纹陶文化，距今6000～4000年之间。[4] 在西海岸平原的北部地区的典型地层为大坌坑下层、圆山下层，中部地区为牛骂头绳纹陶层早期，南部地区为凤鼻头第四层、八甲村下层。在东海岸地区，卑南遗址下层也发现了绳纹陶文化遗存。大坌坑文化之后，史前文化的区域多样性和复杂性开始凸显。在西海岸北部地区，芝山岩文化、圆山文化、植物园文化构成新石器文化的完整序列，绝对年代约距今4000～2000年间[5]，并为一直持续到明郑时期的史前铁器时代的十三行文化所取代。中部地区相对应的新石器文化类型为牛骂头文化晚期、营埔文化，铁器时代为番仔园文化。在南部地区，牛绸子文化（即所谓"凤鼻头文化红陶层"）、大湖文化（"凤鼻头文化灰黑陶层"）代表了新石器时代文化的基本进程，紧接着为铁器时代的茑松文化。东海岸纵谷的新石器文化以发展过程中的卑南文化为代表，

① 鹿野忠雄：《台湾先史时代的文化层》，《学海》1943年一卷，见鹿野忠雄著、宋文薰译：《台湾考古学民族学概观》，台湾省文献委员会1955年。

② K. C. Chang, *Fengpitou*, *Tapenkeng and the Prehistory of Taiwan*, Yale University Publications in Anthropology, No. 73, 1969. 杨君实：《台北县八里乡十三行及大坌坑两史前遗址调查报告》，台大《考古人类学刊》17～18期合刊，1961年。刘斌雄：《台中县清水镇牛骂头遗址发掘报告》，《台湾文献》6卷4期，1955年。黄士强：《台北芝山岩遗址发掘简报》，台北文献委员会1984年。张光直：《台湾省浊水溪与大肚溪流域考古调查报告》，台北《历史语言研究所专刊》第77号，1977年。

③ K. C. Chang, *Fengpitou*, *Tapenkeng and the Prehistory of Taiwan*, Yale University Publications in Anthropology, No. 73, 1969. 宋文薰、连照美：《台湾西海岸中部地区的史前文化层序》，台大《考古人类学刊》37－38合刊，1975年。宋文薰：《由考古学看台湾》，载陈奇禄编《中国的台湾》，"中央文物供应社"1980年。连照美：《台湾史前文化程序的检讨》，载《台湾考古百年纪念研讨会会议论文及工作报告》，台北历史语言研究所1996年。

④ 潮音洞先陶文化层[14]C年代数据5240±260BP、5340±260BP、4970±250BP、4870±300BP，垦丁前陶文化层4820±100BP、4790±120BP，从理论上说处于台湾新石器时代早期的大坌坑文化年代不应早于5000年以前。同时，大坌坑遗址大坌坑文化层有效[14]C年代数据3080±350BP，八甲村遗址5480±55BP、5645±60BP、3696±60BP。所以确定大坌坑文化年代在距今5500～4000年之间。

⑤ 芝山岩文化[14]C数据3575±103BP、3485±125BP、4095±63BP，圆山遗址圆山文化层3860±80BP、3540±80BP、3190±80BP，大坌坑遗址圆山层2850±200BP，植物园层2030±80BP，凤鼻头遗址灰黑陶层[14]C年代数据在3310～2670BP之间，因此确定西海岸大坌坑文化之后的新石器时代文化距今4000～2000年之间。

与西海岸的新石器时代大致同时，在这一地区还有一类被称为麒麟文化的巨石遗存。[①]
此外，有些学者还注意到，台湾山地的史前文化与西海岸平原和东海岸纵谷地区的文化
形态差异，其中代表性的有曲冰文化。[②]

早在20世纪前期，随着台湾考古资料的逐步积累，中、日考古学者在两岸史前文
化时空框架尚不明确的情况下，开展了建立在个别文化因素基础上的两岸史前文化比较
研究。林惠祥于30年代就根据在台北圆山等遗址发现的有段石锛、有肩石斧、印纹陶
和几何形纹彩陶与大陆东南沿海的相似性，提出台湾史前文化属于大陆东南沿海系统的
看法，"台湾的新石器时代人类应是由大陆东南部漂去"。[③] 日人鹿野忠雄、金关丈夫、
国芬直一也于40年代相继以绳纹陶、网纹陶、彩陶、黑陶和有段、有肩石器等因素的
比较为据，推论中国大陆史前文化几度波及台湾。[④] 60年代以来，张光直首先将两岸史
前文化的比较建立在时空框架系统重建的基础上，他的基本认识是闽粤沿海的富国墩文
化是大坌坑绳纹陶文化在大陆沿海的代表，大坌坑文化是分布于台湾与大陆东南沿海之
间的以采集和狩猎为主要生业形态、可能伴随块根作物栽培的原南岛语族文化共同体；
继大坌坑文化发展起来的昙石山文化、石峡文化和圆山文化、凤鼻头文化是一群以农耕
为基础的"龙山形成期"文化，代表了源自华北的汉藏语族文化的文化移植。这个理
论在一段时间内代表了台湾考古学者对于两岸史前文化关系的认识，后来臧振华先生的
论述重申了相似的看法。[⑤] 70年代末期以来，大陆学者也陆续在史前文化编年的基础
上，关注两岸文化关系的考古学研究。[⑥] 80年代末在福州举行的"闽台古文化关系学术
讨论会"将大陆地区的闽台关系研究推向了一个热潮，讨论涉及两岸史前遗存的埋藏

---

① 臧振华：《台湾的考古发现与研究》，《东南考古研究》第二辑，厦门大学出版社1999年。
② 刘益昌：《台湾地区史前文化层序研究的省思》，载《台湾考古百年纪念研讨会会议论文及工作报告》，台北历史语言研究所1996年。
③ 林惠祥：《台湾石器时代遗物的研究》，《厦门大学学报》1955年4期。
④ 鹿野忠雄：《台湾先史时代的文化层》，《学海》1943年一卷，见鹿野忠雄著、宋文薰译：《台湾考古学民族学概观》，台湾省文献委员会1955年。金关丈夫：《关于台湾先史时代北方文化的影响》；国芬直一：《有肩石斧、有段石锛及黑陶文化》，均见《台湾文化论丛》1943年第一辑，转引自臧振华：《台湾的考古发现与研究》，《东南考古研究》第二辑，厦门大学出版社1999年。
⑤ K. C. Chang, *Fengpitou*, *Tapenkeng and the Prehistory of Taiwan*, Yale University Publications in Anthropology, No. 73, 1969. 韩起：《台湾省原始社会考古概述》，《考古》1979年3期。张光直：《新石器时代的台湾海峡》，《考古》1989年6期。臧振华：《台湾的考古发现与研究》，《东南考古研究》第二辑，厦门大学出版社1999年。
⑥ 厦门大学历史系考古教研室：《台湾三十年来的考古发现》，《文物考古工作三十年》，文物出版社1979年。吕荣芳：《福建台湾的贝丘遗址及其文化关系》，《文物集刊（3）》，文物出版社1981年。李伯谦：《我国南方地区印纹陶遗存的分区、分期及其有关问题》，《北京大学学报》1981年1期。吴春明：《粤闽台沿海的彩陶及相关问题》，《中国考古学会第九次年会论文集》，文物出版社1997年。

规律，澎湖群岛史前考古意义，两岸旧、新石器时代文化关系，汉晋间闽越、南越与夷洲的比较研究等。① 作为国家社科基金规划项目"闽台考古"的最终成果，陈国强等著《闽台考古》一书是大陆学者系统研究闽台考古文化关系的第一本专著。②

　　闽台史前文化的比较，尤其是建立在考古学文化编年基础上的比较研究，深化了对两岸早期古文化关系的认识。但是，闽台关系考古研究还存在一系列急待解决的问题，首先必须推进的是扩大两岸考古学的学术沟通。我们知道，虽然 60 年代以来两岸考古，尤其是史前文化时空框架的重建相继取得明确的成果，但迄今为止两岸考古学者对于海峡对岸考古工作和早期古文化面貌的相互了解、认识还非常有限。两地考古学者不但无法进行田野工作上的合作，就连基础性的学术资料相互交流的途径也非常欠缺，在这一背景下进行的闽台文化关系的考古研究不可避免地存在一系列学术上的误差。张光直先生对于闽台关系的考古研究有许多独到的见解，但是他以昙石山文化中鼎等个别龙山因素和石峡等具有较多龙山因素的局域文化为据，将整个东南沿海龙山时代文化看成纯粹北方移植的汉藏语族文化、隔绝于先龙山时代土著民族文化，相信就是因客观条件限制而对于大陆东南沿海早期古文化考古资料的全局把握不足所导致的认识上的误差。③ 倘若张先生能够了解到闽江下游昙石山文化诸遗址的系统内涵，看到石峡文化所在的北江流域以外的、以珠江三角洲为中心的广阔岭南地区新石器时代晚期文化遗存中占绝对优势的土著文化内涵，以及龙山时代以后夏、商、周时期东南沿海土著印纹陶文化延续发展的情形，他对于东南沿海史前文化发展进程的认识就应该重新思考了。作为两岸考古学术交流的使者，在台湾作过一系列重要田野工作并两次短暂访问福建，张先生在闽台关系考古研究中都可能存在这类资料上的障碍，对于两岸考古学界的一般学者在史前考古比较研究中所见的资料误差就可想而知了。对于大陆学者而言，了解、把握台湾考古资料上的障碍更为突出，像陈国强先生等著述的《闽台考古》这样比较系统论述两岸史前文化关系的成果，其研究者竟然都没有赴台田野考察与考古标本观摩的经历，就连可资纸上谈兵的基础"资料"也非常缺乏。④

　　方法论上的一些问题同样需要两岸学者在今后闽台考古比较研究的实践中予以沟通与反思。首先，在包括闽台在内的东南文化研究中，中国古代文明中心地带与边疆文化发展进程的落差是两岸考古、历史学者必须思考的问题。闽台文化长期处于以中原为中心的中国古代文明的边缘地带，在闽越建国之前的先秦闽地和明郑以前的台湾，土著社

　　① 《福建文博》1990 年增刊"闽台古文化研究"专辑。

　　② 陈国强、叶文程、吴绵吉主编：《闽台考古》，厦门大学出版社 1993 年。

　　③ 张光直：《中国东南海岸考古与南岛语族起源问题》，《南方民族考古》第一辑，四川大学出版社 1987 年；《新石器时代的台湾海峡》，《考古》1989 年 6 期。

　　④ 陈国强、叶文程、吴绵吉主编：《闽台考古》，厦门大学出版社 1993 年。

会长期停滞于原始文化阶段，即便闽、台之间的社会文化进程也有明显的差异。但在闽台考古实践中，许多研究者都忽视了闽台古代历史发展的基本事实，以中原王朝的社会进程和文化模式取代闽台地带，这一问题以前述《闽台考古》最为突出。在该研究中，作者完全以中原王朝社会发展进程切割闽台文化，依次讨论所谓"闽台旧石器时代考古"、"闽台新石器时代考古"、"闽台夏商周考古"、"闽台战国秦汉考古"、"闽台六朝至五代考古"、"闽台宋元考古"、"闽台明清考古"，这一简单化的编年方法扭曲了闽台社会历史进程的实际，更堵塞了客观、具体地探索这一边疆地带古代历史文化的途径。[1] 其次，台湾考古学上不少学者将考古文化的界定建立在遗址内涵而不是地层单位的基础上，因此两岸学者必须在遗址与文化这两个基本概念的理解上进行必要的沟通。比如，在台湾西海岸北部地区，台北芝山岩遗址的发掘揭示了芝山岩文化→圆山文化的地层关系，但由于许多学者曾将芝山岩遗址的内涵等同于芝山岩文化，致使芝山岩文化与圆山文化关系的认识曾一度混乱，有些论述中干脆就将两者视为这一小区域内同时共存的两支考古学文化。[2] 再次，在田野考古与学术研究中，考古工作者学术观点的主观性不应妨碍田野报告的客观如实，闽台考古上的一些重要发掘报告中不同程度地忽视了这个问题。以张光直先生工作的凤鼻头遗址为例，该遗址报告的"地层"一节中将地层分 8 层，即 3C、3D、3E、3F、3G、3H、3I、4 层，并交代每层文化内涵均不同，然而张先生在发表器物时却将属于"大坌坑文化"的第 4 层归为一类，将被他认定属于所谓"凤鼻头文化"、实际上存在明确的阶段性甚至文化形态差别的所有 3C－3I 归为一类，而具体的器物均无出土层位与单位。[3] 在这个个案中，研究者对该遗址所谓"凤鼻头文化"的发展过程进行深入、细致的分析比较、区分实际上存在的不同文化形态（牛绸子文化、大湖文化）均成为不可能，以至只能将接受张先生的学术看法作为阅读、研究凤鼻头遗址资料的前提。类似的情形在台湾考古学上还有不少案例。

三 民族考古学实践与人类学系的使命

由于闽台史前文化长期处于以中原为中心的东亚文化的边缘地带，直至晚近时期土著民族的文化积淀乃至原住民的族群文化仍不同程度地存在于海峡两岸，成为考古学家、民族学家共同感兴趣的课题，闽台考古由此更成为中国区域考古研究中的一个非常特殊而有

① 陈国强、叶文程、吴绵吉主编：《闽台考古》，厦门大学出版社 1993 年。

② 臧振华：《台湾的考古发现与研究》，《东南考古研究》第二辑，厦门大学出版社 1999 年。

③ K. C. Chang , *Fengpitou* , *Tapenkeng and the Prehistory of Taiwan* , Yale University Publications in Anthropology , No. 73 , 1969.

意义的环节。李光周就曾因台湾独具特色的考古学资料与多元族群的民族学资料共存以及复杂多样的生态环境，而将台湾看成探讨人类过去的文化与行为模式的"一个罕见的考古学实验室"。① 何传坤更准确地说是"一个罕见的民族考古学实验室"。②

20 世纪前期，林惠祥就以厦门大学为基地从事闽台、东南亚地区民族考古学调查与研究的实践。1928 年林先生获得菲律宾大学人类学硕士学位回国后，即入中研院社科研究所民族组，到日本侵占下的台湾考察高山族文化，同时调查了台北园山贝丘遗址，并以园山的考古资料与高山族的民族志合编成著名的《台湾番族之原始文化》，迄今为止仍是大陆学者研究台湾民族考古学的最重要文献之一。抗战爆发后，林惠祥流亡南洋期间仍坚持东南亚、南亚地区的民族考古调查，从苏门答腊民族志到马来西亚吉打（kedak）省巴林（Baling）镇德卜（Gua Debu）洞穴（岩棚）遗址，成为大陆学者从事东南亚民族考古学调查研究的少有的成果。③ 正如他的《文化人类学》④ 一书体现的，先生毕生倡导考古学与民族学、语言学、体质人类学等等文化人类学多种分支相结合研究东南土著民族的历史，这使得他的考古学思维明显有别于他的学术同辈。在福建昙石山遗址的发掘中，他是这样告诉他的考古同辈的："我是考古学和民族学的方法结合在一起来研究昙石山的。你们的重点在一层一层地揭开，揭开一层就是一页历史。我却是着眼于地理空间，想探寻原始居民的共同生活环境，换句话说，我是把研究重点放在昙石山居民的生产和生活上的。"⑤ 运用东亚南部至西南太平洋之间广泛地域内的考古发现和民族志，复原有段石锛发展史、使用方法等，堪称民族考古研究的典范。他在《考古学通论》绪论说："现在原始部落尚存在（或不久以前还存在）的许多文化现象，能帮助我们研究原始遗址的居民的生活。民族学也需要依靠考古学，如现今少数民族，或无文字历史记载，或记载不多，我们可以利用考古学的发掘方法，来恢复他们早期的历史。"⑥

二战以后，林先生以在台湾、东南亚以及大陆东南田野调查发掘所获的民族学、考古学标本为基础，于 1953 年倡办成立"厦门大学人类博物馆"，并招收"民族考古学"方向的副博士研究生和本科生，提倡考古学与民族志的相携相承，在我国考古学中独树一帜、开一方风气。1984 年厦大相继成立人类学研究所和人类学系，成为我国民族、

---

① 李光周：《台湾：一个罕见的考古学实验室》，《台湾大学文史哲学报》第 34 期，1985 年。
② 何传坤：《台湾考古学与民族考古学》，载《台湾考古百年纪念研讨会会议论文及工作报告》，台北历史语言研究所 1996 年。
③ 林惠祥：《台湾番族之原始文化》，台北《中央研究院社会科学研究所专刊》第三号，1930 年；《马来亚吉打州石器时代考古追记》，《厦门大学学报》1959 年 1 期。
④ 林惠祥：《文化人类学》，上海商务印书馆 1934 年。
⑤ 宋伯胤：《从昙石山到顶沃仔》，《福建文博》1991 年 1～2 期。
⑥ 林惠祥手稿：《考古学通论》，厦门大学人类博物馆资料室。

考古学术论坛丰富发展的不可缺少的组成部分。林惠祥先生开创的民族志、考古学和历史文献相结合研究东南区、东南亚地区土著民族历史的传统，至今仍是厦大考古同志努力遵循的学术方向。①

在台湾，日据时代的鸟居龙藏、伊能嘉矩等人在台湾的史前考古实践也一直都是在人类学体系中进行的，注意石器时代考古资料与土著高山族历史文化的关联研究。1897年鸟居龙藏调查发现圆山贝丘之后，在《东京人类学会杂志》13卷141号发表《关于圆山贝冢的通信》，描述了他在圆山遗址的考古发现，并调查记录了山地原住民的民族学资料，"特别要注意的是曹群用长长的黑布缠头的样子，筒袖的半体衣或裙子等也和苗族相似。曹、布农两群中，也要注意在身长方面的属于小身型的。"在进行对比研究之后，将台湾先史时代的人类推为马来种族；15卷170号发表的《在新高山地方过去和现在的居民》一文中指出："石器时代遗迹存在的高度与现在的阿里山蕃以及布农的地理学存在位置是相同的"，"制造、使用这些石器或陶器的人类是今栖息在山上的布农或阿里山蕃"。② 1928年，日人马渊通义在台北帝国大学成立了"土俗人种学讲座"，一直是二战前台湾地区民族学、考古学研究的主要机构。

1950年台湾大学成立考古人类学系，并创办了后来在东南民族学、考古学上享誉盛名的《考古人类学刊》。李济、石璋如、董作宾、芮逸夫、宋文薰等大家先后都曾主持或执教于该系，为台湾地区民族考古学与人类学学术传统的宣传、发展与人才培养作出了重要的贡献，李亦园、张光直等就是这一学术传统发扬光大的杰出代表。60年代以来，台大系统的民族考古学在台湾地区获得了充分的实践，其中张光直的"浊大考古计划"、李光周的"鹅銮鼻研究"、宋文薰与连照美的"卑南研究"、臧振华的"澎湖研究"以及陈玉美的"兰屿研究"是最具代表性的几项研究活动。在张光直先生领导的浊水溪与大肚溪流域考古学调查研究计划中，始终遵循民族考古学与文化生态学的基本观念和原则，"人类史是主，地形、地质、动物、植物、考古、民族、土壤诸科是从"，强调考古研究跳出只从事器物研究的窠臼而进入社会生活与生态适应的研究。③ 受到美国"新考古学"的影响，李光周先生在著名的鹅銮鼻史前遗址的研究中，更表达了"考古学是一门人类学取向的社会科学，试图对人类过去长时间里表现的文化与行为求取说明"的学术理念，通过该遗址特定居所所出器物中男人制造的石网坠之差异性和女人制造陶器的同质性来说明从妻居、从母居的社会形态，还通过考古遗址中的

① 陈国强、蒋炳钊、吴绵吉、辛土成：《百越民族史》，中国社会科学出版社1986年。吴春明：《中国东南土著民族历史与文化的考古学观察》，厦门大学出版社1999年。
② 金关丈夫、国芬直一：《台湾考古学研究简史》，《福建文博》1982年1期。
③ 张光直：《台湾省浊水溪与大肚溪考古调查报告》，台北历史语言研究所1977年。

物质文化遗存与死者骨骸的体质特征同土著高山族的比较研究建立起史前文化到现存族群之间的源流关系。① 在臧振华先生主持的"澎湖群岛古代人类拓殖史的考古学研究计划"中，"除了要建立澎湖群岛的文化年代学之外，更试图从生业、聚落和交易等方面的资料和证据，去探讨澎湖古代居民的拓殖过程和生态适应，以及区域文化体系的互动等问题"，强调考古学文化变迁研究中的"环境变化、人地关系以及区域间的互动和文化讯息的交流等多重因素交互运作"。② 陈玉美先生在"兰屿雅美族的民族考古学研究"中，则是通过现存的民族志资料解释考古学遗存的性质，通过雅美族社会文化的研究，说明该族文化有很强的"南向"取向，与菲律宾巴丹民族有密切的关系，而与台湾岛各原住民关系疏远；她还以"nisoswan（水渠水源）"和"ikauipong do soso（喝同母奶）"的当地观念为据，重新解释雅美族的亲属制度。③

　　传统的文化人类学与民族学以研究一个小型独立的异文化社区为己任，一个半世纪的实践积累了一整套完整的理论与方法。旧、新进化论强调人类文化前进的宏观方向与总体规律，历史主义取向于社区文化的微观理解与形态描述，传播理论追寻的是社会文化空间分布形态的内在关系，而功能、结构主义告诉人们社会文化形态内在因素的协调整合，文化生态学看到了文化系统与生态环境间的外在整合，心理人类学崇尚的是人群"性格"与族体的精神理念。从学术史的角度来说，虽然人类学、民族学多种理论争讼不止，但都有其合理的内涵。在欧美考古学上，史前考古学主要属于文化人类学的一支，从近代考古学的产生到近几十年来名噪欧美的新考古学，考古学产生、发展过程中前后受到了社会文化人类学理论的直接影响，客观地说促进了西方考古学理论的发展，也带动了考古学操作技术的进步，最终深化了对于考古学遗存的社会文化的认识。④ 近代意义上的考古学不是中国本土的学问，她是作为近代欧洲分类科学的一支，在本世纪初期"西学东渐"的热潮中传入的。但是，以地层学和类型学为核心的近代考古学的技术和方法传入我国后，"中学为体，西学为用"，理论上再度长期隔绝于欧美人文学术之外，包括人类学民族学上的一切合理内涵。虽然建国以来大规模的田野考古工作相继在全国范围内开展，从史前到历史时期考古学文化的时空空白基本上得到填补，一系列重大考古发现展示了中国古代文明的成就，精细的地层学与遗迹处理技术在国际考古

---

① 李光周：《再看鹅銮鼻：台湾南端的史前遗址》，台大《考古人类学刊》35～36 合刊，1974 年；《对于台湾考古研究的若干认识》，《台湾文献》36 期，1985 年。

② Tsang Cheng hwa, Archaeology of the P'eng – hu Islands , Institute of History and Philology, Academia Sinica, 1992, Taipei. 臧振华：《试论台湾考古学上的三个问题》，台大《考古人类学刊》第 45 期，1989 年。

③ 转引自黄应贵：《对于台湾考古"学"研究之我见：一个人类学者的观点》，《台湾考古百年纪念研讨会会议论文及工作报告》，台北历史语言研究所 1996 年。

④ 吴春明：《史学与人类学：近代考古学的两种取向评述》，《新华文摘》1991 年 7 期。

学界堪称领先，新中国的考古学被誉为"黄金时代"。但是，从总体上说我国考古学陷于传统史学的落后框架中，主观上排斥考古学与人类学、民族学理论的沟通，直接造成考古学理论的匮乏和考古学文化认识层面上的单一性。从这个意义上说，具有鲜明文化人类学与民族学倾向的闽台地区史前考古学学术传统，对于我国考古学学术研究的丰富和发展将有其特殊的意义，考古人类学系任重道远。

红河下游新石器时代文化的发现与认识*

以红河下游流域为中心的越南北部地带是古代骆越民族活动的主要中心，是史前、上古时期东亚南部百越民族文化体系中相对独立的一个支系。与其他支系的百越民族一样，骆越没有确认的本民族文献历史，关于骆越来源与早期历史的记载零星、含糊地出现于中原王朝的汉文史籍中，骆越历史的重建显然要通过考古学的发现与研究。

"和平文化（Hoabinhian）"生成、发展，将红河下游以砾石石器为特点的旧石器文化的本土传统带入新石器时代，使得红河下游与亚洲东南海洋地带的文化共同体特征得以传承，奠定了红河下游新石器文化的土著性，并表现出与周邻的华南沿海、东南亚半岛其他区域文化不可分割的亲缘关系。

一　红河下游及越南海岸新石器时代文化谱系

与世界上其他区域的史前史格局一样，进入新石器时代农耕文化阶段以后，红河下游及越南海岸的史前文化呈现丰富多彩的局面，表现为多时空的考古学文化谱系。当然，这一谱系的建设经过了长期的积累，在不同时期的考古学文献中留下不尽相同的论述。

上个世纪前期，越南史前考古较少发现可靠的地层资料，史前史的编年主要是根据石器的分类。1957 年陶维英的《越南古代史》就将磨刃石器看成"新石器时代早期"，将通体磨光和双肩石器看成"真正的新石器文化"，区别于磨制石器与铜斧共出的"金石文化时代"。[①]

到了 20 世纪 70 年代，英国伦敦大学的戴维森（Jeremy H. C. S. Davidson）将越

---

* 根据《红河下游史前史与骆越文化的发展》一文的第三部分补充、修订而成，原文是在厦门大学历史系考古专业《东南亚考古》讲稿基础上写成，刊于车越乔主编《越文化实勘研究论文集（二）》，科学出版社 2008 年。

① 陶维英：《越南古代史》上册，第 17 ~ 29 页，商务印书馆 1976 年。

南新石器至金石并用时代文化划分为四个阶段，公元前 8000～6000 年的"新石器时代早期"为北山（Bac Son）时期，包括北山文化和沿海的琼文（Quynh Van）文化；公元前 6000～4000 年间的"新石器时代中期"为多笔（Da But）时期；公元前 4000～3000 年间的"新石器时代晚期"为酉阳（Dau Duong）时期；公元前 3000～2000 年间的"新石器时代晚期/金石并用时代"为原始文郎时期，包括冯原（Phung Nguyen）、梅陂（Mai Pha）、下龙（Ha Long）和保卓（Bau Tro）四个地方类型。①

最近一二十年来，随着考古资料的增长，对越南新石器时代文化的分区和年代的认识有了进一步的深入。越南考古学家布宛（Bui Vinh）将中北部的"后北山"时代新石器文化区分为三个地区序列，分别为清化平原为中心的多笔文化体系，包括多笔→岗壳那（Con Co Ngua）→墩丘（Go Trung）三个阶段，距今 6500～5000 年；红河下游及沿海平原的查卑（Cai Beo）→下龙文化体系，距今 6000～4000 年；时代大致同时的还有越中义安（Nghe An）沿海的琼文→保卓文化体系。②

长期从事东南亚半岛考古发掘与研究的新西兰奥特加（Otago）大学人类学系的海格姆（Charles Higham）在最新一版的《东南亚大陆的早期文化》一书中，将越南沿海的"后北山"新石器文化区分为四个区系，除上述布宛的三个区系外，还包括南部沿海的保都（Bao Du）文化，距今 5000～4500 年。③

在最近的越南国家历史博物馆历史陈列中，"史前文化年表"区分了三个阶段的新石器时代文化，早期（距今 11000～6500 年）为和平文化、北山文化，中期（距今 6500～4000 年）为琼文文化、查卑文化、多笔文化、保都（Bao Du）文化，晚期（距今 4000～3000 年）为河江（Ha Giang）文化、梅陂文化、下龙文化、河洛（Hoa Loc）文化、保卓文化、山岗（Xom Con）文化、边河（Bien Ho）文化、同奈（Dong Nai）文化，距今 3000 年进入金属时代。④

---

① Jeremy H. C. S. Davidson, Recent Archaeology Activity in Viet – Nam, *Journal of the Hongkong Archaeology Socitet*, Vol. VI（1975）, P. 80 – 99, Hongkong 1976. 中译见吉里米·戴维森：《越南近年来的考古活动》,《考古学参考资料（2）》, 文物出版社 1979 年。

② Bui Vinh, The Stone Age Archaeology in Viet Nam：Achievement and General Model, Pierre – Yves editor, *Southeast Asian Archaeology* 1994：*Proceeding of the 5th International Conference of the European Association of Southeast Asian Archaeologists*, Paris, 24th – 28th October 1994, Special Issue of Centre for Southeast Asian Studies, University of Hull, 1994.

③ Charles Higham, *Early Cultures of Mainland Southeast Asia*, P36 – 39, Chicago：Art Media Resources Ltd, 2002.

④ 2007 年 8 月 18 日越南国家历史博物馆《历史陈列》"史前史"部分所见。Trinh Nang Chung, *Moi Quan He Van Hoa Thoi Tien Su Giua Bac Viet Nam Va Nam Trung Quoc*（Prehistoric Culture Relationship Between North Vietnam and South China）, *Nha Xuat Ban Khoa Hoc Xa Hoi*, Hanoi 2009.

年代	时代	分期					河江梅陂冯原	下龙	边河保卓	同奈
3500	金石文化时代	冯原文化晚期					河江梅陂冯原	下龙	边河保卓	同奈
4000	真正的新石器文化	冯原文化早期	墩丘 ↑ 岗壳那 ↑ 多笔	下龙 ↑ 查卑	保卓 ↑ 琼文	保都	多笔	查卑	琼文	保都
5000		晚期：酉阳时期					多笔	查卑	琼文	保都
6000			北部	沿海	中部	南部	北部	沿海	中部	南部
7000	新石器时代早期	中期：多笔时期	北山文化				北山文化			
8000										
9000		早期：北山时期（含内陆的北山文化和沿海的琼文文化）	和平文化				和平文化			
10000	陶维英 1957	戴维森 1976	布宛 1994 海格姆 2002				越南国家历史博物馆 2007			

以红河三角洲为中心的越南新石器文化的发展谱系基本明朗，"后和平"时代新石器文化发展三段论的看法也渐趋一致。早期的北山文化，距今约 8000～6500 年左右。中期的多笔时期，文化趋于分化，形成红河平原的多笔文化、北部湾沿海的查卑文化、中部沿海的琼文文化、南部的保都文化等为代表的几个区域类型，时代为距今 6500～5000 年，或延至距今 4500 年。晚期为冯原时期，维持古文化多样格局，北部包括红河下游及三角洲的冯原文化、北部山区的梅陂文化、河江文化，北部湾沿海的下龙文化，中越沿海的保卓类型、中越山地的边河类型，南部地区的同奈文化等，时代为距今 4500～3500 年。

二　红河下游新石器时代文化内涵的发展

北山文化是紧接和平文化发展起来的土著新石器早期文化阶段，古文化的发展还仅仅限于越南北部的红河流域山地，初现时期的新石器文化内涵比较简单而统一，洞穴、岩荫聚落与广谱的采集、狩猎经济生活，刃部磨光砾石石器和器身粗磨的石斧，低温粗制的绳纹陶等，多与和平文化一致或具有和平文化延续发展的痕迹。

北山文化集中分布在红河三角洲以北的石灰岩地区，主要是凉山、地件、河北（Ha Bac）等省。通过凉山省的坡南（Bo Nam）、黄堆（Hang Doi）、坡栏（Bo Lam）、下峦（Ha Lung）等洞穴遗址的发掘，北山文化的内涵比较明确。北山文化的石器有和平文化延续下来的砾石石器，如使用杏仁形、盘形、短斧形的砾石石器和刃部磨光的方形石斧等（图一），磨制石器远多于和平文化，石斧较和平文化精细，常见磨石、凿、杵、研磨盘等，还有骨角质的斧、锥、凿等，并出现了手制的绳纹、刻划纹粗陶。

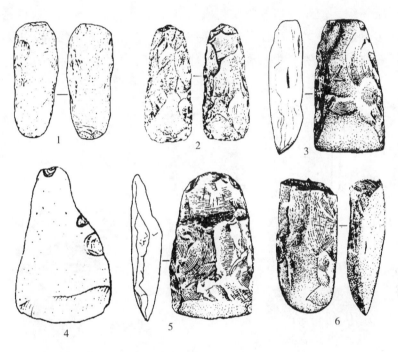

图一　越南北山的打制、磨刃石斧

以红河下游为中心的越南"后北山"阶段新石器文化的重要特点是，古文化从山洞走出来，在定居开阔地和海滨的过程中，产生了许多不同的地方类型，与生态环境紧密联系在一起的不同地区文化初步繁荣，新石器文化跨入比较成熟的中期阶段。但从总体上看它们具有诸多共性，低地聚落形态，包括屈肢葬、蹲踞葬在内的公共墓地，采集狩猎、海洋捕捞及原始农业的可能发生，和平、北山时代的砾石打制石器有不同程度的残余，但通体粗磨或磨光的常形石斧、石锛等成为石器的主流，共出石锄、石凿、石镞、磨盘甚至原始的有肩石器等，陶器已经脱离最原始的阶段，拍印绳纹、刻划和戳印纹及彩绘陶共出，器形仍比较单一原始，主要是束颈圜底釜、罐一类的器皿。①

　　多笔文化比北山阶段更进一步地从山地转向海岸平原的开发，清化省的多笔遗址是1930年代发掘的一处贝丘，1500平方米的遗址堆积达5米厚，显示明显的海洋适应性。该文化的特点是露天聚落，屈肢葬墓地。石器有保留砾石皮的具有和平文化特征残余的磨制石斧、大量出现的通体磨光小石斧，以及纺轮、网坠、石凿、箭头等工具。带绳纹和刻划纹但器形较北山阶段大的陶器，典型陶器为一种圜底、竖条绳纹的粗质陶器，器形为侈口束颈深圆腹圜底。多笔文化除了采集经济外，还有养殖、纤维纺织、渔业、造船等文化成果（图二）。稍晚的一个地点是岗壳那遗址，规模比多笔遗址还大，同样具有海洋适应性，但农耕文化的倾向更强，遗址中发现了石锄和猪、水牛等骨骼。更晚些的墩丘遗址中，也发现了石锄、网坠、鱼骨等。

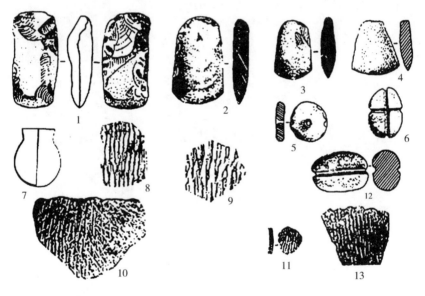

图二　北越多笔文化内涵

1、7、8、10. 多笔　2、9. 岗壳那　3~6、11~13. 墩丘

①　Bui Vinh, The Stone Age Archaeology in Viet Nam: Achievement and General Model, Pierre - Yves editor, *Southeast Asian Archaeology* 1994: *Proceeding of the 5th International Conference of the European Association of Southeast Asian Archaeologists*, Paris, 24th - 28th October 1994, Special Issue of Centre for Southeast Asian Studies, University of Hull, 1994. Charles Higham, *The Archaeology of Mainland Southeast Asian*, P43 - 45, Cambridge University Press, 1989. Charles Higham, *Early Cultures of Mainland Southeast Asia*, P36 - 39, Chicago: Art Media Resources Ltd, 2002. Jeremy H. C. S. Davidson, Recent Archaeology Activity in Viet - Nam, *Journal of the Hongkong Archaeology Societet*, Vol. VI (1975), P. 80 - 99, Hongkong 1976. 中译见吉里米·戴维森：《越南近年来的考古活动》，《考古学参考资料（2）》，文物出版社1979年。

查卓遗址发现于海防省的壳巴岛（Cat Ba），同类遗址分布于下龙湾沿岸和岛屿上，是新石器时代晚期下龙文化的源头。盘形石器与两侧磨光的石斧，具有强烈的和平文化延续性特征，发现装饰贝印纹、篦划纹的低温粗陶器，器形有圜底器、平底器，还有一些原始形态的双肩石斧，最后逐步发展成为以双肩石器为特征的下龙文化（图三）。

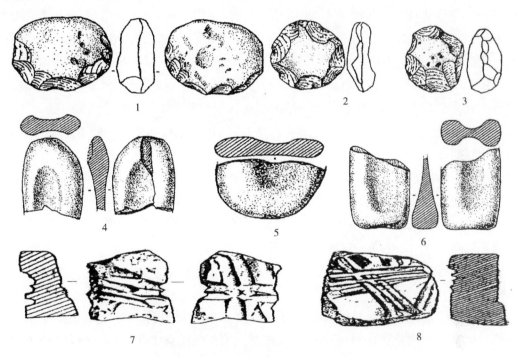

图三　下龙湾沿岸的查卓文化石器

琼文文化是越南中部义安（Nghe An）、河静（Ha Tinh）等省沿海的新石器中期类型，贝丘遗址中发现大量鱼骨和海生贝壳，屈肢葬、蹲踞葬特征显著。砾石石器很少，由打制的盘形砍砸器发展成斜肩磨光石斧，以及石锄、磨石、石杵、石臼、刮削器等，发现素面纹、绳纹、红色彩绘等组合装饰的陶器，有圜底和尖底的绳纹釜、罐类。发现贝壳装饰品、石环等。琼文文化被看成和平文化向中越沿海迁徙、适应的文化类型。

保都文化分布于越南南部沿海，一系列贝丘遗址中发现了大量鱼类、鹿、猴等骨骼，打制石器具有强烈的和平文化传统，却不见磨光石器和陶器，成为该文化的最大特点。

进入约距今 4000 年前后，新石器文化跨入繁荣发展的晚期，但总体上说，低地聚落规模扩大，出现较大型和随葬精美装饰品和礼器的墓葬，磨制精致的常形和有肩、有段石器，流行装饰玉器和玉礼器，制陶技术有质的提高，常见复杂化的几何纹样和硬陶。在地域性文化持续发展的背景下，红河中下游的冯原文化成为越南新石器文化繁荣阶段的代表。[①]

　　冯原文化遗址集中发现于红河下游，主要有永富省的冯原、峦河（Lung Hoa）、姜堆（Doi Giam）、山岭（Xom Ren）、朋丘（Go Bong）以及海防省的长晴（Trang Kenh）等重要遗址。冯原遗址 1959 年以来历经三次大规模发掘，揭露面积近 4000 平方米，显露出大规模的河岸村落，以竹木结构的干栏式建筑为特征，流行集体葬地，典型的低地稻作农业。磨光石器技术日趋专门化，占绝对多数的方形石锛磨制十分精致，发现 777 件，有肩石器只有 4 件，有不少的石凿、石矛、骨矛、磨石、陶纺轮等工具。玉石装饰品发达，耳环、手镯、珠饰等形态多样，大部分表面平整，但有不少环、镯外侧突起一圈棱缘，有的断面呈"T"形，很有特色。长晴遗址发现了冯原文化晚期阶段复杂的玉器作坊遗迹，找到了加工玉器的凿、钻、锯、磨石，环、玦、珠等玉器以及玉器半成品、玉料等，[14]C 年代为距今 3440 ± 60 年至 3005 ± 100 年。长晴遗址曾发现少量玉戈，冯原、山岭、峦河墓地中都发现了随葬的玉戈、玉牙璋等残片。冯原文化的轮制陶器发达，制作工艺和技术都达到了很高的水平，陶系有软陶和硬陶两类，胎壁薄，软陶常见黄陶衣、拍印方格纹、菱格纹，硬陶常见刻划、戳印复线填点的三角形、圆圈形、"S"形的纹饰带和篦齿纹带，多圜底器和圈足器（图四）。

　　冯原时期是红河下游及越南沿海新石器文化内容最丰富、类型最复杂的阶段，不同地区类型的文化内涵有所差异。在红河流域，与冯原文化的露天聚落和方形石斧、石锛组合形成鲜明对比的是，中、北部山地的梅陂文化除露天聚落外，还延续和平文化的洞穴和岩荫聚落传统，流行方形和小双肩石斧（图五，1～4）。

---

① 　Bui Thu Phuong, The Second Excavation at Xom Ren Site of the Phung Nguyen Culture, *Vietnamese Archaeology*, 2006（3）. Bui Vinh, The Stone Age Archaeology in Viet Nam：Achievement and General Model, Hoang Xuan Chinh, The Bien Ho Culture：A Late Neolithic Culture in the Central Highlands of Vietnam, Pierre – Yves editor, *Southeast Asian Archaeology* 1994；*Proceeding of the 5th International Conference of the European Association of Southeast Asian Archaeologists*, Paris, 24th – 28th October 1994, Special Issue of Centre for Southeast Asian Studies, University of Hull, 1994. Charles Higham, *Early Cultures of Mainland Southeast Asia*, P86 – 90, Chicago：Art Media Resources Ltd, 2002. Jeremy H. C. S. Davidson, Recent Archaeology Activity in Viet – Nam, *Journal of the Hongkong Archaeology Socitet*, Vol. Ⅵ（1975）, P. 80 – 99, Hongkong 1976. 中译见吉里米·戴维森：《越南近年来的考古活动》，《考古学参考资料（2）》，文物出版社 1979 年。邓聪、阮金容：《越南海防长晴遗址的考古发现》，载《东南考古研究》第三辑，厦门大学出版社 2003 年。Nguyen Kim Dung, Ancient Jade – Manufacturing Tradition in Vietnam,《东亚玉器》，香港中文大学 1998 年。

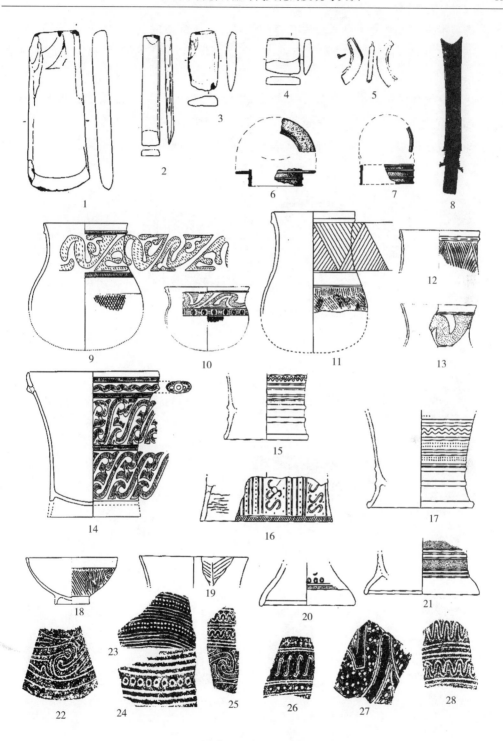

图四　冯原文化内涵

1～5、8～28. 山岭遗址　6、7. 冯原遗址

　　北部湾沿海的下龙文化则以双肩石斧和双肩有段石锛为特点，在广宁省博物馆中还展示有下龙文化的大石铲，陶器延续查卑文化的绳纹、贝齿划纹和刻划纹的粗陶器（图五，5～13）。

　　作为琼文文化的继承者，中越沿海的保卓文化以露天贝丘为特征，石器常见椭圆形、方形、有段和有肩石斧，石斧常见弓背状；陶器纹饰多样，拍印绳纹、网格纹、篦划纹、绳索纹、波浪纹以及红衣等，代表性器形为卷沿或斜沿的束颈圆腹圜底釜、罐（图五，14～17）。

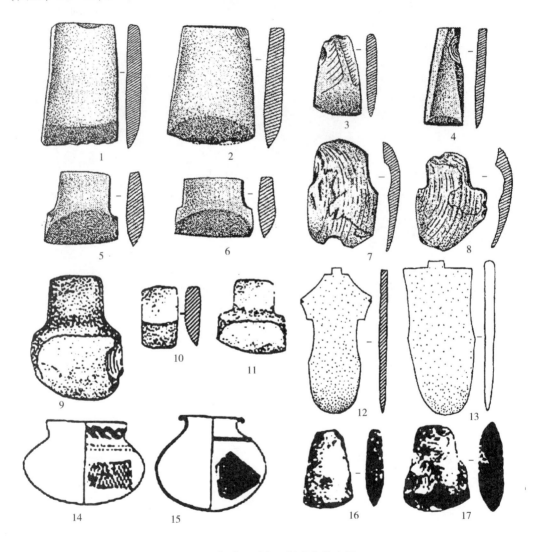

图五　梅陂、下龙、保卓文化内涵

1～6. 梅陂文化石斧　7～8. 梅陂文化贝铲　9～13. 下龙文化石器　14～17. 保卓文化陶器与石器

三　红河下游新石器文化与华南的关系

边河文化是冯原时代中越山地史前文化的形态，分布于越、老、柬三国边界地带的山地，已经发现 30 多处新石器时代遗址密集分布，遗址规模不大，多数遗址堆积都只有 50～60 厘米，最多不超过 1 米，内涵单纯，除少数上层叠压有南越早期铁器时代的沙莹（Sa Huynh）文化外，都属于边河文化的内涵。石器多通体磨光，玄武岩制成，磨光石斧、石锛、磨石是数量最多的石器，其中 90% 以上的斧、锛是有肩的，大部分石斧一面成弓背状。该文化的陶器都是轮制产品，器形规整，陶胎较薄，但火候不高，据统计 80% 的陶片素面无纹，主要纹饰是拍印的细绳纹、刻划、戳印的平行线、平行斜线、箆点纹、圆圈纹等，束颈圆腹的圜底罐、釜和浅腹大圈足碗、豆等是主要器类（图六）。发现少量断面为三角形和丁字形的石镯。

北山文化的内涵特征在华南尤其是在岭南新石器早期文化中有不少同类者或类似者，如广西桂林甑皮岩 1～4 期、大岩 2～3 期、庙岩、柳州大龙潭鲤鱼嘴岩厦 1 期、白莲洞第Ⅲ期后段（第 4、5 组），广东英德青塘洞第二类、牛栏洞三期，湖南道县玉蟾

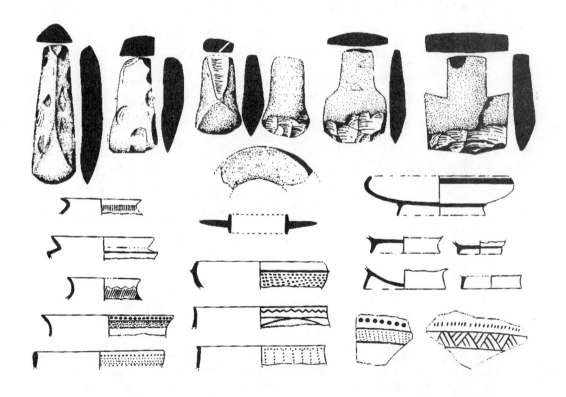

图六　边河文化器物

岩,江西万年仙人洞下层与吊桶环等。① 甑皮岩 1 至 4 期文化距今 12000~8000 年,前文已指该内涵中的砾石单边砍砸器与盘状砍砸器、穿孔石器与和平文化的技术传统一致,甑皮岩 2 至 4 期有一些形态比较规整的盘形砍砸器、锛形器与晚近阶段的磨制石锛(斧)形态相同,与北山文化打制粗磨的石斧可以相互比照,而且甑皮岩文化与北山文化都发现了两地最早的原始绳纹粗陶,只不过甑皮岩第 1 期出现的陶器更原始、更古老,但其间的文化共性或传承是不可否认的。大龙潭鲤鱼嘴 1 期、白莲洞第 4、5 组、英德青塘洞二组、牛栏洞三期、玉蟾岩、仙人洞下层等的年代大约距今 9000~8000 年前后,以洞穴聚落和采集狩猎经济为特征,都发现了砾石打制石器、形态比较规整的盘形砍砸器、切割器、穿孔石器、磨刃石器、磨制石锛与原始绳纹粗陶的不同程度的共出关系(图七)。这些讯息表明,红河流域的北山文化与华南尤其是岭南山地新石器时代早期文化的聚落形态、生计模式、砾石石器传统和新石器工艺的发生形态、原始陶器的发生形态等为代表的文化特征总体一致,不同地点在不同文化因素出现的频率、时间上有所差别,岭南的同类遗存年代普遍较早,比如甑皮岩、牛栏洞三期、玉蟾岩原始陶器等因素出现远早于北山文化。

多笔时代的红河下游及越南沿海诸文化与华南沿海新石器中期的各时空文化同步发展,并表现出相当一致的内涵特征。尤其在南岭—武夷山地以南、以东的沿海地带,在历经甑皮岩等洞穴时代的文化发展之后,华南沿海新石器中期文化同样发生了洞穴聚落向低地、河岸和沿海的转移,台地、河岸贝丘、沿海的贝丘与沙丘是几种主要的聚落形态,同样是发达的采集、渔猎经济,农耕生产经济不明显,石器和陶器等物质文化特征也基本一致。比如在紧邻的西江流域上,这一阶段遗址最多的是河岸台地贝丘,左江、右江、邕江、郁江、黔江水系的台地上发现了 30 多处贝丘遗址,密集分布,著名的如横县西津、邕宁顶蛳山、南宁豹子头、象州南沙湾等,墓葬流行屈肢葬、蹲葬、肢解葬等,仍有打制石器和穿孔石器的残余,常形石斧、石锛等大部分石器(仅西津等有部分有肩石器)为打制粗磨,刃部精磨、通体粗磨并留石皮和石

① 中国社会科学院考古研究所等:《桂林甑皮岩》,文物出版社 2003 年。傅宪国:《桂林地区史前文化面貌轮廓出现》,《中国文物报》2001 年 4 月 4 日。柳州市博物馆等:《柳州市大龙潭鲤鱼嘴新石器时代贝丘遗址》,《考古》1983 年 9 期。柳州白莲洞博物馆等:《广西柳州白莲洞石器时代洞穴遗址发掘报告》,《南方民族考古》第一辑,四川大学出版社 1987 年。彭如策:《广东翁源县青塘新石器时代遗址》,《考古》1961 年 11 期。英德市博物馆等:《英德云岭牛栏洞遗址》、《英德青塘洞穴遗存德研究》,均载《英德史前考古报告》,广东人民出版社 1999 年。袁家荣:《湖南道县玉蟾岩 1 万年前的稻谷和陶器》,载《稻作陶器和都市的起源》,文物出版社 2000 年。江西省文管会等:《江西万年大源仙人洞洞穴遗址试掘》,《考古学报》1963 年 1 期;《江西万年大源仙人洞洞穴遗址第二次发掘报告》,《文物》1976 年 12 期。刘诗中:《江西仙人洞和吊桶环发掘获重要进展》,《中国文物报》1996 年 1 月 28 日第 1 版。

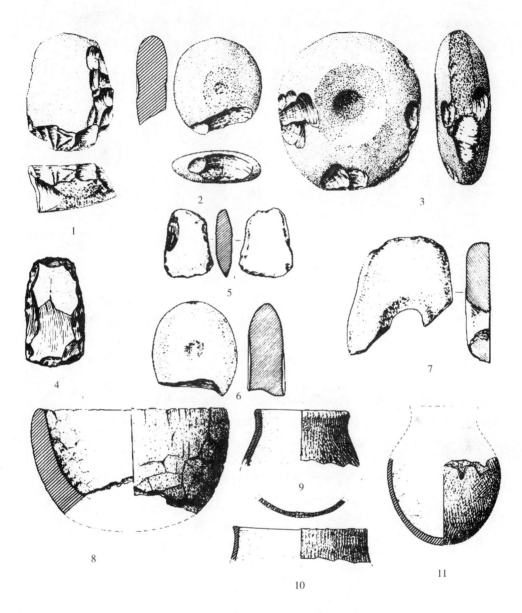

图七　岭南洞穴新石器时期早期文化内涵

1~3、9~11. 甑皮岩 2~4 期　　4~7. 青塘洞　8. 甑皮岩 1 期

片疤，共出石凿、矛、刀、网坠、刻槽砺石及贝、骨制工具等，绳纹夹砂陶器器类简单，圜底釜、罐是主要的形态（图八）。在广西东兴、防城、钦州等地也有一些沿海和海岛的近 10 处贝丘遗址，以手斧状打制石器（蚝蛎啄）为主，磨制石器为辅，陶

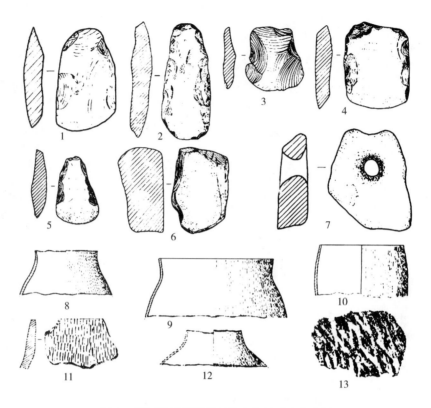

图八　西江流域新石器时代中期贝丘文化内涵
（均南宁豹子头）

器都是夹砂粗陶。[①] 这批遗存曾被视为新石器时代早期文化，但近年通过大量的地层资料和 [14]C 年代比对，一般认为属于距今 8000 ~ 6000 年间的新石器中期阶段。[②] 除了贝丘外，西江流域还有一批新石器中期的山坡甚至洞穴遗址的延续，如白色革新桥、资源晓锦 1 期、临桂大岩洞穴的 4 ~ 5 期、柳州鲤鱼嘴岩厦 2 期等，除了晓锦等遗址的稻作农业遗存外，多数发达的采集狩猎经济、屈肢与蹲葬习俗、打制与粗磨（刃部磨光）石

① 广西壮族自治区文物考古培训班等：《广西南宁地区新石器时代贝丘遗址》，《考古》1975 年 5 期。
彭书琳、蒋廷瑜：《广西西津贝丘遗址及其有肩石器》，《东南文化》1991 年 3、4 期。中国社会科学院考古研究所广西队等：《广西邕宁顶狮山遗址的发掘》，《考古》1998 年 11 期。《广西南宁豹子头贝丘遗址的发掘》，《考古》2003 年 10 期。广西壮族自治区文物工作队：《象州南沙湾贝丘遗址1999 ~ 2000 年度发掘简报》，载《广西考古文集》，文物出版社 2004 年。广东省博物馆：《广东东兴新石器时代贝丘遗址》，《考古》1961 年 12 期。广西壮族自治区博物馆：《广西壮族自治区考古五十年》，载《新中国考古五十年》，文物出版社 1999 年。蒋廷瑜：《广西考古四十年概述》，《考古》1998 年 11 期。陈远璋：《广西考古的世纪回顾与展望》，《考古》2003 年 10 期。
② 何乃汉：《广西贝丘遗址初探》，《考古》1984 年 11 期。李珍：《广西河岸贝丘遗址的发现与研究》，载《广西博物馆文集》第一辑，广西人民出版社 2004 年。

器共出、器类单一的绳纹陶器等内涵与贝丘遗存基本一致。[①] 此外，海南岛上也有类似的遗存，如东方新街贝丘的打制石器砍砸器、斧形器等与少量磨制石斧、锛，共出器类单一的夹砂粗陶圜底罐、釜的内涵。[②]

在北江流域和珠江三角洲沿海距今 7000 年前后的新石器中期前段的遗存不是很明确，但英德史老墩洞穴一期、香港沙头角新村中下层、潮安石尾山、陈桥等遗存接近这一阶段，它们都以砾石打制石器（沿海"蚝蛎啄"）、穿孔石器、粗磨石斧、石锛与粗砂绳纹陶共出。[③] 到了距今 6000 年左右的中期后段，除了北江流域的曲江石峡下文化层外，珠江三角洲的新石器文化比较发达，就是学界所论的"咸头岭文化"或称"大湾文化"，包含了环珠江口一带 20 多处沙丘、贝丘遗址，重要的如香港大湾、深湾、深圳咸头岭、大黄沙、珠海后沙湾、高要蚬壳洲等遗址的下层，河岸贝丘、海滨沙丘遗址的内涵显示采集渔捞为主的经济生活，除多数仰身直肢的土坑葬外，蚬壳洲还发现了屈肢葬和蹲葬墓地；物质文化上，砾石打制砍砸器、尖状石斧、粗磨和磨光的常形石斧、石锛、石凿、石刀、凹形石、磨石、有槽石拍等，少量肩部不明显的有肩器，陶器以低温粗砂陶为主，拍印绳纹、条纹（简化绳纹）、刻划与戳印的水波纹、弦纹、方格纹以及彩绘宽带纹、水波、复线曲折纹、"S"形纹等，器形比较单一，主要有侈口束颈的圜底釜、罐、圈足盘、豆及器座等。[④]

由上可见，多笔时代的红河下游诸文化与华南沿海新石器中期文化在聚落、墓葬、经济、石器等工具形态、陶系及陶器群等方面的共同性也是明显的，尤其圜底釜、罐和圈足豆、盘为主要的代表的陶器群，与以黄河中下游为中心的东亚大陆北部早期古文化的三足器、平底器主流陶器群明显区别，构成了一个共同的新石器文化地带。而且，红河下游多笔时代文化与西江流域的新石器中期文化在内涵上几乎看不到突出的差别，显

① 广西壮族自治区文物工作队等：《资源县晓锦新石器时代遗址发掘简报》，载《广西考古文集》，文物出版社 2004 年。柳州市博物馆等：《柳州市大龙潭鲤鱼嘴新石器时代贝丘遗址》，《考古》1983 年第 9 期。林强：《广西考古新发现概述》，载《广西博物馆文集》第一辑，广西人民出版社 2004 年。陈远璋：《广西考古的世纪回顾与展望》，《考古》2003 年 10 期。

② 郝思德、王大新：《海南考古的回顾与展望》，《考古》2003 年 4 期。

③ 英德市博物馆等：《英德沙口史老墩遗址》，载《英德史前考古报告》，广东人民出版社 1999 年。莫稚：《香港沙头角新村遗址考古发掘报告》，载《南粤文物考古集》，文物出版社 2003 年。广东省文物管理委员会：《广东潮安的贝丘遗址》，《考古》1961 年 11 期。

④ 朱非素：《试论石峡遗址与珠江三角洲古文化的关系》，载《广东省文物考古研究所建所十周年文集》，岭南美术出版社 2001 年。深圳市博物馆等：《深圳市大鹏咸头岭沙丘遗址发掘简报》，《文物》1990 年 11 期；《广东深圳市大黄沙沙丘遗址发掘简报》，《文物》1991 年 11 期。李子文：《淇澳岛后沙湾遗址发掘》，载《珠海考古发现与研究》，广东人民出版社 1991 年；《广东高要县蚬壳洲发现新石器时代遗址》，《考古》1960 年 6 期。李伯谦：《广东咸头岭一类遗存浅识》，《东南文化》1992 年 4 期。邓聪、黄韵璋：《大湾文化试论》，载《南中国及邻近地区古文化论文集》，香港中文大学 1993 年。李松生：《试论咸头岭文化》，载《深圳考古发现与研究》，文物出版社 1994 年。

示出这毗邻区域新石器文化的高度统一性，只不过西江流域的这批贝丘遗存普遍早于多笔时代的红河下游文化，这与新石器时代早期洞穴时代的两地年代落差态势一致。

冯原时期正处东亚大陆新石器末期的龙山时代至青铜、帝国文明早期的夏代前后，传统的文化区系格局依然维持，但多元文化跨界激荡、融合，红河下游及越南沿海所在的东南亚半岛及其与华南的关系也没有例外，既有的文化共同体维系的基础上出现了更明确的、直接的文化交流。作为华南新石器文化相对独立区系之一的西江水系流域，龙山时代至夏代前后的古文化同样发展出了不同的分区文化特点，在直接左邻越南红河流域的桂西、桂西南的左、右江、红水河流域，那坡县感驮岩一期遗存和隆安大龙潭遗存是新石器晚期文化的代表。感驮岩一期遗存距今 5000～4000 年间，石器以粗磨的大型斧、锛为主，多有肩、有段，不少骨器，共出镯、环、玦等玉石饰品，陶器以夹砂陶为主，多绳纹以及刻划的复线水波纹、复线带状纹、"S"形勾连曲折纹、短线纹、乳丁纹和镂孔等，主要器形有侈口束颈圜底罐、深直腹杯形圜底罐、圈足罐、圈足钵等，部分性质特别的三足罐等。以大石铲为特征的大龙潭遗存常见于桂西南山地的隆安、扶绥、崇左、靖西、武鸣、邕宁等 20 县 60 多处遗址，海南和广东也有少量发现，是一类很特殊的区域文化（图九）。① 在桂东平原及桂东南沿海，平南石脚山、钦州独料遗存代表了新石器晚期的文化面貌，石脚山的石器为打、磨结合的常形斧、锛和双肩的斧、锛及砺石等，陶器为拍印、刻划、戳印的绳纹、篮纹、曲折纹、水波纹、席纹、方格纹、弦纹、戳点纹等的夹砂陶和泥质陶，器类有釜、鼎、罐、豆、圈足盘、纺轮等，同类遗存在浔江流域发现有 40 多处。独料遗存的石器丰富，除打制的砍砸器、刮削器等外，主要是磨制的斧、锛、凿、铲、锄、犁、镰、刀、镞、矛、磨盘、杵、锤、弹丸等，共出不少大石铲和有肩石器，陶器均为夹砂陶，以夹粗砂红陶为多，多为拍印绳纹及刻划纹的釜、罐类。此外，桂中、北龙山时代以资源晓锦 2～3 期、灌阳五马山遗存为代表，石器主要是通体磨光的常形石斧、锛，不见有肩石器，陶器多夹砂陶，部分泥质陶，还有少量白陶，拍印绳纹以及少量的刻划纹，主要有圜底的釜、罐、圈足的碗、钵等，偶见袋足陶片，不少因素显示与岭北龙山时代的文化交流。② 龙山时代西江流域古

① 广西壮族自治区文物工作队等：《广西那坡县感驮岩遗址发掘简报》，《考古》2003 年 10 期。林强：《广西考古新发现概述》，载《广西博物馆文集》第一辑，广西人民出版社 2004 年。陈远璋：《广西考古的世纪回顾与展望》，《考古》2003 年 10 期。广西壮族自治区文物工作队：《广西隆安大龙潭新石器时代遗址发掘简报》，《考古》1982 年 1 期。邱立诚等：《粤西发现的大石铲》，《考古》1983 年 9 期。蒋廷瑜、彭书琳：《桂南大石铲研究》，《南方文物》1992 年 1 期。

② 广西壮族自治区文物工作队等：《广西平南县石脚山遗址发掘简报》，《考古》2003 年 1 期；《广西钦州独料新石器时代遗址》，《考古》1982 年 1 期；《资源县晓锦新石器时代遗址发掘简报》，载《广西考古文集》，文物出版社 2004 年。陈远璋：《广西考古的世纪回顾与展望》，《考古》2003 年 10 期。林强：《广西考古新发现概述》，载《广西博物馆文集》第一辑，广西人民出版社 2004 年。

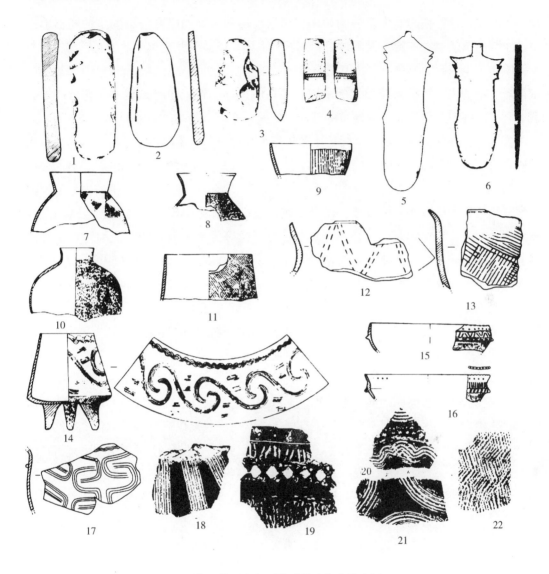

图九 桂西南新石器时代晚期文化内涵

1~4、7~22. 那坡感驮岩一期 5、6. 隆安大龙潭

文化虽呈现不同区域特点，但除桂东、北个别地点因岭北龙山时代文化影响而出现少量三足、袋足陶器因素外，总体上显示常形和有肩石斧、石锛共出以及绳纹陶与部分刻划等组合纹饰的圜底釜、罐、圈足壶、钵、盘陶器群为特点，与前述以贝丘遗址为特征的新石器中期文化的土著传统延续性有关，桂西南、南部双肩石器的普遍出现无疑也是这一土著传统的发展，这一总体特征与红河流域冯原时代特征完全一致，尤其是梅陂、下龙、保卓、边河等文化类型的石器组合中突出的双肩石器与桂西感驮岩遗存一致，冯

原、保卓、边河类型陶器中多样的拍印、刻划纹饰和束颈圜底绳纹罐为主的陶器形态等，也与感驮岩遗存一致，只不过后者陶器更多样复杂，下龙文化中的大石铲与桂南大龙潭文化完全一致，冯原类型中常形石锛、石斧为主、少见有肩器、绳纹和刻划纹饰的圜底釜、罐的内涵特征与桂中北的晓锦、五马山遗存一致，而冯原类型中盛行的玉石镯、环、玦等及刻划、戳印纹饰带的陶器与感驮岩遗存也是基本一致的。

　　实际上，西江流域新石器文化的土著性很大程度上与岭南的广东沿海和武夷山以东的闽浙沿海是联系在一起的。广东龙山时代文化多区系格局大致表现为北江流域的曲江石峡文化、珠三角的佛山河宕类型、粤东的潮阳左宣恭山遗存等，这些时空类型不同程度地受到岭北龙山时代的樊城堆文化等影响，如石峡文化中较多、河宕类型（如三水银洲遗址）少量的龙山时代特征的三足鼎、盘、鬶等因素，但总体文化面貌还是岭南新石器中期土著传统的延续，表现为常形石斧、石锛和有段石锛、有肩石斧、钁、铲等石器的共出及绳纹、几何形印纹的圜底釜、罐、壶、圈足壶、盘、豆等基本陶器群，缺乏或罕见三足器是这一传统的本质特征。冯原时期红河流域古文化的内涵无疑也与这一特征所构筑的土著文化传统一致。此外，冯原文化中的常见带四突纽的玉玦和牙璋，同样见于曲江石峡、香港大湾、福建漳浦的夏商时期地层，应是这一时期土著时空内文化交流的证据。①

　　红河发源于云贵高原上的云南楚雄，上游李仙江、元江、盘龙江三大水系自西北向东南进入越南北部汇成红河干流，云贵高原新石器时代晚期以来各阶段文化也与红河三角洲史前文化密切关联。汪宁生先生、李昆生先生曾先后根据两广和东南沿海新石器、青铜时代百越先民代表性的工具——有段石锛、有肩石斧、有肩或靴形铜斧的发现，论述古越人在云贵高原上的分布，其中就有晋宁石寨山、滇池、江山头嘴山等共出有肩石器、有段石锛的新石器时代晚期遗址。② 随着云贵高原史前考古中大量地层和墓葬资料的获得，与东南百越先民文化有关的新石器文化形态的认识更加深入，像云南东南部的

① 广东省博物馆等：《广东曲江石峡墓葬发掘简报》，《文物》1978 年 7 期；《佛山河宕遗址》，广东人民出版社 2006 年。广东省文物考古研究所等：《广东三水市银洲贝丘遗址发掘简报》，《考古》2000 年 6 期。广东省文物管理委员会：《广东潮阳新石器时代遗址调查简报》，《考古》1956 年 4 期。朱非素：《广东新石器时代考古学若干问题的探讨》，载《广东出土先秦文物》，香港中文大学文物馆 1984 年。朱非素：《试论石峡遗址与珠江三角洲古文化的关系》，载《广东省文物考古研究所建所十周年文集》，岭南美术出版社 2001 年。杨式挺：《广东新石器文化及相关问题的探讨》，《史前研究》1986 年 1～2 期。区家发等：《香港南丫岛大湾遗址发掘简报》，曾凡：《关于福建和香港所出牙璋的探讨》，均载《南中国及邻近地区古文化论文集》，香港中文大学 1993 年。

② 汪宁生：《古代云贵高原上的越人》，载《百越民族史论集》，中国社会科学出版社 1982 年。李昆声、肖秋：《论云南和我国东南地区新石器时代文化的关系》，载《中国考古学会第三次年会论文集》，文物出版社 1984 年。

小河洞类型、中南部的海东村类型、南部的曼蚌囡类型、西南部的忙怀类型、中东部的石寨山类型、中北部的大墩子类型、东北部的闸心场类型等，都不同程度地共出有肩石器和有段石锛（图一〇），而且陶器造型比较简单，陶器群的总体特征是圜底和平底的罐、

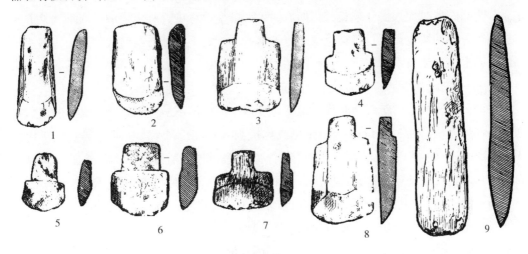

图一〇　红河上游新石器

1、2. 云南红河县　3～8. 元阳县　9. 金平县

钵、杯、圈足的罐、壶、杯等，较多附耳、鋬、流等，同样不见中原北方系统的三足器和袋类器。[①] 红河三角洲和越南沿海与云贵高原尤其是红河上游流域所在地区新石器时代文化的石器和陶器群的总体共性也是十分明显的。

从总体上说，从北山时代到冯原时代，红河流域为中心的越南沿海新石器文化历经了3000～5000 年不等的发展过程，史前文化虽有多样的地方形态，但古文化的整体性及其与华南沿海的共同体关系仍旧延续中石器时代和平文化的态势。确保这一共同体的核心文化因素是发展过程中的石斧、石锛、有肩石器和器类比较简单的圜底釜、罐和圈足的圈足壶、盘、豆为主的陶器群，始终没有被中原北方南下以三足、袋足为特征的陶器群所取代。不同时空的若干特异文化因素如屈肢葬、蹲踞葬、"苏门答腊"式石器、穿孔砾石石器、有肩石器、大石铲、突纽形珏、牙璋等不同程度的共出，是这一土著共同体内部不同支系间文化交流的证据。这一统一性基础上的多样性与相互交流的文化态势，与历史时代亚洲东南海岸地带"百越"民族的格局吻合。因此，不妨说新石器时代的红河下游及越南沿海的原始文化，应该是东亚南部百越先民史前文化的有机组成部分。

---

① 尹天钰、师培砚：《试论红河流域新石器文化》，载《红河文物》第二辑，红河哈尼族彝族自治州文物管理所 1986 年。云南省文物考古研究所：《云南省文物考古五十年》，载《新中国考古五十年》，文物出版社 1999 年。肖明华：《云南考古述略》，《考古》2001 年 12 期。

四　与湄公河、湄南河流域新石器文化的比较

红河流域与湄公河、湄南河流域左邻，共同形成中南半岛自北向东南、向南的三大水系，为新石器时代人类从采集狩猎向农耕生产转变过程中，从山地洞穴向低地平原转移提供了重要的舞台，新石器文化也十分丰富，与红河下游新石器时代的北山—多笔—冯原序列上诸文化关系密切。

（一）与湄公河流域新石器文化的比较

在湄公河流域上，新石器时代早期文化发现于湄公河下游的洞里萨湖水系的柬埔寨西部马德望省拉昂斯边（Laang Spean）或称桥洞（Bridge cave）遗址下层，^{14}C 年代为距今 7000～4000 年，出土磨制石器和陶器，共出短斧、刮削器和"苏门答腊"式盘状石器，与北山文化延续和平文化传统、又出现磨制石器和陶器的特征一致。①

新石器中晚期文化发现于下游平原三角洲和中游的蒙河—锡河水系，其中三角洲的同奈河（Dong Nai R.）下游沿岸就有大批遗址，越南学者将这里的新石器文化和青铜文化分成了四期，第一、二期巢砂（Cau Sat）、班都（Ben Do）等遗址，发现了有肩石锛和平底深腹的陶罐、圈足陶碗等的共出。沙隆森（Samrong Sen）贝丘位于柬埔寨洞里萨湖东南 30 千米处，新石器文化遗物有磨制常形石斧、石锛、有肩石斧、石凿、石环、石镯、石珠等，陶器主要是手制的灰黑陶，压印、刻划平行线、复线"S"填点纹、菱形填点纹、十字形、波浪形、圈点纹饰的圜底罐、瓮和圈足的尊、壶、盘、豆、杯等。②

泰国东部的呵叻高原（Khorat Plateau）位于湄公河中游的蒙河（Mun）—锡河（Chi）水系，这里发现了一批重要的新石器晚期遗址，如能诺他（Non Nok Tha）、班清（Ban Chiang）、班拔驮（Ban Phak Top）、班鲁考（Ban Lum Khao）、班沙安（Ban Sanuan）、班考诺依（Ban Kao Noi）、班诺洼（Ban Non Wat）等（图一一），其中能诺他、班清、班鲁考等都是新石器、青铜至早期铁器时代多层叠压打破关系的典型遗址。能诺他位于孔敬府班纳迪村（Ban Na Di）村，其中早一期为新石器时代房屋和土坑墓，发现常形石锛、蚌珠、贝镯和绳纹、刻划和戳印纹的侈口束颈的大圜底陶罐等，最新测定年代为公元前 2307～1858 年、公元前 1770～1310 年。班清位于乌特汉府，夏威夷大学戈尔曼将遗址分成 7 期和早、中、晚三个阶段，但班清墓地的分期争议较大，戈尔曼

①　Charles Higham, *The Archaeology of Mainland Southeast Asian*, P 63－65, Cambridge University Press, 1989.

②　Le Xuan－Diem, The Post－Neolithic Culture in the Lower Basin of Dong Nai River Southern Vietnam, *Archaeology in Southeast Asia*（《东南亚考古论文集》），P41－48, The University Museum and Art Gallery, The University of Hongkong, 1995; Charles Higham, *The Archaeology of Mainland Southeast Asian*, P 169－173, Cambridge University Press, 1989. Charles Higham, *Early Cultures of Mainland Southeast Asia*, P90－91, Chicago: Art Media Resources Ltd, 2002.

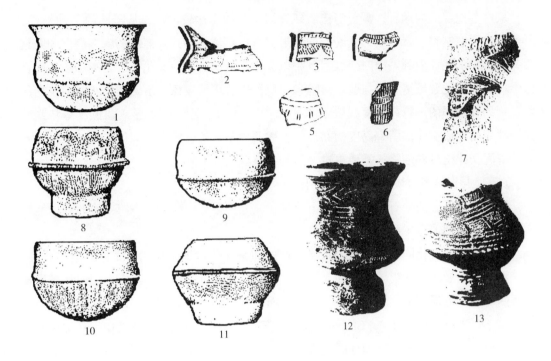

图一一　湄公河流域新石器时代陶器

1、9~11. 班考诺依　2~6. 拉昂斯边　7. 班拔驮　12、13. 沙隆森

的学生怀特（Jogce C. White）重新将班清分成 10 期，其中 1、2 期为公元前 3600 ~ 1900 年，处于新石器时代晚期。海格姆（Charles Higham）认为新石器阶段的年代为公元前 2190 ~ 1880 年和公元前 2050 ~ 1500 年。新石器时代墓葬为仰身直肢和曲肢葬，陶器为排印绳纹、刻划和戳印的平行线纹、复线"S"纹和少量彩绘的长颈折肩颈深腹圜底或圈足罐、圈足豆形杯等。班拔驮遗址位于班清西南 25 千米，也发现一样的刻划、戳印复线填点填线的"S"形、云形纹的黑陶罐、壶等，年代为公元前 2500 ~ 1500。班鲁考早期也发现了相同的戳印、拍印纹的黑陶文化，年代为公元前 1500。海格姆认为，在公元前 2300 ~ 1500 年间，呵叻高原新石器文化经过了一个集中发展的阶段。①

① D. T. Bayard, Excavations at Non Nok Tha, Northeastern Thailand 1968: an interim report, *Asian Perspectives*, 1972 (13). C. F. Gorman and Pisit Charoenwongsa, Ban Chiang: A Mosaic of Impressions from the Forst Two Yeas, *Expedition*, 1976, 4. Charles Higham, *The Archaeology of Mainland Southeast Asian*, P99 – 113, Cambridge University Press, 1989. Charles Higham, *Early Cultures of Mainland Southeast Asia*, P91 – 95, Chicago: Art Media Resources Ltd, 2002. Jerome Feldman, *Ban Chiang*: *Disciversity of a Lost Bronze Age*, The Exhibition of in Hawaii in 1985. Jogce C. White, The Ban Chiang Chronology Revised, *Southeast Asian Archaeology* 1986——*Proceeding of the First Conference of the Association of Southeast Asian Archaeologists in Western Europe*, BAR International Series 561, 1990 England.

　　从这些遗存的内涵看，湄公河流域新石器文化内涵比较单纯，从早期的"和平式"石器与常形磨制斧、锛共出，到晚期的常形与有肩石器、各式几何纹的陶圈底器和圈足器共出，与前述北山到冯原时代红河下游以及华南沿海的史前文化土著传统一致，而且沙隆森、能诺他、班清、班拔驮、班鲁考、班沙安、班考诺依、班诺洼等新石器晚期的陶器刻划和戳印的平行线、复线填点填线的"S"形纹、云纹、菱形或圆形纹等特殊的装饰纹样与冯原文化陶器有高度的共性。上述共性是人群、民族共同体的反映，还是不同族群间文化交流的产物，需要更进一步的研究。

　　（二）与湄南河流域新石器文化的比较

　　湄南河水系上的新石器时代遗存十分丰富，其中早、中期遗存多集中于北部山地洞穴与河岸，晚期遗存主要见于中南部平原。

　　新石器早期文化同样延续了中石器时代的和平文化传统，与北山文化有诸多共性。属于湄南河上游水系的夜丰颂府仙人洞洞穴Ⅱ期以及附近的班样谷洞穴上层，相继发现了琢制加磨的方形石锛、磨制石刀、手制粗绳纹陶，仙人洞Ⅱ期^{14}C 年代为距今 8806 ~ 7622 年。[1] 清迈府麦差（Mai Chaem）河岸的阿卢安（Obluang）遗址就在和平文化遗址拔昌岩荫附近，阿卢安河岸居址中发现了打制短斧、盘状短斧、方形磨刃石斧和方形磨光石斧，以及绳纹、戳印纹、刻划平行线纹的粗陶片，属于新石器时代中期。[2] 此外，难府（Nan Province）难河盆地的多辛科（Doi Xin Kaew）、考桌埔Ⅱ&Ⅲ（Khao - Chompu Ⅱ and Ⅲ）、多发托Ⅰ&Ⅱ（Doi Phutok Ⅰ and Ⅱ）等遗址发现大量磨光的常形、有肩的石斧、石锛，以及打制未磨的坯件（图一二，1~6），应是一处史前石器制造场。[3]

　　在湄南河下游及其支流巴塞河交汇的冲积平原上，发现了一系列新石器晚期的低地农耕聚落和墓地，主要有华富里府（Lophuri）的班他壳（Ban Tha Kae）、能帕围（Non Pa Wai）、能玛拉（Non Mak La）、科差隆（Khok Charoen）、科潘迪（Khok Phanom Di）等。班他壳、科潘迪的石器为常形和有肩石斧共出，刻划、戳印"S"形纹、云龙纹的圈底罐、钵等与泰国东部呵叻高原的能诺他、班清及红河下游冯原陶器装饰也惊人相似（图一二，7~16）。同样装饰题材的陶器也见于能帕围、科差隆等遗址的豆、罐上，不

① Charles Higham, *The Archaeology of Mainland Southeast Asian*, P 46 - 54, Cambridge University Press, 1989

② Marielle Sabtoni, Jean - Pierre Pautreau and Sayan Prishanchit, Excavations at Obluang, Province of Chiang Mai, Thailand, *Southeast Asian Archaeology* 1986——*Proceeding of the First Conference of the Association of Southeast Asian Archaeologists in Western Europe*, BAR International Series 561, 1990 England.

③ Jean - Pierre Pautreau, Marielle Sabtoni, and Sayan Prishanchit, Stone Tool Manufacturing Areas in the Province of Nan, Thailand, *Southeast Asian Archaeology* 1986——*Proceeding of the First Conference of the Association of Southeast Asian Archaeologists in Western Europe*, BAR International Series 561, 1990 England.

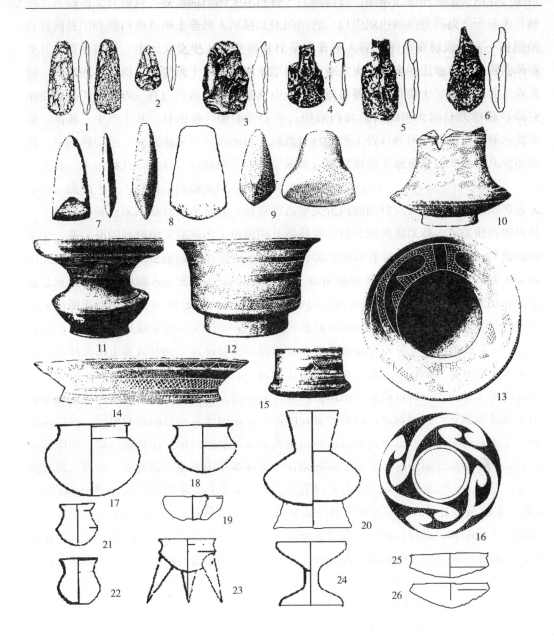

图一二　湄南河流域新石器文化内涵

1～6. 难河盆地石器　7、10～15. 科潘迪石器与陶器　8、9、16. 班他壳石器与陶器　17～26. 班考陶器

过能帕围的高领折肩深腹小平底篮纹罐、科差隆的直颈深直腹矮圈足罐、三个锥形矮足的瓮、红衣陶等富有特色。①

① Charles Higham, *Early Cultures of Mainland Southeast Asia*, P95－105, Chicago：Art Media Resources Ltd, 2002.

西部的湄河平原上最著名的遗址就是北碧府（Kanchangaburi）的班考（Ban Kao）遗址群，包括邦（Bang）遗址和路 I - IV（Lue I - IV）遗址，发现一批新石器时代的居址和墓葬，两遗址常形、有肩石斧达 1000 多件，还有大量骨器和陶片，完整和复原陶器的主要器形为侈口束颈圜底釜或罐、圜底或平底盘、圈足豆、高领圆腹圈足壶、三空足的釜形鼎等，其中三空足鼎富有特色（图一二，17 ~ 26）。^{14}C 年代为距今 3720 ± 140 年和距今 3310 ± 140 年，海格姆认为班考文化年代为公元前 2300 ~ 1500。此外，在班考村的考他路洞（Khao Talu）、希卜洞（Hip Cave）等岩荫也包含了新石器文化遗存，考他路洞上层磨光石锛、绳纹陶罐碎片和人类遗骸，^{14}C 测定年代为距今 4265 ± 95 年、3470 ± 380 年、2800 ± 300 年。希卜洞堆积最上面的一层也发现陶片与和平文化内涵共出，^{14}C 测定距今 2070 ± 360 年。与班考新石器晚期文化相似的遗存在马来半岛上的雪兰莪州（Selangor）的森德西拉（Jenderam Hilir）、吉打州（Kedah）的柏哈拉洞（Gua Berhala）、霹雳州（Perlis）的滨东洞（Gua Bintong）、吉兰丹州的（Kelan*tan*）坎潘杜桑拉加（Kamping Dusun Raja）等遗址都有发现。①

从总体上看，湄南河流域新石器文化有不少因素相同于红河下游，北部早、中期与红河下游北山文化有相当共同的时代特征，南部的晚期诸遗址中，科差隆等遗址的三锥形矮足罐、班考及马来半岛诸遗址的三空足釜形鼎十分特别，与东亚大陆龙山时代的袋足器不同，说明湄南河流域的新石器晚期文化的特殊性是很强的。但各遗址普遍存在拍印、刻划、戳印双线填点填短线纹、"S"形纹、云龙纹图案的陶器，与湄公河流域的呵叻高原、红河下游新石器晚期文化有很明显的共性，其间的文化交流是不可否认的。

① Charles Higham, *Early Cultures of Mainland Southeast Asia*, P105 - 111, Chicago: Art Media Resources Ltd, 2002. Charles Higham, *The Archaeology of Mainland Southeast Asian*, P61 - 63, Cambridge University Press, 1989. Leong Sau Heng, A Tripod Pottery Complex in Peninsular Malaysia, *Southeast Asian Archaeology 1986——Proceeding of the First Conference of the Association of Southeast Asian Archaeologists in Western Europe*, BAR International Series 561, 1990 England; Peter Bellwood, *Prehistory of the Indo - Malaysian Archipelago*, P260 - 265, Honolulu: University of Hawaii Press, 1997.

东山文化与"瓯骆国"问题[*]

《史记·南越列传》多处提到南越国的西境依次是"西瓯"、"骆越"两支"百越"支系所据。"佗因此以兵威边，财物赂遗闽越、西瓯、骆，役属焉，东西万余里。……瓯、骆相攻，南越动摇。……南方卑湿，蛮夷中间，其东闽越千人众，号称王，其西瓯、骆、裸国亦称王。"西瓯、骆越的异同是百越民族史研究上争论已久的问题，一般认为左右江流域、红河三角洲的骆越与西江中游流域、桂江流域的西瓯是百越中两个不同的支系。[①]

东山文化是越南中、北部最早的青铜文化盛期至铁器时代初期文化，距今约2500～2000年左右，分布于红河下游及邻近的马（Ma）河、朱（Ca）河流域，以1924年法国远东博古学院在清化省东山村首次发掘到的一批含数百件青铜器的土坑墓而得名。[②]经过近一个世纪的考古调查和发掘，考古学者对东山文化的认识更加全面，为探索周汉时期"瓯骆国"的文化内涵提供了直接的依据。[③]

---

[*]　根据《红河下游史前史与骆越文化的发展》一文（刊于车越乔主编《越文化实勘研究论文集（二）》，科学出版社2008年）的第四、五部分修订而成。本文曾提交2008年12月在广州举行的"西汉南越国考古与汉文化国际学术研讨会"，刊于《东南考古研究》第四辑，厦门大学出版社2010年，收入本辑时增补部分线图。

[①]　张一民：《西瓯骆越考》，载《百越民族史论丛》，广西人民出版社1985年。蒋廷瑜：《西瓯骆越青铜文化比较研究》，载《百越研究》第一辑，广西科技出版社2007年。

[②]　陶维英：《越南古代史》下册，第300页，商务印书馆1976年。

[③]　Lai Van Toi, Bronze Artifacts of Dong Son Culture at Co Loa (Hanoi), *Vietnamese Archaeology*, 5 – 2006. Charles Higham, *The Archaeology of Mainland Southeast Asian*, P 192 – 203, Cambridge University Press, 1989. Charles Higham, *Early Cultures of Mainland Southeast Asia*, P170 – 183, Chicago: Art Media Resources Ltd, 2002. Peter Bellwood, *Prehistory of the Indo – Malaysian Archipelago*, P269 – 271, 277 – 284, Honolulu: University of Hawaii Press, 1997. The Vietnam – Japan Archaeological Research Team, The Lang Vac Sites, Vol. 1, P1 – 156, 185 – 200, Basic Report on the Vietnam – Japan Joint Archaeological Research In Nghia Dan District, Nghe An Province, 1990 – 1991, The University of Tokyo, 2004. Jeremy H. C. S. Davidson, Recent Archaeology Activity in Viet – Nam, *Journal of the Hongkong Archaeology Socitet*, Vol. Ⅵ (1975), P. 80 – 99, Hongkong 1976.

一　东山文化的聚落与墓地

东山文化的聚落遗址发现不多，除了河内西北 15 千米的古螺（Co Loa）城址外，普通的聚落遗址仅见朱河河畔的义安省大湾（Dai Van）乡老盔遗址群（Lang Vac sites）的山顶（Xom Dinh）聚落。

古螺城是传说中瓯骆国立国者安阳王蜀泮公元前 3 世纪建造的。据勘测及笔者的实地调查，该城现存地面上的三重夯土城圈，城圈外分别环绕城壕，三重城壕与城内外的水系连成一体。外城、内城大致呈椭圆形，宫城为方形，其中外城周长 8 千米，墙基宽达 25 米，残存高度 4~5 米（图一）。越南考古学者尚未对古螺城址做系统的勘探和发掘，唯内城的小规模发掘发现有东山文化陶器、完整的东山铜鼓、铜鼓内盛放的铜犁和铜镞，迄今城址地表仍可以采集到秦汉时代特征的绳纹筒瓦、板瓦等遗存。古螺城遗址是迄今东山文化时期保存最完好的、规模最大、规格最高的聚落单位，对其进一步的勘探发掘对了解东山文化时期的文化发展、王国社会的形态具有重要的意义。

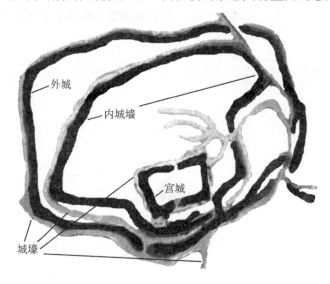

图一　河内古螺城城圈、城壕平面示意图

古螺城的三重夯土城圈、三重水城布局与苏南吴都淹城遗址的三重圆形土城、水城布局惊人相同。[①] 在邻近的东南亚半岛上，泰国的班清、诺乌罗、班蒙河（Ban Mung Fang）等青铜时代遗址也发现了与红河下游古螺、华南吴国淹城相似的多重圆形土城建

---

① 陈颂华：《江南古国遗址——淹城》，载《江苏省考古学会 1983 年考古论文选》，江苏省考古学会 1983 年 12 月印。

筑遗存。① 这些早期城市形态与结构上的共性，可能反映了上古时期华南百越系统的早期城市建设与以黄河流域为中心的秦汉王朝都城形态的区别。

义安的山顶遗址位于老盆谷底的西侧山顶，而谷底东侧是大规模的老盆墓地及所叠压的山韦文化层。由于发掘面积有限，山顶遗址仅发现两处灶址，大量东山文化陶片与老盆墓地所出完全一致，还有磨制石锛、石斧、石范、石钻、玉玦等。根据铜器花纹等，研究者将东山文化的建筑复原为屋脊两端呈马鞍形翘起的干栏式竹木结构。

相对于居住遗址的少见，东山文化墓地有大量的发现，清化东山、贵嘴（Quy Chu）、富寿省的龙岔（Lang Ca）、道清（Dao Thinh）、海防省的越窠（Viet Khe）、河西省的曹村（Chau Can）、孙萝（Xuan La）、明德（Minh Duc）、河内市的富垄（Phu Luong）、安沛省（Yen Bai）和民（Hop Minh）、义安省的老盆等都是东山文化的重要墓地。

东山文化墓葬多竖穴土坑墓，其中越窠、曹村、孙萝、民都、富垄等墓地都发现独木船棺葬遗存，这成为东山文化的重要特征之一（图二）。越窠墓地最大的一个独木船棺

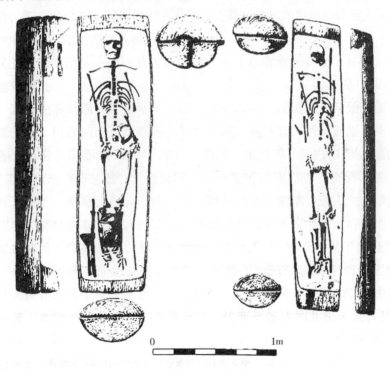

0　　　　　　　　　　　　1m

图二　曹村东山文化独木棺葬

①　Charles Higham, *The Archaeology of Mainland Southeast Asian*, P99－113, 207－209, 230－233, Cambridge University Press, 1989. Charles Higham, *Early Cultures of Mainland Southeast Asia*, P179－228, Chicago: Art Media Resources Ltd, 2002. Peter Bellwood, *Prehistory of the Indo－Malaysian Archipelago*, P271－275, Honolulu: University of Hawaii Press, 1997.

长达 4.5 米，棺内随葬 100 多件青铜兵器、容器和工具，如铜短剑、削刀、矛、箭头、钟、小铜鼓和彩绘木盒等。多数墓地的骨骼无存，但曹村墓地的独木船棺中发现了死者的骨骼和随葬的铜斧、矛、陶器以及木器、葫芦瓢、纺织品碎片等。孙萝、民都、富垄的船棺葬中除铜器外，也有木器、漆器、纺织品等，孙萝墓地还见东汉初年的铜钱和铁铲等。

老盉墓地是迄今发掘的规模最大的东山文化墓地，1973～1980 年间，义安省文化局、越南考古研究所先后发掘 246 座墓葬，1990～1991 年越南考古研究院与日本东京大学再次发掘 108 座墓葬，这批竖穴土坑墓常见以石块、陶片铺设墓室底部或边沿，随葬品最多的是青铜器和陶器，还有玻璃器、石器及少量铁器、骨器和纺织品残片。

二　东山文化内涵的多元因素

东山文化的器具内涵十分丰富，铜器和陶器是物质文化的主流，石器、玉器、铁器、玻璃器、木器、漆器、骨器、纺织品等也有不同程度的发现。

根据老盉、曹村等墓地的资料，东山文化的红陶、灰陶、褐色陶都比较粗糙，甚至火候都不及此前各阶段文化的陶器。除不少素面陶外，有拍印绳纹、条纹、方格纹，刻划水波纹、复线"S"形纹、复线三角纹、平行斜线三角纹和戳印篦点纹等，这些纹样明显可在铜豆、扪丘文化中找到渊源。器形为圜底、圈足和少量平底器，不见三足和袋足器，主要有圜底类的宽斜沿束颈圆腹釜或罐、深腹圜底瓿形器、钵，圈足类的束颈折肩罐或尊、深斜腹双耳提桶、敛口或侈口的斜腹碗、钵、簋、豆，平底类的束颈扁腹罐等。

东山文化的青铜器内涵丰富，品种繁多，有工具与兵器类、容器与用具类、装饰品、艺术品与乐器等。装饰纹样非常复杂，有席纹、复线三角纹、复线填点纹、"S"形纹、卷曲纹、螺旋纹、回纹等几何纹样，羽人舞蹈、武士征战、飞鸟走兽、舟船竞渡、太阳光芒、水波、绹索等写实具象图案，还有各种人物活动、动物形象的堆塑等。

工具和兵器类占大多数，主要器形为斧、铲、镐、锸、犁、短剑（匕）、矛、戈、剑、镞、盾牌等。铜斧常见长方形束腰、双肩、斜肩、靴形，铜铲多双肩宽刃，短剑（匕）为三角形或柳叶形扁平剑身、剑身光素或饰几何纹或饰人面纹、圆柱形或人形剑柄，铜剑扁茎无格或圆茎带格，铜矛多圆筒形长骹、扁平柳叶形或两侧内弧形矛叶，戈为长胡三穿或五穿直内，四方形的青铜盾牌上饰螺旋纹。

青铜容器、用具主要有提桶、壶、杯、带钩、铜镜等。提桶多直口深腹矮圈足，器身装饰三至五组几何形纹饰带，两侧附竖穿式提耳，富寿道清墓地出土的一件提桶带盖，器身除装饰几何形纹饰带外，还装饰一组舟船竞渡、羽人飞鹭图像，器盖上除密集的几何纹饰带外，还堆塑四组男女性交形象的提纽，极具特色。铜壶有直颈圆腹圈足，杯为宽平沿深斜腹圈足。

青铜装饰品与艺术品也富有特色，主要有铜镯、脚护套、臂护套、项圈、带钩、人物和动物堆塑等。铜镯和项圈都是扁圆形带状，外表饰条纹和绳索纹带，常附上下两个小铃铛。脚护套和臂护套为束腰圆筒状，多上口略大，器表装饰弦纹、绚索纹、斜线三角、螺旋纹带，脚护套附上沿、中部悬挂两列铜铃。带钩呈扁长方形，表面装饰精致的螺旋纹、绚索纹带或蛙形堆塑。东山文化人物和动物形象的铜雕塑，如许多短剑的柄部都铸有立人形象，东山墓地的一件两人向背的铜雕塑俑，一件明器鼓鼓面中央铸有一尊仰首吠叫的铜狗。

东山文化还发现有大量铜钟、铜鼓等特色乐器。铜钟有两类，一类为羊角状纽钟，纽下方对称一对方形镂孔，一类为环纽缚钟，钟表素面或装饰螺旋纹、绚索纹、复线回纹、复线三角纹等组合纹饰带。铜鼓是最有代表性的内涵之一，典型东山铜鼓的形态特点为：鼓面中央为突起的太阳纹，绕以12、14或16道光芒，外围再绕以三角纹、篦节纹、绚索纹、翔鹭纹以及羽人舞蹈纹组成的复合纹饰带，有些鼓面边缘还有蛙形堆塑；鼓身明显分为上、中、下三段，上段胸部膨大鼓起，中部鼓腰内缩成上窄下宽的梯形，下部鼓足窄体、外张，整体上鼓面窄于鼓胸和鼓足；鼓胸、鼓腰间附两对编制纹鼓耳，鼓胸和鼓腰常见羽人、牛羊等动物纹、舟船、高脚屋图像及各种几何纹带。[1]

此外，该文化还使用一些石器、玉器、铁器、玻璃器、木器、漆器、骨器等，如方形石斧、有肩石斧、石钻、陶纺轮、铁剑、铁矛、铜柄铁剑等工具和兵器，铸铜器石范，玉、石、玻璃质地的玦、珠、环等装饰品，表明东山文化是青铜文化繁荣发展基础上的早期铁器时代文化。

东山文化位于华南与东南亚古代文化的交汇处，发展于东亚地区古代文化激荡、交流频繁的中国周汉时代，这一背景造就了东山文化内涵中明确的多元文化因素，既有鲜明本土的文化传统，更有许多外来的尤其是周汉时期华南乃至中原的文化因素，与中南半岛的湄公河、湄南河流域同期文化关系也很密切。

第一，红河下游土著文化传统的延续。

东山文化是红河三角洲新石器、青铜文化延续发展的一个环节。该文化的石器、青铜斧、钺、铲等延续了冯原时代以来常型与有肩、靴形共出的传统。陶器群的总体特征仍是圜底的釜、罐、钵和圈足罐、钵、豆等，与冯原、铜荳、扪丘文化相比未有大变。青铜器、陶器上除了舟船竞渡、羽人、翔鹭等写实具象图案外，水波纹、回纹、绚索纹、复线填点、平行斜线三角纹、篦节纹、"S"纹等几何形纹样也是铜荳（Dong Dau）

① ［越］武胜：《越南和东南亚东山鼓的分布状况》，《考古学参考资料（2）》，文物出版社1979年。［越］范明玄、阮文煊、郑生著：《东山铜鼓》，越南社会科学出版社1987年。蒋廷瑜：《铜鼓是东盟古代文化的共同载体》，《广西民族学院学报（哲社版）》2005年1期。

文化、扪丘（Go Mun）文化以来装饰纹样的延续发展（图三）[①]。

第二，东山文化与华南百越文化的共性。

东山文化既与华南沿海百越各支系文化有共同的土著延续性，又表现在周汉时期瓯骆、西欧、南越、闽越等百越诸王国社会文化的直接交流与融合。

与华南沿海百越各支系文化共同延续的土著因素，比如有肩、靴形的石斧、铜斧、铜

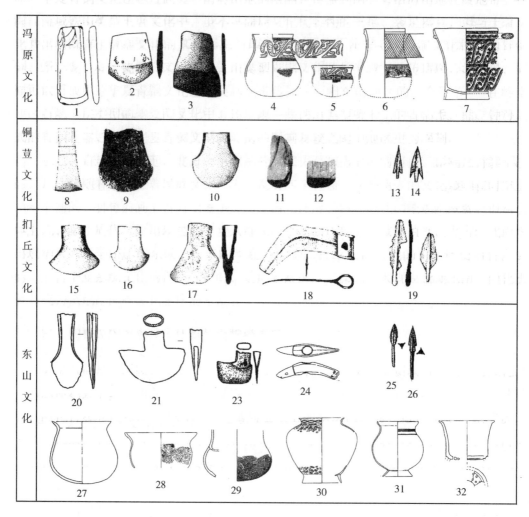

图三　东山文化与先东山诸文化的传承

1、4~7. 山岭　8~14. 铜荳　15~19. 扪丘　20、24、27~32. 老盘　21. 岗河　23、25、26. 古螺城

① Jeremy H. C. S. Davidson, *Recent Archaeology Activity in Viet - Nam*, *Journal of the Hongkong Archaeology Socitet*, Vol. Ⅵ（1975），P. 80 - 99, Hongkong 1976.

铲、几何纹、羽人竞渡纹与翔鹭纹等陶器和铜器装饰纹样，圜底、圈足的日用陶器群和铜器群等，这些因素是华南至越南北部间新石器时代就已经确立的土著文化传统的延续。

属于瓯骆、西瓯、南越、闽越等百越诸王国社会文化交流与融合的因素有，东山文化中器身装饰几何纹样的双肩和靴形铜斧（钺）见于两广[1]，人面纹铜短剑和人形柄铜短剑见于两广等地[2]，羊角形纽的铜钟见于滇、桂的周汉时期墓葬中[3]，满布几何纹的铜或陶的提桶、双腹圜底瓿形器等特征性很强的土著器物也在两广到闽赣等华南百越文化中不同程度地出现（图四）[4]。

更为重要的是，东山铜鼓与滇、黔、桂古代社会发达的铜鼓文化紧密联系在一起，东山铜鼓的不同形态分别与万家坝型、石寨山型、冷水冲型等铜鼓有很大的共性，是古代华南至东南亚地区跨越时间长、分布空间广的特殊文化现象，所以研究铜鼓谱系、东山鼓在铜鼓谱系中的地位是认识东山文化性质及其与周邻文化关系的关键。对东南亚铜鼓最早进行系统类型学研究的是奥地利考古学家黑格尔（F. Heger），早在1902年他就在著名的《东南亚古代金属鼓》一书中，将欧洲和东南亚各大博物馆收藏的165面铜鼓分成自早到晚的Ⅰ、Ⅱ、Ⅲ、Ⅳ四型和Ⅰ-Ⅱ、Ⅱ-Ⅲ、Ⅲ-Ⅳ三个过渡型，东山铜鼓属于Ⅰ型鼓，代表了越南及华南、东南亚最古老的铜鼓形态。[5] 近半个世纪以来，中国学者根据滇、黔、桂三省发现的有地层、共出关系或纪年物的铜鼓，确立了较黑格尔四型序列更为完整的铜鼓谱系，即春秋晚期至战国早期的万家坝型、战国至东汉初的石寨山型和北流型、西汉中期至隋唐间的冷水冲型和灵山型、唐代至宋代的遵义型和西盟型、南宋末至清末的麻江型。这一谱系一方面证明了黑格尔四型所代表的铜鼓发展、演变的逻辑关系是基本正确的，石寨山型和冷水冲型相当于黑格尔Ⅰ型、北流型和灵山型

① 徐恒彬：《广东青铜时代概论》，载《广东出土先秦文物》，香港中文大学文物馆1984年。蓝日勇：《广西先秦越族青铜兵器研究》，载中国古代铜鼓研究会编《铜鼓与青铜文化的新探索》，广西民族出版社1993年。黄展岳：《论两广出土的先秦青铜器》，《考古学报》1986年4期。

② 邓聪：《人面弓形格铜剑刍议》，《文物》1993年11期。《再论人面弓形格铜剑》，《东南亚考古论文集》，231~239页，香港大学美术博物馆出版，1995年。陈光祖：《"南方文明"的南方——越南东山文化人形柄青铜短剑初探》（打印稿）。

③ 蒋廷瑜：《羊角纽铜钟初论》，《文物》1984年5期。广西壮族自治区文物工作队：《广西贵县罗泊湾一号墓发掘简报》及《广西西林普驮铜鼓墓葬》，《文物》1978年9期。云南省博物馆：《云南晋宁石寨山古墓群发掘报告》，文物出版社1959年。《云南省楚雄县万家坝古墓群发掘简报》，《文物》1978年10期。

④ 黄展岳：《论两广出土的先秦青铜器》，《考古学报》1986年4期。《铜提桶考略》，《考古》1989年9期。《论南越国出土的青铜器》，载中国古代铜鼓研究会编《铜鼓与青铜文化的新探索》，广西民族出版社1993年。福建博物院等：《武夷山城村汉城遗址发掘报告》，图版145-146，福建人民出版社2004年。刘茜：《印纹陶文化中的瓿形器初探》，载《东南考古研究》第三辑，厦门大学出版社2003年。

⑤ ［奥］弗兰茨·黑格尔著，石钟健、黎广秀、杨才秀译，中国古代铜鼓研究会编：《东南亚古代金属鼓》，上海古籍出版社2004年。

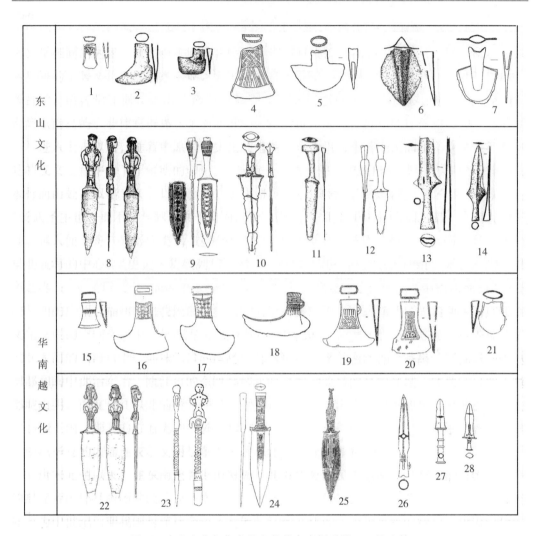

图四　东山文化与华南越文化共存青铜兵器、工具比较

1、7～10、12. 老盉　2、3、6、11、13、14. 古螺城　4、5. 岗河　15、18～21、26～28. 平乐银山岭
16、17. 恭城秧家　22. 长沙树木岭　23. 清远　24. 香港石壁　25. 广州暹岗

相当于Ⅱ型、西盟型相当于Ⅲ型、麻江型相当于最晚的Ⅳ型，另一方面又补充发展了黑格尔序列，尤其是确立比黑格尔Ⅰ型鼓更为古老的万家坝型铜鼓。根据这一谱系，东山铜鼓与石寨山型、冷水冲型鼓相当，处于铜鼓谱系中较早的阶段，但晚于万家坝型鼓，因此云贵高原是东亚南部铜鼓文化的发源地，东山文化的铜鼓是延续中国西南铜鼓文化发展来的（图五）。①

---

① 中国古代铜鼓研究会：《中国古代铜鼓》，文物出版社 1988 年。

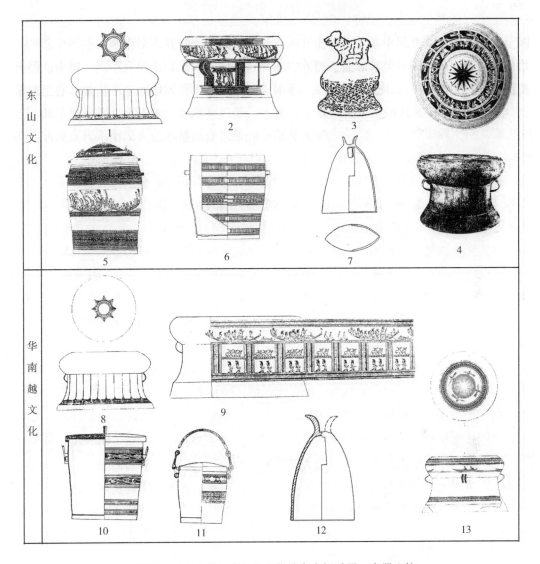

图五　东山文化与华南越文化共存青铜乐器、容器比较

1. 老街鼓　2. 玉镂鼓　3. 东山明器鼓　4. 古螺城鼓　5. 道清提桶　6. 老盉提桶　8. 万家坝鼓
9. 西林鼓　10. 罗泊湾　11. 广州南越王墓　12. 恭城秧家　13. 石寨山鼓

　　不过，最近的一些发现、研究表明，铜鼓问题并没有那么简单。所谓比黑格尔Ⅰ型鼓原始的"万家坝型"鼓，在越南红河流域的河东、永福、老街等省也有不断的发现。在越南学者的分类研究中，并不认为存在黑格尔四型序列之外的独立的"万家坝型"，东山鼓更不是来源于"万家坝型"。他们将东山鼓（黑格尔Ⅰ式鼓）分为A、B、C、D、E五组，其中A、B型相当于石寨山型，C、E相当于冷水冲型，D型

相当于"万家坝型"。① 张增祺也曾通过万家坝型与石寨山型铜鼓的比较,认为万家坝型的年代是春秋晚期到西汉初中期,石寨山型的年代是春秋末期到西汉早期,两者来源、民族、传播路线均不同,是平行发展而不是前后继承的。② 但无论如何,有一点是可以肯定的,东山文化及越南北方的铜鼓与华南早期铜鼓是一个文化体系,关系十分密切。

第三,中原华夏与汉文化透过岭南地区对东山文化的影响。

东山文化中的直颈圆腹圈足铜壶与楚汉墓葬中的礼器壶一致,扁茎无格或圆茎宽格剑、柳叶形或两叶内弧形铜矛、长胡直内戈等也都与东周铜兵器没有大的差别(图六),这些共性反映了周汉时期中原华夏、汉民族文化圈与东亚南部的土著民族文化圈之间的互动关系,这是典型的"中心—边缘"、"中国—四方万国"形态的政治、经济与文化关系。正是这些外来文化因素的存在,发掘过东山遗址的瑞典考古学家简斯就认为,东山文化的戈、矛、剑等与中国许多地方发现的铜器十分相似,从而推定中国古代青铜文化对东山文化的影响,奥地利考古学家海因·戈尔登也曾提出东山文化铜器与中国周末铜器的相同之处。

第四,东山文化与东南亚半岛同期古文化的不同程度共性或交流。

在越南中部沿海至湄公河三角洲,沙莹(Sa Huynh)文化从公元前600年延续发展至公元前后,共出东山文化铜鼓以及周汉式铜剑,沙莹文化典型的三或四凸纽形的玉石玦饰也发现于北越的扣丘、东山文化中。在湄公河中游的呵叻高原能诺他、班清、诺乌罗(Noen U-Loke)、能芒考(Non Muang Kao)以及湄南河平原的班多塔菲(Ban Don Ta Phet)等早期铁器时代地层中,也不同程度共出青铜双肩斧、矛、周汉式剑、铁箭铜矛、包铁铜镯、青铜人像、人头、动物雕像、钟、容器、铜鼓等金属器,相当部分因素与东山文化没有多大差别。北碧府的班多塔菲是湄南河平原早期铁器时代的最重要墓地,出土钵、杯、罐、桶形器、器盖、牌形饰、手镯、脚镯等铜器近300件,鱼叉、箭镞、矛、凿、锄形器、斧、钩形器等铁器300多件,数量不少的玉石和玻璃制装饰品,装饰绳纹、印纹、戳印纹的圜底釜、矮圈足罐、圜底钵等陶器,也与东山文化有相当的

① Pham Minh Huyen, Some New Informations of Dong Son Drums Discovered in Lao Cai Town In 1993,载《铜鼓和青铜文化的再探索》,广西《民族艺术》1997年增刊,民族艺术出版社1997年。蒋廷瑜:《铜鼓是东盟古代文化的共同载体》,《广西民族学院学报(哲社版)》2005年1期。[越]范明玄、阮文煊、郑生著:《东山铜鼓》,越南社会科学出版社1987年。

② 张增祺:《"万家坝型"铜鼓与"石寨山型"铜鼓的关系》,载中国古代铜鼓研究会编《铜鼓与青铜文化的新探索》,广西民族出版社1993年。

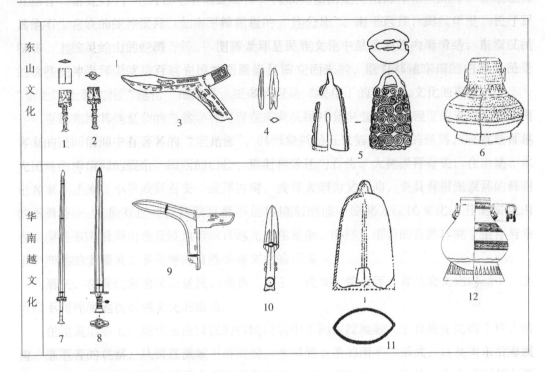

图六　东山与华南越族青铜文化中共存的"周汉"因素

1、2、6. 东山　3. 象山　4. 古螺城　5. 老盆　7、8、12. 广州　9、10. 平乐银山岭　11. 武鸣

可比性。①

三　东山文化与"瓯骆国"问题

与华南的百越民族一样，上古时期的越南土著没有本民族的文献历史，加上宋代以前越南北方一直就在中国历代王朝的版图之内，它们的早期历史零星地记录在汉文史籍中。根据中国的史、汉正史及《交州外域记》、《广州记》等汉晋史籍，以及越南的

①　Charles Higham, *The Archaeology of Mainland Southeast Asian*, P99 – 113, 207 – 209, 230 – 233, Cambridge University Press, 1989. Charles Higham, *Early Cultures of Mainland Southeast Asia*, P179 – 228, Chicago：Art Media Resources Ltd, 2002. Peter Bellwood, *Prehistory of the Indo – Malaysian Archipelago*, P271 – 275, Honolulu：University of Hawaii Press, 1997. D. T. Bayard, Excavations at Non Nok Tha, Northeastern Thailand 1968：an interim report, *Asian Perspectives*, 1972 (13). C. F. Gorman and Pisit Charoenwongsa, Ban Chiang：a Mosaic of Impressions from the Forst Two Yeas, *Expedition*, 1976, 4. Jerome Feldman, Ban Chiang：Disciversity of a Lost Bronze Age, The Exhibition of in Hawaii in 1985. Jogce C. White, The Ban Chiang Chronology Revised, *Southeast Asian Archaeology* 1986——*Proceeding of the First Conference of the Association of Southeast Asian Archaeologists in Western Europe*, BAR International Series 561, 1990 England. Ian C. Glover, Ban Don Ta Phet：the 1984 – 1985 Excavation, *Southeast Asian Archaeology 1986——Proceeding of the First Conference of the Association of Southeast Asian Archaeologists in Western Europe*, BAR International Series 561, 1990 England.

《岭南摭怪》、《大越史记全书》等汉文古史文献，大致可以复原红河下游早期文明起源与发展的两个重要阶段，即"雄王"所建"文郎国"时代和"安阳王"所建的"瓯骆国"时代，它们相当于考古学上的铜荳、扪丘文化和东山文化阶段。

（一）铜荳、扪丘文化——"雄王"之"文郎国"史迹

铜荳、扪丘文化为约距今 3500～2500 年间的前后两个阶段，是红河三角洲青铜文化初步发展期，也是东山（Dong Son）文化的重要基础。[①] 铜荳、扪丘文化正值越南上古传说的"雒（骆）王"时代，也就是越南人民引以为民族精神支柱的所谓"雄王"创立"文郎国"时期。[②]

根据汉晋文献，先秦时期活跃在交趾一带的"骆（雒）越"是百越的一个支系，或曾割据称"王"。《汉书·地理志》注引臣瓒语："自交趾至会稽七八千里，百粤杂处，各有种姓，不得尽云少康之后也。"《史记·南越列传》载："佗因此以兵威边，财物赂遗闽越、西瓯、骆，役属焉，东西万余里。""尉佗之王，本由任嚣。遭汉初定，列为诸侯。隆虑离湿疫，佗得以益骄。瓯、骆相攻，南越动摇。汉兵临境，婴齐入朝。"又引赵佗语："南方卑湿，蛮夷中间，其东闽越千人众，号称王，其西瓯、骆、裸国亦称王。"《水经注》卷三七"叶榆河"引成书于三四世纪的《交州外域记》有"骆田"、"骆民"、"骆将"、"骆侯"、"骆王"的记载，所谓"交趾昔未有郡县之时，土地有骆田，其田随潮水上下。民垦食其田，因名为骆民，设骆王骆侯，主诸郡县。县多为骆将，骆将铜印青绶。后蜀王子将兵三万，来讨骆王骆将，蜀王子因称为安阳王。后南越王尉佗，举众攻安阳王"。据张一民先生考，左右江流域、红河三角洲的骆越与西江中游流域、桂江流域的西瓯是百越中两个不同的支系。[③]

所谓"雄王"的记载最早见于 5 世纪沈怀远《南越志》，该书已佚，辗转传抄见于宋代的《太平寰宇记》，与前引《交州外域记》中所记相似的历史却成为"人称其地为雄地（雄田），其民为雄民，旧有君长曰雄王，其佐曰雄侯，其地分封各雄将"。实际情况正如法国汉学家乔治·马斯佩罗（Georges Maspero）在《文郎国》（Le Royaume de Van - lang）一文中的考证，《南越志》的作者将汉字字型相近的"雒（骆）"混淆成"雄"，因而将

① Charles Higham, *The Archaeology of Mainland Southeast Asian*, P 173 - 182, Cambridge University Press, 1989. Charles Higham, *Early Cultures of Mainland Southeast Asia*, P151 - 153, Chicago：Art Media Resources Ltd, 2002. Peter Bellwood, *Prehistory of the Indo - Malaysian Archipelago*, P269 - 271, 277 - 284, Honolulu：University of Hawaii Press, 1997. Jeremy H. C. S. Davidson, Recent Archaeology Activity in Viet - Nam, *Journal of the Hongkong Archaeology Socitet*, Vol. Ⅵ（1975）, P80 - 99, Hongkong 1976.

② 文新等：《雄王时代》，越南科学出版社 1976 年（云南省历史研究所"东南亚资料译丛"第一种，1980年）。

③ 张一民：《西瓯骆越考》，载《百越民族史论丛》，广西人民出版社 1985 年。

交趾历史上的"骆（雒）王"误写作"雄王"了，而到了15世纪越南黎朝人吴士连编《大越史记全书》时因此抄出了错误的"雄王"时代历史，这一点越南历史学家陶维英也完全赞同，他还指出《大越史记全书》的一个注释家已经注意到这个错误，"貉将后讹为雄将"。[①] 有趣的是，13世纪越南陈朝人陈世法《岭南摭怪》记载的，并被《大越史记全书》收编的越南民族的起源传说"鸿庞氏"，却仍然保持原滋原味的"貉龙君"，即"按黄帝时，建万国，以交趾界于西南，远在百粤之表。……鸿庞纪。泾阳王讳禄续，神龙氏之后也。……封王为泾阳王，治南方，号赤土国。王娶洞庭君女曰神龙，生貉龙君。""貉龙君"娶妪姬为妻，生百男，"妪姬与五十男居封州，自相惟服，立作君臣，以其雄长，尊立为主，号曰雄王，国号文郎。……置其弟为相，相曰貉相，将曰貉将"。[②]

就是说，史籍和传说中的骆越王、骆王、骆侯、雄王、泾阳王、貉龙君、文郎国等，反映了先秦时期百越支系之一、活跃在越南北部的骆越、骆民聚族而居的历史。所谓"雄（雒）王"建"文郎国"，实际上都是"中国"早期边疆人文的"四方万国"状态的有机环节之一，与真正意义上的"国家文明"社会还有一段距离，与同一时期华南东瓯、闽越、南越、西瓯等大分散、小聚居的百越其他支系一样，是骆越部落社会生活状态的反映。从铜荳、扪丘文化的内涵看，这一时空的社会文化发展水平是有限的，石器生产工具仍是主流，虽然进入青铜时代，但主要是斧、刀、矛、镞、鱼钩等小型铜工具，缺乏大型青铜礼器和戈、剑等青铜兵器，更缺乏大规模中心聚落乃至城防设施等，不及方国社会应有的社会复杂化程度。

（二）东山文化——瓯骆国的史迹

东山文化是红河流域史前史上青铜文化的鼎盛和铁器时代的初始阶段，河内古螺的都城聚落、越窠与曹村等墓地的大型贵族船棺墓葬、发达的青铜兵器、大型精美的东山铜鼓、铜鼓纹饰中的羽人竞渡、武士征战等场面，反映了东山文化已经不是一般的氏族部落社会，而是围城自重、割据一方、武力强大的边疆王国或民族国家。

汉文史籍记载，约秦汉时代安阳王在红河下游的骆越故地上"灭文郎国，改曰瓯骆国"。前引《交州外域记》语"后蜀王子将兵三万，来讨骆王骆将，蜀王子因称为安阳王。后南越王尉佗，举众攻安阳王。"《史记索隐》引5世纪文献《广州记》类似的内容："后蜀王子将兵讨骆侯，自称为安阳王，治封溪县。后南越王尉佗，攻破安阳王，令二使典主交趾、九真二郡，即瓯骆也。"13世纪的越史《岭南摭怪》有创始神话"金龟传"，很详细地记载了安阳王蜀泮建、南越王赵佗灭"瓯骆国"的过程："瓯貉国安阳王，巴蜀人也，姓蜀名泮，因先祖求雄王之女媚娘为婚，雄王不许，怨之，泮欲成

①　陶维英：《越南古代史》上册，第181～183页，商务印书馆1976年。
②　转引自陶维英：《越南古代史》上册，第33、34、179页，商务印书馆1976年。

前志，举兵攻雄王，灭文郎国，改曰瓯貉国而王之。筑城于越裳之地……其城延广千丈余，盘旋如螺形，故曰螺城，又曰思龙城。""王乃命臣皋鲁为弩，以爪为机，名曰：灵光金龟爪神机弩。赵佗来侵，与王交战，王以神机弩射之，佗军大败，驰于邹山，与王对垒，不能正战，遂和，王许之。未几，佗求婚，王不意，以女媚珠嫁佗子仲始，仲始诱媚珠窃觅神机弩，潜作别机换代金龟爪……仲始挟机而归，佗得之，大喜，发兵攻王，王不知机弩已失矣！众崩溃。""王拔剑欲斩媚珠……王竟斩之……佗军追至，未见何物，仅见媚珠之尸，仲始抱其尸，装还螺城，封葬……竟投身井底死。"《大越史记全书》删除了"金龟传"的神话部分，保留安阳王蜀泮建瓯骆国、被赵佗灭并的故事，其建国部分说："王既并文郎国。……王既并其国，乃改国号曰瓯貉，都封溪。"看来，安阳王蜀泮建瓯骆国、赵佗灭瓯骆国并为南越国而后为汉武帝所有，中、越两国的汉文史籍与民间传说的记载是相符的，应是史实。骆越国都城所在地封溪后汉置封溪县，《后汉书·郡国志》"交趾郡（武帝置，即安阳王国，洛阳南万一千里）十二城"，"封溪建武十九年置"，越南学者考证封溪今地望山西、和平、永福、富寿交界地带①，河内西北的古螺城遗址地望与之吻合，笔者考察古螺城遗址时，也在古螺村找到了祭祀骆越国神弩的发明者皋鲁的神庙及安阳王祠，古螺城采集绳纹瓦片也是典型的秦汉时代特征，以及城内的东山文化青铜器等，应可佐证骆越在这里筑城建国的历史。

　　在百越的先民文化体系中，约当商周时期的西瓯、骆越是分别活动于西江中游流域与左右江、红河三角洲的两个不同的氏族部落文化，文献历史的记载不同，考古文物有别，而秦汉前后安阳王所建的红河王国得名"瓯骆"，似乎又与历史不符。类似的情形也出现在百越王国的其他支系中，由于江浙吴、越文化的向南传播与融合，商周时期东南的土著诸蛮如"越沤"、"瓯"、"闽"、"粤"等逐步发展为于越、东瓯（越）、闽越、南越、干越、扬越等"百越"支系，秦汉时代的"闽越"就是商周"七闽"与南来的吴越融合生成的。②《史记·东越列传》语"闽越王无诸及越东海王摇者，其先皆越王句践之后"与《汉书·地理志》语"自交趾至会稽七八千里，百粤杂处，各有种姓"这两句，真实地反映了"百越"民族文化内在关系的两个方面。瓯骆建国的历史也是这种情形，前引"金龟传"载灭文郎国、建瓯骆国的安阳王蜀泮为巴蜀人。安阳王是否就是所谓的巴蜀人，这并不重要，但"巴蜀"是一个符号、一个象征，重要的是从蜀泮这个人物的移民事件我们看到了瓯骆国文化的土著（骆越的"文郎国"）与外来两种力量的整合作用。换句话说，瓯骆国的创始人不是土著的骆越人，瓯骆建国有来自北部势力、北方"移民"的介入。类似的情形在百越王国的建立过程中是很常见的，如

---

① 引自陶维英：《越南古代史》下册，第 174 页，商务印书馆 1976 年。
② 吴春明：《中国东南土著民族历史与文化的考古学观察》第二节，厦门大学出版社 1999 年。

周太伯与仲雍"奔荆蛮"建吴国（《史记·吴太伯世家》），越王句践之后无诸南下建立闽越国、摇南下建东瓯国（《史记·东越列传》）、河北真定人赵佗建南越国（《史记·南越列传》）等。历史与考古资料显示，虽然这些边疆民族王国社会的一些上层贵族是外来的"移民"，但其社会文化基础却都是土著的延续和部分外来文化因素的融合。前述东山文化主体延续了铜荳、扪丘等土著青铜文化，也吸收融合西瓯、南越、滇越等百越其他支系及中原周汉文化因素的影响，证明了蜀泮建瓯骆国的历史也是这样的规律，瓯骆国的东山文化正是在华南百越王国、中原周汉帝国间南征北伐、激流汹荡的社会文化背景下融合形成的。

民族考古与华南民族史、文化史
的考古学重建[*]

一 略说民族考古学

"民族考古"曾是人文社会科学研究中一个有争议的范畴，对它的学科定位、性质、方法、领域及学术史等问题，有许多不同的看法。其实，"民族考古"（ethnoar-chaeology）的性质已经明白地表现在字面上了，它就是民族学（ethnology）和考古学（archaeology）的组合，这一组合源于美国的人类学学术传统。

人类学的本质是"他文化的历史学"。对于一个以欧洲移民为主流社会而建立的国家，美国历史的大部分时间是他文化的印第安人历史，都是"没有"文献记载的史前史，因此美国历史的重建无法通过文献史学，而只能依赖人类学。美国人类学所涉及的分科如民族学即狭义文化人类学、考古学、语言学、体质人类学等，就是适应复原他文化的印第安历史这一特殊的需要而组合起来的，具有鲜明的功能色彩。在这些分科中，作为"活人"人类学的民族学和"死人"人类学的考古学担任起了更直接、更重要的责任，在复原印第安历史的学术实践中，民族学与考古学几乎是不可分割的，尤其是在美国人类学学术史的早期，民族学家和考古学家常常身兼二职。在这一总体学术背景下，民族学与考古学的跨学科整合——考古学家借用民族志资料（强调直接历史法）、甚至参与民族学的田野调查（即所谓的"行动考古学"或"活的考古学"）等，民族学家运用考古学的资料、借用考古学的类型学方法分析当代民族文化等，都是很自然的事情，不必勉强拉合！据我所知，这种水到渠成的学术整合才是"民族考古"的精神和灵魂所在。当然，随着人类学理论的发展与学术实践的推进，民族学与考古学的合作情况也在发生不断的变化。

我国的民族考古完全是近代学术"西学东渐"的产物，但由于我国的历史文化完

---

* 原文刊于《南方文物》2008 年 2 期"民族考古"专栏。

全不同于美国，民族考古在中国的学术实践、性质地位跟美国有很大的差别。我国的古代文化在很长的历史时期内都是一个以"华夏中国—四方万国"格局为特征的"多元一体"构架，古史的核心是"华夏（汉）中国"的本民族文化史，浩瀚的汉文史籍和丰富的文化埋藏，使得历史学体系的文献史学和考古学在古史的重建上担当重任，人类学系统的民族学和考古学没有存在的价值。因此，即便借口"失之礼而求诸野"，在中原、"华夏中国"的考古学研究上借用他文化的"四方万国"的边疆民族志，甚至漂洋过海仰仗印第安人的"古代社会"，终究因陷入"间接历史"的误区，成功的很少。这也许就是李济、梁思永这些受过美国人类学训练的学术前辈，在回国后的"中国考古"主流学术上少谈民族学、人类学的缘故吧！

　　当然，在以"华夏（汉）中国"为核心的我国古史框架中，处于他文化状态的"四方万国"（东夷、南蛮、西戎、北狄）边缘地带、边疆社会历史的重建则另当别论，由于多数"四方"边疆族群本民族自身文献历史的缺失，重建他们的历史同样只能通过他文化的历史学方法——人类学来实现。因此，边缘、边疆地区的民族文化史，是我国民族考古发育的沃土。不管是林惠祥、冯汉骥、梁钊韬在南方高校倡办民族考古传统，还是汪宁生、宋兆麟、李仰松等在南方民族考古上的卓越贡献，以及李济先生赴台后重举民族考古大旗、创办台大考古人类学系，都是基于同样的区域文化背景和他文化历史重建的功能需求。

　　在"四方万国"的民族文化格局中，华南是"南蛮"的故地，东南百越、中南荆楚、西南百濮大致构成南蛮民族文化的三大系统，在现代华南民族文化乃至华南"汉人"文化上无不留下了深刻的印记，华南民族史尤其是土著民族史是我国民族考古学在古史重建上的最重要课题。由于"背依华夏，面向南岛"的文化史地位，华南土著尤其是东南百越先民与南岛语族文化关系亲缘，放眼东南亚、太平洋也将是华南民族考古未来发展的重要方向。华南土著民族史相对于华夏、汉民族文化的"他文化"性质，决定了华南历史研究尤其是华南土著古史重建的人类学传统。在新的历史条件下，立足民族学、考古学的整合，吸收历史学、语言学、生物人类学等材料和方法，重建"南蛮"土著民族的历史源流与文化形态，是华南民族考古的根本任务。

二　华南民族史的考古学重建

　　"民族（nationality）"或"族群（ethnic group）"是什么？对这两个外来学术概念，民族学界有过不同的理解和运用。世界上有哪些民族，并没有哪个民族学家能说清楚、说准确，因为不同的民族学家、不同学科的学者对于民族区分的标准都不一样。① 我国的民族识别也有这个问题，在实践中民族划分的标准千差万别，以至于迄今划定的 56 个民族都很难讲就是我国民族存在、民族关系的客观状态，费孝通先生就说："虽则中华民族和它所包含的 50 多个民族都称为'民族'，但在层次上是不同的。而且现在所承认的 50 多个民族中，很多本身还各自包含更低一层次的'民族集团'。"② 当代民族的识别尚且如此，我们对史前、古代民族的识别——就是民族史的探索也必然会存在更多困难，民族史的考古学重建会面对更多的问题。

但无论如何，民族是人们共同体的一种形式，民族主要是一种文化的共同体，民族共同体的文化要素既有物质层面的，还有精神、心理、语言等层面。从理论上说，考古学文化表现为特定时空的一群遗迹、遗物，应该是古代民族共同体在物质文化遗存上的表现，夏鼐先生就认为考古学文化的本质就是"考古学遗迹中所观察到的共同体"；俞伟超先生更明确地指出："历史上一定时间、一定空间里面的一定的人们共同体，往往创造出一种不同于其他人们共同体的文化。这种文化遗存，也就是我们通常讲的考古学文化"。③ 在实践中，考古学文化的认定往往与真实的古代民族共同体之间有差距，这需要通过更多的探索、研究来解决。当然，倘若借口"考古学文化不能完全等于'民族'"，甚至将考古学文化与古代民族群体的对比研究说成是"中国考古学和前苏联考古学一直秉承的传统考古学的理论框架"，而否认民族史的考古学探索④，知难而退，因噎废食，与考古学的学术使命是相悖的。我们主张，考古学文化是观察、研究史前、古代族群时空关系的重要手段，甚至是最重要的手段，民族史的探索是考古学研究的最重要任务之一。

民族史的考古学探索，从方法论上区分主要有三方面的工作，谱系法、文化因素分析法和多学科的整合研究。

（一）通过全局性或局域性的考古学文化谱系研究，探索古代族群的时空分布及其嬗变，重建全局性（如"中国民族史"）或局域性（如"百越民族史"）的民族史大系

全局性的考古学文化谱系研究，主要着眼于史前、上古时期，这与华夏、汉民族文化扩张、融合、统一之前人们共同体或族群文化的复杂性、多样性的空间关系格局有关。经典性工作，就是从苏秉琦先生"考古学文化区系类型理论"，到严文明教授的

---

① 马戎：《关于民族研究的几个问题》，《北京大学学报》2000 年 4 期。李绍明：《从中国彝族的认同谈族体理论》，《民族研究》2002 年 2 期。

② 费孝通：《中华民族的多元一体格局》，《北京大学学报》1989 年 4 期。

③ 夏鼐：《关于考古学上文化的定名问题》，《考古》1959 年 4 期。俞伟超：《关于当前楚文化的考古学研究问题》，载《湖南考古辑刊》第一辑，岳麓书社 1982 年，转引自《考古学是什么》，中国社会科学出版社 1996 年。

④ 吕烈丹：《运用考古学资料研究民族史的几个问题》，载《岭南考古研究（3）》，中山大学岭南考古学研究中心 2003 年。

"中国史前文化统一性与多样性"论述，最终形成费孝通"中华民族的多元一体格局"的理论总结。① 严文明教授以"重瓣花朵结构"概括的中国史前文化的统一性与多样性，生动地再现了以中原为核心的多区域、多层次的考古学文化向心结构，及其所反映的传说时代到上古时期以中原华夏为中心的多民族集团时空体系，实际上就是考古学文化谱系话语下的"中国—四方万国"民族文化关系框架。而费孝通提出的以中原汉人为核心凝聚起来的民族文化"多元一体"结构，就是对民族、历史与考古学界长期以来关于中华文化统一性与多样性探索的学术总结。

　　局域性工作无非是考古学文化区系中某一环节的探索（如中原区、海岱区、东南区等），由于我国多民族文化发展的不平衡性，作为"四方万国"、华夏边缘之区域文化的特殊性延续得比较晚，这些区域的史前、上古乃至中古时期的考古学文化谱系研究，仍是重建局域民族史的根本途径。华南民族史之考古学研究，主要是通过长江下游以南地区新石器、印纹陶文化的谱系梳理，探索"百越"民族的源流史。1977 年在南京举行的"长江下游新石器文化学术讨论会"，探讨了跨越长江南北、有以行政区划之"江苏"划定考古学文化范围之嫌的"青莲岗文化"的问题，认识到以太湖流域为中心的江南新石器文化序列（所谓"青莲岗文化江南类型"）与江北序列间的根本区别，代表了"吴越"与"东夷"两个系统的先民文化，为华南土著民族史的考古学文化研究确定了方向。② 1978 年在庐山举行的"江南地区印纹陶问题学术研讨会"，基本上是在"百越民族之印纹陶文化"的共识下进行的，李伯谦教授随即发表了华南印纹陶文化的七大区系理论，为通过印纹陶的时空谱系研究"百越"的族群分布与发展奠定了重要的基础。③ 此后，通过先秦考古学文化的总谱系或单一区、系序列的梳理，重建百越民族的时空分布或特定支系之民族史，时有新的研究。如突破单一层次的印纹陶文化"分区"，提出"分地带、多区系而一体的印纹陶文化总谱系"，看到了东南土著民族多层次、繁复的空间关系；或通过单一区系的源流梳理分析百越支系民族的发展、变迁，如依据闽江流域先秦两汉考古学文化的源流，探索七闽、闽越文化的传承与发展等。④

---

① 苏秉琦：《考古学文化区系类型问题》，《文物》1981 年期。严文明：《中国史前文化的统一性与多样性》，《文物》1987 年 3 期。陈连开：《关于中华民族的含义和起源的初步探讨》，《民族论坛》1987 年 3 期。费孝通：《中华民族的多元一体格局》，《北京大学学报》1989 年 4 期。

② 严文明：《论青莲岗文化和大汶口文化的关系》，吴绵吉：《长江南北青莲岗文化的关系》，均载《文物集刊》第 1 集，文物出版社 1980 年。

③ 文物编辑委员会：《文物集刊（3）》，文物出版社 1981 年。李伯谦：《我国南方地区几何形印纹陶问题的分区、分期及有关问题》，《北京大学学报》1981 年 1 期。

④ 吴春明：《从印纹陶文化的总谱系看土著民族的地域关系》、《闽江流域流域先秦两汉文化的初步研究》（原载《考古学报》1995 年 3 期），均收入《中国东南土著民族历史与文化的考古学观察》，厦门大学出版社 1999 年。

（二）通过考古学文化因素分析法，探索古代族群的形成、关系与互动

这一研究是在前者全局性或局域性的考古学文化谱系探索、民族史大系重建基础上，对某一或某些环节之民族文化内涵的来源剖析、民族关系的评判，并佐证、修正已有的全局或局域谱系。如林惠祥先生通过印纹陶、有段石锛等个别典型文化因素的比较，分析华南古民族（百越）与东南亚马来人（南岛语族）的民族文化关系，是民族关系研究中的一种初步的文化因素分析法。[①] 李伯谦教授在吴城文化的研究中，通过吴城文化甲组（土著）为主、乙组（商文化）因素为次的分析，提出吴城文化不是商文化，而是受到商文化影响的一支先越文化，这一成果为通过系统的考古学文化因素分析法剖析华南百越与中原夏商周的民族文化关系提供了经典的范例。[②] 类似的研究还有不少，比如通过闽越国王城遗址及闽越国内之楚汉移民墓地的多种文化因素分析，考察华南民族地区楚、汉、越文化的互动与融合关系；或通过广西青铜文化的分区研究，将历史文献中含糊不清的"西瓯"、"骆越"两族文化区别清楚了；有的分析滇墓中濮、越、氐羌三大因素的构成，阐明"三大族群文化传统的有机结合共同造就了滇文化"。[③]

（三）多学科整合研究民族史

构成民族共同体的文化要素是多方面的，主要从物质文化入手的考古学只是民族史研究的一种方法，民族学、语言学、体质人类学、历史学等学科在重建华南土著民族史上都有独到的角度和见解，多学科整合是未来的方向。

在民族学方面，当代民族志是特定民族文化历史过程的积淀，运用民族志比较研究的文化类型学方法"排列"民族文化的历史过程，曾是古典进化论民族学的基本研究套路，迄今在方法论上仍是科学有效的，不必赘述。此外，特定人群的口传资料也有许多的民族史信息，比如流行于浙、闽、赣、粤畲族中的口传"盘瓠王歌"，都追述广东潮安凤凰山祖地，在畲族起源研究中屡被征引。[④] 因此，类似的华南族群的口传文学调查研究在民族史上仍有深厚的潜力。

在语言学方面，语言是广义"文化"的重要组成部分，特定语言的现实形态也是历史语言的积淀，比如在"南岛语族"起源问题上，西方历史语言学家相信语言变异、复杂性程度最高的地区就是族群的起源地，于是选用苏瓦迪士（Swadesh）的"基本词

---

① 林惠祥：《南洋马来族与华南古民族的关系》，《厦门大学学报》1958 年 1 期。

② 李伯谦：《试论吴城文化》，载《文物集刊（3）》，文物出版社 1981 年。

③ 吴春明：《汉化中的"越王城"与越化中的楚汉墓：秦汉东南民族变迁模式举偶》，载《东方博物》第四缉，杭州大学出版社 1999 年。蒋廷瑜：《西瓯骆越青铜文化比较研究》，彭长琳：《滇文化族属再探》，均载《百越研究》第一辑，广西科技出版社 2007 年。

④ 蒋炳钊：《畲族史稿》第 75 页，厦门大学出版社 1988 年。

汇表"，调查、研究"今南岛语族"的语言形态，提出台湾为"南岛语族"的起源地。① 不过，最新的研究已经质疑西方历史语言学在"今南岛语族"的取样上缺乏华南材料的漏洞，并且同样使用苏瓦迪士"基本词汇表"调查、比较华南壮侗语族、华南汉语方言，发现确实存在不少"古南岛语的底层"，这就为研究华南土著与南岛语族的文化关系开辟了一个新的思路。②

在体质人类学方面，虽然种族与文化的关系非常复杂，从理论的角度来说，种族属性不等于民族属性，但民族学实践中仍把人群的体质特征作为民族区分、民族史探讨的重要参照或指标。传统民族学的体质研究属于人体解剖学的范畴，通过现代人群活体或古人遗骸的测量数据比较，分析古、今特定人群的种族属性或种族杂交背后的人群移动历史，比如古人类学家先后通过和县猿人、马坝人、柳江人等人类化石的测量及与华北、东南亚人类化石的横向比较，发现了东亚化石人类的南方类型不同于北方类型；③ 或通过河姆渡、昙石山、河宕、鱿鱼岗、甑皮岩等地的新石器至青铜时代人骨的测量，提出史前至上古时代的"古华南类型"人群的存在。④ 当然，我们还要重视体质人类学微观视野即分子人类学的基因研究在民族史上的初步实践，比如复旦大学高蒙河教授带领的课题组通过对现代人血样 DNA 和古人遗骸的 DNA 的大量采样，做 Y 染色体单核苷酸多态（SNP）突变的比较分析，研究百越地区古代人群的传承、百越与现代族群的关系⑤，获得了有价值、有趣的民族史线索，如 M119C 这种 SNP 突变在现代壮侗语族（壮、侗、黎）、东南汉族（江苏、上海、浙江、福建）、台湾高山族（布农、泰雅、排湾、阿美族）、古代的马桥与松江人骨（分别属于良渚文化、马桥文化、明代）中很高的出现频率，而在苗瑶语族（苗、瑶、畲）、东北亚民族（鄂温克、蒙古、满）中出现频率极低或者为零，该领域的进一步发展在华南民族史上潜力是不可限量的。

与其他区域性民族史的研究一样，历史学即文献史学方法曾是研究华南民族史的主

① R. Blust, The Austronesian Homeland: A Linguistic Perspective. *Asian Perspective*, Vol. 26 (1), P45－67, 1985.

② 吴春明等：《南岛语族起源研究中"闽台说"的商榷》，《民族研究》2003 年 4 期；《南岛语族起源研究的四个误区》，《厦门大学学报》2005 年 3 期。邓晓华：《客家话与畲语及苗瑶语、壮侗语的关系》，《民族语文》1999 年 3 期。邓晓华、王士元：《壮侗语族语言的数理分析及其时间深度》，《中国语文》2007 年 6 期。

③ 董兴仁：《中国的直立人》，吴新智：《中国的早期智人》，吴茂霖：《中国的晚期智人》，均载《中国远古人类》，科学出版社 1989 年。吴新智：《中国晚旧石器时代人类与其南邻（尼阿人和塔邦人）的关系》，《人类学学报》1987 年 2 期。

④ 朱泓：《中国南方地区的古代种族》，《吉林大学学报》2002 年 3 期。潘其风、朱泓：《先秦时期我国居民种族类型的地理分布》，载《苏秉琦与中国考古学》，科学出版社 2001 年。

⑤ 黄颖、李辉、高蒙河：《古代基因：百越族群研究新证》，载《东南考古研究》第三辑，厦门大学出版社 2003 年。

要途径，在未来研究中当然是不可偏废的。[①] 然而，华南土著民族史的传统史学方法所依据的"文献"都只是"汉文史籍"，只是华夏、汉人视野下的"客位观察"，从本质上说是华南的"古民族志"，人类学家必然担心华夏汉人站在中原"遥望"华南、东南之模糊印象的客观性、真实性、系统性。因此，华南土著民族自身的文献历史的发掘是历史文献学研究的一项重要工作，比如目前唯一被发现、确认的华南土著本民族的历史文献是作为骆越后裔的水族的文书，迄今黔东南三都水族自治县还存在丰富的"水书"，这是一种只有个别"水书老人"才能识别的象形文字体系，文书内容大致包括天文历法、始祖故事、节庆丧葬、礼仪习俗、神灵信仰等，"水书"的发现与释读为透过本民族自身的历史文献重建华南土著民族史找到了一条出路。[②]

总之，华南民族史的研究方法是多样、多元的，都有过许多精彩的研究，也都有巨大的潜力。不过，无论是民族学、历史学、语言学、体质人类学方法之于民族史的重建，还是考古学文化谱系法和文化因素分析法见证民族史的大系，单一的行动都有其自身的缺陷，如由于民族学、语言学资料只有相对的时间先后而缺乏绝对的年代深度，体质人类学（尤其是微观的 DNA）采样的代表性，历史学之"文献史料"的真实性，前述考古学文化与民族文化的重叠与否，等等。所以，多学科整合是华南民族史研究的未来方向，也是华南民族考古的优良传统，是华南民族史学者和考古学者都应该秉持的学术理念。

三　华南文化史的考古学重建

"文化"是与自然相对应的存在，文化是指人类创造的产品和产品的传承模式。人类学家笔下的"文化"是人类在满足生物性需求时所创造的一个新的、第二性的、人工的环境（即物质环境如栽培、驯养、聚落建筑、服饰、取火、车马、舟楫等），以及使这个人工环境得以永久地维持、再生产所创造的共同体层面上的"生活规格"即组织、制度、思想等更深刻、更高级层面的精神文化。[③] 考古人类学家也将"文化"理解为"满足人类生存基本问题的适应系统"，这些基本问题涉及人群与自然环境的关系（经济）、人群的内在关系（社会）、人群与不可知的象征思维领域的关系（观念），而所有这些关系都会遗留、表现在考古学的物质文化遗存中，为考古学重建人类文化史的

---

① 林惠祥：《中国民族史》，商务印书馆 1939 年。陈国强、蒋炳钊、吴绵吉、辛土成：《百越民族史》，中国社会科学出版社 1988 年。王文光：《中国南方民族史》，民族出版社 1999 年。

② 2005 年 8 月笔者与车越乔、蒋廷瑜、杨式挺、陈国安等考察黔东南期间，访问三都水族自治县档案馆。

③ Bronislaw Malinowski, *A Scientific Theory of Culture and other Essays*, P37－40, The University of North Carolina Press, 1944.

三个层面——经济史、社会史、观念史奠定基础。① 因此，考古学家既要通过文化遗产的空间关系即谱系的研究探索民族发展史，也要研究物质文化遗存本身的内涵，并通过物质文化史窥见经济史、社会史、观念思想史等更深刻的文化史课题。

（一）物质文化考古

物质文化是人类创造文化的直接产品，是考古学的永恒课题，就是通常所说的遗迹和遗物的研究。物质文化史的考古学研究应有两个层面的工作，即性质、功能的判定和源流的梳理。

一方面，对特定遗物、遗迹的性质与功能的判定，是物质文化史研究的基础层面。从理论上说，特定遗存的功能和性质是考古学者主观性的判定，是考古学者根据当代的知识去推测古代的状况，这对于史前、上古等年代遥远的物质文化遗存的认识，对于他民族的物质文化遗存的认识，很容易出现误判。传统民族考古学的主要出发点，就是寻求民族志在考古学物质文化解释中的参照、启示，缩小认识与真实之间的误差，老一辈的民族考古学者就曾在华南地区做了大量的民族考古类比研究工作，也是我国半个世纪民族考古工作的主要实践内容。比如林惠祥运用太平洋民族志解释华南史前石锛的使用法和装柄法；李仰松通过云南佤族制陶等复原古代制陶技术，佤族村落研究姜寨等史前遗址，佤族葬俗启示史前人类葬俗等；林声根据彝羌纳西族的"羊骨卜"说明殷墟卜甲；汪宁生运用大量民族志探索骨针穿孔、角器制穴、以火攻木、玉器磨光等原始技术，盘状石器、穿孔石器、三角石刀等用途和用法，参照他鲁人、彝族、纳西族的羊卜骨研究古代的甲骨占卜等；宋兆麟的著作中收录了他的十多项民族考古研究，诸如以纳西藏彝等族的飞石索解释史前石球，彝族黎族的纺纱法类比考古出土纺轮，华南二十多民族纺织机上的打纬刀解释薛家岗文化多孔石刀的功能，以纳西族的住俗解释仰韶文化大房子的用途等。②

另一方面，是在特定物质文化性质、功能确认的基础上，对其源流、发展史的梳理，是物质文化史考古研究的主要目的，也是我国考古学长期以来研究的重点。如从小到单种器物、遗迹的源流，如史前陶鬶、陶甗、陶斝、铜盉、铜鼎或越式鼎、铜壶、铜

① L. R. Binford, Archaeology as Anthropology, *American Antiquity* (28), 1962, 217 – 225. Guy Gibbon, *Anthropological Archaeology*, P135 – 136, Columbia University Press, New York, 1984.

② 林惠祥：《中国东南区新石器时代特征之一：有段石锛》,《考古学报》1958 年 3 期。李仰松：《从佤族制陶探讨古代陶器制作上的几个问题》,《考古》1959 年 6 期；《西盟马散佤族村落研究姜寨遗址村落的启示》,《纪念北京大学考古专业三十周年论文集》,文物出版社 1990 年；《佤族葬俗对研究史前人类葬俗的启示》,《考古》1961 年 7 期。林声：《记彝、羌、纳西族的"羊骨卜"》,《考古》1963 年 3 期。汪宁生：《民族考古学论集》,文物出版社 1989 年。宋兆麟：《民族文物通论》中篇，第 91 ~ 194 页，紫禁城出版社 2000 年；《云南永宁纳西族的住俗——兼谈仰韶文化大房子的用途》,《考古》1964 年 8 期。

鼓等器物谱系，或石窟寺、崖葬、砖石墓等遗迹的类型学梳理，大到某种类型遗物、遗迹发展史的系统叙述，如陶瓷史、青铜器史、铁器史、兵器史、农具史、建筑史、城市或都城史、墓葬史等等，其方法不必赘述。

华南民族生存的环境背景与文化形态特征鲜明，凌纯声先生曾以华南海洋民族的"珠贝、纹身、舟楫"概括地对比于华夏的"金玉、衣冠、车马"。[①] 华南史前、上古考古学上呈现出大量特殊的遗迹和遗物，而且与当代华南民族志多有直接的源流关系，因此进一步开展华南民族物质文化史的考古学研究，一定能有许多珍贵、有趣的新发现。比如，最近几年邓聪先生系统研究了华南及东南亚考古发现的史前石拍形态与功能，联系华南、东南亚与太平洋民族志，重建了树皮布文化这一十分珍贵的华南土著物质文化内涵。[②] 最近，我进一步观察、分析东南沿海先秦"独木舟"上的构造痕迹，参照太平洋土著民族志的边架艇独木帆舟形态与结构，钩沉东南沿海与太平洋间的史前交通工具。[③]

（二）经济考古

经济是人类面对自然、满足自身生物性需求的最直接的文化表现，是人群、文化与自然背景间的缓冲体，经济形态、规模与内涵是一切人群社会文化赖以发展的基础，经济考古学的目标是重建特定环境背景下的生计、产品、工具、技术、组织、分配等内涵和模式。考古人类学家在重建文化的经济技术亚系统时，可以通过物质文化遗存的分析、研究回答许多具体的问题，如环境中可供开发的资源有哪些？食物产品的种类和数量？人们的生产方式（耕作或采集、渔猎及工具）如何？是否存在与环境的季节变化有关的经济活动圈？群体劳动的组织、劳动分工、产品分配方式是什么？生产、分配与年龄、性别、地位的关系如何？产品消费是以家庭还是整个人群为单位？是否存在交换关系以及定期市场的存在？以及相关的人口问题，等等。[④] 由于工具、技术等的研究与物质文化史课题重叠交叉，生产的组织方式、产品分配与交换等研究同社会史课题重叠交叉，因此经济考古学者更多关注经济与环境的关系、经济与人口的关系，从而产生了经济考古学的两个主要议题，即环境考古学与人口考古学，作深入的探讨。

---

① 凌纯声：《中国古代海洋文化与亚洲地中海》，载《中国边疆民族与环太平洋文化》，台湾联经图书1979年。

② 邓聪：《古代香港树皮布文化发现及其意义浅释》，《东南文化》1999年1期；《从二重证据法论史前石拍的功能》，《东南考古研究》第三辑，厦门大学出版社2003年。

③ 吴春明：《中国东南与太平洋的史前交通工具》，"第四届西部考古协作会暨中国西南及相关地区史前文化研讨会"论文，2007年11月广西南宁。见本书。

④ Guy Gibbon, *Anthropological Archaeology*, P181, Columbia University Press, New York, 1984.

任何一个人群都生存于作为资源和能量来源的自然环境中，因此自然生态环境的重建越来越成为考古学的重要课题。但从欧美考古人类学的具体实践看，环境考古学的切入点是环境但重点却不能是环境，而是经济文化，重在探讨人与自然的关系，是资源开发的考古学研究。一方面，考古学家可以通过动物、植物的考古研究，发现人群开发自然的主体内涵。比如动物考古，就是通过脊椎动物骨骼的种属的鉴定与统计，分析各类动物的多度、丰度、比率，野生物种与驯养的比率，人群对不同种属的依赖度。在植物考古上，通过残余植物的采集（如浮选法），鉴别各类植物种属的构成，野生种与栽培种的成分关系，人群对不同物种的依赖度，通过人体骨骼样品中 C12/C13 比值的测定分析生前摄取植物类食物的差别。另一方面，可以在掌握特定人群开发资源内涵的基础上，分析探讨资源与文化整合课题，如环境变迁、资源压力与开发形态变迁的关系研究，资源腹地与资源开发区域的分析，C12/C13 所反映的在摄取不同类别食物上两性差别、角色差别等。①

人口是文化与自然、生物与社会互动的最直接结果，如果说研究资源开发的环境考古是经济考古学的基础课题，那么人口考古则是经济考古学的上层课题。人口考古学就是通过骨骼的鉴别与统计分析，研究史前人群的疾病、寿命、年龄/性别/角色的死亡比等健康问题，人群的营养、性别/角色的营养差别，人群内外的生物学差别与关联、产生过程等人口动力学问题，人口数量、密度、年龄/性别结构、死亡率、死亡者的年龄/性别/角色/阶级结构等人口统计学问题。②

我国考古学上虽还没有经济考古学的理念和系统实践，但经济考古学的许多重要技术方法也相继运用于田野考古发现与研究，并依据史前考古的动、植物遗存开展了一系列重要的栽培水稻、小麦及家畜的起源研究。③ 资料显示，华南土著民族所处的自然环境与资源形态与黄河、长江干流有明显差别，史前人类的经济生活相对独立，华南史前经济考古有许多特殊的课题。比如，在大家把目光都投向河姆渡的稻作遗存的时候，张光直先生却根据河姆渡、罗家角等遗址中的动、植物种类的多度形态，分析了河姆渡、马家浜文化的"富裕的食物采集文化"特征，把握了史前人类适应环境的完整形态，

---

① Guy Gibbon, *Anthropological Archaeology*, P183 – 189, Columbia University Press, New York, 1984.

② Guy Gibbon, *Anthropological Archaeology*, P204 – 217, Columbia University Press, New York, 1984.

③ 袁靖:《关于动物考古学的几个问题》,《考古》1994 年 10 期。赵志军:《植物考古学及其新进展》,《考古》, 2005 年 7 期。王建华:《关于人口考古学的几个问题》,《考古》2005 年 9 期。袁靖等:《中国科技考古五十年》,《考古》1999 年 9 期。严文明:《我国稻作起源研究的新进展》,《考古》1997 年 9 期。李水城:《考古所见中国古代小麦的出现与传播》,"古代文化交流与考古学研究国际学术讨论会"演讲论文, 2004 年 9 月北京。

这种系统性认知才是经济考古学所追寻的人群开发资源、文化适应环境的文化生态学理念。[①] 赵志军系统收集、整理了岭南的桂林甑皮岩、资源晓锦、邕宁顶蛳山、英德牛栏洞、曲江石峡等遗址的野生、栽培植物的种类及其编年，发现华南地区不是稻作农业的起源地，而是块茎作物的栽培区。[②] 华南土著民族农耕作物形态的特殊性延续得很晚，汉晋间北方汉人南下就惊讶于土著"不食五谷，而食甘薯"（晋·嵇含《南方草木状》），薯、芋等块根作物也是与华南土著关系密切的东南亚、太平洋"南岛语族"中重要的农业文化内涵。西方经济考古学家在农业与定居聚落起源的研究中发现，东南亚与大洋洲属于"非中心的热带"区域之一，在稻作农业从华南传入之前，已经在"和平文化广谱采集狩猎（Hoabinhian Broad – spectrum Hunting and Gathering Foragers）"经济的基础上，产生了以栽培芋、竹笋等根茎类植物为特征的早期园艺农业。[③] 而现今太平洋群岛"南岛语族"的原始农业的基本作物形态仍为甘薯（南岛语 Kumara，'Uala）、芋头（Kalo）、山薯（淮山）、葛藤根、甘蔗（Ko）、椰果（Niu）、面包树果（Ulu）、香蕉（Mai'a）、葫芦等。[④] 总之，华南民族考古上有许多有趣的经济史课题，目前的发现还只是冰山一角。

（三）社会考古

人类是群居、社会的动物，人群内在与外在的关系模式即社会组织、制度是人类文化的高级层面，社会史的考古学重建就是通过遗迹、遗物空间布局形态的识别来解释人群的社会组织关系。考古人类学家一般是从聚落形态的微观解剖入手，如首先确定人群模式化行为的最小空间、区分空间单位中两性活动的差别、家庭居住遗迹、聚落中不同功能区的划分等，在此基础上探讨人群内在关系的"规则"即社会结构，如婚姻居住形态、亲属关系与世系规则（父系、母系、双系）、个体角色与社会分层，在宏观聚落形态分析的基础上重建社会复杂化引发的政治组织，如国家或非国家的社会等。不同于传统史学从已有的文献描述中"钩沉"社会史，社会史的考古学重建或"社会考古学"取向于人类学的传统，与社会史的民族学重建一样，都是从人群、族群内外的社会关系"现象"中直接观察、评估社会史，只不过考古学面对的是"死的现象"，民族学面对

---

① 张光直：《中国东南海岸的"富裕的食物采集文化"》，载《上海博物馆集刊》第四集，1987年，引自《中国考古学论文集》，生活·读书·新知三联书店1999年。

② 赵志军：《对华南地区原始农业的再认识》，载《华南及东南亚地区史前考古——纪念甑皮岩遗址发掘30周年国际学术研讨会论文集》，文物出版社2006年。

③ Richard MacNeish, *The Origins of Agriculture and Settled Life*, P267 – 272, The University of Oklahoma Press, Norman, 1992.

④ T. Barrow, *Art and Life of Polynesian*, P30, Charles E. Tuttle Company, Inc, Rutland, 1971. Robin Yoko Burningham & Ann Rayson, *Hawaiian Word Book*, P23 – 27, The Bess Press, Honolulu, 1983.

的是"活的现象"。不过，从"死的现象"中发现社会关系史并不是一件容易的事，美国考古学家曾在一项对废弃前、后的印第安人聚落的调查、记录与发掘、重建的对比实验中发现，考古学家面对遗迹所做的常规解释完全误解了这个印第安人群社会组织关系的真实状况。因此，在社会史重建课题上"直接历史法"的民族考古学整合是至关重要的。[①]

在我国，社会考古学有很长的学术史，最具代表性的无非是仰韶文化社会性质讨论和国家文明起源研究。关于仰韶文化社会性质的讨论，考古学者主要是依据元君庙、横阵、半坡、姜寨的仰韶文化墓地多人二次合葬等葬俗和村落、房屋等聚落遗迹的布局形态，分析仰韶文化的社会组织。[②] 在这组"民族考古类比"中，虽然不少学者参照了我国南方佤族、纳西族、黎族等民族志材料，但所重建的社会组织形态多还是摩尔根《古代社会》中所列举的"氏族"、"胞族"、"部落"等美洲印第安人的社会生活模式，因为这些模式被恩格斯《家庭私有制和国家的起源》所引用。苏秉琦先生说"用马克思主义来分析和解释考古材料自然是应当的，可那时又常像穿靴戴帽，终是不能深入肤里。"[③] 汪宁生先生则运用大量民族志阐明，葬俗是一种宗教行为，与社会组织并没有必然的联系，多人二次合葬者常常没有亲属关系，民族考古上的大房子也有各种不同的用途，婚姻、世系与房屋大小也没有必然的联系。[④] 关于文明起源的研究，更是中国百年考古学史上的"显学"，经历了殷墟考古、夏文化探索、大汶口"文明"论争、中国文明"多元起源"与"满天星斗"的讨论，到最近几年大规模的"探源工程"，考古学者着眼于我国早期国家文明的内涵与模式、早期国家社会产生的时间与动力、早期文明的区域关系与中外关系等，展开了大量的研究，无疑促进了中国考古学在古史重建上的深化。[⑤] 最近，陈星灿、刘莉将欧美流行的聚落考古重建社会史的方法引入我国，调查河南伊洛河流域仰韶时代到周代聚落形态的演变，借以了解文明起源核心地带的早期

① Guy Gibbon, *Anthropological Archaeology*, P161－163, Columbia University Press, New York, 1984.
② 西安半坡博物馆：《从仰韶文化半坡类型遗存看母系氏族公社》，《文物》1975 年 12 期。巩启明、严文明：《从姜寨早期村落布局探讨其居民的社会组织结构》，《考古与文物》1981 年 1 期。张忠培：《母权制时期私有制的考察》，《史前研究》1981 年 1 期。吴汝祚：《从墓葬发掘看仰韶文化的社会性质》，《考古》1961 年 12 期。王珍：《略论仰韶文化的对偶婚和群婚》，《考古》1962 年 7 期。张忠培：《关于根据半坡类型的埋葬制度探讨仰韶文化社会制度的问题商榷》，《考古》1962 年 7 期。邵望平：《横阵仰韶文化墓地的性质与葬俗》，《考古》1976 年 3 期。李文杰：《华阴横阵仰韶文化墓地剖析》，《考古》1976 年 3 期。夏之乾：《对仰韶文化多人合葬墓的一点看法》，《考古》1976 年 6 期。王仁湘：《我国新石器时代的二次合葬及其社会性质》，《考古与文物》1982 年 3 期。
③ 苏秉琦：《编者的话》，载《考古学文化论集（1）》，文物出版社 1987 年。
④ 汪宁生：《中国考古发现中的大房子》，《考古学报》1983 年 3 期；《仰韶文化葬俗和社会组织研究——对仰韶文化母系社会说及其方法论的商榷》，《文物》1987 年 4 期。
⑤ 参见中国社会科学院考古研究所等编：《中国文明起源研究要览》，文物出版社 2003 年。

社会复杂化进程，在方法论上具有重要的意义。①

长期以来，由于大一统文化史观的制约，华南土著社会发展史的特殊性没有引起考古学者的足够重视，有关先秦华南土著社会形态、地域文明起源等考古学研究的成果不多。我曾经依据有限的考古资料，分析闽粤桂沿海先秦社会发展的特殊性，主张约当中原编年夏商时期仍处于土著新石器文化封闭发展的简单社会，在西周春秋时期青铜文化初现基础上产生方国文明的萌芽，战国秦汉时期的闽越、南越、西瓯、骆越等"民族国家"是该地区最早的文明社会组织，较中原内地落后1000～1500年。② 美国宾夕法尼亚印第安纳大学人类学系安赋诗（Francis Allard）博士也持续关注关于岭南早期社会的研究，从元龙坡、银山岭、马头岗、鸟蛋山、乌骚岭等大墓资料及罕见贵重器物的出现，探讨土著人群的权力结构与社会复杂化。③ 不过，由于田野资料的不系统性，尤其是与社会组织形态关系密切的聚落遗迹的缺环，土著社会史的考古学研究仍有极大的深化潜力。

（四）认知考古

观念思想史是文化的最深刻层面，是在人们共同体（民族或族群）水平上对宇宙自然、对人类社会的集体认知，体现了特定人群稳定传承的世界观、价值观与族体心理，是人群对付自然与制约社会问题的重要工具。考古人类学家主张，人群的物质文化、社会形态、经济技术内涵并非只是功能主义的需求满足，而且是受世界观制约的自我表现形式，由于观念亚系统的文化属于人群的主观世界，是难以观察和真实把握的，在考古实践中常被回避或处于争议中。但认知考古学还是力图通过物质文化内涵的模式、艺术风格去发现古人的主观世界，通过考古遗存中的祭祀与宗教遗迹、雕塑偶像与绘画艺术、器具建筑物等形态与装饰风格、随葬品与墓碑内容等的研究，获得古人世界观的线索。④

在我国考古学中有不少观念史的探索、研究，张光直先生就中国史前、上古文明中的巫术、宗教、祭祀与王权的发展接连进行探讨，如仰韶文化的舞蹈纹彩陶盆、人首蛙

① 陈星灿、刘莉：《中国文明腹地的社会复杂化进程——伊洛河地区的聚落形态研究》，《考古学报》2003年2期。
② 吴春明：《从考古看华南沿海先秦社会的发展》，《厦门大学学报》1997年1期。
③ Francis Allard, Interaction and Social Complexity in Lingnan during the First Millennium B. C., *Asian Perspectives*, Vol. 33, no. 2, 1994. *Growth and Stability Among Complex Societies in Prehistoric Lingnan*, *Southeast China*, Papers from the Institute of Archaeology, University College London, Vol. 8, 1997. 安赋诗：《岭南青铜时代权力、互动和文化的稳定性》，载《铜鼓与青铜文化的再探索》，民族艺术杂志社1997年。Francis Allard, Prestige Goods and Social Complexity in the Prehistory of Southeast China, "第四届南中国及临近地区古文化国际学术会议——古代香港与东亚"论文，香港中文大学2007年11月。
④ Guy Gibbon, *Anthropological Archaeology*, P169–174, Columbia University Press, New York, 1984.

身纹彩陶壶、巫舞地画等反映了通天地、通人神的巫觋宗教或萨满教，良渚文化贵族墓葬中随葬的玉琮也充当了神巫沟通天地的阶梯，"亚美巫教"代表了包括中国与玛雅在内的环太平洋文化的共同底层等。① 也有学者从墓葬考古线索中探索龙山时代"礼制"的形成及其在文明起源中的意义。② 华南自古"背依华夏，面向南岛"，土著社会观念领域的大量"非我族类"的内涵特征需要通过民族考古调查去发现、研究，如佤族、高山族（泰雅、赛夏、卑南、阿美、排湾、鲁凯、邹族等）、印尼婆罗洲土著等猎头习俗的宗教涵义，东南沿海史前人骨及高山族、壮族、闽粤汉人等民族志中屡见拔牙文化的民族心理，或者"弥高者以为至孝"的崖葬民族的世界观等③，在做物质文化史层面论述的基础上，仍需要探讨其观念方面的意涵。

《汉书·地理志》引臣瓒语："自交趾至会稽七八千里，百越杂处，各有种姓，不得尽云少康之后也。"汉武帝元鼎六年（公元前 111 年）和元封元年（公元前 110 年）相继军事剪灭东、南两越王国，标志着"非我族类"的华南最终纳入华夏、汉为核心的中原王朝政治版图。华南土著民族或遁逃山谷、辗转迁徙，或就地汉化、供奉河洛，民族文化变迁的进程十分复杂，迄今仍在华南非汉民族及"华南汉人"文化上保留着深刻的土著烙印。因此，在重建"他文化"的华南土著民族史、文化史上，民族考古学者还有大量的工作要做。

① 张光直：《仰韶文化的巫觋资料》，原载《中央研究院历史语言研究所集刊》第 64 本，1994 年；《中国古代文明的环太平洋文化底层》，原载《辽海文物学刊》1989 年 2 期，均转引自《中国考古学论文集》，生活·读书·新知三联书店 1999 年；《谈"琮"及其在中国古史上的意义》，原载《文物与考古论集》，文物出版社 1986 年，转引自《中国青铜时代》，生活·读书·新知三联书店 1999 年。

② 高炜：《龙山时代的礼制》，载《庆祝苏秉琦考古五十五年论文集》，文物出版社 1989 年。陈剩勇：《良渚文化的礼制与中华文明的起源》，载《良渚文化研究——纪念良渚文化发现六十周年国际学术讨论会文集》，科学出版社 1999 年。

③ 宋兆麟：《猎头祭谷与出土人头骨》，载《民族文物通论》177 页，紫禁城出版社 2000 年。古野清人：《台湾原住民的祭仪生活》第 348 页，台北原民文化 2000 年。A. C. Haddon，《南洋猎头民族考察记》第 20 页，商务印书馆 1990 年。杨式挺：《略论我国东南沿海史前居民的拔牙习俗》，载《越文化实勘研究论文集》，中华书局 2005 年。吴春明：《中国南方崖葬的类型学考察》，《考古学报》1999 年 3 期。

第三编 "岛夷卉服,厥篚织贝"
——土著海洋文化印象

"淮海惟扬州。……岛夷卉服。厥篚织贝,厥包橘柚,锡贡。"

——《尚书·禹贡》

"(盘瓠)织绩木皮,染以草实,好五色衣服,制裁皆有尾形。……衣裳斑阑,语言侏离。……其后滋蔓,号曰蛮夷。"

——《后汉书·南蛮传》

"仲雍嗣之,断发文身,裸以为饰,岂礼也哉。"

——《春秋左传》"哀公七年"

"夫越性脆而愚,水行而山处,以船为车,以楫为马,往若飘风,去则难从。"

——《越绝书·越绝外传记地传》

在东亚民族关系史的总体趋势中,随着古代"中国"对"四方"、"万国"文化的渗透、融合,"东南方"百越土著乃至南岛海洋世界的社会人文也不断映入华夏、汉人的视野中。"衣冠"华夏遭遇岛夷"卉服",中原"文明"面对越濮"裸国",车马民族不能"舟楫之利",百越、南岛土著海洋文化景象惊现汉文史籍。考古学以地下出土实物资料为依据,民族学以"文化相对论"的"主位观察"为手段,为实证地"发现"百越、南岛土著民族的历史文化提供了相对客观的手段。除了固有的东南沿海史前、早期古文化田野考古之外,从台湾山地原住民到黔东南苗侗村寨,从原始宗教神话到树皮打布工艺,从华南子母船到太平洋边架艇,民族考古清晰地再现了百越、南岛海洋文化片段。

"岛夷卉服"、"织绩木皮"的民族考古新证[*]

　　斑斓复杂的服饰形态是人类物质文化史的重要组成部分，也是认识不同族群文化差别与交流的重要民族志文化因素。从进化论的立场来说，人类早期的服饰艺术是应该从无纺织阶段的草叶、树皮、兽皮等制品开始，发展到纤维纺线、经纬结构的编织制品。但从文化圈的角度看，纺织服饰和树皮布、兽皮衣等体现了不同区域服饰传统和民族文化的差别。在亚太族群文化体系中，以中原北方为中心的东亚大部，棉、麻、丝、毛等四大纤维材料纺织而成的古代服饰文化源远流长，是华夏、汉民族"衣冠文化"的典型代表。而在华南沿海、东南亚和太平洋群岛上，土著民族的树皮布文化特征鲜明，是百越先民和南岛语族共同的文化遗产。[①]

　　在华夏、汉民人文的早期视野中，古代华南土著的服饰文化与"华夏衣冠"迥异。《禹贡·九州》说扬州"岛夷卉服，厥篚织贝"，《后汉书·南蛮传》说"盘瓠"子孙"织绩木皮，染以草实"，唐宋以来史籍屡有"绩木皮为布"、"织树为布"等记载，说的都是华南土著先民独特的服饰文化传统。作为中原华夏民族的"他文化"，华南民族树皮布文化内涵和工艺技术在汉文史籍中只有零星的只言片语，缺乏周详的技术形态与内涵描述，而史前和早期历史时代的树皮布遗存难于在考古遗存中保存下来，因此残存于华南、东南亚和太平洋土著民族志上的树皮布技术工艺就成为重建树皮布文化史的重要依据。本文拟初步梳理汉文史籍中东南土著树皮布文化发展的线索，结合笔者最近在台湾阿美族都兰部落调查到的一组树皮布制作工艺，联系云南傣族、海南黎族、越南Bru – Van Kieu 人及西萨摩亚土著同类民族志，辅之树皮布石拍的考古类型学研究，复原数千年来亚太南部土著"岛夷卉服"、"织绩木皮"的文化史。

---

[*]　教育部人文社会科学重点研究基地重大项目"台湾原住民研究"（2006JJDGAT002）课题成果，是在 2008 年 11 月提交福州举行的"海峡两岸传统文化艺术理论研讨会"论文《台湾阿美族的"织树为布"工艺及其文化史意义》（刊于《广西民族研究》2009 年 3 期）基础上增补修改而成的，刊于《厦门大学学报》2010 年 1 期。

[①]　凌纯声：《树皮布印文陶与造纸印刷术发明》，台北《民族学研究所专刊》第三号，1963 年。

一　东南"岛夷卉服"、"织绩木皮"

在以"华夏中国—四方万国"为特征的古代东亚民族"多元一体"的关系框架中，伴随着古代"中国"对"四方"、"万国"文化的不断渗透、融合，中原华夏、汉民人文视野中的"东南方"、"扬州"的认知也得以深入、扩展，自上古迄于明清，从江南至于岭南，乃至邻近的东南亚半岛。古代"南蛮"或越、濮系土著的"岛夷卉服"、"织绩木皮"屡见于汉文史籍，在"衣冠华夏"充满"优越"的民族中心主义色彩的话语中，我们看到了南方土著民族服饰文化的一段重要历史。

《尚书·禹贡》载"九州"风土人文，"岛夷卉服"是最特殊的一项。"淮海惟扬州。彭蠡既猪，阳鸟攸居。三江既入，震泽底定。筱簜既敷，厥草惟夭，厥木惟乔。厥土惟涂泥。厥田惟下下，厥赋下上，上错。厥贡惟金三品，瑶、琨、筱簜、齿、革、羽、毛惟木。岛夷卉服。厥篚织贝，厥包桔柚，锡贡。沿于江、海，达于淮、泗。"对于东南扬州的"岛夷卉服，厥篚织贝"，顾颉刚注"卉服，孔颖达说即草服，南方居亚热带，岛民以草编织成衣服"。就是说，上古东南土著着"树皮草服"。

《后汉书·南蛮传》谈到南蛮图腾，也有"织绩木皮"之语。"昔高辛氏有犬戎之寇。……时帝有畜狗，其毛五彩，名曰盘瓠。……织绩木皮，染以草实，好五色衣服，制裁皆有尾形。……衣裳斑阑，语言侏离。好入山壑，不乐平旷，帝顺其意，赐以名山广泽。其后滋蔓，号曰蛮夷。"南蛮的"织绩木皮，染以草实"，与"岛夷卉服"应是一脉相承的文化内容。

《史记·越王句践世家》载："越王句践，其先禹之苗裔，而夏后帝少康之庶子也。封于会稽，以奉守禹之祀。文身断发，披草莱而邑焉。"这里的"披草莱而邑焉"，显然说越王句践也不是"衣冠华夏"。

在整个中古时期，南方许多土著都以织树皮著称。《太平御览》卷八二○引顾微《广州记》："阿林县有勾芒木，俚人斫其大树，半断，新条更生，取其皮，绩以为布，软滑甚好。"明邝露《赤雅·卉服》说"南方草木可衣者曰卉服。绩其皮者，有勾芒布、红蕉布、弱锡衣苎麻所谓。"也印证了前引《禹贡·九州》之"岛夷卉服"就是土著树皮布。

产树皮布最著名的族群是海南、台湾两岛上的土著。宋《太平寰宇记》卷一百六十九"儋州"条引："《山海经》曰儋耳，即离耳也。……俗呼山岭为黎，人居其间，号曰生黎。杀行人，取齿牙贯之于顶，以显骁勇。有刀未尝离手，弓以竹为弦。绩木皮为布，尚文身，豪富文多，贫贱文少，但看文字多少以别贵贱。""琼州"条载："有夷人，无城郭，殊异居，非译语难辨其言，不知礼法，须以威服，号曰生黎。巢居洞深，绩木皮为衣，以木棉为毯。""儋耳国"、"雕题国"属于"骆越"一支，是海南岛上古土著，中古以来以"黎"、"黎峒"著称，《山海经·海内南经》载："离耳国、雕题国、北胸国，皆在郁水南，郁水出湘陵南海。"晋郭璞注记"馊离其中，分令下垂以为饰，即儋耳也。在朱崖海渚中。"上述记载明确海南土著有树皮布文化。佐证还有，元《文献通考》卷三百三十一"黎峒"载："黎峒唐故琼管之地，在大海，南距雷州，泛海一日而至，其地有黎母山，黎人居焉。旧说五岭之南，人杂夷獠，铢崖环海，豪富兼并，役属贫弱。妇人服缌缏，绩木皮为布。"清顾炎武《天下郡国利病书》第二十九册"广东下"说："黎人的短衣名黎桶或即树皮布所制。"

台湾土著制作树皮布，最早见于隋唐时期的文献。《太平御览》卷八二〇引杜宝的《大业拾遗录》："七年十二月，朱宽征留仇国还，获男女口千余人，并杂物产，与中国多不同。缉木皮为布，甚细白，幅阔三尺二寸，亦有细斑布，幅扩一尺许。"几乎类似的记载见于《太平广记》卷四百八十二《蛮夷三·留仇国》、张鷟《朝野金载》，都是说朱宽大军在台湾看到土著民生产的"缉木皮为布"、"细斑布"与中土华夏不同。凌纯声先生认为朱宽看到的"缉木皮为布"、"细斑布"两种都是树皮布，并把"细斑布"上溯到三国时期沈莹《临海水土志》"夷州"所记的"亦作斑文布，刻画其内"，恐有不据。但"缉木皮为布"显然就是树皮布。

随着汉人东渡开发台湾，台湾原住民的"织树为布"文化更广泛地见载于明清以来的汉文采风民族志上。早期迁台的汉族移民常常看到披着草裙、树皮的山地"番族"景观，讶异于原住民"织树为布"的"化外人文"，并饶有兴趣地记录在游记史志中。陈第《东番记》就说："冬夏不衣，妇女结草裙，微蔽下体而已。"郁永河在《稗海纪游》中谈到裸番在冬天包裹的番毯就是用树皮制成，"男女夏则裸体，惟私处围三尺布，冬寒以番毯为单衣，毯缉树皮杂犬毛为之。"[①]《诸罗县志》卷八"风俗志·番俗"："半线以上多揉树皮为裙，白如苎。……达戈纹出水沙连，如毯，紵杂树皮成之，色莹白。斜纹间以赭黛，长不竟床。出南路各社者皆灰色，有砖纹或方胜纹者，长亦如之。番以被体，汉人则以为衣包，颇坚致。"《皇清职贡图》卷三所载多支台湾原住民支系都有树皮文化，如"诸罗县诸罗等社熟番"载："男番首插雉尾，以树皮绩为长衫，夏常裸体。""凤山县山猪毛等社归化生番"载："其居择险隘处叠石片为屋，无异穴处，男女披发裸身，或以鹿皮蔽体，富者偶用番锦嗶吱之属，能绩树为布。""彰化水沙莲等社归化生番"载："盖藏饶裕，身披鹿皮，织树皮，横联之间有著布衫者。""彰化县内山生番"语："巢居穴处，茹毛饮血，裸体不知寒暑。……番妇针刺两颐如网巾纹，亦能绩树皮为斸。"又"淡水右乃武等社生番"语："生番倚山而居，男女俱裸，或联鹿皮，缉木叶为衣。"

---

① 郁永河：《稗海纪游》卷下第 33 页，"台湾文献丛刊"第 44 种，"台湾文献史料丛刊"第七辑，台北大通书局 1984 年。

　　此外，汉晋以来许多南下的航海家也目睹了印尼群岛、泰国等地土著的树皮布文化。东南亚的土著民族错综复杂，但与华南濮、越文化关系密切，东南亚地区的"剥取树皮，纺织作布"与华南土著的树皮布文化的分布空间相连，内涵无异，从文化史的宏观立场来说应属于同一个服饰技术系统。

　　印尼群岛的树皮布文化见于《通典》卷一八八"边防四·南蛮下·火山"引三国吴康泰、朱应《扶南土俗传》："火洲在马五洲之东……诸左右洲人以春月取其木皮，绩以为布……又有加营国北、诸簿国西，山周三百里……人以三月至此山，取木皮绩为火综布。"①《太平御览》卷八二〇引《抱朴子》："海中肃丘有自生火，常以春起而秋灭。丘方十里，当火起满洲，洲上纯生一种木……夷人取此木华绩以为布。其木皮赤，剥以灰煮治以为布，但粗不及华，俱可以火浣。"

　　泰国古曰"扶南"，树皮织布文化见载于《梁书·扶南国传》："又传扶南东界即大涨海，海中有大洲，洲上有诸簿国，国东有马五洲，复东行涨海千余里，至自然大洲。其上有树生火中，洲左近人剥取其皮，纺绩作布，极得数尺，以为手巾，与焦麻无异。"

　　总之，汉文史籍中的华南、东南亚的"南蛮"或"濮"、"越"系土著的树皮布文化确与中原北方的衣冠文化截然不同。土著民族缺乏自身的文献历史，华夏、汉人话语下的土著"织绩木皮"常伴随着"断发文身"、"披发裸身"、"巢居穴处"、"茹毛饮血"等华夏视野中"野蛮"、"落后"的文化，虽然充满了强烈的汉族中心主义，但却是从历史文本上认识华南土著服饰文化史的唯一途径。实际上，汉文史籍所记载的南方土著树皮布文化，是伴随着华夏、汉人南迁的脚步及汉越、汉番文化融合的进程的，因此"岛夷卉服"、"织绩木皮"只"存在于"古代华夏、汉民文化曾波及的华南与东南亚。现代民族志与考古资料显示，亚太树皮布文化的分布还不仅于此，华南、东南亚和太平洋土著都有明确的树皮布文化。

二　华南、东南亚与太平洋土著民族志上的树皮布工艺

　　从上古"岛夷卉服"到清代台湾原住民的"织树为布"，以及东南亚土著"剥取其（树）皮，纺织做布"，大致反映了汉民人文视野中的古代华南、东南亚树皮布文化的历史变迁。但南方土著树皮布，只是华夏、汉民族视野中的"他文化"，"残存"于台湾阿美族、云南傣族、海南黎族、越南 Bru – Van Kieu 人及太平洋西萨摩亚岛等土著社会的树皮布工艺，真实地再现了这一特殊文化的内涵形态。

　　台湾原住民残存的树皮布文化屡见于现代民族志，20 世纪 30 年代林惠祥教授看到的台湾原住民服饰就有麻布、兽皮、树皮三类，其中树皮有椰树皮、芭蕉皮等。在刘其伟先

---

① 　火洲、加营国在印尼群岛，参见陈佳荣编：《外国传》第 23 页，香港海外交通史学会 2006 年。

生编著的台湾土著物质文化史中，仍看到"台湾各原住民往昔的衣料，多为自制的手织麻布或芭蕉布，但也有以皮革为衣的"。[①] 1948 年，凌曼立在花莲县马太鞍社调查到，阿美族头目何有柯（Unak Tabon）年少时还见过制作树皮布，他们以楮树为原料，使用大型石刀砍伐原料、小型石片刀和番刀剥取树皮、卵形石锤和各种形状规格的木棒打制树皮布，最后缝制成树皮布头巾、无袖外衣、套袖、长裙、腰裙、前遮、被服、垫褥、背带等树皮布制品，这是近代台湾民族志中最详尽的一个树皮布文化个案。[②]

2008 年夏，笔者到台湾山地做了一个月的原住民部落文化探访，相继调查了台中、南投、嘉义、台南、高雄、屏东、台东、花莲、宜兰、台北、苗栗等县的泰雅、邵、布农、邹、排湾、鲁凯、卑南、雅美、阿美、赛夏等 10 个台湾山地原住民族群的 35 个聚落，寻访原住民各族群文化的历史与现状。从祖灵老屋到男子会所，从聚落墓地到旧社遗址，从八部合音到丰年节庆，这次山地之行虽然短暂，但总算较系统地概览了原住民社会文化的方方面面，不乏许多民族志的新发现。其中，在台东县东河乡都兰部落看到的阿美族树皮布制作工艺，就是其中重要的一项。

都兰（Adulan、Etolan）部落的名称源于'atol，意即"堆石"、"石墙"、"叠石墙"，位于都兰山东侧，部落人口有四百余户近一千五百人，是一个阿美族的传统大部落。聚落西侧就是著名的都兰遗址，发现了包括石棺、石壁在内的十八处麒麟文化巨石遗迹，它被阿美族视为族群文化的发祥地，应就是"都兰"部落名称的由来。都兰部落族人隶属阿美族卑南群，祖先发源于知本南边的 Arapanay，先后迁徙到初鹿、长滨、新港等地，最后落脚都兰村。

树皮打布工艺见于一个叫"巴奈达力功坊"（Panay Talikong Fang）的原住民传统工艺作坊，创办人巴奈（Panay）是都兰部落的首领之一。在作坊及他们家设立的传统工艺品陈列室，巴奈向我们展示了阿美族树皮布成品和制作树皮布的全过程（图一）：

第一，选择树材。阿美族常选用一种称为"落浪"（Rolang）的树木作为制作树皮布的原料，实际上就是构树，学名 Broussonetia papyrifera，桑科构树属，俗称构桃树、楮树、楮实子、沙纸树、谷树、谷浆树、奶树等，是一种常见于华南及东南亚、太平洋群岛中低海拔地区的落叶乔木，在台东山地随处可见。阿美族还选用一种原语称为"约那"（Yono）的树木，学名 Ficus superba，俗名鸟榕、赤榕，是一种热带落叶乔木。这两种树都有很好的纤维延展性，适合打制树皮布。找到打布的树材后，就要砍伐切割

---

① 林惠祥：《台湾番族之原始文化》上篇第三，《中央研究院社会科学研究所专刊》第三号，1930 年。刘其伟：《台湾原住民文化艺术》第 124 页，台湾雄狮图书 2004 年第八版。

② 凌曼立：《台湾与环太平洋的树皮布文化》，载《树皮布印文陶与造纸印刷术发明》，第 211～249 页，台北《民族学研究所专刊》第三号，1963 年。

图一　阿美族长老巴奈（Panay）的树皮布打制工艺流程

（2008 年 8 月拍摄）

成合适制作的尺寸。

第二，剥取树皮。用木槌敲打树材表皮，使得树皮松动，这样就很容易将树皮从树材上剥落下来。

第三，浸泡树皮。将剥下的树皮放在水中浸泡，使得树皮更具有延展性、柔软性，以利于锤打。

第四，锤打树皮。将浸泡过的树皮平展在树墩做成的案台上，用不同形状、大小和锤面刻划有网格纹、重圈纹等各种几何纹样的铁锤反复锤打，去除树皮中的树脂，延展、整合树皮中的纤维，形成较之树皮原材面积更大、柔软的树皮布。

第五，裁缝服饰。树皮布打制完成后，成为制作各种服饰、衣帽的布料，巴奈原住民工艺作坊中已完成的树皮布制品有各种上衣、裤子、帽子、包袋等。由于民族文化的变迁，阿美族日常生活中早已不再穿着树皮布制品，树皮布制品主要作为民族工艺品出售给旅游观光者。

阿美族是分布于台湾东海岸山地的一支原住民族群，巴奈长老的这一套树皮打布工艺，是迄今台湾原住民社群中仅见的树皮布文化，对于认识台湾乃至整个亚太地区历史上树皮布文化的内涵、发展，是十分珍贵的民族志资料。当然，巴奈长老所掌握的这一"织绩木皮"工艺并非自古传承、延续下来的文化，而是近年来台湾地区"原住民运动"背景下，原住民族群在反动"日据"时代的"皇民化"和"光复"以来的"山地平地化"造成的原住民传统文化流失的抗争中，谋求原住民文化传统的复兴与重建的产物。但是，据笔者的调查，阿美族树皮布文化的再造还是有其历史文化根源的，都兰阿美族部落首领巴奈说他小时候就听他爷爷说过制作和穿戴树皮布服饰的事，这也与前文所述清代汉人采风民族志所记载的台湾番族"织树为布"、"揉树皮为裙"的历史相吻合。

除了台湾阿美族外，华南大陆也有多处树皮布文化的残存。川滇黔高原所在西南地区自古是濮越杂处之地，越人支系庞杂，滇越、夷越、腾越等相继活动于这一带，随着汉晋以后西瓯、骆越等支系的西迁，西南越人后裔相继发展演变，成为当代之傣、布依、侗、水、壮等壮侗（壮傣）语族各民族文化，他们包含了大量的百越民族特有文化的积淀，云南西双版纳傣族树皮布文化就是其中之一。据西双版纳博物馆的调查，傣族是华南大陆保存完整树皮布工艺的少数族群之一，傣人在选好构树段后，用特殊的木锄将树皮缓缓剥下来，之后用大型木锤锤打树皮，锤打过程中不断淋水于树皮之上，直到将树皮拍打成柔软、延展的树皮布，并缝制成帽子、衣服、裤子、毡子、坐垫、被子等丰富的树皮布产品（图二）。①

在近现代民族志上，海南黎族的树皮布文化仍见于三亚、五指山、东方、琼中、保亭、陵水、乐东、昌江、白沙等县市。黎族的树皮布又称纳布、楮皮布、谷

①　云南景洪西双版纳博物馆陈列所见。

图二　云南西双版纳傣族的树皮布服饰

（云南西双版纳博物馆藏品）

皮布等，制作树皮布的主要步骤是扒树皮、修整、将树皮放在水中浸泡脱胶、漂洗、晒干、锤打成片状和缝制，树皮布可剪裁缝制枕头、被子、帽子、上衣、裙子等。在陵水、保亭、通什、白沙、昌江等县市的黎族博物馆都陈列有黎族人民制作的树皮布制品。

　　越南是东南亚半岛少数保存树皮布工艺民族志的地区之一。越南的 50 个民族中，绝大多数为越芒语族，其中京（越）族人口将近 90%，为古代百越一支骆越民族的后裔，居于越南中北部，此外中南部还有南岛语系的印度尼西亚语族的占人。树皮布工艺见于中部山地民族布鲁—云侨族（Bru - Van Kieu），属于南亚语系的猛高棉语族。布鲁—云侨族的树皮打布工艺与傣族非常类似，这里的土著人用刀背将树皮从树材剥下来后，要在水中浸泡 10 天，然后晾干，再拍打成柔软的树皮，之后树皮布被裁缝成各种需要的帽子、服饰（图三）。[①]

　　迄今世界上最精美、最充分发展的树皮布文化内涵，应该是太平洋上美拉尼西亚、波利尼西亚土著南岛语族的树皮布。南岛语族的树皮布制作工艺保存得相当晚近，

图三　越南中部山地 Bru - Van Kieu 人的树皮布

（引自 Bao Tang Dan Toc Hoc Vietnam, *Dai Gia Dinh Cac Dam Toc Viet Nam*, Nha Xuat Ban Jiao Duc, 2006）

---

① 笔者在越南河内越南"国立民族学博物学博物馆"陈列所见资料。并见 P. 14 - 15，（越南国立民族学博物馆编《越南民族大家庭》第 14 ~ 15，越南教育出版社 2006 年）。Nguyen Van Huy, *The Cultural Mosaic of Ethnic Groups in Vietnam*, P19 - 22, Education Publishing House of Vietnam, 2004（阮文惠编《越南民族文化集萃》第 19 ~ 22 页，越南教育出版社 2004 年）。

新西兰奥克兰博物馆的民族学家 Roger Neich 与 Mike Pendergrast 于 1980 年还在西萨摩亚群岛上调查记录了土著妇人 Totoa Fagai 制作树皮布的精彩画面（图四）。西萨摩亚人树皮打布的首选树材也是 Broussonetia papyrifera（构树），也有少数使用 Breadfruit/Arto-carpus（面包树）和 Banyan/Wild Ficus（野生榕）的。制作树皮布时，Totoa Fagai 将构树段上的树皮剥下来，用刀片和贝壳刮去树皮外皮保留内侧纤维层，然后将树皮平置于木墩上，用刻划有各种几何纹的木拍（图五）用力敲打，直到打出一片柔软的树皮布，打制成的树皮布再置于涂有红色颜料、刻有各种几何纹样的木印模板 Apeti 上印出精美的纹样。太平洋树皮布文化的完善与精美，充分表现在树皮布服饰的类型和纹样上，纹样多数取材自然因素，如平行线、方格、网格、米格、曲折、水波、三角填平行线、方格填三角、回纹填菱格、树枝形、蕉叶形、四至八瓣花瓣纹、四或八叶涡旋纹、太阳纹等，

图四　西萨摩亚群岛土著妇人 Totoa Fagai 的树皮布制作过程

（引自 R. Neich and M. Pendergrast, *Pacific Tapa*, University of Hawaii Press, 1997）

图五　西萨摩亚妇人 Totoa Fagai 印制树皮布花纹的木刻模板

少量飞鸟、走兽、游鱼形象，多繁复的组合图案。树皮布服饰没有复杂的裁剪和款式设计，自然流露的朴实、纯美是该服饰文化的内在魅力。①

在 17 世纪以来西方航海家、传教士和人类学家进入太平洋群岛之前，树皮布、草裙

图六　美国夏威夷 Bishop 博物馆
陈列的太平洋土著树皮布套装
（2006 年 9 月拍摄）

及羽毛、贝壳装饰是南岛语族土著社会唯一的服饰形态，这一服饰文化延续了相当长一段时间，包括土著社会的上层都保留这一重要的传统文化，相继出现于欧洲画师、摄影师的作品中。如美国夏威夷 Bishop 博物馆藏一幅斐济女子制作树皮布围裙的图片（图六），与当代西萨摩亚等地尚存的树皮布打制、印花技术（图七）完全一致。美国夏威夷火奴鲁鲁艺术馆还收藏一幅 1816 ~ 1817 年间 Louis Choris 画作的夏威夷国王 Kamehameha I 世之妻 Kaahumanu 之像（图八），Kaahumanu 皇后下身穿着精美几何纹的树皮布围裙，优雅大方。新西兰 Dunedin 博物馆藏一幅拍摄于 1859 年的老照片，画面是一对汤加青年酋长夫妇，下身同样围着精美大方的几何纹树皮裙。英国伦敦一出版商收藏的一幅 19 世纪末的斐济武士老照片，身着树皮衣、手握武士棒。②在萨摩亚首都阿皮亚（Apia）的老照相

①　Roger Neich and Mike Pendergrast，*Pacific Tapa*，P12 - 15，University of Hawaii Press，1997.

②　T. Barrow，*The Art and Life of Polynesian*，P31、64、83、85，Charles E. Tuttle Company，Inc，1972.

图七 西萨摩亚土著的印花树皮布

（引自 R. Neich and M. Pendergrast, *Pacific Tapa*, University of Hawaii Press, 1997）

图八 身着树皮布裙的夏威夷国王 Kamehameha I 世之妻 Kaahumanu

（美国夏威夷火奴鲁鲁艺术馆藏 1816～1817 年间 Louis Choris 画作，引自 T. Barrow, *The Art and Life of Polynesian*, Charles E. Tuttle Company, Inc, 1972.）

馆中，藏有一幅 19 世纪末萨摩亚少女的美丽肖像照，也着一件精美的几何纹印花树皮布裙。[①]

由上可见，华南、东南亚和太平洋土著树皮布文化在当代民族志上还有充分的"残余"，阿美族、傣族、黎族、布鲁—云侨族、南岛语族等树皮布文化从树材选择、工具形态、剥皮打布、裁缝服饰等环节，都有基本的共性，又同处于古代百越—南岛土著文化共同体范围内，印证了汉文史籍所载"南蛮"民族之"岛夷卉服"、"织绩木皮"的统一性。当然，上述树皮布民族志文化间还有相当的差别，表现在阿美族、傣族、黎族、布鲁—云侨族等东亚土著树皮布制品的简朴、粗陋、原始，以及太平洋南岛语族树皮布文化的繁复、精细和成熟特点，正反映了树皮布文化从亚洲东南海岸地带产生、向东南亚和太平洋群岛地带传播、发展的逻辑进程。

三　树皮布石拍的考古发现与研究

树皮布作为一类特殊的物质文化，在考古遗址中难于保存、难于发现，考古学者认识、重建亚太地区史前、上古树皮布文化，主要是通过树皮布的制作工具的研究，即树皮布石拍的识别、其类型学和年代学研究。

最初的树皮布石拍是法国考古学家科拉尼（M. Colani）在中南半岛的史前遗址中识别出来的，之后美国考古学者拜雅（H. Otley Beyer）等在菲律宾八塔雁（Batangas）、Rizal、Bulakan、Cavit、Cebu 南部、Cotabato 等地的新石器时代晚期遗址发现了相似的石拍。根据拜雅的研究，菲律宾的树皮布石拍有三种类型：直背形带柄石拍、凸角形带柄石拍和无柄形石拍，他认为无柄石拍年代晚于带柄石拍。其中背部凸角的带柄石拍是菲律宾特有的，被称为"菲律宾型的树皮布石拍"。[②]

华南树皮布石拍的发现是从台湾的史前考古开始的。早在"日据"时代，日本考古学者移川子之藏、宫本延人就在基隆和苏澳新城遗址发现一种刻有平行凹槽的板岩制打棒，称为"有槽打棒"、"菜刀型打棒"，因与原住民布农族制作印纹陶器的木拍相似，一度被解释成印陶纹的陶拍。之后，鹿野忠雄将这类石器与菲律宾同类石器比较，确定其"树皮衣料打棒"的性质，就是锤打树皮布的工具。[③] 此后，凌纯声在华南及东南亚树皮布文化的研究中，也相继确认了台湾淡水嵌顶、台北圆山、台中大甲水尾溪、

---

① Roger Neich and Mike Pendergrast, *Pacific Tapa*, P11, University of Hawaii Press, 1997.

② H. Otley Beyer, *Philippine and East Asian Archaeology*, P. 58 – 61, National Research Council of the Philippines, Bulletin 29, University of the Philippines, 1948.

③ 鹿野忠雄著：《东南亚细亚民族学先史学研究》上册，1946 年日本矢岛书房原版，1995 年台湾南天书局再版，第 313~321 页。宋文薰译本：《台湾考古学民族学概观》，台湾省文献委员会 1955 年版，第 36~39 页。

高雄小岗山、台东卑南等史前遗址考古发现的"树皮布石打棒"、"树皮布石拍"的功能。[①]"光复"以来，这类石拍在台湾史前遗址中又有不少的发现，连照美曾全面收集、整理这类"有槽石棒"23件，其中带柄13件、无柄8件、碎片2件，不过她对这类石器的功能持谨慎的态度，认为在有充分的考古资料证实这类石器的确实用途之前，不宜称为"树皮衣料打棒"或"石制印陶纹器"。[②]

在华南大陆，树皮布石拍遗存集中发现于浙、闽、粤、港等沿海地区。凌纯声指出，上个世纪30年代在浙江杭州良渚、古荡及50年代在福建光泽等地"新石器时代"遗址中相继发现的树皮布石拍，分别属于带柄直背形、带柄厨刀形、装柄形，并认为这些石拍均属于没有刻槽的素面石拍，应早于台湾和菲律宾发现的同型树皮布打棒。[③] 根据笔者掌握的资料，最近十多年在闽南平和扳仔乡黄乾山、南安土地公垵山等"商周时期"遗址中，还相继发现了圆角方形刻槽的装柄形树皮布石拍。广东沿海是树皮布石拍发现最集中的地方，根据邓聪的整理研究，在香港万角嘴、虎地湾、涌浪、广东深圳大梅沙、大黄沙、咸头岭、珠海草堂湾、拱北、中山龙穴、水涌、下沙等距今五六千年的新石器时代大湾文化中，相继发现了（长）方形、菱形、圆形、亚腰形等形态各异的装柄形刻槽石拍。[④]

此外，继上世纪初科拉尼的开创性发现之后，上个世纪60年代以来在中南半岛新石器时代以来的遗址中，不断有树皮布石拍的新发现。在越南北部的冯原文化中，相继发现19件两面刻槽的长方形装柄型石拍，曾被误解为"有沟的砺石"，越南著名考古学家何文瑨近年相信这类石拍就是树皮布工具。[⑤] 在泰国发现的8件树皮布石拍，都属于长方形的带柄刻槽石拍，年代从史前时代延续到历史时期。[⑥]

总之，在迄今为止的亚太地区考古中，树皮布石拍有了更进一步的发现，其空间分布与汉文史籍所见华南、东南亚土著民族历史上的树皮布工艺的空间分布基本吻合。在源流与编年上，邓聪根据东南亚和太平洋民族志上树皮布打棒的形态功能，将华南和东南亚考古发现的树皮打布石拍分成复合型（即装柄型，图九）和棍棒型（即带柄型，图一〇）

① 凌纯声：《华南与东南亚及中美洲的树皮布石打棒》，载《树皮布印文陶与造纸印刷术发明》，台北《民族学研究所专刊》第三号，1963年，第185～187页。

② 连照美：《台湾的有槽石棒》，《大陆杂志》第58卷4期（1979年）。

③ 凌纯声：《华南与东南亚及中美洲的树皮布石打棒》，载《树皮布印文陶与造纸印刷术发明》，台北《民族学研究所专刊》第三号，1963年，第188～190页。

④ 邓聪：《香港古代树皮布文化的发现及其意义浅释》，《东南文化》1999年1期；《史前蒙古人种海洋扩散研究——岭南树皮布文化发现及其意义》，《东南文化》2000年1期；《从二重证据法论史前石拍的功能》，《东南考古研究》第三辑，厦门大学出版社2003年。

⑤ 何文瑨：《关于冯原文化遗址中的一些所谓"石拍"》，载《东南亚考古研究》第三辑，厦门大学出版社2003年。

⑥ Amara Srisuchat：《泰国的树皮布石拍》，载《东南亚考古研究》第三辑，厦门大学出版社2003年。

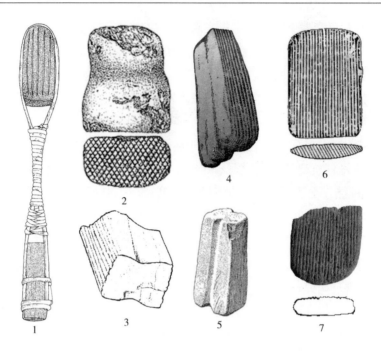

图九　华南、东南史前考古发现的复合型树皮打布石拍

1. 苏拉威西民族志上复合型石拍装柄法　2. 泰国素叻他尼府　3. 越南冯原文化 Go Bong 遗址　4. 台湾台南白水溪　5. 菲律宾宿务6. 广东珠江口　7. 福建南安土地公坡山

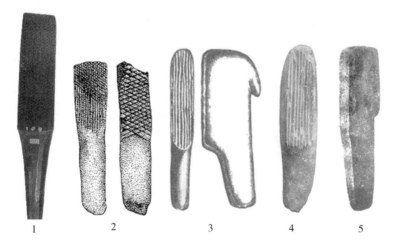

图一〇　华南、东南亚史前考古发现的棍棒型树皮打布石拍

1. 太平洋民族志　2. 泰国那空足贪玛叻府　3. 菲律宾吕宋　4. 中国台湾大坌坑　5. 中国杭州良渚

两类，依据考古出土的地层和年代学资料，提出这一地区史前树皮布打棒从复合型发生、向棍棒型发展的序列。最早的树皮布石拍是环珠江口距今 6000～5000 年前的大湾文化，之后向南传播到越南北部距今 4000～3500 年间的冯原文化，距今 3500 年前后的泰国及马来半岛，菲律宾、台湾等地不超过距今 3500 年，大洋洲岛屿在距今 3500 年之后。①树皮打布石拍的发现与编年研究，不但从考古实物资料的角度再现了华南、东南亚土著树皮布文化的内涵，而且石拍的编年所反映的树皮布文化的华南起源、东南亚和太平洋群岛传播扩散，还印证了华南百越先民与太平洋南岛语族的民族关系史。

　　太平洋群岛是华南树皮布文化在亚太海洋地带传播的远端，与华南、东南亚考古发现的大量树皮打布石拍有别的是，太平洋土著使用的树皮布打棒多是坚硬木材加工成的，形态上同于前述棍棒带柄型石拍。考古发现太平洋最古老的树皮布文化遗存是波利尼西亚上法属社会群岛 Huahine 岛上距今 1100～700 年遗址中的树皮布木拍，新西兰的 Waikato 也发现了距今 400～300 年的树皮布木拍。② 美国夏威夷 Bishop 博物馆收藏大量这类棍棒型树皮打布木棒（图一一），刻划有网格纹、条纹、叶脉纹、曲折纹等各类几何纹样，与太平洋土著树皮布上精美的印花图案完全吻合。

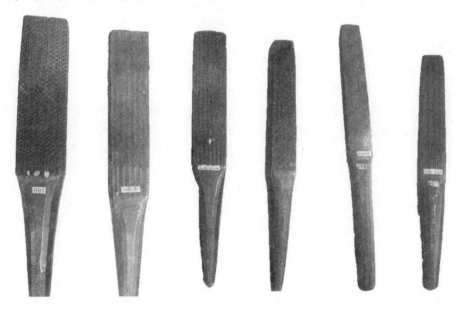

图一一　美国夏威夷 Bishop 博物馆藏太平洋土著树皮打布木拍

（2006 年 9 月拍摄）

---

① 邓聪：《史前蒙古人种海洋扩散研究——岭南树皮布文化发现及其意义》，《东南文化》2000 年 1 期；《从二重证据法论史前石拍的功能》，《东南考古研究》第三辑，厦门大学出版社 2003 年。

② Roger Neich and Mike Pendergrast, *Pacific Tapa*, P9 - 15, University of Hawaii Press, 1997.

　　总之，经纬结构的纺织品与无纺形态的树皮布是人类服饰艺术史的两大系统，无纺树皮布文化起源、发展的中心在华南、东南亚至太平洋群岛，是百越先民和南岛语族共同的文化遗产。从华夏人文视野中"岛夷卉服"、"织绩木皮"之零星印记，到近代民族志之阿美族、傣族、黎族、Bru – Van Kieu 人及南岛语族残存的树皮布制作工艺，以及树皮布石（木）拍的考古发现与研究，塑造了亚太南部海洋地带的"百越—南岛"土著树皮布文化圈。

华南与太平洋间"裸国"印象*

在华南、东南亚、太平洋土著先民的装饰艺术中，拔牙、断发、文身、草编衣、树皮布、织珠贝、裸体跣足等是几项最外显的、特殊的文化因素。对于裸体跣足，学界讨论不多。本文拟钩沉汉文史籍和考古资料中越、濮土著"裸以为俗"的历史记忆，比较台湾"番族"及东南亚、太平洋上南岛语族民族志上冬夏不衣的"裸体"习俗，拼凑上古华南"裸国"印象。站在文化相对论的角度，去客观地评述土著先民这段"裸以为俗"的重要历史。

一 华夏"衣冠"遭遇越、濮"裸国"

穿衣戴帽不但是为了御寒生存，穿着华丽也是文明礼貌的象征，所谓衣冠楚楚者正人君子，但实际上这只是"文明人"的文化偏见。上古时期，南方越、濮系族群缺乏本民族自身的文献历史，"华夏衣冠"遭遇"化外裸国"，南方土著的这些"裸以为俗"的族群，就相继被记载于汉文史籍中。透过这些异文化的镜像，并佐证于岩画、青铜器和汉墓陶俑等考古资料，觅拾到上古"裸国"历史记忆的若干片段。

约当中原历史传说时代至夏代前后，南方就有一支"裸国民"。《淮南子·坠形训》载："自西南至东南方：结胸民，羽民，獾头国民，裸国民，三苗民，交股民，不死民，穿胸民，反舌民，豕喙民，凿齿民，三头民，修臂民。"俞伟超先生考三苗在洞庭、鄱阳两湖之间，獾头在洞庭湖西北岸，则此一"裸国民"当在两者之间。[①]

作为百越之首的吴国，也曾是华夏视野中著名的"裸国"，断发文身，裸以为饰，不通周礼。《春秋左传》"哀公七年"语："大伯端委以治周礼，仲雍嗣之，断发文身，裸以为饰，岂礼也哉。"《论衡·书虚篇》："禹时，吴为裸国，断发文身。"《风俗通义》

---

　* 教育部人文社会科学重点研究基地 2006 年度重大项目"台湾原住民研究"（2006JJDGAT002）成果，刊于《南方文物》2009 年 3 期"民族考古"专栏，原题为《"裸国"印象》，收入本书时增补了若干图文。

① 俞伟超：《先楚与三苗文化的考古学推测》，《文物》1980 年 10 期。

也说："裸国，今吴郡是也。披发文身，裸以为饰。"对吴国的裸俗，后世文献也多有转载，如宋代《路史》卷九上"高辛"："伯卒仲继，剪发文身，裸以为俗，是谓熟哉。"据说，夏禹治水到东南，也得"居越而越"、入乡随俗、裸而后入吴，这就是《论衡·恢国篇》所说的"夏禹裸入吴国，太伯采药，断发文身。唐、虞国界，吴为荒服，越在九夷，剜衣贯头，今皆夏服、褒衣、履舄。"

汉代前后，位于今广西左、右江流域至越南红河中下游流域之间的骆越国地带，也有一支"裸国"。《史记·南越列传》引赵佗语："南方卑湿，蛮夷中间，其东闽越千人众，号称王，其西瓯、骆、裸国亦称王。"从排列顺序看，此"裸国"应是较骆越距离南越更西、南地带的土著人群（方国）。也有学者认为，《史记》的这句话中，"骆"与"裸"不应断开，赵佗说的是"西瓯、骆裸国亦称王"，即骆越就是"裸国"。①

汉晋间的日南郡还有"裸种"、"裸国"，位于今越南境内。《水经注》卷三十六"温水"载："（日南庐容）王死，文害王二子，诈杀侯将，自立为王，威加诸国。或夷椎蛮语，口食鼻饮，或雕面镂身，狼荒裸种。""夷皆裸身，男以竹筒掩体，女以树叶蔽形，外名狼荒，所谓裸国者也。虽习俗裸祖，犹耻无蔽，惟依暝夜，与人交市睹中。"又引《林邑记》语"汉置九郡，儋耳与焉，民好徒跣，耳广垂以为饰。虽男女亵露，不以为羞。暑亵薄日，自使人黑，积习成常，以黑为美。"《南齐书·林邑传》曰："国人凶悍，习山川，善斗。吹海蠡为角。人皆裸露。四时暄暖，无霜雪。"

在西南濮、越交界地带山地也有一支"裸濮"，见于古哀牢国境、东汉永昌郡内，约位于今滇西山地。《华阳国志·南中志》载："永昌郡，古哀牢国。……明帝乃置郡，以蜀郡郑纯为太守。属县八，户六万，去洛六千九百里，宁州之极西南也，有闽濮、鸠獠、僄、越、裸濮、身毒之民。"

在与我国西南濮、越地带山水相连的中南半岛及相邻岛屿，汉唐以来的"昆仑"、"扶南"、"蒲类"等都有"裸人"。《岛夷志略》"昆仑"条载："虽则地无异产，人无居室，山之窝有男人数十，阙异状，穴居而野处，既无衣褐，日食山果鱼虾，夜则宿于树巢。"此昆仑位于今中南半岛南端，越南最南端的海岛。

"扶南"是以今柬埔寨为中心的中南半岛古国，约当中古汉晋时代，是著名的"裸国"。《晋书·扶南国传》："扶南西去林邑三千余里，在海大湾中，其境广袤三千里，有城邑宫室。人皆丑黑拳发，倮身跣行。"又《梁书·扶南国传》："扶南国俗本裸体，文身被发，不制衣裳。以女人为王，号曰柳叶。……吴时，遣中郎康泰、宣化从事朱应

---

① 石钟键：《左江岩壁画的时代问题》，载《花山岩壁画资料集》，广西少数民族历史调查组 1962 年 12 月印。

使于寻国，国人犹裸，唯妇人着贯头。泰、应谓曰：'国中实佳，但人亵露可怪耳。'"

　　三国时吴国孙权派康泰、朱应出使东南亚，在其著《南州异物志》中谈到"蒲类"的裸形情况。"歌营在句稚南，可一月行到，其南大湾中有洲，名蒲类，上有居人，皆黑如漆，齿正白，眼赤，男女皆裸形。"[①] 据学者考证，歌营、蒲类在今马来半岛克拉地峡至印度洋尼科巴群岛之间。[②]

　　这一地带唐时也有"裸人国"，义净《大唐西域求法高僧传》卷下载："从羯荼北行十日余，至裸人国，向东望岸可一二里许。……丈夫悉皆露体，妇女以片叶遮形。商人戏授其衣，即便摇手不用，传闻斯国当蜀川西南界矣。""羯荼"即今马来半岛上的吉打（Kedah），学者认为，羯荼北行十日余、东望岸一二里的"裸人国"就是吴时的蒲类"裸形国"。[③]

　　《宋史·外国传》中新拖、苏吉丹、渤泥等都是"裸国"。"新拖国有港，水深六丈，舟车出入，两岸皆民居。……男女裸体，以布缠腰，剪发仅留半寸。""（苏吉丹国）土人男剪发，女打鬃，皆裸体跣足，以布缠腰。……土人壮健凶恶，色黑而红，裸体文身，剪发跣足。""（渤泥国）王之服色，略仿中国，若裸体跣足，则臂配金圈，手带金链，以布缠身。"

　　《明史·外国列传》中还有苏门答剌、阿鲁等"裸体"王国。"（苏门答剌）其国俗颇淳，出言柔媚，惟王好杀。……妇人裸体，惟腰围一布。""阿鲁，一名哑鲁，近满剌加。……男女皆裸体，以布围腰。"

　　迄今我们难于从文本上同时直观地看到汉文史籍描述的这些上古、中古华南至中南半岛的"裸国"形象，但可佐证于华南先秦汉晋时期的岩画、青铜器和陶俑等考古资料中。华南至东南亚地区发现了丰富的史前岩画，云南沧源、广西左江、福建仙字潭、广东宝镜湾等都是史前、上古濮、越系先民留下的，都有不少人物形象，其中的许多有鲜明的男女生殖器外露者，当与古时的裸人有关。福建华南仙字潭岩画描绘的一幅部落群体活动的场景，画面中多个人像两胯之间有突出的生殖器，为裸身的男人，而若干人像的胸部画一双圆形乳房，甚至两胯间还有圆圈或一点表示女性生殖器，为裸身的女性（图一）。[④]

---

①　《太平御览》卷七九〇"四夷部一一·歌营国"引《南州异物志》。

②　岑仲勉：《南海昆仑与昆仑山之最初译名及其附近诸国》，原载《圣心》1933 年 2 期，收入《中外史地考证》上册，中华书局 1962 年。韩振华：《康泰所记西南海上诸国地理考释》，原载《协和大学学报》1950年 2 期，收入《韩振华选集》第一卷，香港大学亚洲研究中心 1999 年。

③　岑仲勉：《南海昆仑与昆仑山之最初译名及其附近诸国》，原载《圣心》1933 年 2 期，收入《中外史地考证》上册，中华书局 1962 年。韩振华：《康泰所记西南海上诸国地理考释》，原载《协和大学学报》1950年 2 期，收入《韩振华选集》第一卷，香港大学亚洲研究中心 1999 年。

④　林钊、曾凡：《华安汰内仙字潭摩崖的调查》，《文物参考资料》1958 年 11 期。林涛：《福建华安县仙字潭石刻》，《考古》1988 年 4 期。

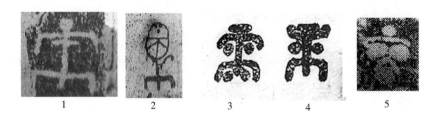

图一　福建华安仙字潭岩画上的裸身男、女形象

　　广西左江岩画规模宏大、内容更复杂，在沿岸六县200多千米范围内发现70多处地点，也有更明显的裸体男女形象，总第86组的左二侧面人像方头上抬、手臂上举扶一铜鼓、躯干粗直、屈膝蹲腿、胯间为尖翘的男性生殖器，总第94组的左上5人一排侧面人像均挺胸收腹、屈臂向上、腿半蹲、胯间均画上翘的男性生殖器，总第97组中部4人一排侧面人像均仰首、手臂前举、叉腿站立、胯间均画上翘的男性生殖器，都应是裸身的男性（图二，1~3）；总第53组双手上举、腰间佩剑、双腿半蹲的人像、胯间连一个小扁圆的女性生殖器，总第71组的左侧正面人像头上双角饰、双手上举、腰部横配剑、腿半蹲、足间置一铜鼓、胯下突出半圆的女性生殖器，都应是裸身的女性（图二，4、5）；总第56组中下方一对相互拥抱的侧面人像，右一人仰首举臂、大腹应为女性，左一人握住女性手并骑在她身上为男性，表现的是裸身性交场面（图二，6）。①

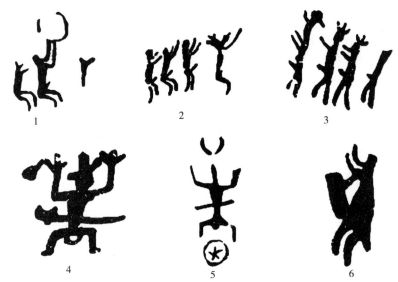

图二　广西左江岩画的裸身男、女形象

①　王克荣、邱钟仑、陈远璋：《广西左江岩画》，第68~89页，文物出版社1988年。

云南晋宁石寨山的多件铜器上出现了"裸国人"。最明确的"裸人"见于第一次发掘所获的"鼓形四耳器"即"杀人祭铜柱储贝器"（M1：4），腰部线刻 8 人，多为裸体，手持斧、矛、弓箭等器，作奔驰状，可能为狩猎图像（图三）；器盖有人物塑像 51人，中部立柱缠绕二蛇，柱旁为一立牌，牌上捆缚一双乳突出的女性裸体人，另一反绑双臂的裸体人跪于地上，为杀人祭柱的场面（图四）。M6：1、M13：356、M12：26、M20：1 等多件战争或祭祀场面的储贝器上，也都出现裸体人。此外，M6：68 是一件剑身残缺的人形剑茎，茎上铸一双乳暴露的裸身女人像（图五）。①

图三　云南晋宁石寨山"杀人祭铜柱储贝器"（M1：4）腰部线刻的一群裸人

图四　云南晋宁石寨山"杀人祭铜柱储贝器"（M1：4）器盖上的群雕裸人

---

① 云南省博物馆：《云南晋宁石寨山古遗址及古墓葬》，《考古学报》1956 年 1 期。云南省博物馆：《云南晋宁石寨山古墓群发掘报告》，第 74～78 页，文物出版社 1959 年。云南省博物馆：《云南青铜器》图版 1－76、146，文物出版社 1981 年。

图五　云南晋宁石寨山铜剑（M6:68）　　　图六　广州汉墓 M5046 及 M5061
　　上女裸人形剑茎　　　　　　　　　　　　出土的异族男、女裸俑

　　两广的一些两汉墓葬随葬品中，还发现有一种"托灯陶俑"，男女都有，形象异于汉人，深目高鼻、高颧厚唇、身材矮小，这批陶俑还都上身赤裸，男性胡子胸毛发达，女性双乳暴露，是典型的"裸人"（图六）。学界倾向认为是南越国时期的"异族家奴"，或认为是源自东南亚的"马来人"，或认为是来自东非或西亚土著。① 我认为，史前、上古华南与东南亚土著人群具有密切的亲缘关系，岭南汉墓所见这些"裸俑"的体质特征，不但见于东南亚土著马来人，与华南土著濮、越人先民也有相当共性。考虑到秦汉时期"徐闻合浦道"及沿越南海岸之沿岸航路发达的海洋交通史，而前述汉唐间的骆越、日南、昆仑、扶南、蒲类等"裸国"也正好集中分布在这条华南早期通海夷道上，完全可以相信这些被华夏、汉人所雇佣的"非我族类"、"异族家奴"应就是来源于这些"裸国"族群。

　　虽然在上古、中古的史籍文本中看不到华南、东南亚土著"裸国"形象，但清代《皇清职贡图》中，却留下了这些"裸国"后裔珍贵的"祖身"画面。《皇清职贡图》卷一"马辰国夷人"条记载："马辰国即文郎马神，在东南海中，相传汉马援南征士卒之裔。……男剪发勒以红帛，腰围以花幔，出入必佩刀剑，常负竹筐以盛椒，女祖身跣足，系布裙过膝间，披幅帛于胸，背汲水则载瓦瓶于首。"（图七）马辰国位于今越南中南部，其先民应就是前述汉晋日南、昆仑的"裸种"。同卷"柬埔寨国夷人"条记载："男剪发裹头，身衣仅蔽下体，女挽髻露肘臂，惟蔽其乳，围裙跣足。"（图八）他

────────────

① 广州市文物管理委员会等：《广州汉墓》，文物出版社 1981 年。广西省文管会（黄增庆）：《广西贵县汉墓的清理》，《考古学报》1957 年 1 期。胡肇椿：《广州出土的汉代黑奴俑》，《中山大学学报》1961 年 2 期。

图七　《皇清职贡图》卷一　　　　图八　《皇清职贡图》卷一
　　　　"马辰国夷人、夷妇图"　　　　　　　　"柬埔寨国夷人、夷妇图"

们无疑是汉晋扶南的"裸国"后裔。

二　台湾"番族"的"裸体不衣"影像

台湾原住民是古代华夏人文视野中南蛮土著族群的有机组成部分，自汉唐至明清相继被统称为"岛夷"、"土番"、"东番"、"生番与熟番"、"番族"等。在明清以来大陆汉民大规模迁徙台湾形成的"汉番"关系格局下，原住民的社会文化被逐步认知并记载于汉文史籍中，其中有大量涉及"裸番"。荷兰、西班牙、日本先后统治台湾期间，也留下了许多"裸番"的记录。所有这些记录，既有翔实的文字描述，更有丰富生动的影像资料，是华南土著"裸国"历史记忆的最重要组成部分，更反映了上古、中古"裸国"的嬗变。

（一）汉文史籍中的台湾"裸番"

东海海洋岛屿地带最早的"裸国"见载于《山海经·海外东经》："东夷传曰，倭国东四十余里，有裸国。裸国东南有黑齿国，船行一年可至也。"这里所说的倭国为"裸国"，可能是指日、琉岛屿带上的土著族群，与台湾原住民是何关系有待进一步研究。

台湾原住民有丰富的神话传说，其中就有不少始祖"裸身"的记忆。比如泰雅族、赛夏族都有大阴人露阴的传说，说古时候有一个叫"哈鲁斯（Halus）"的身材魁梧的大阴人，洪水到来时就用他的阴茎作为桥梁使用，女人很容易通过，而男人踏上就马上断了。① 排湾族拉帕拉帕社传说的祖先是石头中生出的一对姐妹马利肯、马拉乌斯，平时裸体，仅以长发垂盖两腿之间，一个叫塔伊鲁的男人发现了她们，与之结为夫妇，成立番社。②

汉文史籍中台湾原住民的"不衣"，初见于明末陈第《东番记》并载于正史。《东番记》提到："东番夷人不知所自始，居澎湖外洋海岛中。……地暖，冬夏不衣，妇女结草裙，微蔽下体而已。"《明史·外国列传》"鸡笼山"条载："彭湖屿东北，故名北港，又名东番，去泉州甚迩。……男女椎结，裸逐无所避。女或结草裙蔽体，遇长老则背身而立，俟过乃行。"此外，唐宋时期邻近台湾的毗舍耶也是"袒裸"之国。《宋史·外国传》"流求国"条载："流求国……旁有毗舍邪国，语言不通，袒裸盱睢，殆非人类。"赵汝适《诸蕃志》的记载大致类似，"毗舍耶语言不通，商贩不及，袒裸盱睢，殆畜类也。"

在清代宦游采风民族志中，有不少着墨于"裸番"。康熙二十六年（1687 年）台湾府儒学教授林谦光看到："男女皆跣足，不穿下衣，上着短衫，以幅布围其下，番妇用青布裹胫。……暑月，男女皆裸体对坐。"（《台湾纪略·风俗》）③ 康熙三十三年（1694 年），高拱乾《台湾府志》卷七"风土志·土番风俗"载："土番之姓，与我人异者，无姓字、不知历日，父母而外，无叔伯、甥舅，无祖先祭祀，亦不自知其庚甲。男女皆跣足裸体，上衣短衫，以幅布围其下体，番妇则用青布裹胫，头上多带花草。"④ 康熙三十六年（1697 年），福建采硫大使郁永河也生动描述了在北台湾看到的裸番形象："至大武社，宿。是日所见番人，文身者愈多……三少妇共舂，中一妇颇有姿，然裸体对客，而意色泰然。""男女夏则裸体，惟私处围三尺布，冬寒以番毯为单衣，毯缉树皮杂犬毛为之。……老人头白，则不挂一缕，箕踞往来，邻妇不避也。"⑤ 康熙四十四年（1705 年），台湾知县孙元衡把他所见裸番的生活情景描绘为："白海照层峰，舒光二千里；蜃气化秋云，青霄澹如绮。道逢裸体人，惟识穷桑氏；穴山安尔宫，弋肉哺其子。"⑥ 康熙六十一年（1722 年），巡台御史于黄叔璥也将其在半线番社看到的裸

① 铃木作太郎著，陈万春译：《台湾蕃人的口述传说》，第 7、8、16 页，《民学集刊》第一册，2003 年 9 月。台湾总督府临时台湾旧惯调查会原著：《蕃族惯习调查报告书（第一卷——泰雅族）》，第 25 页，台北民族学研究所 1996 年编译出版。

② 铃木作太郎著，陈万春译：《台湾蕃人的口述传说》，第 52、53 页，《民学集刊》第一册，2003 年 9 月。

③ 林谦光：《台湾纪略》"风俗"，载"丛书集成初编"《台湾纪略、台湾杂记》合编，中华书局 1985 年。

④ 高拱乾《台湾府志》卷七，第 187 页，"台湾文献史料丛刊"第一辑，台北大通书局 1984 年。

⑤ 郁永河：《裨海纪游》卷中第 18～19 页，卷下第 33～34 页，"台湾文献丛刊"第 44 种，"台湾文献史料丛刊"第七辑，台北大通书局 1984 年。

⑥ 孙元衡：《赤嵌集》，第 15 页，卷一乙酉"山行书所见有感"，"台湾历史文献丛刊"，台湾省文献委员会 1994 年。

人记录诗作中："今兹半线游，秀色欲与争。……王化真无外，裸人杂我氓，安得置长吏，华风渐可成。"①

　　对"裸番"更多、更翔实的描述，见于图文并茂的多部清代番俗史志。康熙五十六年（1717 年）周钟瑄的《诸罗县志》卷八"风俗志·番俗"载："内附输饷者曰熟番，未服教化者曰生番或野番。……跣足，上体常裸，以幅布稍蔽下体前后，曰遮阴。"该书卷首《番俗图》共有"乘屋"、"插秧"、"获稻"、"登场"、"赛戏"、"会饮"、"舂米"、"捕鹿"、"捕鱼"、"采槟榔"等十幅，除"赛戏"图外，余均见上身裸体的成年男、女和全裸的孩童。如"乘屋"图中的十余男女，似乎无一穿着上衣，包括双乳裸露的妇人（图九左）；在"舂米"图中，也有袒胸裸乳的两妇人执杵舂米的场景，仿佛郁永河当年在大武社所见"三少妇共舂"（图九中）；"会饮"图中，席地饮宴的五男女上体裸露（图九右）；"捕鱼"图中有持标枪、竹篓捕鱼的两妇人上身裸露，也见张弓射鱼的全裸孩童；"捕鹿"图中的七男女，至少三人上身裸体。②

图九　《诸罗县志》"番俗图"中的原住民裸体男女

　　乾隆九年（1744 年）任巡台御史、给事中的六十七在其所著《番社采风图考》中，也有多篇谈到原住民的裸身。"布床"篇说："长不畏风寒，终岁赤裸。""文身"篇也说："番俗裸以为饰。""乳儿"篇更坦言："番无男女不亲之嫌。番

　　①　黄叔璥：《台海使槎录》，第 118 页，卷五"番俗六考·北路诸罗番六"附载，"台湾文献资料丛刊"第二辑，台北大通书局 1984 年。

　　②　周钟瑄：《诸罗县志》，"台湾文献资料丛刊"第一辑，台北大通书局 1984 年。

妇乳儿，见者从旁与相戏狎，甚喜，以为爱子，虽抚摩其乳不禁也。若过而不问，殊有怫意。"①就是说，原住民中哺乳妇人之乳竟可由路人抚摸，就连前引《明史·外国传》所说的裸女遇长老"背身而立，俟过乃行"的掩饰动作都省了。台湾省立图书馆藏《六十七两采风图合卷》的十二幅"番社采风图"同样展示了原住民裸以为饰的男女形象，如"渡溪"图上，水中抱匏泅渡及附送清官乘筏的八男子均上身赤裸；"舂米"图中，左侧似狩猎归来的两人也是上身不衣；"乘屋"图上，合力乘屋起盖之十余男女也无一穿着上衣；"迎妇"图上，娶亲队伍中抬轿、举旌、奏乐者及路旁观瞻者，也多上身赤裸；"捕鹿"、"耕种"、"割禾"上，都有多人裸身（图一〇）。"中研院"史语所藏《台番图说》的十七幅番俗图中，大部分同于六十七的"番社采风图"，部分不同，如"守隘"图上，木栅栏外手执长枪的多人，均上身赤裸者。此外，台北故宫博物院藏《台湾内山番地风俗图》24 幅，也多与前两种之《番社采风图》、《台番图说》相似，另有"牵手"、"禾间"、"斗捷"、"互市"、"文身"、"捉牛"、"树宿"、"浴儿"、"醯饷"等新景观，也多见上身赤裸的原住民男女。②

图一〇　《番社采风图》之"捕鹿"与"迎妇"图中的"裸番"

① 六十七著：《番社采风图考》，第 7 页，台湾省文献委员会印行"台湾文献丛刊"第 90 种，1961 年。

② 六十七著：《番社采风图考》附《台番图说》、《台湾内山番地风俗图》，台湾省文献委员会印行"台湾文献丛刊"第 90 种，1961 年。

　　乾隆二十六年（1761 年）绘就的《皇清职贡图》共九卷，图文并茂地描述、描绘了清朝各少数民族、属藩和海外往来各国 300 多个族群、人种的男女的生产、生活、服饰、文化等，计 600 余幅人像形貌，其中卷三记录了台湾、凤山、诸罗、彰化四县的 12 社群 24 幅番人男女形象画。如"诸罗县诸罗等社熟番"条载："男番首插雉尾，以树皮绩为长衫，夏常裸体。""凤山县山猪毛等社归化生番"条载："其居择险隘处叠石片为屋，无异穴处，男女披发裸身，或以鹿皮蔽体，富者偶用番锦嗶吱之属，能绩树为布。""淡水右乃武等社生番"条语："生番倚山而居，男女俱裸，或联鹿皮，缉木叶为衣"。"彰化县内山生番"条语："巢居穴处，茹毛饮血，裸体不知寒暑。"① 这些原住民男女都被描绘成袒胸露乳的裸身形象（图一一）。

图一一　《皇清职贡图》卷三台湾"裸番"

（左为彰化内山生番，中为淡水右乃武生番男，右为淡水右乃武社生番妇）

（二）西方视野下的台湾"裸番"

　　16 世纪末期以来，葡萄牙、西班牙、荷兰等西方世界先后靠近或短暂统治台湾，"裸番"资料也出现于欧洲人的笔下。1582 年 7 月 16 日，一艘葡萄牙人的商船在从澳门前往日本途中，在台湾西海岸触礁，船员全部上岸并上演了台湾原住民与欧洲世界最早接触的一幕。据船上的西班牙神父阿·桑切斯（Alonso Sanches）的描述："所有的财物散落在那里的海滩上任其腐坏，之后一些赤裸带着弓和箭袋的土著民，精神振奋未有

---

① ［清］傅恒编纂：《皇清职贡图》卷三，辽沈书社 1991 年。

迟疑地到来，既没有修复任何物品，也没有伤害任何人，直接进入我们之间抢夺我们仅余物品。"①

西班牙于 16 世纪初就已经成功跨越太平洋进入东南亚群岛，并以菲律宾为远东航路基地建立与亚洲大陆的海洋贸易，是亚洲最早的殖民者之一，也是最早抵达台湾的西方殖民者之一。16 世纪末至 17 世纪初，西班牙人笔下有不少台湾原住民的描述。美国印第安纳大学 Lilly 图书馆有 C. R. Boxer 收藏的约 16～17 世纪之交西班牙人创作的台湾原住民风俗画，保存了迄今最早的土著裸身图像。其中"鸡笼原住民"描绘渔归的男女，手执鱼鳔的男子全身仅以白布以丁字形包扎私处，右手拎鱼的女子右肩披布，而左半身则袒胸露乳。又一幅"淡水原住民"描绘猎归的男女，裸身形象同于前幅，手执弓箭的男子全身仅以草裙遮羞，而手执猎头的女子也以草裙遮羞、左肩披布，左胸裸露（图一二）。台湾历史博物馆也有一幅 Paul J. J. Overmaat 收藏的1827 年"福尔摩沙人"画像，画中的一对土著男女仅以碎布包裹阴部，乳胸全然外露，孩童也是一丝不挂（图一三）。② 这些图像都反映了西班牙传教士、航海家视野下的台湾原住民。③

图一二　16～17 世纪之交西班牙人视野下的鸡笼（左）、淡水（右）原住民形象
(The Lilly Library of Indiana Universsity, R. Boxer Collection)

① 周婉窈：《一五八二年美丽岛船难余生记》，载《艾尔摩沙：大航海时代的台湾与西班牙》，第 25 页，台湾博物馆 2006 年。
② 萧宗煌等策划：《艾尔摩沙：大航海时代的台湾与西班牙》，第 172～175 页，图录第 VII 部分"面向外来文化的台湾原住民"，台湾博物馆 2006 年。
③ 陈宗仁：《西班牙占领时期的贸易活动》，载《艾尔摩沙：大航海时代的台湾与西班牙》，台湾博物馆 2006 年。

此外，荷兰东印度公司《巴达维亚城日记》"西元一六二四年二月"条记载了当时台南土著"裸体"情形："萧垅之街在福尔摩沙岛，西临台窝湾（安平）港，居住人口少而属野蛮之土番，其身长平均高于吾人，彼等裸体步行而不觉羞耻，妇女比较男子略知羞耻，在其私处遮以宽二十公分腰布或'利连'之小布。"①

随着清代汉人移民规模的扩大和理番事业的推进，"裸番"现象也在

图一三　西班牙人视野下的 1827 年台湾原住民画卷
（原 Paul J. J. Overmaat 藏画）

不断"归化"中减少，穿戴上了汉人的"衣冠文明"，到"日据"时代就出现了"上半身常常为汉人打扮，而下半身则为兜裆布这样的上汉下番风格。"② 但是，"番族"的文化变迁是逐步的，在"日据"五十年间，台湾原住民的"裸风"犹存，并随着近代民族学在台湾的实践和光学摄影技术的应用，大量影像资料保留于日本学者的一系列"蕃俗"调查报告中。

"日据"时代早期的原住民调查研究主要由东京人类学会和台湾总督府临时台湾旧惯调查会组织，台湾"蕃族"调查的先驱森丑之助，曾受台湾总督府委派，深入山地调查、拍摄原住民社会文化，撰有著名的《台湾番族图谱》（1915 年）和《台湾番族志》（1917 年）。其中《台湾番族图谱》（宋文熏先生编译中文版《日据时代台湾原住民族生活图谱》）一书就收录了大量珍贵的"日据"初期原住民各族生活场景的照片，其中不少"裸蕃"资料。裸人多为上身裸露，下身着短裙或扎丁字裤衩。如摄于 1902 年的布农族施武郡裙织布妇女，席地而坐于织桶之后，上身一丝不挂、乳房垂落，还有许多雅美族男女赤裸上身的场景（图一四）。③

"日据"时代后期台湾原住民调查的主要学术机构是台北帝国大学土俗人种学教室，语言学家浅井惠伦教授是著名的代表，为原住民族群分类与谱系认知做出重要贡献。浅井教授在台调查期间也拍摄了不少原住民社会生活的照片（约 1930～1940 年间），战后带回日本，直到上世纪末才由日本横滨国立大学的笠原政治教授编辑《台

① 村上直次郎原译，郭辉汉译：《巴达维亚城日记》第一册 32 页，"西元一六二四年二月"条，台湾省文献委员会 1989 年再版。

② 台湾总督府临时台湾旧惯调查会原著：《蕃族惯习调查报告书（第二卷——阿美族、卑南族）》，第 195 页，台北民族学研究所 2000 年。

③ 森丑之助著，宋文薰编：《日据时代台湾原住民族生活图谱》，图版 111、190～200，求精出版社 1977 年。

图一四　　"日据"前期的台湾土著裸民（1901～1915 年）

（左为布农族妇女，右为雅美族妇女，引自《日据时代台湾原住民族生活图谱》）

湾原住民族映像——浅井惠伦教授摄影集》一书出版。该书有不少裸身的原住民，既有叼烟斗的原住民男女，也有上身裸露、双乳下垂的原住民妇人，更有学校中、屋舍前成群裸身的雅美族青年，反映了"日据"后期台湾山地"裸番"的发展变化（图一五、一六）。①

图一五　　"日据"后期的雅美族学校与房前的裸民（约 1930～1940 年）

（引自《台湾原住民族映像——浅井惠伦教授摄影集》）

战后台湾回归中国，台湾当局为了肃清"日据"时代的"皇民化"遗毒，促进原住民与汉民社会的平等发展，长期推行"山地平地化"政策，将汉人社会的生活风俗、

---

① 笠原政治编，杨南郡译：《台湾原住民族映像——浅井惠伦教授摄影集》，第 161～198 页，台湾南天书局 1995 年。

图一六　"日据"后期的台湾土著裸民（约 1930～1940 年）

（引自《台湾原住民族映像——浅井惠伦教授摄影集》）

经济制度、医疗卫生等推行到山地，促进原住民社
会经济文化生活的快速汉化，文身、裸体等汉人视
野中"落后"的传统文化急剧消失、绝迹。2008 年
8 月 27 日，笔者到达台东兰屿野银村部落考察，捕
捉到了一幅着"丁字裤"的裸身雅美族男子形象，
也许算是裸俗的余绪（图一七）。

（三）考古资料中"裸番"的反映

实际上，汉文史籍与民族志如此精彩的"裸
番"文化，同样可以在台湾的考古资料中找到历史
的痕迹，并反映在雕刻实物资料中。反映台湾原住
民裸俗的最古老实物资料，是台北十三行遗址出土
的距今 1800～500 年间早期铁器时代的陶偶像。这
件陶人像的右手和下肢残缺，头戴帽或饰品，左耳

图一七　台东兰屿雅美族男子

（2008 年 8 月拍摄于野银部落）

穿洞，颈围项链，胸部有文身图案，并裸露两乳房，显然是一件裸身形象（图一八）。

在原住民的偶像艺术品中，排湾、鲁凯两族的祖先立雕像是最有代表性的，从博物
馆收藏到原住民村寨都有大量遗留，这些木刻、石雕的祖先神像中相当多都是裸身形
象。比如，笔者在台北十三行博物馆原住民文物特展中拍摄到的葛浩博先生收藏的排湾
族祖先立雕，就是一对女性乳房和男性生殖器暴露的形象（图一九，左、中）。在屏东
雾台乡鲁凯族头目 balayang 家门口树立的祖先立雕，也是胸部体征显露的上身裸形（图
一九，右）。

图一八　台北早期铁器时代陶偶的
裸身形象
(2008 年 9 月拍摄于台北十三行博物馆)

图一九　排湾族（左、中）和鲁凯族（右）
的祖先裸身立雕像
(2008 年 9 月拍摄于台北十三行博物馆及屏东县雾台乡鲁凯部落)

三　太平洋南岛语族的裸身习性

民族志和考古资料表明，南岛语族的装饰艺术丰富多彩，树皮布、羽毛服、草裙贝饰、裸体文身，自 17 世纪以来就引起东西方航海家、传教士和人类学家的兴趣，并相继记录于各种文献与影像资料中。其中土著岛民的裸俗是最为"外来文明"所"不耻"的"野蛮"习俗，但从萨摩亚少年的聚会场合，到汤加青年的结婚仪式，甚至夏威夷部落酋长的觐见饮宴，上体赤裸成了土著男女最标准的"正装"，酋邦上层首领也体面地裸身，裸俗登上了南岛语族的"大雅之堂"。南岛语族的"裸以为俗"与上古华南"裸国"及台湾"裸番"社会具有密切的关系，这或许也是南岛语族源流史的重要证据。

西班牙人是最早"发现"太平洋群岛的欧洲人，他们的船队于 16 世纪初就已经成功跨越太平洋进入东南亚群岛，欧洲社会有关南岛语族的最初印象就是西班牙人带回的。美国印第安那大学 Lilly 图书馆 C. R. Boxer 收藏的约 16 ~ 17 世纪之交西班牙人创作的风俗画中，除了前引台湾鸡笼、淡水"裸番"形象外，还有菲律宾和太平洋土著的裸俗形象。如"菲律宾 Cagayan 人"，描绘的是吕宋岛上卡加延手执盾牌、长矛、腰插短刀的土著男子，仅见私处的"丁字裤"，裸身习俗与近古、近代台湾兰屿岛上的雅美人一样（图二〇）。另有一幅"太平洋 Ladrones 人"，描绘的是西班牙商船在太平洋中途补给岛所见的密克罗尼西亚土著，手执弓箭的男子被描绘成仅在私处以一叶障目全身赤裸的"原始形象"（图二一）。还有一幅"南岛原住民与西方人的交易图"，描绘欧洲人带火炮的三桅大帆船与土著人的边架小艇在大海中进行物物交易的情形，七条边架艇上的 14 个土著均一丝不挂的全身裸体，就连遮住私处的树叶或丁字小裤都省略了（图二二）。①

英国人航行南太平洋海域要晚至 18 世纪。比如 1768～1779 年库克（James Cook）船长三次太平洋探险，给欧洲带去了丰富的土著社会知识，其中包括有不少欧洲画家笔下的南岛语族社会文化画面。美国夏威夷 Bishop 博物馆的 Terence Barrow 博士，在《波

图二〇　16～17 世纪菲律宾
Cagayan 人的裸身
（The Lilly Library of Indiana Universsity, C. R. Boxer Collection）

图二一　16～17 世纪密克罗尼西亚
Ladrones 群岛的裸人
（The Lilly Library of Indiana Universsity, C. R. Boxer Collection）

图二二　16～17 世纪"南岛原住民与西方人的交易图"
（The Lilly Library of Indiana Universsity, C. R. Boxer Collection）

① 萧宗煌等策划：《艾尔摩沙：大航海时代的台湾与西班牙》，第 110、190、200 页，图录第Ⅳ部分"跨洋贸易的世纪"、第Ⅷ部分"东西方异文化观点"，台湾博物馆 2006 年。

利尼西亚人的艺术与生活》中收集了欧、美、大洋洲各大博物馆收藏的这些反映太平洋土著社会生活的绘画、照片，以及土著社会的神像、器具、服饰等物质文化标本，内容丰富，年代从 18 世纪后期至 20 世纪后期，绝大多数资料都表现南岛语族土著"裸以为俗"的社会生活。① 这些图像真实反映了二百年来太平洋土著"裸国"的变迁。

新西兰 Alexander Turnbull 图书馆藏画"马克斯岛决战湾"（Resolution bay in the Marquesas），是库克船长第二次航行太平洋（1772～1775 年）随行画家 W. Hodges 的画作，描绘的是波利尼西亚马克斯岛决战湾的景象，一艘单边架艇独木舟上的两个土著人除穿着简单的丁字裤外，都全身赤裸（图二三）。

图二三　　W. Hodges 画作"马克斯岛决战湾"（1772～1775 年）

（新西兰 Alexander Turnbull 图书馆藏，引自 T. Barrow, 1972, 第 93 页）

新西兰 Alexander Turnbull 图书馆还藏有库克 1777 年第三次太平洋航程中的随行画家 J. Webber 创作的画作"塔西堤 Morae 神庙的人牲"［A human safricice in a Morai (Morae) in Otaleiti（Tahiti)]，描绘库克船长亲历的社会群岛塔西堤（Tahitian）人在 Morae 神庙前杀活人祭祀的情景。捆在柱子上的人是新俘虏的牺牲，摆在后面石台上的是以往猎首的人头，参与祭祀仪式的土著人均上身裸体，气氛严肃（图二四）。

新西兰 Alexander Turnbull 图书馆藏 J. Webber 1779 年的画作"夏威夷土著欢迎库克仪式"（An offering before captain Cook in the Sandwich Islands），描绘库克船长在夏威夷土著神庙前受到酋长们接待的场景，神庙前有两尊木雕神像，全身裸体的十余个部落酋长们分两列席地而坐，气氛庄重、严谨（图二五）。

①　Terence Barrow, *The Art and Life of Polynesian*, Charles E. Tuttle Company, Inc, 1972.

图二四　J. Webber 画作"塔西堤 Morae 神庙的人牲"（1777 年）

（新西兰 Alexander Turnbull 图书馆藏，引自 T. Barrow，1972 年，第 21 页）

图二五　J. Webber 画作"夏威夷土著欢迎库克仪式"（1779 年）

（新西兰 Alexander Turnbull 图书馆藏，引自 T. Barrow，1972 年，第 21 页）

新西兰 Alexander Turnbull 图书馆藏依 Piron 的画作创作的版画，Piron 的画作原载于 Jacques Labillardiere 编《佩布斯 1791～1792 年探险航程导览》（*Atlas du Voyage a la recherche de la Perpuse*，1791，1792）一书。该画描绘汤加岛的满载船员和乘客的双体独木舟，船上十余土著男女均上身裸露（图二六）。

美国夏威夷火奴鲁鲁艺术馆收藏 Louis Choris 于 1816～1817 年间的画作，描绘夏威夷国王 Kamehameha I 世时期的土著人跳 hulas 群舞的情景，画中土著均为裸身（图二七）。美国夏威夷火奴鲁鲁艺术馆收藏 Louis Choris 于 1816～1817 年间创作的夏威夷国

图二六　Piron 描绘汤加双体独木舟的画作（1791 年）

（新西兰 Alexander Turnbull 图书馆藏，引自 T. Barrow，1972 年，第 15 页）

图二七　Louis Choris 画作——夏威夷土著 hulas 舞（1816～1817 年）

（夏威夷火奴鲁鲁艺术馆藏，引自 T. Barrow，1972 年，第 33 页）

图二八　Louis Choris 画作——夏威夷王国 Kaahumanu 皇后画像（1816～1817 年）

（夏威夷火奴鲁鲁艺术馆藏，引自 T. Barrow，1972 年，第 31 页）

王 Kamehameha I 世之妻 Kaahumanu 皇后之像，皇后之
尊与其身后的仆人也裸身，形象气质高雅、庄重（图
二八）。

新西兰 Alexander Turnbull 图书馆藏 G. Baxter 模仿
J. Willians 1837 年的画作，描绘库克群岛 Rarotonga 岛
一名叫"夜"（Te Po）的酋长的形象，夜通体文身，
除布巾挡住私处外，全身裸露（图二九）。

新西兰 Alexander Turnbull 图书馆藏 Mosselot 于
1838 年创作的画，该画原载于 Abel du Petit – Thouar
编的《维纳斯号护卫舰环球航行记》（*Voyage autour
de monde sur la fregate La Venus*，1840～1845）一书。
描绘法国护卫舰维纳斯（Venus）号抵达复活节岛时
土著人舞蹈欢迎的场面，这批土著男女也是裸人
（图三〇）。

反映大洋洲土著社会生活的照片，大约出现于 19
世纪中叶。T. Barrow 收藏有新西兰达尼丁（Dunedin）
的 Burton Brothers 照相馆于 1859 年为一对汤加酋长夫
妇拍摄的一张合影，这对汤加青年男女上身赤裸，下
身着树皮布，形象酷爽（图三一）。

图二九　G. Baxter 仿 J. Willians 画作
——库克群岛 Rarotonga 酋长夜之
像（1837 年）

（新西兰 Alexander Turnbull 图书馆藏，
引自 T. Barrow，1972 年，第 123 页）

图三〇　Mosselot 画作——维纳斯号护卫舰上的复活节岛土著人舞蹈（1838 年）
（新西兰 Alexander Turnbull 图书馆藏，引自 T. Barrow，1972 年，第 16 页）

新西兰达尼丁 Burton Brothers 照相馆还有一张 1890 年的老照片，拍摄萨摩亚大酋长
之女 Taupou 举行的 kava 饮宴盛大景象，照片中的 Taupou 是 Kava 饮宴的主持和领舞者，

是象征部落威望的神圣处女，她与所有参宴者均上身裸体（图三二）。Kava 饮宴习俗尚存于萨摩亚、汤加、斐济等。

新西兰奥克兰（Auckland）博物馆民族学部主任 Roger Neich 博士及其助理 Mick Pendergrast 合著的《太平洋树皮布》（*Pacific Tapa*）一书中，收入一批穿树皮布的土著人照片，其中两张分别是19 世纪末和 20 世纪初的萨摩亚少女照片，她们都穿着精美的树皮布裙和头饰、项饰，但上身均裸体，神态优美、高雅、恬静（图三三）。[①]

虽然在欧洲文化入侵三百多年后，太平洋的土著文化接受了不少外来的影响，但直到 20 世纪初期南岛语族的裸俗并没有明显的改善，甚至于身处岛屿社会上层的酋长家族仍流行裸身。如图三四左为西萨摩亚大酋长，穿戴羽毛和贝壳的头

图三一　汤加酋长夫妇合照（1859 年）
（自 T. Barrow，1972 年，第 64 页，该书作者收藏）

饰、鲸鱼项链，图三四中为达尼丁 Burton Brothers 照相馆于 1900 年代初拍摄的西萨摩亚大酋长的女儿、Kava 主持者，图三四右是汤加大酋长之女 Taupou，他们都上身裸露。

图三二　萨摩亚大酋长之女 Taupou（上中）的 kava 饮宴照（1890 年）
（引自 T. Barrow，1972 年，第 76 页，该书作者收藏）

---

① Roger Neich and Mick Pendergrast, *Pacific Tapa*, P11、24, University of Hawaii Press, 1997.

图三三　萨摩亚岛少女照（19～20世纪之交）

（引自 Roger Neich and Mick Pendergrast，1997年，第11、24页）

图三四　西萨摩亚和汤加的酋长及酋长的女儿（20世纪初）

（引自 T. Barrow，1972年，第23、78、79页）

　　甚至厮杀战场的武士，也是上身赤裸。图三五左是19世纪末马克斯（Marquesas）群岛照相馆老照片，文身、戴头牌、执武士棒的男子全身裸体。图三五右是19世纪末的斐济相馆的武士老照片，身着树皮群、执武士棒的男子上身裸体，而神情威严。

　　直到最近，人类学家在太平洋群岛上仍可看到裸身的土著人，T. Barrow 1970年在西萨摩亚岛拍摄到一张照片，饰红珠链、着长花裙的土著少女上身裸露，神态恬静，尽显裸国文化的优美（图三六）。

此外，太平洋土著社会具有发达的作为祖先偶像崇拜的传统雕刻艺术，室内木雕和田野大型石雕偶像形态变化万千，从东南亚群岛到太平洋的三大群岛都有，其中绝大多数是男、女性特征明显表现的裸体形态（图三七）。复活节岛的 14 尊大型裸体石雕神像，

图三五　19 世纪末马克斯（左）　　　图三六　现代的西萨摩亚岛
　　和斐济（右）的武士像　　　　　　裸身少女（1970 年）

（引自 T. Barrow，1972 年，第 23、83 页）　　（引自 T. Barrow，1972 年，第 70 页）

图三七　南岛语族的一组木雕神像

（自左向右分别为美国夏威夷 Bishop 博物馆藏社会群岛祖神，苏格兰 Glasgow 大学 Hunterian 博物馆藏新西兰神像，华盛顿美国自然历史博物馆藏斐济女神，美拉尼西亚新喀里多尼亚岛女神）

是原址上一处破坏了的大型神庙的祭拜偶像（图三八）。① 所有这些雕刻神像，无疑深刻地反映了"裸以为俗"在南岛语族社会文化中不可替代的位置。

图三八　复活节岛上的石雕群像

四　余论

"裸体不衣"是自上古华南至中南半岛及台湾、东南亚（群岛）土著民族到太平洋岛屿带之间南岛语族共同的文化素质。这个广阔的陆海地带间民族考古学的多重资料已经确立了自远古迄今南岛语族民族文化的源流史，上古华南"裸国"到台湾"裸番"，再到太平洋民族志的"裸以为俗"，就是这一源流中绵延不断的传统文化因素之一。

华南"裸国"是属于越、濮及相关的"南蛮"土著系统，汉文史籍中的"裸国（裸人国、裸种）"，并非真正都建有国家、方国一类的政治实体，多数是在以"中国—四方"、"中心—边缘"为特征的古代东亚民族文化关系框架中，在中原为中心的华夏、汉民人文视野下，对一系列裸俗族群的泛称。"衣冠华夏"不能容忍南方"裸国"的"野蛮"，总是戴着种族主义的有色眼镜，以"文明"的言语贬鄙土著的"亵露不羞"。汉人大规模移民台湾后，同样的偏见戴到了台湾原住民的头上，面对"意色泰然"的

① Terence Barrow, *The Art and Life of Polynesian*, Charles E. Tuttle Company, Inc, 1972. Edward Dodd, *Polynesian Art*, Dodd, Mead & Company, New York, 1967. Carl A. Schmitz, *Oceanic Art: Mith, Man and the Image in the South Seas*, Harry N. Abrams, Inc., Publishers, New York, 1967. Patrick V. Kirch, *On the Road of the Winds: An Archaeologicai History of the Pacific Islands before European Contact*, Berkeley: University of California Press, 2000.

"裸番"，汉人更是自作多情，感叹"王化无外"，企图"华风可成"（黄叔璥语）。"西方文明"同样难脱有色眼镜，欧洲人乍看台湾"番族"和太平洋之南岛语族的裸体世界，同样流露出蔑视的眼光和口气，把"裸以为俗"的土著社会说成是"不觉羞耻"（荷兰《巴达维亚城日记》语），库克船长终究因试图改变土著人的文化世界而毙于刀下。

台湾原住民始祖神话的文化史线索*

台湾原住民没有本民族自身的文字历史，但却有着十分丰富的口述传说，山地十族和平埔各族①均有大量自古流传的神话故事，涉及万物生成、人类创始、族群起源等，是土著族群早期历史的一项模糊化的集体记忆。

在近百年的台湾原住民研究史上，对原住民神话传说的调查研究是一项重要工作。"日据"时期日本学者的原住民调查通志中常见有神话传说的篇章，如"台湾总督府临时台湾旧惯调查会"出版的八册的《蕃族调查报告书》（1913～1921）、五卷八册的《蕃族惯习调查报告书》（1915～1920）、铃木作太郎的《台湾之蕃族研究》（1932）等，都有口述传说、神话历史的章节。佐山融吉、大西吉寿合著的《生蕃传说集》（1923）把原住民的神话传说分成八类，小川尚义和浅井惠伦合著的《原语高砂族传说集》（1935）都是"日据"时代少有的原住民神话传说的专论。光复以后，随着对原住民调查研究的深入，神话传说的专题研究日渐增多，从原住民神话传说的总体分类到个族神话研究，如陈国钧《台湾土著社会始祖传说》（1964）、许世珍《台湾高山族始祖创生传说》（1956）、邹族学者巴苏亚·博伊哲努的《原住民的神话与文学》（1999）、《台湾原住民的口传文学》（1996）、俄罗斯学者李福清（B. Riftin）的《神话与鬼话——台湾原住民神话故事比较研究》（2001）、王崧兴《马太安阿美族的宗教与神话》（1961）、李亦园《南澳泰雅人的神话传说》（1963）、刘斌雄《雅美族渔人社的始祖传说》（1980），还有原住民神话跨文化比较的，如李卉《台湾及东南亚同胞配偶型洪水传

* 教育部人文社会科学重点研究基地 2006 年度重大项目"台湾原住民研究"（2006JJDGAT002）成果，原刊于《厦门大学学报》2008 年 5 期。与彭维斌合作。

① 山地十族就是所谓的"高山族"，指泰雅、赛夏、曹、邵、布农、鲁凯、卑南、阿美、排湾、雅美等族，所谓"平埔族"有近 10 个族群，如凯达格兰、噶玛兰、道卡斯、巴则海族、拍瀑拉、巴布萨、洪雅、马卡道、西拉雅等族。参见王雪明主编：《台湾原住民之美》，台湾文建委 2002 年。刘还月：《寻访台湾平埔族》，台湾常民文化 1995 年。

说》（1955）、何廷瑞《台湾土著的神话传说比较研究》（1972）等。①

在原住民的神话传说中，有关各族群或人类始祖的创世神话数量最多，种类多样、内容各异，反映出台湾原住民族群的复杂来源和不同的迁徙路线。因此，从神话传说探寻台湾原住民族群与文化的起源，是研究、观察原住民文化史的重要线索。

一　台湾原住民始祖神话的类型学分析

台湾山地高山族和平埔各族原住民几乎都有始祖神话，从大陆、海洋、高山、平原起源，到石头、树木、竹林、葫芦、蛇、虫等图腾，以及天地造人、神仙造人，内涵十分丰富，是模糊化的族群历史记忆与万物有灵的原住宗教心理相互糅合的产物。各族群的始祖神话内容上有一定共性与重叠，但差异也明显，体现了原住民文化来源的多样性和复杂性。从总体上说，台湾原住民的始祖神话包括了两大类型，即 A 型（岛外起源）和 B 型（岛内起源），岛外起源始祖神话的普遍性体现了原住民族群的外来文化特征，始祖神话的多样性和分层性反映了原住民族群起源的多元性和族群迁徙的历史过程。

（一）A 型（岛外起源神话）

除了邹族外，原住民所有族群都有岛外起源的神话传说，包括"中国大陆"和"海洋起源"两大类，后者又分"菲律宾"、"东洋日本"、"卡拉巴鲁（非洲）"、"南洋海域"、"不明海域"等内涵，充分显示了原住民文化来源的外向特征。依据这些神话内容所显示的时代特点，可将原住民神话形态排列成具有逻辑先后关系的 6 式：

A Ⅰ 式：为不明海域起源的始祖神话，见于排湾、布农、阿美、鲁凯、赛夏、卑南、平埔等族群，多数只提到模糊的海上世界。排湾族的一则神话提到，很久以前，排湾祖先生活在东南方海上的小岛马赛赛（Marairai），后由于岛上出现鬼又无法抵抗，只好搭木筏四处漂流，来到高雄的下淡水溪附近登陆，并向山中撤退。② 布农族神话提到，布农始祖来自海上，被台风和洪水冲到台湾东海岸，还有一部分被冲到中国大陆，干卓万群布农传说祖先在台湾的登陆地点为 Banitulan。③ 阿美族的此类神话很多，南势阿美就有多则，一传说阿波库拉央神降临东方海面的波鲁托岛，与女神塔利布拉央结合繁衍后代，因人口增长，波鲁托岛太狭窄，他们的后代阿波库拉森造了独木舟带着家人

---

①　刘斌雄：《日本学人之高山族研究》，陈其南：《光复后高山族的社会人类学研究》，均载黄应贵主编《台湾土著社会文化研究论文集》，台北联经出版事业公司 1986 年。王新天、吴春明：《台湾原住民研究的几个问题》，《广西民族研究》2007 年 1 期。

②　潘英：《台湾原住民族的历史源流》，第 151 页，台北台原出版社 1999 年。

③　台湾总督府临时台湾旧惯调查会原著：《蕃族调查报告书（第六册——布农族前篇），第 26 页，民族学研究所 2008 年编译出版。陈国钧：《台湾东部山地民族》，1952 年印，转引自潘英《台湾原住民族的历史源流》第 150 页，台北台原出版社 1999 年。

在塔基利斯（今宜兰）登陆；另一则提到，七百年前，一对姐弟为摆脱火山，乘坐木臼飘浮海上，到拉瓦山（Rarawlan，今花莲）登陆，后结为夫妇，生育子孙，分散到南北各处，北上至花莲为南势阿美；又一则说，一千四百年前，七位始祖乘坐三艘独木舟在今化仁村海滨登陆。① 鲁凯人则说，远古时代，从海边漂来一个陶罐，里面有颗蛋，后来孵化成两条百步蛇，为鲁凯人的祖先，以及鲁凯人的祖先顺着黑潮来到了台湾的神话传说。② 赛夏的海洋始祖神话属于大隘群，传说始祖从海外漂流到台湾新竹县大隘口一带，后因洪水避居大霸尖山，后被神杀死，神将死者身上的两块肉变成赛夏族的男女祖先。③ 卑南族传说祖先来自太平洋中的小岛 Panapanayan，系该地的竹竿或巨石生出来的，因下海捕鱼被台风吹到台东平原，直到今天他们仍须面对绿岛及兰屿方向祭拜祖先。又有一说，Panapanayan 的后代 Dadengeraw 是稀世美女，却阴部长牙齿，致新婚夫婿丧命，其头目 Kalikali 将其放入箱子流放大海，漂到知本社岸边，与知本社头目 Sigasigaw 结为夫妻，繁育后代。④ 平埔族始祖传说中也有"沙那沙伊"、"马利利央"等迄今无法确知的海上世界，如凯达格兰族的北投社传说，古时始祖地"沙那沙伊"出现一个叫珊西阿乌的妖怪，族人无法忍耐，遂制造大筏，举族漂流海上，在台湾北部的鞍番港（现在的深澳）登陆，子孙渐次繁殖，后经抽签决定居住地，抽到短签的居住深山成为生番，抽到长草的居住平地成为平埔番。噶玛兰的蛤仔难社传说，宜兰平埔番的祖先叫阿班，从"马利利央"的地方乘船出海，在台湾北部（淡水）登陆，沿着海岸东进，迂回过三貂角，来到当地，取名为蛤仔难。当时有山番住在这一带，阿班一族仅住在海岸的荒废土地，因与先住的番族发生争执，最后终于顺利地将先住的番族驱逐到深远的山中，而占领了宜兰的大平原。⑤ 由于这些起源神话含有较多发祥地不明的模糊成分，应属比较古老的始祖神话传说。

Ⅱ式：为"中国大陆"起源的始祖神话，见于泰雅族和平埔族。泰雅族有起源于

① 铃木作太郎著，陈万春译：《台湾蕃人的口述传说》，第63~64页，《民学集刊》第一册，2003年9月。台湾总督府临时台湾旧惯调查会原著：《蕃族调查报告书（第一册——阿美族、卑南族），第87~88、149~151页，民族学研究所2007年编译出版。
② 达西乌拉弯·毕马：《台湾的原住民——鲁凯族》，第12页，台北台原出版社2003年。
③ 宫本延人著，魏桂邦译：《台湾的原住民族》，第214页，台湾晨星出版社1993年。台湾总督府临时台湾旧惯调查会原著：《蕃族惯习调查报告书（第三卷——赛夏族）》，第9页，民族学研究所1998年编译出版。
④ 《蕃族调查报告书（第一册——阿美族、卑南族），第241~242页，民族学研究所2007年编译出版。台湾总督府临时台湾旧惯调查会原著：《蕃族惯习调查报告书（第二卷——阿美族、卑南族）》，第217~224页，民族学研究所2000年编译出版。潘英：《台湾原住民族的历史源流》，第155页，台北台原出版社1999年。
⑤ 铃木作太郎著，陈万春译：《台湾蕃人的口述传说》，第85~93页，《民学集刊》第一册，2003年9月。

华北过喜马拉雅山、经南洋到台湾的传说，"很久以前，兄妹二人为了追寻太阳，自中国北方跨越喜马拉雅山，越过驼峰，取道南洋群岛，泊到台湾。兄妹隐居高山，打猎为生，后结为夫妇，繁衍后代，成为今日的泰雅人"。① 平埔族则普遍有唐山珊沙伊祖地的传说。台北的八里坌社传说，从前在唐山山西的珊沙伊的某个皇帝，有个容貌极为难看的女婿被公主嫌弃，他带领七个兄弟漂到台湾的北海岸定居下来，后来他们三人留在平地成为八里坌社平埔蕃的始祖，其余四人进入山区成为山蕃。基隆的基无阿诺湾社传说，祖先也来自珊沙伊，是个隔着海的外岛，一天出海捕鱼，遇到台风，漂到台湾北海岸，后在双溪河口旁边定居，因人口繁殖，一部分到基隆建立基西卡无康社，再分建立基西无因嘎弯社。台北的潘嘎西社也有类似的传说，先祖住在珊沙伊，后因六人（五男一女）出海捕鱼，被风吹到北台湾，沿基隆溪进入台北，子孙繁衍。② 这些传说均没有明显的近古、近代特征，也是原住民神话中比较古老的形态。

A Ⅲ 式：为起源马来亚、南洋等地的神话，见于排湾族、泰雅族。排湾族"祖先来自马来亚，先到大陆云南，再绕道菲律宾，于西部的台南登陆"。③ 前述泰雅族的华北起源神话也有取道南洋的内容。

A Ⅳ 式：为伊巴丹岛等菲律宾群岛地带及邻近的台湾兰屿、火烧屿等离岛起源神话，见于雅美族和阿美族。雅美族的神话提到，最早由巴士海峡中的伊巴丹岛渡海而来的雅美族祖先有四男二女，其中希密那巴翁娶希那诺马瑙为妻，繁衍后代，成为今伊瓦机努社族人的来源。④ 神话内容清晰、准确，应是比较晚近的故事。语言学家也发现，雅美族的语言与巴丹岛土著几乎一致，认为雅美族是在七百年前从巴丹岛迁徙而来。⑤ 秀姑峦阿美传说，远古时，一对兄妹乘竹筏自南洋漂到高雄的鹅銮鼻，后结合生育四子二女，分散到花莲、玉山等地。⑥ 海岸阿美多则神话提到祖先来自兰屿、火烧岛或红头屿等。一则说，住在兰屿的阿美族祖先 Rarangus 架

---

① 陈国钧：《台湾东部山地民族》，1952 年印，转引自潘英《台湾原住民族的历史源流》第 149 页，台北台原出版社 1999 年。

② 铃木作太郎著，陈万春译：《台湾蕃人的口述传说》，第 85～93 页，《民学集刊》第一册，2003 年 9 月。

③ 《民族学研究所资料丛编》第四期，第 118 页，1995 年，转引自潘英《台湾原住民族的历史源流》，第 151 页，台北台原出版社 1999 年。

④ 洪敏麟：《台湾省通志》卷八同胄志第二册固有文化篇，第 14～15 页，转引自潘英《台湾原住民族的历史源流》，第 156 页，台北台原出版社 1999 年。

⑤ 鲍克兰：《雅美族调查纪要》，《民族学研究所集刊》1957 年第 3 期，第 116 页；鲍克兰：《兰屿雅美族的三个世系的故事》，《民族学研究所集刊》1959 年第 7 期，第 139 页。

⑥ 铃木作太郎著，陈万春译：《台湾蕃人的口述传说》，第 63～64 页，《民学集刊》第一册，2003 年 9 月。

桥横越大海至火烧岛，后再度架桥至台东海岸中央部位猴仔山的 Kasasikoran 定居繁衍子孙；另一则说，太古时女神 Lohge 创造了一对男女，降生在红头屿，后来渡海至火烧岛育儿生女，有些子孙往北方成为西洋人的祖先，有些子孙前往猴仔山成为阿美人的祖先。[①]

A V 式：为东洋日本的始祖神话，仅见于平埔族的毛少翁社，"祖先是东洋人巴基托诺南之子基巴喔飘海来到台湾的"。传说中发生有这支东洋来的始祖与明郑以后华南大陆迁台汉民的冲突事件，年代应该较晚。[②]

A VI 式：以英属非洲小国"卡拉巴鲁"海难船员为始祖，为东台湾的平埔社始祖传说，"祖先是英属非洲小国'卡拉巴鲁'的土著，被白人大船雇佣，因在东台湾发生船难，被土著酋长营救，于是住在东台湾，子孙繁衍。"[③] 这则传说反映的应是 16 世纪以来欧洲人洋船东进之后的事件，年代也应该更晚。

初步分类表明，台湾原住民保留的丰富的岛外起源神话具有多样和复杂的内涵，以不明海域起源和中国大陆起源的始祖神话最为丰富。这些神话也各有不同的时代特征，其中起源于东洋日本、英属小国"卡拉巴鲁"等平埔族的始祖神话具有明确的晚近时代特征，大致反映了原住民不同支系海洋来源的先后。

（二）B 型（岛内起源神话）

原住民所有族群都有岛内起源的始祖神话，有山地、洞穴、平地、草原等不同起源地形态，可粗略地分成两式，大体反映了原住民生存环境的多样性及不同族群空间迁徙的历史。

B I 式：山地、洞穴及草原起源的始祖神话，是原住民中最常见的始祖神话，存在于所有原住民族群。邹族的"山地起源"神话提到，太古时，哈莫（hamo）神降于新高山（玉山）造人，子孙繁衍，离散各地。又有神话说，太古时，哈莫神降临富雅社，播种人种。其种在地上生长，成为今人之祖。"草原起源"神话说到，昔日天神降于草原，所造的二个茅草人变成一男一女活人，繁衍子孙，建立部落，成为本族的开祖。[④] 卑南族的"山地起源"神话出于知本、吕家社，他们的祖先发源于 Ruvaan 的大石，到过 Hadawayan 及 Kurukalan 的山地，然后才到台东平原；还有一则与排湾族知本主山神话极为相似，说太古时 Panapanayan 的女神，右手石头掷出，出现一人为马兰社之祖，

---

① 潘英：《台湾原住民族的历史源流》，第 153～154 页，台北台原出版社 1999 年。

② 铃木作太郎著，陈万春译：《台湾蕃人的口述传说》，第 86～87 页，《民学集刊》第一册，2003 年 9 月。

③ 铃木作太郎著，陈万春译：《台湾蕃人的口述传说》，第 92 页，《民学集刊》第一册，2003 年 9 月。

④ 铃木作太郎著，陈万春译：《台湾蕃人的口述传说》，第 36 页，《民学集刊》第一册，2003 年 9 月。潘英：《台湾原住民族的历史源流》，第 150 页，台北台原出版社 1999 年。台湾总督府临时台湾旧惯调查会原著：《蕃族惯习调查报告书（第四卷——邹族）》，第 13～20 页，民族学研究所 2001 年编译出版。

左手竹子竖在地上，竹子上节出现一女神，下节出现一男神，为卑南社的起源。① 布农族的"山地起源"神话说，他们的祖先最初住在玉山，后来一段时间住在荖浓溪岸的沙阿鲁地方，再到楠梓仙溪东岸，最后居于现在的地方。日据时代的达启觅加社有神话说 Eme Paru（或 Imibal）山顶巨石裂开出现许多人。②"洞穴起源"神话有，太古时候，在敏通贡（Mintongon）的地方，有两处洞穴，'哈鲁哈乌鲁'虫把它的粪便弄成圆圆的，放进洞穴，约过了十五天，一个洞中出现了男子，又一个洞里则生出了女子，结为夫妇，生四个男女，互婚繁衍子孙。③赛夏族的"山地起源"神话见于东河群，传说大东河山区原为平原，因洪水泛滥，只剩一男子乘织布的机胴漂浮到 Sisubia（或 Irubia）山，被神杀死，神把肉、肠、骨投入海中，肉成为赛夏族的祖先，肠成为台湾汉人的祖先，骨成为泰雅族的祖先，胆也化生出不同的人群。④ 鲁凯族的"山地起源"神话提到，昔日女神 Rukuraw 由大武山降临于 Tavatava.，与 Rawpurun 结婚，此男人阳物甚大，女神受不了而杀之，结果此男人手指出生平民，四肢生出头目家臣，胸部生头目，为 Tasaiisn 的祖先。⑤ 泰雅族的"山地起源"神话存在于各亚族、群，认为始祖是高山的裂岩和树木等所生，说天地开辟之初，男神、女神降临于大山绝顶的千引岩，岩石立即裂成两块，形成八寻殿，成为祖先之地，男、女神在这里生了几个儿子，繁衍人类。又赛考列克群就以宾沙布甘山（Pinsabukan）、泽敖列群以大霸尖山（Papak－Waga）的裂岩为祖先生出的地方，赛德克亚族则传说北港溪上游白石山的老树树杈或树根生出的一男一女为其始祖。⑥ 排湾族的"山地起源"神话很丰富，有大武山、考加包根山（kinabakan）、知本山等始祖地。大武山神话提到，昔日有 Satakaraws 者从大武山降下，与平地来的 Sachijoka chijoka 结合，成为 iraboru 家之祖；又说大武山上的 Pinabakatsan

---

① 潘英：《台湾原住民族的历史源流》，第155页，台北台原出版社，1999年。台湾总督府临时台湾旧惯调查会原著：《蕃族惯习调查报告书（第二卷——阿美族、卑南族）》，第217～224页，民族学研究所2000年编译出版。《蕃族调查报告书（第一册——阿美族、卑南族）》，第241～245页，民族学研究所2007年编译出版。

② 佐山融吉、大西吉寿：《生蕃传说集》，转引自潘英《台湾原住民族的历史源流》第150页，台北台原出版社1999年。台湾总督府临时台湾旧惯调查会原著：《蕃族调查报告书（第六册——布农族前篇）》，第19～26页，民族学研究所2008年编译出版。

③ 铃木作太郎著，陈万春译：《台湾蕃人的口述传说》，第21页，《民学集刊》第一册，2003年9月。

④ 铃木作太郎著，陈万春译：《台湾蕃人的口述传说》，第15页，《民学集刊》第一册，2003年9月。潘英：《台湾原住民族的历史源流》，第149页，台北台原出版社1999年。

⑤ 潘英：《台湾原住民族的历史源流》，第153页，台北台原出版社1999年。

⑥ 铃木作太郎著，陈万春译：《台湾蕃人的口述传说》，第1页，《民学集刊》第一册，2003年9月。台湾总督府临时台湾旧惯调查会原著：《蕃族惯习调查报告书（第一卷——泰雅族）》，第18～28页，民族学研究所1996年编译出版。陈国钧：《台湾东部山地民族》，1952年印，转引自潘英《台湾原住民族的历史源流》第147～149页，台北台原出版社1999年。

有一根竹子裂开生出许多灵蛇，化成男女，成为祖先。考加包根山（kinabakan）神话提到，太古时山上有处大石裂开生出男女二人，二人相婚生下许多子女，有蛇、瞎眼儿、单手或单脚或无头的，最后才有完整的男女，后来一部分北上赴知本社为卑南族之祖，其余南下成排湾族的祖先；又说在山的绝顶上，太阳生下红、白二卵，由名叫保龙的灵蛇孵化出男女二神，即为排湾头目之家；还有传说在帕伊鲁斯社（Pairus）的马卡拉乌拉乌吉（Makarawrauzi）太阳每日产下二卵都被大蛇吞掉，后有三女子合力捕蛇投入深渊，太阳卵才孵化繁衍为排湾头目之祖。知本山神话说，很古时女神降于知本主山的怕拉怕拉样，女神投石、石裂产生一神人，即为今金山、达仁两乡与大南社的同一祖先，女神又将竹直立于地，竹的上节产生一女神，竹的下节产生一男神，两神结合传下本地排湾族的后代；还传说在鲁波安的阿拉哇安地方，一块巨石裂成两块，一块生出女孩，女孩的脚跟又生出一个女孩，与南方来的男子结合生出两个女孩，之后招婿繁衍子孙。还有塔拉马卡乌社的传说，从前在匹那布卡兹安的一根竹子破裂，滚下四颗蛋，蛋里出现了蛇身的男女，相婚繁衍生子，长子残障，次子健康，长大后做祈祷产生了众多的人类。[①] 阿美族的"山地起源"神话见于南势阿美族，传说太古时利那哈姆（原南势蕃的狩猎地）洪水泛滥，有一对兄妹两人乘臼逃生，漂到一座高山，洪水退后他们来到叫那鲁马安的地方，定居、结合并生育后代；[②] 雅美族的"山地起源"神话见于西岸、东岸等社，西岸社传说克迈磨南山（Di－kmaimoran）之海拔约五百公尺处的帕普兹托山（Di－papotok）之巨石裂开，产生一尊神，不久海边竹林大竹破裂，产生另一神人，二神蹲踞两膝互擦，生出一男一女，结为夫妇，繁衍后代。东岸社的传说几乎一样，只是起源的山地为 Di－pighagun。[③]平埔族的"山地起源"神话出于西拉雅族南部四社，传说他们的祖先四百年前就以乌山山脉西麓一带生存，建有塔巴康、蟈嘎蟈、西阿乌利伊、卡坡阿四社，后渐与汉人融合。[④]

　　BⅡ式：平原起源的始祖神话，存在于布农、鲁凯、阿美、雅美、平埔等族群。布农族的"平地起源"神话见于峦社、郡社两群，峦社群说他们的祖居地在 Lokaay，郡社群人说他们的祖居地在 Linpao，Linkipao，Taulak 及 Lamtao 等地；又有神话说在拉莫

① 铃木作太郎著，陈万春译：《台湾蕃人的口述传说》，第 51～56 页，《民学集刊》第一册，2003 年 9 月。台湾总督府临时台湾旧惯调查会原著：《蕃族惯习调查报告书（第五卷——排湾族第一册）》，第 111～119 页，民族学研究所 2003 年编译出版。潘英：《台湾原住民族的历史源流》，第 150～152 页，台北台原出版社 1999 年。

② 铃木作太郎著，陈万春译：《台湾蕃人的口述传说》，第 64 页，《民学集刊》第一册，2003 年 9 月。

③ 铃木作太郎著，陈万春译：《台湾蕃人的口述传说》，第 81～83 页，《民学集刊》第一册，2003 年 9 月。潘英：《台湾原住民族的历史源流》，第 156 页，台北台原出版社 1999 年。

④ 铃木作太郎著，陈万春译：《台湾蕃人的口述传说》，第 94～95 页，《民学集刊》第一册，2003 年 9 月。

嘎那（Ramogana）有一个瓢瓜和一座土灶，一天从瓢瓜生出男孩，从土灶生出女孩，这两人便是他们的始祖。① 鲁凯族的"平地起源"神话说，大南社始祖 Homariri 在大南社 Taidungul 湖北边的一块大石中出生，还有一女人 Sumurimu 由地下出生，二人结婚，生一男二女；又据怒社传说，昔日在 Kitonbatsu 地有大树，树杈出生男女二人，子孙繁殖为他们的始祖。② 阿美族的"平地起源"神话见于卑南阿美族，提到 Tsirangasan 有一个老人及其孙兄妹二人，洪水后乘 Kalolangan 船来到 Arapanai 登陆，兄妹结合生蟹、石头，石头生人繁衍后代；又说 Pangtsah 的祖先，是由 Arapanai 的石头生出的；恒春阿美又传说，Arapanai 的一棵大树被雷击开，大树裂开生出二女一男，为 Pangtsah 族的祖先。③ 雅美族的"平地起源"神话见于北岸、南岸等社，北岸社传说，往时 Di－paun 海滨的竹子出现二女神，女神捡地上石头夹在腋下，走到泉畔倒清水于石头上，由石头出现多数男女，男女繁衍人口并迁移到 Irarai 地，成为 Irarai 社的始祖。④ 平埔族"平地起源"神话为拍瀑拉族的阿利昆和巴则海族的传说，拍瀑拉族传说祖先数百年前就以彰化为中心定居在台湾。巴则海族传说，从天宫降下的始祖住在中央平地，洪水之时把人类淹死，只有始祖的直系孙姐弟二人漂到山顶，约六天之后水退去，姐弟结婚生了两个儿子，又将两个儿子的身体切成块，并吹气，肉块遂变成青年人。⑤

　　从山地到平原的两式不同的起源地形态差别，反映了台湾海岛地理形态与史前时代外来人群迁徙来台从海岸登陆、从沿海平原向山地扩散的进程。一般来说，保留平原起源之始祖神话记忆的族群历史，逻辑上要晚于仅仅保留山地、洞穴等起源之始祖神话记忆的族群历史。这是因为，仅仅保留山地、洞穴起源之始祖神话记忆的族群，不可能没有经历平原生存的历史，而是更长久的山地生活时间使得族群记忆中忘却了平原生存的早期历史。

---

① 铃木作太郎著，陈万春译：《台湾蕃人的口述传说》，第 21 页，《民学集刊》第一册，2003 年 9 月。潘英：《台湾原住民族的历史源流》，第 150 页，台北台原出版社 1999 年。施努来：《八代湾的神话》，第 30 页，台中晨星出版社 1992 年。陈国钧：《台湾土著始祖传说》，第 61 页，北京大学中国民俗学会民俗丛书，民族篇 2，1996 年。[俄] 李福清：《神话与鬼话——台湾原住民神话故事比较研究》，第 89 页，社会科学文献出版社，2001 年。

② 佐山融吉：《生蕃调查报告书》，第 20～21 页，转引自尹建中编《台湾山胞各族传统神话故事与传说文献编纂研究》，第 307 页，内政部，1989 年。[俄] 李福清：《神话与鬼话——台湾原住民神话故事比较研究》，第 75 页，社会科学文献出版社 2001 年。潘英：《台湾原住民族的历史源流》，第 152～153 页，台北台原出版社 1999 年。

③ 潘英：《台湾原住民族的历史源流》，第 153～154 页，台北台原出版社 1999 年。

④ 铃木作太郎著，陈万春译：《台湾蕃人的口述传说》，第 81～83 页，《民学集刊》第一册，2003 年 9 月。潘英：《台湾原住民族的历史源流》，第 156 页，台北台原出版社 1999 年。许世珍：《台湾高山族的始祖创生神话》，《民族学研究所集刊》1955 年 2 期，第 182 页，转引自 [俄] 李福清：《神话与鬼话——台湾原住民神话故事比较研究》，第 77 页，社会科学文献出版社 2001 年。

⑤ 李卉：《东南亚的同胞配偶型洪水传说》，第 192 页，《中国民族学报》1955 年 1 期。

　　总之，台湾原住民始祖神话的岛外起源和岛内起源两大类型，分别具有相对年代先后的若干式别，是始祖神话文化分层的逻辑反映，折射出原住民文化史的若干重要讯息（表一）。

表一　　　　　　　　　**台湾原住民始祖神话的类型学分析**

型	式		平埔	雅美	阿美	排湾	泰雅	鲁凯	赛夏	布农	卑南	邹族
A型（岛外）	VI式：非洲		√									
	V式：东洋日本		√									
	IV式：菲律宾及离岛			√	√							
	III式：马来亚等南洋					√	√					
	II式：中国大陆		√				√					
	I式：不明海域		√		√	√		√	√	√	√	
B型（岛内）	II式	平地起源	√	√					√	√		
	I式	山地起源	√	√	√	√	√	√				√
		洞穴起源								√		
		草原起源										√

二　神话类型学格局在文化史上的意义

　　始祖神话、口述文学是人类史前社会共同的文化现象，世界上任何一个民族、人群的早期历史都伴随着内容多样的神话传说，它是人类童年时代的模糊化的族群历史记忆。随着文字的发明和文明的扩展，大部分民族的族群历史记忆被书写文本所取代，早期的神话传说也被固定在历史文献中。但是，边缘社会的众多族群缺乏本民族自身的文字历史，口述神话仍是族群主位历史的主要记忆、传承方式。

　　台湾原住民是古代东亚族群文化"多元一体"格局中的边缘环节，相对封闭的海岛生存环境使得民族文化表现出强烈的独立性和滞后性，直到清代以中原为中心的华夏、汉民文化圈才开始覆盖原住民社会，加上原住民长期缺乏本民族自身的文字历史，形成了原住民神话传说丰富多样、历久不衰的民族文化状态。始祖神话是原住民口述神话最重要的组成部分，始祖神话的多样性、分层性的类型学格局，是原住民早期历史的模糊化的集体记忆，折射出原住民族群起源、早期迁徙等重要的文化史轨迹，主要表现在两方面。

　　一方面，岛外起源始祖神话的普遍性体现了原住民族群的外来文化特征。在台湾原住民的始祖神话形态中，除邹族以外的所有族群都保留有不同内容的岛外起源始祖神话，这些岛外起源的始祖神话大量的是从不明海域和中国大陆的起源神话。其中从不明海域漂航而来的始祖神话最常见，见于排湾、布农、阿美、鲁凯、赛夏、卑南、平埔等族群，多数起源于现在无法确知的海上世界，可以是从南洋、太平洋岛屿方向漂航而来的，更有可能从台湾海峡对岸的华南大陆迁徙而来，族群记忆模糊。还有相当多起源地为明确的中国大陆，如泰雅、排湾和平埔等族的一些神话传说。无论如何，这些始祖神话反映了原住民族群的外来文化特征，原住民的基层文化并非本岛起源，并非真正意义上的"土著"，而是远古的移民文化。

始祖神话所反映的原住民外来文化特征，与台湾史前考古文化内涵的外来特征是吻合的。经过一个多世纪的考古调查与发掘，考古学者已经在台湾岛及附属的澎湖、兰屿等岛屿发现了数百处史前遗址，其中重要的史前人类文化遗址有上百处，确认的史前考古学文化二十余处，从距今三万年的旧石器晚期历经数千年的新石器时代，止于数百年前的早期铁器时代，客观地反映了原住民在台湾岛上开发、迁徙、生存的历史。从文化因素的分析来看，这些史前考古文化几乎都与华南大陆、东南亚、菲律宾等外来文化有关。虽然研究台湾考古最多的日本、中国大陆与台湾的学者间对于这些史前文化的来源曾有不同的看法，但他们都一致认为，台湾的史前文化并非本地发生的"土著"文化，而是外来文化的移植。在日本方面，1897年，日本人鸟居龙藏考察台北圆山遗址后，就提出台湾石器时代的遗物是南来的马来种族的遗物；1943年，金关丈夫说台湾史前文化中既有浓厚的大陆北方文化要素，也有南方海洋因素；鹿野忠雄将台湾原始文化体系区分大陆系统的绳纹陶文化层、网纹陶文化层、黑陶文化层、有段石斧文化层，和经由菲律宾北上的海洋文化系统的原东山文化层、巨石文化层、菲律宾铁器文化层。[①] 台湾学者中，臧振华最近的看法最具代表性，他认为台湾史前文化的主体应是不同史前阶段自华南沿海地区渡海来台的，同时在新石器晚期和早期铁器时代东海岸的一些支系文化很可能还受到来自菲律宾等东南亚史前文化的传入与影响，史前文化的多时空格局与原住民的多样族群有密切的源流关系。[②]

另一方面，始祖神话的多样性和分层性反映了原住民族群起源的多元性和族群迁徙的历史过程。台湾原住民的神话传说中，既有不明海域、中国大陆、东南亚的马来亚和菲律宾、东洋日本及非洲小国等岛外始祖，更有山地、洞穴、草原及平地起源的始祖，

---

① 金关丈夫、国分直一著：《台湾考古学研究简史》，《福建文博》1982年1期、1984年1期。鹿野忠雄著，宋文薰译：《台湾先史时代的文化层》，宋文薰：《史前时期的台湾》，均载黄富三、曹永和主编《台湾史论丛》第一辑，台湾众文图书公司1980年。

② 臧振华：《台湾考古的发现与研究》，载《东南考古研究》第二辑，厦门大学出版社1999年。Tsang Cheng – hwa, *The Archaeology of Taiwan*, Council of Cultural Affairs, Executive Yuan, ROC, 2000.

它们是原住民祖先历史的模糊、歪曲镜像，虽然不是完全真实的，但无疑反映了原住民文化起源多元性的历史事实。

作为不同时期迁台的原住民族群，从海洋到平原再到山地是族群迁徙历史的一般状况。但是，作为族群历史的一种集体记忆，神话传说是有记忆深度与延续时间长度的。一般来说，越早来台的族群，对其远程发祥地及自远程迁徙而来的路径的记忆，因时间久远而愈加模糊，甚至完全缺失，只有平原、甚至山地近程始祖的记忆；反之，越晚来台的族群，对于平原、甚至海洋和海岛等远程始祖的记忆就越清晰。因此不同时期、不同地区迁徙来台的原住民族群，其始祖神话的内涵还有分层的差别，这种差别反映了不同族群发展、迁徙的历史进程。

根据前述台湾原住民始祖神话的型式差别，可以将它们分成五层。第一层为平埔族，其始祖神话内涵非常丰富，既有不同式别、代表不同阶段的岛外起源始祖，如集体记忆远程的不明海域的"沙那沙伊"、"马利利央"、"唐山珊沙伊"以及晚近特征明显的"日本东洋"、"非洲的卡拉巴鲁"等，又有数百年前在岛内平地和山地生活的记录，是原住民中保存始祖神话最完整、集体记忆最深远清晰的族群，为最表层的始祖神话。第二层为雅美、阿美两族，其始祖神话比较明确，岛外起源方面，雅美有近邻的菲律宾北部伊巴丹岛，阿美有兰屿、火烧岛或红头屿离岛起源神话，两者都有岛内平地和山地生活的完整记录，是原住民中集体记忆清晰度仅次于平埔族的上层类型。第三层为排湾、泰雅两族，排湾族始祖神话有不明海域的东南方海上"马赛赛"，两族均有中国大陆南下经南洋北上登岛的清晰的岛外起源神话内涵，是原住民始祖神话中比较接近上层的类型，两族的岛内始祖神话中均有丰富的山地始祖记忆，但都忘却了沿海平地的生活史，因此从逻辑上早于雅美、阿美族。第四层为鲁凯、赛夏、布农、卑南各族，四族均有不明海域的岛外始祖神话，有岛外始祖记忆但却比上述三层族群模糊，逻辑上较上述三层族群古老。四族均有丰富的岛内山地生活史记忆，鲁凯、布农还有赛夏、卑南所没有的平原记忆，说明他们之间还有些微的差别。第五层是邹族，其神话传说中不但没有岛外始祖的记忆，甚至缺乏岛内平原生活史的记忆，只有山地起源类型，应为原住民始祖神话中最基层的类型，从这点来说邹族是最早来台并最早从沿海平原迁徙到内陆山地的民族。

就是说，从始祖神话分层的角度看，原住民各族群移居岛屿的时间是有区别的，邹族为来台最早的族群，其次是鲁凯、赛夏、布农、卑南四族，再次为排湾、泰雅两族，第四为雅美、阿美两族，最后为平埔族群。从这个意义上说，台湾原住民族群文化差异的形成有多方面的原因，既有多元的源头，也有来台的先后所致。

原住民族群文化的分层性在考古学上表现得更明确，在台湾史前文化的多时空体系中，至少有四个层次的"土著"文化①内涵。最底层的为距今 30000～5000 年的旧石器时代长滨文化；其次为距今 6000～5000 年的新石器时代早期大坌坑文化；再次是距今 5000～2000 年新石器中晚期的各文化群，包括西海岸各地的芝山岩文化、圆山文化、植物园文化、牛骂头文化、营埔文化、牛绸子文化、大湖文化，东海岸的卑南文化、麒麟文化；最上层的是距今 2000～400 年的早期铁器时代分布各地的十三行文化、番子园文化、大邱园文化、茑松文化、龟山文化、静埔文化等。史前文化的不同层次反映了台湾"土著"先民自旧石器时代以来的不同历史阶段迁徙岛屿的历史过程。② 我们曾经对台湾西海岸的史前文化作专题分析，提出台湾西海岸新石器时代以来的绳纹陶文化→红陶文化→灰黑硬陶文化→方格纹印纹陶文化的四层序列，同华南史前文化发展轨迹吻合，只是年代普遍晚于大陆，因此可将它们看成是史前期东亚大陆向海岛的几次重大的文化移动浪潮。③ 不少学者还试图探寻不同层次的台湾史前文化与原住民族群的内在关联，比如台大人类学系的陈有贝教授认为，台湾西海岸史前考古学文化最上层的十三行等早期铁器时代文化，就是西海岸平原原住的平埔族先民文化，他们是在原住闽粤地区已经"相当程度汉化的越人后裔"，是在秦汉王朝势力大规模南下的压力下于公元前后从海上移台的。④

---

① 所谓"土著"文化是指相对于汉民人文的原住民考古文化，是早期的移民文化，并非真正土著文化。

② 韩起：《台湾省原始社会考古概述》，《考古》1979 年 3 期。臧振华：《台湾考古的发现与研究》，载《东南考古研究》第二辑，厦门大学出版社 1999 年。Tsang Cheng‐hwa, *The Archaeology of Taiwan*, Council of Cultural Affairs, Executive Yuan, ROC, 2000.

③ 吴春明：《台湾西海岸史前文化进程的初步分析》，载《中国东南土著民族历史与文化的考古学观察》，厦门大学出版社 1999 年。

④ 陈有贝：《台湾史前文化构架下的大陆要素》，台湾大学《考古人类学刊》第 54 期，2000 年。

中国东南与太平洋的史前交通工具[*]

一 百越先民航海、舟船的探索

在中原、"中国"华夏人文视野中，"四方"边缘的东南"岛夷"、"百越"以"善于用舟"而著称。《尚书·禹贡》语："淮海惟扬州"，"岛夷卉服，厥篚织贝"；《淮南子·主术训》语："汤武，圣主也，而不能与越人乘舲舟而浮于江湖"；《越绝书·越绝外传记地传》载："夫越性脆而愚，水行而山处，以船为车，以楫为马，往若飘风，去则难从"。在近代学术中，林惠祥先生的"亚洲东南海洋地带"[①]和凌纯声先生的"亚洲地中海文化圈"[②]，先后总结了汉晋王朝统一江南、华夏汉人大规模南迁之前，东南沿海土著民族的海洋人文传统。

考古研究表明，百越先民的航海活动是非常活跃的，从近海航渡到远洋航行，都留下了大量的文物史迹。在近海交通上，东南沿海陆、岛间的航渡至少有7000年的历史。在东海之滨，浙江舟山的定海、岱山、大衢、嵊泗等岛距今7000～4000年间的新石器时代文化面貌分别与河姆渡、良渚文化相同，就是浙东原始先民海上交通的证据。[③]在福建沿海，距今6000～4000年的平潭岛壳丘头、金门岛富国墩与浦边、东山岛大帽山等新石器时代文化分别与闽江下游的闽侯溪头、昙石山等文化基本相

* 教育部人文社会科学重点研究基地 2006 年度重大项目"台湾原住民研究"（2006JJDGAT002）课题成果。原文先后提交 2007 年 11 月在广西南宁举行的"第四届西部考古协作会暨中国西南及相关地区史前文化研讨会"、浙江温州举行的"瓯文化国际学术研讨会"，刊于《南方文物》2008 年 2 期"民族考古"专栏。收入本书时调整若干插图。
① 林惠祥：《台湾石器时代遗物的研究》，《厦门大学学报》1955 年 4 期。林惠祥：《福建武平县新石器时代遗址》，《厦门大学学报》1956 年 4 期。
② 凌纯声：《中国古代海洋文化与亚洲地中海》，《中国边疆民族与环太平洋文化》，台北联经图书 1979 年。
③ 吴玉贤：《从考古发现谈宁波沿海地区原始居民的海上交通》，《史前研究》1983 年 1 期。

同。① 在岭南，珠海淇澳岛、三灶岛、横琴岛、东澳岛、高栏列岛、荷包岛、深圳大铲岛、内伶仃岛、香港大屿岛、赤鱲角岛、澳门九澳岛等 7000～4000 年前的岛屿文化与珠江三角洲大陆沿海的咸头岭、河宕等新石器文化面貌完全一致，应是沿海人群向海上移动的结果。② 其中，珠海高栏岛宝镜湾遗址的原始岩画上还描绘了濒海渔归的场景。③此外，山东长岛县庙岛群岛上发现的原始文化遗存分别与山东大汶口、龙山、岳石等文化一致，辽东沿海的长海县广鹿岛、大长山岛、獐子岛、海洋岛、小长山岛相继发现了一系列距今 6000～4000 年间与辽东半岛新石器文化同类的遗存，也是原始居民一叶扁舟来往陆岛间的证据。④

百越先民的航海活动并不限于近海的陆岛间，跨越上百、甚至数百公里的远海、远洋航行也有数千年的历史。最直接的证据就是台湾海峡的史前交通，林惠祥先生曾依据台湾圆山等遗址的有段石锛、有肩石器、印纹陶等遗存与华南大陆的一致性，将台湾史前文化看成大陆东南土著海洋"漂去"的结果。张光直也将距今 6000～5000 年间的台湾大坌坑文化看成是大陆东南金门富国墩等新石器文化的传播。我们也曾据台湾西海岸自史前到上古间的绳纹陶—泥质红陶—灰黑硬陶—方格纹陶等系列文化与华南大陆的同步性、同质性，重建史前期海峡间的几次重大文化移动浪潮。⑤ 类似的史前文化传播与海洋人群移动还发生在台湾与吕宋间的巴士海峡、东南亚与太平洋群岛间的众多大小海

① 福建省博物馆：《福建平潭壳丘头遗址发掘简报》，《考古》1991 年 7 期。厦门大学考古专业等：《1992 年福建平潭岛考古调查新收获》，《考古》1995 年 7 期。林朝启：《金门富国墩贝冢遗址》，台大《考古人类学刊》第 33～34 期。陈仲玉：《福建金门金龟山与浦边史前遗址》，《东南考古研究》第二辑，厦门大学出版社 1999 年。徐起浩：《福建东山县大帽山新石器时代贝丘遗址》，《考古》1988 年 2 期。福建博物院等：《福建东山县大帽山遗址的发掘》，《考古》2003 年 12 期。

② 珠海市博物馆等：《淇澳岛后沙湾遗址发掘》、《三灶岛草堂湾遗址发掘》、《淇澳岛亚婆湾、南芒湾遗址调查》、《东澳岛南沙湾遗址调查》、《高栏列岛与南水镇遗址调查》，均载于《珠海考古发现与研究》，广东人民出版社 1991 年。《广东珠海荷包岛锁匙湾遗址调查》，载《东南考古研究》第二辑，厦门大学出版社1999 年。黄崇岳、文本亨：《深圳文物考古工作十年》，《文物》1990 年 11 期。区家发、邓聪：《香港大屿山东湾新石器时代沙丘遗址的发掘》，载《纪念马坝人化石发现三十周年文集》，文物出版社 1988 年。William meacham, *Archaeological Investigations on Chek Lap Kok Island*, Hongkong Archaeological Society, 1994. 邓聪、郑炜明：《澳门黑沙》，香港中文大学出版社 1996 年。商志䍧等：《环珠江口史前沙丘遗址的特点及有关问题》，《文物》1990 年 11 期。

③ 徐恒彬、梁振兴：《高栏岛宝镜湾石刻岩画与古遗址的发现与研究》，《珠海考古发现与研究》，广东人民出版社 1991 年。

④ 北京大学考古实习队等：《山东长岛县史前遗址》，《史前研究》1983 年 1 期。许玉林：《东北地区新石器时代文化概述》，《辽海文物学刊》1989 年 1 期。

⑤ 林惠祥：《台湾石器时代遗物的研究》，《厦门大学学报》1955 年 4 期。张光直：《新石器时代的台湾海峡》，《考古》1989 年 6 期。吴春明：《台湾西海岸史前文化进程的初步分析》，载《中国东南土著民族历史与文化的考古学观察》，厦门大学出版社 1999 年。

峡之间，以至于在考古学、民族学、语言学上都留下大量确凿的证据，证明距今5000～1000年间的东南土著先民梯次浮海抵达台湾、菲律宾、印尼群岛、太平洋群岛，形成"南岛语族"这一世界上分布范围最广的海洋族群（图一）。[①]

就是说，自数千年前的新石器时代中晚期开始，百越先民就已经具备了不可低估的航海能力。但是，他们驾驭的舟船及其动力是什么？竹排筏、独木舟是学界讨论的史前土著使用的两种主要浮海工具。

竹排筏的创造源于自然的启发。汉代刘向《世本》语："古者观落叶，因以为舟。"[②] 将芦苇、竹竿或树干等浮材并排捆扎起来的浮筏，在南方船家人文中仍延续使用得很晚，如闽、桂等地沿海和溪流中常见鱼排、竹筏等，20世纪50年代凌纯声先生在台湾高雄、台东等地还调查记录了悬挂竹篾风帆的大型航海竹排筏。[③] 现在，有人认为这类帆筏就是"南岛语族"先民从大陆东南迁徙台湾、菲律宾、东南亚群岛的航海工具。[④]

将整木树段挖空成槽使之能乘人载物的独木舟，是许多水上民族的共同创造。《易经·系辞》载：伏羲氏"刳木为舟，剡木为楫，舟楫之利以济不通，致远以利天下。"独木舟在东南考古中有不少发现。浙江萧山跨湖桥发现的距今8000～7000年的独木舟，是迄今最早的史前舟船遗存。浙江河姆渡和罗家角新石器时代遗址也发现了距今7000～6000年的废弃独木舟板材，河姆渡还发现陶塑独木舟的模型，距今约4000年的广东珠海宝镜湾岩刻画上还描绘着独木舟船泛海航行的场面。[⑤] 此外，在早期历史时期的独木沉舟遗存更是屡见不鲜，如江苏武进淹城的3艘周代独木舟、福建连江鳌江的西汉独木

① 林惠祥：《中国东南地区新石器文化特征之一：有段石锛》，《考古学报》1958年3期。吴春明：《中国东南：早期历史与考古文化》，《东南考古研究》第一辑，厦门大学出版社1996年。张光直：《中国东南海岸考古与南岛语族的起源问题》，《南方民族考古》第一辑，四川大学出版社1987年。Peter Bellwood, *Prehistory of the Indo – Malaysian Archipelago*, Honolulu：University of Hawaii Press, 1997. Patrick V. Kirch, *On the Road of the Winds：An Archaeologicai History of the Pacific Islands before European Contact*, Berkeley：University of California Press, 2000. Tianlong Jiao, edited, *Lost Maritime Cultures：China and the Pacific*, Honolulu：Bishop Museum Press, 2007.

② 季羡林主编"传世藏书"本，史库杂史类，海南国际新闻出版社中心1996年。

③ 凌纯声：《中国远古与太平印度两洋的帆筏戈船方舟和楼船的研究》，《民族学研究所专刊》第十六号，1970年。

④ Barry V. Rolett, Southeast China and the Emergence of Austronesian Seafaring, in Tianlong Jiao edited, *Lost Maritime Cultures：China and the Pacific*, Honolulu：Bishop Museum Press, 2007.

⑤ 徐恒滨、梁振兴：《高栏岛宝镜湾石刻岩画与古遗址的发现与研究》，《珠海考古发现与研究》，广东人民出版社1991年。林华东：《中国风帆探源》，《海交史研究》1986年2期。陈延杭：《河姆渡舟船技术浅析》，《海交史研究》1997年2期。浙江省文物管理委员会：《河姆渡遗址第一期发掘报告》，《考古学报》1978年1期。

舟、广东化州鉴江 6 艘东汉独木舟、浙江温州的晋代独木舟、山东荣成毛子沟汉晋独木舟等。① 不过，单纯依靠这类独木舟而没有其他附属设施，要作远距离的跨海航行，是有相当难度的。

从航海舟船的动力看，桨板是考古发现的最明确的工具，浙江跨湖桥、河姆渡、田螺山、钱山漾、水田坂等新石器时代遗址中也发现了多件木船桨，但摇橹划桨也许对于近海航渡是可行的，对远洋跨海航行来说，几乎是不可能的。风帆是世界上所有航海民族共用的舟船动力。汉代刘熙《释名·释船》语："随风张幔曰帆，帆，泛也。使舟疾泛泛然也。"从摇橹划桨到扬帆驶船，是航海技术的一次重要飞跃，这一飞跃出现在什么时候，学界至少有商代说、战国说、汉代说等不同的认识。② 由于考古遗址无法保存远古的风帆遗物，风帆起源的各种理论也都是依据文献上只言片语。如《物原》语"夏禹作舵，加以蓬、椗、帆、樯。"《事物绀珠》语"禹效鲎制帆。"③ 还有通过甲骨文中"凡（帆）"、"用凡"的实例，推论最早在商代可能已经利用风帆了。不少人对此还持否定态度，认为中国最早风帆的使用是秦汉时期，与舵的出现相匹配，广州汉墓陶船模的原始形态舵是迄今发现的最古老的舵实物，风帆的使用不可能早于这个时期。④

总之，史前时期东南土著百越先民的近海及远洋航行是有比较充分的考古证据的，但跨越宽阔海洋所需的稳定、牢固的舟船及持续的动力是什么？迄今考古、历史与民族学者都没有作出明确的解释。

二　太平洋民族志的启发

在世界民族志所见的浮筏、独木舟等原始舟船的空间分布上，太平洋及邻近地区"南岛语族"各民族的舟船是非常特殊的一环。18 世纪后期，英国航海家库克（James Cook）的船队进入波利尼西亚之后，随同画家韦伯（J. Webber）就描绘了许多波利尼西亚的画卷，其中就有多幅珍贵的土著帆舟图像。对太平洋土著帆舟最系统的调查研究是在 1924～1925 年间，美国 Bishop 博物馆的哈登（A. C. Haddon）、霍内尔（James

---

① 谢春祝：《淹城发现的战国时代独木舟》，《文物参考资料》1958 年 11 期。卢茂村：《福建连江发掘西汉独木舟》，《文物》1979 年 2 期。湛江地区博物馆等：《广东省化州县石宁村发现六艘东汉独木舟》，《文物》1979 年 12 期。戴开元：《中国古代的独木舟和木船的起源》，《船史研究》1985 年 1 期。王永波：《胶东半岛上发现的古代独木舟》，《考古与文物》1987 年 5 期。

② 上海交通大学"造船史话"编写组：《秦汉时期的船舶》，《文物》1977 年 4 期。林华东：《中国风帆探源》，《海交史研究》1986 年 2 期。文尚光：《中国风帆出现的时代》，《武汉水运工程学院学报》1983 年 3 期。杨琮：《也论中国樯帆之始》，《海交史研究》1989 年 1 期。

③ "四库全书存目丛书"本，子部类书类第 178、200、201 册，齐鲁书社 1996 年。

④ 文尚光：《中国风帆出现的时代》，《武汉水运工程学院学报》1983 年 3 期。杨琮：《也论中国樯帆之始》，《海交史研究》1989 年 1 期。席龙飞：《中外帆和舵技术的比较》，《船史研究》1985 年 1 期。

Hornell）的两次大规模专题考察，其成果汇成三卷本的《大洋洲独木舟》一书。后该馆的霍里奇（Adrian Horridge）又专题调查印尼群岛，写成《印尼巴厘岛、马都拉岛的外架艇独木舟》一书，整理大量的筏、独木舟、多板扩展式独木舟、边架艇独木舟、双体独木舟等航海舟船的形态、结构、航海技术等资料。[①]

帆筏（Sailing Raft and Catamaran），使用三列或更多的竹材或原木捆扎起来的浮载平台，从台湾到波利尼西亚群岛都筏发现有帆筏。比如 1826 年见于曼迦温（Mangarevan）岛上的大型帆筏战船，桨、帆合用，船首挂倒三角帆，左右两舷各有多名划桨手，帆、舟的形态都显原始（图一，上）。1954 年凌纯声先生在台湾高雄茄萣发现的大型竹筏，由 11 列竹材捆扎起来，船中前部悬挂大型的梯形帆，这类樯帆的形态可能受到了后世船帆形态结构的影响（图一，下）。[②]

独木舟（Dugout canoe），是将原木沿一侧挖空成槽，首尾形成大小不等的独木舟船。在东南亚和太平洋上还有多种形态的扩展式独木

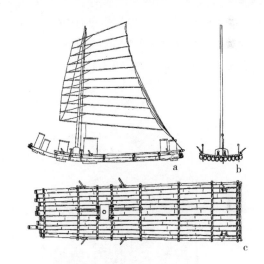

图一　太平洋上的远洋帆筏

上，曼迦温岛大型帆筏（Beechey，1831，Vol. 1，引自 A. C. Haddon and James Hornell，1938，Vol. Ⅲ，P14）　下，台湾高雄茄萣的帆筏（引自凌纯声 1970，图版九）

①　A. C. Haddon and James Hornell, *Canoes of Oceania*, Vol. Ⅰ, *The Canoes of Polynesia, Fiji, and Micronesia*, Bernice P. Biship Museum Special Publication 27, Honolulu Hawaii, 1936. Vol. Ⅱ, *The Canoes of Melanesia, Queenland, and New Guinea*, Bernice P. Biship Museum Special Publication 28, Honolulu Hawaii, 1937. Vol. Ⅲ, *Definition of Terms, General Surney, and Conclusions*, Bernice P. Biship Museum Special Publication 29, Honolulu Hawaii, 1938. Adrian Horridge, *Outrigger Canoes of Bali and Madura Indonesia*, Biship Museum Special Publication 77, Honolulu Hawaii, 1987.

②　凌纯声：《中国远古与太平印度两洋的帆筏戈船方舟和楼船的研究》，第78页，《民族学研究所专刊》第十六号，1970年。

舟，比如五板独木舟（Five - part - canoe）、七板独木舟（Seven - part - canoe）和拼合独木舟（Build - up - canoe）。这类独木舟一般用于近海沿岸的短距离航行，远海、远洋航行的都是设帆、设边架艇的独木舟或双体独木舟。

边架艇独木舟（Outrigger canoe），是在独木舟的一侧或两侧，加装与独木舟同向的舟形浮材（float），分别成为单边架艇独木舟和双边架艇独木舟。设帆的边架艇独木舟是太平洋土著航海的主要工具，其中单边架艇独木舟广泛发现于波利尼西亚、密克罗尼西亚、美拉尼西亚、新几内亚、印尼的一些岛屿、印度洋上的安达曼、尼科巴、尼亚斯、马尔代夫、东非的马达加斯加和科摩罗群岛，几乎就是整个南岛语族的分布范围（图二，左）。双边架艇独木舟分布范围较小，历史上见于印尼群岛（图二，右）、马达加斯加、科摩罗及美拉尼西亚的路易斯亚德群岛、托雷斯海峡与澳洲北部昆士兰海岸，一般认为波利尼西亚和密克罗尼西亚群岛历史上没有双边架艇独木舟的使用。霍内尔（James Hornell）认为，双边架艇的出现早于单边架艇，在远洋航海中，单边架艇的性能优于双边架艇，边架艇形态的空间分布，反映了印尼群岛、美拉尼西亚群岛一带的双边架艇向东发展、扩散、演变为密克罗尼西亚和波利尼西亚群岛上单边架艇独木舟的过程。

图二　太平洋上的边架艇独木舟

左，斐济单边艇 thamakau（引自 A. C. Haddon and James Hornell, 1936, Vol. Ⅰ, P315）　右，印尼巴厘岛双边架艇（引自 Adrian Horridge, 1987, P2）

独木舟边架艇设置的形态和方式是非常多样的（图三、四）。边艇浮材（float）有圆原木形、圆舟形、扁舟形等。连接边艇的横木（boom）有二、三、四根甚至更多，

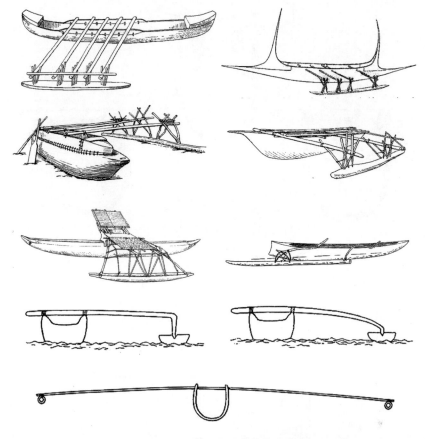

图三　太平洋边架艇的连接方式

（引自 A. C. Haddon and James Hornell, 1937, Vol. II, P47；A. C. Haddon and James Hornell, 1938, Vol. III, P23 – 26, 28, 31 – 32）

有直条形的，也有各种弯曲的形态（曲尺形、弧形、"S"形等）。横木与独木舟的连接有船舷穿洞嵌入式、船舷穿孔绳索捆扎式、船舱内横杆绳索捆扎式、舷上平台结构式等。横木与边艇的连接方式十分多样，有穿孔嵌入式、绳索捆扎式等直接的方式，还有通过在边艇上设置垂直式、V式、X式、Y式等不同形状的桩柱连接的，或者直接与间接法组合使用的。

双体独木舟（Double canoe），就是利用横木或者船舱上部的平台设施，将两艘独木舟船连接起来。据调查，太平洋上的双体独木舟有两种形态，一是两艘完全一样、对称的独木舟的连接体，常见于波利尼西亚群岛（图五），另一类是形态、大小都不完全一致的两艘独木舟的连接体，常见于密克罗尼西亚群岛。

舱面平台，除了近海短途航渡的舟船外，无论是竹、木拼接的浮筏，还是边架艇或双体独木舟，太平洋土著远洋航海舟船常见船家生活起居、搭载货物的大小平台，既有

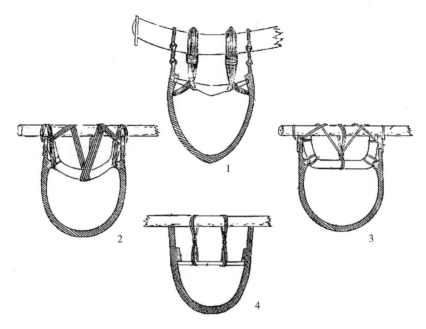

图四　太平洋边架艇横杆与舟体的捆扎方式

1~3. 夏威夷　4. 印尼（引自 A. C. Haddon and James Hornell, 1936, Vol. I , P11）

图五　夏威夷双体独木帆船

上，J. Webber 1778~1779 年画作　下，伦敦
Horniman 博物馆藏品（引自 A. C. Haddon
and James Hornell, 1936, Vol. 1, P6、15）

露天平台，也有封闭的舱房建筑，甚至还有圈养家畜的栅栏等（图二左；图三中；图六）。

风帆是太平洋土著舟筏最重要的行船设施，除美拉尼西亚群岛和新几内亚一带等少数地点的方形帆可能另有起源外，太平洋风帆的典型特点是三角帆，采用树叶、竹篾或植物纤维编制成三角形的原始帆面。大洋洲三角帆主要有几种形态，第一种是原始简单的倒三角帆（simple or primitive spritsail），帆面两侧捆扎在两根大致等长的竹、木支架上，其中一根大致垂直或略倾斜，相当于桅杆，另一根是斜向一个方向的斜桅，这类帆是波利尼西亚的新西兰和马克萨斯（Marquesas）群岛的典型帆（图一上，图二左，图七）；第二种是蟹爪形帆（crab - claw spritsail），同样是两根支

架支撑，一根垂直为桅杆，一根
弯成弧形两端捆接到直桅的上、
下两端，使整个帆面卷曲成蟹爪
形，蟹爪帆是夏威夷土著的典型
船帆（图五上）；第三种是成熟
的大洋洲三角帆，是一种悬挂在
桅杆上可旋转的正三角形帆面，
是密克罗尼西亚群岛舟船的典型
风帆，直到18世纪后半期才传到
波利尼西亚（图八）。此外，在
美拉尼西亚群岛的新不列颠、
Siassi岛、新几内亚海岸、托雷斯
海峡等地，小范围分布一种原始
的使用椰树叶编织的四方形帆
（图九）。

　　总之，太平洋群岛及相关岛
屿南岛语族航海舟船的内涵特征
十分鲜明，以边架艇和双体独木
舟为主体，边架艇和双体结构既
克服了单体独木舟在风浪中容易
横向摇曳、甚至翻覆的不稳定性，
又具备独木舟轻便、构造整体性
的优点。而且，南岛语族的筏船
和独木舟普遍设置风帆，使之成
为太平洋上比较稳定的远洋航行

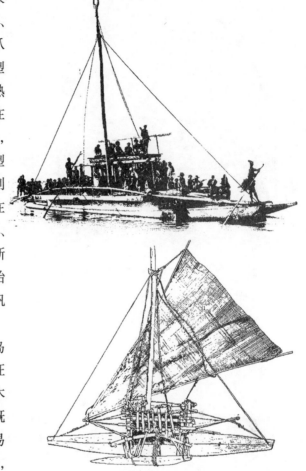

图六　萨摩亚双体独木舟（上）与单边架艇独木舟
（下）上的舱面平台

（A. C. Haddon and James Hornell, 1936, Vol. I , P242、245）

工具，没有一艘太平洋土著帆舟是与舵的使用相匹配的，说明舵并不是使用风帆的
前提条件。民族学家观察到土著波利尼西亚人乘这类帆舟一天可在海上航行145英
里。[①] 由于"南岛语族"与史前期百越土著先民历史、文化密切的源流关系，这些
舟船的形态与内涵对于探索我国东南百越先民的远洋航海工具具有重要的启发。

---

① A. C. Haddon and James Hornell, *Canoes of Oceania*, Vol. III, *Definition of Terms*, *General Surney*, *and Con-clusions*, P. 43, Bernice P. Biship Museum Special Publication 29, Honolulu Hawaii, 1938.

图七　1616 年汤加见到的 Tongiaki 双体风帆独木舟

（引自 A. C. Haddon and James Hornell, 1936, Vol. I, P266）

图八　19 世纪末密克罗尼西亚 Caroline 岛的三角帆

（引自 A. C. Haddon and James Hornell, 1936, Vol. I, P379）

三　史前东南航海帆舟的新线索

民族考古研究已经证实，太平洋南岛语族是史前时期以我国东南沿海为中心的东亚大陆原始人群的海洋移民文化，这在中外考古学家、语言学家、民族学家中已是共识。但是，东南沿海土著先民的远洋航海工具是什么？南岛语族的边架艇和双体独木舟在我国东南沿海迄今的民族考古文献中无明确的记录，以至于一些考古学家认为原南岛语族离开中国东南沿海老家时的主要航海工具是竹木浮筏，而太平洋群岛南岛语族广泛使用的各种复合结构的独木帆船是他们到达东南亚群岛后的新发明。[①]

半个多世纪以前，我国著名的民族学家凌纯声先生就主要通过我国古代历史文献的记载和太平洋民族志材料的对比，探索上古航海舟船形态。凌先生主张《越绝书·越绝外传记地传》所记越王句践之"戈船三百艘"以及《史记·南越列传》所记"戈船"将军，就是太平洋民族志上的边架艇独木舟，因为边架艇形态类似"戈"，或是"戈船"名称的由来。此外，凌先生还撰文考证我国上古的"方舟"即太平洋上的双体独木舟。[②] 凌先生将"戈船"考证为边架艇独木舟，实是牵强

① Barry V. Rolett, Southeast China and the Emergence of Austronesian Seafaring, in Tianlong Jiao edited, *Lost Maritime Cultures*: *China and the Pacific*, Honolulu: Bishop Museum Press, 2007.

② 凌纯声：《古代中国与印度太平两洋的戈船》，载《民族学研究所集刊》第 26 期，1968 年。凌纯声：《中国古代与太平洋区的方舟与楼船》，载《民族学研究所集刊》第 28 期，1969 年。均见《中国远古与太平印度两洋的帆筏戈船方舟和楼船的研究》，《民族学研究所专刊》第十六号，1970 年。

附会。按《汉书·武帝纪》臣瓒注语
"《伍子胥书》有戈船，以载干戈，因谓
之戈船也。"这种配备戈、矛的"戈船"
已在河南汲县山彪镇、四川成都百花潭等
地出土的战国"水陆攻占纹"铜器上证
实。[①] 因此可以肯定"戈船"不是太平洋
民族志上的边架艇独木舟。

图九　巴布亚 Massim 海域 Waga 船的四角帆

（引自 A. C. Haddon and James Hornell, 1937, Vol. Ⅱ,
P246）

　　半个多世纪以来，在我国先后发现了
若干重要的史前和历史早期的独木舟遗
存，主要集中在东南沿海地区，是探寻史
前期东南土著航海舟船的重要资料。受到
太平洋民族志的启发，笔者重新观察、分析了这些独木舟的结构痕迹，发现其中不乏适
于远洋航海的边架艇独木舟船的线索。

　　最重要的发现当是浙江萧山跨湖桥距今8200～7500年的独木舟。该船由松木剖开挖
凿而成，艉端残失，残长5.6米，身宽0.52米，船舷上侧残失，最大深度不足0.15米，
船体底部厚，侧沿薄（图一〇），独木舟两侧还各发现一只木浆。有趣的是，这条独木舟
两侧散布许多"木桩"、"木料"遗存，其中"木料"有圆木和剖木两类，两侧至少有6
根倒卧的长木料（1、2、5、6、8、9号木料）与独木舟平行，长度达2.5～2.8米，另外
一些短木料（3、7、12、13等）与独木舟和长木料大致垂直（图一一）。鉴于这些迹象，

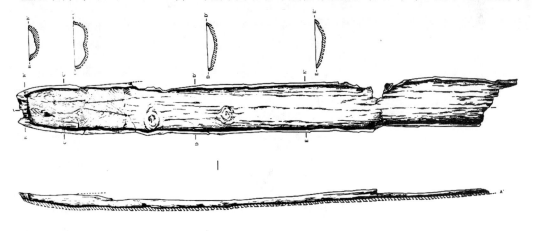

图一〇　跨湖桥独木舟平、剖面图

---

　　① 杨泓：《水军和战船——中国古代军事装备札记之五》，《文物》1979 年 2 期。

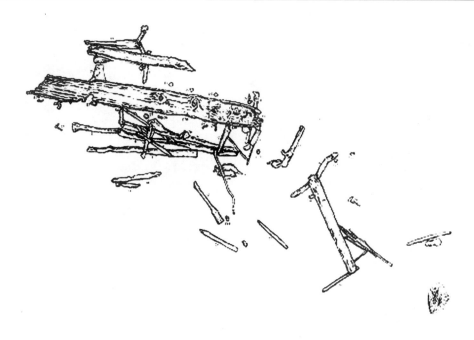

图一一　跨湖桥独木舟及共出的"木料"

原报告编写者蒋乐平等依据凌纯声先生的研究成果，将跨湖桥的这处独木舟遗存推测为中国古代的"戈船"、太平洋上的"边架艇"。[1] 焦天龙先生则置疑，认为跨湖桥独木舟船体上不见捆绑边艇与船体间连接横木的孔洞，也没有发现确定的边艇浮材。[2]

　　将该独木舟推测为一艘边架艇独木舟是非常有见地的，否则这些与独木舟平行的长木料和垂直的短木料的作用就很难解释了。对比太平洋民族志中各种边架艇的形态和设置方式，跨湖桥的独木舟完全可以通过船舱内的横杆捆扎绳索或舷上平台结构的方式，将边艇浮材和连接横木安装起来，未必都要在船舷穿孔捆扎横木，况且独木舟船舷的大部分已经残失，原来是否有穿孔结构已不得而知。从遗存看，独木舟两侧与船体平行的长木料有 6 根之多，因此不仅有边架艇结构的问题，这些木料很可能还是独木舟与边架艇上部平台结构的组成部分。在太平洋上，边架艇与船上平台的一体结构是很常见的，像图三左三所示的 Santa Cruz 群岛 Matema 岛的单边架艇就是这样的结构。

　　独木舟旁还有一组非常重要的遗物——席状编制物是不容忽视的。在独木舟的东北侧发现多块竹篾编制的席状物，其中 6 米处编号 30 的一块残长达 60、残宽 50 厘米（图一二）。这块编制物的用途迄今没有认定，从共存关系与遗迹形态分析，它完全可能就是一

①　浙江省文物考古研究所等：《跨湖桥》，第 50 页，文物出版社 2004 年。

②　Tianlong Jiao, *Lost Maritime Cultures*：*China and the Pacific*，P18，Honolulu：Bishop Museum Press，2007.

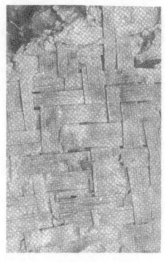

图一二　萧山跨湖桥（左）与泉州后渚（右）沉船疑似船帆遗存

面原始船帆的遗存。而且独木舟周围散布的木料中，除两侧的平行和垂直的长、短木料可能与边架艇及船上平台有关外，还有船体东北部与编号30的编制物间的一组斜向倒置的木料，也完全有可能与悬挂席帆的支架，在太平洋民族志上这类支架常常捆扎在船上平台上。以竹篾编制物帆也是太平洋土著民族志的重要内涵之一，此前在福建泉州港多次发现的我国最早的船帆实物也是竹篾编制物。[①] 有趣的是，残面为梯形，三边残、完整的一边斜向收边，编制物内部还残留有"T"形相交木质条骨，这与太平洋民族志上三角帆的特征又是吻合的。所有这些迹象都推向一个共同的结论，跨湖桥的独木舟，完全有可能是一艘适于海上航行的边架艇独木帆舟，这一认识与跨湖桥文化作为中国东南新石器早期文化、太平洋南岛语族在东亚大陆发源地之一环的地位吻合。

　　除了跨湖桥的独木舟外，迄今尚无其他明确的新石器时代独木舟实物遗存，但福建、两广等地发现的若干周汉时代的独木舟上同样发现有与独木舟的边架艇结构吻合的构造痕迹，可资佐证。福建连江浦口鳌江河畔的西汉独木舟就是其中之一，该船长7.1米，为整段樟木剖面凿空成舱，方艏方艉，平底微弧。尽管该独木舟两侧船舷上部残损很多，但在靠近船首的两侧舷还是残留下一对对称的凹槽，这一结构应是设置横杆的，与图四，a、d所见夏威夷和印尼土著独木舟船舱内设置的捆扎边架艇横杆的结构特征一致（图一三）。而在船尾的下面，还挖出十多截直径约6.5厘米的原木残段，发掘者未意识它们的重要性，只是含糊地推测是"舟上附件，或为行船工具"，其实完全可能

---

① 福建省泉州海外交通史博物馆：《泉州湾宋代海船发掘与研究》，第60页，海洋出版社1987年。中国科学院自然科学史研究所等：《泉州法石古船试掘简报和初步探讨》，《自然科学史研究》1983年2期。

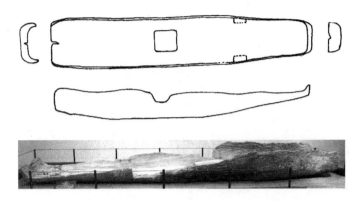

图一三　福建连江汉代独木舟

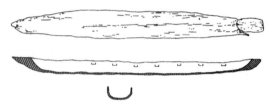

图一四　广东化州石宁村2号独木舟

是边架艇的结构构件。①

广东化州县石宁村的鉴江东堤的6艘东汉独木舟中，2号独木舟也保留了设置边架艇的结构，该舟基本完整，通长5米，中段宽0.5米，船内舱两侧各有7个左右对称突起的"木痕"，间隔0.23～0.6米之间。右侧船舷自上而下斜排直径1厘米的7个小圆孔，右艏部还有一个直径1.5厘米的上方下圆孔，这些孔洞也完全可以用于捆扎边架艇的横木和安装悬挂帆席的支架（图一四）。②

20世纪90年代，广西钦州茅岭江打捞出两艘独木舟，长度分别为9.2米和7.8米，2007年10月钦州钦江水域再次打捞出一艘古代独木舟，长度9.2米，并共出周汉时期的双肩铜斧，三艘独木舟形态结构大体相同，时代应相当。三艘独木舟都保存完好的艏、艉1～2个方形或圆形穿孔，茅岭江的二艘船舷一侧或两侧同时还有不等的穿孔和凹槽，这些结构与安装边架艇横木和帆席悬挂支架所需的构造一致（图一五）。③

2003年3月，广西合浦县南流江下游发现一艘由两段独木舟前后拼接而成的扩展式独木舟的一段，残长6.2米，宽1.05米，船舷两侧留下了安装横杆的凹槽和捆扎绳索用的小孔。④

总之，在我国东南浙、闽、粤、桂沿海的史前和早期历史时期的独木舟遗存中，确

---

①　卢茂村：《福建连江发掘西汉独木舟》，《文物》1979年2期。

②　湛江地区博物馆、化州文化馆：《广东省化县州石宁村发现六艘东汉独木舟》，《文物》1979年12期。

③　广西钦州博物馆（刘永福纪念馆）所见。

④　广西合浦县博物馆所见。

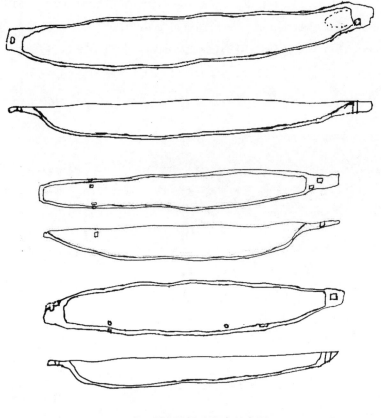

图一五　广西钦州独木舟示意图
（上，钦江水域　中、下，茅岭江水域）

实存在许多与边架艇及风帆使用有关的结构痕迹。尤其是跨湖桥的独木舟遗存，从船体到边架艇的连接、到帆席的悬挂支架，几乎是一艘完整的边架艇独木帆舟的整体遗存，也几乎没有其他的多余构件。由于化州、合浦、钦州的几处独木舟都是工程中打捞出水的，不是考古发掘的出土物，因此没有发现与边架艇和风帆相关的构件。对于边架艇独木帆舟这类重要的史前和早期历史时期的航海工具，应在今后的东南沿海考古工作中予以重视。

除了考古资料外，华南民族志上也有一些极为珍贵的线索。凌纯声先生主张清代台湾番族民族志上的"蟒甲"就是边架艇独木舟，见于清人黄叔璥《台海使槎录》卷六"番俗六考——北路诸罗番十附载"："蟒甲，独木挖空，两边翼以木板，以藤缚之"，清人陈淑均《噶玛兰厅志》卷五"番俗六考"："番渡水小舟名曰蟒甲，即艋舺也，一作蟒葛。其制以独木挖空，两边翼以木板，用藤系之。""蟒甲""两边翼以木板"就是边架艇独木舟，这是非常重要的发现，可惜因缺乏实物和图像资料为证，一直未能引起学界的应有重视。① 在语言学上也有关联线索，"蟒甲"音 mangka，在印尼、菲律宾、密克罗尼西亚、美拉尼西亚、波利尼西亚等群岛南岛语族中外架艇独木舟也普遍称为 wangka、waka，在新不列颠群岛略有变化为 haka，在布干维尔群岛为 vakas、bakati、hakas，在新赫布里底群岛为 angge、wanga、nawangk 等。② 这充分说明，清代台湾原住民中还使用的"蟒甲"确实就是外架艇独木舟，与太平洋南岛语族是一个系统的舟船文化。

图一六　贵州台江施洞苗族的边架艇独木舟

无独有偶，最近美国夏威夷太平洋艺术网负责人刘俐女士转告了她在贵州黔东南苗族侗族自治州发现的珍贵的边架艇独木舟资料，该舟发现于台江县施洞镇的苗族村寨，是村寨中龙舟比赛用船，舟长约 18 米，舟体和边艇都使用大、小圆木段加工而成，平时将独木舟和边艇拆卸开来，存放在棚内（图一六）。台江施洞位于西江上游支流都柳江水系上游，施洞苗、侗与历史上骆越先民的西迁有重要关系，施洞边架艇独木龙舟的发现，为重建史前期东南沿海百越及其先民航海舟船的历史提供了一个生动的注脚。

其实，早在半个多世纪以前，奥地利考古学家海因·戈尔登（Heine – Gelden）在东南亚半岛发现的河道上也发现过边架艇独木舟。他发现在湄公河、伊洛瓦底江上游的河船，经常安装双边架艇以保持平衡和增加浮力，边艇浮材为几根竹竿或捆扎的芦苇，通过短横杆捆绑在船体上。③ 湄公河发源于云贵高原，湄公河上的边架艇独木舟是否与越文化向西南、东南亚的迁徙有关？它与东南亚、太平洋南岛语族边架艇独木舟的关系是什么？都是值得思考的问题。

① 凌纯声：《古代中国与印度太平两洋的戈船》，载《民族学研究所集刊》第 26 期，1968 年。

② A. C. Haddon and James Hornell, *Canoes of Oceania*, Vol. Ⅲ, *Definition of Terms, General Surney, and Conclusions*, P. 71, Bernice P. Bishop Museum Special Publication 29, Honolulu Hawaii, 1938.

③ 引自 A. C. Haddon and James Hornell, *Canoes of Oceania*, Vol. Ⅲ, *Definition of Terms, General Surney, and Conclusions*, P. 21, Bernice P. Bishop Museum Special Publication 29, Honolulu Hawaii, 1938.

黔东南台江施洞苗族"子母船"在
太平洋文化史上的意义[*]

　　中国东南土著越族与东南亚、太平洋"南岛语族"海洋文化关系是近年国际民族、考古学界关注的共同课题，"南岛语族"从华南向东南亚、太平洋群岛扩散的海洋交通工具一直是各方争论的疑点。2006 年，我在美国学术理事会及 Luce 基金的资助下实地调研了波利尼西亚人的双体与边架艇的航海独木舟，重新整理、分析了中国东南舟船的民族学、考古学资料，提出史前华南土著可能使用类似于"南岛语族"之航海用"边架艇独木帆舟"的民族考古线索，但这一看法始终缺乏明确的实物证据。[①]在美期间，"太平洋艺术网（www. pacificartslink. org）"负责人刘俐向我展示了她在黔东南台江县施洞发现的一组"龙船"照片。由于刘俐不是在龙船节期间造访施洞的，因此，她看到的这些"龙船"实际上只是拆解后安放在"龙船棚"内的一大两小的三只独木船体。但根据刘俐转述的苗民介绍，每年农历五月二十五日施洞龙船节期间，两小独木舟是作为"边艇"捆缚在一大独木舟两侧而成为一艘完整的龙船。我当时就预感到这处施洞龙船的极其重要性，它与千百年来"南岛语族"劈波斩浪太平洋的"边架艇独木舟"的形态结构非常相似，它很可能就是在华南海域消失了两三千年的史前土著远洋舟船的"活化石"。

　　为考察这一重要的舟船形态，2008 年 6 月 27 日至 29 日（农历五月二十四日至二十六日）施洞苗族龙船节期间，我专程赶赴黔东南台江县施洞镇，调查、勘测了完整的施洞龙船的形态、结构与建造工艺。令我惊叹不已的是，这一称为"子母船"的施洞龙船果然与"南岛语族"的"边架艇独木舟"异曲同工，毫无疑问，它在太平洋文化史上具有十分重要的意义。

* 教育部人文社会科学重点研究基地 2006 年度重大项目"台湾原住民研究"（2006JJDGAT002）课题成果。2008 年 8 月于台北历史语言研究所专题演讲，刊于《贵州民族研究》2008 年 5 期。收入本书时调整若干插图。

① 吴春明：《中国东南与太平洋的史前交通工具》，《南方文物》2008 年 2 期。

一　施洞"龙船节"及其"子母船"的土著文化内涵

台江县施洞镇是黔东南州重要的苗寨,位于清水江上游,依山傍水。清水江为沅水的上游水系,是黔东南重要的河流之一,东行沅水最后汇入湘江,曾是古代苗族先民逆水上行进入黔中的主要通道,清代民国间施洞码头仍是黔中山货木柴中转运输湘江、长江中下游的主要水路起点。

农历五月划龙船是黔东南苗民的重要民俗活动,清乾隆徐家干《苗疆闻见录》载:"苗民好斗龙船,岁以五月二十日为端节,竞渡于清水江宽深水处。其舟以大整木刳成五六丈,前安龙头,后置凤尾,中能容二十多人。短挠激水,行走如飞。"[①] 施洞苗族龙船节源于"恶龙祭祀":相传远古的一天,施洞清水江边的苗民父子保与九保两人在河中打鱼,突遇狂风巨浪,水中恶龙把九保拖进龙洞杀死,保就放火烧了龙洞、烧死恶龙。被烧死的恶龙灵魂作祟,导致清江流域大雨滂沱,洪水四溢。此时,一个苗妇带着小孩到江边濯衣,小孩无意中用她母亲的捶衣棒划水嬉戏,嘴里念叨着:"咚咚多,咚咚多",顿时天上云消雾散,太阳升起,恶龙的尸体浮出水面。那恶龙还托梦给苗民,希望苗民们能用杉木仿照它的身躯,造成龙船,每年在清水江边划上几天,仿佛它活着时在水中嬉游一般,它就能保佑苗寨消灾除害、五谷丰登。于是,各苗寨纷纷伐木造舟,每年农历五月二十五日划龙船竞赛,果然获得风调雨顺,苗寨划龙船的习俗因此流传下来。

施洞苗族划龙船、祭恶龙的传说有其特殊的文化内涵,彰显了清水江流域古代文化的土著性。首先,这一传说与华南社会常见的端午节祭屈原、赛龙船的民俗故事截然不同。施洞苗族龙船传说主体是恶龙灵魂祭祀,属于"万物有灵"的广义原始宗教范畴,具有鲜明的华南底层文化色彩。而屈原是历史时代真实的公义人物,华南社会的祭屈原、赛龙船属于缅怀英雄的儒家道德教化,具有鲜明的上层文化色彩。从民俗文化发展的一般规律来说,华南社会普遍的祭祀屈原的赛龙船传说应是龙船文化中后生的、附加的内涵,从祭恶龙到祭屈原,体现了华南龙船竞渡文化从基层的土著文化到上层的楚汉文化的变迁过程(图一)。其次,施洞龙船传说中"保"与"九保"父子,属于典型的父子连名,透露出施洞苗族古代文化中曾经实行的父子连名制,父子连名制是古代华南土著社会重要的氏族世系制度,凌纯声先生在《东南亚的父子连名制》、《中国古代海洋文化与"亚洲地中海"文化圈》等文中,列举了"父子连名制"在内的五十种华

<hr>

① 徐家干:《苗疆闻见录》,贵州人民出版社 1997 年。

图一 贵州台江施洞苗族的独木龙船竞渡

南土著文化因素,共同构成了从华南到东南亚海洋地带的"亚洲地中海文化圈"。^① 清水江流经黔东湘西,是沅水上游的重要水系,从文化圈的"中心—边缘"关系理论上说,"礼失而求诸野",清水江流域民族文化的土著性,应是在周汉以来华夏、汉民人文南迁后,华南土著文化西渐的产物,这为理解施洞龙船形态与结构的特殊性提供了重要的文化史背景。

施洞龙船节中,施洞镇十里八乡苗寨多派出龙船参赛,笔者考察、测绘了平地营、柏子坪、塘坝、塘龙四个村寨的龙船,发现各村龙船形态与规模都大同小异,以一大两小独木舟组合的"子母船"为特征。前引徐家干著《苗疆闻见录》有语"其舟以大整木刳成",施洞现在所用的龙船多是20世纪80年代以后建造的,因大型原木的缺乏,一大"母船"已不用整木建造,而采用多件木材拼合而成,但仍然保持"刳木为舟"的独木舟楫形态与结构特点。

平地营村位于施洞镇区东南部,隔清水江对岸的台地上,笔者调查时子母船已从江边坡地上的"龙船棚"中搬运到江边安装就绪。经勘测,母船全长23.6米,舯部横断面近圆形,舯部最宽处0.6米,舱内艏部深度0.54米,舯部深度0.46米,艉部深度0.38米,舱面从艏到艉平铺五列横板,横板不及舱内,船内不分舱。两侧子船等长14米,宽0.38米,舯部深度0.37米。两侧子船与中部母船之间通过母船舱面五列横板上方的五列横杆连接,连接处采用全榫卯栓扣结构和竹青篾条捆扎,不见螺栓、铁钉以及船体穿孔等合定方法,凸显其原始性。母船船艏以栓扣和篾条捆扎方式安装带牛角形耳的木雕龙首(图二上)。

---

① 凌纯声:《东南亚的父子连名制》,《大陆杂志》1952年特刊,引自《中国边疆民族与环太平洋文化》,台湾联经图书1979年。凌纯声:《中国古代海洋文化与亚洲地中海》,《海外杂志》1954年10期,引自《中国边疆民族与环太平洋文化》,台湾联经图书1979年。

图二　施洞平地营村(上)和柏子坪村(下)子母龙船

柏子坪村位于施洞镇区北部的清水江岸，笔者调查时子母龙船也已从村边江岸上的龙船棚中移动江边安装就绪。柏子坪龙船的形态与结构完全相同于平地营村，规模也约略相当，只是子船与母船的连接工艺有所差别。经勘测，母船全长 23.26 米，舯部横断面近圆形，舯部最宽处 0.67 米，艏部深度 0.53 米，舯部深度 0.44 米，艉部 0.36 米。舱面从艏到艉平铺五列横板，横板不及舱内，船内不分舱，但在横板位置各使用扁铁套箍加固船体一周。两侧子船等长 14.53 米，宽 0.28～0.37 米，舯部深度 0.36 米。两侧子船与中部母船之间通过母船舱面五列横板上方的五列横杆连接，横杆与母船间采用榫卯栓扣结构，而横杆与子船间则采用钢铁螺栓合定，而子船和母船船体仍不见穿孔结构。母船船艏以栓扣和扁铁套箍方式安装带牛角形耳的木雕龙首（图二下）。

　　塘龙、塘坝两村位于施洞镇南部的清水江岸，由于村中青壮年外出打工较多，今年没有参加龙船竞赛，两村的子母龙船都被拆卸后停放在各自的龙船棚内。在塘龙村龙船棚内，一大两小子母船体保存较好，母船全长 23.5 米，两子船等长 13.87 米，与柏子坪的龙船一样，母船船体舱面五列横板位置分别用扁铁套箍加固船体一周。塘坝村龙船棚内的子母船保存较差，母船全长 23.4 米，两子船等长 14.1 米，与平地营村龙船一样，不见扁铁套箍结构（图三）。

　　综合历史文献、考古发现和民族志资料的比较，我们发现施洞龙船具有显著的民族文化特点。一方面，施洞龙船是一种较大型的独木舟船，尤其是母船的长度均在 23 米以上，虽因取材原因，这些舟船并非真正的独木建造，但又毫无疑问保留了独木舟的形态、结构和"独木刳空"的建造工艺，不同于以纵龙骨和横骨架支撑的一般意义的多板船，仍然是以大整木刳空、前后和左右衔接起来的"扩展式独木舟"。类似的"扩展式独木舟"工艺在民族、考古上已有不少发现，民族志上，如云南摩梭族曾将一独木舟的舷部切下装在另一独木舟上成为扩展的新舟，西双版纳傣族曾用三段独木前后连接

图三　塘龙（左）和塘坝（右）龙船棚内的子母船

而成、两侧舷形成纵横扩展的新舟，印度尼西亚巴皂（Bajau）人的所谓"五板独木舟"和"七板独木舟"也是一种横向扩展式独木舟。[①] 考古发现上，如韩国珍岛发现的启航于南宋的大型独木舟也是由三段独木内部刳空、纵向榫卯扣接成的扩展独木舟，山东平度隋代双体船分别是由三段粗大的整木刳空、纵向榫槽连接成的加长独木舟，上海川扬河唐代古船的船底也是由三段独立成舱的独木舟形板材纵向衔接而成。[②]

另一方面，也是最重要的方面，一大二小的三艘独木舟连接成的双边架式的子母船，从未明确地见于我国历史上的任何时代、任何地区的考古资料和历史文献记载，也未见于当代其他民族的舟船民族志中，在我国古今造船史都是独一无二的。这么独特的文化形态，其背后有没有什么特别的历史奥秘？这一舟楫形态果真仅仅是黔东南施洞苗族偶然的个案创造吗？抑或是更广泛时空内的民族文化遗产？这一独特的龙船形态的真正功能是什么？其产生的原因是什么？在民族史、文化史、造船史上有何意义？为什么仅仅保存在黔东南施洞地方？这些问题必须引起民族学、考古学、文化史学和造船史学界重新思考与重视。

① Nick Burningham, 1992, *Bajau Lepa and Sope*: A " Seven – Part Canoe" Building Tradition in Indonesia. The Beagle, Records of the Northern Territory Museum of Arts and Sciences, 10. 1：193～222.

② 袁晓春：《韩国珍岛发现中国宋朝独木舟》，《海交史研究》1994 年 1 期。山东省博物馆等：《山东平度隋船清理简报》，《考古》1979 年 2 期。上海博物馆王正书：《川扬河古船发掘简报》，《文物》1983 年 7 期。

二　施洞"子母船"与太平洋"边架艇独木舟"的比较与思考

世界上许多水上民族都曾经和正在使用独木舟，但太平洋"南岛语族"的独木舟形态最为复杂、多样与特殊，张帆的边架艇和双体独木舟具有强有力的远洋航海能力，成为"南岛语族"先民从华南、东南亚向太平洋群岛扩展的最重要的技术保证。据笔者的调查研究，施洞"子母船"是东亚大陆上迄今明确保存的与太平洋"边架艇独木舟"结构基本相同的唯一舟船形态。要揭开施洞"子母船"的奥秘，必须对"南岛语族"的"边架艇独木舟"形态、分类及其来源作一番深入的考察。

18 世纪以来，随着欧洲殖民者的航船相继驶入太平洋上的一系列岛屿，土著"南岛语族"的舟船民族志就引起了西方人类学家的关注，最系统的调查研究是美国夏威夷 Bishop 博物馆的人类学家哈登（A. C. Haddon）、霍内尔（James Hornell）、霍里奇（Adrian Horridge）等人，他们考察了大洋洲、东南亚海域的各种独木帆舟。[①] 笔者曾通过对夏威夷海域的波利尼西亚人边架艇和双体两类独木舟形态结构进行实地调研，对太平洋土著远洋独木帆舟的源流和设计原理有了进一步的了解。我们发现，太平洋"边架艇独木舟"与施洞苗族"子母船"关系密切。

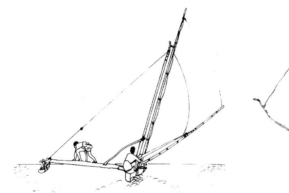 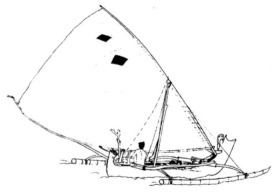

图四　"南岛语族"的"单边架艇"　　　　图五　"南岛语族"的"双边架艇"
　　　　远洋独木舟　　　　　　　　　　　　　　远洋独木舟

① A. C. Haddon and James Hornell, 1936, *Canoes of Oceania*, Vol. Ⅰ, *The Canoes of Polynesia, Fiji, and Micronesia*, Bernice P. Bishop Museum Special Publication 27, Honolulu Hawaii. A. C. Haddon and James Hornell, 1937, *Canoes of Oceania*, Vol. Ⅱ, *The Canoes of Melanesia, Queenland, and New Guinea*, Bernice P. Bishop Museum Special Publication 28, Honolulu Hawaii. A. C. Haddon and James Hornell, 1938, *Canoes of Oceania*, Vol. Ⅲ, *Definition of Terms, General Surney, and Conclusions*, Bernice P. Bishop Museum Special Publication 29, Honolulu Hawaii. Adrian Horridge, 1987, *Outrigger Canoes of Bali and Madura Indonesia*, Bishop Museum Special Publication 77, Honolulu Hawaii.

所谓"边架艇独木舟（Outrigger canoe）"，是在独木舟的一侧或两侧，通过连接横杆，加装与独木舟同向的小型舟艇或舟形浮材，分别成为一大一小的单边架艇独木舟（图四），或者一大两小的双边架艇独木舟（图五）。边架艇的一侧或两侧附加小艇结构，既克服了单体独木舟在风浪中容易横向摇曳、甚至翻覆的不稳定性，又具备独木舟轻便、构造整体性的优点，成为长距离和恶劣条件下水上航行的重要保证。而且，南岛语族的筏船和独木舟普遍设置风帆，为太平洋土著远洋航行提供了稳定的工具，民族学家观察到土著波利尼西亚人乘这类帆舟一天可在海上航行 145 英里[①]。

人类学家根据太平洋上"单边架艇独木舟"与"双边架艇独木舟"的分布范围、性能与设计原理、"南岛语族"海洋扩散的路线，提出了由"边架艇"由双边式向单边式发展演变的理论。单边架艇独木舟广泛发现于波利尼西亚、密克罗尼西亚、美拉尼西亚、新几内亚、印尼的一些岛屿、印度洋上的安达曼、尼科巴、尼亚斯、马尔代夫、东非的马达加斯加和科摩罗群岛，几乎就是整个南岛语族的分布范围。双边架艇独木舟分布范围较小，历史上仅见于印尼群岛、马达加斯加、科摩罗及美拉尼西亚的路易斯亚德群岛、托雷斯海峡与澳洲北部昆士兰海岸，一般认为波利尼西亚和密克罗尼西亚群岛历史上没有双边架艇独木舟。长期调查太平洋独木舟的夏威夷 Bishop 博物馆人类学家霍内尔（James Hornell）认为，双边架艇的出现早于单边架艇，在远洋航海中，单边架艇的性能优于双边架艇，边架艇形态的空间分布，反映了印尼群岛、美拉尼西亚群岛一带的双边架艇向东发展、扩散、演变为密克罗尼西亚和波利尼西亚群岛上单边架艇独木舟的过程[②]，这也与"南岛语族"自亚洲东南海洋地带产生、由西太平洋群岛向东扩展的历史吻合。

比较施洞"子母船"与太平洋"南岛语族"的"边架艇独木舟"，两者有一系列基本的共性，也有一些技术上的差别。

第一，形态结构。施洞"子母船"与太平洋"边架艇独木舟"，都属于复合独木舟结构，都是在一大型独木舟的一侧或两侧附加一小型或两小型的独木舟艇，通过增加船

---

① A. C. Haddon and James Hornell, 1938, *Canoes of Oceania*, Vol. Ⅲ, *Definition of Terms*, *General Surney*, *and Conclusions*, Bernice P. Biship Museum Special Publication 29, Honolulu Hawaii. P43.

② A. C. Haddon and James Hornell, 1936, *Canoes of Oceania*, Vol. Ⅰ, *The Canoes of Polynesia, Fiji, and Micronesia*, Bernice P. Biship Museum Special Publication 27, Honolulu Hawaii. A. C. Haddon and James Hornell, 1937, *Canoes of Oceania*, Vol. Ⅱ, *The Canoes of Melanesia, Queenland, and New Guinea*, Bernice P. Biship Museum Special Publication 28, Honolulu Hawaii. A. C. Haddon and James Hornell, 1938, *Canoes of Oceania*, Vol. Ⅲ, *Definition of Terms, General Surney, and Conclusions*, Bernice P. Biship Museum Special Publication 29, Honolulu Hawaii. Adrian Horridge, 1987, *Outrigger Canoes of Bali and Madura Indonesia*, Biship Museum Special Publication 77, Honolulu Hawaii.

体的横向阻尼力，达到独木舟的抗横向摇摆性能（图六）。因此，"子母船"与"边架艇"形态构造的设计出发点是完全一样的。所不同的是，迄今发现的施洞苗族"子母船"仅见一大独木舟两侧对称附加两小型独木舟，子船为母船形态的具体而微者，而太平洋"南岛语族"既有一大两小对称的"双边架艇"，又有一大一小不对称的"单边架艇"，边艇多已从舟形简化为单纯的浮材功能，有圆原木形、圆舟形、扁舟形等。根据目前所了解的太平洋"边架艇独木舟"的历史发展线索，"单边架艇独木舟"是"双边架艇独木舟"的改进形态，可知施洞"子母船"与太平洋"边架艇独木舟"的原初形态是一致的。此外，施洞"子母船"的双边子船是紧贴着中间的母船的，横向阻尼力比较小，而太平洋的"边架艇"与中间的主独木舟间都有一定的间隔，横向阻尼力更大。这点差别应与两者所处的不同的水上环境有关，施洞"子母船"更适合相对狭窄和相对平稳的江河环境，而太平洋"边架艇"无疑更适合宽阔但更多风浪的海洋环境。

图六　施洞子母船与南岛语族边架艇形态结构的比较

第二，连接方式。施洞"子母船"与太平洋的"边架艇独木舟"都是通过若干连接横杆，将双边或单边舟艇附加于主体独木舟上，这是两者的基本共性（图七、八）。细微的差别表现在，施洞所见的子、母船体之间都是固定的五列横杆，横杆与母船、子船船体间以榫卯栓扣、绳索捆扎固定。而太平洋上连接边艇的横杆有二至四根不等，横杆与舟、艇的连接方式多样，有船舷穿洞嵌入式、船舷穿孔捆扎式、船舱内横杆套槽捆

图七　施洞子母船的横杆连接方式

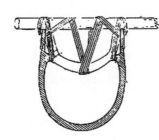

图八　太平洋边架艇独木舟的横杆连接方式

（左，船舷穿孔捆扎式　右，舱内横杆套槽捆扎式）

扎式、舷上平台结构式以及边艇上设置垂直式、V式、X式、Y式等不同形状的桩柱连接等，太平洋边艇连接方式的多样性与这类复合独木舟在海洋环境中的航行实践与长期发展有关。

　　第三，船舱结构。不管是施洞"子母船"还是太平洋的"边架艇独木舟"，舟体均为通舱形态而不见分舱结构，均处于舟船发展史上的早期阶段。施洞"子母船"的船舱狭小，与竞渡龙船的特殊功能有关，据施洞塘龙村的苗民介绍，施洞古旧时候载货"子母船"的船舱就较大，可以装载乘客、货物、家畜等。太平洋上的"边架艇独木舟"上常见船家生活起居、搭载货物的大小平台，既有露天平台，也有封闭的舱房建

图九　太平洋上的三角帆

筑，甚至还有圈养家畜的栅栏等。

第四，动力形态。施洞"子母船"和太平洋"边架艇独木舟"的动力形态差别较大，虽两者都有使用船桨划水，但太平洋土著舟筏常见的风帆是施洞龙船所没有的。太平洋"边架艇独木舟"采用树叶、竹篾或植物纤维编制成三角形的帆面，既有原始简单的倒三角帆，也有三角蟹爪形帆，极富特色，是确保"南岛语族"自史前时代以来远航于亚洲东南与太平洋群岛之间的动力保障（图九）。施洞"子母船"不具备风帆动力，应是龙船的特殊功能所决定的，不代表其与太平洋舟船的差别。

第五，"龙船棚"与船屋。现在的施洞"子母船"已是仪式用船，除每年农历五月的"龙船节"外，都停放在专用的"龙船棚"中，施洞苗乡几乎每个沿江村寨都建有"龙船棚"，显示了这类龙船在苗民社会心理上的重要地位（图四）。据好友美国夏威夷 Bishop 博物馆人类学部主任焦天龙博士介绍，类似的情形同样见于太平洋的波利尼西亚，"南岛语族"也常搭建类似的船屋以保护"边架艇独木舟"，显示这一确保土著先民漂洋过海的"边架艇独木舟"在"南岛语族"社会心理上的重要地位。台湾原住民中的阿美族南势群里漏社、雅美族也都有类似的独木船屋（图一〇）。

图一〇　日据时代台湾原住民的船屋

上：阿美族（引自台湾总督府临时台湾旧惯调查会原著：《蕃族调查报告书（第一册——阿美族、卑南族），第89 页，"南势阿美里漏社"，台北民族学研究所 2007 年）　下：雅美族（笠原政治编、杨南郡译：《台湾原住民族映像——浅井惠伦教授摄影集》，第 193 页，台湾南天书局 1995 年）

总之，保留在我国黔东南台江施洞苗族的"子母船"与东南亚、太平洋群岛"南岛语族"的"边架艇独木舟"，在形态结构、子母（主舟边艇）的连接方式、船舱形态等方面都具有高度的一致，从本质上说都属于同一类型的复合独木舟，而且这一复合结构都是出于基本相同的抗横摇摆的设计理念，具有异曲同工之妙，成为世界舟船体系中非常特殊的类型。这一类型在华南民族考古及太平洋文化史上的意义是巨大的。

三　施洞"子母船"在华南民族考古及太平洋文化史上的意义

施洞"子母船"与太平洋"边架艇独木舟"在本质上的共性并不是偶然的，它是自远古时代以来华南土著民族与东南亚、太平洋群岛"南岛语族"源流关系的历史反映。20 世纪 30 年代以来，林惠祥教授就从体质特征、文化习俗、考古遗存等学术角度比较全面地论述了华南大陆为东南亚群岛土著马来人（"南岛语族"的东南亚支系）的起源地。[①] 凌纯声先生创建环南中国海的"亚洲地中海文化圈"理论，阐述了东亚大陆、东南亚到西南太平洋三大群岛之间的土著民族文化共同体的内在关系。[②] 最近几十年来，张光直、贝尔伍德（Peter Bellwood）等中外考古学家更明确地论述了距今 5000余年来"原南岛语族"土著先民从华南沿海梯次浮海抵达台湾、菲律宾、印尼群岛、太平洋群岛的海洋扩张史。[③] 无论如何，自史前到上古时期的华南土著民族文化与太平洋的"南岛语族"间是一个巨大的跨界民族文化共同体，构成了一个以环南中国海为中心的"百越—南岛"一体化的民族文化蓝图。[④] 也就是说，太平洋群岛上的"南岛语族"是史前时期华南沿海百越土著先民的海洋移民文化，这在中外考古学家、语言学家、民族学家中已有相当程度的共识。

但是，东南沿海土著先民的远洋航海工具是什么？在笔者将施洞"子母船"与太平洋的"边架艇独木舟"做比较研究之前，"南岛语族"式的复合独木舟在华南民族考古中尚无明确的发现与记载。正因为如此，人类学者一般认为"原南岛语族"离开华

① 林惠祥：《马来人与中国东南方人同源说》，《星洲半月刊》1938 年（新加坡），引自《林惠祥人类学论著》，福建人民出版社 1981 年。林惠祥：《南洋马来族与华南古民族的关系》，《厦门大学学报》1958 年 1期，引自《林惠祥人类学论著》，福建人民出版社 1981 年。

② 凌纯声：《中国古代海洋文化与亚洲地中海》，《海外杂志》1954 年 10 期，引自《中国边疆民族与环太平洋文化》，台湾联经图书 1979 年。

③ 张光直：《中国东南海岸考古与南岛语族起源问题》，《南方民族考古》第一辑，四川大学出版社 1987 年。Peter Bellwood, 1997, *Prehistory of the Indo - Malaysian Archipelago*, Honolulu: *University of Hawaii Press*, Honolulu Hawaii. Patrick V. Kirch, 2000, *On the Road of the Winds: An Archaeologicai History of the Pacific Islands before European Contact*, Berkeley: University of California Press, Honolulu Hawaii.

④ 吴春明：《"南岛语族"起源研究中"闽台说"的商榷》，《民族研究》2003 年 4 期。吴春明：《"南岛语族"起源与华南民族考古》，《东南考古研究》第三辑，厦门大学出版社 2003 年。

南沿海时并没有"发明""边架艇独木舟"这种既轻便又相对稳定的原始航海工具，海洋先民主要是依靠竹木浮筏飘航到东南亚群岛，之后才创造了远航太平洋的"双边架艇独木舟"。①

施洞苗族"子母船"与太平洋"边架艇独木舟"同一性的确认，为探索华南与太平洋土著民族的史前交通工具提供了全新的思路。一方面，台江施洞地处黔东南的清水江上游，为湘西沅江水系的重要支流之一，沅水、清水江水系正是苗族先民、周秦汉唐以来长江中游的苗蛮系统濮系族群西迁进入湘黔山地的重要通道。依据民族史的一般看法，华南的土著民族包含了东南的"百越系"、中南的"荆楚系"、西南的"百濮系"，虽然濮越异同、楚越异同等问题在民族史学界有激烈的争论，但从民族考古的角度看，在整个东亚民族文化体系中，越、濮均属于蒙古人种南方类型（海洋系），自远古以来相继创造了以砾石石器工业、稻作农业等为代表的共同的史前土著文化以及历史时代以来的崖葬文化、铜鼓文化等，在族群记忆中拥有共同的"盘瓠图腾"，在华夏与汉民族人文视野中同属于"苗蛮（南蛮）"系统，濮、越是有着很大的共性。另一方面，黔东南地区自古民族文化纷纭复杂，清水江流域及西江上游水系的都柳江流域都还有大批侗族、水族等比较确定的百越族裔，他们主要是汉唐以来随着百越的消亡而部分西迁的瓯骆民族的后裔，在这一共同区域内的濮、越系裔的民族文化交流也是十分密切的。因此，施洞苗族等黔东南苗族文化不仅可以看成西南苗瑶、百濮系史前上古民族的文化遗产，同样可以从中窥见包括百越在内的华南苗蛮系统古民族文化的一般状况，施洞苗族"子母船"很可能就是史前、上古华南百越等水上民族广泛使用的同类复合独木舟的"活化石"。如果这一分析无误的话，施洞"子母船"就是太平洋"南岛语族"之"边架艇独木舟"的逻辑原型，其在太平洋文化史上的意义是不言而喻的。

虽然除施洞"子母船"外，华南地区迄今尚无其他明确的"边架艇独木舟"资料，但民族考古上却有不少珍贵的线索，进一步佐证了史前、上古华南土著民族是太平洋"边架艇独木舟"的首创者。比如清代台湾"番族"民族志上的"蟒甲"，黄叔璥《台海使槎录》卷六"番俗六考"载：北路诸罗番的"蟒甲，独木挖空，两边翼以木板，以藤缚之"，陈淑均《噶玛兰厅志》卷五"番俗六考"也有："番渡水小舟名曰蟒甲，即艋舺也，一作蟒葛。其制以独木挖空，两边翼以木板，用藤系之。"从字面描述看，"两边翼以木板"的"蟒甲"应就是"边架艇独木舟"，可惜缺乏实物和图像资料为证。② 而且，"蟒

---

① Barry V. Rolett, 2007, Southeast China and the Emergence of Austronesian Seafaring, in Tianlong Jiao edited, *Lost Maritime Cultures: China and the Pacific*, Honolulu: Bishop Museum Press, Honolulu Hawaii.

② 凌纯声：《中国远古与太平印度两洋的帆筏戈船方舟和楼船的研究》，《民族学研究所专刊》第十六号，1970年。

甲"音 mangka，在东南亚和太平洋群岛"南岛语族"中"外架艇独木舟"也普遍称为wangka、waka、vakas、hakas、wanga、nawangk，与台湾番人的"两边翼以木板"的"蟒甲"几乎同音。① 因此，清代台湾原住民的"蟒甲"很可能就是历史上残存下来的"外架艇独木舟"。此外，早在半个多世纪以前，奥地利考古学家海因·戈尔登（Heine - Gelden）也发现，湄公河、伊洛瓦底江上游的河船，经常安装双边架艇以保持平衡和增加浮力。② 如此说来，施洞"子母船"在华南"苗蛮系统"文化地带并不是孤立的个案。

　　其实，华南史前及历史早期的考古资料中也有类似的线索。浙江萧山跨湖桥距今8200～7500 年的独木舟，残长 5.6 米，船宽只有 0.52 米，船舷上侧残失，船舷两侧散布许多"木桩"、"木料"遗存，其中"木料"有圆木和剖木两类，两侧至少有 6 根倒卧的长木料与独木舟平行，长度达 2.5～2.8 米，另有一些短木料与独木舟和长木料大致垂直，这很可能就是一艘"边架艇独木舟"的遗存，否则这些与独木舟平行的长木料和垂直的短木料的作用就很难解释了。③ 有学者认为，跨湖桥的独木舟船舷上没有可供捆扎横杆的穿孔而否认其是"边架艇独木舟"，其实太平洋的许多"边架艇独木舟"和施洞"子母船"的横杆连接都通过子母口的栓扣结构，在独木舟上没有留下任何穿孔的痕迹。因此，跨湖桥独木舟不是一般的河湖船，而很可能是一艘适于海上航行的"边架艇独木舟"。

　　在华南舟船考古资料中，还有一些个案也可能与"边架艇独木舟"有关。福建连江浦口的西汉独木舟船舷上部残损，船体前部两侧舷残留一对对称的凹槽，与太平洋边架艇独木舟及施洞"子母船"船舱内横杆栓扣的凹槽结构一致，在发掘时还在船尾的下面挖出十多截直径约 6.5 厘米的原木残段④，也可能是边架艇的结构构件。广东化州县石宁村 2 号东汉独木舟船内舱两侧各有 7 个左右对称突起的"木痕"，右侧船舷自上而下斜排 7 个小圆孔⑤，这些结构也完全可以用于捆扎边架艇的横木。此外，笔者最近在广西钦州博物馆看到三艘从茅岭江、钦江捞出的周汉时代的独木舟，形态结构大体相同，三艘独木舟艄、艉都有 1～2 个保存完好的方形或圆形穿孔，茅岭江的两艘船舷一侧或两侧同时还有不等的穿孔和凹槽，这些结构与安装边架艇横木和帆席悬挂支架所需的构造一致。

　　总之，黔东南台江施洞"子母船"不是一般的民俗龙船，它很可能就是消失了几

①　A. C. Haddon and James Hornell, 1938, *Canoes of Oceania*, Vol. Ⅲ, *Definition of Terms, General Surney, and Conclusions*, Bernice P. Biship Museum Special Publication 29, Honolulu Hawaii. P71.

②　Ibid. . P21.

③　浙江省文物考古研究所等：《跨湖桥》，第 50 页，文物出版社 2004 年。

④　卢茂村：《福建连江发掘西汉独木舟》，《文物》1979 年 2 期。

⑤　湛江地区博物馆等：《广东省化县州石宁村发现六艘东汉独木舟》，《文物》1979 年 12 期。

千年的华南土著航海舟船"边架艇独木舟"的原型，在太平洋文化史具有重要的意义。施洞"子母船"性质的确认，为探索华南与太平洋的史前交通工具提供了全新的明确的方向，也为重新分析研究华南考古发现中的许多舟船资料提供了重要的线索。

[后记]

本文在田野调查过程中，先后得到贵州省民族研究所陈国安先生和贵州省文物考古研究所张合荣先生、李飞先生的帮助，在此谨表谢意！

第四编 "东南曰扬州"

——华夏视野与东南人文变迁

"职方氏掌天下之图。以掌天下之地。……东南曰扬州，其山镇曰会稽，其泽薮曰具区，其川三江，其浸五湖，其利金、锡、竹箭，其民二男五女，其畜宜鸟、兽，其谷宜稻。"

——《周礼·夏官司马·职方氏》

"中国戎夷，五方之民，皆有性也，不可推移。东方曰夷，被发文身，有不火食者矣。南方曰蛮，雕题交趾，有不火食者矣。西方曰戎，被发衣皮，有不粒食者矣。北方曰狄，衣羽毛穴居，有不粒食者矣。中国、夷、蛮、戎、狄，皆有安居、和味、宜服、利用、备器。五方之民，言语不通，嗜欲不同。达其志，通其欲。东方曰寄，南方曰象，西方曰狄鞮，北方曰译。"

——《礼记·王制》

东亚古代族群关系的核心是"中国—四方"的互动，华夏化、汉化始终是这一关系的主流，以汉民族为核心的"多元一体"格局就是这一民族史进程的客观结果。华夏、汉民人文视野中，东南方的百越—南岛土著呈现出一个自北而南、从大陆东南向南岛世界梯次被接触、认知、不断华夏化与汉化的过程，并先后出现于不同时期的汉文史籍。这一进程大致经历了上古大东南华夏化的"苗"、"蛮"，周末秦汉汉化中的"百越"，汉唐宋元以来沿海岛弧的"山夷"、"流求"、"诸番"与"岛夷"社会。伴随着华夏、汉民的南迁步伐，土著华夏化与汉化成为华南汉民社会的重要来源，也决定了现今华南汉民与北方汉民在社会文化上的重大区别。

东南沿海史前史序列中北方文化
因素的传入与融合[*]

地处武夷山脉以东、南岭山脉以南的大陆东南沿海地区，是周、汉间闽越、南越、东瓯、西瓯、骆越等民族的活动空间，是我国早期古文化区系结构中一个非常特殊的区域。在汉晋时期中原北方汉人大规模移入之前，史前土著民族创造了既有别于句吴、于越等百越北部，更明显不同于中原北方华夏系统的各阶段文化。但是，在石器时代、青铜时代到早期铁器时代文化中，东南沿海土著与北方华夏系统文化之间确实存在着不同程度的文化互动，东南土著文化体系中来自北方文化因素的传入及它们的融合就是一个重要方面。

一　旧、中石器时代砾石石器文化的本土传统与细、小石器工业群的介入

东南沿海已经发表的旧石器至中石器时代的考古文化遗存有 30 多处地点（群），我们运用考古学文化因素分析法将这些遗存予以分类、归纳，概括为三大类文化因素。这一内涵体系的相互组合与发展变化，大致反映了本地区旧石器至中石器时代文化的内涵特点与发展规律。

（一）砾石石器工业的本土传统与主流地位

在东南沿海的旧石器文化因素构成中，砾石石器工业发生最早、分布最广泛、延续时间最长，是本地区早期石器工业的主流。

在晚更新世早期（约距今 13～6 万年），广东马坝狮子岩、骑马石和广西百色盆地

---

* 本文为 2000 年 7 月参加台北举行的"第三届国际汉学大会"论文，摘要曾发表于《北京大学古代文明研究通讯》第七辑（2000 年），全文刊于《史前与古典文明》，台北"中央研究院"2003 年。

的近百处地点等代表了迄今所知东南沿海旧石器文化的最早形态。① 这些遗存以砂岩、石英岩等砾石为原料，多以天然砾石面为台面打片，锤击法是主要的打片和加工方法，以单面加工为主，但两面加工技术已经比较定型。石器主要形态有石核和大石片的大型砍砸器、尖状器、刮削器等，两面加工的原"手斧"类工具实际上是尖状器的进步形态。这一阶段文化属于更广泛的华南至东南亚区域盛行的典型砾石石器工业，没有明显的外来因素的介入。

到了晚更新世晚期（约距今 5～1.2 万年），广西柳州白莲洞Ⅰ期、桂林宝积岩、田东定模洞、广东封开罗沙岩上层、福建漳州莲花池山和竹林山下层等反映了这一阶段文化的内涵和组合。② 台湾台东乾元洞的打制石器也属于这一文化范畴。③ 除了白莲洞Ⅰ期内涵相对复杂外，上述地点大多是单纯的砾石石器文化传统的延续发展。在这一阶段，砾石石器文化在东南沿海的分布更广，特别是在两广山洞中渐成强势文化。总体面貌仍以天然砾石面为台面打片，单台面为主，锤击法为主要的剥片和修理技术，以原砾石或砾石石片加工的砍砸器和刮削器仍是石器的大宗。白莲洞Ⅰ期出现从原砾石横断面打下石片的技术、压制法修理刮削器的多样复杂刃口，这是砾石石器技术自身的发展和变化。但是，我们必须注意，这一阶段孕育了一种新的因素，那就是白莲洞Ⅰ期文化中出现的燧石小石器，使得该文化表现为不同于其他砾石石器文化的复杂组合。但是，这种因素在该阶段的东南文化中的分量和影响是有限的。

更新世末期至全新世初期（约距今 1 万年左右，个别地点延续更晚）的砾石石器文化产地有广西柳州白莲洞Ⅱ、Ⅲ期、柳州思多岩、陈家岩、崇左矮洞、来宾盖头洞、武鸣苞桥 A 洞、巴勋 B 洞、腾翔 C 洞、桂林北门 D 洞、东岩洞，广东阳春独石仔、封

---

① 宋方义等：《马坝人化石地点发现石器》，《人类学学报》1985 年 2 期。李炎贤等：《广西百色发现的旧石器》，《古脊椎动物与古人类》1975 年 4 期。广西壮族自治区文物工作队：《广西新州打制石器地点的调查》，《考古》1983 年 10 期。曾祥旺：《广西百色新发现的旧石器》，《史前研究》1984 年 2 期。何乃汉：《百色旧石器的研究》，《人类学学报》1987 年 4 期。

② 王令红等：《桂林宝积岩发现古人类化石和石器》，《人类学学报》1982 年 1 期。贾兰坡等：《广西洞穴中打击石器的时代》，《古脊椎动物与古人类》1960 年 1 期。曾祥旺：《广西田东县定模洞人类化石及其文化遗存》，《考古与文物》1989 年 4 期。张镇洪：《广东封开县罗沙岩洞穴遗址第一期发掘简报》，《人类学学报》1994 年 4 期。柳州白莲洞博物馆等：《广西柳州白莲洞石器时代洞穴遗址发掘报告》，《南方民族考古》第一辑，四川大学出版社 1987 年。李有恒等：《广西田东定模洞调查报告》，《人类学学报》1985 年 2 期。尤玉柱等：《漳州史前文化》，福建人民出版社 1991 年。

③ 韩起：《台湾省原始社会考古概述》，《考古》1979 年 3 期。

开黄岩洞、水乞岩、乞丐岩、罗髻岩、罗定饭甑山，湖南道县山洞和海南三亚落笔洞等。[①] 台湾台东海雷洞、潮音洞和垦丁鹅銮鼻也可看成这一文化整体的一部分。[②] 该阶段文化比较复杂，但是本地区旧石器文化的主流——砾石石器工业传统明确地得以延续，表现为上述地点的多数内涵的主体仍属于典型的砾石石器文化。以砾石为素材，以锤击法直接打片为主，大型砾石砍砸器、刮削器仍是石器形态的主体等，只是工艺和形态要较前期文化进一步精细和多样，如两面加工、二次加工技术的普遍，砍、刮工具刃部形态多样、规范等。在文化的发展上，表现为特征非常显著的两种新的文化形态与因素的发展，即下文要分析的细小石器工具群和砾石石器中磨刃、穿孔技术，使得东南沿海砾石石器文化单一发展的局面不复存在。但是，这种复杂性并没有削弱东南沿海砾石石器工业本土传统的发展进程。

（二）两广山洞"介壳堆积层"中穿孔、磨刃技术在文化史上的地位

在以白莲洞Ⅱ、Ⅲ期、独石仔、黄岩洞下层等为代表的几乎所有的两广山洞更、全新世之交的"介壳堆积层"中，与主流地位的砾石石器工业共存的是不同程度发展的磨刃、穿孔技术。这是东南沿海地区最原始的、也是最明确的"后旧石器"文化因素，有别于砾石石器文化的原生内涵，但两者间的关系非常密切。

在白莲洞Ⅱ、Ⅲ期，与89件打制石器共存的有1件磨刃切割器和2件穿孔石器。类似的遗存在独石仔有16件，在黄岩洞下层有7件，武鸣苞桥A洞、巴勋B洞、腾翔C洞、桂林北门D洞、封开水乞岩、乞丐岩、罗髻岩、罗定饭甑山等也有不同程度发现。这一石器工艺的特点是，将砾石石核或石片的断面磨成斜、弧刃用为切割器，从扁平砾石的两面凿磨成孔用为穿棒石器，与这类石器相应的是普遍出现磨刃和穿孔的骨、角、蚌器。磨制、穿孔技术无疑不属于旧石器文化固有的内涵，而是即将到来的新石器时代工艺的基础。值得注意的是，上述穿孔、磨刃的砾石石器与传统的砾石石器文化并

---

① 柳州白莲洞博物馆等：《广西柳州白莲洞石器时代洞穴遗址发掘报告》，《南方民族考古》第一辑，四川大学出版社1987年。莫稚：《广东考古调查的新收获》，《考古》1961年12月。宋方义等：《广东封开黄岩洞古人类文化遗址调查简讯》，《古脊椎动物与古人类》1981年1期。宋方义等：《广东封开黄岩洞洞穴遗址》，《考古》1983年1期。宋方义等：《广东罗定饭甑山岩、下山洞穴遗址发掘报告》，《人类学学报》1989年2期。邱立诚等：《广东阳春独石仔洞穴文化遗址发掘简讯》，《古脊椎动物与古人类》1980年3期。邱立诚等：《广东阳春独石仔新石器时代洞穴遗址的发掘》，《考古》1982年5期。邱立诚：《广东封开、怀集的几处洞穴人类文化遗存》，《考古与文物》1989年4期。张镇洪等：《广东封开黄岩洞遗址综述》，《纪念黄岩洞遗址发现三十周年论文集》，广东旅游出版社1991年。袁家荣：《湖南道县全新世早期洞穴遗址及其相关问题》，《纪念黄岩洞遗址发现三十周年论文集》，广东旅游出版社1991年；Pei, Wen – Chung, On a Mesolithic Industry of the Caves of Kwangsi, *Bulletin of the Geological Society of China*, 1934.3。

② 韩起：《台湾省原始社会考古概述》，《考古》1979年3期。加藤晋平：《长滨文化的若干问题》（邓聪译），《人类学学报》1990年1期。李光周：《垦丁国家公园所见先陶文化及其相关问题》，《考古人类学刊》1984年44卷。

非截然分割的，新的工艺毫无疑问地分别出现于砾石石器的刃部和中上部。因此，它们是砾石石器传统本身的延续发展。这种变化使我们看到了更新世末期以来东南沿海砾石石器工业发展的方向，使我们更深刻地认识到砾石石器文化本土传统的强大生命力。从这一点我们还看到了东南沿海新石器文化本地起源的一个极为重要的线索。

东南沿海旧石器晚期以来砾石石器工艺的这种内部变迁轨迹，同样见于邻近的东南亚地区，集中体现在和平、北山文化环节上。和平文化是东南亚地区广泛分布的砾石石器文化传统在旧石器时代末期的代表，北山文化直接继承了和平文化晚期的技术与文化形态，但以磨刃和穿孔技术的出现而有别于前者。[①] 从这个意义上说，我国东南沿海与东南亚地区不但共存着旧石器时代的砾石石器传统，而且在向新石器时代过渡的道路上有着共同的规律。

（三）细、小石器工业群的性质

在东南沿海旧石器文化发展的绝大部分时间内，以砾石石器工业为特点的文化传统（包括末期阶段由砾石打制石器工艺发展来的穿孔、磨刃技术）是一种主流、甚至单一的文化形态。但是到距今约 2～1 万年或更晚些，几种类型的细、小石器文化群开始逐步地出现于东南沿海地区，其中一些还与延续发展的砾石石器工业共存、融合，这也成为这一地区旧石器末期文化的一个重要特点。

第一类，是白莲洞持续发展的小石器文化。在白莲洞文化中，与砾石石器文化传统共存的有一类以各种燧石加工的小石片石器，包括各类小型的刮削器、小尖状器、小石片、镞形器、雕刻器和柱状细石核，初现于 I 期文化，持续发展于 II、III 期文化中。这组因素中的小石片工艺与华北地区中更新世以来就形成的所谓"周口店—峙峪系"的小石器文化传统有共性，少量柱状石核还与华北更新世晚期的细石器文化相同。[②] 因此，该组因素应是晚更新世晚期以来在北方系统小石器和细石器文化的影响下形成的地域性小石器文化。

第二类，是广东南海西樵山第 17、18 地点的西樵山文化。[③] 众所周知，该文化是东南地区所见唯一一处典型的细石器文化地点，除个别石核工艺具有地方特色外，总体

① 切斯特·戈尔曼：《和平文化及其前后》，《考古学参考资料》第二辑，文物出版社 1979 年。吉米·戴维森：《越南近年来的考古活动》，《考古学参考资料》第二辑，文物出版社 1979 年。埃德蒙·索兰：《印度支那半岛的史前文化》，《考古学参考资料》第二辑，文物出版社 1979 年。

② 贾兰坡等：《山西峙峪旧石器时代遗址发掘报告》，《考古学报》1972 年 1 期。安志敏：《河南安阳小南海旧石器时代洞穴遗址的试掘》，《考古学报》1965 年 1 期。

③ 广东省博物馆等：《广东南海县西樵山出土的石器》，《考古学报》1959 年 4 期。曾骐：《西樵山石器和"西樵山文化"》，《中国考古学会第三次年会论文集》，文物出版社 1984 年。黄慰文等：《广东南海县西樵山遗址的复查》，《考古》1979 年 4 期。

面貌与华北晚更新世以来形成的典型细石器文化无大的差别。因此，该文化是华北细石器文化直接传播的结果。

第三类，是近年在粤东闽南地区广泛发现的小石器地点。[①] 该类型分布于粤东、闽南的沿海和丘陵地区，砸击和锤击获得小石片和小石核，通过二、三步多向加工制作各种形态的小型刮削器和尖状器，尤其是数量特别多的凹刃刮削器特征显著。这类遗存与华北地区的小石器文化工艺有类似之处，代表性的凹刃刮削器也与江苏吴县三山岛的同类器相似。[②] 但无论如何，其地域特色非常突出，这也是东南区域细、小石器工业群的特殊形态之一。

台湾台东潮音洞的年代虽晚，但该遗存中共出的一组小石器文化也可以看成旧石器末期以来东南沿海细、小石器工业群的组成部分。该组文化中的楔形石器和相关石片与华北细石器文化内涵很相似，但总体面貌还难归于细石器文化范畴中，一些石片还与日本列岛西部旧石器晚期文化相似。[③] 因此，这是一组受到来自北部地区文化影响的区域小石器文化。

总之，以砾石石器工业为特征的东南沿海旧石器文化本土传统源远流长，但在这一主流文化发展的晚、末期，来自北方地区的细、小石器工艺传统逐步地、不同程度地影响到这一地区，成为东南沿海地域特色的细、小石器工业群发展的基础。但除了西樵山文化基本可以看成是北方式细石器文化的直接移植外，其他各类仍只是受到不同程度的影响，从总体上说，来自北方的文化影响始终没有成为东南沿海旧石器文化的主流。以白莲洞Ⅱ、Ⅲ期的共存关系为代表的、常见于旧石器末期两广山洞砾石石器上的穿孔、磨刃工艺的发展，表明了本地区新石器文化起源的土著基础。

二 新石器时代土著文化传统的顽强延续与外来文化的影响

东南沿海地区新石器时代土著文化的成长步伐远落后于北方地区，直到中原地区青铜文化高度发达的夏商时期，这里还没有进入青铜时代的明确考古学证据。在这一持续发展的新石器文化体系中，来自北方地区的新石器、早期青铜时代文化的影响接踵而至，尤其是龙山文化和夏商文化的强劲影响。但从总体上说，这类影响只是局部的和短暂的，没有形成扩展和持续之势，仍旧没有改变这一地区新石器文化的土著传统，具有

---

① 曾骐等：《广东南澳县象山新石器时代遗址》，《考古与文物》1995 年 5 期。尤玉柱等：《漳州史前文化》，福建人民出版社 1991 年。

② 贾兰坡等：《山西峙峪旧石器时代遗址发掘报告》，《考古学报》1972 年 1 期。陈淳等：《长江下游首次发现旧石器》，《人类学学报》1986 年 4 期。陈淳等：《三山文化——江苏吴县三山岛旧石器晚期遗址发掘报告》，《南京博物院院刊》1987 年。

③ 加藤晋平：《长滨文化的若干问题》（邓聪译），《人类学学报》1990 年 1 期。

鲜明本土传统的器群组合仍是东南新石器文化的主流。

（一）闽江流域新石器文化的本土传统与外部影响

在闽江流域，下游地区的新石器文化依次经历了先龙山时代的壳丘头类型—昙石山下层类型、龙山时代的昙石山中层类型、夏商时期的昙石山上层类型—黄土仑类型；上游地区有龙山至夏商期的牛鼻山类型、马岭类型、白主段类型。[①]

闽江流域古文化的中心在下游，新石器土著文化特点在陶器上表现得最为明显，延续发展，一脉相承。从陶系看，昙石山中层类型的泥质和夹砂灰陶是在下层类型红衣灰胎陶基础上发展起来的；上层类型灰硬陶的出现也不是偶然的，中层类型阶段所出现的少量火候较高、胎质较纯的泥质灰陶就是它的前身。从纹饰看，下层的红衣、宽带纹红彩发展成中层的条纹、圆点纹红彩，上层大量的和代表性的赭衣、几何形纹与仿铜器纹样的黑彩就是早期彩绘和施衣工艺的继续和发展。从纹样结构看，下层多自然写实的内容，如贝齿印纹、拍印绳纹、花瓣口沿等，中、上层多抽象化几何纹样。下层类型出现的由绳纹简化而来的拍印条纹，到中层已成为纹饰主流，中层已有少量由交错条纹的规范化发展而来的网格纹、方格纹，所以上层阶段代表性的网格纹、方格纹样也是以前期的纹饰为基础，中、上层还逐渐演变出席纹、梯格纹、曲折纹等几何印纹。在陶器造型上，主要是圜底釜、罐、壶和圈足罐、壶、簋、杯、豆等为特征，极少鼎，不见袋足器，构成一套延续发展的土著器群。尤其在炊器上，从下层阶段就形成的宽沿圜底釜或罐配以各式支座的传统，在中、上层类型中仍以这类釜、罐为主要炊器，黄土仑类型的双腹釜底瓿形器也是在下、中层宽沿釜基础上经沿部加高而成的，不同于中原文化中的袋足瓿。这一炊器传统同其他地区以鼎、袋足瓿、鬲、鬶等炊器为特点的三足、袋足器群文化明显有别。上游地区的各阶段文化与下游同时期文化内涵的土著性基本一致，只是个别器物的风格有所不同。

当然，闽江流域新石器时代文化在发展过程中也不同程度地出现了外来文化的影响，尤其是龙山文化和夏商时期青铜文化的影响。在闽江下游，昙石山中层类型出现了一些龙山时代共有的风格，如精磨和穿孔石器，工具器形分化，使用刀、钺、铲、镰等；灰黑陶和泥质磨光薄壳陶，鼎、盉、杯及把手、器嘴等配件，说明该阶段受到区域外龙山时期文化的影响和浸染。至夏商时期，昙石山上层类型和黄土仑类型文化在区域外诸青铜文化强烈渗透下，表现出更多一些类似于北方文化的因素，如陶器中的云雷纹、回纹及广折肩、圜凹底等风格，显然是夏、商青铜文化向周边地区辐射的结果；黄

---

① 吴春明：《福建史前文化的综合研究》，厦门大学人类学系硕士论文 1990 年。吴春明：《闽江流域先秦两汉文化的初步研究》，《考古学报》1995 年 2 期。林公务：《福建史前文化遗存概论》，《福建文博》1990 年增刊。

土仑所见虎子形器、鬶形器是商代常见的器形，同偃师二里头、马桥、潜山薛家岗等遗址商代地层所见同类器造型相似。[①] 由于受地理位置影响，闽江上游新石器文化中的这类外来文化因素更多些，如牛鼻山类型中出现来自龙山期文化更明显的和直接的影响，较多的穿孔石斧、多孔石刀，数量不少的各式瓦状足、丁字足、鬼脸式足、扁凿足的子口浅盘形鼎、浅盆形鼎、袋足鬶等，从这点上说牛鼻山类型同昙石山中层类型的区别相当大。可以说，牛鼻山类型就是闽江流域新石器文化体系中受到境外龙山期文化强烈影响而形成的融合形态。

但是，闽江流域新石器文化中的这些来自北方的文化因素的影响仍是局部的和有限的，并没有从根本上取代本地区新石器文化的土著特点，没有改变这一地区早期古文化停留在石器时代的发展水平。而且这些外来因素中更多的只是以影响和融合的形态出现，如昙石山中层的鼎就是在宽沿折腹釜基础上加三柱足而成，且数量有限，没有取代釜、罐与支座或灶相配的炊器文化；盉、把手壶也是在该类型典型的直口壶基础上加管状嘴、羊角状把手而成的。因此这些内涵还是本地区新石器土著文化传统延续发展的中间环节，而不是所谓外来移植的"龙山形成期文化"。[②]

（二）珠江三角洲与北江流域新石器时代两组文化因素的互动格局

岭南珠江流域下游（三角洲）、上游（北江）的文化格局与闽江流域两区结构非常类似，土著文化发展的中心区域在珠江三角洲一带的沿海。这一地区的新石器时代文化尚未确立统一的编年，我们暂区分先龙山时代、龙山时代、夏商时代三个阶段的文化进行分析。

先龙山时代的文化在 20 世纪末的近十年来环珠江口沙丘遗址的考古实践中获得了广泛的发现，大致相当于邓聪先生论述中的"大湾文化"、朱非素先生的"珠海史前文化一、二期"阶段、李子文先生的"后沙湾类型"以及裴安平先生描述的"咸头岭类型"。[③] 这一阶段的文化面貌可以概述为，陶器以夹砂红褐陶为主，拍印、贝齿划印的绳纹、交错绳纹、成排斜线纹、蓖点纹、水波纹和彩绘的宽带纹、圆点纹、波浪纹、不规则折线纹、"S"形纹等构成繁复的装饰风格；器形的基本组合为腹部深浅不一的圜

---

① 中国科学院考古研究所洛阳发掘队：《河南偃师二里头遗址发掘简报》，《考古》1965 年 5 期。上海市文物保管委员会：《上海马桥遗址第一、二次发掘》，《考古学报》1978 年 1 期。安徽省文物工作队：《潜山薛家岗新石器时代遗址》，《考古学报》1983 年 2 期。

② 张光直：《中国东南海岸考古与南岛语族的起源问题》，《南方民族考古》第一辑，四川大学出版社 1987 年。

③ 邓聪等：《大湾文化初论》，《南中国及邻近地区古文化研究》，香港中文大学出版社 1994 年。朱非素：《珠海考古研究新成果》，《珠海考古发现与研究》，广东人民出版社 1991 年。李子文：《淇澳岛后沙湾遗址发掘》，《珠海考古发现与研究》，广东人民出版社 1991 年。裴安平：《环珠江口地区咸头岭类型的序列与文化性质》，《东南考古研究》第二辑，厦门大学出版社 1999 年。

底釜或罐、钵和各式圈足盘、碗、豆以及空心支座。对该阶段文化的定性,学术界较多关注来自洞庭湖区大溪文化的作用,他们所强调的关键因素是珠江三角洲的波浪纹彩陶盘与大溪文化中装饰刻划、镂空组合纹饰的圈足盘以及白衣红彩、黑彩的绞索纹、宽带纹组合纹饰的相似性。[①] 我们暂不排除这一相似性反映文化交流的可能性,但珠江三角洲以波浪纹、"S"形纹为特点的彩陶内涵与贝齿划印纹的共性以及同海洋文化的密切关系,是大溪文化彩陶所无法概括的。实际上,珠江三角洲的这个阶段文化以三足器的缺乏为鲜明的特征,宽沿束颈圜底釜或罐与空心支座相配套的炊器为核心的器群组合与黄河、长江流域早一阶段或同期文化基本不同,具有鲜明的土著特征。[②]

珠江三角洲龙山时代代表性的遗存有佛山河宕下层的甲、乙两类墓葬,三水银洲早期墓葬,香港虎地遗存;夏商时代有佛山河宕丙、丁类墓葬,三水银洲晚期,珠海后沙湾二期、草堂湾二期、东澳湾[③],相当于邱立诚先生所说"珠海青铜文化第一期"和李岩、李子文先生所指的"东澳湾遗存"[④]。在这两个阶段文化中,来自北方地区的文化影响在逐步加强,三水银洲、香港虎地两个遗址中出现的瓦状足和圆柱足的鼎就是龙山时代潮流作用的结果,上述各夏商时代遗址中出现的高领折肩尊、带流口的壶或罐、陶器群常见云雷纹样等无疑是北方青铜文化因素传播的结果。但是,这类因素的总量和力度还是有限的,这一地区先龙山时代以来就已经确立的以圜(凹)底釜、罐、壶、钵和圈足的豆、罐、盘为组合的文化传统基本未变,只是具体器物的造型和装饰纹样出现了阶段性变化,像银洲遗址中的唯一一件鼎也同样是本土特征的宽沿束颈圜底罐附加三个龙山风格的瓦状足的融合形态。更为重要的是,夏商青铜文化因素的影响同样没有将夏商时期的珠江三角洲推进到青铜时代。

---

① 贺刚《南岭南北新石器中晚期文化的关系》,《中国考古学会第九次年会论文集》,文物出版社 1997 年。裴安平:《环珠江口地区咸头岭类型的序列与文化性质》,《东南考古研究》第二辑,厦门大学出版社 1999 年。

② 吴春明:《粤闽台沿海的彩陶及相关问题》,《中国考古学会第九次年会论文集》,文物出版社 1997 年。厦门大学历史系考古教研室:《中国东南:早期历史与考古文化》,《东南考古研究》第一辑,厦门大学出版社 1996 年。

③ 杨式挺等:《谈谈佛山河宕遗址的重要发现》,《文物集刊》第三辑,文物出版社 1981 年。朱非素:《广东考古新发现的几点思考》,《东南亚考古论文集》,香港大学美术博物馆 1995 年。William Meacham, Archaeological Investigations on Chek Lap Kok Island, Hongkong: Hongkong Archaeological Society. 1994. 李子文:《珠海史前文化序列初论》,《珠海考古发现与研究》,广东人民出版社 1991 年。梁振兴:《三灶岛草堂湾遗址发掘》,《珠海考古发现与研究》,广东人民出版社 1991 年。广东省博物馆等:《广东珠海市淇澳岛东澳湾遗址发掘简报》,《考古》1990 年 9 期。

④ 邱立诚:《珠海青铜文化初识》,《珠海考古发现与研究》,广东人民出版社 1991 年。李子文:《珠海史前文化序列初论》,《珠海考古发现与研究》,广东人民出版社 1991 年。李岩:《试析东澳湾遗存》,《珠海考古发现与研究》,广东人民出版社 1991 年。

北江流域古代文化的内涵组合中[①]，新石器早、中期阶段的青塘洞、石峡下层早期文化层等单位的陶器组合与珠江三角洲地区一致，表现为圜底与圈足的传统和缺乏三足器的特点，说明这一阶段岭南地区土著文化的统一性。石峡文化阶段（下层墓葬）的内涵格局发生了较大变化，该器群中两类因素的交融、组合是十分明显的，一类仍以宽沿束颈圜底釜、罐、瓮及圈足罐、盘、豆类器为代表，代表了岭南土著原始文化的延续；另一类以盘形、盆形、釜形鼎、三足盘、鬶等为代表的三足、袋足器群与岭北赣鄱流域的筑卫城、樊城堆文化同类器基本无异[②]，应是龙山时代北方文化传统通过赣鄱地区影响岭南地区的考古反映，也与北江流域地处南岭山地、靠近赣鄱流域交接点的地理位置有关。在东南沿海的各区系文化中，石峡文化的这组龙山文化因素表现得最强烈，以往的许多论述也多强调了这一点，甚至将石峡文化看成"龙山文化"的岭南变种，代表性的如在描述我国考古学文化区系类型理论中提出的"以鄱阳湖—珠江三角洲为中轴的南方地区"、或将包括石峡文化在内的东南沿海龙山时代文化看成与先龙山时代的土著文化截然有别的代表"汉藏语族"形成的"龙山形成期"文化、甚至将南岭南北早期古文化糅为一体的"樊城堆—石峡文化"等。[③] 这些论述实际上是被石峡文化中突发的龙山时代北方因素短时扩张的表面现象所迷惑，并没有全面地评估石峡文化中本土与外来两种文化因素的共存水平。石峡文化中所包含的土著因素是不容忽视的，即便外来影响的龙山因素中的许多也是以文化融合的形态出现的，如鼎类器中外撇足的罐形鼎、釜形鼎等是不见于南岭以北的各种龙山文化中的。更重要的是，在岭南原始文化中起承前启后作用的不是这些外来的龙山因素，而是包括珠三角在内的岭南地区大湾—前石峡文化阶段中占绝对优势的、土著的圜底和圈足器群，这一点在接下来的夏商时期岭南古文化的内涵构成中得到了充分的体现。在石峡中层类型阶段，下层中以各类三足、袋足器为代表的外来文化因素并没有延续下来，很容易形成石峡文化到石峡中层间文化断层的假象，实际上以圜（凹）底和圈足的罐、尊、釜、豆、盘及器座为组合的中层内涵仍然是以石峡下层早期地层中主流因素为代表的岭南土著原始文化的延续发展，"中断"的只是外来文化因素的强势水平。换言之，在石峡下层早期类型、石峡文化、

① 广东省博物馆等：《广东翁源青塘新石器时代遗址》，《考古》1961 年 11 期。朱非素：《谈谈马坝石峡遗址的几何印纹陶》，《文物集刊（3）》，文物出版社 1981 年。徐恒彬：《广东几何印纹陶纹饰演变初步认识》，《文物集刊（3）》，文物出版社 1981 年。

② 李家和等：《江西新石器时代文化类型综述》，《江西省考古学会成立大会暨学术讨论会论文集》，江西历史文物编辑部 1986 年。刘诗中：《江西新石器时代文化探讨》，《考古》1993 年 12 期。

③ 苏秉琦等：《关于考古学文化的区系类型问题》，《文物》1981 年 5 期。张光直：《中国东南海岸考古与南岛语族起源问题》，《南方民族考古》第一辑，四川大学出版社 1987 年。李家和等：《再论樊城堆—石峡文化——二谈江西新石器晚期文化》，《东南文化》1989 年 3 期。

石峡中层类型构成的新石器文化体系中，土著文化因素仍然一脉相承地延续发展，石峡文化阶段的外来因素虽然形成这一时期古文化面貌的阶段性复杂，但并没有造成深刻的影响。

（三）粤东闽南新石器时代外来文化因素的分析

在晋江、九龙江至韩江间的粤东闽南地带的新石器时代文化的内涵格局[①]与闽江、珠江流域的情形非常相似，外来文化因素的作用同样明确地出现于龙山时代和夏商时期，体现了东南沿海新石器时代文化的统一格局。

在龙山时代，以潮阳左宣恭山、潮阳粪其坑山、揭阳宝田崀、东山大帽山等为代表的遗存中[②]，古文化的总体面貌是以夹砂陶为主，普遍出现几何形印纹，常见方格纹、曲折纹、重圈纹、绳纹、细绳纹、篮纹等；主要器类为圜底的釜、罐及圈足罐、豆、器座等，釜、罐的基本造型都是侈口、宽斜沿、束颈、圜底或圈足。但是该类遗存不同程度地共出的三足器、袋足器却不是本地文化的内涵，如宝田崀的釜形鼎附方柱、圆柱、瓦状、丁字形足，潮阳粪其坑山的袋足鬶残件，与北江流域石峡文化、赣江流域的樊城堆文化类似，同样是属于龙山文化直接或间接影响所致。

约夏商时期，普宁虎头埔、池尾北山、平远水口山、惠安蚁山等遗存中[③]，基本的器形仍是侈口束颈圆腹凹底或圜底罐、圜底或平底的盂、盆、碗、壶及器座等，体现了东南沿海新石器文化共同的本土传统形态。但是，常见于本期遗存中的仿铜云雷纹、流口的鸭形壶、高领折肩尊等内涵却是夏商青铜文化的因素。当然，夏商时期粤东闽南间的文化作为从闽江下游到珠江三角洲之间的东南沿海早期古文化体系的有机环节，仍然共同维持以圜（凹）底器、圈足器及平底器为特点、罕见三足与袋类器的器物群，即便受到了夏商青铜文化的直接或间接的影响，但青铜文化并未真正传入，仍然处于土著新石器文化的发展水平。

总之，在武夷—南岭东南一侧的沿海新石器文化总体框架中，北方文化因素在空间上的直接和间接影响多不成体系，始终没能出现全面影响东南沿海全境的态势，主要出现在闽江上游、北江流域和韩江上游等靠近武夷—南岭地带，这里既是东南沿海同内地自然、文化的分水岭，又是两地文化交流必经的孔道和中转所在。在新石器文化的发展

---

① 吴春明：《粤东闽南早期古文化的初步分析》，《东南考古研究》第一辑，厦门大学出版社 1996 年。

② 广东省文物管理委员会：《广东潮阳新石器时代遗址调查简报》，《考古》1956 年 4 期。朱非素：《广东新石器时代考古若干问题探讨》，《广东出土先秦文物》，香港中文大学文物馆 1984 年。徐起浩：《福建东山县大帽山新石器时代贝丘遗址》，《考古》1988 年 2 期。

③ 广东省博物馆等：《广东平远县西周陶窑清理简报》，《考古》1983 年 7 期。广东省博物馆等：《广东普宁虎头埔古窑发掘简报》，《文物》1984 年 12 期。林聿良等：《惠安涂岭新发现的贝丘遗址》，《考古》1990 年 2 期。

过程中，文化的影响也是短暂的，没能延续和逐步加强，龙山时代曾一度出现较多的三足、袋足器因素在夏商时代反而消失了，说明东南沿海地区土著新石器文化传统的深刻与顽强。[①]

三　周、吴青铜文化的传播与东南土著社会的变迁

现有的资料表明，在中原和长江流域相继产生青铜文明的夏商时期，武夷—南岭以东、以南沿海一侧古文化的基本格局仍然表现为土著新石器文化的持续发展，没有青铜文化出现的证据。两周时期，来自北方、吴越等地青铜文化的影响强有力地介入，东南古文化的土著内涵与结构发生了显著的变化，并开创了具有东南沿海地域特色的青铜文化。但这一时期来自中原北方文明区直接的文化影响仍然很少，主要源于吴越地区的文化介入所促成的文化融合仍然没有从根本上改变东南沿海土著文化延续发展的格局。

（一）两周时期东南沿海青铜文化的基本内涵

西周、春秋时期，东南沿海古文化的空间分布仍然维持新石器时代以来的基本格局。在闽江流域，上、下游间的文化面貌基本统一，以政和铁山墓葬为代表而称为"铁山类型"，典型的地层单位还有福清东张上层、闽侯溪头上层，故也有称之为"东张上层类型"，所指对象基本一致。[②] 珠江三角洲和北江流域两周时期的古文化以"夔纹陶类型"著称，粤东闽南、桂东北等地都有同类遗存的分布，典型地层单位有曲江石峡上层，故也有称为"石峡上层类型"。[③] 处于闽江、珠江两个区系之间的粤东闽南地区的文化比较复杂，交叉分布有夔纹陶类型遗存和铁山类型遗存，但青铜文化的代表是"浮滨类型"，该类型上限可能为晚商，主要发展期为西周、春秋。[④]

典型地层单位、墓葬出土与零星采集青铜器遗存反映了东南沿海早期青铜文化的内涵组成。东张上层、溪头上层、石峡上层等西周、春秋时期的典型地层单位中都不同程度地发现了青铜镞、短剑、矛、钺、锥等，仅石峡上层就发现 23 件。[⑤] 墓葬中的青铜

---

① 厦门大学历史系考古教研室：《中国东南：早期历史与考古文化》，《东南考古研究》第一辑，厦门大学出版社 1996 年。

② 吴春明：《闽江流域先秦两汉文化的初步研究》，《考古学报》1995 年 2 期。林公务：《福建史前文化遗存概论》，《福建文博》1990 年增刊。

③ 朱非素：《谈谈马坝石峡遗址的几何印纹陶》，《文物集刊（3）》，文物出版社 1981 年。徐恒彬：《广东几何印纹陶纹饰演变初步认识》，《文物集刊（3）》，文物出版社 1981 年。

④ 朱非素：《闽粤地区浮滨类型文化遗存的发现和探索》，《人类学论文选集》第一辑，中山大学出版社 1986 年。吴春明：《粤东闽南早期古文化的初步分析》，《东南考古研究》第一辑，厦门大学出版社 1996 年。

⑤ 陈存洗等：《福建青铜文化初探》，《考古学报》1990 年 4 期。朱非素：《马坝石峡遗址出土的青铜器》，《广东文博通讯》1978 年 3 期。

文化资料更为明确，如广西武鸣马头元龙坡西周墓地发现铜盘、卣、刀、矛、钺、斧、匕、镦、镞等计110件，福建南安大盈寨山西周墓出铜戈（戚）、矛、锛、铃等20件，福建政和铁山蚌山春秋墓出铜剑、矛等3件。① 还有大量零星出土或采集的青铜器，内涵特点与上述地层及墓葬所见大体一致，也应属于同一时期的遗存，如福建建瓯西周铜铙（甬钟），广东信宜光头岭西周铜盉，曲江马鞍山西周铜铙，连平彭山春秋甬钟、淳于、广西灌阳西周铜铙，宾阳木荣村西周铜罍、钟，荔浦马蹄塘、陆川塘城春秋铜罍等。②

关于这一地区"商代"青铜文化的问题，需要进一步澄清。广东饶平联饶顶大埔山浮滨类型墓地曾采集一件直内无胡铜戈，因与江西吴城二期等晚商时期同类器相似，以往一般将该铜器视为商代粤东进入青铜时代的证据。③ 现在看来，浮滨类型延续时间很长，分期还有待探索；且在福建南安大盈寨山遗址中类似的早期形态铜戈与周代特点的铜器共出，说明这些具有"晚商"造型特点的铜器传播到闽、粤地区或延续使用应晚于商代。类似的情形还有广西武鸣马头、兴安发现的窖藏"晚商"提梁卣、直内戈，形态与殷末铜器类似，但这几件铜器均无共出的陶器等物，也不应视为华南沿海青铜文化上限到商代的证据。④

（二）外来文化与土著文化的复合结构

两周时期东南沿海的青铜文化内涵代表了文化史上的一次阶段性进化，青铜文化的复合结构同样反映了石器时代以来形成的土著人文传统在商周、吴越等外来青铜文化强烈渗透下的发展变化。

铁山类型青铜文化遗存中包括了两组因素的组合。第一，是来自中原商周、江浙吴越青铜文化的因素，青铜剑、矛、戈、斧、铙、刮刀、凿等分别可以在商周和吴越文化中找到原型或相同者；石圹与石床墓葬，席纹硬陶瓮、罐、钵，原始瓷碗、豆等代表性

① 广西壮族自治区文物工作队：《广西武鸣马头元龙坡墓葬发掘简报》，《文物》1988年12期。庄锦清等：《福建南安大盈出土青铜器》，《考古》1977年3期。铁山中学等：《福建政和县发现春秋时期的青铜兵器和印纹陶器》，《考古》1977年6期。

② 王振镛：《福建建瓯县出土西周铜钟》，《文物》1980年11期。徐恒彬：《广东信宜出土西周铜盉》，《文物》1975年11期。彭绍结等：《马坝发现西周晚期铜铙》，《广东文博》1985年1期。广西壮族自治区博物馆：《近年来广西出土的先秦青铜器》，《考古》1984年9期。蒋廷瑜等：《广西先秦青铜文化初论》，《中国考古学会第四次年会论文集》，文物出版社1986年。

③ 徐恒彬：《广东青铜器时代概论》，《广东出土先秦文物》，香港中文大学文物馆1984年。杨式挺：《岭南先秦青铜文化考辨》，《铜鼓和青铜文化的新探索》，广西民族出版社1993年。

④ 俞越人：《福建南安发现的青铜器和福建的青铜文化》，《考古》1978年5期。黄展岳：《论两广出土的先秦青铜器》，《考古学报》1986年4期。吴春明：《福建先秦青铜器文化类型的初步探索》，《厦门大学学报》1994年1期。

器类也可以在不同发展阶段的吴越土墩墓文化中找到同类①；而且以剑、矛为主的内容正是吴越文化绝对优势的兵器组合，与《越绝书·越绝外传记地传》语"句践乃身被赐夷之甲，带步光之剑，杖物卢之矛，出死士三百人，为阵关下"②正相吻合。铜铙的文化内涵也与吴越文化有关，在浙、苏、赣、湘等南方地区，晚商至西周时期的铜铙常单个埋藏于山顶、山麓、河边等地，是吴越文化特有的祭祀遗存，建瓯两件铜铙从埋藏方式到造型、纹样均与此一致。③第二，是本地区新石器时代以来土著文化因素的持续，如常见的长方形石锛、隆脊锛沿用，并发展出高级型有段石锛、瓿形器、单鋬罐、直颈壶等内涵则是昙石山上层—黄土仑类型或更早地层中的新石器土著文化传统的延续。铁山青铜文化虽几乎所有的青铜器具都是吴越式，但部分斧、矛上的镞形纹和人字纹装饰却是不完全相同于吴越文化的土著特点。在这一复合结构中，陶瓷器内涵与组合的土著性远远强于青铜器，最明显的表现是铁山类型陶瓷器群中仍然缺乏三足、袋足类器皿。因此，铁山类型是约西周、春秋时期吴越文化传播并与闽江流域土著新石器文化融合成的新文化阶段。

岭南夔纹陶类型青铜文化的内涵同样表现为与商周、吴越等外来青铜文化因素与本土文化传统共存的明确线索。在外来文化因素方面，各地出土的铜卣、盉、罍、盘、钟、铙、剑、戈、矛等均与商周及吴越同类器基本相同，在夔纹陶器物群组合中也可看到一些吴越文化的痕迹，如石峡上层的原始瓷豆、钵等与江南土墩墓中典型的同类相同。但是，作为这些青铜器主要共出关系的夔纹陶类型的陶器组合却具有非常浓厚的土著文化特点，成为两周时期东亚文明圈中极富地域特征的边区文化形态之一；而且即便像广西武鸣元龙坡西周春秋墓地刀、钺、匕首、镞等器形完全是源于商周、吴越文化，但却富有地方特色。从总体上说，陶器上所能看到的这些吴越文化因素要远远少于青铜器上所见到的。可见，夔纹陶文化是在土著文化支系的基础上，在北部地区先进青铜文明的影响、推动下，融合生成的新的、进步的阶段性文化形态。

浮滨类型的内涵也很明确地包含两组文化因素。首先，是许多商周、吴越文化因素的存在，比如无胡石戈、高领折肩尊形器具有夏商文化特点，深折腹圈足杯等器物还具有土墩墓文化同类器的风格；大盈铜戈的无胡形态同于中原和吴越，分别与琉璃阁、武官大墓、小屯M232、二里头所出同类器和上海博物馆藏长条戚以及浙江湖州袁家汇商

---

①　邹厚本：《江苏南部土墩墓》，《文物资料丛刊（6）》，文物出版社1982年。

②　[东汉]袁康、吴平辑录：《越绝书》，乐祖谋点校，上海古籍出版社1985年，第58页。

③　高至喜：《中国南方出土商周铜铙概论》，《湖南考古集刊》第二辑，岳麓书社1984年。吴春明：《福建先秦青铜器文化类型的初步探索》，《厦门大学学报》1994年1期。

代遗址所出的一件被牟永抗先生称为"体型介于钺、戈之间，似称戈较妥"的器物也很相似①；铜铃也与二里头的同类器形制一致②。但是，浮滨类型整体面貌的地域特征浓厚，像凹弧刃锛等常见石器以及南安石窟山的套锛形态和组合③都是区域外文化所不见的，褐釉的高领尊形器等一批陶器也与商周文化和商周时期其他考古学文化有明显的差别；寨山铜戈援中起脊和援部三面起刃、台阶状栏部和网状纹饰、直筒式矛的血槽、铜铃上的网格纹、曲折纹、云雷纹、直线交叉纹等，都是该类型铜器不同于商周同类器的特点，无銎铜锛的有段造型和饰简化兽目凹弧刃铜锛更是在区域外商周遗址中所未见。这些因素使得浮滨类型的特点显得相当突出。这些特点可以在本地土著文化中找到渊源，如缺乏三足、袋足的陶器群与新石器文化的陶器组合，铜戈、铜铃上的几何纹饰与本地的印纹陶纹样，铜锛、铜戈的台阶状段部与高级型有段石锛，铜瓦状斧与凹弧刃石锛间，都有不可否认的同一性。这组因素似乎是浮滨类型文化的主体，较之东南沿海其他区域青铜文化类型中的土著性要浓厚得多。

可见，虽然两周时期东南沿海青铜文化的内涵结构中各文化因素的构成水平有差别，但都以石器时代以来形成的土著传统的延续和以先进的青铜文化为代表的商周、吴越文化的强有力的传入、融合并导致东南沿海早期古文化同步迈向青铜时代为共同特点。由于资料限制，目前还很难准确地评估外来与土著两组因素的共存水平，但可以肯定商周、吴越文化的移入并没有使以圜底器、圈足器组合的印纹陶器群为根本特点的土著文化传统终结。正是基于这一点，我们曾参考历史文献将周代以前的东南沿海土著先民视为闽、粤、瓯等土著，而将两周以来在吴越文化作用下形成的新阶段视为"闽越"、"南越"、"瓯越"融合文化。④

（三）土著民族社会结构的变动

随着青铜文化的初现、土著文化封闭格局的打破和先进的吴越文明的传播，两周时期华南沿海的原始社会形态中出现了许多新现象。周、吴上层社会的生活制度也不同程度影响或传入，青铜兵器中常见剑、矛、戈，与吴越文化兵器组合规律相同，说明吴、越等文明社会的礼乐制度、宗教祭祀、军兵法式已经影响到这一地区。福建南安发现的12件成套石锛，大小递变，出土时分三层依次排列，没有砍、凿的痕迹，应属于"圭"一类的上层社会仪式专用礼器。无论如何，这些复杂的社会文化现象是前一阶段的原始

① 马承源：《中国青铜器》，第48～49、70页，上海古籍出版社1988年。牟永抗：《浙江新石器时代文化的初步认识》，《中国考古学会第三次年会论文集》，文物出版社1984年。

② 马承源：《中国青铜器》，第293～294页，上海古籍出版社1988年。

③ 张仲淳等：《福建南安发现成套石锛》，《考古》1993年4期。

④ 吴春明：《闽文化刍议》，《厦门大学学报》1990年3期。厦门大学历史系考古教研室：《中国东南：早期历史与考古文化》，《东南考古研究》第一辑，厦门大学出版社1996年。

文化中所不见的。从社会分层关系上说，大盈、铁山等以随葬青铜兵器为主的墓葬不是一般的平民墓葬，应是一定地域范围内处于社会上层的部落首领或军事头目；元龙坡的一些墓葬不但发现了兵器，还随葬铜卣、盘等精美贵重的盛食器，可见这些上层贵族的社会生活与一般平民的距离在扩大。这些线索表明，夏商时代东南沿海社会的那种分层不明显、组织结构简单朴素的原始社会已经不复存在，出现了只有文明社会才具有的一些复杂因素。当然，这种初步的文明社会现象还只是萌芽阶段的，这一时空考古中始终缺乏较大型的墓葬和城址的发现，说明具有较大范围控制能力的"王国"社会还没有出现，大致处于国家文明的起源阶段。① 无论如何，这些复杂因素的出现与周、吴青铜文明的传播、推动是分不开的。

四　楚汉文明与东南民族

周末秦汉间，东南沿海土著文化相继直接或间接地归于楚、汉帝国的统治范围，东南社会与境外的帝国文明发生了更直接的碰撞，并带动东南沿海社会跨入早期铁器时代并创建王国社会。同时，东南沿海的土著民族文化也逐步走上了全面、深刻汉化的轨道，并最终成为以北方王朝文化为核心的一体文化的组成部分。

（一）史籍所载周末秦汉时期的东南社会、政治形势的变化

东周以来，楚国强大并逐步控制、独霸广阔的南方地区。《左传》宣公三年："楚子伐陆浑之戎，遂至于洛，观兵于周疆。"《史记·越王句践世家》载："楚威王兴兵而伐之，大败越，杀王无疆，尽取故吴地至浙江，北破齐于徐州。而越以此散，诸族子争立，或为王，或为君，滨于江南海上，服朝于楚。"《汉书·地理志》："（句践）后五世，为楚所灭，子孙分散，君服于楚。"《后汉书·南蛮西南夷列传》语"及楚子称霸，朝贡百越。"东南沿海相继成为楚的羁縻之地、"朝贡"之属，成为推动东南沿海社会文化进步的重要背景。

秦汉时期，东南沿海土著社会相继直接归统于中原王朝。《史记·秦始皇本纪》语："二十五年……王翦遂定荆江南地；降越君，置会稽郡。……三十三年，发诸尝逋亡人、赘婿、贾人略取陆梁地，为桂林、象郡、南海，以谪遣戍。"《东越列传》语："闽越王无诸及越东海王摇者……秦已并天下，皆废为君长，以其地为闽中郡。""建元三年……东瓯请举国徙中国，乃悉举众来，处江淮之间。""元封元年冬，咸入东越。……诏军吏皆将其民徙处江淮间。东越地遂虚。"《南越列传》：元鼎五年南越反，"令罪人及江淮以南楼船十万师往讨之。……咸会番禺……南越已平矣。遂为九郡。"东瓯、闽越、南越政权的相继瓦解，秦汉王朝对东南沿海的政治统一更加速了土著社会

---

① 吴春明：《从考古看华南沿海先秦社会的发展》，《厦门大学学报》1997 年 1 期。

文化的全面汉化进程。

（二）周末秦汉时期闽中考古学文化的构成

历史文献所示周末秦汉东南沿海土著民族文化的全面汉化进程同样反映在这一时期的考古学文化中。在闽中地区，庄边山类型、富林岗—凤林山类型考古学文化的互动变迁深刻体现了闽越族文化向汉文化变迁的历史过程。①

庄边山类型仅见于闽江下游的闽侯庄边山墓地，随葬品主要是陶器，鼎、盒、豆、壶组合是该类型的核心，均仿周代同类铜礼器型式，组合与器形同东周以来山东、山西、河北、河南、长沙等地的周、楚墓葬所见无异。② 有趣的是，这组仿铜陶礼器并非全部是楚、汉传统的素面灰陶文化，部分器物是印纹硬陶的仿铜陶礼器，体现了这类器物在闽中地区的变异，而共出的印纹硬陶瓿、匏壶、瓮等却是典型的闽越器物。因此，庄边山类型是受到闽越文化影响的楚汉文化遗存，推测是居住于闽越国的楚、汉族上层家族接受土著文化影响所形成的融合形态。

闽越文化的汉化进程集中反映在富林岗—凤林山类型文化内涵的构成和变化上。富林岗类型遗存广泛分布于闽中全境，该类文化中包含了大量汉文化因素，秦砖汉瓦等建筑材料、铜铁器内涵、陶瓦器上的汉字戳印等，以及仿铜器陶鼎、香熏、盉、盆等汉式器物。但是，该类文化中的越式文化内涵仍占据核心地位，特别是以几何印纹陶系统的瓮、罐、瓿、匏壶、钵、釜、支座为主的器物群，以及干栏式建筑结构、河卵石铺底的墓葬结构、瓦当上的箭镞纹饰等。有证据表明该组因素是本地区两周时期的铁山类型青铜文化的延续发展，如干栏建筑、河卵石床墓，瓮、罐、提桶、瓿、钵等都可以在铁山类型中找到非常相近的原型，盘口釜配以支座的炊器则是本地新石器时代以来的土著传统。因此，富林岗类型文化正是闽越国前后受到汉化的闽越族物质文化。

但是，东汉前后的凤林山的内涵就发生了很大变化，该类型的釜、瓮、匏壶、罐、筒形器、瓿、钵、大圈足豆等都是富林岗类型同类内涵的延续，但器形有所发展和变化。汉文化因素表现为内地汉—六朝墓中常见的仓、灶等标志财富的模型明器和耳杯、香熏等祭祀用器在墓葬中出现，"五铢"、"货泉"等两汉铜钱在闽中的通行，铁剑、铁匕首、铜镜等汉式器物的使用等，使得凤林山类型的汉文化因素较之富林岗类型丰富得多。可见，闽越国除后闽中文化仍以闽越族为主，但随着汉朝对闽越地的政治统一，闽越族文化的汉化程度已有了明显的提高，代表闽越传统文化的陶器群也在悄然发生变

---

① 吴春明：《福建秦汉墓葬的文化类型及其民族史意义》，《东南文化》1988 年 3 期。吴春明等：《闽越国都城考古研究》，第 105～111 页，厦门大学出版社 1998 年。

② 王世民：《齐、鲁和燕国的墓葬》、《三晋地区和中山国的墓葬》、《南方地区的楚墓》，《新中国的考古发现与研究》，文物出版社 1984 年。

化，使我们看到了闽中土著更强烈的汉化进程。

进入六朝时期，北方汉人的大量南迁促成了闽中地区前所未有的开发热潮，人文繁荣、郡县增置，闽江下游、晋江下游等沿海地带及闽北建溪流域盆地地带是六朝福建人文的主要发达地区，福建迄今所发现的一百多座六朝时期的砖室墓葬都集中在这三个地区。福建六朝墓葬的形制、结构、墓砖纹饰、随葬品的组合及其发展规律都与境外地区同期墓葬的文化内涵相同，随葬青瓷器的胎釉、造型、纹饰也与长江中下游等地的六朝青瓷内涵基本一致。[①] 因此，六朝时期闽中民族文化已不是两汉时期土著闽越和汉化中的闽越文化为主的格局，汉文化已经成为闽越故地民族文化的主体。

（三）南越族汉化进程的考古学材料

岭南地区土著文化的汉化进程明确地体现在战国中晚期以来的"米字纹陶类型"和秦汉时期的"方格纹加戳印纹陶类型"中。米字纹陶类型是在夔纹陶类型的基础上发展起来的，该类型陶器的基本组合为瓮、罐、罍、盒、盂、盆、杯等器形，拍印米字纹、方格纹、云雷纹和刻划水波纹、篦点纹等，特征显著，是岭南地区土著印纹陶文化发展的有机环节，根本不同于周、楚地区以鼎、敦（或盒）、壶等仿铜陶礼器组合的文化内涵。但是，该类型发达的铜、铁器文化内涵却是以周、楚文化因素为主、地域特色为辅，铜兽足鼎、卣、罍、盂、缶、鉴、洗等容器，钟、钲、铎等乐器，戈、矛、剑、镞、斧、钺、镰等兵器、工具类，及铁斧、锸等器均与周、楚及吴越地区所见相同或相似；同时，周、楚及吴越文化式的尊、矛、钺、斧等器类却装饰了蛇、蛙纹或王字符号，地方特色浓厚，兽首或人首柱形器、半球形器等器物也是两广仅见的。[②] 这种土著文化传统的陶器群与外来的先进的金属器文化的复合结构，大致延续了夔纹陶类型文化的二分因素格局，说明战国晚期以来的岭南土著社会在发展过程中进一步吸收、融合来自北部地区社会文明。

方格纹加戳印纹陶类型内涵的发展集中反映了秦汉以后岭南民族文化的变迁，尤其是广州汉墓内涵组合的变化最富代表性。[③] 在广州汉墓编年序列中，西汉前期的墓葬可以明确区分为两类组合，第一类是以印纹陶瓿、罐、瓿、双耳罐、三足罐、釜、盆、盒、碗、提桶等富有地方特色的器物群，以墓底铺设河卵石为特征，应是土著南越人的墓葬；第二类是以仿铜陶礼器鼎、盒、壶、钫、熏炉等楚汉式的组合与形态为核心，不同程度地共出上述土著器群的部分器物，该类型代表了秦汉文化直接移入岭南后在当地

① 林忠干等：《福建六朝墓初论》，《福建文博》1987 年 2 期。福建省博物馆等：《福建近十年的文物考古收获》，《文物考古工作十年》，文物出版社 1990 年。

② 邱立诚：《广东东周时期青铜器墓葬制刍议》，《广东出土先秦文物》，香港中文大学文物馆 1984 年。徐恒彬：《广东青铜器时代概论》，《广东出土先秦文物》，香港中文大学文物馆 1984 年。

③ 广州市文物管理委员会等：《广州汉墓》上册，第 456～467 页，文物出版社 1981 年。

的变化。西汉中晚期的墓葬中，代表土著文化的上述第一类组合逐步削弱直至几乎消失，汉式的鼎、盒、壶、钫、熏炉的造型虽有变化但这一组合在随葬品中依旧发展，雷同于北方汉墓的以随葬象征财富的模型明器、货币、铜镜大为增加。东汉以后，以砖室墓为代表的丧葬文化内涵与北方汉墓的形态和内涵已经没有太大的地区差别了，生动地再现了汉文化的势力逐步加强、越文化加速汉化的历史进程。

综上所述，东南沿海的土著文化源远流长，汉晋时期北方汉人大规模移入之前，土著文化的主体格局持续发展，来自中原北方地区文化因素的相继介入没有改变这一时空文化的地域传统。在旧石器时代砾石石器主流工业的发展过程中，具有北方文化风格或痕迹的细、小石器工业群相继出现，但没有占据为石器工业的主体。以穿孔、磨刃的砾石石器为特点的中石器技术也不同于北方的细石器工业，表明华南地区自旧石器时代向新石器时代过渡的本土模式。在新石器时代，以三足、袋类陶器为代表的来自北方地区的文化影响也是局域或短暂的，尤其是龙山、夏商两股强势文化的渗透也没有形成延续和逐步加强的态势，没有从根本上改变以圜底、圈足器群为特征的东南沿海原始文化的地域传统，更没有将东南社会同步推进到青铜时代。两周以来，通过吴越文化的中介而逐步介入的商周青铜器文化影响、促进了东南沿海土著社会文化的进步与变革，但从陶器群的组合看，奠基于石器时代的土著人文传统并没有从根本上改变。周末秦汉以来，以楚汉式仿铜陶礼器鼎、豆、盒、壶、钫和周汉式青铜器为代表的北方华夏系统的文化传播更加直接并持续加强，东南沿海的土著文化逐步走上了全面汉化的轨道，并于东汉、六朝前后最终成为以中原王朝文化为核心的一体文化的组成部分。

华夏人文视野中东南方的百越先民与南岛土著*

在东亚民族史上，民族关系的宏观大局始终是伴随着强势的华夏、汉民族文化的扩展及其与周邻民族文化接触、冲突与融合，即所谓"华夏化"、"汉化"与"中国民族拓展"的过程。华夏化、汉化过程始终是从强势民族所在的中心向外逐步推进的，这个最初的中心无疑就是黄河中下游流域所在的"中原"、"中国"，在三代帝国文明形成于这个中心地带之后，华夏化的历史进程加速推进，民族关系的主体格局寓于"中国"与"四方"、"万国"的民族国家关系格局中，表现为中原文明对边疆、边缘民族的梯次接触、融合与同化，以汉民族为核心的"多元一体"格局就是这一民族关系史进程在现阶段的客观结果。在这样一个民族关系史的宏观大局中，绝大多数边疆、边缘民族不具有本民族文化赖以传承、记忆的书写文献，"四方"非华夏人群的社会历史大都见载于华夏人文视野之下的"汉文史籍"。因此，边疆、边缘民族的社会文化史既要依赖于华夏人文客观的观察和真实的认识，还要取决于华夏、汉民人文从中原向四方边缘地带逐步扩展、梯次推进的速度和节奏。

伴随着中华民族在东南方向的拓展、融合，华夏、汉民人文视野中东南方向上的百越—南岛土著人们共同体呈现出一个自北而南、从大陆东南土著地带向海洋上的南岛世界梯次接触、不断认知的过程，并先后出现于不同时期的汉文史籍。这一进程大致经历了四个阶段，即上古大陆东南地区"华夏化"过程中的"苗"、"蛮"土著，周末秦汉东南沿海汉化中的"百越"民族，汉唐间岛弧地带的"山夷"与"流求"人群，宋元明清南洋群岛的"诸番"与"岛夷"社会。汉文史籍中这些不同时空的土著是华夏、汉民在东南方向不断推进的人文观察，是土著人群在华夏人文中的"他称"，并逐步成为土著人群在面临华夏人文扩展的压力时内在认同的象征与符号。在近古欧洲海洋势力

* 本文原为国家社科基金项目（项目号 01BMZ023）结题成果《台湾原住民及南岛语族起源研究》（结项证书号 20040165）第二章，原刊于车越乔主编《越文化实勘研究论文集（一）》，中华书局 2005 年。

东渐、西方人文遭遇亚太岛民、西语文献出现"南岛语族"民族志材料之前，华夏的人文观察不但是认识百越—南岛土著民族共同体社会文化史的主要依据，还反映了华夏、汉民社会对于东南方百越—南岛土著社会的梯次接触、冲突与融合的漫长历史进程。对这一历史过程的重建，有助于我们真实地把握东亚大陆南部至亚太列岛之间土著民族文化的内在关系及其变迁，并在这个巨大的民族文化体系中认识华南百越先民与南岛语族的内在一体关系。

一　上古东南"苗"、"蛮"土著的"华夏化"

华夏族相继作为东亚地区多元一体的古代民族文化的核心，并在"中国"与"四方"、"万国"、"天下"的关系格局中保持由内向外不断扩展的强大动力，与华夏族及其所在的中原地区在东亚地区古代文明的形成和发展过程中的领先地位是分不开的。伴随着夏商周帝国文明的奠基，华夏民族展开了对于周邻民族的强烈的文化辐射，在东南方向上华夏的影响力和文化的融合基本上还是限于大陆海岸线以内，"苗"、"蛮"就是华夏早期人文视野中大陆东南所见的土著人群。

夏、商王国直接统治的疆域应该是黄河中游所在的中原地带，但《尚书·禹贡》所示"九州"疆域要广阔得多，实际上，"九州"已经将华夏人文视野所及、处于"中国"外围、仰慕并认同华夏的"四方""万国"地带都概括其中。即便如此，九州的疆域也只是限于黄河、长江的干流流域。[①] 据《禹贡》语"淮、海惟扬州。彭蠡既猪，阳鸟攸居。三江既入，震泽底定。……沿于江、海，达于淮、泗"，夏商时期的东南"扬州"还仅限于靠近中原的东南北部一环，即今苏皖南与鄂赣东部一带。夏代前后进入华夏视野的东南土著只有"三苗"，《帝王世纪》载：帝尧时"诸侯有苗氏处南蛮而不服"，《史记·五帝本纪》载："三苗在江、淮、荆州，数为乱"。徐旭生先生考"苗"即"蛮"，二者古字同音同义。[②] 三苗的地域清楚地见载于《战国策·魏策》："三苗之居，左彭蠡之波，右洞庭之水，文山在其南，衡山在其北。恃此险也，为政不善，而禹放逐之。"彭蠡即鄱阳湖，因此可明确禹时三苗族在鄱阳、洞庭两湖之间活动。另据《淮南子·坠形训》语"自西南至东南方：结胸民，羽民，獾头国民，裸国民，三苗民"，结胸民、羽民的特征鲜明，大致是《华阳国志·南中志》中西南的"哀牢夷，皆穿胸"和铜鼓图像上的"羽人"；獾头、裸国民约为华中山地民，《尚书·尧典》、《孟子·万章》有"放獾兜于崇山"语，俞伟超先生考崇山在临澧县和澧县以西山地，并

---

① 邵望平：《〈禹贡〉"九州"的考古学研究》，《考古学文化论集（二）》，文物出版社 1989 年。
② 徐旭生：《中国古史的传说时代》，第 58 页，文物出版社 1985 年。

推为先楚文化①；从排列顺序看，"三苗"无疑就是东南的原始民族，它是夏代前后华夏人文视野中大陆东南仅见的土著人群。商朝对"四方"、"万国"的影响力超越了前代，华夏的人文视野也开阔了许多，汉文史籍记载的东南方向上的土著人群不再只是两湖之间的"三苗"。《逸周书·王会解》载：商汤时期，"伊尹受命，于是为四方令曰：'臣请正东符娄、仇州、伊虑、沤深、九夷、十蛮、越沤……正南瓯、邓、桂国、产里、百濮、九菌……。"""沤深"、"越沤"、"十蛮"、"瓯"等处于东、南方向上的这些土著"诸侯"应是夏代前后"苗"系土著的后裔，商代开始进入华夏人文的视野。

伴随着与夏商帝国文明和、战关系的推进，这些最早进入华夏人文视野的东南方苗、蛮土著很快就纳入了早期华夏与四方蛮夷的人文融合框架，促进了夏商青铜文化与社会文明传播、影响，并成为"四方—中国"朝贡网络的有机环节。《禹贡·九州》语"（扬州）厥贡惟金三品，瑶琨涤荡，齿、革、羽、毛惟木"，前引《逸周书·王会解》所记商朝四方献令伊尹所列东南朝贡诸侯有"沤深"、"十蛮"、"越沤"、"瓯"等，应就是包括长江下游的吴、越先民在内的东南土著北部地带的苗、蛮人群。认同、朝贡于"中国"的最根本的文化结果就是民族文化的融合，《吕氏春秋·召类篇》语"舜却苗民，更易其俗"就是汉文史籍中有关东南土著"华夏化"的最早记录。这一民族文化融合的格局充分见证于考古学文化，夏商时期太湖至宁绍平原间的湖熟文化、马桥文化、高祭台类型以及赣郁流域的吴城文化、万年类型等苗、蛮土著文化都表现出浓重的夏商青铜文化特征，造成了土著文化内涵的复杂化和初步的华夏化。在湖熟文化中，与土著的圜（或凹、平）底器和圈足器共出的有大量夏商式的罐形鼎、袋足鬲、鬲等器物，马桥、高祭台类型中也有同类的内涵，并出现了类似于夏商文化的刀、斧、镞、鱼钩等青铜器。吴城文化中土著式与商式两类因素的组合表现得更为明确，土著因素是一群圜（或凹、平）底和圈足的印纹陶器，而商文化因素主要是袋足鬲、鬲、斝、大口尊、假腹豆、长腹罐等陶器和发达的商式青铜鼎、鬲、斝、刀、戈等礼、兵器。②但从现有的资料看，这种传播与影响还仅仅推进到东南北部，武夷—南岭山地东、南一侧的土著人群仍多未为华夏所认知，华夏文明的影响也远逊于山岭的内侧，以至于汉文史籍中没有留下任何明确的笔墨，也是夏商时期的"扬州"地域还仅限于东南北部一带的原因。该地带夏商时期的土著考古学文化中虽有少量夏商文化因素，如土著陶器文化上装饰的一些模仿夏商青铜器的纹饰等，但夏商青铜文化的前锋没有越过山岭，夏商时期东南沿海的土著民族文化还停留在新石器文化持续发展的阶段，而没有与夏商文明同步

---

① 俞伟超：《先楚与三苗文化的考古学推测》，《文物》1980 年 10 期。
② 李伯谦：《试论吴城文化》，《文物集刊（3）》，文物出版社 1981 年。

进入青铜时代。①

周代以来，华夏直接统治的疆域有了较大的扩展，而且随着国家文明的强化、诸侯国的分封，周朝在"九州"大地获得了更广泛的认同，所谓"职方氏掌天下之地"、"辨九州之国"，"溥天之下，莫非王土。率土之滨，莫非王臣。"②《周礼·职方氏》语"东南曰扬州"的地理已经相当于东南大陆全境，从汉文史籍中可以看到这一时期遍布东南各地的土著。《周礼·象胥》载："象胥掌蛮、夷、闽、貉、戎、狄之国。"《周礼·职方氏》载："职方氏掌天下之图。以掌天下之地。辨其邦国、都、鄙、四夷、八蛮、七闽、九貉、五戎、六狄之人民。"《周礼·冬官考工记》载："粤无镈，燕无函，秦无庐，胡无弓车"，"吴、粤之金锡，此材之美者也"。《逸周书·王会解》载："东越海蛤，瓯人蝉蛇"，《山海经·海内东经》载："瓯居海中，闽在海中"，"粤"、"吴"、"越"、"瓯"、"闽"等土著遍布东南全境，进入华夏人文的视野。

华夏人文认知东南土著的扩展，是中原国家文明的影响力强烈地推进以及中国—四方民族文化进一步融合的结果。随着上古文明的成长和华夏族文化在中华民族多元文化体系中核心地位的巩固、加强，华夏文化对东南地区的传播、影响乃至族群迁徙、扩展远不再限于东南北部靠近华夏的平原地带，而越过武夷—南岭的东、南一侧、直抵大陆东南海边的山地丘陵之中。《史记·吴太伯世家》载："吴太伯，太伯弟仲雍，皆周太王之子，而王季历之兄也。……于是太伯、仲雍二人乃奔荆蛮。""太伯之奔荆蛮，自号句吴。荆蛮义之，从而归之千余家，立为吴太伯。"荆蛮就是长江下游吴、越故地的土著，太伯、仲雍奔荆蛮不可能是少数几个周朝王室成员的出走，这一事件反映了周朝核心地带的华夏族族群迁徙东南北部地带的历史事实。江苏丹徒县出土的宜侯矢簋上的铭文还记载了周康王册封矢于宜的史实，也是周代中原华夏族群势力进入东南的证据。③ 春秋以后，吴、越与华夏的和、战关系更加频繁，甚至先后出现了"无岁不有吴师"、"越兵横行于江淮东，诸侯毕贺，号称霸王"、"越兴师北伐齐，西伐楚，与中国争强"的局面。④ 可以说，正是由于华夏族向东南的直接扩展、移植与融合，推动了吴、越与华夏文明的一体化进程，这是春秋时代的吴、越王国"逐鹿中原"、参与列国争霸的文化基础。从考古学文化格局上看，吴、越式的土墩墓文化基本上覆盖了东南北部著地带，土墩墓的文化内涵延续了土著文化"华夏化"的格局，即特色鲜明的平地葬俗、几何印纹陶系的器群为代表的土著因素，与绳纹陶系的鼎、袋足鬲、甗和青铜

---

① 吴春明：《华南沿海的先秦文化与早期文明》，《中原文物》1997 年 2 期；《从考古看华南沿海先秦社会的发展》，《厦门大学学报》1997 年 1 期。

② 《周礼》卷八《夏官司马·职方氏》；《诗经·小雅》"北山"。

③ 郭沫若：《矢簋铭考释》，《考古学报》1956 年 1 期。唐兰：《宜侯矢簋考释》，《考古学报》1956 年 2 期。

④ 《史记·越王句践世家》。

礼器类的鼎、鬲、簋、尊、卣、盘以及成套的青铜兵器为代表的中原华夏文化因素的共处。土墩墓文化中华夏因素的总量和周式礼器的"成套"水平很接近中原所出,这是周代华夏文化传播、移植并与该地带土著文化深刻融合的反映。华夏化态势还延伸到了武夷山—南岭的东、南一侧,从浙闽到岭南沿海山地丘陵地带的周代考古遗存中,也出现了华夏青铜文明传播的内涵。闽江流域统一的铁山类型文化遗存内涵中既有土墩墓文化的墓葬形态与印纹陶因素,还有与吴越青铜文化相似的青铜剑、矛、戈、斧、铙等,但仍然不见商周文化代表性的三足、袋足陶器。由于吴、越青铜文化主要是在中原青铜文明的传播、移植与影响下生成的,吴、越青铜文化已逐步融合成为以中原为中心的青铜文化体系的有机组成部分,所以铁山类型青铜文化同样是中原华夏青铜文化向东南地区传播、影响的一个环节,只不过是以吴越地带为跳板而已。岭南地区也发现了周代中原华夏与江浙吴越文化传播的内涵,在石峡上层类型的夔纹陶文化中,釉陶豆、钵与青铜矛、钺、匕首等与吴越式的土墩墓文化无异,还有青铜盉、鼎、钟等周式的青铜礼器。就是说,周代以来中原华夏的青铜文化已经越过武夷—南岭山地的阻隔,影响到东南沿海的山地丘陵地带,将夏商时期还鲜为华夏所认知的闽、粤等沿海土著人群纳入中国—四方的文化融合框架,东南的苗、蛮土著地带进入了全面的"华夏化"进程。

可见,在东亚文明的早期阶段,华夏人文的视野是逐步地扩展到东南苗、蛮人群中的,这些"三苗"、"十蛮"、"八蛮"、"七闽"等土著人群就是周末汉初东南"百越"的先民。华夏文明的影响、渗透乃至族群的移植将东南土著纳入了"华夏化"的文化融合进程,带动了东南土著地带的社会文化发展。但文献与考古资料表明,三代时期,东南土著地带的华夏化程度只是一个文化过程,东南土著人群仍是华夏"中国"之外相对独立的"蛮方",东南地带始终没有成为帝国的直接统治区域和以华夏人群为主体的华夏地带。①

二　周末秦汉东南沿海"百越"民族的高度汉化

东周晚期以来的东亚大地上,群雄并起、逐鹿中国,民族文化纵横交叉、高度融合,并最终导致秦汉王朝的"统一天下"。秦汉王朝的政治统一在民族史上的结果在于,建立在三代华夏族文化基础上的、以黄河与长江中下游为中心的、分布更为广泛的汉民族共同体出现于民族关系舞台。汉族成为华夏文化在新的历史阶段的具体形式,并在两千年以来继续扮演东亚民族文化的凝聚核心的角色。伴随着周汉间文化融合、王朝政治统一进程的加速,华夏、汉民族在"四方"、"天下"蛮夷地带的融合、同化与扩

① 吴春明:《东南沿海史前史序列中北方文化因素的传入与融合》,载《史前与古典文明》,台北"中央研究院"2003 年。

张步伐也大大加快，成为东亚历史上民族关系格局最剧烈变革的时期。在周末秦汉民族关系的剧烈变革中，东南地区的土著民族主导地位经历了融合、汉化到消亡的过程，东南土著地带最终由华夏视野下的蛮方扩展为统一的汉民族文化版图。

（一）周末秦汉间华夏视野中的"百越"

东周晚期以来，汉文史籍中的东南土著民族存在发生了重要的变化，"百越"民族开始活动于东南民族历史的舞台，"扬汉之南，百越之际"①　就是对这一时空人们共同体的高度概括。"句吴"、"于越"、"闽越"、"东瓯（越）"、"南越"、"西瓯与骆越"、"干越"、"扬越"等不同支系的"百越"民族，应就是三代吴、越沤、瓯、粤、闽等东南诸蛮的后裔，它们先后建立了割据于中原王朝之外的"王国"文明，成为东南土著民族社会最强盛的阶段。

"句吴"、"于越"活动于苏、皖南至浙北之间，是百越的最北两支，前述商周时期就已经进入华夏的视野。据《史记·吴太伯世家》载："吴太伯，太伯弟仲雍，皆周太王之子，而王季历之兄也。季历贤，而有圣子昌，太王欲立季历以及昌，于是太伯、仲雍二人乃奔荆蛮，文身断发，示不可用，以避季历。……太伯之奔荆蛮，自号句吴。荆蛮义之，从而归之千余家，立为吴太伯。……大凡从太伯至寿梦十九世。"春秋时期吴国参与大国争霸，出兵楚越、逐鹿中原，战国初（前473年）"越败吴"，吴地并入越国。"于越"、"越"的活动中心在宁绍平原一带，据《史记·越王句践世家》，"越王句践，其先禹之苗裔，而夏后帝少康之庶子也。封于会稽，以奉守禹之祀。文身断发，披草莱而邑焉。后二十余世，至于允常。允常之时，与吴王阖庐战而相怨伐。允常卒，子句践立，是为越王。"春秋时期，越国力强大，与吴、楚等屡次交战，战国后期（前334年）楚灭越，"当楚威王之时，越北伐齐。齐威王使人说越王……于是越遂释齐而伐楚。楚威王兴兵而伐之，大败越，杀王无彊，尽取故吴地至浙江，北破齐于徐州。而越以此散，诸族子争立，或为王，或为君，滨于江南海上，服朝于楚"。

"闽越"、"东瓯（越）"合称"东越"，居于福建、浙南间，与周代"闽"、"瓯"的族裔有关。据《史记·东越列传》等，闽越、东瓯的社会发展迟滞于句吴、于越，但在战国晚期已经立国，"闽越王无诸及越东海王摇者，其先皆越王句践之后也，姓驺氏，秦已并天下，皆废为君长，以其地为闽中郡。……汉五年（前202年），复立无诸为闽越王，王闽中故地，都东冶。孝惠三年（前192年），举高帝时越功，曰闽君摇功多，其民便附，乃立摇为东海王，都东瓯，世号为东瓯王。……至建元三年（前138年），闽越发兵围东瓯，东瓯食尽，困，且降，乃使人告急天子。……遂发兵浮海救东瓯。未至，闽越引兵而去。东瓯请举国徙中国，乃悉举众来，处江淮之间。"元封元年

①　《吕氏春秋·恃君览篇》。

（前 110 年）汉朝发海、陆四路兵马除灭闽越国。"于是天子曰东越地狭多阻，闽越悍，数反复，诏军吏皆将其民徙处江淮间。东越地遂虚。"

"南越"、"西瓯与骆越"居于岭南，与周代"粤"或"瓯"先民有关。据《史记·南越列传》载："南越王尉佗者，真定人也，姓赵氏。秦时已并天下，略定扬越，置桂林、南海、象郡，以谪徙民，与越杂处十三岁。……秦已破灭，佗即击桂林、象郡，自立为南越武王。高帝已定天下，为中国劳苦，故释佗弗诛。汉十一年（前 196年），遣陆贾因立佗为南越王，与剖符通使，和集百越，毋为南边患害，与长沙接境。……蛮夷中间，其东闽越千人众号称王，其西瓯、骆裸国亦称王。"汉武帝元鼎六年（前 111 年）灭南越国，"瓯骆属汉，皆得为侯"，"南越已平矣，遂为九郡"。

此外，据《史记》、《战国策》等史籍，在洞庭湖与鄱阳湖之间，还有"干越"、"扬越"的活动。[①]

东南方的百越民族是东周秦汉时期以华夏、汉民族文化为核心的中原文明向四方蛮夷地带扩展、融合的最重要环节之一，在这一剧烈的民族文化变革过程中，土著民族的文化变迁主要源于内、外两个方面原因。百越民族内在的迁徙、融合，尤其是吴越文化的传播及其与东南各地原住的七闽、八蛮等土著的文化融合，导致东南土著人群在越文化层面上的统一。从汉文史籍所记载的东南土著民族的称谓中就可以看出这一变迁的线索，即从商周时期的"吴"、"越"、"粤"、"瓯"、"闽"等诸蛮文化，到战国以来的"于越"、"东瓯"、"闽越"、"南越"、"西瓯"、"骆越"、"扬越"、"干越"等百越民族。"越"本是商周时期居于江浙一带的"蛮"族支系，而战国以来东南土著民族都成为"越"的一支，后者显然是原住的诸蛮文化与越文化"合成"的，这说明周秦间发生了因江浙"越"的迁徙并与各地原住诸蛮的融合、生成各地百越民族的过程，这在三代东南地区考古学文化内涵的发展和变迁上也可以找到类似的根据。[②] 周代以来，吴、越王国的逐鹿中原以及相互间的征战，都导致了吴、越人民向相对平静的闽、粤等沿海山地地带迁徙，汉文史籍中也有一些线索，如《史记·越王句践世家》载楚灭越侯，"而越以此散，诸族子争立，或为王，或为君，滨于江南海上，服朝于楚"。《越绝书·越绝外传记地传》载："楚威王灭无彊，无彊子之侯窃自立为君长，之侯子尊时君长，尊子亲失众，楚伐之，走南山。"三代以来的东南土著诸蛮文化发展水平不一，其中吴、越民族的社会文化成就最高，至少在周代已经建立了发达的王国文明，这就决定

① 刘美崧：《试论江西古代越族的几个问题》，《百越民族史论集》，中国社会科学出版社 1982 年。杨权喜：《扬越民族的分布区域与文化特点》，《百越史论集》，云南民族出版社 1989 年。

② 吴春明、曹峻：《闽、越融合与"闽越"生成的考古学解释》，《纪念林惠祥百年诞辰学术文集》，厦门大学出版社 2001 年。

了在东南诸蛮内部的文化互动中，吴越民族处于优势地位，形成江浙的吴越文化向东南其他地区扩展的原动力。

（二）"服朝于楚"——百越汉化的前奏

汉文化传播与移植东南土著地带，将百越民族推向了汉化的进程，这一过程延续了商周时期东南土著"华夏化"的时空不平衡，吴、越地带较之百越的其他地区汉化的速度快得多、程度深刻得多。东周以来楚文化在江南的逐步扩展与统一，是秦汉时期东南百越民族全面汉化的前奏。

周末汉初百越土著的汉化肇始于楚国对江南的统一，尤其是前334年的楚灭越。前引《史记·越王句践世家》载："楚威王兴兵而伐之，大败越，杀王无彊，尽取故吴地至浙江，北破齐于徐州。而越以此散，诸族子争立，或为王，或为君，滨于江南海上，服朝于楚。"又《史记·货殖列传》引"正义"载："越灭吴则有江淮以北，楚灭越兼有吴越之地，故言楚越也。"楚国在政治、军事上统一江南后，周楚文明在东南地带获得了广泛的传播和移植，见证于广泛的考古发现。在苏南的句吴故地，吴县何山大墓就是一座东迁的楚人墓葬，出土了成套周楚式的青铜礼器、车马器，其中青铜盉有"楚叔之孙途为之盉"，共出东南土著的吴越文化因素。[①] 无锡前洲出土的楚国青铜器群上的铭文标明是楚人"□陵君王子申"，武进孟河土坑墓随葬的成套青铜礼器鼎、盒、壶是典型的楚文化，无锡施墩5号墓随葬仿铜陶礼器鼎、盒、钫也是典型的战国晚期楚墓，这些都是战国以来移入句吴地的楚人墓葬。[②] 在浙赣地区，也有楚人墓葬的发现，如江西新干昌邑的战国墓、高安郭家山战国墓地、上海嘉定外冈战国墓、浙江绍兴凤凰山1、2号墓、宁波南郊战国墓等，都随葬典型楚式的仿铜陶礼器鼎、豆（敦）、壶，共出越式印纹陶器，都是吸收了越文化因素的楚人移植的遗存。[③]

楚灭越国，奠定了楚国在江南的霸权地位，《后汉书·南蛮西南夷列传》语"及楚子称霸，朝贡百越"就反映了楚文化在吴、越以外的百越其他地带同样得到了不同程度的认同、传播与移植。在闽粤沿海山地丘陵地带也可以找到楚文化的踪迹，福建闽侯庄边山战国墓地的墓葬形态、结构、随葬仿铜陶礼器组合等都表现出典型的楚文化性质，是闽中所见唯一一处楚人墓地。[④] 在岭南，广东罗定、惠阳、四会、清远、肇庆、

① 吴县文管会：《江苏吴县何山东周墓》，《文物》1984年5期。
② 李零等：《楚□陵君三器》，《文物》1980年8期。镇江市博物馆：《武进孟河战国墓》，《考古》1984年2期。谢春祝：《无锡施墩第五号墓》，《文物参考资料》1956年6期。
③ 李科有：《东周时期江西地区的楚文化及其有关问题》，《中国考古学会第二次年会论文集》，文物出版社1980年。高至喜：《论战国晚期楚墓》，《东南文化》1990年4期。
④ 吴春明：《福建秦汉墓葬的文化类型与民族史意义》，《东南文化》1988年3期；《汉化中的越王城与越化中的楚汉墓》，《东方博物》第四辑，浙江大学出版社1999年。

德庆等地东周墓葬中所出的青铜鼎、盂、罍、缶、提梁壶、剑等器物，绝大多数是典型的楚式器物，罗定夫背山、肇庆松山战国墓葬中还有典型的楚国漆器[①]；在广西东周青铜文化也受到楚文化的深刻影响，表现出鲜明的楚文化特征。[②] 诚然，楚文化的先祖是南方苗蛮集团在长江中游的支系，但楚人早就与华夏的关系非常密切，受到周朝的正式分封，《史记·楚世家》载：周灭商前就"鬻熊子事文王"；成王时，"举文武勤劳之后嗣，而封熊绎于楚蛮，封以子男之田，姓芈氏，居丹阳"，并"与鲁伯禽、卫康叔子牟、晋侯燮、齐太公吕伋俱事成王"。华夏的典籍、礼制、思想都系统地传播到了楚国，考古发现东周楚墓中的随葬礼器组合与体现"周礼"的周朝"用鼎制度"没有两样，楚国青铜器的造型、纹样、铸造工艺等也与中原相同，甚至在周王室衰微、中原青铜文明衰落后，楚文化成为华夏文明的杰出代表。[③] 在汉承秦制、楚汉一家的历史过程中，楚文化遂成为汉民族文化的重要来源，汉文化就是楚文化，楚汉不可分，楚汉文化一脉相承而不同于先秦北国。[④] 因此，楚文化在百越地带的传播与移植就是东周以来华夏系统文化传播、移植东南土著地带的具体反映，是秦汉以来汉民族在东南土著地带文化融合与统一的基础。

（三）百越民族的全面汉化与东南民族文化主体的更迭

在秦汉王朝的政治、军事统一东南地区后，百越土著文化的汉化达到了高潮，最终导致东南土著地带在东亚大陆民族文化版图上的消失，这是东南民族史上最重大的人文变迁。

政治、军事的统一是华夏系统的汉民文化大规模传播、迁徙东南的政治基础，尤其是吴越故地上设置的九江、丹阳、吴郡、豫章、会稽等东南北部郡地，一直是秦汉王朝的直接统治地区，又有周、楚等文化高度融合的基础，所以大量汉人移入后很快就与北方中原的华夏、汉民文化融为一体。不过，在武夷—南岭山地以东、以南的沿海丘陵山地地带，由于位置偏远、山地阻隔以及汉初东、南两越土著政权的割据，民族文化的主体在较长时间内一直是土著越人或汉化中的越人，土著文化汉化的程度远不如江南的吴、越故地，汉民人文取代土著越人为主体的民族史变迁经历了曲折的长久过程。秦代试图统一并将两越地带纳入郡县制度下，设置了闽中、桂林、南海、象郡等郡，汉民士卒的落籍和谪戍的罪犯、流民迁入成为两越地汉民人文增长的主要来源。《史记·秦始皇本纪》载："（三十三年）发诸尝逋亡人、赘婿、贾人略取陆梁地，为桂林、象郡、

---

① 何纪生：《略论广东东周时期的青铜文化及其与几何印纹陶的关系》，《文物集刊（3）》，文物出版社 1981 年。徐恒彬：《广东青铜器时代概论》，《广东出土先秦文物》，香港中文大学 1984 年。

② 蒋庭瑜、蓝日勇：《广西先秦青铜文化初论》，《中国考古学会第四次年会论文集》，文物出版社 1985 年。

③ 张剑：《从河南淅川春秋楚墓的发掘谈对楚文化的认识》，《文物》1980 年 10 期。

④ 李泽厚：《美的历程》，第 70 页，文物出版社 1989 年。

南海，以谪遣戍。……谪治狱吏不直者，筑长城及南越地。"又《史记·淮南衡山列传》载："又使尉佗逾五岭攻百越。尉佗……求女无夫家者三万人，以为士卒衣补。秦皇帝可其万五千人。"《淮南子·人间训》载："乃使尉屠睢发卒五十五万军。……三年不解甲弛弩。"经历汉初近百年的两越割据后，汉武帝元鼎、元封年间先后用兵东南剪除两越王国，将大陆东南的最后一块土著越人地盘纳入统一国家的郡县制度下，并将数十百万的内地汉民带到了东南。《史记·南越列传》载："（元鼎五年）令罪人及江淮以南楼船十万师往讨之"，"元鼎六年冬，楼船将军将精卒先陷寻陕……以数万人待伏波。伏波将军将罪人，道远，会期后，与楼船会乃有千余人，遂俱进。"《汉书·食货志》则说"赦天下囚，因南方楼船土二十余万人击粤"。《史记·东越列传》记载汉武帝元封元年水陆四路兵马攻打闽越，据推算四路兵马也有四万以上。① 汉武帝统一东南后，汉朝还持续用兵两越故地，《后汉书·南蛮西南夷列传》："（东汉光武十八年）遣伏波将军马援、楼船将军段志，发长沙、桂阳、零陵、苍梧兵万余人讨之。"同书《孝安帝纪》"（元初三年）苍梧、郁林、合浦蛮夷反叛，二月遣侍御史任逴督州郡兵讨之。"为了巩固初设的郡县统治，朝廷是不可能将这些汉兵撤回内地的。此外，东南地区还是内地谪贬流放罪人的去处，散见于《汉书》各传，仅西汉后期的成帝、哀帝、平帝年间从汉都长安流放岭南合浦的"罪人"就有十一批之多；东汉时期有增无减，如明帝永平四年、章帝建初八年、和帝永元四年、安帝延光四年、灵帝建宁初年、光和二年等都有内地罪人被谪贬到岭南的九真、合浦、比景、日南等地，永平年间的广陵、楚、淮阳、济南等地的宗室谋反还造成了"徙者万数"的结果。② 还有亡命天涯的内地揭竿义兵，如《后汉书·度尚传》载："延熹五年，长沙、零陵贼合七八千人，自称将军，入桂阳、苍梧、南海、交趾。"

两汉时期东南两越故地人口的快速增长与中原内地汉民人群的大量入迁有着密切的关系。在岭南地区，据《汉书·地理志》，西汉时"（南海郡）口九万四千二百五十三"，"（苍梧郡）口十四万六千一百六十"，"（合浦郡）口七万八千九百八十"，"（九真郡）口十六万六千一十三"，"（日南郡）口六万九千四百八十五"。而据《后汉书·郡国志》，到了东汉时"（南海郡）口二十五万二百八十二"，"（苍梧郡）口四十六万六千九百七十五"，"（合浦郡）口八万六千六百一十七"，"（九真郡）口二十万九千八百九十四"，"（日南郡）口十万零六百七十六"。在东越地带，闽越国除后置冶县，西汉

---

① 林忠干：《汉代福建地区闽越、山越人口考》，《闽越文化研究》，海峡文艺出版社 2002 年。

② 《汉书》卷四五、六十、七六、七七、八二、八四、八六、九三、九七，《后汉书》卷十、二三、二九、三四、六六、六九、七三、七七。转引自葛剑雄著《中国移民史》第二卷第 118、266 页，福建人民出版社 1997 年。

晚期析冶县东瓯故地置回浦县①；据《三国志·吴志·贺齐传》，东汉末再增"侯官都尉"，《晋书·地理志》载，吴国时冶县扩为建安郡"统县七，户四千三百。建安、吴兴、东平、建阳、将乐、邵武、延平"。东越故地郡县的增置也是建立在人口的增长基础上的，内地汉人迁入是一个重要原因。

秦汉王朝除了采取军事征服、汉民族群移植、郡县管理等一系列政策同化百越土著外，还对部分越人实行强制内迁的政策，主要是闽越、东瓯人群。据《史记·东越列传》载："至建元三年，闽越发兵围东瓯。东瓯食尽，困，且降……东瓯请举国徙中国，乃悉举众来，处江淮之间。"汉武帝元封元年（前110年）灭闽越，"于是天子曰东越狭多阻，闽越悍，数反复，诏军吏皆将其民徙处江淮间。东越地遂虚。"将东南越人强制迁徙北方内地，无疑是削弱土著人群势力、强化汉民人文移植的有效途径，但《东越列传》所说的"举国徙中国"、"东越地遂虚"的局面应只是汉朝统治者的主观愿望，未必是客观事实。在秦汉王朝强制迁徙越人的过程中，相当部分越人逃避山里，成为东汉六朝以来活跃的"山越"。《宋书·州郡志》："汉武帝世，东越反，灭之，徙其民于江淮间，后有遁逃山谷颇出，立为冶县。"《资治通鉴》汉纪胡三省注："山越本亦越人，依阻山险，不纳王租，故曰山越。"直到汉末三国时期，这些土著越人的后裔仍大分散、小聚居于东南沿海各地，吴国丹阳太守沈莹著《临海水土志》所录"安家"就是，其土著人文尤显突出，"安家之民，悉依深山，架立屋舍于栈格上，似楼状。居处、饮食、衣服、被饰，与夷洲民相似。父母死亡，杀犬祭之，作四方函以盛尸。饮酒歌舞毕，仍悬着高山岩石之间，不埋土中作冢（塇）也。""男女悉无履。今安阳、罗江县民是其子孙也。民皆好（啖）猴头羹，以菜和中以醒酒，（虽）五肉臛不及之。其俗言：'宁自负人千石之粟，不愿负人猴头羹臛。'"据考，安阳、罗江均为三国时期的吴置县，地今浙江温州与福建东北沿海之间。②"安家"人文反映了秦汉以来东南汉民人文成长过程中土著文化的局域性延续、残存。这些东南越人的后代在唐宋文献中被称为"溪峒"、"峒僚"。南宋刘克庄《漳州谕畲》载："然炎昭以来常驻军，于是岂非以其壤接溪峒，茆苇极目，林箐深阻，省民山越往往错居，先朝思患预防之意远矣。凡溪峒种类不一：曰蛮、曰猺、曰黎、曰蛋，在漳曰畲。"梁绍猷《南海县志》卷三十五"杂录"载："岭表溪峒之民，号峒僚，古称山越。"明谢肇淛《五杂俎》说："吾闽山中有一种畲人……相传盘瓠种也，有盘、雷、蓝三姓，不巾不履，自相匹配。"他们成为中古以来东南汉民人文世界中大分散、小聚居的少数民族，就是现今的畲、瑶、黎等族先民。

秦汉时期中原内地汉民族群迁徙、文化传播到东南地区，尤其是两越地带，土著越

---

① 吴春明：《也从郡县沿革看冶城地望》，《冶城历史与福州城市考古论文选》，福州海风出版社 1999 年。

② ［吴］沈莹撰、张崇根辑注：《临海水土志》，第 5 页，中央民族大学出版社 1998 年。

人高度汉化,充分见证于考古发现。南越国时期的宫署遗址、造船工场和南越王陵墓集中反映了周汉文明对南越文化的深刻影响。① 其中秦汉造船工场和南越国的宫署遗址,以大量云纹瓦当、"万岁"铭文瓦当、绳纹筒瓦和板瓦、菱形纹方砖等建筑遗存,"公"、"官"、"左官卒犁"、"右官"、"居室"等体现汉制的戳印瓦文,以及"卢"、"曹"、"赖"等汉民姓氏瓦文,都是周汉文明在南越国文化中留下的鲜明印记。而南越文王赵眜的陵墓更是一座周汉文明的艺术宝库,这座凿山为藏的石室大墓与中原发掘的多处汉代王陵规格一样,出土铜、铁、金、银、陶、玉、漆、水晶、玛瑙、绿松石、皮革、象牙等随葬品 1000 多件(套),尤其是丝缕玉衣、成套青铜礼器、乐器等是周汉王朝的帝王陵墓制度在百越地区最淋漓尽致的体现,再现了周汉文明在岭南的传播。普通大众的墓葬发现得更多,尤其是《广州汉墓》所报告的 409 座分别属于秦西汉前期至东汉时期的墓葬,真实地再现了这一时期南越土著社会逐步汉化、汉民人群不断增加并成长为民族文化主体的历史过程。② 在这批资料中,属于秦西汉早期即南越国时期的有 182 座,根据随葬品内涵的类型特征,这些墓葬分别属于不同文化的人群,其中 54 座是土著人墓葬,不出汉式器物;92 座为汉人或"汉化了"的南越人墓葬,出现成组的铜或仿铜陶礼器的鼎、盒、壶、钫组合以及青铜镜、剑、玉璧、"半两"钱币等典型的周、楚、汉系统文化,又不同程度地共出陶瓮、罐、瓿、提桶等土著器物;20 多座汉化中的南越人墓葬,以成组土著器物为特征,共出不成组合的汉式礼器。属于西汉后期和东汉时期的 227 座墓葬内涵发生了明显的变化,随葬陶器中代表土著人的器类急剧减少,葬制、葬式、随葬品内涵紧随中原内地汉墓的变化而变化,如土坑墓向砖室墓的发展、随葬品中象征上古等级观念的礼器的消失、象征财富的各种模型明器的广泛使用等,与洛阳、长沙等内地发现的大量汉墓变化基本一样。这种变化反映了南越国除后入迁的汉人和汉化的越人开始逐步发展为民族文化的主体。类似的西汉晚期和东汉墓葬还在广州以外的岭南地区广泛发现,应是汉民人群大规模成长和土著越人高度汉化的结果。③

闽越文化的汉化也有类似的考古发现。富林岗类型是闽越国时期的闽越人考古遗存,也包含了相当数量的汉文化因素,尤其是武夷山闽越王城、福州屏山冶都遗存中大量体现周汉文明的建筑因素,如居中为尊、前朝后寝的四合院布局的殿堂和庙宇,"万

---

① 广州市文化局编:《广州秦汉考古三大发现》,广州出版社 1999 年。

② 广州市文物管理委员会等:《广州汉墓》,文物出版社 1981 年。

③ 广东省博物馆:《广东徐闻东汉墓》,《考古》1977 年 4 期;《广东佛山市郊澜石东汉墓清理简报》,《文物资料丛刊》第四辑;《广东佛山市郊澜石东汉墓发掘报告》,《考古》1964 年 9 期。杨豪:《广东韶关西河汉墓》,《考古学集刊》第一辑。曾广亿:《广东南海汉墓发掘简报》,《文物资料丛刊(4)》。杨豪:《广西合浦发现东汉砖墓》,《考古通讯》1958 年 1 期。梁有仁:《广西贵县汶井岭东汉墓的清理》,《考古通讯》1958 年 2 期。

岁"、"常乐万岁"、"万岁未央"、"乐未央"等代表汉朝宫室文明的文字瓦当和云纹瓦当等，大量的汉字戳印，周汉式的铜、铁器具，甚至还有"河内工官"铭文弩机，以及少量不成组合的汉式陶鼎、香熏等。这些因素寓于闽越土著文化的主体内涵中，是闽越国民仰慕并吸收汉民社会文明成果的考古学反映。[①] 闽越故地的东汉墓葬见于光泽、闽侯、福州等地，中原内地汉墓内涵的变化在这些墓葬中也表现出来了，如礼器的衰落、象征财富的模型明器出现、汉朝铁器、钱币与铜镜随葬等，应是汉化中的闽越人墓葬。[②] 不过，迄今考古发现中东汉时期的闽越遗存数量不多，可能与汉朝统治者强制内迁闽越人于江淮的历史有关。

总之，周末秦汉时期是东亚大陆东南地区民族文化最剧烈的变革阶段，在史前、三代苗、蛮土著初步"华夏化"的基础上，伴随着楚国对江南的统一、秦汉王朝对百越地区的政治与军事征服、汉民人群移植东南与越人强制内迁，东南地区的百越民族全面汉化，并引发了六朝以后北方内地汉民更大规模的南渡热潮。东南百越地带逐步融合为以中原为中心的汉民族为主体的人文地带，虽然少量越人的后裔如中古以来的山越、溪峒、畲、瑶、黎等仍大分散、小聚居于东南汉民人文世界中，但以百越及其先民为主体的土著地带已经消失于东亚民族文化版图。东南地区成为华夏人文向"四方"、"万国"地带扩展的前沿，成为三国六朝隋唐以降华夏人文站在东南、面向海洋、不断探求南岛土著世界的基础。

三 三国至隋唐间东亚岛弧"山夷"、"流求"人群的探求

海洋原本是史前、先秦两汉时期东南百越系先民"善于用舟"的一体化土著人文世界，海洋文化是东亚地区东南方向上百越—南岛土著共同体固有的文化传统。但是，随着周汉时期汉民人文在东南方向上的大规模扩展，伴随着汉民人文在东亚大陆东南主体地位的成长，三国隋唐以来汉民人文扩展东亚大陆东南方的人文实践已经穷尽，从大陆东南到东南亚、西南太平洋岛屿带的百越—南岛土著民族共同体已不复存在。华夏人文看东南的视点从东亚大陆中心（中原——"中国"地带）推进到东南沿海的海边，华夏人文的视线从大陆东南扩展到海洋世界，从大陆东南苗蛮、百越人群延伸到东亚岛弧地带上的土著人群，成为中古以来"中国"、"四方"框架中东南方向人文关系实践的新内容。东鳀、夷洲、流求等岛弧地带的探求，华夏人文视野下海洋世界土著人群的初步观察，大陆汉民人文在岛屿带的早期播殖，就是这一阶段新的人文实践的主要内容。

---

① 吴春明、林果：《闽越国都城考古研究》第六、八章，厦门大学出版社 1998 年。
② 吴春明：《福建秦汉墓葬的文化类型与民族史意义》，《东南文化》1988 年 3 期。

（一）南海航路上"蛮夷"社会的联系

直接承袭百越先民的海洋人文传统，汉唐期间东南汉民社会对于海洋世界的经略与开发从初创到繁盛，在远至西、南海（洋）近至东海（洋）海域的海洋社会经济活动持续发展，为东南沿海汉民在海洋世界的探求和拓殖、与南岛土著人群的人文融合奠定了基础。在南海海域，通过秦汉时期沿岸南下的"徐闻、合浦道"到唐代离岸的"广州通海夷道"，东亚大陆与东南亚半岛、印尼群岛土著地带的海洋联系一直是畅通的。《史记·货殖列传》载："九疑、苍梧以南至儋耳者，与江南大同俗，而杨越多焉，番禺亦其一都会也，珠玑、犀、玳瑁、果、布之凑。"《汉书·地理志》载："自日南障塞、徐闻、合浦船行可五月有都元国，又船行可四月有邑卢没国，又船行可二十余日有谌离国，步行可十余日有夫甘都卢国。自夫甘都卢国船行可二月余有黄支国，民俗略与珠崖相类，其州广大，户口多，多异物，自武帝以来皆献见。"《后汉书·郑弘传》载："旧交趾七郡贡献转运，皆从东冶泛海而至"。一般认为汉志"黄支国"是印度半岛上的古国，《史记》、《汉书》所记的以东南沿海的番禺、东冶为起点或中转的，经徐闻、合浦，沿越南海岸南下东南亚并入印度洋的南海海路是畅通的。[①]

六朝以来南海地区的海陆往来更为便捷，东晋义熙七年（411年），名僧法显从狮子国（今斯里兰卡）"浮海东还"，据《法显传》，在"自耶婆提（今苏门答腊）归长广郡界"的航程上，"停此国五月日，复随他商人大船……法显于船上安居。东北行，趣广州"。[②]"东北行，趣广州"的南海离岸航路使得南海航船再也不用经过扶南、日南、合浦、徐闻沿岸中转。隋唐间，南海的海洋交通进入了繁盛阶段，据《隋书·南蛮传》，隋炀帝大业三年（607年）派遣常骏从广州扬帆出使马来半岛的赤土国。"炀帝即位，募能通绝域者。大业三年，屯田主事常骏、虞部主事王君政等请使赤土。帝大悦……其年十月，骏等自南海郡乘舟，昼夜二旬，每值便风……至于赤土之界。其王遣婆罗门鸠摩罗以舶三十艘来迎，吹蠡击鼓，以乐隋使，进金锁以缆骏船。"又《新唐书·地理志》引贾耽《广州通海夷道》，唐代广州经南海而至印度洋两岸的远洋海交畅通，其中南海段如次，"广州东南海行二百里至屯门山（今香港），乃帆风西行二日至九州石，又南二日至象石（海南东南角）。又西南三日行至占不劳山（越南占婆岛），山在环王国东二百里海中，又南二日行至陵山，又一日行至门毒国，又一日行至古笪国，又半日行至奔陀浪洲（以上越南东南），又两日行到军突弄山（越南昆仑岛）。又五日行至海峡（马六甲），番人谓之质，南北百里，北岸则罗越国（马来南端），南岸

① 韩振华：《公元前二世纪至一世纪间中国与印度东南亚的海上交通——汉书地理志粤地条末段考释》，《厦门大学学报》1958年2期。王子今：《秦汉时期的东洋与南洋航运》，《海交史研究》1992年1期。

② 章巽校注：《法显传校注》，第167~171页，上海古籍出版社1985年。

则佛逝国（苏门答腊），佛逝国东水行四五日至诃陵国（爪哇）"。唐代阿拉伯人依宾库达特拨（Ibn Khurdadhbah）在《省道记》（*The Book of Boutes and Provinces*）也有一段南海航路的描述："由桑甫（Sanf＝Champa，即占城）至中国第一港口阿尔瓦京（Al-Wakin），或航海，或行陆程，皆一百法尔桑。阿尔瓦京有中国锻炼之精铁、磁器及米，此为大埠。由阿尔瓦京航海四日，可至康府（Khancu，即广州），陆行则须二十日始能达。康府产各类水果、菜蔬、小麦、大麦、米及甘蔗。由康府行八日至蒋府（Janfu，即福州），出产与康府相同。由蒋府行六日至康图（Kantu，即江都），出产亦同前。"[1]可见，汉唐间以广州、福州等港市为中心的南海海洋交通是很繁忙的。

　　同时，六朝、隋唐中国王朝对东南亚半岛的武力征伐也从未停止过，客观上促进了大陆汉民人文对东南亚土著人文的认识。《宋书·夷蛮列传·林邑国》载："太祖元嘉初，侵暴日南、九德诸郡，交州刺史杜弘文建牙聚众欲讨之……八年，又遣楼船百余寇九德，入四会浦口，交州刺史阮弥之遣队主相道生三千人讨赴。……太祖忿其违傲，二十三年，使龙骧将军、交州刺史檀和之伐之，遣太尉府振武将军宗悫受和之节度。"《南齐书·蛮东南夷列传·交州传》载："永明三年，以司农刘楷为交州刺史，发南康、庐陵、始兴郡兵征交州。"《隋书·南蛮列传·林邑传》载："高祖既平陈，乃遣使献方物，其后朝贡遂绝。时天下无事，群臣言林邑多奇宝者。仁寿末，上遣大将军刘方为驩州道行军总管，率钦州刺史甯长真、驩州刺史李晕、开府秦雄步骑万余及犯罪者数千人击之。"《新唐书·南蛮列传·环王传》载："隋仁寿中，遣将军刘芳伐之，其王范梵志挺走，以其地为三郡，置守令。……元和初不朝献，安南都护张舟执其伪驩、爱州都统，斩三万级，虏王子五十九……"

　　汉唐间东南沿海与西海（洋）、南海（洋）海域的海洋社会经济互动，以及隋唐王朝对这一地区相继的军事征伐，推动了东亚大陆汉民人群在这一地带的地理探求、人文拓殖及其与当地社会人文的融合互动，东南亚半岛地带的土著人群相继见载于汉文"正史"中，成为中国—四方人文关系框架中华夏从大陆向海外继续拓展的重要环节。《宋书·夷蛮列传》载："南夷、西南夷，大抵在交州之南及西南，居大海中洲上，相去或三五千里，远者二三万里，乘舶举帆，道里不可详知。"《南齐书·蛮东南夷列传》"林邑传"曰："国人凶悍，习山川，善斗。吹海蠡为角。人皆裸露。四时暄暖，无霜雪。贵女贱男。"又"扶南传"载："扶南人黠惠知巧，攻略傍邑不宾之民为奴婢，货易金银彩帛。大家男子截锦为横幅，女为贯头，贫者以布自蔽。锻金镂鐷银食器。伐木起屋，国王居重阁，以木栅为城。海边生大箬叶，长八九尺，编其叶以覆屋。人民亦为

<hr />

[1]　张星烺编注：《中西交通史料汇编》第二册，第 217～218 页，中华书局 1977 年。韩振华：《伊本柯达贝氏所记唐代第三贸易港之 Djanfu》，《福建文化》1947 年 3 月号。

阁居。为船八九丈，广裁六七尺，头尾似鱼。"《梁书·诸夷列传·海南诸国传·林邑国传》曰："其国俗：居处为阁，名曰干阑，门户皆北向，书树叶为纸，男女皆以横幅吉贝绕腰以下，谓之干漫，亦曰都缦；穿耳贯小镮；贵者著革屣，贱者跣行。自林邑、扶南以南诸国皆然也。"又"扶南国传"曰："扶南国俗本裸体，文身披发，不制衣裳。以女人为王，号曰柳叶。年少壮健，有似男子。……今其国人皆丑黑，拳发。所居不穿井，数十家共一池引汲之。俗事天神，天神以铜为像。"《隋书·南蛮列传》曰："南蛮杂类，与华人错居，曰蜑，曰獽，曰俚，曰獠、曰㐌，俱无君长，随山洞而居，古先所谓百越是也。其俗断发文身，好相攻讨。"在该传下所列的"南方朝贡者"有四国，分别是林邑、赤土、真腊、婆利，反映了隋唐间华夏视野中的东南亚土著社会状况。其"林邑传"曰："林邑之先，因汉末交趾女子征侧之乱，内县功曹子区连杀县令，自号为王。……至梁、陈，亦通使往来。其国延袤数千里，土多香木金宝，物产大抵与交趾同。……其人深目高鼻，发拳色黑。俗皆徒跣，以幅布缠身。冬月衣袍。妇人椎髻。施椰叶席。""赤土传"曰："赤土国，扶南之别种也。在南海中，水行百余日而达所都。土色多赤，因以为号。东波罗刺国，西婆罗娑国，南诃罗旦国，北拒大海，地方数千里。……其俗等皆穿而剪发，无跪拜之礼。以香油涂身。其俗敬佛，尤重婆罗门。妇人作髻于项后。男女通以朝霞、朝云杂色布为衣。""真腊传"曰："真腊国在林邑西南，本扶南之属国也。去日南郡舟行六十日，而南接车渠国，西有朱江国。……人形小而色黑。妇人亦有白者。悉拳发垂耳，性气捷劲。居处器物颇类赤土。以右手为净，左手为秽。""婆利传"曰："婆利国，自交趾浮海，南过赤土、丹丹，乃至其国。……俗类真腊，物产同于林邑。"《新唐书·南蛮列传》也有类似的篇章，如"环王传"曰："环王，本林邑也，一曰占不劳，亦曰占婆。直交州南，海行三千里。……其南大浦，有五铜柱，山形若倚盖，西重岩，东涯海，汉马援所植也。又有西屠夷，盖援还，留不去者，才十户，隋末孳衍至三百，皆姓马，俗以其寓，故号'马留人'，与林邑分唐南境。……俗凶悍，果战斗，以麝涂身，日再涂再澡，拜谒则合爪顿颡。""盘盘传"曰："盘盘，在南海曲，北距环王，限少海，与狼牙修接，自交州海行四十日乃至。王曰杨粟（羽是）。其民濒水居，比木为栅，石为矢镞。""扶南传"曰："扶南，在日南之南七千里，地卑洼，与环王同俗，又城郭宫室。"又"诃陵传"曰："诃陵，亦曰社婆，曰阇婆，在南海中，东距婆利，西堕婆登，南濒海，北真腊。木为城，虽大屋亦覆以栟榈。象牙为床若席。"从中世纪汉民人文视野中的这些东南亚半岛民族文化的内涵看，他们与史前、上古东亚大陆东南的百越民族及其土著先民文化有着不可割舍的关联，在土著文化习俗上具有传承关系，但已受到了来自西、南亚地区佛教、印度教、伊斯兰教等民族宗教文化的影响和融合，因而在习俗、语言、宗教等方面表现出比较复杂的构成。以东亚大陆的汉民人文为代表的华夏文化的南下也是东南亚土著社会文化复杂化的重要原因之一，不过这一文化融合进程并不十分深刻，汉民人文迁徙、移植这一土著地带是有限的。在"中国—四方"人文关系框架中，东南亚半岛的土著社会最多也只是处于"朝贡者"的"外国诸夷"的地位。

（二）东海岛屿带的探求与"东鳀"、"山夷"、"流求"人文的发现

在汉唐间东亚大陆汉民人文海洋探求、拓展与移植、融合的进程中，与南岛土著社会发生密切人文关联的，主要是大陆汉民在东海（洋）的东鳀、夷洲、流求等岛弧地带的人文实践，而且是比较单纯的汉民人文与南岛土著世界的互动，西南亚的民族文化鲜有介入。

《史记·秦始皇本纪》载："齐人徐市等上书，言海中有三神山，名曰蓬莱、方丈、瀛洲，仙人居之。请得斋戒，与童男女求之。于是遣徐市发童男女数千人，入海求仙人。"有人认为蓬莱、方丈为日本琉球而台湾则瀛洲者，但多数研究者认为瀛洲是台湾不太可信。[①]《汉书·地理志》、《后汉书·东夷列传》载："会稽海外有东鳀人，分为二十余国，又有夷洲及澶洲。传言秦始皇遣方士徐福将男女数千人入海，求蓬莱神仙不得，徐福畏诛不敢还，遂止此洲，世世相承，有数万家。人民时至会稽市。会稽东冶县人有人入海行，遭风流移至澶洲者，所在绝远，不可往来。"将夷洲与澶洲附会于秦代徐福入海处不可信，但汉代会稽郡东冶县就在今浙南、闽中间的东越故地，是最靠近台湾、琉球岛屿带的大陆边缘，与会稽东冶县人民已有不少往来的夷洲、澶洲之东鳀人最有可能是台、琉岛屿带土著，这是汉文史籍中最早涉及大陆汉民探求岛屿带土著的人文事件。

三国时期吴国对东海岛屿带的经略与人文认识中夷洲、澶洲的地位更为凸显。据《三国志·吴书·孙权传》，吴国"遣将军卫温、诸葛直将甲士万人浮海求夷洲及澶洲"，"得夷洲数千人还"。沈莹《临海水土志》是汉民人文视野中第一篇较详尽描述岛弧地带"夷州"土著"山夷"人文的篇章，"夷洲在临海东南，去郡二千里，土地无霜雪，草木不死，四面是山溪，众山夷所居，山顶有越王射的，正白，乃是石也。""此夷各号为王，分划土地人民，各自别异。""人皆髡头穿耳，女人不穿耳。作室居，种荆为藩障。土地饶沃，既生五谷，又多鱼肉。舅姑子妇男女卧息，共一大床，交会之时，各不相避。""能作细布，亦作斑文布，刻画其内有文章，以为饰好也。其地亦出铜铁，惟用鹿骼为矛以为战斗耳。磨砺青石以作矢镞刃斧。环贯珠珰。饮食不洁。取生鱼肉杂贮大瓦器中，以盐卤之，历月余日乃啖食之，以为上肴。呼民人为'弥麟'。如有所召，取大空材，材十余丈，以着中庭。又以大杵旁舂之，闻四五里如鼓。民人闻之，皆往驰赴会。""饮食皆踞相对，凿床作器如稀槽状，以鱼肉

---

① 曹永和：《明郑时期以前的台湾》，《台湾史论丛》第一辑，台湾众文图书公司 1980 年。

腥臊安中，十十五五共食之。以粟为酒，木槽贮之，用大竹筒长七寸许饮之。""歌似犬嗥，以相娱乐。""得人头，斫去脑，剥其面肉，留置骨，取犬毛染之以作鬓眉发编，具齿以作口，自临战斗时用之，如假面状。此是夷王所服。战，得头，着首还。于中庭建一大材，高十余丈，以所得头差次挂之，历年不下，彰示其功。""又甲家有女，乙家有男，仍委父母，往就之居，与作夫妻，同牢而食。女以嫁皆缺去前一齿。"临海是三国时吴国设置在浙南的一个新郡，《三国志·吴书·三嗣主传》载："（太平二年）会稽东部微临海郡"。《晋书·地理志》载："临海郡，吴置。统县八，户一万八千。章安、临海、始丰、永宁、宁海、松阳、安固、横阳。"去郡二千里的"夷洲"地理应是今台湾、澎湖最为合适，上述所列"夷洲"地形环境、气候物产、土著人文内涵等，也与近代台湾民族志所见原住民的内涵吻合，因此沈志"夷洲"肯定是汉文史籍中第一个比较详细记载的台澎海岛地带土著社会的民族志篇章。[①] 汉晋以来会稽东冶县与夷洲、澶洲之东鳀的往来、吴国大军海上求夷洲及澶洲以及沈志"夷洲"人文的详尽描述，都不是相互孤立的历史事件，而是渐为东南人文主体的汉民人群对于岛屿带上海洋土著持续探求的结果，就是"中国—四方"式的汉夷关系框架从大陆向海洋延伸的一个结果。

两晋南北朝时期，汉文史籍几乎看不到关于岛屿带人文的记录与描述，我想这并非是大陆与海洋、汉民群系与岛屿带岛夷社会的人文互动的终结，而是五胡乱华、中原板荡的背景下，帝国政治的中心无暇海疆、帝国文明中心的历史只是守土而不是拓殖，帝国的汉文史籍也理所当然地将视野集中于大陆上的金戈铁马、王朝更迭而不及东南海上的人民往来。伴随着隋的统一，局面很快改变。隋炀帝在东、南的海洋世界是大有作为的，他于大业年间相继平林邑、派常峻出使赤土、派朱宽、何蛮入海访异俗、派陈稜、张镇州击流求，将华夏人文大幅度地推向海洋世界，"炀帝纂业，威加八荒。甘心远夷，志求珍异，故师出于流求，兵加于林邑，威振殊俗，过于秦、汉远矣"。[②] 在东海岛屿带方面，《隋书·流求传》是第二篇系统描述岛屿带土著人文的长篇文字。"流求国，居海岛之中，当建安郡东，水行五日而至，土多山洞，其王姓欢斯氏，名渴刺兜，不知其由来有国代数也。彼土人呼之为可老羊，妻曰多拔荼。所居曰波罗檀洞，堑栅三重，环以流水，树棘为藩。王所居舍，其大一十六间，雕刻禽兽。""国有四五帅，统诸洞，洞有小王。往往有村，村有鸟了帅，并以善战者为之，自相树立，理一村之事。男女皆以白纻绳缠发，从顶后盘绕至额。其男子用鸟羽为冠，装以珠贝，饰以赤毛，形

---

① ［吴］沈莹撰、张崇根辑注：《临海水土志》，第 1~5 页，中央民族大学出版社 1998 年。曹永和：《明郑时期以前的台湾》，《台湾史论丛》第一辑，台湾众文图书公司 1980 年。

② 《隋书·南蛮传》。

制不同。妇人以罗纹白布为帽，其形正方。织斗镂皮并杂色纻及杂毛以为衣，制裁不一。""人深目长鼻，颇类于胡，亦有小慧。无君臣上下之节，拜伏之礼。父子同床而寝。男子拔去髭鬓，身上有毛之处皆亦除去。妇人以墨黥手，为虫蛇之文。嫁娶以酒肴珠贝为娉，或男女相悦，便相匹偶。""食皆用手。偶得异味，先进尊者。凡有宴会，执酒者必待呼名而后饮。上王酒者，亦呼王名。衔杯共饮，颇同突厥。歌呼蹋蹄，一人唱，众皆和，音颇哀怨。扶女子上膊，摇手而舞。""有熊罴豺狼，尤多猪鸡，无牛羊驴马。厥田良沃，先以火烧而引水灌之。持一插，以石为刃，长尺余，阔数寸，而垦之。土宜稻、粱、（广禾）黍、麻、豆、赤豆、胡豆、黑豆等，木有枫、栝、樟、松、楩、楠、杉、梓、竹、箖，果药同于江表，风土气候与岭南相类。""俗事山海之神，祭以酒肴，斗战杀人，便将所杀人祭其神。或依茂树起小屋，或悬髑髅于树上，以箭射之，或累石系幡以为神主。王之所居，壁下多聚髑髅以为佳。人间门户上必安兽头骨角。""大业元年，海师何蛮等，每春秋二时，天清风静，东望依希，似有烟雾之气，亦不知几千里。三年，炀帝令羽骑尉朱宽入海求访异俗，何蛮言之，遂与蛮俱往，因到流求国。言不相通，掠一人而返。明年，帝复令宽慰抚之，流求不从，宽取其布甲而还。""帝遣武奔郎将陈稜、朝请大夫张镇州率兵自义安浮海击之。至高华屿，又东行二日至（句鼊）（辟鼊）（龟鳖？）屿，又一日便至流求。初，稜将南方诸国人从军，有昆仑人颇解其语，遣人慰谕之，流求不从，拒逆官军。稜击走之，进至其都，频战皆拜，焚其宫室，虏其男女数千人，载军实而还。自尔遂绝。"从《隋书》所详尽记载的人文水土看，隋唐时期的"流求"同样就是台湾。入唐以后，汉文正史没有关于岛屿带的笔墨，但民间文献有关"留仇"、"琉球"的文字，诗人施肩吾作《岛夷行》曰："腥臊海边多鬼市，岛夷居处无乡里。黑皮年少学采珠，手把生犀照鹹水"被看成描述台澎社会人文，甚至指为施肩吾率其族迁居澎湖所作。[①] 隋唐时期大陆人文对海洋土著社会的探求中，不但有朱宽、陈稜渡海到台湾一类体现帝国对四方边缘扩展的"重大事件"，这些扩展过程充斥着激烈得武装对抗，还有更多的是大陆东南汉民大众在海洋世界的持续、频繁的拓殖及其与海洋土著人文的早期融合。

　　晋唐以来以东南汉人为主体的大陆社会人文对于东海岛屿带的持续探求和早期移植、融合已见证于考古学文化发现与研究中，这就是早期铁器时代岛屿带考古遗存中的大陆因素。在台湾，大致从公元前后开始出现铁器，进入早期铁器时代，约公元 500 年即南朝末年西海岸的十三行文化、番仔园文化、茑松文化等中铁器的使用已经很流行。十三行等遗址发现的铁器时代遗物与大陆文化没有差别，而且该遗址还发现了包括铁砂、铁渣、炼炉等在内的大规模炼铁作坊的遗迹，还有"五铢"、"开元通宝"、"乾元

---

① 连雅堂《台湾通史》卷一"开辟纪"，台湾众文图书公司 1979 年。

重宝"等汉唐王朝钱币以及来自大陆的贸易物品，这些发现表明大陆早期的汉民渡海文化推动了台湾土著的进步步伐。① 据臧振华的研究，唐宋时期是台、澎地区由史前时期进入历史时期的早期，在"汉人开发澎湖的最早年代，应当不晚于北宋，极可能是在唐末与唐宋之间"，"并且与大陆福建沿海交易有无，而在这同时也有汉人到达台湾本岛附近，并与台湾的土著进行交易"。② 台湾大学考古人类学系的陈有贝博士认为，台湾西海岸平原原住的平埔族就是在中原秦汉王朝文化大规模南下的压力下于公元前后从海上移台的原住闽粤地区已经"相当程度汉化的越人后裔"，台湾考古上的早期铁器时代文化就是他们带来的。③ 紧连台澎的琉球群岛也有汉唐时期大陆文化因素的同步出现，如德之岛、久米岛、石垣岛等地都普遍发现唐代的"开元通宝"铜钱，在冲绳岛还发现唐代长沙窑销去的彩绘瓷器，证明了晋唐以来大陆东南汉民对于与岛屿带经济文化交往的广泛性。④ 隋唐时期的大陆考古人文甚至还发现于更远一些的菲律宾群岛上，在菲律宾北部的巴布延群岛、伊罗哥和冯牙丝兰海岸、马尼拉及其附近地区，中西部的民都乐岛、保和岛、宿务岛，南部的卡加延苏岛、和乐岛等，主要分布在群岛的沿海地方，发现了浙江的越窑青瓷、华北的定窑白瓷、湖南长沙窑的釉下彩黄釉瓷、广东西村窑和福建（磁灶）窑的早期青瓷等，相当部分与唐五代大陆汉民文化传播土著海洋地带有关。⑤

　　总之，奠基于先秦两汉时期大陆东南的"百越—原南岛语族土著海洋文化圈"，汉末晋时期大陆东南汉民与海洋土著世界的人文接触和往来持续发展，尤其是对东海岛屿带土著人群的海上探求。可见，作为"中国—四方"框架内的亚太社会人文接触史的一个重要环节，在东南文化融合的进程上，中原北方华夏、汉民系统文化递次南下的前锋，已从周汉帝国对东南百越山地的军事征服、民族迁徙与人文融合，逐步推向了更广阔的海洋世界。

① 连照美：《七世纪到十二世纪的台湾——台湾铁器时代文化及相关问题》，台湾大学《考古人类学刊》第 53 期，1998 年。

② 臧振华：《台湾考古的发现与研究》，《东南考古研究》第二辑，厦门大学出版社 1999 年。

③ 陈有贝：《台湾史前文化构架下的大陆要素》，台湾大学《考古人类学刊》第 54 期，2000 年。

④ 池田荣史：《冲绳的历史——王国までの冲绳》，载《概说冲绳の历史と文化》第 15 页，冲绳县教育委员会 2000 年。冯先铭：《元以前我国瓷器销行亚洲的考察》，《文物》1981 年 6 期。

⑤ F. Landa Jocano, *Philippine Prehistory: An Anthropological Overview of the Beginnings of Filipino Society and Culture*, P146 - 149, Philippine Center For Advanced Studies 1975. 陈台民：《菲律宾出土的中国瓷器及其他》，艾迪斯：《在菲律宾出土的中国陶瓷》，载《中国古外销陶瓷研究资料》第一辑（1981 年）。三上次男：《陶瓷之路》，第 139 页，文物出版社 1984 年。张维持、胡晓曼：《从出土陶瓷看古代中菲关系》，《中国古陶瓷研究专辑（一）》，《景德镇陶瓷》1983 年号。

四　宋元明清时期南洋、东洋群岛"诸蕃"、"岛夷"社会的认知

宋元明清时期是以中国东南沿海为中心的环中国海海洋社会经济的发展盛期和变革时期，大陆东南船家扬帆四洋，在东、南海洋世界的海洋社会经济文化活动更加频繁，将东亚大陆古代文明与海洋世界紧密地联系在一起。中国航海家对海洋世界的知识更加详尽，表现在航海区域的划分上，中国人文视野中的"南洋"、"东洋"海域的明确区分出现于汉文史籍中。周去非《岭外代答》卷二"海外诸番国"区分"东大洋海"、"南大洋海"方位，"三佛齐（苏门答腊）之南，南大洋海也，海中有屿万余，人莫居之，愈南不可通矣。阇婆（爪哇）之东，东大洋海也，水势渐低，女人国在焉。"元《南海志·诸番国》有"东洋佛坭国管小东洋"、"单重布啰国管大东洋"、"单马令国管小西洋"、"三佛齐国管小西洋"等语。[1] 大致来说，以广州—加里曼丹—巽他一线为界，以东海洋、岛屿为"东洋"岛屿带所在，以西直至印度洋的水陆地带为"南洋"、"西洋"海域。[2]

中古海洋文明的发达同样带动了中国东南汉民人文与西、南太平洋海域土著人群社会的接触，深化了"中国—四方"框架中的西、南洋半岛、群岛和东洋岛屿带的汉夷人文互动并向更遥远的海域继续推进、扩展，汉民人文在南洋半岛和东洋台、澎、琉球群岛土著地带大规模移植、融合，菲律宾群岛、印尼群岛等诸番世界也成为大陆东南汉民人文的登陆地，进入以"中国"为核心的东亚大陆古代文明辐射范围。汉文各朝"正史"中有关海洋土著世界的描述更加详尽，甚至出现了多部如《岭外代答》、《诸番志》、《岛夷志略》、《东番记》、《番社采风图考》等专述海洋土著人文习俗的著书，汉民人文视野中的南岛土著人群社会更加生动、清晰地展现出来。

（一）南洋半岛、群岛"外夷"、"诸蕃"中的土著社会文化

宋元明清大陆王朝对于南洋外夷诸国的政治、军事上的征伐从未停止，南洋世界大多朝贡顺服于东亚大陆的帝国政治，以中国东南汉民为核心的大陆人文在南洋航路上的海洋社会经济活动也日趋频繁，南洋航路史载不绝。宋庞元英《文昌杂录》卷一"主客所掌诸番"载："南方十有五：其一曰交趾。……其二曰渤泥。……其三曰拂菻，一名大秦，在西海之北。其四曰住辇，在广州之南，水行约四十万里方至广州。其五曰真腊，在海中，本扶南之属国也。其六曰大食，本波斯之别种，在波斯国之西，其人目深，举体皆黑。其七曰占城，在真腊北。其八曰三佛齐，盖南蛮之别种，与占城为邻。其九曰阇婆，在大食之北。其十曰丹流眉，在真腊西。其十一曰陀罗离，南荒之国也。

---

[1] 《永乐大典》卷一一九〇七"广州府三·土贡"引《南海志》。

[2] 陈佳荣：《宋元明清之东西南北洋》，《海交史研究》1992 年 1 期。

其十二曰大理，在海南，亦接川界。其十三曰层檀，东至海，西至胡卢没国，南至霞勿檀国，北至利吉蛮国。其十四曰勿巡，舟船顺风泛海二十昼夜至层檀。其十五曰俞卢和地，在海南。"[1] 入元，周达观《真腊风土记》也描述了东亚大陆东南与南洋真腊间的往返航路："自温州开洋，行丁末针历闽、广海外诸州港口，过七洲洋经交趾洋到占城。又自占城顺风可半月到真蒲，乃其境也。又自真蒲行坤申针过昆仑洋入港。"元朝著名航海家汪大渊毕生两次自泉州下海附舶东、西二洋，所著《岛夷志略》罗列的南洋岛夷蕃国有五十多处，如交趾、占城、民多朗、宾童龙、真腊、丹马令、日丽、彭坑、吉兰丹、丁家庐、戎、罗卫、罗斛、东冲古刺、苏洛鬲、针路、八都马、淡邈、八节那间、三佛齐、啸喷、浡泥、暹、爪哇、重迦罗、都督岸、文诞、龙牙犀角、苏门傍、旧港、龙牙菩提、班卒、蒲奔、假里马打、文老古、古里地闷、龙牙门、昆仑、灵山、东西竺、急水湾、花面、淡洋、须文答剌、勾栏山、喃巫哩等，反映了蒙元时期大陆与南洋世界的航海往来。在明清时期的航海针路簿上，南洋航路的记载更加翔实，如《顺风相送》反映了以东南沿海为中心的航海实践，涉及的主航路是北起福州五虎门、最远达也门亚实记（亚丁）的西、南洋航路区域，其中南洋航路经历的主要港湾和山屿为：福州五虎门、莆田湄洲山、泉州玳瑁山、漳州太武山、潮州南澳山、惠州大星尖、广州南亭门、台山乌猪山、海南七州山、七州洋、交趾洋、西沙万里石塘、越南外罗山、灵山大佛、罗湾头、昆仑山、柬埔寨大横山、泰国笔架山，以及新、马、印尼的众多港湾如苎盘山、东竹山、西竹山、将军帽、火烧山、马鞍山、达罗汉屿、白礁、淡马锡门、长腰屿、龙牙门、牛屎礁、凉伞礁、吉里门、昆宋屿、满喇咖、假五屿、文鲁古、绵花屿、鸡骨屿、双屿、单屿、陈公屿、哑路、淡铭屿、巴碌头、急水湾所、苏文哒喇、南巫里洋、伽南貌、龙涎屿等。大陆航海这些港湾的经常航线有 20 条（含福建开船 18 条，广东开船 2 条），还可以通过东南亚起航的 56 条往、返针路衔接或接驳东南亚各岛国和印度洋沿岸，将东亚大陆东南与西、南洋海洋世界紧密地联系起来。[2]

政治军事的征伐和航海事业的发达，促进了大陆汉民在南洋世界的人文拓殖与融合，南洋半岛、群岛外夷、诸蕃人文常见于汉文史籍。《宋史·外国传》涉及东南亚半岛的交趾、占城、真腊，还有群岛地带的三佛齐、阇婆、勃泥以及流求。在南洋方向上，"占城国传"载："占城国在中国之西南，东至海，西至云南，南至真腊国，北至驩州界。……其风俗衣服与大食国相类。无丝蚕，以白氎布缠其胸，垂至于足，衣衫窄袖。撮发为髻，散垂余髻于其后。""三佛齐国传"载："三佛齐国，盖南蛮之别种，与占城为邻，居真腊、阇婆之间……四时之气，多热少寒，冬无霜雪。人用香油涂

---

① 张星烺编注：《中西交通史料汇编》第二册，第 258～259 页，中华书局 1977 年。

② 向达校注：《两种海道针经》，中华书局 1961 年。

身。……乐有小琴、小鼓，昆仑奴踏曲为乐。""阇婆国传"载："阇婆国在南海中。……土俗婚聘无媒约，但纳黄金于女家以娶之。五月游船，十月游山，有山马可乘跨，或乘软兜。乐有横笛、鼓板，亦能舞。土人被发，其衣装缠胸以下至于膝。疾病不服药，但祷神求佛。其俗有名而无姓。方言谓真珠为'没爹虾罗'，谓牙为'家啰'，谓香为'昆燉卢林'，谓犀为'低密'。""勃泥国传"载："勃泥国在西南大海中……地热，多风雨。国人宴会，鸣鼓、吹笛、击钹，歌舞为乐。无器皿，以竹编贝多叶为器盛食，食讫弃之。其国邻于底门国，有药树，取其根煎为膏，服之及涂其体，兵刃所伤皆不死。""丹眉流国传"载："丹眉流国，东至占腊五十程……东北至广州一百三十五程。其俗以版为屋，跣足，衣布，无绅带，以白纻缠其首；贸易以金银。其主所居，广袤五里，无城郭。"

宋朝宗室赵汝适就任南宋理宗朝的福建市舶提举时所撰的《诸蕃志》，详细记述了东、西、南洋上的列国风土物产，上引《宋史·外国传》的不少篇章就是引自该志，涉及南洋半岛、群岛地带"诸蕃"社会人文的就有交趾、占城、宾瞳龙、真腊、登流眉、蒲甘、三佛齐、单马令、凌牙斯加、佛啰安、新拖、监篦、阇婆、苏吉丹、勃泥等。"交趾国志"载："服色饮食略与中国同，但男女皆跣足差异耳。……岁时供佛，不祭先。病不服药。夜不燃灯。乐以蚺蛇皮为前列。""占城国志"载："国人好洁，日三五浴，以脑麝合香涂体，又以诸香和焚薰衣。""真腊国志"载："官民悉编竹覆茅为屋，惟国王镌石为屋。……其俗淫，奸则不问，犯盗则有斩手、断足、烧火印胸之刑。""登流眉国志"载："地主椎髻簪花，肩红蔽白。朝日登场，初无殿宇。饮食以葵叶为椀，不施匕箸，掬而食之。""三佛齐国志"载："人民散居城外，或作牌水居，铺板覆茅。不输租赋。习水陆战，有所征伐，随时调发，立酋长率领，皆自备兵器糗粮，临敌敢死，伯于诸国。"单马令国大致在马来半岛南端，"单马令国志"载："以木栅为城，广六七尺，高二丈余，上堪征战。国人乘牛，打鬃跣足。屋舍官场用木，民居用竹，障以叶，系以藤。""凌牙斯加国志"载："地主缠缦跣足，国人剪发，亦缠缦。""新拖国志"载："新拖国有港，水深六丈，舟车出入，两岸皆民居。亦务耕种。架造屋宇，悉用木植，覆以棕榈皮，籍以木板，障以藤篾。男女裸体，以布缠腰，剪发仅留半寸。""阇婆国志"载："土人被发。其衣装缠胸，下至于膝。疾病不服药，但祷求神佛。民有名而无姓。尚气好斗。""苏吉丹国志"载："其王以五色布缠头，跣足。……土人男剪发，女打鬃，皆裸体跣足，以布缠腰。……土人壮健凶恶，色黑而红，裸体文身，剪发跣足。""渤泥国志"载："其国以板为城，城中居民万余人，所统十四州。王居覆以贝多叶，民舍覆以草。王之服色，略做中国，若裸体跣足，则臂配金圈，手带金链，以布缠身。……有树叶，取其根煎为膏服之，仍涂其体，兵刃所伤皆不死。……既泊舟登岸，皆未及博易之事，商贾日以中国饮食献其王，故舟往佛泥，必挟善庖者一二辈与俱。"

《元史·外夷列传》中有关南洋土著社会的条目有安南、占城、爪哇等。"安南传"载："安南国，古交趾也"，为了征服安南王国，使其朝贡归顺，从元宪宗七年（1257 年）到皇庆二年（1313 年）间，元军屡次攻破安南，直到"疆场宁谧，贡献不绝"。"占城传"载："占城近琼州，顺风舟行一日可抵其国。世祖至元间广南西道宣慰使马成旺尝请兵三千人、马三百匹征之"，历年征战不已，直至至元二十一年（1284 年）"占城主遣王通事者来称纳降"。"爪哇传"曰："爪哇在海外，视占城益远。自泉南登舟海行者，先至占城而后至其国。其风俗土产不可考，大率海外诸蕃国多出奇宝，取贵于中国，而其人则丑怪，情性语言与中国不能相通。世祖抚有四夷，其出师海外诸蕃者，惟爪哇之役为大。"由此可见，元朝对南洋地带实施了剧烈的政治、军事扩展，客观上推动了东亚大陆汉民人文与南洋土著地带的文化接触、认知和互动。

汪大渊游历南洋见闻的岛夷人文十分丰富，《岛夷志略》所述海洋岛夷社会最为庞杂，涉及南洋者有几十篇，当是东南亚半岛、群岛地带社会人文复杂之客观历史的反映，也是宋元以来东亚大陆汉民航海发达、对南洋社会人文认识扩展的结果，这些篇章都不同程度地记述了当地的土著人文事项。"交趾志"载："俗尚礼仪，有中国之风。男女面白而齿黑……古今岁贡中国。""占城志"载："俗喜侵掠……以脑麝合油涂体。"宾童龙、灵山距占城不远，宾童龙"田土、人物、风俗、气候与占城略同。……其尸头蛮女子害人甚于占城，故民多庙事而血祭之。"民多朗位于越南南部，"民多朗志"载："俗尚俭，男女椎髻，穿短皂衫，下系青布短裙。……有酋长，禁盗，盗则戮及一家。"昆仑是占城南部的岛夷，人文原始，"虽则地无异产，人无居室，山之窝有男女数十人，怪形而异状，穴居而野处。既无衣褐，日食山果、鱼虾，夜则宿于树巢，仿標枝野鹿之世，何以知其然也。百舶阻恶风湾泊其山下，男女群聚而玩，抚掌而笑，良久乃去，自适天趣。吾故曰，其无怀大庭氏之民欤！其葛天氏之民欤！""真腊志"载："俗尚华侈，田产富饶。……男女椎髻。生女……满十岁即嫁，若其妻与客淫，其夫甚喜，夸于人，我妻巧慧，得人爱之也。"马来半岛上土著人群集中，其南端的丹马令、日丽人文大同，其志曰："风俗尚节义。男女椎髻，白缦缠头，系小黄布。"彭坑、吉兰丹也在马来半岛南端，其志云："（彭坑）男女椎髻，穿长布衫，系单布梢。""（吉兰丹）风俗尚礼。男女束发，穿短衫系布皂缦。每遇四时节序、生长、婚假之类，衣红布长衫为庆。"东西竺为半岛东南岛夷，"俗朴略，男女断发，系占城布。"马来半岛上还有丁家庐，志云："风俗怪异，男女椎髻，穿绿颉布短衫，系遮里绢。刻木为神，杀人血和酒祭之。每水旱疫疠，祷之立应。及婚姻病丧，则卜其吉凶，亦验。今酋长主事贪禁，勤俭守土。"马来半岛克拉地峡上还有戎，"戎，山绕溪环，部落坦夷，田畲连成片，土膏腴。气候不正，春夏苦雨。俗陋，男女方头，儿生之后，以木板四方夹之，二周后，去其板。四季祝发，以布缦绕身。"马来半岛北部有罗卫，"风俗勤俭，男女文身为礼。以紫缦缠头，系溜布。"龙牙犀角位于马来半岛上的北大年，"俗厚，男女椎髻，齿白，系麻逸布。俗以结亲为重。"龙牙菩提为马来半岛西岸海中的岛夷，"无田耕种，但栽薯芋，蒸以代粮。……园种果，采蛤、蚌、鱼、虾而食，倍于薯芋，俗朴。男女椎髻，披木棉花单被。"湄南河上有罗斛、暹，罗斛"风俗劲悍，男女椎髻，白布缠头，穿长布衫。每有议刑法钱谷出入之事，并决于妇人，其志量常过于男子。"暹"俗尚侵掠……凡人死，则灌水银以养其身。男女衣着与罗斛同。"爪哇岛上蕃国众多，爪哇"旧传国王系雷震石中而出，令女子为酋以长之。……俗朴，男子椎髻，裹打布。惟酋长留发。"在爪哇中北岸的八节那间，"俗尚邪，与湖北道澧州风俗同。男女椎髻，披白布缦，系以土布。一岁之间，三月内，民户采生以祭鬼酬愿，信不生灾害。"三佛齐则"俗淳，男女椎髻，穿青绵布短衫，系东冲布。喜洁净，故于水上架屋。"苏门答腊上有啸喷、花面、须文答剌，啸喷"其山坡延袤数千里，结茅而居，田沃，宜种粟。气候常暖。俗陋，男女椎髻。以藤皮煮软，织粗布为短衫，以生布为梢。"花面"男女以墨汁刺于其面，故谓之花面，国名因之。气候倍热，俗淳，有酋长。"须文答剌"男女系布缦。俗薄，其酋长人物修长，一日之间必三变色，或青或黑或赤。每岁必杀十余人，取自然血浴之，则四时不生疾病，故民皆畏服焉。男女椎髻，系红布。"加里曼丹岛上有勃泥、蒲奔、假里马打等，勃泥"俗尚侈，男女椎髻，以五采帛系腰，花锦为衫。"蒲奔"风俗果决，男女青黑，男垂髻，女拳髻，系白缦。民煮海为盐，采蟹黄为鲊。以木板造舟，藤篾固之，以绵花塞缝底，甚柔软，随波上下，以木为桨，未尝见有损坏，有酋长。"假里马打"俗浇薄。男女髡头，以竹布为桶样穿之，仍系以梢、罔知廉耻。"古里地闷位于巽他群岛，"风俗淫滥。男女断发，穿木棉短衫，系占城布。市所酒肉价廉，妇不知耻。部领目纵食而贪酒色之余，卧不覆被，至染疾者多死。……黄昏之际，则狂魂荡唱，歌舞不已。夜则添炬辉耀，使人魂逝而胆寒。"

　　《明史·外国列传》中对于南洋诸蕃社会人文的描述也甚详尽，涉及安南、占城、真腊、暹罗、爪哇、三佛齐、勃泥、满刺加、苏门答剌、须文答那、苏禄、彭亨、南渤里、阿鲁、柔佛、丁机宜等诸蕃王国，它们多与明王朝之间保持密切的朝贡往来，成为汉民人文与诸蕃人群互动与融合的基础。在半岛人文方面，"安南传"载："安南，古交趾地。……都会在交州，即唐都护治所。……人性犷悍。驩、演二州多文学，交、爱二州多倜傥士，较他方为异。"明王朝对安南的招抚、兵伐从未停止过，安南多与明王朝保持比较密切的藩宗关系。占城也没有中断朝贡明王朝，"占城传"载："占城居南海中，自琼州航海顺风一昼夜可至，自福州西南行十昼夜可至，即周越裳地。……其国无霜雪，四时皆似夏，草木常青。民以渔为业，无二麦，力稼者少，故收获薄。……有城郭甲兵，人性狠而狡，贸易多不平。户皆北向，民居悉覆茅檐，高不得过三尺。部领分差等，门高卑亦有限。饮食秽污，鱼非腐烂不食，酿不生蛆不为美。人体黑，男蓬头，女椎结，俱跣足。……宾童龙国，与占城接壤。或言如来入舍卫国乞食，即其地。气候、草木、人物、风土，大类占城……人皆穴居巢处，食果食鱼虾，无室庐井灶。""真腊传"载："真腊，在占城南，顺风三昼夜可至。……洪武三年遣使臣郭征等斋诏抚谕其国。……民俗富饶。天时常热，不识霜雪，禾一岁数稔。男女椎结，穿短衫，围梢布。刑有劓、刖、刺配，盗则去手足。番人杀唐人罪死，唐人杀番人则罚金，无金则鬻身赎罪。……其国自称甘孛智，后讹为甘破蔗，万历后又改为柬埔寨。""暹罗传"载："暹罗，在占城西南，顺风十昼夜可至，即隋唐赤土国。……气候不正，或寒或热，地卑湿，人皆楼居。男女椎结，以白布裹首。""彭亨传"载："其国，土田沃，气候常温，米粟饶足，煮海为盐，酿椰浆为酒。上下亲狎，无寇贼。然惑于鬼神，刻香木为像，杀人祭赛，以禳灾祈福。所贡有象牙、片脑、乳香、速香、檀香、胡椒、苏木之属。"

以汉民人文为代表的中国文化在南洋群岛诸蕃中也有广泛的扩展与深刻的交融。"爪哇传"载："爪哇在占城西南。……气候常似夏，稻岁二稔。无几榻匕箸。人有三种：华人流寓者，服食鲜华；他国贾人居久者，亦尚雅洁；其本国人最污秽，好啖蛇蚁虫蚓，与犬同寝食，状黝黑，猱头赤脚。崇信鬼道。杀人者避之三日即免罪。……中国商旅亦往来不绝。其国有新村，最号富饶。中华及诸番商舶，辐辏其地，宝货填溢。""阇婆传"载："阇婆，古曰阇婆达。宋元嘉时，始朝中国。唐曰诃陵，又曰社婆，其王居阇婆城，宋曰阇婆，皆入贡。洪武十一年，其王摩那驼喃遣使奉表，贡方物，其后不复至。"　"三佛齐传"载："（洪武三年）户部言其货舶至泉州，宜征税，命勿征。……（三十年）时爪哇已破三佛齐，据其国，改其名曰旧港，三佛齐遂亡。国中大乱，爪哇亦不能尽有其地，华人流寓者往往起而据之。……嘉靖末，广东大盗张琏作乱，官军已报克获。万历五年商人诣旧港者，见琏列肆为蕃舶长，漳、泉人多附之，犹中国市舶官云。""勃泥传"载："永乐三年冬，其王麻那惹加那遣使入贡，乃遣官封为国王，赐印诰、敕符、勘合、锦绮、彩币。……国统十四洲，在旧港之西，自占城四十日可至。初属爪哇，后属暹罗，改名大泥。华人多流寓其地。嘉靖末，闽、粤海寇遗孽逋逃至此，积二千余人。""满剌加传"载："（永乐）五年九月遣使入贡。明年，郑和使其国，旋入贡。……田瘠少收，民皆淘沙捕鱼为业。气候朝热暮寒。男女椎髻，身体黝黑，间有白者，唐人种也。俗淳厚，市道颇平。……其自贩于中国者，则直达广东香山澳，接迹不绝云。""苏门答剌传"载："（永乐）三年，郑和下西洋，复有赐。和未至，其酋宰奴里阿必丁已遣使随庆入朝，贡方物。诏封为苏门答剌国王，赐印诰、彩币、袭衣。遂比年入贡，终成祖世不绝。郑和凡三使其国。其国俗颇淳，出言柔媚，惟王好杀。……四方商贾辐辏。华人往者，以地远价高，获利倍他国。……妇人裸体，惟腰围一布。""苏禄传"载："（永乐年间）浮海朝贡，进金镂表文，献珍珠、宝石、玳瑁。……土人以珠与华人市易，大者利数十倍。""阿鲁传"载："阿鲁，一名哑鲁，近满剌加。……田瘠少收，盛艺芭蕉、椰子为食。男女皆裸体，以布围腰。永乐……入贡。宣德五年，郑和使诸蕃，亦有赐。""柔佛传"载："华人贩他国者多就之贸易，时或邀至其国。国中覆茅为屋，列木为城，环以池。无事通商于外，有事则招募为兵，称强国焉。地不产谷，常易米于邻壤。男子薙发徒跣，佩刀，女子蓄发椎结，其酋则佩双刀。""丁机宜传"载："其国以木为城，酋居所，旁列钟鼓楼，出入乘象。以十月为岁首。性好洁，酋所食啖，皆躬自割烹。民俗类爪哇，物产悉如柔佛。"

（二）东洋岛屿带"流求"、"岛夷"人群的汉夷文化融合

宋元明清间，大陆东南汉民在东洋岛屿的海洋社会经济文化活动更趋频繁，大陆王朝向海洋的征伐、航海家的海洋旅行、民间海洋势力的海洋经济活动交替进行。汪大渊《岛夷志略》中所述东洋岛夷众多，由近及远包括彭湖、琉球、毗舍耶、三岛、麻里鲁、麻逸、尖山、苏禄、遐来勿等处，连接一线大致反映了宋元时期大陆东南船家在东洋岛屿带的航迹。在明清东南航海针路簿中，东洋航路的分量逐步上升并超过了西南洋航路。张燮《东西洋考》所录"东洋针路"有漳州太武山经澎湖屿到吕宋密雁港以及以吕宋为中心的沟通东洋岛屿带间的 9 条航路。[1]《顺风相送》中的东洋往、返针路更有 20 条之多，其中从湄洲东墙、莱屿、前沙、粤东南澳、漳州太武、浯屿、泉州等闽、粤沿海本土放洋的彭湖、琉球、吕宋、苏禄、渤泥、文莱等东洋岛屿带的往、返针路就有 18 条之多。[2]明末清初《指南正法》中的东洋针路总数已经超过西南洋针路，所录粤、闽、浙本土的粤东南澳、漳州大担、浯屿、金门僚罗、泉州、湄洲鸟坵、莱屿、崇武、福州梅花、闽东沙埕、浙江温州、舟山等往澎湖西屿头、台南东都、吕宋双口、邦仔系兰、宿务、棉兰老岛的网巾礁荖、马鲁古群岛的万荖膏、文莱、琉球濠瀰以及日本长岐等往返针路有 30 余条，构成了一个以东洋航路为中心的复杂航路网络，成为东洋航路发展史上最繁盛的阶段。[3]官方的海洋政治扩张、军事征伐和民间海洋活动的频繁，促进了由大陆向海洋的规模化的人文移植和汉蕃人文的交流融合，在宋元明清时期的汉文史籍中，有关东洋岛屿带土著人文的详尽记录与描述就是大陆汉民人文海洋扩展、"中国—四方"人文关系框架在东洋岛屿带拓展的实录。

据《宋史》卷四百九十一《外国传》"流求国"载："流求国在泉州之东，有海岛曰

---

① ［明］张燮：《东西洋考》卷九"舟师考"之"东洋针路"，中华书局 1981 年。

② 向达校注：《两种海道针经》，第 87～99 页，中华书局 1961 年。

③ 向达校注：《两种海道针经》，第 137～190 页，中华书局 1961 年。

彭湖，烟火相望。其国堑栅三重，环以流水，植棘为藩，以刀稍弓矢剑铍为兵器，际月盈亏以纪时。无他奇货，商贾不通，厥土沃壤，无赋敛，有事则均税。旁有毗舍耶国，语言不通，祖裸盱睢，殆非人类。淳熙间，国之酋豪尝率数百辈猝至泉之水澳、围头等村，肆行杀掠。……不驾舟楫，惟缚竹为筏，急则群舁之泅水而遁。"这段文字与《隋书·流求传》所记差别不大，只是描述的范围延伸到更遥远的菲律宾群岛的"毗舍耶国"。

赵汝适《诸蕃志》的记载更有流求、毗舍耶、麻逸、三屿、蒲里噜、渤泥等。"流求国志"记载的土著人文近于隋书和宋史的"流求传"："流求国当泉州之东，舟行约五六日程。王姓欢斯，土人呼为'可老'，王所居曰波罗檀洞。堑栅三重，环以流水，植棘为藩，殿宇多雕刻禽兽。男女皆以白纻绳缠发，从后头盘缠绕，及以杂纻杂毛为衣，制裁不一。织藤为笠，饰以羽毛。""毗舍耶国志"的土著人文描述也同于宋史，但记载了大陆政权首次对岛屿带（澎湖）实施郡县管辖的情形："毗舍耶语言不通，商贩不及，祖裸盱睢，殆蓄类也。泉有海岛曰彭湖，隶晋江县，与其国密迩，烟火相望……不驾舟楫，惟以竹筏从事，可折叠如屏风，急则群舁之泅水而遁。""麻逸国志"载："麻逸国在渤泥之北，团聚千余家，夹溪而居。土人披布如被，或腰布蔽体。……酋长日用白伞，故商人必赍以为赆。交易之例，蛮贾丛至，随皮篰搬取物货而去，初若不可晓，徐辨认搬货之人，亦无遗失。蛮贾乃以其货转入他岛屿贸易，率至八九月始归，以其所得准偿舶商。亦有过期不归者。故贩麻逸舶回最晚。三屿、白蒲延（即吕宋北的巴布延群岛）、蒲里噜（即吕宋东的波利略群岛）、里银东、流新、里汉等皆其属也。""三屿、蒲里噜志"载："三屿乃麻逸之属，曰加麻延、巴佬酋巴、吉弄，各有种落，散居岛屿……其风俗大略与麻逸同，每聚落各约千余家。地多崇岗叠嶂，峭拔如壁，凭高依险，编茅为屋。山无水源，妇女以首系擎二三瓮，取水于溪，登陟如履平地。穷谷别有种落，号海胆，人形而小，眼圆而黄，虬发露齿，巢于木颠，或三五为群，跧伏榛莽，以暗箭射，人多罹其害。投以瓮碗，则俯拾忻然跳呼而去。番商每抵一聚落，未敢登岸，先驻舟中流，鸣鼓以招之。蛮贾争棹小舟，持吉贝、黄蜡、番布、椰心簟等与贸易。……蒲里噜与三屿联属，聚落差盛，人多猛悍，好攻劫。……风俗博易，与三屿同。"

《元史·外夷列传》中有关东洋岛屿带的条文有瑠求和三屿两处。"瑠求传"记载了元朝两次经营台、澎的过程，"瑠求在南海之东。漳、泉、兴、福四州界内彭湖群岛，与瑠求相对，亦素未通。……瑠求在外夷最小而险者也，汉、唐以来，史所不载，近代诸番市舶不闻至其国者。世祖至元二十八年九月，海船副万户杨祥请以六千军往降之，不听命则遂往伐之，朝廷从其请。……冬十月，乃命杨祥充宣抚使，给金符，吴志斗礼部员外郎，并给银符，往使瑠求。……二十九年三月二十九日，自汀路尾澳舟行，至是日巳时，海洋中正东望见有山长而低者，约去五十里。……四月二日，至彭湖。……成宗元贞三年，福建省平章政事高兴言，今立省泉州，距瑠求为近，可伺其消息，或宜招宜伐，不必它调兵力，兴请就近试之。九月，高兴遣省都镇抚张浩、福州新军万户张进赴瑠求国，禽生口一百三十余人。""三屿传"文字简短，但却记载了东亚大陆王朝将经营东洋岛屿带的前锋推进到更遥远的菲律宾群岛的历史，"三屿国，近瑠求。世祖至元三十年，命选人招诱之。平章政事伯颜等言：'臣等与识者议，此国之民不及二百户，时有至泉州为商贾者。去年入瑠求，军船过其国，国人饷以粮食，馆我将校，无它志也。乞不遣使。'帝从之。"

汪大渊《岛夷志略》所记东洋岛屿带土著人文更细。"澎湖志"载："岛分三十有六，巨细相间，坡陇相望，乃有七澳居其间，各得其名。自泉州顺风二昼夜可至。有草无木，土瘠不宜禾稻。泉人结茅为屋居之。气候常暖，风俗朴野，人多眉寿。男女穿长布衫，系以土布。……地隶泉州晋江县。至元间立巡检司，以周岁额办盐课中统钱钞一十锭二十五两，别无科差。""泉人结茅为屋居之"是汉文史籍明确记录大陆东南汉民人文移植岛屿带的最早记载，"至元间立巡检司"还是记载中大陆政权在岛屿带设置的最早行政管辖机构。"琉球志"载："地势盘穹，林木合抱。山曰翠麓，曰重曼，曰斧头，曰大崎。其崎山极高峻，自彭湖望之甚近。……气候渐暖，俗与彭湖差异。水无舟楫，以筏济之。男子妇人拳发，以花布为衫。""毗舍耶志"载："僻居海东之一隅，山平旷，田地少，不多种植。气候倍热。俗尚房捃。男女撮髻，以墨汁刺身至头颈项。臂缠红绢，系黄布为饰。……东洋闻毗舍耶之名，皆畏避之也。""三岛志"载："居大崎山之东，屿分鼎峙，有叠山层峦，民傍缘居之。田瘠谷少，俗质朴，气候差暖。……习俗以其至唐，故贵之也。……次曰答陪，曰海胆，曰巴弄吉，曰蒲里咾，曰东流里，无甚异产。""麻里鲁志"载："小港迢迟，入于其地。山隆而水多卤股石，林少，田高而瘠。民多种薯芋。地气热。俗尚义。……男女拳发，穿青布短衫，系红布缦。""麻逸志"载："山势平宽，夹溪聚落，田膏腴，气候稍暖。俗尚节义。男女椎髻，穿青布衫。凡妇丧夫，则削其发，绝食七日，与夫同寝，多濒于死。七日之外不死，则亲戚劝以饮食，或可全生，则终身不改其节。……蛮贾议价，领去博易土货，然后准价，舶商守信，如终如始不负约也。"尖山位于巴拉望岛南部，"田地少，多种薯，炊以代饭。气候烦热，风俗纤啬。男女断发，以红绢缠头，以佛南圭缠身。""苏禄志"载："其地以石崎山为保障，山畲田瘠，宜种粟麦。民食沙糊、鱼、虾、螺蛤。气候半热。俗鄙薄。男女断发，缠皂缦，系小印花布。"遐来勿位于今苏拉威西岛上，其志云："俗尚妖怪。……男女挽髻，缠红布，系青绵布梢。凡人死，则研生脑调水灌之，以养其尸，欲葬而不腐。"

《明史·外国列传》所列东洋岛屿带的土著王国与人群大增，有琉球、鸡笼、吕宋、合猫里、美洛居、沙瑶呐哔啴、婆罗等，充分反映了东亚大陆王朝对于东洋岛屿带经略的加强，中国—四方人文关系框架的扩展，以及汉民人文视野中海洋土著世界知识的增长。明代的"琉球"不是传统意义上的台澎，它是汉民人文之海洋视野扩展的重要结果，"琉球传"载："琉球居东南海中，自古不通中国。元世祖遣官招谕之，不能达。洪武初，其国有三王，曰中山，曰山南，曰山北，皆以尚为姓，而中山最强。……三王屡遣使奉贡，中山王尤数。"明朝与琉球之间保持密切的宗属关系，但"琉球传"的描述主要停留在明琉政治、经济关系层面，缺乏有关琉球土著社会的记述。台湾"东番"人文记录在"鸡笼山传"下，所述土著人文尤详："鸡笼山在彭湖屿东北，故名北港，又名东番，去泉州甚迩。地多深山大泽，聚落星散。无君长，有十五社，社多者千人，少者五六百人。无徭赋，以子女多者为雄，听其号令。虽居海中，酷畏海，不善操舟，老死不与邻国往来。永乐时，郑和遍历东西洋，靡不献琛恐后，独东番远避不至。和恶之，家赀一铜铃，俾挂诸项，盖拧之狗国也。其后，人反宝之，富者至掇数枚，曰：'此祖宗所遗。'俗尚勇，暇即习走，日可数百里，不让奔马。足皮厚数分，履荆棘如平地。男女椎结，裸逐无所避。女或结草裙蔽体，遇长老则背身而立，俟过乃行。男子穿耳。女子年十五，断唇旁齿以为饰，手足皆刺文，众社毕贺，费不赀。贫者不任受贺，则不敢刺。四序，以草青为岁首。土宜五谷，而不善水田。谷种落地，则止杀，谓行好事，助天公，乞饭食。既收获，即标竹竿于道，谓之插青，此时逢外人便杀矣。村落相仇，刻期而后战，勇者数人前跳，被杀则立散。……以竹构屋，覆之以茅，广且长，聚族而居。无历日、文字，有大事集众议之。善用标枪，竹柄铁镞，铦甚，试鹿鹿毙，试虎虎亦毙。性既畏海，捕鱼则于溪涧。冬月聚众捕鹿，镖发辄中，积如山丘。独不食鸡雉，但取其毛以为饰。中多大溪，流入海，水澹，故其外名淡水洋。嘉靖末，倭寇扰闽，大将戚继光败之。倭遁居于此，其党林道乾从之。已，道乾惧为倭所并，又惧官军所击，扬帆直抵渤泥，攘其边地以居，号道乾港。而鸡笼遭倭焚掠，国遂残破。初悉居海滨，既遭倭难，稍稍避居山后。忽中国渔舟从魍港飘至，遂往来通贩，以为常。至万历末，红毛番泊舟于此，因事耕凿，设阛阓，称台湾焉。……其地，北自鸡笼，南至浪峤，可一千余里。东自多罗满，西至王城，可九百余里。水道，顺风，自鸡笼淡水至福州港口，五更可达。自台湾港至彭湖屿，四更可达。自彭湖至金门，七更可达。东北至日本，七十更可达。南至吕宋，六十更可达。盖海道不可以里计，舟人分一昼夜为十更，故以更计道里云。"

鸡笼以外的岛屿带要数菲律宾群岛的人文最为复杂，列国岛夷聚族而治。"吕宋传"载："吕宋居南海中，去漳州甚远。……万历四年官军追海寇林道乾至其国，国人助讨有功，复朝贡。……先是，闽人以其地近且饶富，商贩者至数万人，往往久居不返，至长子孙。佛郎机既夺其国，其王遣一酋来镇，虑华人为变，多逐之归，留者悉被其侵辱。"合猫里是棉兰老岛古王国，"合猫里传"载："合猫里，海中小国也。

土瘠多山，山外大海，绕鱼虫，人知耕稼。……华人入其国，不敢欺陵……有网巾礁老者，最凶悍，海上行劫，舟若飘风，遇之无免者。"美洛居为马鲁古群岛王国，"美洛居传"载："美洛居，俗讹为米六合，居东海中，颇称饶富。酋出，威仪甚备，所部合掌伏道旁。男子削发，女椎结。……东洋不产丁香，独此地有之，可以辟邪，故华人多市场。""沙瑶呐哔啴传"载："沙瑶，与呐哔啴连壤。呐哔啴在海畔，沙瑶稍纡入山隈，皆与吕宋近。男女蓄发椎结，男子用履，妇女跣足。以板为城，竖木覆茅为室。……物产甚薄，华人商其地，所携仅瓷器、锅釜之类，重者至其布而止。"婆罗即加里曼丹东北的文莱，"婆罗传"载："婆罗，又名文莱，东洋尽处，西洋所自起也。……或言郑和使婆罗，有闽人从之，因留居其地，其后人竟据其国而王之。"

总之，在汉文历代史籍中有大量涉及东亚大陆南部至西南太平洋岛屿带诸土著民族文化记录，从上古时期大陆东南方的"三苗"、"十蛮"、"八蛮"、"七闽"土著，到周末秦汉时期遍及大陆东南地区的"百越"民族文化共同体，三国至隋唐间环南海半岛、群岛地带的"蛮夷"与东海岛弧地带的"东鳀"、"山夷"、"流求"人群，以及宋元明清时期这一海洋地带的"外夷"、"诸蕃"、"流求"、"岛夷"社会。从汉文史籍民族志的记载看，这个文化内涵十分庞杂的土著民族群系的内在关系十分密切，其主体实际上就是古今的东南土著以及晚近出现于西语民族志文献的"南岛语族"，这是一个不同于以中原、北方为中心的、作为东亚民族文化核心的华夏—汉民族文化体系。从上古"三苗"到明清"岛夷"的诸民族志篇章，体现了华夏—汉民族人文视野对东南方的观察，表现出一个由北及南、从东南大陆到东南海岛的历时的视野推进，是华夏—汉民族视野看东南土著与"南岛语族"的符号体系。汉民史籍民族志表现出来的华夏—汉民看东南的视野推进，实际上是以"中国—四方"为特征的东亚古代人文关系总体框架在东南方实践的结果，体现了华夏—汉民人文向大陆东南、渐及海洋东南的一次推进、移植与文化融合的进程。在这个民族文化关系进程以及由此产生汉文史籍民族志进程中，大陆东南土著与东亚、东南亚群岛土著民族间并不存在截然不同的民族文化区分。东南土著与"南岛语族"间的"人文区分"，实际上只是华夏—汉民族看东南方与西方航海家闯入南海、太平洋，西方民族学家关注东亚、太平洋群岛而忽视相关的东亚大陆土著民族文化的视野差距，只是汉文史籍与西语文献间的民族志符号差别。华南土著与"南岛语族"的密切关系见证与现代考古学、民族学、语言学、人类学的观察。

跨文化视野下台湾原住民的族群
认知与"族称"*

作为民族（nation）或族群（ethnic group）的称谓，"族称"承载了特定人们共同体的自觉认同，凝聚着特定族群历史文化的共同记忆，而"族称"确定的前提应是对以一定的文化特质为标记、以特定时空为依托的民族或族群的认知与识别。台湾原住民是明郑以来华南大陆汉民大规模迁台之前，已经居住在台湾岛上的土著居民，分别是自石器时代以来不同阶段自东亚大陆和东南亚群岛迁徙到台湾岛上的，不是单一的民族，而是内涵复杂、文化多样、种族语言明显差异的土著民族群体。由于台湾原住民各族均缺乏本民族自身的文献历史，原住民的族群确认、记忆塑造长期建立在异文化的视野下，是在外部世界与原住民族群的跨文化互动过程中获得认知和识别的。汉唐宋明时期"化外"接触中的"夷"、"番"，清代的"理番教化"中"生（野）番"与"熟（化）番"，日据时代"皇民化蕃政"下的"生蕃"与"高砂族"九族，光复以来"山地行政"和"原住民运动"过程中"山胞"十族及"原住民"十四族，从笼统、概括的"统称"到各族群的识别与相应"族称"，表现了台湾原住民在跨文化视野下被动认知的过程，也反映了台湾原住民文化发展史和原汉民族关系史上的一系列重要问题。

一 夷、番：汉唐宋明间"化外"接触中的"非我族类"

即便大陆汉人发现、迁徙台湾的历史可以早到三国时期，但在古代"中国—四方"（中心—边缘）民族文化关系框架内，华夏、汉民人文视野下的台湾原住民社会的"教化"进程是十分缓慢的，长期处于"化外"接触的状态。在整个汉唐宋明间，以华夏、汉文化为核心的中央王朝虽已逐步将台、澎岛屿带纳入行政管辖，但尚未直接统治原住民社会，对原住民族群的认知长期处于模糊、笼统状态，原住民被相继"统称"为

* 教育部人文社会科学重点研究基地 2006 年度重大项目"台湾原住民研究"（2006JJDGAT002）课题成果，原刊于《台湾研究集刊》2009 年 5 期。

"山夷"、"岛夷"、"土人"、"东番"、"土番"等。

汉唐间，台湾"山夷"最早进入汉民人文的视野。三国沈莹《临海水土志》是第一篇详尽描述台岛"夷州"土著"山夷"的篇章："夷洲在临海东南，去郡二千里，土地无雪霜，草木不死。四面是山（溪），众山夷所居。……此夷各号为王，分划土地人民，各自别异。人皆髡头穿耳，女人不穿耳。……舅姑子妇男女卧息，共一大床，交会之时，各不相避。……磨砺青石以作矢镞刃斧。环贯珠珰。饮食不洁。取生鱼肉杂贮大（瓦）器中，以（盐）卤之，历（月余日）乃啖食之，以为上肴。……饮食皆踞相对，凿床作器如稀槽状，以鱼肉腥臊安中，十十五五共食之。……歌似犬（嗥），以相娱乐。得人头，斫去脑，剥其面肉，留置骨，取犬毛染之以作鬓眉发编，具齿以作口，自临战斗时用之，如假面状。……女以嫁皆缺去前上一齿。"书中所记"山夷"人文与近代民族志台湾原住民生活仍然吻合。[1]

在唐宋正史中，多以"（流求）土人"泛称台湾原住民。《隋书·流求传》是第二篇系统描述台岛"流求""土人"的文字，"流求国，居海岛之中，当建安郡东，水行五日而至，土多山洞，其王姓欢斯氏，名渴剌兜，不知其由来有国代数也。彼土人呼之为可老羊，妻曰多拔荼。所居曰波罗檀洞，堑栅三重，环以流水，树棘为藩。……人深目长鼻，颇类于胡，亦有小慧。……妇人以墨黥手，为虫蛇之文。……王之所居，壁下多聚髑髅以为佳。人间门户上必安兽头骨角。"其事也多延续前引沈志人文，与近现代台湾土著民族志吻合。

赵汝适《诸蕃志·流求国》也有："流求国当泉州之东，舟行约五六日程。王姓欢斯，土人呼为'可老'，王所居曰波罗檀洞。堑栅三重，环以流水，植棘为藩，殿宇多雕刻禽兽。男女皆以白纻绳缠发，从头后盘绕，及以杂纻杂毛为衣，制裁不一。织藤为笠，饰以羽毛。"《宋史·外国传·流求国》："流求国在泉州之东，有海岛曰澎湖，烟火相望。其国堑栅三重，环以流水，植棘为藩……旁有毗舍耶国，语言不通，袒裸盱睢，殆非人类。"所记土著社会均与《隋书》大同。《元史·外夷列传·瑠求传》、汪大渊《岛夷志略·琉球志》也有类似的篇章。

明代，"岛夷"、"土人"还偶有出现，但台湾"番人"多被汉人称为"东番"、"东番夷人"、"土番"等。《明史·外国列传》载："鸡笼山在彭湖屿东北，故名北港，又名东番，去泉州甚迩。……永乐时，郑和遍历东西洋，靡不献琛恐后，独东番远避不至。"何乔远《闽书》卷一百四十六"岛夷志"语："东番夷人不知所自始，居澎湖外洋海岛中。……断续凡千余里，种类甚蕃，别为社……永乐初，郑和航海谕诸夷，东番

---

① ［吴］沈莹撰、张崇根辑注：《临海水土志》，第 1~5 页，中央民族大学出版社 1998 年。

独远避瘟不听约。"① 陈第《东番记》语："东番夷人，不知所自始。野史氏曰：异哉东番！从烈屿诸澳乘北风航海，一昼夜至澎湖，又一昼夜至加老湾，近矣。"屠隆氏《平东番记》语："东番者，澎湖外洋中夷也。"②杨英《从征实录》有"土番"、"土民"语，如十五年（1661 年）五月十八日"本藩令谕云：……不准混侵土民及百姓现耕物业。"七月"援剿后镇、后冲镇官兵激变大肚土番叛，冲杀左先锋镇营。"十六年（1662 年）"英随藩主十四年许矣，扈从历遍，未有如此土地膏腴饶沃也。惜乎土民耕种，未得其法，无有人教之耳。"③

"夷"、"番"等是华夏、汉民人文视野中，以中原王朝为核心的古代"中国"对"化外"的"四方万国"、"非我族类"的概称。在"中国—四方"、"华夏—边缘"为特征的古代东亚族群关系宏观格局下，随着强势的华夏、汉民族文化从"中心"向"边缘"的扩展、接触、冲突与融合，对四方文化的认知程度取决于华夏、汉民人文扩展、推进的速度和深度。其中有不少认知有限、没有明确辨识的族群，只是被笼统地概括在"蛮"、"夷"、"戎"、"狄"、"番"等符号下，这些符号在中文语境中不代表特定的时空和文化传统的族群，仅仅是站在华夏、汉民人文立场"严华夷之别"，模糊、笼统地概括了东、西、南、北的"非我族类"，相当于我们今天所说的东、西、南、北四方"少数民族"，不是特定族群的"族称"。自汉唐到宋明间千余年的"汉番"早期关系史上，虽自元朝始设澎湖巡检司以管理岛屿带事务，但中原王朝还谈不上直接统治、教化台湾岛上的原住民社会。原住民人群基本保持相对独立的发展状态，整体上处于华夏、汉民人文的"化外之域"，"山夷"、"岛夷"、"土人"、"东番"、"土番"等"统称"体现了大陆汉人社会对岛屿带"非我族类"早期有限的接触中概括、含混的认知。

二　生（野）番与熟（化）番：清代"理番教化"中的原住民

入清以后，尤其是康熙统一台湾后，随着大陆汉人的大规模移垦，清政府开始在台湾岛上实施直接的郡县统治，先后设立台湾府和台湾、诸罗、凤山、彰化等县，原住民社会开始"归化"于华夏、汉文化的新阶段。但这一过程是逐步的、漫长的，清代对原住民社会采取了隔离"教化"、分而治之的"理番"统治，原住民族群也始终都只有部分"归化"。清代原住民总体上仍被"统称"为"土番"，但随着"理番"事业的推进、汉番融合的发展、原住民社会的分化，先有"生番"、"野番"与一般"土番"的

---

① 　何乔远：《闽书》第五册，第 4359 页，福建人民出版社 1994 年。

② 　沈有容：《闽海赠言》引陈第《东番记》，第 21 页，屠隆《平东番记》，第 24 页，"台湾文献史料丛刊"第八辑，台北大通书局 1987 年。

③ 　杨英：《从征实录》，第 189～193 页，"台湾文献史料丛刊"第六辑，台北大通书局 1987 年。

区别，再有“生（野）番”与“熟（化）番”之分，充分反映了原住民社会被“教化”、“归化”的历史过程。

康熙统一台湾不久，就认识到原住民社会中“生番”、“野番”与一般“土番”的差别，他们仍是一群“言语不与中国通”的“化外”之民。如康熙三十三年（1694年），高拱乾《台湾府志》卷一“封域志·疆界”就先有“生番”与一般“土番”的区分：“（台湾）南至沙马矶头六百三十里为界，是曰南路；矶以内诸社，汉番杂处，耕种是事，余诸里、庄，多属汉人。北至鸡笼山二千三百一十五里为界，是曰北路；土番居多。惟近府治者，汉、番参半。至于东方，山外青山，迤南亘北，皆不奉教。生番出没其中，人迹不经之地；延袤广狭，莫可测识。”卷七“风土志·土番风俗”还有：“土番之性，与我人异者，无姓字、不知历日；父母而外，无叔伯、甥舅，无祖先祭祀，亦不自知其庚甲。男女皆跣足裸体，上衣短衫，以幅布围其下体；番妇则用青布裹胫，头上多带花草。”① 康熙三十六年（1697年），郁永河《裨海纪游》中还有“野番”与一般“土番”之别：“台之民，土著者是为土番，言语不与中国通；况无文字，无由记说前代事。”“（凤山）摄土番十一社……另有傀儡番并山中野番，皆无社名。……三县（台湾、凤山、诸罗——引者注）所隶，不过山外沿海平地，其深山野番，不与外通，外人不能入，无由知其概。”又有：“诸罗、凤山无民，所隶皆土著番人。番有土番、野番之别：野番在深山中，叠嶂如屏。……平地诸番恒畏之，无敢入其境者。而野番恃其犷悍，时出剽掠，焚庐杀人；已复归其巢，莫能向迩。其杀人辄取首去，归而熟之，剔取髑髅，加以丹垩，置之当户，同类视其室髑髅多者推为雄，如梦如醉，不知向化，真禽兽耳。”② 就是说，清代前期统称台湾原住民为“土番”之时，开始将偏远山区的“土番”另称为“生番”、“野番”，它们都是“土番”的一部分，是“土番”中不与汉人往来、不被清朝直接统治、尚未“教化”的部分。

随着内地汉民迁屯垦规模的扩大、清朝对番地统治的深入，原住民社会开始扩大汉化、加速汉化，康熙晚期开始将服从政府“教化”、与汉人往来密切的“归化”“土番”称为“化番”、“熟番”，而不服“教化”、不与汉人往来的为“生番”、“野番”，形成了汉民人文视野中台湾原住民社会“生（野）番”与“熟（化）番”两大类的明确区分。康熙五十六年（1717年）周钟瑄的《诸罗县志》卷八“风俗志·番俗”载：“山高海大，番人禀生其间，无姓而有字。内附输饷者曰熟番，未服教化者曰生番或野番……跣足，上

---

① 高拱乾：《台湾府志》卷一、七，第7、239页，“台湾文献史料丛刊”第一辑，台北大通书局1984年。
② 郁永河：《裨海纪游》卷上第9、11页，卷下第32页，“台湾文献史料丛刊”第七辑，台北大通书局1987年。

体常裸，以幅布稍蔽下体前后，曰遮阴。"① 康熙六十一年（1722 年），蓝鼎元在《粤中风闻台湾事论》一文中说："台湾土番，有生、熟二种，其深居内山，未服教化者为生番，皆以鹿皮蔽体，耕山食芋，弓矢镖枪，是其所长。……其杂居平地、遵法服役者为熟番，相安耕凿，与民无异。"② 同时期的鲁之裕《台湾始末偶纪》语："台湾闽海诸岛之饶也……其番有生者熟者，其聚族而居之所曰社，合台湾之社有三百五六十焉，其社有生番、熟番，生者何？不与汉群、不达吾言语者也。熟者何？汉番杂处、亦言吾言、语吾语者也。"③ 乾隆六年（1741 年）刘良璧《重修福建台湾府志》卷六"土番风俗"引"台湾志略"语："台湾僻处海外，向为土番聚居。自归版图后，遂有生、熟之别。生番远住内山，近亦渐服教化；熟番则纳粮应差，等于齐民。"④

　　清代影响汉番融合、原住民"归化"程度以及"生、熟"二番区分的重要因素是台湾岛内的自然地理环境差别，最根本的是"土番"社会与汉人迁台聚居之西部沿海平原的距离远近、倚山与平地环境的差异。前引蓝鼎元在《粤中风闻台湾事论》、刘良璧《重修福建台湾府志·土番风俗》中"生、熟二种"的差别都提到"深居（远住）内山"与"杂居平地"。清政府为了保护移垦的汉人和"归化"的熟番，采取了消极的隔离政策，对原住民社会进行分而治之的统治，多次在"生、熟番"所在的内山与平地之间设置"番界"及"土牛"、"土牛沟"。早在康熙六十一年，闽浙总督觉罗满保就曾下令，在各山口"自北路起至南路止，筑土墙高五、六尺，深挖壕堑，永为定界。越界者以盗贼论。如此则奸民无窝顿之处，而野番不能出为害矣。……一千五百余里之界墙，一千五百余里之壕堑，大工之役，海外仅闻"。⑤ 虽因蓝鼎元上书反对而未能如数执行，但仍在南北五十四处"亦俱立石为界"。⑥ 并经多次"厘定生番界址，不许番、民出入"，形成了汉民与生番之间的分治界线。⑦ 乾隆二十五年（1760 年），在闽浙总督杨廷璋上奏"其与溪圳不相接处，挑挖深沟，堆筑土牛为界"，二十六年（1761 年）

---

① 周钟瑄：《诸罗县志》卷八，第 154、155 页，"台湾文献史料丛刊"第一辑，台北大通书局 1984 年。

② 蓝鼎元：《粤中风闻台湾事论》，载《鹿洲初集》卷十一，引自《鹿洲全集》第 235 页，厦门大学出版社 1995 年。

③ 鲁之裕：《台湾始末偶纪》，载《式馨堂文集》卷七"记"，引自"四库禁毁书丛刊"集部 150 第 398 页，北京出版社 1998 年。

④ 刘良璧：《重修福建台湾府志》，第 101 页，"台湾文献史料丛刊"第二辑，台北大通书局 1984 年。

⑤ 蓝鼎元：《复制军迁民划界书》，载《东征集》卷三，引自《鹿洲全集》第 557 页，厦门大学出版社 1995 年。

⑥ 黄叔璥：《台海使槎录》卷八《番俗杂记》，第 167～168 页，"台湾文献史料丛刊"第二辑，台北大通书局 1984 年。

⑦ 施天福：《清代台湾竹堑地区的土牛沟和区域发展》，引自张炎宪主编《台湾史论文精选》，台湾玉山出版公司 1997 年。

即"亲率厅、县督理工所匝月，而深沟高垒，疆界井然"①，形成更严厉的汉番分界。直到道光十七年（1837年），柯培元《噶玛兰志略》卷十二"蕃市志·番界"还记载："开兰事宜条奏内准于沿山隘寮之外，以五里为率，划界堆筑土牛。凡民人采樵，毋许越界起畔。查番俗杂记谓：康熙六十一年，官斯土者，议凡逼近生番处所，相去数十里或一里余，竖石以限之，越入者有禁。"②

划界隔离强化了内山与平地原住民的"生、熟"差别，并大致形成了"山后（倚山）番"与"平埔（地）番"、"界外番"与"界内番"两组以地理环境区分的族群称谓，成为日据以后"高砂（山）族"、"平埔族"区分的基础。雍正八年（1730年）陈伦炯《东南洋记》有："台湾居辰巽方……西面一带大野，东面俯临大海。附近输饷赋应徭者名曰'平埔'土番。其山重叠，野番穴处，难以种数。"③ 前引刘良璧《重修福建台湾府志》卷五"坊里·附番社"对土番的区分中，除"归化生番"、"熟番"外，还有"倚山熟番"、"平地熟番"、"平埔熟番"、"山后生番"等类，如"（诸罗县）大武垅头社……以上四社倚山熟番。目加溜湾社……以上八社平地熟番。""（彰化县）西螺社……以上十一社平埔熟番……南社……以上六社边海熟番。""（淡水海防厅）后垅五社，俱平埔熟番。……蛤仔难三十六社，皆山后生番。"④

虽然地理环境的差别不能绝对等同于原住民汉化、"归化"程度与"生、熟"的程度，但确实是密切关联的，尤其到清代晚期界外的山地（后）土番一般就是指"生番"，而界内的平地（埔）土番一般就是指"熟番"。正如道光初年邓传安《台湾番社纪略》所说："台湾四面皆海，而大山亘其南北，山以西民番杂居，山以东有番无民，番所聚处曰社，于东西之间分疆画界，界内番或在平地，或在近山，皆熟番也。界外番或归化或未归化，皆生番也。"⑤ 又前引柯培元《噶玛兰志略》卷十二"番市志·生番"、"熟番"条对山地之生番和平埔之熟番也有明确的对比："山根之下，远望则层峦叠嶂，皆由东南而驱西北，近至山脚，则皆两山对列，其中有鸟道蹊径，一似天生门户，容生番出没者生。""兰地三十六社化番独散处于港之左右，以渔海营生，故俗又谓之平埔番，实以其居于荒埔平旷之地，为土番而非野番也。"⑥

① 《清高宗实录选辑》，乾隆二十五年八月，第126页，"台湾文献史料丛刊"第四辑，台北大通书局1984年。余文仪：《续修台湾府志》卷二十二"艺文"录《杨观察北巡图记》，第814页，"台湾文献史料丛刊"第一辑，台北大通书局1984年。
② 柯培元：《噶玛兰志略》，第120页，"台湾文献史料丛刊"第二辑，台北大通书局1984年。
③ 陈伦炯：《东南洋记》，载《海国闻见录》第11页，"台湾文献史料丛刊"第七辑，台北大通书局1987年。
④ 刘良璧：《重修福建台湾府志》，第81~83页，"台湾文献史料丛刊"第二辑，台北大通书局1984年。
⑤ 道光初年邓传安：《台湾番社纪略》，载《蠡测汇钞》第3页，"丛书集成初编"，中华书局1985年。
⑥ 柯培元：《噶玛兰志略》，第122页，"台湾文献史料丛刊"第二辑，台北大通书局1984年。

当然，原住民的"归化"是一个很复杂的文化融合现象，用两个简单的概念不可能就将汉化与否截然区分开来，所以乾嘉以来的史志上还不时有"归化土番"、"归化生番"这样的介于"生番"与"熟番"之间的人群。如刘良璧《重修福建台湾府志》卷六"土番风俗"引《理台末议》语："台湾归化土番，散处村落……其俗男女同川而浴。未婚者夜宿公廨，男女答歌相慕，悦而后为夫妇，拔去前齿。"卷五"坊里·附番社"语："（凤山县）加六堂社、郎娇社俱归化。""（诸罗县）内优六社皆归化生番。……阿里山八社皆归化生番。""（彰化县）夬裹社至此（福骨社——引者注）二十四社，在水沙连山内，为归化生番。""（淡水海防厅）三朝社……以上四社，乾隆二年归化生番。"① 又如，乾隆十六年（1751 年）敕编的《皇清职贡图》卷三记载台湾、凤山、诸罗、彰化四县的十二社群二十四幅番人男女形象画，也有多处"归化生番"，如"凤山县山猪毛等社归化生番"，"其居择险隘处叠石片为屋，无异穴处，男女披发裸身，或以鹿皮蔽体"。"彰化水沙连等社归化生番"，"盖藏饶裕，身披鹿皮，织树皮"。② 这种情形正好反映了清代台湾原住民从"生（野）番"到"熟（化）番""归化"进程的复杂性、长期性。

在清代汉文史籍中，唯一超脱汉族中心主义视野下对原住民社会狭隘的生、熟或野、化二分法，而注意到原住民社会文化之分群差异的，就是雍正二年（1724 年）黄叔璥《台海使槎录》中的"番俗六考"，以地缘位置的差别，将原住民社会分为"北路诸罗番"10 种和"南路凤山番"3 种计 13 类③，依次叙述他们的居处、饮食、衣饰、

---

① 刘良璧：《重修福建台湾府志》，第 81～83、106～107 页，"台湾文献史料丛刊"第二辑，台北大通书局 1984 年。

② 《皇清职贡图》卷三，第 23～48 页，北京大学图书馆藏文渊阁四库全书电子版，史部地理类外纪之属。

③ 黄叔璥：《台海使槎录》卷五至卷七"番俗六考"第 94～160 页，台湾番人 13 种为：北路诸罗番 10 种——1）新港、目加溜湾、萧垅、麻豆、卓猴，2）诸罗山、哆啰国、打猫，3）大雾郡、猫儿干、西螺、东螺、他里雾、猴闷、斗六、二林、南社、阿束、大突、眉里、马芝遴，4）大杰巅、大武垅、噍吧年、木岗、茅匏头社、加拔、霄裡、梦明明，5）内优、垅社、屯社、網社、美垅，6）南投、北投、猫罗、半线、柴仔阬、水裡，7）阿里山五社、奇冷岸、大龟佛、水沙连思麻丹、木武郡赤嘴、麻咄目靠、挽鳞倒咯、狸裡蝉蛮蛮、干那雾，8）大肚、牛骂、沙辘、猫雾揀、岸裡、阿里史、朴仔离、扫揀、乌牛难，9）崩山八社、后垅、新港仔、猫裡、加至阁、中港仔、竹堑、礁唠巴，10）南嵌、坑仔、霄里、龟崙、澹水、内北投、麻少翁、武唠湾、大浪泵、摆接、鸡柔、大鸡笼、山朝、金包裡、蛤仔难、哆啰满、八里分、外北投、大屯、里末、峰仔峙、雷裡、八芝莲、大加腊、木喜巴垅、奇武卒、秀朗、里族、答答悠、麻里即喉、奇里岸、眩眩、小鸡笼。南路凤山番 3 种——1）上淡水、下淡水、阿猴、搭楼、茄藤、放索、武洛、力力，2）北叶安、心武里、山猪毛、加蚌、加务朗、勃朗、施汝腊、山里老、加少山、七齿岸、加六堂、礁唠其难、陈阿修、加走山、礁网曷氏、系率腊、毛系系、望仔立、加笼雅、无朗逸、山里目、加者惹叶、摆律、柯觅、则加则加单，3）谢必益、猪唠錬、小麻利、施那格、猫里踏、宝力、牡丹、蒙率、拔蛲、龙鸾、猫仔、上怀、下怀、龟仔律竹、猴洞、大龟文、柯律。"台湾文献史料丛刊"第二辑，台北大通书局 1984 年。

婚嫁、丧葬、器用、番歌等不同的文化内涵。虽这一分类还谈不上民族学意义上的族群认知，与原住民各族群文化的真实分野也有较大差距，但确实是清代汉人对台湾原住民社会最深入细致的描述、分类与认知。

从总体上说，在清代"汉番"关系中，原住民开始了一个被动"归化"的历史过程。由于跨文化融合进程的长期性和复杂性，也由于清朝统治者在处理汉番利益关系时采取的消极隔离、划界分治的"理番"政策，促成了原住民社会的内部分化。汉民人文视野中的原住民总体上仍称"土番"，但开始依"归化"的程度区分为"生（野）番"与"熟（化）番"两类，"熟（化）番"是"纳粮应差"、服从"教化"的"归化""齐民"，而"生（野）番"被认为是"未服教化"、"不与外通"、"时出剽掠"、"出为害"的部分，是被官方隔离处置、近乎被抛弃的群体。"生（野）番"与"熟（化）番"的区分反映了原住民汉化程度的差别，但与原住民自身的多样文化差异没有对应关系，不是依据族群文化差异做出的民族学意义上的族群区分。无论是"生（野）番"还是"熟（化）番"，终究都还是华夏、汉文化心目中的"非我族类"，仍是对处于"中国"之四方、华夏之边缘地位的这一海岛土著人群概括、含混的"统称"，表明清代汉民人文视野中的原住民社会文化认知仍是有限的、笼统的。

三　生蕃与高砂九族：日本"蕃政"与近代民族学背景下的原住民分类

1895 年日本占领台湾，日本殖民统治改变了台湾岛上民族关系和跨文化认知的主体，以"皇民化"为核心的"蕃地行政"成为原住民"教化"的主轴。日本殖民当局"总督府"在延续清代对原住民社会"生、熟"蕃区别对待的同时，加强了对"生蕃"社会的直接统治，改变清代官方对山地"生番"隔离不管的状态，形成了对原住民社会全面的"皇民化""蕃政"统治，客观上促进了对原住民（尤其是山地"生蕃"）社会文化的认知。同时，由于近代西式民族学在"西学东渐"中率先传入日本，对台湾原住民的认知也在殖民统治背景下进入了近代民族学调查研究的新阶段。因此，日据时期除了延续清代"生、熟"二蕃及代之而起的"高砂族"、"平埔族"的分类与统称外，原住民各族群文化的内在差别、分类族称和谱系关系也在近代民族学实践中得以认知。

一方面，殖民者基本维持对台湾原住民"生、熟"的认知格局，唯因日本殖民当局多将"番"改为"蕃"，将原住民区分为"生蕃"、"熟蕃"两大类，又因清代以来"熟蕃"社会的高度汉化，到日据时代所指的台湾"蕃人"主要是"生蕃"的问题，反映在这一时期日本民族学者的调查研究和"总督府"的"蕃地行政"上。在日据初期的日本学人著述上，均以"蕃族"称谓台湾原住民，如东京人类学会的伊能嘉矩和粟野传之丞合著的《台湾蕃人事情》（1900 年）、伊能嘉矩的《台湾蕃政志》（1904年）、森丑之助的《台湾蕃族志》（1917 年）和《台湾蕃族图谱》二册（1918 年）等，

"台湾总督府临时台湾旧惯调查会"出版的八册的《蕃族调查报告书》（1913～1921年）、五卷八册的《番族惯习调查报告书》（1915～1920年）、岗松参太郎的《台湾蕃族惯习研究》八册（1918～1921年）等，而且所指的"蕃人"基本上都是山地"生蕃"。① 1915年出版的《蕃族惯习调查报告书》说："台湾在汉族移入以前已有土著种族，汉族称他们为番，其中服从政化而同化于汉俗者，称为熟番，非此者称为生番，此名称于帝国领台后仍沿用至今。"② 1917年，同样任职于"总督府"临时台湾旧惯调查会的森丑之助在《台湾蕃族志》中，明确说到日据初期的台湾"蕃人"主要是指"生蕃"，"蕃人是汉民族自中国大陆渡海来台之前，先住于此地的土著民族，至今处于尚未开化状态，俗称生蕃。现今所谓的生蕃包括泰雅、布农、曹、排湾、阿美、雅美等六个种族。"③ 长期任职于台北"帝国大学"土俗人种学研究室（今台湾大学人类学系）宫本延人教授也有明确的总结："（平埔族）自古因与汉人的文化相融合，而丧失其固有的文化，现今几乎无法和汉人分辨出来。……我的研究重点是放在仍处在'生蕃'状态的高山原住民。""台湾原住民的代表，也是今日我们研究的对象，辨识一般被称之为'生蕃'，现在被称之为高山族的原住民。……这些部落的名称，一般都以'生蕃'、'台湾蕃'等带有民族歧视味道的名称相称。"④ 显然，日据时代的台湾"蕃人"主要就是指在山地生存、保持原始文化状态的"生蕃"，即后来所说的高砂（山）族。

　　1935年起，台湾"总督府"正式启用"高砂族"取代"生蕃"、"蕃人"的总称。这是因为日本裕仁亲王巡察台湾时，首次提出"生蕃"、"蕃人"的称谓有侮辱原住民的含义，建议改用"高砂族"一名的。据有关著述，"高砂"是16世纪以来日本人对台湾岛的称呼，日语音 Takasagun，故裕仁及"总督府"才采用"高砂"称谓台湾的原住民。⑤

---

① 刘斌雄：《日本学人之高山族研究》，载黄应贵主编《台湾土著社会文化研究论文集》，台北联经出版事业公司1986年。

② 台湾总督府临时台湾旧惯调查会：《蕃族惯习调查报告书（第一卷——泰雅族）》，第5页，原著日本大正四年（1915年）出版，民族学研究所1996年编译出版。

③ 森丑之助：《台湾蕃族志》第一卷第一编"种族"，第1页，大正六年（1917年）临时台湾旧惯调查会、台湾日日新报社出版。

④ 宫本延人著：《台湾的原住民族》，第67、82～85页，原著日本六兴出版社1987年，台湾晨星出版社1992年译版。

⑤ 伊能嘉矩：《台湾文化志》中译本上册，日文昭和三年（1928年）原著，中译本台湾文献委员会1985年版。该书第53、75页记载，明代日本船家航行南洋时多驻泊停靠台湾北海岸的"鸡笼"或"鸡头笼"（今基隆港），原住民语"鸡头笼"音 Kietagarang 在日语音"他卡沙古"（Takasago），与日本古地名"高砂"音近，以至于日本航海家都称"鸡笼"为"他卡沙古"或"高砂国"，如日本文禄二年（明万历二十一年，1593年）丰臣秀吉送台湾劝其纳贡的文书也称"高山国"，又日本元和元年（明万历四十三年，1615年）长崎代官村山等安领取的航渡台湾之朱印状即登记为"高砂国"。宫本延人：《我的台湾纪行》第97页也做类似的解释，台北南天书局1998年。

或认为"高砂"为"高山"音转而来的，宫本延人说："以'高山族'称呼他们（蕃族），其命名的经过，或许只因他们住在山地吧。"[1] 此后日本学人的台湾原住民著述均以"高砂族"为题，如台北帝大土俗人种学研究室的移川子之藏、宫本延人、马渊东一合作的《台湾高砂族系统所属的研究》（1935 年）、语言学研究室的小川尚义和浅井惠伦合著《原语高砂族传说集》（1935 年）、马渊东一的《中部高砂族的祭团》（1937 年）、《中部高砂族父系中的母系地位》（1938 年）、台湾总督府《高砂族调查书》（1936 ~ 1939 年）等，均改"蕃"为"高砂族"。[2] 以"高砂族"、"平埔族"取代台湾原住民"生蕃"、"熟番"者，与日据前期日本民族学者对原住民调查研究中的认识提高有关，他们逐步意识到将原住民称为"番（蕃）"包含有种族歧视的成分，最终促成殖民当局采用"高砂族"、"平埔族"的称谓，这应是对原住民认知上的一个进步。同时，与康雍以来"生番"、"熟番"的居住环境差异更有密切关系，尤其到了清代晚期，划界分治强化了界外山地、界内平原两群"土番"的差别，形成了"山地（山后）生番"与"平地（平埔）熟番"的实质区分，到了日据时代的"生蕃"几乎就等同于山地原住民，成为"高砂族"、"平埔族"两类分别取代"生蕃"、"熟番"的内在原因。这个意义上说，"高砂（山）族"与"平埔族"两称谓的性质等同于清代的"生番"与"熟番"，同样是对原住民族群笼统、含混的"统称"，而不具有区分差异、识别族群的"族称"意义。

另一方面，日据时代"皇民化"的"蕃政"和近代民族学的发展，客观上促进了对原住民社会文化深入认知基础上的族群识别，"生蕃"（高砂族）各民族的分类、族称也同时开始出现。日本"总督府"改变清政府对"生番"隔离不治的消极做法，而采取既直接的统治、又不同于平地汉人及平埔人一般行政法的"蕃地行政"（简称"蕃政"）。"蕃政"先后由总督府抚垦署、办务署、殖产局、蕃地委员会、蕃务本署及警察署蕃务课（理蕃课），在"蕃地"设置警察派驻所，负责日常"蕃政"事务，如在"蕃地"设立"蕃童教育所"、实行以日语为"国语"的教育，推行日文姓名，将分散山林各处的原住民集中迁徙到在警察派驻所监督下的统一规划的聚落，收缴枪支、弓箭，整肃治安等[3]，突显了"皇民化"殖民统治的本质。但是，"蕃政"的推行，也客观上促成了对原住民社会文化的深度认知，这是在"总督府"主持下的原住民族群文化调查、研究蓬勃开展并饶有成效的重要基础。

---

① 宫本延人：《台湾的原住民族》第 85 页，原著日本六兴出版社 1987 年，台湾晨星出版社 1992 年译版。

② 刘斌雄：《日本学人之高山族研究》，载黄应贵主编《台湾土著社会文化研究论文集》，台北联经出版事业公司 1986 年。

③ 宫本延人：《台湾的原住民族》第 82 ~ 84 页"关于蕃地行政"，原著日本六兴出版社 1987 年，台湾晨星出版社 1992 年译版。陈建樾：《从"化外"到"化内"——20 世纪 80 年代之前的台湾"原住民"政策述评》，《民族研究》2003 年 4 期。

同时，作为近代分类科学之一的人类学、民族学也在"欧风东渐"中率先于 19 世纪晚期传入日本，1884 年成立东京人类学会，成为东亚地区最早的民族学机构，日据后的台湾成为该机构民族学调查研究的主要对象，之后的"总督府临时台湾旧惯调查会"、"台北帝国大学土俗人种学教室"暨"语言学教室"，相继作为日据时代台湾原住民调查研究的中心，对"蕃族"、"高砂族"的内在族群构成做了不同的识别与分类。

日据初期几年的台湾原住民调查研究工作都是以东京人类学会为背景的，该会的鸟居龙藏、伊能嘉矩、粟野传之丞、森丑之助等是台湾原住民早期民族学的先驱。1896 ~ 1900 年，鸟居龙藏先后调查、撰写了红头屿、排湾、鲁凯、毕南、阿眉、阿里山、布农、鲸面、埔里社、平埔等民族志，并于 1910 年以法文发表《台湾原住民的人类学研究》一文，将"生蕃"分成 Taiyal（泰雅）、Niitaka（新高即邹族）、Bounoun（布农）、Saou（邵）、Tsarisene（泽利先即鲁凯）、Paiwan（排湾）、Piyuma（漂马即卑南）、Ami（阿美）、Yami（雅美）9 族，初步反映了日据初期对原住民分群的认识。[1] 1900 年，伊能嘉矩和粟野传之丞合著的《台湾番人事情》，首次正式地依据语言、风俗习惯等将台湾原住民分成 Ataiyal（泰雅）、Vonoum（布农）、Tsuou（邹）、Supayowan（排湾）、Tsarisen（泽利先）、Piyuma（漂马）、Amis（阿美）、Peipo（平埔）8 族，1904 年伊能嘉矩的《台湾番政志》采相同的分类。[2] 这些分类共同奠定了台湾原住民分类、识别的基础。

1901 年起的"总督府"主导了原住民调查研究。1911 年，"总督府"蕃务本署在伊能嘉矩、鸟居龙藏前述分类成果的基础上，将以往认为属于平埔族的赛夏纳入山地族群中，出版了英文的《台湾蕃政报告》一书，将"蕃族"分成 Taiyal（泰雅）、Bunun（布农）、Tsuou（邹）、Tsarisen（泽利先）、Paiwan（排湾）、Piyuma（漂马）、Ami（阿美）、Yami（雅美）、Saisett（赛夏）9 族。[3] 1913 年，"总督府"警察署理蕃课《番社户口》则将"蕃族"分成泰雅、布农、曹、排湾、阿眉、雅美、赛夏 7 族。[4] 临时台湾旧惯调查会、蕃族调查会更组织了日据时代最大规模的原住民调查研究，前者于1913 ~ 1921 年出版八册《蕃族调查报告书》，将生蕃分成太么（泰雅）、沙绩、狮设（赛夏）、

① R. Torii, Etudes Anthropologiques les Aborigenes de Formose, 载《东京帝国大学理科大学纪要》第二十八册第三编，第 13 页，1910 年。转引自鹿野忠雄著、宋文薰译：《台湾考古学民族学概观》第 123 页，台湾省文献委员会 1955 年。

② 刘斌雄：《日本学人之高山族研究》，载黄应贵主编《台湾土著社会文化研究论文集》，台北联经出版事业公司 1986 年。伊能嘉矩：《台湾蕃政志》"例言"，原版 1904 年台湾日日新报社，台湾祥生出版社 1973 年。

③ *The Report on the Control of the Aborigines in Formosa*，台湾总督府蕃务本署编，1912 年。转引自鹿野忠雄著、宋文薰译：《台湾考古学民族学概观》第 123 ~ 124 页，台湾省文献委员会 1955 年。

④ 台湾总督府：《蕃社户口》，大正二年（1913 年）台湾总督府蕃务本署印。引自鹿野忠雄著、宋文薰译：《台湾考古学民族学概观》第 125 页，台湾省文献委员会 1955 年。

武仑（布农）、曹（邹）、排湾、卑南、阿眉 8 族；1915～1920 年出版的八册《番族惯习调查报告书》，调查了"生蕃"的泰雅、阿美、卑南、赛夏、邹族、排湾 6 族。[①] 1917、1918 年，任职于总督府的森丑之助（森丙牛）出版《台湾蕃族志》、《台湾蕃族图谱》两书，将"蕃族"分成太么、武仑、曹（邹）、排湾、阿眉、雅美、平埔蕃。[②]

1928 年起的"台北帝国大学土俗人种学教室"和"语言学教室"开辟了日据时代原住民研究的新阶段，各族群的分层谱系关系是该阶段分类研究的特点。1935 年，移川子之藏、宫本延人、马渊东一合作的《台湾高砂族系统所属の研究》一书，以原住民的始祖神话系谱为线索，探讨族群的分类、迁徙、混淆过程，将高砂族分成泰雅、赛夏、布农、邹、鲁凯、排湾、卑南、阿美、雅美 9 族，与前述 1911 年"总督府"蕃务本署出版的英文《台湾蕃政报告》的分类完全一样，代表了日据时代台湾原住民族群分类的一个最基本的认识。而且该书还对各民族的内在族群构成做了进一步的分层分析，尝试谱系建构，是原住民分类上的一个突破。[③] 1936 年，帝大语言学教室的浅井惠伦在一篇关于雅美语研究的英文著述中，提出了依据语言差异所做的树状族群分类，将高砂族分成 5 群、11 族、近 30 个方言，即北部群（Northern Group，含 3 族，即原泰雅族系的纯泰雅、赛德克 2 族，赛夏族，细分 8 个方言群），布农群（Bunun Group，含布农族的北、中、南三个方言）、邹及排湾群（Tsou – Paiwan Group，含 8 族，即邹族，原沙阿鲁阿 – 卡那布族系 Original Saarua – Kanakanavu，原排湾族系的纯排湾、卑南 2 族，原鲁凯族系的纯鲁凯、大南 Taromaki、下三社 Tordukana – Kongadavanu、马道朗 Manta-olan 4 族），阿美群（Ami Group，含阿美族的北、中、南方言群），巴丹群（Batan Group，含 2 族，即纯巴丹族和雅美族）。这一研究，将台湾原住民的内在族群的谱系关系，建立在语言的树状结构基础上，体现了日据时代原住民族群分类的深度。[④] 此外，鹿野忠雄虽不出自台北帝大，但却是日据后期原住民分类研究的最后代表，在《东南

---

① 台湾总督府临时台湾旧惯调查会：《台湾蕃族调查报告书》，民族学研究所 2007、2008 年编译出版；《番族惯习调查报告书》，民族学研究所 1996～2003 年编译出版。

② 森丑之助：《台湾蕃族志》第一卷"凡例"，第 1 页，大正六年（1917 年）临时台湾旧惯调查会、台湾日日新报社出版。

③ 移川子之藏、宫本延人、马渊东一：《台湾高砂族系统所属の研究》，昭和十年（1935 年）台北帝国大学土俗人种学教室出版。引自宫本延人：《台湾的原住民族》第 91 页，原著日本六兴出版社 1987 年，台湾晨星出版社 1992 年译版。宫本延人：《我的台湾纪行》，第七至十二回，第 85～168 页，台北南天书局 1998 年。Toichi Mabuchi, The Aboriginal People of Formosa, in G. P. Murdock edited, *Social Structure in Southeast Asia*, Chicago 1961. 中译文见马渊东一：《台湾的土著民族》，载黄应贵主编《台湾土著社会文化研究论文集》，台北联经出版事业公司 1986 年。

④ Erin Asai, *A Study of the Yami Language——An Indonesian Language Spoken on Botel Tobago Island*, Teiden, 1936. 引自鹿野忠雄著、宋文薰译：《台湾考古学民族学概观》第 126～127 页，台湾省文献委员会 1955 年。

亚细亚民族学先史学研究》巨著中，他将高砂族分成 8 族、12 亚族、24 群，即泰雅族（含泰雅、赛德克 2 亚族）、赛夏族、布农族、邹族（北邹、南邹 2 亚族）、排湾族（鲁凯、排湾、斯卡罗卡罗 Suqaroqaro 3 亚族）、卑南族、阿美族、雅美族。鹿野的分类依据体质、语言、习俗等综合因素分析，采用族、亚族、群、蕃社等四级结构，揭示多样族群的内在谱系关系，体现了日据后期原住民谱系分类的新水平。[①]

总之，台湾原住民的认知与分类在日据时代发生了重要变化，在"皇民化"的"蕃政"背景下，表现出原住民认知上的"双轨制"特点，即"蕃人"、"高砂族"等笼统、含混"统称"的延续与多样族群识别、分类的并行。日本殖民主义者在"生蕃"、"高砂族"族群内推行的"蕃政"，以及近代日本民族学领风气之先，客观上都有利于对土著族群的跨文化认知。日本学人对土著族群分类虽有不同认识、前后也有发展变化，但 1911 年"总督府"的英文《台湾蕃政报告》与 1935 年移川子之藏等《台湾高砂族系统所属的研究》的高砂族"九族论"，是获得最广泛认可的，也奠定了战后原住民分类认知的基础，鹿野忠雄"八族论"的唯一差别是将鲁凯族并入排湾族。而浅井惠伦、鹿野忠雄等所做的在各族群内在分层基础上重建族群关系的树状或谱系结构，开创了原住民族群认知的新阶段。

四　从山胞十族到"原住民"十四族：光复以来"山地行政"与"原住民运动"中的族群认知

战后台湾回归中国，台湾当局的原住民政策经历了若干变动，从政府主导的早期"山地行政"发展到受政治力左右的最近二十年的"原住民运动"。[②] 原住民各族群的社会文化内涵与形态发生了重大变化，从 20 世纪 80 年代以前的文化"同化"与族群差异的不断淡化，发展到现阶段各族群传统文化无序的"重建"与"强化"。族群分类认知也从汉民人文的跨文化视野，开始转向族群"自觉"——实际上是政治力作用下的"正名"运动，从"高山族"、"山胞"10 族分解出越来越多的"原住民"族群，直到现今的"原住民"14 族（并有增长之势）。[③]

---

① 鹿野忠雄：《东南亚细亚民族学先史学研究》第二卷第八节"台湾原住民族の分类する一试案"，第 187 ~ 217 页，1946 年日本矢岛书房，1995 年台湾南天书局版。中译本见鹿野忠雄著、宋文薰译：《台湾考古学民族学概观》第 134 ~ 166 页，台湾省文献委员会 1955 年。

② 陈建樾：《从"化外"到"化内"——20 世纪 80 年代之前的台湾"原住民"政策述评》，《民族研究》2003 年 4 期。

③ 2008 年 4 月官方统计，台湾原住民包括泰雅、赛夏、布农、邹、鲁凯、排湾、阿美、卑南、雅美、邵、噶玛兰、太鲁阁、赛德克、撒奇莱雅等 14 族，共计 487205 人，见于 2008 年 9 月苗栗县赛夏族民俗文物馆陈列。另见台湾"行政院原住民委员会台湾原住民资讯资源网"（http：// www. tipp. org. tw/formosan/popula-tion/population. jspx）。

　　20 世纪 80 年代以前，台湾当局原住民政策的主轴，就是要促进原住民与汉民社会平等发展的、以"平地化"政策为中心的"山地行政"。首先，是对日据"皇民化"遗毒的清理，改称"高砂族"为"高山族"，并统称为"山胞"，以示平等，改日式姓名为汉姓汉名，恢复原住民的中国"国民"身份，恢复中文的国语地位等；其次，将汉人社会的生活风俗、经济制度、医疗卫生等推行到山地，促进原住民社会经济文化生活的平地化；再次，从光复初期的免除捐税等扶持山地发展的特殊优惠政策，逐步过渡到完全平等的"平地化"政策，如取消山胞优待、山地学校通用一般"国民学校"课本、取消原汉隔离等。"山地平地化"政策的实施，加速了原住民的"汉化"进程，淡化了原汉之间、原住民各族群之间的社会文化差异，原住民的传统文化急剧萎缩、消失，逐步仅见于长老的记忆中。正如李亦园先生在宜兰县南澳泰雅族的调查研究中体会到的："目前南澳的泰雅人可以说已经放弃了绝大部分固有的文化，尤其是迁离原居地的村落更为显著；因此经过初步调查之后，我们共通的问题便是，继续追问'长老'们有关过去的掌故，以便复原固有的文化，抑或应该注意目前的情况，并追寻其变迁的轨迹？这是我们面临的重大难题。"①

　　在"平地化"的同化政策、原住民传统文化与族群差异逐渐淡化的背景下，台湾民族学者在高山族的调查研究上主要关注社会组织、亲属制度、物质文化的社会人类学研究②，而在族群认知与识别上所做的工作是有限的，而且多是延续了日据时代日本学人的版本，如台大、中研院民族所、台湾省文献委员会等学术机构以及台湾当局的山地行政事务，均长期沿用日据时代的高山族"九族论"。③ 稍有不同的是，卫惠林先生依据地理、历史与社会因素，将原住民区分成 5 群、8 族、12 亚族、26 个社群，即北部群的泰雅族（含泰雅、赛德克 2 亚族）、赛夏族，中部群的布农族、曹族（含阿里山曹、卡那布 Kana-kanabu、沙阿鲁阿 Sa'arua 3 亚族），南部群的排湾族（含鲁凯、排湾 2 亚族）、卑南族、阿美族，兰屿群的雅美族。④ 实际上，卫氏的族群分类与前引鹿野忠雄的"八族论"完全相同，其五个地域群的划分也基本不出日人浅井惠伦的做法。陈奇禄、李亦园、唐美君在日月潭邵族的调查研究中，还主张在传统的"九族论"中加入邵族，成为通行的山胞 10 族，即泰雅、赛夏、邵、布农、邹、鲁凯、排湾、卑南、阿美、雅美。⑤

---

① 李亦园等：《南澳的泰雅人——民族学田野调查与研究》上册"序"，第 i、ii 页，《民族学研究所专刊》第五号，1963 年。

② 陈其南：《光复后高山族的社会人类学研究》，载黄应贵主编《台湾土著社会文化研究论文集》，台北联经出版事业公司 1986 年。王新天、吴春明：《台湾原住民研究的几个问题》，《广西民族研究》2007 年 1 期。

③ 陈奇禄：《台湾土著文化研究》第 4 页，"台湾研究丛刊"（16），台湾联经出版社 1992 年。

④ 卫惠林：《台湾土著各族的分布》，台北东方书局 1976 年。

⑤ 陈奇禄、李亦园、唐美君：《日月潭邵族民族学调查初步报告》，载台湾大学《考古人类学刊》（6）1955 年。

在 20 世纪 80 年代后期台湾"解严"前后带来的自由化背景下，原住民政策与社会生活发生了重大转变，"原住民运动"成为原住民社会新生活的焦点。[①]"原住民运动"表面上是对几十年来台湾当局山地政策的不满，从本质上说是对几百年来的跨文化互动过程中原住民所处被支配、被压迫命运的总抗争。"原住民运动"包含了"民族自我意识"前提下的"正名"、"自觉"、"自治"及文化传统复兴与重建等广泛的合理诉求，但伴随着台湾政党斗争中的族群动员，"原住民运动"终究又"异化"为政党角力的工具，"民族自我意识"也某种程度上成为政治力支配、左右原住民族群命运的口号。

"正名"的核心是拒绝"矮化地位"的"山胞"之名，所谓"称某某胞是历来中国统治者对少数民族的昵称，是老大哥对小弟弟表示亲切的称呼，而且是一方面表示亲近，另一方面表示你在我的统治之下的表白，所以有'藏胞'、'苗胞'等称呼，却是绝不可能有'汉胞'。""他们过去并没有共同的'族群自我意识'，但近年他们已选择'原住民族'作为他们的共同族称。……却是表示不仅他们共同的'族群自我意识'已告完成，而且已成为社会各界的共识。"[②] 他们通过各种形式的抗争，迫使台湾当局于 1994 年修法将台湾原住民的法定族名从"山胞"修正为"原住民"。从"山胞"正名为"原住民"的谬误在于，"原住民（Aboriginal）"本来是民族学上泛指多元族群杂处之区域中，先于其他族群移入的土著人群，已消亡的和现存的"原住民"常见于世界民族史，如东亚南部的史前"百越"、美洲的"印第安人"、太平洋群岛上的"南岛语族"等，所以"原住民"一词不应该成为特定族群的"族称"。"台湾原住民"也是如此，其原意是泛称明郑以来华南大陆汉民大规模迁台之前，已经居住在台湾岛上的内涵复杂、文化多样、种族语言明显差异的土著民族群体。将"山胞"正名为"原住民"，将"原住民"一词作为台湾原住民的"族称"，是有违民族学的常理。事实上，此一"正名"背后隐藏有深层的本土化政治背景，对"山胞"称谓"不满"的首先不是原住民兄弟自身，而是政治人物，他们渲染"台湾原住民属于南岛语族"的论点，并刻意曲解成与大陆文化无关的原住民"南来论"[③]，塑造"原住民是台湾第一民族、真正主人"的命题，作为对抗"外来政权"统治的一个理论工具。因此，原住民"正名"事件，并不是广大台湾原住民民众的"族群自我意识"那么简单。

在"正名"基础上诉求政经权力的保障、"自觉"、"自治"及文化传统复兴与重建等，是"原住民运动"的重要内容。他们要求政治参与、各级行政中专设原住民委

① 陈建樾：《走向民粹化的族群政治——20 世纪 80 年代以来的台湾原住民运动与原住民政策研究》，《民族研究》2004 年 1 期。

② 潘英：《台湾原住民族的历史源流》，第 60 ~ 62 页，台北台原出版社 1999 年。

③ 郭志超、吴春明：《台湾原住民"南来论"辨析——兼论"南岛语族"的起源》，《厦门大学学报》2002 年 1 期。

员会、民意机构中不能缺少原住民代表等，要求区域自治、原住民担任民族区域行政首脑、设立"民族自治区"，扶持山地社会经济发展，恢复在"平地化"中流失、汉化的传统文化，复兴原住民传统工艺、重建传统部落形态内容，实行原汉双语教育等。恢复原住民传统文化的本来面目，了解、保护本民族的传统文化，是原住民的正当权益，也是民族学科学实践的重要内容。"原住民运动"中的诸多诉求是对于造成原住民传统流失的当局"山地平地化"政策以及数百年来受到汉人移民侵占民族权益的正当抗争，也的确让土著社会享受到了不少权益和好处，原住民又找回了许多在"平地化"中流失、汉化的传统文化，并通过部落观光来展示族群传统文化。但在实际操作中还是沦为了"正名"运动的政治花絮，不可避免地受到了政治氛围的纷扰。2008 年夏，笔者调查走访了台湾 10 个山地族群的 30 多个原住民村寨，发现原住民部落的"重建"就是通过"行政院文化建设委员会"自上而下推展开来的，许多的"复兴"与"重建"在外力作用下走入迷途。在几十年"山地平地化"和几百年传统文化广泛流失、高度汉化这一不可逆转的历史事实面前，在普通土著民众对本民族的传统文化基本失忆的状况下，部落文化的"重建"很多是部落官员（头目）、建筑师或作坊技师等从博物馆的展览标本中复制、从日据和光复初期的民族志文本中拷贝出来的，其中不乏粗制滥造的人造文物、人造景点，不乏张冠李戴的文化"重建"，甚至一般原住民民众的"文化自觉"、族群自我意识也是从这些复制、拷贝的作品中"学习"到的。保护民族传统文化的"重建"原旨，异化为刻意强化土著特性、凸显本土属性的"原住民运动"的用意。与这一政治气氛相适应的，多层次族群谱系结构中低一层次的族体纷纷独立并为当局正式承认，2002 年平埔族中的噶玛兰族独立为原住民第 11 族，2004 年泰雅族的太鲁阁亚族独立为第 12 族，2007 年阿美族的撒奇莱雅族独立为第 13 族，2008 年泰雅族的赛德克亚族独立为第 14 族，并有继续蔓延的趋势。[①] 尤其是噶玛兰族的独立，使得仅见于历史文献而早已消失于现实生活的平埔"九族"，成为一些人苦苦寻访、捕捉本土民族的下一个目标。[②] 这些新族体的"独立"所呈现的是原住民"民族自觉"、"自我族群意识"的表象，其背后同样有本土化的政治操纵。

　　可见，半个多世纪以来台湾原住民的族称与分类的认知进入了一个特殊的变化阶段，从历史上单纯的跨文化族群认知与互动，转变成近期岛内本土运动政治角力的理论工具。在光复初期以来的"平地化"的山地行政背景下，将原住民从"高砂族"改成

---

① 参见台湾"行政院原住民委员会台湾原住民资讯资源网"（http：//www. tipp. org. tw/formosan/population/population. jspx）。

② 刘还月：《寻访台湾平埔族》，台湾常民文化事业有限公司 1995 年。潘英：《台湾平埔族史》，南天书局有限公司 1996 年。

"高山族"、"山胞",既是历代跨文化认知过程中对原住民笼统、概括之"统称"的延续和发展,又具有肃清日据"皇民化"遗毒、促进原汉社会平等同步发展的政治意涵和鲜明的时代特点。这一时期台湾民族学界及行政当局对原住民内在 10 族的确认,延续了日据时代的分类,反映了原住民内在族群构成的客观、真实状况。近 20 年来,"原住民运动"背景下的原住民"正名"、"民族自觉"、"族群自我意识"超越了单纯的族群认知与互动,将"山胞"错误地正名为"原住民",为凸显本土性的部落"重建"与"复兴",多层次族群谱系中低一层次族体、甚至早已消失于现实生活中的平埔族系的纷纷"独立",与本土化的政治拉力有一定关系。

五　结语

总之,在近两千年的台湾原住民族群认知史上,循着汉番(原汉)民族关系的主轴,台湾的原住民都是在跨文化的视野下获得被动认知的。从"化外接触"到"理番教化",从日据时代的"皇民化蕃政"到光复后的"山地行政",台湾原住民社会文化从被整体概括为"非我族类"的"夷"、"番(蕃)",到被识别、区分为土著"九族"等,以及最近一段时期以来本土化背景下"正名"的"原住民"及"独立"的十四族,都是在"他文化"主导下的认知符号。

由于台湾原住民各族群缺乏本民族自身的文献历史,在漫长的古代社会,台湾原住民总是在跨文化互动过程中被动认知的。但是,从汉唐宋元时期的"化外接触"到清代隔离分治的"理番"教化,华夏、汉民人文对于原住民、尤其是山地原住民的互动与认知是十分有限的。保留在汉文史籍中的有关台湾原住民的族群辨识、称谓,从汉唐间的"山夷"、"岛夷"、"(流求)土人",到明代为"番"、"东番"、"土番",清代的"野番"("生番"、"山后番")与"化番"("熟番"、"平埔番"),以及延续到日据时代的"生蕃"("高砂族")与"熟蕃"("平埔族")等,都只是异文化视野下对原住民各族群的"统称",而不是表现原住民文化客观状态、各族群自身认同的"族称"。这些"统称"反映了在"中国—四方"、"中心—边缘"的古代东亚民族文化关系框架内,以华夏人文为核心的外部世界对于台湾原住民缺乏深入认知的背景下出现的模糊、笼统的概括,并不是对原住民族群文化特点精确辨识基础上的恰当的定名。"夷"或"番(蕃)",同样只是模糊笼统地概括了台湾岛上的土著民族,在汉文史籍中"夷"、"番"还大量用于概括台湾以外、甚至外国的"非我族类",如"东夷"、"吐蕃"、海外"诸蕃国"、"红毛番"等,因此"夷"或"番(蕃)"等统称,反映了华夏、汉民人文对台湾土著社会的有限认知。康雍以来相继出现的"野、化"、"生、熟"、"山后、平埔"等两类区分、两种称谓,只是区分了原住民社会汉化与否、或汉化程度深浅,从本质上说还停留在"严华夷之别"、画定"非我族类"的认知水平,并不代表原住民族群文化来源、性质上的两个不同系统，仍然是一种模糊、笼统的"统称"。而且，将原住民的汉化程度标示为由"生"到"熟"、由"野"到"化"的差别，更进一步突显了大汉族中心主义"严华夷之别"的不良心态。日据以来的"高砂（山）族（山胞）"、"平埔族"虽然摆脱了"统称"上民族歧视的误区，但从本质上还只是清代"野、化"、"生、熟"、"山后、平埔"等两类"统称"的替代语词，从根本上说还是对土著族群文化模糊认知、笼统概括的局限。

　　日据时代的"皇民化蕃政"加强了对原住民社会直接的殖民统治，客观上深化了对土著族群的跨文化认知，加之近代西式民族学"西学东渐"，台湾成为东亚地区近代民族学调查研究的最重要标本。从东京人类学会、总督府临时台湾旧惯调查会到台北帝大土俗人种学教室，先后组织了较全面、深入的原住民（尤其是山地）的调查研究，开创了原住民多样、多层次族群认知、识别的近代民族学阶段。虽然各家认识有别，但包括泰雅族（Atayal）、赛夏族（Saisiyat）、邹族（Tsou）、布农族（Bunun）、鲁凯族（Rukai）、卑南族（Puyuma）、阿美族（Ami）、排湾族（Paiwan）、雅美族（Yami）等内的"生蕃"（高砂族）"九族论"，是日据时代原住民族群认知的最大共识。加之光复初期"平地化"山地行政时期，将原列入平埔族一支的邵族（Sau）加入原住民成为"十族"。虽然这"十族"亦都是在异文化视野下的被动认知，但基本上反映了原住民内在族群分化的客观情况。而近二十年来"原住民运动"背景下的"正名"、"自觉"，将"山胞"的统称改为"原住民"有违民族学常态，将一系列原住民族群中低一层次的族体、甚至早已消失于现实生活中的平埔族支系"独立"出来，也不符合原住民多样族群谱系关系中的多层次结构的客观现实，并没有真正体现原住民族群的"民族自觉"、"族群自我意识"，而与"本土化"的政治拉力有关。

东南汉人的形成：民族考古学提纲[*]

聚居于长江下游以南江浙、皖赣、粤闽等地的东南汉人，与中原北方汉人同宗归一，是汉民族多元一体大家庭的重要组成部分。但是，这些操汉语吴方言、闽方言、粤方言、赣方言、客家方言的汉族人群，在体质特征、民俗信仰、语言成分、器具文化、聚落形态等广泛的领域都表现出不同于中原华北的鲜明的地域特色。东南汉人体质与人文的特殊性，有作为自然史过程的区域生态塑造、约束的成分，但不应忽视作为文化史过程的民族融合所起的主导作用。

民族考古学的发现与研究表明，史前、上古东南土著民族与汉唐以来中原北方南下汉民之间的族群交叉、文化融合在晚近、现代人文体系中形成了丰厚的积淀，这些积淀就是东南汉人区别于北方汉人的主要源泉。

一 史前、上古东南土著人群的历史

史前、上古百越及其先民文化是东南民族史上的一个最特殊的基层文化体系，东南百越系统表现出一系列既不同于中原华夏，又与南蛮民族的其他支系文化有别的文化特质和相对独立的活动空间，土著文化一脉相承、源远流长。土著先民在东南的繁衍不但构成了上古中华文化多元来源的内涵，更重要的是土著文化与特殊人文精神的历史传承是塑造、丰富东南汉民人文内涵的重要基础。

从考古学上说，东南土著人文起源于远古时代，距今 30～20 万年起，原始人群就在我国东南地区生息、繁衍，而且表现出一系列不同于华北化石人群的体质特征，创造出独具特色的砾石石器工业。以安徽和县猿人为代表的东南区猿人具有不同于北京猿人而与东南亚化石人类相同或相似的特征，这些是与系统演化无关的地理分域特征。马坝人、柳江人等化石也发现许多与东南亚同阶段化石人类相似的、而与华北早期智人不同

---

* 原载于邓聪、陈星灿主编：《桃李成蹊集——庆祝安志敏先生八十寿辰》，香港中文大学中国考古艺术研究中心 2004 年。

的性状，人类学家认为，柳江人与尼阿洞人的歧异系数小于其与山顶洞人的、小于尼阿与澳大利亚 KEILOR 人的、小于尼阿人与山顶洞人的。东南化石人类的地理特征，可视为东南原住民本地起源的最早证据。[1] 砾石石器工业是远古时代东南原住民的土著文化传统，最早见于鄂东南的大冶石龙头文化，该文化石器技术原始，多使用天然砾石台面打片，锤击法打片，石器类型单一，仅有砍砸器和刮削器。直到旧石器时代中、晚期阶段，虽有北方地区石片工业和细石器文化的影响，但砾石石器工业始终是东南旧石器文化的主流。砾石石器文化遗存有中期的百色盆地、马坝狮子岩、皖南水阳江，晚、末期的南岭各山洞、闽南莲花池山下层和台东乾元洞，几乎遍布东南各省。东南的砾石石器工业与匼河—丁村系、北京—峙峪系构成的华北石片工业传统明显有别，成为东南土著文化本土起源、发展的最早证据。而且在这一文化传统发展、变化过程中最终孕育了以磨刃、穿孔技术为特征的华南"新石器工艺"本土的起源。[2]

万年以来，以形成和发展过程中的印纹陶遗存为代表的东南土著文化与周邻、尤其是中原北方系统文化的差别更加明显，成为东亚大陆史前、上古文化总谱系中最具特色的地域性环节之一。东南湖网平原地带、东南沿海丘陵山地地带以及台湾等海岛地带，多元一体的印纹陶文化生动地展示了东南早期民族文化的土著特征、内在结构和发展变化的过程。新石器时代文化的土著特征鲜明地表现为圜底器、圈足器为代表的陶器群，即便是受来自黄河流域文化影响最多的江南湖网平原地带也不例外。如在太湖流域的先龙山期文化中，最具代表的是腰沿或多角沿的圜底釜，圜底和小平底的罐、钵、盘、壶，喇叭形和塔形圈足豆，矮圈足或花瓣圈足壶、杯，及支座等，以三足器、袋类器等代表的中原北方史前文化的影响始终是有限的、次要的和间接的。只是在良渚文化阶段三足器才与圈足器同样发达，但该文化中的中原北方文化成分只是短暂的影响而没有持久的作用。在武夷山—南岭以东、以南的东南沿海山地丘陵地带，土著文化特征表现得更为彻底，如闽江流域下游河谷的新石器时代文化，以圜底、圈足类的宽沿束颈釜、罐、直颈壶及簋、杯、豆等为基本组合的土著器群延续发展，基本缺乏三足、袋足器类，即便是闽江上游龙山时代出现了多一些的三足器、甚至个别袋足鬲，但规模、强度显然不可与湖网平原地带相比。又如珠江三角洲的新石器时代文化中，陶器的基本组合为圜底的釜、罐、钵、圈足的盘、豆及器座等，也仅在银洲一期文化中发现一件性质类似于昙石山中层的鼎，北江山地石峡文化共出的不少三足、袋足器类同样是次要和短暂

①　董兴仁：《中国的直立人》；吴新智：《中国的早期智人》；吴茂霖：《中国的晚期智人》，均载《中国远古人类》，科学出版社 1989 年。吴新智：《中国晚旧石器时代人类与其南邻的关系》，《人类学学报》1987 年 2 期。

②　谢光茂：《论中国南方及东南亚地区早期砾石石器》，《东南文化》1997 年 2 期。吴春明：《中国东南土著民族历史与文化的考古学观察》，厦门大学出版社 1999 年。

的。这个分地带、多区系而一体的、极具特色的土著新石器时代文化体系，是上古百越族群的直系先民所创造的考古学文化。

在三代历史上，东南土著人群进入了中原北方华夏的政治视野并在以苗、蛮的名分逐步出现于汉籍早期"民族志"中。《淮南子·坠形训》载："自西南至东南方：结胸民，羽民，獾头国民，裸国民，三苗民。"《战国策·魏策一》载："三苗之居，左彭蠡之波，右洞庭之水，文山在其南，衡山在其北。"禹时的三苗的确活动于鄱阳、洞庭两湖之间，是华夏接触东南土著时"先入"之地。入商，华夏对东南人文的认识有了明显的拓展，汉文史籍中"新增"了"十蛮"、"越沤"、"七闽"、"八蛮"等东南民族成分。《逸周书·王会解》记载商代民族，东有"十蛮"、"越沤"，南有"瓯"等，"越沤"为汉文中最早以"越"称的人群，"瓯"也与岭南的"西瓯、骆越"先民有关，"十蛮"是此外的东南土著。周对东南民族的了解更多、区分更明确、地域范围更大，《周礼·象胥》有"闽"，《周礼·职方氏》还有"八蛮、七闽"，《周礼·冬官考工记》有"粤"、"吴"各族，《逸周书·王会解》有"瓯"。《吕氏春秋·恃君篇》语"扬汉之南，百越之际"，东南"百越"族名最早见于《吕氏春秋》、《史记》等战国以来文献，"百越"出现的同时，先前活动于东南的土著诸蛮如吴、越沤、瓯、粤、闽等也从汉文史籍中"消失"，代之而为"于越"、"闽越"、"东瓯（越）"、"南越"、"西瓯与骆越"、"干越"、"扬越"等不同支系的越民族文化。

三代东南土著人群的构成与发展可以见证于这一时空的印纹陶文化体系中。夏商时期，印纹陶文化基本维持史前的内涵与格局，陶器群也从根本上继承圜底、圈足的特征。在江南地带，宁镇平原的湖熟文化的土著内涵是小平底或圜底瓮、罐、尊、盆、钵、圈足豆、簋等陶器群，太湖流域至宁绍平原间的马桥文化、高祭台类型、赣鄱流域的社山头上层类型、万年类型、吴城文化中占绝对优势的也是以圜底、圜凹底、小平底、圈足的釜、各式罐、瓮、盂、钵、甗形器、豆等土著器群，而以袋足甗、鬲、盉等为代表的夏商文化影响是不同程度的、由北往南递减的、总体非主流的。这些考古学文化应属于句吴、于越、干越的先人荆蛮、越沤、三苗的遗产。而在闽、粤、桂等丘陵山地，印纹陶文化的土著特征更为浓重与封闭，如闽江流域的昙石山上层、黄土仑文化的基本组合是圜（凹）底、圈足类的宽沿束颈釜、甗、罐、尊、鬶形器、杯口壶、钵等器群，完全不见夏商式的三足器和袋足器。珠江流域的银洲二、三期文化和石峡中层文化的土著文化形势完全一样，甚至石峡文化较多的三足、袋足器等龙山因素也没有延续，可见土著文化的强大生命力。它们应就是在上古初期还未与中原接触、未被华夏文明所认知的十（八）蛮、七闽、瓯、粤等先民。

周代开始，东南土著分群发展的格局出现了重要的变化，那就是以土墩墓为代表的土著文化整合趋势。典型的土墩墓文化具有鲜明地域特色的葬俗，几何印纹陶、釉陶系的罐、坛、瓿、釜和釉陶系的豆、碗、盆、盘代表了土著文化的主流，绳纹陶系的鼎及袋足鬲、甗和青铜鼎、鬲、簋、尊、卣、盘等礼器则代表了来自商周文化的影响，该文化基本覆盖了江南湖网平原地带。土墩墓文化因素还越过武夷山—南岭，深刻地影响到闽、粤沿海丘陵山地。如闽江流域的铁山类型中就出现了不少类似于江浙土墩墓的文化因素如石圹、石床墓，席纹硬陶瓮、罐、钵，釉陶碗、豆，吴越式青铜剑、矛、戈、斧、铙等；珠江流域的土著夔纹陶文化中也吸收了不少吴越等青铜文化的影响，如石峡上层的釉陶豆、钵与青铜矛、钺、匕首等就与吴越土墩墓文化无异。周代东南沿海地带的考古学文化内涵中本土文化因素的继承和以土墩墓文化因素为代表的外来文化的传入，反映了七闽、八蛮与南来吴、越融合生成闽越、东瓯（越）、南越、西瓯和骆越的历史文化过程。

周末秦汉以来，随着楚、秦、汉帝国军事征服、政治统一和文化融合百越地区，百越土著的主体地位逐步为南迁的汉族人群所取代，但还有部分越人逃避山里，成为东汉六朝以来活跃东南山地的“山越”。《资治通鉴》汉纪胡三省注：“山越本亦越人，依阻山险，不纳王租，故曰山越。”唐宋以来，土著后裔进一步收缩到偏远的山区，成为汉籍民族志中的华南“溪峒”、“峒僚”，现今的畲、瑶、黎等少数民族。《隋书·南蛮传》载：“南蛮杂类，与华人错居，曰蜒、曰獽、曰俚、曰獠、曰㐌，俱无君长，随山洞而居，古先所谓百越是也。”秦汉以来东南印纹陶文化的余绪就是百越民族走向衰亡的历史印记，如江南的戚家墩文化是土墩墓文化的直接发展，印纹陶坛、罐、盅及原始瓷碗、杯等土著器群仍为主流并可在土墩墓文化中都可以找到原型，应就是吴、越晚期的考古学文化，而在戚家墩文化之后的楚汉式器物渐为主流，表明灭国后的句吴、于越故地受到楚汉文化的强烈影响和高度汉化。在东越地，周末秦汉时期的富林岗—凤林山类型上虽出现了汉文化因素递增、闽越文化因素递减之势，但以圜底（平底）的印纹陶釜、罐、匏壶、瓿、提桶、瓮等为代表的土著器群始终是文化的主体，直到六朝以后才真正终结。在岭南越族的米格纹陶阶段中，以广州汉墓D类器为代表的内涵分别与中原和楚地文化相同，但以印纹陶器群为代表的土著文化因素在该文化前期仍是主流，东汉以后才衰弱下去。①

二　史前、上古华夏人文对东南的传播、影响

百越系统的民族文化终结、汉民人文的扩散不可完全归结为秦汉王朝政治、军事与文

① 黄展岳：《两广先秦文化》，载《文物与考古论集》，文物出版社1987年。广州市文管会等：《广州汉墓》结语，文物出版社1981年。吴春明：《福建秦汉墓葬的文化类型及其民族史意义》，《东南文化》1988年3期。

化上短暂的统一运动,中原、北方华夏系统文化对东南的影响可以追溯到遥远的远古时代,在东南土著民族文化发展与兴盛的过程中,在漫长的史前、上古时代从未中断过。

考古学物质文化因素的分析表明,自远古时代起,中原北方系统文化就开始逐步地传播、影响东南地区。[①] 在以砾石石器为特征的东南土著旧石器文化发展的晚期和中石器时代就出现了北方文化最初的影响,如南岭地带"含介壳堆积山洞"文化的燧石小石片、江苏吴县三山岛的石片文化、福建漳州莲花池山上层的小石器文化、台湾台东潮音洞的细小石器与骨角器组合等,虽整体面貌不完全相同,但都不同程度地出现了柱状石核、石片工艺等北方旧石器、细石器工艺成分。只有广东南海县的西樵山第 17、18地点与北方系统典型的细石器文化如出一辙,应是北方系统文化直接移植即人群迁徙的结果。[②] 当然西樵山一个地点的材料是无法从整体上改变东南旧石器文化土著性质的。

进入新石器时代以后,中原北方文化影响东南的势头持续加强。在距今 7000 ~ 6000 年的早期阶段,黄河中下游的文化开始微弱地影响东南北部,在太湖流域的罗家角文化、马家浜文化中看到少量三足器(釜形鼎)等北辛、裴李岗等文化影响的产物,往南的赣都流域仙人洞、拾年山一期文化中很难见到类似的因素。而在武夷山—南岭山脉分水岭另一侧山地丘陵地带的黄岩洞文化、大湾文化中更是清一色的圜底器、圈足器,完全没有黄河三足器的踪迹。在距今 6000 ~ 5000 年的中期阶段,黄河中、下游仰韶文化、大汶口文化影响东南土著文化的势头开始加强,覆盖地域有所扩大。在最靠近中原北方的苏皖南、北阴阳营、崧泽、薛家岗等文化中出现许多鬼脸式鼎足、实足鬶、彩绘等大汶口文化的典型因素;往南的拾年山二期、郑家坳文化中,也有不少的侧扁足、管足、锥足的釜形鼎、罐形鼎、钵形鼎和实足鬶;不过在武夷山—南岭山脉以东、以南的闽江流域壳丘头文化、昙石山下层文化、闽南沿海富国墩、腊洲山文化、岭南地区石峡底层文化、大湾文化晚期、石尾山文化中,这类南下的文化影响仍未形成,迄今没有找到一件可以与黄河流域文化挂钩的三足器等内涵。距今 5000 ~ 4000 年的晚期,正是黄河、长江流域"原始方国"广泛建立的龙山时代和中华帝国文明的前夜,强势的"龙山因素"在东南全境都有程度不同的影响。尤其是苏南浙北的良渚文化中,龙山文化特征的三足鼎、磨光黑陶、袋足鬶等很常见,赣都流域的山背、樊城堆文化中也有多种形态的鼎足、袋足鬶、盉等龙山文化内涵。黄河流域文化的影响还前所未有地冲破了武夷山—南岭山地的阻隔,如闽江下游昙石山文化、珠江三角洲三水银洲文化中少

---

① 吴春明:《东南沿海史前史序列中北方文化因素的传入与融合》,载《史前与古典文明》,台北"中央研究院" 2003 年。

② 吴春明:《中国东南土著民族历史与文化的考古学观察》第 5 节"东南砾石石器工业的源流与旧石器文化的演变",厦门大学出版社 1999 年。

量鼎、盉类器就是龙山文化渗透并与土著文化结合的作品；而在武夷山—南岭与内地的交通孔道上，牛鼻山文化、石峡文化中的龙山文化因素更多，各种鼎、袋足鬶、盉等典型龙山因素都出现了。

夏、商文明是以华夏族为核心的中华民族形成与早期发展的关键阶段，更是以中原为中心的"中国"文明影响、扩展并带动"四方"社会成长的重要历史时期，夏、商王朝在与东南土著的和、战关系中将青铜文化传播、影响到了东南。作为三苗后裔、诸蛮土著的文化遗产，太湖至宁绍平原间的湖熟文化、马桥文化、高祭台类型和赣鄱流域的吴城文化和万年类型，都表现出浓重的夏商青铜文化特征，如湖熟文化、马桥、高祭台类型中就有大量夏商式的罐形鼎、袋足鬲、鬲等器物和类似于夏商文化的刀、斧、镞、鱼钩等青铜器；吴城文化中的商文化因素主要是袋足鬲、鬲、斝、大口尊、假腹豆、长腹罐等陶器和发达的青铜鼎、甗、斝、刀、戈等礼、兵器，与郑州商城、殷墟等地的商文化基本没有差别①；在新干大洋洲还发现了吴城文化时代的大型墓葬，出土青铜器达 486 件，商文化特征非常明确。② 可见，在龙山文化深刻影响的基础上，东南北部的这一湖网平原地带的土著诸蛮文化已经受到夏商青铜文化的深刻影响，表现出初步的"华夏化"态势。但是，夏商青铜文化传播的前锋基本上还没有越过武夷山—南岭分水岭，在浙南到闽粤沿海的昙石山上层、黄土仑、马岭、白主段、东澳湾（或称三水银洲类型）、石峡中层等夏商时期诸考古学文化中，"夏商"文化的影响非常有限、薄弱，仅见土著器群上的一些仿铜纹饰等，总体表现出浓厚的土著性和强烈的封闭性，迄今在这些文化中没有发现一件中原华夏特征的三足器、袋类器和青铜器。这不但与湖网平原地带的"华夏化"态势形成鲜明的对比，就连龙山时代业已渗入的黄河系统文化因素也消失得无影无踪了，土著民族文化还停留在新石器文化持续发展的阶段。③

两周时期，中原华夏文明的传播、影响扩展到东南全境，而且可能出现了最早的华夏族群迁徙江南湖网平原地带。《史记·吴太伯世家》载："吴太伯，太伯弟仲雍，皆周太王之子，而王季历之兄也。……于是太伯、仲雍二人乃奔荆蛮"，"太伯之奔荆蛮，自号句吴。荆蛮义之，从而归之千余家，立为吴太伯。"太伯、仲雍奔荆蛮可能反映了周朝核心地带的华夏族群迁徙东南北部地带的历史事实，江苏丹徒县出土的"宜侯夨簋"有关周康王册封夨于宜的铭文也是周人进入东南的证据。考古学上，两周时期湖网平原地带青铜文化的总体面貌趋于统一，那就是覆盖苏皖南到浙赣地带的吴、越土墩

---

① 李伯谦：《试论吴城文化》，《文物集刊（3）》，文物出版社 1981 年。

② 彭适凡等：《江西新干商代大墓文化性质刍议》，《文物》1993 年 7 期。

③ 吴春明：《华南沿海的先秦文化与早期文明》，《中原文物》1997 年 2 期。吴春明：《从考古看华南沿海先秦社会的发展》，《厦门大学学报》1997 年 1 期。

墓文化，土墩墓文化中与特色鲜明的平地葬俗、几何印纹陶系统的土著器群共出的是，绳纹陶系的鼎、袋足甗、鬲和青铜礼器类的鼎、鬲、簋、尊、卣、盘以及成套的青铜兵器为代表的中原华夏文化因素，华夏因素的总量和周式礼器的"成套"水平很接近中原。华夏青铜文化还越过武夷—南岭山地的阻隔，传播到闽、粤沿海山地丘陵地带。在闽江流域铁山类型土著文化中，虽不见商周文化代表性的三足、袋足器具，但与土著文化共出的既有土墩墓文化的墓葬形态与印纹陶因素，还有与吴越青铜文化相似的青铜剑、矛、戈、斧、铙等。实际上，铁山类型青铜文化既是吴越文化传播融合的结果，同样可以看成中原华夏青铜文化通过吴越地带传播、影响东南地区的一个环节。[①] 在岭南地区石峡上层类型的夔纹陶文化中，还发现一些铁山类型所未见的青铜盉、鼎、钟等周式的青铜礼器，说明华夏青铜文明对岭南的影响要较之闽中地区更为深刻。

总之，自远古时代起，北方、中原系统的文化对东南地区的传播、影响是持续不断的，几乎伴随着东南土著民族文化产生、发展的全过程。这些南来的文化影响在时空上是不平衡的，自史前到上古时期逐步加强，由北往南、由平原往山地逐步减弱。但从总体上说，除了周代可能出现过的华夏人群在东南北部地带的局域移植外，上古时代尚未出现华夏人群全面迁徙东南、南来的华夏与土著的百越族群替代的重大历史事件。史前、上古华夏系统文化的传播、影响，是周末秦汉以来汉民族大规模迁徙东南、同化土著并成为该地区民族文化主体的基础。

三　周秦汉唐以来汉人族群的大规模南迁

秦汉时期是中国民族史上的十分关键的发展阶段，在秦汉王朝政治、经济与文化统一的总体趋势下，伴随着在先秦华夏族文化的基础上形成的汉民族向四邻地带的迅速扩展、同化，建立在先秦"中国四方"格局基础上的以汉民族为核心的中华民族"多元一体"的雏形已经形成。在东南地区，南来的文化影响也不仅局限于间接的文化传播与融合，华夏、汉人族群的直接移植和同化的强势局面已经形成，汉人南渡此起彼伏，土著人文日落西山。

从东周晚期楚灭于越到汉武帝平东、南两越，是中原华夏政治、军事与文化南扩的早期阶段，周、楚、秦、汉帝国相继对峙于东南土著，并先后瓦解了百越割据政权，成为汉民族群文化向东南地区传播与早期移植的重要政治基础。其中周楚文化传播、移植东南是高潮迭起的汉人南渡运动的先声。楚文化本是南方苗蛮集团的支系，但夏商时期楚与华夏的关系非常活跃，周时更受到正式分封，楚文化因此吸收了大量华夏文明内涵，华夏的典籍、礼制、思想都传到了楚国，荆楚与华夏文化达到高度的一体化。东周

---

① 吴春明：《闽江流域先秦两汉文化的初步研究》，《考古学报》1995 年 2 期。

时期，楚国作为南方强国在列国争霸中占据了上风，随即统一了江南，周楚文明在东南地带获得了广泛的传播和移植，东周楚墓在东南全境的普遍发现就是这段历史的反映。在苏南的句吴故地，吴县何山大墓出土了成套周楚式的青铜礼器、车马器和吴越式的陶瓷器等的共存关系，出土"楚叔之孙途为之盉"铭文青铜盉，应是楚国贵族墓葬。[①] 无锡前洲出土的楚国青铜器群上的铭文标明是楚人"□陵君王子申"；武进孟河土坑墓随葬的成套青铜礼器鼎、盒、壶是典型的周楚文化；无锡施墩5号墓随葬仿铜陶礼器鼎、盒、钫，是典型的战国晚期楚墓。[②] 在浙赣地，江西新干昌邑的战国墓、高安郭家山战国墓地、上海嘉定外冈战国墓、浙江绍兴凤凰山1、2号墓、宁波南郊战国墓等，都随葬典型周楚式的仿铜陶礼器鼎、豆（敦）、壶，也都是吸收了越文化因素的楚人墓葬或高度"楚汉化"了的土著人后裔。[③] 福建闽侯庄边山战国墓是闽中所见唯一一处楚人墓地。[④] 在岭南，广东罗定、惠阳、四会、清远、肇庆、德庆等地东周墓葬中所出的青铜鼎、盂、罍、缶、提梁壶、剑器物，绝大多数是典型的楚式器物，罗定夫背山、肇庆松山战国墓葬中还有典型的楚国漆器。[⑤]

秦、汉王朝的政治统一为汉族先民传播、迁徙东南地区奠定了基础，设置于江南湖网平原地带的九江、丹阳、吴郡、豫章、会稽（北部）等郡地是中央王朝的直接统治地区，又有先秦时期与华夏系统高度融合的基础，汉民人口开始膨胀，区域文化达到了高度汉化。但在浙南到闽粤间的沿海丘陵山地地带，情况要复杂一些。秦灭六国后，设置了会稽（南部）、闽中、桂林、南海、象郡等。《史记·秦始皇本纪》载："王翦遂定荆江南地，降越君，置会稽郡。……发诸尝逋亡人、赘婿、贾人略取陆梁地，为桂林、象郡、南海，以谪遣戍。……谪治狱吏不直者，筑长城及南越地。"这些南下的戍卒、谪贬的罪人、逃亡流民和随军妇女成为历史上进入岭南地区的第一批大规模的汉族移民。汉代秦政，闽、粤两地"君长"恢复了割据于郡县制度之外的王国统治，东、南两越王国的割据，客观上制约了内地汉民向东南地区的迁徙，但汉、越间的人民往来也不是没有的。考古学上，广州地区发现的182座南越国时期墓葬中，除土著人墓葬外，有125座表现为汉、越两类器物的共出关系，其中有92座

① 吴县文管会：《江苏吴县何山东周墓》，《文物》1984年5期。

② 李零等：《楚□陵君三器》，《文物》1980年8期。镇江市博物馆：《武进孟河战国墓》，《考古》1984年2期。谢春祝：《无锡施墩第五号墓》，《文物参考资料》1956年6期。

③ 李科有：《东周时期江西地区的楚文化及其有关问题》，《中国考古学会第二次年会论文集》，文物出版社1980年。高至喜：《论战国晚期楚墓》，《东南文化》1990年4期。

④ 吴春明：《福建秦汉墓葬的文化类型与民族史意义》，《东南文化》1988年3期。吴春明《汉化中的越王城与越化中的楚汉墓》，《东方博物》第四辑，浙江大学出版社1999年。

⑤ 何纪生：《略论广东东周时期的青铜文化及其与几何印纹陶的关系》，《文物集刊（3）》，文物出版社1981年。徐恒彬：《广东青铜器时代概论》，《广东出土先秦文物》，香港中文大学1984年。

出现成组的楚汉式鼎、盒、壶、钫礼器组合，应是南越国内的汉人墓葬。① 其中南越文王赵眜的陵墓更是一座周汉文明的艺术宝库，这座石室大墓与多处汉代王陵规格一样，出土随葬品 1000 多件（套），尤其是丝缕玉衣、36 件铜鼎与壶、钫组成的成套礼器、2 套 19 件编钟和 2 套 18 件编磬组成的成套乐器以及 39 件铜镜、6 大类 20 多种丝织品等成为中原帝王陵墓制度在岭南最淋漓尽致的体现。《史记·南越列传》："南越王尉佗者，真定人也，姓赵氏。"真定即今河北正定县，第二代南越文王赵眜系赵佗次孙，文王陵墓的发现再现了秦汉初期北方汉人移植所带动的周汉文明在岭南的传播。②

元鼎、元封年间，汉武帝先后用兵东南剪除两越割据政权，内地汉民对百越故地的族群迁徙与文化传播已是水到渠成。这一时期移植两越地的汉人有军事征服后留戍落籍的大批汉族士兵，还有被谪贬流放的内地罪人，以及逃亡避世者和滞留的揭竿义兵。汉人的入迁使得东南两越故地的人口都有了不同程度的增长，尤其是岭南各郡增长更快。据《汉书·地理志》、《后汉书·郡国志》的统计比较，西汉时岭南的南海、苍梧、合浦、九真、日南各郡总人口不到 56 万，到了东汉时猛增到 116 万多，除了自然增长外，与中原内地汉人的不断迁入有密切的关系。在广州发现的 227 座西汉后期和东汉时期墓葬中③，代表土著人的器类急剧减少，葬制、葬式、随葬品内涵与洛阳、长沙等内地发现的大量汉墓变化基本一样，反映了南越国除后汉文化开始成为民族文化的主体。从两汉书中看不到闽越故地确切的人口变动，但闽越国除后置冶县隶会稽郡，三国时冶县又迅速扩为"建安郡，统县七，户四千三百。建安、吴兴、东平、建阳、将乐、邵武、延平"。④ 显然，置建安郡与人口、聚落的迅速增长及内地汉人族群移植有关。

两汉以后中国历史重陷分裂，三国两晋南北朝时期中原板荡、战乱频仍，中原北方汉人南渡的高潮迭起，以逃避战乱为主的家族迁徙成为这一时期汉民移植的主体，即所谓"衣冠南渡"。从公元 184 年黄巾起义爆发到公元 280 年西晋统一间近百年的社会动乱产生了大量中原内地流民，揭开了汉人南渡高潮的序幕。西晋的短暂统一并没有消除中原北方的战乱根源，随着各种矛盾的激化，两晋时期相继陷入了以"八王之乱"、"永嘉之乱"和"五胡十六国之乱"等连续的社会动荡，战乱持续了一个半世纪，是黄河流域历史上灾难最深重的时期，东南地区是汉民避乱逃难的理想去处。道光《广东

① 广州市文物管理委员会等：《广州汉墓》第二章"西汉前期墓葬"，文物出版社 1981 年。
② 广州市文化局编：《广州秦汉考古三大发现》，广州出版社 1999 年。
③ 广州市文物管理委员会等：《广州汉墓》第三、四、五、六章，文物出版社 1981 年。
④ 《三国志·吴志·贺齐传》、《晋书·地理志》。

通志》卷九十二载："东晋南朝，衣冠望族向南而迁，占籍各郡。"乾隆《福州府志》卷七十五"外纪"载："永嘉二年，中州板荡，衣冠始入闽者八族，林、陈、黄、郑、詹、邱、何、胡是也。以中原多事，长难怀居，无复北向，故六朝间仕宦名迹，鲜有闻者。"乾隆《泉州府志》卷八"山川"载："（晋江）晋南渡时衣冠避地者，多沿江而居，故名。"南北朝时期，南、北两地相对稳定，但民族冲突、王朝对峙与征战、农民暴动仍时有发生，其中梁末的"侯景之乱"是规模最大的一次社会动乱，引发了江东人民的大逃亡。"千里绝烟，人迹罕至，白骨成聚，如丘陇焉。"① 《陈书》卷三十五《陈宝应传》载："是时东境饥馑，会稽尤甚，死者十七八，平民男女，并皆自卖，而晋安独丰沃。宝应自海道寇临安、永嘉及会稽、余姚、诸暨，又载米粟与之贸易，多致玉帛子女，其有能致舟乘者，亦并奔归之，由是大致赀产，士众强盛。"可见，"侯景之乱"确实形成了对闽、粤地区新的汉人移民。

　　三国两晋南北朝时期中原汉民衣冠望族的大量南迁，人口增长与聚落膨胀，导致了东南郡县的大规模增置。仅浙江境内就由汉末的 21 县扩增为吴时的 47 县②，尤其是浙南东瓯故地，由原回浦县分出的汉末永宁、章安二县，吴时扩为一郡八县。《晋书·地理志》载："临海郡，吴置。统县八，章安、临海、始丰、永宁、宁海、松阳、安固、横阳。"据《宋书·州郡志》，东晋时浙南地也由一临海郡扩为临海、永嘉二郡。闽中故地也是如此，据《晋书·地理志》，西晋时将闽中建安郡扩为建安、晋安二郡，新设"晋安郡"统八县。萧梁时期在闽南沿海增设了梁安郡，陈朝时设丰州领晋安、建安、南安（梁之梁安）三郡。③ 而据《晋书·地理志》、《宋书·州郡志》、《隋书·地理志》的统计，西晋时福建的户数为 9000 户，到隋初为 14922 户，应主要是源于南朝时期的汉民迁入。④ 汉民移植东南浪潮在考古发现中也得到了证实。最新统计福建已发现东吴六朝时期墓葬 170 余座，其中有纪年的墓葬 50 余座。⑤ 这些墓葬集中分布在闽江流域和闽南沿海的晋江流域，墓葬形制、结构、墓砖纹样、随葬品组合及其变化规律、家族聚葬风气等都与同一时期内地汉人墓葬几乎完全一样，充分反映了此时汉人"举族"入迁的历史。⑥ 岭南六朝墓葬主要集中在汉人南下必经的北江谷地、珠江三角洲和粤东

① 《南史》卷八十"侯景传"。

② 谭其骧：《浙江各地区的开发与省界、地区界的形成过程》，《历史地理研究》第一辑，复旦大学出版社 1986 年。

③ 林汀水：《福建政区建置的过程及其特点》，载《历史地理》第十辑，上海人民出版社 1992 年。

④ 葛剑雄：《中国移民史》第二卷第 382 页，福建人民出版社 1997 年。

⑤ 福建省博物馆：《五十年来福建文物考古的主要收获》，载《新中国考古五十年》，文物出版社 1999 年。

⑥ 林忠干等：《福建六朝墓初论》，《福建文博》1987 年 2 期。

地区。① 在浙南地区也有数量众多的三国六朝汉人墓葬的发现，特别是 20 世纪 50 年代在瑞安桐溪、芦蒲就发掘清理了 41 座，墓葬的形制、结构和随葬品内涵也都同于内地与江东的同时期汉人墓葬。② 类似墓葬近些年又有发现，如瑞安塘下的萧梁时期墓葬、永嘉瓯北发现的 7 座东晋南朝墓。③

　　三国两晋南北朝时期持续四百年的"衣冠南渡"浪潮是东南历史上最剧烈的民族文化变迁事件，中原内地汉人的持续、规模化的族群移植，最终打破了史前、上古以来东南土著民族文化的主体局面。唐宋以来东南大部分地区、尤其是秦汉时期少有开发的浙南和闽中地区的民族文化主流已经不再是"与越杂处"的状态，"山峒"地带的蛮獠民族"问题"也趋于平缓，汉民族文化已经上升为主体，而且多数认同着中原、内地的祖籍地。唐宋明清以来，类似唐末五代、两宋之交以及宋、元、明、清各朝更迭等所引发的剧烈战争与动乱仍然间歇性地发生，仍然持续不断地推动中原内地汉民的南迁，其中战乱流民与落籍军人仍是南迁汉民的主体。随着汉民人群的不断输入，将中原北方先进的社会文明成果直接移植东南，带动了经济文化的发展与社会进步。

四　汉、越民族更迭过程中的文化融合

　　在中华民族"多元一体"文化的形成和发展过程中，中原汉人与边疆族群间的文化融合是一个复杂的历史文化过程。扩张过程中的中原汉族在对边疆各族文化同化的同时，汉民族也不同程度地吸收"非我族类"的诸多文化成分，丰富、发展汉民族文化的内涵。在东南地区汉、越民族文化更迭过程中，两种现象都有生动的表现。

　　一方面，自战国晚期以来，随着中原王朝向东南地区政治、军事扩展和汉人的大规模移植，在汉民族群强势文化氛围中，百越土著民族走上了加速和全面汉化的轨道，在周末秦汉东南越族的考古学文化遗存中有深刻的体现。

①　杨豪:《广东韶关市郊的晋墓》,《考古学集刊 (1)》,中国社会科学出版社 1981 年。广东省博物馆:《广东始兴晋唐墓发掘报告》,《考古学集刊 (2)》1982 年。广东省文管会:《广东曲江东晋南朝墓简报》,《考古》1959 年 9 期。徐恒彬:《广东英德浛洸镇南朝隋唐墓发掘》,《考古》1963 年 9 期。《简谈广东连县出土的西晋犁田耙田模型》,《文物》1976 年 3 期。广东省博物馆等:《广东梅县古墓葬和古窑址调查、发掘简报》,《考古》1987 年 3 期;《广东梅县大宝及晋唐墓清理简报》,《考古》1965 年 5 期;《广东博罗县砖室墓的发掘简报》,《广东文博》1987 年 1 期;《广东揭阳南朝、唐墓发掘简报》,《考古》1984 年 10 期。广州市文管会:《广州市西北郊晋墓清理简报》,《考古》1955 年 5 期。杨少祥:《四会县发现南朝墓》,《广东文博通讯》第十二期 (1982 年)。广东省博物馆:《广东高要晋墓和博罗唐墓》,《考古》1961 年 9 期。尚杰:《德庆县东晋墓葬清理简报》,《广东文博》1986 年 1 期。
②　浙江省文物管理委员会:《浙江瑞安桐溪与芦蒲古墓清理》,《考古》1960 年 10 期。
③　潘知山:《浙江瑞安梁天监九年墓》,《文物》1993 年 11 期。蔡钢铁:《浙江永嘉县瓯北东晋南朝唐墓》,载温州博物馆编《文物与考古论集》,香港天马图书有限公司 1998 年。

在物质文化领域，铁器时代的文化进程、汉越器具与聚落形态的共出关系等，都可以看到战国晚期以来东南土著越人深刻汉化的历程。以中原内地的铁器技术迅速为百越及其后裔所接受，步入文化史上的铁器时代是土著越人汉化的重要标志。这一时期的铜、铁器遗存不但广泛发现于东南湖网平原地带，在武夷山—南岭山地东南一侧的两越地带也是大量发现。在广州西汉前期墓葬中，随葬铁器数量和种类十分庞杂，涉及炊煮器、兵器、生产工具、日用器、服饰配件等，中原内地流行的绝大部分铁器都可以找到。在闽越国地，仅武夷山城村的闽越王城遗址就发现了数百件汉式铁器，同样涉及生产工具、生活器具、兵器、建筑构件等广泛领域，城村闽越王城遗址还发现了几处冶铁作坊，说明土著人群对汉铁器文化与技术的全面接受。[①]

越式器群与汉式器物共出是这一时空考古学文化内涵的特点。如在闽越族的考古文化中，秦汉初的富林岗文化共出了仿铜陶礼器鼎等为特征的典型汉器，东汉前后的凤林山文化中土著因素虽还存续，但随葬象征财富的模型明器等与中原内地汉墓一样的趋势也已发生，可见闽越人也获得了很高的汉化。[②] 在南越族考古文化中，广州发现182座西汉前期墓葬中，就有20多座是以成组土著器物为特征的越人墓葬，但也共出不成组合的汉式礼器，应是受到汉文化影响但尚未彻底汉化的南越人，此外的92座出成组汉式礼器但共出土著器物的汉人墓葬中可能也有部分是高度"汉化了"的南越人。[③]

百越先民独特的聚落形态在汉化的轨道上也发生重大变化，封闭、特异的土著模式为汉越融合式或完全汉文化的模式所取代。如武夷山闽越王城宫殿建筑仍是土著的低干栏式结构，但该建筑四合院式平面结构、前朝后寝的布局与秦咸阳宫一号建筑基址平面布局如出一辙，城外的一组礼制建筑也是典型的汉文化建筑理念；而在建筑技术上，陶绳纹筒、板瓦、水管道、菱形图案地面砖、云纹和汉字瓦当，与中原王朝地带所出同类建材基本一样，是周汉以来形成华夏、汉民族建筑文化的代表性成分。[④]

在精神文化领域，越人的社会文明、语言文字和丧葬制度也在汉化的轨道上发展。江南句吴、于越国家的产生就是商周国家文明制度推广的结果，而战国晚期以来出现的闽越、东瓯与南越等王国社会制度也不例外。在福建武夷山闽越王城、福州冶都和广州南越国宫署遗址等地，"万岁"、"常乐万岁"、"万岁未央"、龙凤纹"万岁"等宫殿建筑上的瓦当文字充分体现了以皇帝为中心的秦汉中央集权国家制度在两越地的直接"移植"。器具产品上戳印的"公"、"官"、"左官"、"右官"、"居室"、"工官"、"干

---

① 杨琮：《武夷山闽越国故城出土铁器的初步研究》，载《福建历史文化与博物馆学研究》，福建教育出版社1993年。

② 吴春明：《福建秦汉墓葬的文化类型与民族史意义》，《东南文化》1988年3期。

③ 广州市文物管理委员会等：《广州汉墓》第二章"西汉前期墓葬"，文物出版社1981年。

④ 吴春明：《崇安汉城的年代与族属》，《考古》1988年12期。

官"、"官径"等文字，表明两越王国的官僚制度也模仿自秦汉内地。对秦汉国家文明制度的仰慕、仿造，是越人汉化的重要表现。华夏系统的语言文字渐为汉化的百越人群所接受，不管是在广州还是福州、武夷山的两越王国的都城、王城遗址，还是都城、王城以外的一般越人聚落、墓葬所出，铜器铭文、陶、瓦戳印、印章与封泥文字等等，[①]都无一例外地属于秦汉时期的汉字系统。丧葬制度是特定民族文化中最保守、最顽强维持的深层领域，越人的丧葬制度也在悄然地汉化。在广州两汉墓葬的内涵变化上，西汉前、中期墓葬结构仍较多维持墓底铺设河卵石设腰坑的土著特征，西汉晚期以后这类结构已经不见。闽越地区的墓葬资料虽有限，但从西汉的富林岗类型到东汉的凤林山类型，也可以看到闽越人埋葬制度类似于南越人的汉化过程。

可见，奠基于史前时代东南土著新石器时代文化和上古百越先民的"华夏化"态势，秦汉以来的百越文化获得了全面、高度的汉化。汉化后的"百越"与内地和迁入的汉民人文在物质文化、精神文化的诸多方面渐趋一致，在此基础上，绝大多数已融为南方汉民的有机组成部分。即便"遁逃山谷"的少量越人后裔即唐宋以来的溪峒、蛮獠和现今东南畲、黎、瑶、壮等少数民族虽还不同程度地保留有土著先民的一些文化特征，但历史上的汉化也使他们与汉族间的文化差距在不断地缩短。

另一方面，由于东南土著先民在史前、上古奠基和发展的人文传统的根深蒂固，东南地域人文的传承使客来的汉民"居越而越"，出现不同程度的"越化"。

《史记·吴太伯世家》载："太伯、仲雍二人乃奔荆蛮，文身断发，示不可用，以避季历。……荆蛮义之，从而归之千余家，立为吴太伯。"《左传·哀公七年》载："太伯端委以治周礼，仲雍嗣之，断发文身，嬴以为饰，岂礼也哉？有由然也。"《吴越春秋·吴太伯传》载："遂之荆蛮，断发文身，为夷狄之服，示不可用。"可见，周王室的太伯、仲雍奔荆蛮后，虽曾试图"以治周礼"，但也无奈陷入吴越文化氛围而不可自拔，最后也得"断发文身，为夷狄之服"。太伯、仲雍从荆蛮俗是华夏民族接受"越化"的一个生动案例。秦汉以来，南来的汉人对东南土著人文也只能采取顺应之道，南越王赵佗籍河北真定，他既将内地文明推广岭南，又顺应南越民族的文化内容，所以《史记·南越列传》说他"与越杂处十三岁"。《汉书·食货志》载："汉连出兵三岁，诛羌，灭两粤，番禺以西至蜀南者置初郡十七，且以其故俗治，无赋税。"汉朝军事战胜两越后，对于越人的信仰、故俗等采取了默认的态度，而处在同一文化氛围中的客来汉人是很难不受感染、影响的。

客来汉人的越化在考古学上也有很多的实物证据。前述江西新干昌邑的、高安郭家

---

① 广州市文物管理委员会等：《广州汉墓》，文物出版社 1981 年。广州市文化局编：《广州秦汉考古三大发现》，广州出版社 1999 年。吴春明、林果：《闽越国都城考古研究》，厦门大学出版社 1998 年。

山、上海嘉定外冈、浙江绍兴凤凰山、宁波南郊等地的战国都随葬典型周楚式的仿铜陶礼器鼎、豆（敦）、壶，但也不同程度地共出不成组合的越式印纹陶器，就是周楚子民吸收了越文化因素的体现。[①] 在闽越国冶都近畿的闽侯庄边山楚汉贵族墓地，楚汉式的仿铜陶礼器数量最多，鼎、豆或盒、壶组合基本完整，闽越式的印纹陶瓮、匏壶、瓿等只是少量且组合不完整，仿铜陶礼器并非全部是典型楚、汉传统的素面灰陶文化，部分器物是印纹硬陶的仿铜陶礼器，也是楚汉文化在闽中地区变异的体现，代表了居住于闽越国的楚、汉族上层家族接受当地土著文化影响所形成的融合形态。[②] 在广州西汉前期墓葬中，有 92 座都随葬成组楚汉式的铜或仿铜陶礼器的鼎、盒、壶、钫组合，还不同程度地共出瓮、罐、瓿、提筒等土著内涵，应是南越国内具有越文化特征的汉人。而赵佗家族在"与越杂处"的过程中也留下诸多越文化影响的痕迹，在南越文王赵眜陵墓的墓葬结构与丧葬礼制集中体现了周汉文明在岭南的代表，但 36 件铜鼎中"杂"有盘口外撇脚的典型越式鼎，还有罐形的越式铁鼎、骆越式的铜提筒、"长乐宫器"铭但广肩深腹的越式印纹陶瓮等，说明墓主人生前的社会生活中有不少越文化的内容。

武帝平两越后，两越地区的汉民人群不同程度地增长。岭南汉墓资料中，汉民或汉化了的"越人"已成为民族文化的主体，广州发现的 227 座南越国除后的西汉中、晚期和东汉墓的内涵已与中原内地基本一致，但这些汉人墓葬中越式文化内涵并非完全没有，如印纹陶瓮、罐、匏壶等典型越式器物在不同程度地共出。闽中土著文化延续得更晚些，闽江和晋江流域发现的一百多座三国六朝墓葬是汉民人文主流地位在闽中形成的考古证据，但在这些墓葬中也可以看到不少闽越文化的遗风，如砖室墓结构上的网格纹、米字纹和一些罐、壶肩腹部位的几何印纹，应是越人的几何印纹陶文化影响的痕迹，而不少墓葬中随葬的侈口广肩深腹瓮、罐等器物显然是两越时代典型的土著同类器的余绪。由此可见，郡县时代客来杂处两越的汉人仍然存在明显的"越化"现象。

五　东南汉民人文中的土著文化积淀

民族考古学的研究表明，周末秦汉以来移入并渐为主体的汉民人文在东南的发展是建立在百越及其先民所创造的史前、上古土著文化基础上的。东南汉人的构成不但有自中原内地南迁的"汉人"，还应有汉化了的"越人"。汉化了的越人不可避免地、程度不等地保留了先人的土著文化因素，而南迁的汉人在"与越杂居"、"居越而越"的过程中吸收东南土著文化因素的现象也是普遍存在的。土著文化因素的积淀丰富、发展了

---

① 李科友：《东周时期江西地区的楚文化及其有关问题》，《中国考古学会第二次年会论文集》，文物出版社 1980 年。高至喜：《论战国晚期楚墓》，《东南文化》1990 年 4 期。

② 林公务：《闽侯庄边山的古墓群》，《东南文化》1991 年 1 期。

东南汉民文化的内涵，南迁的汉民后裔和汉化的越人后裔在海洋精神、宗教崇拜、器具惯习和语言底层等广泛的人文方面若隐若现地表现出土著文化的痕迹。

第一，百越先民"善于用舟"的海洋文化传统奠定了唐宋以来东南经济繁盛的基础。唐宋以来，以闽粤为中心的东南沿海海外交通"崛起"，唐宋"广州通海夷道"标志着作为人类两大海洋文明中心之一的东方"海上丝绸之路"的形成，宋元海外交通"异军突起"的泉州被称为"梯航万国"的世界最大港口和繁忙的海洋社会经济中心，在明朝力行"朝贡贸易"和限制性海洋政策背景下顽强成长、壮大起来的东南私商海洋经济，造就了东南汉民海洋人文在中国文明多元一体结构中的特殊地位。

学术界一般将东南汉民海洋社会经济繁盛的原因归结为汉晋以来北方汉民的移植，将"海上丝绸之路"看成"丝绸之路"在陆上中断后的延续和补充。实际上，东南汉民正是在百越先民舟楫文化的基础上，将史前、上古就已经发达的海洋文化推向唐宋元明时期。"广州通海夷道"并非唐宋时代"兴起"，而是以番禺起点南越航海的延续发展；宋元间泉州港市的"异军突起"也并非北方文明的移植，而是对上古以来闽中港市自然发展的结果；明代东南海洋私商的"力海为田"、经营海洋之群体性格的源泉也是百越的"善于用舟"。如果不是东南汉民继承百越的海洋人文，以农耕经济见长的北方"衣冠"汉人又如何将海洋文明"移植"到东南？

研究表明，在宋元泉州海外贸易兴盛的背景下，妈祖海神的地位凸显，全国沿海乃至中国船家所至世界各地都流传着妈祖信仰，天妃成为东方海神的代名词。可是根据南宋"顺济圣妃庙记"和"灵惠妃庙记"，莆田绅士称妈祖为"龙女"、"龙种"，即疍民，如是则妈祖就是越人的后代了。[①] 临水夫人即陈靖姑是闽东北著名的民间信仰，是闽江船民和福州出海舟子主要的救护神，也是源于奉蛇崇拜的古田溪峒民即闽越的原始崇拜。[②] 妈祖和临水夫人的土著来源，为唐宋东南海洋人文的土著性质画上了圆满的注脚。

第二，百越先民复杂的自然崇拜和原始宗教内容在当代东南汉民社会中也都有不同程度的传承和延续，形成现代东南社会文化内涵中不同于内地北方汉民人群的诸多特异现象。

由百越先民的蛇神崇拜在东南汉民社会中广泛残存。"九使蛇神"流传于闽中，许多地方还有许多祭祀"九使蛇神"的神庙，其中连江品石岩庙为最大。"侍者公"流传于闽南，今平和三平寺内供奉的就是蛇侍者的塑像。南平樟湖板的"连公庙"供奉蛇神是连姓的蟒蛇精，当地人称之"连公"或"连公爷"，每年农历正月十七、十八、十

---

① 郑振满：《妈祖是疍民之后？》，载《华南研究资料中心通讯》1997 年 7 期。

② 谢重光：《客家文化中的闽越文化因子》，载《闽越文化研究》，海峡文艺出版社 2002 年。

九都有"游蛇灯"，七月初七有活蛇赛神，构成完整的蛇神信仰体系。此外，各地还有其他不少它姓的蛇神崇拜，如南平樟湖板的"连公庙"、南平西芹、闽侯洋里、长汀罗汉岭、上杭灵蛇山的蛇腾寺等。① 图腾崇拜是民族文化中最重要的内聚情结，东南汉民的这些蛇神崇拜应就是百越先民蛇图腾崇拜演变而来的，既有移植东南的内地汉民受"杂处"土著文化"越化"的结果，更多的应是"汉化了的"越人文化的再现。

百越先民其他复杂的自然崇拜内容在东南汉民社会中也有不同程度的表现。闽西南客家的民间信仰中有著名的"定光佛"，其形象就是五只猫头鹰状的怪鸟，应就是百越先民鸟图腾信仰的残余。闽西的伯公、猎射神等还与石头、大树崇拜有关；在南靖、永定客家，还流行小孩或拜石头、或拜古树、或拜太阳为父信仰，更具有祖先崇拜的鲜明的图腾特征。② 所有这些自然崇拜都不是移植东南前中原北方汉民文化固有的文化内容，应是东南沿海山地丘陵地带的百越先民在复杂、多样、艰苦的自然环境下生存与斗争中产生的多精灵、多鬼神的自然崇拜文化的延续。

第三，在现代东南汉民建筑、丧葬、手工、梳妆、惯习等日常社会文化内涵中，也可以不同程度地找到越文化的痕迹。

在建筑形态上，现代东南汉民的传统民居中不同程度地融入了百越先民的干栏式结构。据笔者的观察，从闽江流域下游闽侯、水口到上游的南平、邵武，以及闽东沿海溪流中的许多传统的木结构民居大多数都是干栏式的，沿溪岸而建，伴山水而居，与土著先民的聚落生活并无大异。在闽东北古田松吉乡燕仙村传统的土木结构民居中，居室也常常是高出外围走道和厅堂的低干栏式，居室内部的木板结构居住面是用低矮的木墩支撑起来的，居住面以下是豢养鸡、兔的空间和狗舍，俗称"楼板下"。

百越先民的洞葬、船棺也在东南山地社会传承下来。笔者注意到，在闽东、北山区的传统丧葬文化中，葬穴并非都是汉式的竖穴土坑，更多的是凿山为穴的土洞葬法，显然这与远古峒居土著"事死如事生"的洞葬习俗有关。而且在这些土洞葬文化中，葬具也非一般的汉式板棺，而多数是用整段杉木刳空而成"独木棺"。上古东南考古已经揭示，独木棺就是独木舟（船）棺的简化和发展，是百越先民葬具的重要特征之一，如东周时期江西仙岩干越崖葬的独木棺就是商周时期福建武夷山闽越崖葬的独木船棺的逻辑发展。③ 可见，闽东、北山区流行的土洞葬、独木棺不脱与越文化的干系。

东南汉民的许多民间手工工艺也是东南土著的传统。如闽、浙、赣山地的民间制陶手工业，很多还是百越先民的印纹陶文化传统。笔者 1992 年在江西广丰五都陶瓷厂看

---

① 林蔚文：《闽越原始宗教信仰略论》，载《闽越文化研究》，海峡文艺出版社 2002 年。
② 谢重光：《客家文化中的闽越文化因子》，载《闽越文化研究》，海峡文艺出版社 2002 年。
③ 吴春明：《中国南方崖葬的类型学考察》，《考古学报》1999 年 3 期。

到，这里的陶作产品只有钵、罐、瓮等几种简单的平底器、圜底器，陶器成型过程中反复使用刻有方格纹、圆圈纹、云雷纹的木拍击打器表，这些产品就是当代陶作文化中罕见的印纹陶余绪。在东南山地乡村，农夫在耕作中穿戴的棕衣取材于棕榈树的枝皮，制作时只是将材料平叠并简单缝制而成，并没有纺织的经纬结构，这种民间手工作品不难联想东南土著先民无纺布（树皮布）制作系统的"岛夷卉服"。

此外，东南汉民人文中还有许多惯习也要联系上古百越先民人文。《广东新语》卷八"长乐、兴宁妇女"条载："妇女不耕锄即采葛，其夫在室中哺子而已。夫反为妇，妇之事夫尽任之。谓夫逸妇劳，乃为风俗之善云。"近古闽粤汉民中妇女承担大部分劳作，伴随着妇女多不缠足，与传统汉民社会的妇女角色不同，也与古越先民母权时代的文化残余有关。[1] 在闽、赣的不少地方有婚前镶牙的习俗，实际上是拔牙再镶金牙，其中也混杂了越俗拔牙的成分。[2] 在福建许多地方婚俗中的"接亲"仪式还有原始群婚（抢婚）残余的嫌疑，如建瓯、屏南山区的接亲仪式包含了舅父抱新娘走、新娘假装推拒状的情节；长汀婚俗中的接亲仪式要在夜间进行，男家接亲队伍到达时女家大门紧闭、全屋灯火熄灭、新娘出门时痛哭流涕，似乎就是原始时代趁天黑抢婚的遗风。[3]

第四，上古土著文化对于南方汉民人文的影响还明显地表现在语言上，现今南方汉语方言中就有许多古越语（即南岛语）的成分。

有学者研究汉语闽方言和客家方言中的词汇构成并与台湾高山族诸语（卑南、阿眉斯、排湾）、印尼语、壮侗语族诸语（壮、布衣、傣、侗、仫佬、水、毛难、黎）等南岛系统语言比较，发现闽、客方言中的许多基本核心词与古南岛的成分一致。语言学家罗美珍认为，客家话中的古越语成分就是汉语受古越语的影响，这是一种借贷关系，而闽、粤、吴方言中的古越语成分是"南岛语底层"。留在大陆上的古南岛人（或称古百越人）可以分成两部分，一种是已经汉化的闽、粤、吴人；另一种是受中原文化很大影响，但尚未完全汉化的操壮侗、苗瑶语言诸族。应该说，操闽、粤、吴语的南方汉人并非都为是汉化的"古百越人"，还有相当部分是受越文化影响的中原内地迁入汉民。[4] 不过，语言学的研究至少证明了，现代南方汉语方言都不同程度地包含了百越先民的语言成分，由此更可见南方汉民作为我国汉民族文化丰富、发展重要环节的文化史地位。

---

① 谢重光：《客家文化中的闽越文化因子》，载《闽越文化研究》，海峡文艺出版社 2002 年。
② 蒋炳钊等：《百越民族文化》第 358 页，学林出版社 1988 年。
③ 陈支平：《福建六大民系》第 186 页，福建人民出版社 2000 年。
④ 参见邓晓华：《南方汉语中的古南岛语成分》，《民族语文》1994 年 3 期。

　　综上所述，东南汉人族群的形成与发展离不开史前、上古中原北方华夏系统文化的传播与影响，离不开周末汉唐间中原北方汉人的族群迁徙和移植，同样离不开自远古以来就生存、繁衍于东南地区的土著民族文化体系。正是由于史前、上古东南百越先民奠定的深厚的土著文化传统的延续和积淀，才塑造了现代南、北方汉民人文的不小差异，换句话说现代东南汉人已不是原汁原味的中原汉人了。

东南汉民人文的百越文化基础[*]

　　长江下游以南操汉语吴方言、闽方言、粤方言、赣方言、客家方言的汉族人群，其形成与发展离不开中原北方华夏、汉人的族群迁徙和移植，同样离不开自远古以来就生存、繁衍于东南地区的土著民族文化体系。[①]正是由于史前、上古东南百越先民奠定的深厚的土著文化传统的延续和积淀，才塑造了现代南、北方汉民人文的不小差异。土著文化因素的积淀丰富、发展了东南汉民文化的内涵，南迁的汉民后裔和汉化的越人后裔在海洋人文精神、信仰崇拜、日常惯习、物质文化和语言构成等广泛方面，若隐若现地表现出土著文化的痕迹。

　　本文整合历史学、民族学、语言学和考古学的最新研究成果，探寻现代东南汉民人文中的土著文化因素积淀，并分析其形成的历史文化过程。主张东南汉民凸显的海洋人文精神奠基于土著文化，唐宋以来东南沿海海外贸易的繁盛，是史前、上古百越先民"善于用舟"的海洋性的传承与发扬。东南汉人社会文化中特殊的自然崇拜、原始宗教、风俗习惯，物质文化中特殊的建筑形态、丧葬形式、手工器具等，以及南方汉语方言的诸多地域特征，也都与土著文化的积淀有关。从文化史过程看，周末秦汉以来移入东南的汉人并渐为主体的汉民人文的发展是建立在史前、上古土著文化基础上的，客居杂处东南的汉人"居越而越"存在明显的"越化"现象，而汉化了的"越人"也程度不等地保留了先人的土著文化因素，是东南汉民人文中土著文化因素积淀的根本原因。

一　东南汉民海洋人文的土著基础

　　人文精神是特定民族文化区别于其他族群的最深层的内核，是群体内部趋同的价值

---

　　[*]　本文提交 2007 年 11 月广西南宁举行的"中国百越民族史研究会第十三次年会"，载《百越研究》第一辑，广西科学技术出版社 2007 年。收入本书时增补有关图片资料。

　　[①]　吴春明：《东南汉人的形成：民族考古学提纲》，载《桃李成蹊集——纪念安志敏先生八十寿辰论文集》，香港中文大学 2004 年。

取向。中华民族"多元一体"、"和而不同",不同文化的融合是多方面、多层面的,其中大陆性农耕文化与海洋性舟楫文化就有显著区别的时空位置。大陆性农耕文化是以黄河流域为中心的"国家"组织、"文明"社会赖以建构的基础,海洋性舟楫文化则是东南海疆地带源远流长的边缘社会人文特征。

东南沿海的海洋人文奠基于远古时代的土著民族,从考古实物资料形态可以认定的新石器时代起,史前文化凸显海洋性特征。① 早在 20 世纪 30 年代起,林惠祥先生就已经将史前到上古时期的我国东南地区看成文化史上的"亚洲东南海洋地带",并从具体的文化因素论证土著海洋人文在东南沿海的空间分布与海上传播。② 同时期,凌纯声先生提出的"亚洲地中海文化圈"也主要是指处于亚洲与澳洲之间、亚洲大陆东南与周邻岛弧之间自远古以来就形成的海洋文化交流、传播的纽带。③ 从近海陆岛航渡到远洋漂流,土著先民的海洋交通源远流长。在南海之滨,珠海淇澳岛、三灶岛、横琴岛、东澳岛、高栏列岛、荷包岛、深圳大铲岛、内伶仃岛、香港大屿山岛、赤鱲角岛、澳门九澳岛等,史前岛屿文化与岭南大陆沿海的距今 7000～4000 年的新石器时代文化面貌完全一致,其中珠海高栏岛宝镜湾的原始岩画上还描绘了濒海渔归的场景。④ 在闽浙沿海,距今 6000～4000 年福建平潭岛、金门岛、东山岛等地的新石器时代文化内涵⑤分别与闽江下游的闽侯溪头、昙石山、庄边山、东张等史前文化基本相同。⑥ 浙江宁波定海岛、岱山岛、大衢岛、嵊泗岛等都分别发现了与距今 7000～4000 年的河姆渡文化、良

① ［美］Barry Rolett 著,干小莉译:《中国东南的早期海洋文化》,载《百越文化研究》,厦门大学出版社 2005 年。

② 林惠祥:《台湾石器时代遗物的研究》,《厦门大学学报》1955 年 4 期;《福建武平县新石器时代遗址》,《厦门大学学报》1956 年 4 期。

③ 凌纯声:《中国古代海洋文化与亚洲地中海》,载《中国边疆民族与环太平洋文化》,台北联经图书 1979 年。

④ 珠海市博物馆等:《淇澳岛后沙湾遗址发掘》、《三灶岛草堂湾遗址发掘》、《淇澳岛亚婆湾、南芒湾遗址调查》;《东澳岛南沙湾遗址调查》、《高栏列岛与南水镇遗址调查》;徐恒滨、梁振兴:《高栏岛宝镜湾石刻岩画与古遗址的发现与研究》,均载《珠海考古发现与研究》,广东人民出版社 1991 年。《广东珠海荷包岛锁匙湾遗址调查》,载《东南考古研究》第二辑,厦门大学出版社 1999 年。黄崇岳、文本亨:《深圳文物考古工作十年》,《文物》1990 年 11 期。区家发、邓聪:《香港大屿山东湾新石器时代沙丘遗址的发掘》,载《纪念马坝人化石发现三十周年文集》,文物出版社 1988 年。William meacham, *Archaeological Investigations on Chek Lap Kok Island*, Hongkong Archaeological Society, 1994. 邓聪、郑炜明:《澳门黑沙》,香港中文大学出版社 1996 年。

⑤ 福建省博物馆:《福建平潭壳丘头遗址发掘简报》,《考古》1991 年 7 期。厦门大学考古专业等:《1992 年福建平潭岛考古调查新收获》,《考古》1995 年 7 期。林朝启:《金门富国墩贝冢遗址》,台大《考古人类学刊》第 33～34 期。陈仲玉:《福建金门金龟山与浦边史前遗址》,《东南考古研究》第二辑,厦门大学出版社 1999 年。徐起浩:《福建东山县大帽山新石器时代贝丘遗址》,《考古》1988 年 2 期。

⑥ 吴春明:《闽江流域先秦两汉文化的初步研究》,《考古学报》1995 年 3 期。

渚文化相同的内涵，就是浙东原始先民海上交通发展的证据。[①] 史前期远洋漂航更将东南沿海的土著文化传播到东南亚、太平洋群岛，张光直、贝尔伍德等先后运用民族学、考古学、语言学证据勾画出"南岛语族"土著先民自闽粤沿海出发，通过台湾海峡、台湾东南岛屿、菲律宾群岛、东南亚群岛，最后抵达太平洋群岛的迁徙路线。[②]

　　进入上古以后，随着中原华夏文化的南渐，东南沿海土著先民的海洋人文特征在华夏的汉文史籍中留下了鲜明的印记。《越绝书·越绝外传记地传》载："夫越性脆而愚，水行而山处，以船为车，以楫为马，往若飘风，去则难从"；《淮南子·主术训》载："汤武圣主也，而不能与越人乘干舟而浮于江湖"；《淮南子·齐俗训》载："胡人便于马，越人便于舟，异形殊类"，这都说明东南土著善于用舟是一种天性。闽、粤是我国早期航海的中心，《史记·货殖列传》载："番禺亦其一都会也，珠玑、犀、玳瑁、果布之凑"；又《后汉书·郑弘传》载："旧交趾七郡献贡转运，皆从东冶泛海而至"，说明早期的广州、福州已是我国最主要的航海贸易集散地。在东南地区先秦两汉时期民族文化发展的空间格局中，早期古文化的中心和郡国时代的都城、治所等无一例外地位于大江大河的入海口上，如珠江口的南越国都和秦汉以来的南海郡治番禺、闽江口的闽越国都和闽中郡治东冶、瓯江口的东瓯都城东瓯、太湖流域的吴国都城、钱塘江口的于越都城山阴。而在长江以北的沿海一带，没有这样的中心港市，北方的华夏早期古文化的中心和王国、郡县的首府无一例外地取"广川之上"、"天下之中"的平原沃野，凸显了中原华夏的大陆性农耕文明与东南土著海洋性文化的差别。[③]

　　唐宋元明以来，在东南土著王国覆灭、北方华夏汉民大量南迁、东南沿海纳入统一的封建帝国郡县版图的政治经济格局中，东南沿海海外交通"崛起"、海洋社会经济繁盛成为中世纪后期我国封建社会经济发展与结构变化的一个最重要的特征。唐宋时代的"广州通海夷道"就在华南沿海与南海、印度洋沿岸诸番间托起一个庞大的海洋社会经济活跃地带，标志着东方"海上丝绸之路"的形成。在这条海洋通道上，华南和阿拉伯商人的帆船将中国的丝、瓷、茶、铁大量销往亚非各国，海洋成为沟通东、西方文明的主要媒介。明朝力行"朝贡贸易"，出现了郑和舟师七下西洋的航海壮举，但作为海洋人文自然发展的最重要的成果还是在官方限制性的民间航海政策下顽强成长、壮大起来的东南私商海洋经济。以海洋经济发展为宗旨，海上贸易与违禁走私、海上割据、海

① 吴玉贤：《从考古发现谈宁波沿海地区原始居民的海上交通》，《史前研究》1983 年 1 期。

② 张光直：《中国东南海岸考古与南岛语族起源问题》，《南方民族考古》第一辑，四川大学出版社 1987 年。
　　P. Bellwood, *Man's Conquest of the Pacific*, New York, Oxford University press, 1979. 吴春明：《菲律宾史前文化中的大陆因素》，载《厦大史学》第二辑，厦门大学出版社 2006 年。

③ 吴春明、林果：《闽越国都城考古研究》第九章，厦门大学出版社 1998 年。曹峻：《百越都城海洋性的探讨》，载《东南考古研究》第三辑，厦门大学出版社 2003 年。

外移植与拓展将东南海洋文明发展到了成熟阶段，东南海洋人文在中国文明多元一体结构中的相对独立性地位非常突出。

但是，由于历史上以农耕文化为特征的国家社会的强势地位，海疆人文的边缘、附庸地位凸显。在皇家史学主导的古代正统学术中，海洋人文的价值甚至被农耕文化所"据为己有"，海洋人文的源泉甚至迷失于农耕社会之中，并深刻影响着现代史学的认知。因此，对于唐宋元明间闽粤沿海海洋社会经济的发展与繁盛的原因，学术界强调的主要是诸如六朝以来中原板荡、衣冠南渡充实东南人口并带来先进的社会生产力，中原内地战乱频仍而东南沿海偏安一隅，唐宋以来中国社会经济重心南移，唐宋元明从不同角度、不同程度地重视、鼓励海外贸易发展的政策等。在东南沿海海洋文明发展史的客观视野上，这些论述大失偏颇，忽视了自史前时代东南土著奠基的海洋人文传统，忽视了百越先民海洋人文价值取向对于汉唐以来入迁东南的汉民社会文化的影响、跨文化传承。在这种轻视东南海洋人文本土传统的学术取向下，不得不将唐宋以来东南海洋文化在百越"善于用舟"文化基础上的延续发展错误地看成北方汉民移植后带来的海洋文化"重新生成"；站在中原王朝陆地文明的角度看东南海洋文化，又不得不将建立在先秦两汉百越舟楫文化基础上的源远流长的"海上丝绸之路"传统错误地看成"丝绸之路"在陆上中断后的在海上的延续和补充。

换句话说，唐宋元明以来我国海洋文明发达的社会主体是东南汉人，东南汉民是不同程度"越化"的汉人与"汉化了的越人"所组成的社会群体，他们在发展百越先民舟楫文化传统的基础上，将先秦两汉率先发达的东南海洋文化推向唐宋元明时期。我们看到，"广州通海夷道"并非唐宋时代"兴起"，而是先秦两汉南越舟子驰骋的以番禺起点南海水道的延续发展；宋元间泉州港市的"异军突起"也并非北方文明的移植，而是对上古以来东冶港市在东南沿海海上交通枢纽地位的延续发展，是闽中港市由北而南自然发展的结果；明代东南海洋私商的冒险行动也并非单纯的"官逼民反"，百越先民"善于用舟"的人文传统就是他们"力海为田"、经营海洋之群体性格的精神源泉。所以，站在东南社会而不是中原文明看海洋世界，我们发现百越先民的海洋实践与唐宋以来东南地区繁盛的海洋社会经济是一脉相承的。如果不是东南汉民社会继承百越先民的海洋人文传统，以农耕社会经济为基础、在整个古代社会都不曾有过发达的海洋文明史的北方"衣冠"人群又如何在六朝以来将海洋文明"移植"到东南？

上古百越先民"善于用舟"与唐宋元明汉民发达的东南海洋社会经济之间的内在传承还有一个重要的证据，就是与唐宋元明的海洋文明密切相关的妈祖、临水夫人等海神信仰也都源于土著。天妃妈祖原名林默娘，北宋建隆年间生于泉州府的莆田湄洲岛，终身不嫁却精于神巫，死后被邑里奉为保护航海的海神。在宋元泉州海外贸易兴盛的背景下，妈祖海神的地位凸显，在元代中央政府先后七次册封妈祖为"护国明著灵惠协正善庆显济天妃"等，从此全国沿海乃至中国船家所至世界各地都流传着妈祖信仰，天妃成为东方海神的代名词。可是根据南宋"顺济圣妃庙记"和"灵惠妃庙记"，莆田绅士称妈祖为"龙女"、"龙种"，即疍民，如是则妈祖就是越人的后代了。[①] 临水夫人即陈靖姑是闽东北著名的民间信仰，唐代宗年间生于闽侯下渡，少小神异，曾坐化成神降伏蛇精而受封为"临水夫人"、供奉于古田县大桥镇的临水殿，为著名的救产护卫神，也是闽江船民和福州出海舟子主要的救护神。有学者认为，临水夫人也是源于奉蛇崇拜的古田溪峒民即闽越的原始崇拜。[②]

二　东南土著原始宗教、惯习与物质文化的积淀

宗教信仰、社会习俗、生活习惯、物质文化形态等，是特定民族文化构成的基本内容。土著先民复杂的自然崇拜、原始宗教内容、特殊惯习社会文化内涵和建筑、丧葬、手工器具等物质文化内涵，在当代东南汉民社会中也都有不同程度的传承和延续，形成现代东南社会文化内涵中不同于内地北方汉民人群的诸多特异现象，今后的华南汉民社区人类学调查研究应给予充分的重视。

由百越先民的蛇神崇拜演变而来的神灵信仰在东南汉民社会中广泛存在。许慎《说文解字·闽》说"闽，东南越，蛇种。从虫，门声。"又。《说文解字·虫部》还说"南蛮，蛇种。"《吴越春秋·阖闾内传》载："越在巳地，其位蛇也。"唐宋以来，蛇神、蛇崇拜现象出现于东南汉人社会。"九使蛇神"流传于闽中，传说唐僖宗年间福清黄檗山有巨蟒为祟，将邑人刘孙礼妹三娘捕入洞中为妻，孙礼愤而弃家远游，寻求降蟒之法，得遇异人授以驱雷秘法，归与蟒斗，时妹已生蛇郎十一，孙礼杀其八，妹奔出拜求，孙礼乃止，其后三子为神曰九使、十使、十一使，各地纷纷立庙祀之。迄今闽中地区还有许多祭祀"九使蛇神"的神庙，其中连江品石岩庙为最大，该庙正殿就供奉着"蟒天洞主"、"刘夫人"和"九使"、"十使"、"十一使"三个蛇仔的塑像。"侍者公"流传于闽南，传说唐武宗年间漳州平和有蛇妖作祟，僧人杨义制服蛇妖，使之归正为和尚的随从侍者，侍者多从善事，日久成神，民众塑其神像以祭祀，今平和三平寺内供奉的就是蛇侍者的塑像。此外，各地还有其他不少它姓的蛇神崇拜，如南平樟湖板的"连公庙"、南平西芹、闽侯洋里、长汀罗汉岭、上杭灵蛇山的蛇腾寺等。南平樟湖板的"连公庙"供奉蛇神是连姓的蟒蛇精，当地人称之"连公"或"连公爷"，每年农历正月十七、十八、十九都有"游蛇灯"，七月初七

---

①　郑振满：《妈祖是疍民之后?》，载《华南研究资料中心通讯》1997 年 7 期。

②　谢重光：《客家文化中的闽越文化因子》，载《闽越文化研究》，海峡文艺出版社 2002 年。

有活蛇赛神，构成完整的蛇神信仰体系。① 图腾崇拜是民族文化中最重要的内聚情结，东南汉民的这些蛇神崇拜应就是百越先民蛇图腾崇拜演变而来的，既有移植东南的内地汉民受"杂处"土著文化"越化"的结果，更多的应是"汉化了的"越人文化的再现。

百越先民其他复杂的"万物有灵"自然崇拜内容，如狗、青蛙、鸟、树木、石头等崇拜，在东南汉民社会中也有不同程度的表现。狗是南方土著盘瓠图腾的重要崇拜对象，《后汉书·南蛮传》载："昔高辛氏……有畜狗，其毛五彩，名曰盘瓠。……乃以女配盘瓠。盘瓠得女，负而走入南山，止石室中。……其后滋蔓，号曰蛮夷。"狗崇拜迄今在华南地区仍广泛散布，粤东客家人社区，常见盘王庙或盘瓠庙，都以狗头、狗首人身塑像为祭祀对象；岭南的湛江、茂名、合浦一带，有一个著名的"石狗文化圈"，几乎每个村庄都可以看到石狗塑像②；在闽中的莆田、泉州、厦门民间宫庙中，也常见狗崇拜偶像（图一，右）。青蛙崇拜常见于史前、上古的东南考古文物中的玉器、铜鼓与印纹陶雕塑上，唐宋以来有关蛙神显灵、民众建庙膜拜的故事常见于闽浙等地，笔者先后在福建连江马祖岛芹壁村、南平樟湖板看到蛙神庙中供奉的蛙神形象（图一，左、中）。闽西南客家的民间信仰中有著名的"定光佛"，武平县"定光佛"有五个化身，称"五古佛"，其形象就是五只猫头鹰状的怪鸟，应就是百越先民鸟图腾信仰的残余。闽西的伯公、猎射神等还与石头、大树崇拜有关，在上杭官庄树人村的田边地头都有伯

图一　福建民间动物神灵崇拜

（左，福州民间青蛙神像，引自林蔚文《福建石雕艺术》图 426，荣宝斋出版社 2006 年；中，连江马祖芹壁村青蛙神崇拜，笔者拍摄；右，厦门灌口凤山庙狗崇拜，彭维斌拍摄）

① 林蔚文：《闽越原始宗教信仰略论》，载《闽越文化研究》，海峡文艺出版社 2002 年。
② 叶春生：《岭南民间文化》，广东高等教育出版社，2000 年。

公坛，就是大石头上或大树下用三块石头垒起来的神坛，村民就烧香祈拜；在官庄坝的镇龙庵供奉的一个大石头又被说成是"定光佛"的化身，可以祈求降雨；在永定湖坑李姓客家，每个村子都有伯公庙，供奉的就是一块石头或一棵树；在南靖、永定客家，还流行小孩或拜石头、或拜古树、或拜太阳为父信仰，更具有祖先崇拜的鲜明的图腾特征。① 所有这些自然崇拜都不是移植东南前中原北方汉民文化固有的文化内容，应是东南沿海山地丘陵地带的百越先民在复杂、多样、艰苦的自然环境下生存与斗争中产生的多精灵、多鬼神的自然崇拜文化的延续。

　　百越土著先民"好巫善鬼"的习俗在东南汉人社会有深刻的影响。《汉书·地理志》载："（越人）信鬼神，好淫祠。"《史记·封禅书第六》载："越人俗鬼，而其祠皆见鬼"，"令越巫立越祝祀，安台无坛，亦祠天神上帝百鬼。"在此基础上，汉唐以来的东南汉人民间社会"多淫祀，好卜筮"的现象突显出来，成为不同于中州汉人的重要差别。明黄仲昭《八闽通志·祠庙》说："闽俗好巫尚鬼，祠庙寄闾阎山野，在在有之。"谢肇淛《五杂俎·人部二》也说："今之巫觋，江南为盛，而江南又闽、广为甚。"当今东南汉人基层社会仍是一个多精灵、多鬼神和拥有发达的"救生"神灵的文化体系，在基层的乡村庙宇中常见供奉的多个巫神牌位，显见东南汉人地方社会中具有"保生救灾"能力的巫觋的发达，应是史前、上古百越土著"好巫善鬼"的传承。由于这些具有鲜明土著文化色彩的巫觋在民间社会的特有功能，不少巫神在地方士绅的塑造下、在帝国政治的敕封下，逐渐发展壮大成为影响力广泛的保育一方"正祀"，如闽中土著疍民之"龙女"、"妈祖"林默娘演变来的保驾护航的海神"天后"，闽北"溪峒女"陈靖姑敕封的"顺懿夫人"、"临水夫人"，闽南巫医吴夲发展成的灵验闽台和东南亚汉人社会的"保生大帝"等，成为东南"汉人"社会民间信仰中非常特殊的文化内涵，但其土著基层特征也是十分明显的。②

　　此外，东南汉民人文中还有许多特殊惯习也要联系上古百越先民人文。《广东新语》卷八"长乐、兴宁妇女"条载："妇女不耕锄即采葛，其夫在室中哺子而已。夫反为妇，妇之事夫尽任之。谓夫逸妇劳，乃为风俗之善云。"近古闽粤汉民中妇女承担大部分劳作，伴随着妇女多不缠足，与传统汉民社会的妇女角色不同，也与古越先民母权时代的文化残余有关。③ 在闽、赣的不少地方有婚前镶牙的习俗，实际上是拔牙再镶金牙，其中也混杂了越俗拔牙的成分。④ 在福建许多地方婚俗中的"接亲"仪式还有原始群婚（抢婚）残余

---

① 谢重光：《客家文化中的闽越文化因子》，载《闽越文化研究》，海峡文艺出版社 2002 年。

② 彭维斌：《从百越巫鬼信仰到汉式佛道宗教——闽南民间信仰历史变迁的考察》，《福建师范大学学报（哲社版）》2007 年 6 期。

③ 谢重光：《客家文化中的闽越文化因子》，载《闽越文化研究》，海峡文艺出版社 2002 年。

④ 蒋炳钊等：《百越民族文化》，第 358 页，学林出版社 1988 年。

的嫌疑，如建瓯、屏南山区的接亲仪式包含了舅父抱新娘走、新娘假装推拒状的情节；长汀婚俗中的接亲仪式要在夜间进行，男家接亲队伍到达时女家大门紧闭、全屋灯火熄灭、新娘出门时痛哭流涕，似乎就是原始时代趁天黑抢婚的遗风。①

在建筑聚落形态上，现代东南汉民的传统民居中不同程度地融入了百越先民的洞居与干栏式聚落形态。前引《后汉书·南蛮传》提到南蛮先祖"盘瓠得女，负而走入南山，止石室中"，《隋书·南蛮传》也说"南蛮杂类……随山洞而居，古先所谓百越是也"，唐宋以来，闽浙山地土著仍以"溪峒"著称。在东南社会，洞居习俗保存得很晚近，在闽中山地、三峡地区等都可以看到这类洞居聚落的遗存（图二）。干栏式建筑更

图二 东南地区的崖洞聚落

（上，福建武夷山区崖洞居；下左，湖北秭归新滩崖居；下右，利川罗家岩崖洞居）

是南方土著典型的聚落文化，从闽江流域下游闽侯、水口到上游的南平、邵武，以及闽东沿海溪流中的许多传统的木结构民居大多数都是干栏式的，沿溪岸而建，伴山水而居，与土著先民的聚落生活并无大异。笔者在闽东北古田松吉乡燕仙村发现，这里的传

① 陈支平：《福建六大民系》，第186页，福建人民出版社2000年。

统土木结构民居也常常是高出外围走道和厅堂的低干栏式，居室内部的木板结构居住面是用低矮的木墩支撑起来的，居住面以下是豢养鸡、兔的空间和狗舍，俗称"楼板下"。

百越先民的洞葬、船棺也在东南山地社会传承下来。笔者注意到，在闽东、北山区的传统丧葬文化中，葬穴并非都是汉式的竖穴土坑，更多的是凿山为穴的土洞葬法，显然这与远古峒居土著"事死如事生"的洞葬习俗有关。而且在这些土洞葬文化中，葬具也非一般的汉式板棺，而多数是用整段杉木刳空而成的"独木棺"。上古东南考古已经揭示，独木棺就是独木舟（船）棺的简化和发展，是百越先民葬具的重要特征之一，如东周时期江西仙岩干越崖葬的独木棺就是商周时期福建武夷山闽越崖葬的独木船棺的逻辑发展。① 可见，闽东、北山区流行的土洞葬、独木棺不脱与越文化的关系。

东南汉民的许多民间手工工艺也是东南土著的传统。如闽、浙、赣山地的民间制陶手工业，很多还是百越先民的印纹陶文化传统。笔者 1992 年在江西广丰五都陶瓷厂看到，这里的陶作产品只有钵、罐、瓮等几种简单的平底器、圜底器，陶器成型过程中反复使用刻有方格纹、圆圈纹、云雷纹的木拍击打器表。在福建永安小陶乡，类似的原始制陶文化同样延续发展，这些产品就是当代陶作文化中罕见的印纹陶余绪。② 在东南山地乡村，农夫在耕作中穿戴的棕衣取材于棕榈树的枝皮，制作时只是将材料平叠并简单缝制而成，并没有纺织的经纬结构，这种民间手工作品不难联想东南土著先民无纺布（树皮布）文化，就是史前、上古东南土著"岛夷卉服"的残余。

三　南方汉语方言中的越语底层

语言是人类社会特有的文化现象，语言形态的差别还是区分不同人群集团的最外显的文化特征。上古土著文化对于南方汉民人文的影响还明显地表现在语言上，虽然现今南方汉人的语言被"识别"为汉语诸方言，但其中包含了许多古越语（即南岛语）的底层成分。

东南土著的语言文字符号不同于北方华夏、汉人，这在上古以来的汉文史籍中就有不少记录。在《后汉书·南蛮传》中的南蛮民族就是"衣裳斑斓，语言侏离"，《说苑·善说》中楚王母弟听"越人歌"仍需通过翻译。林惠祥考越语为"胶着语"，与今南洋土著"南岛语族"同类，不同于汉人的孤立语。③

---

① 吴春明：《中国南方崖葬的类型学考察》，《考古学报》1999 年 3 期。
② 王樱：《东亚南部土著原始制陶的民族考古学分析》，厦门大学硕士研究生学位论文 2006 年。
③ 韦庆稳：《试论百越民族的语言》，载《百越民族史论集》，中国社会科学出版社 1982 年。林惠祥：《南洋马来族与华南古民族的关系》，《厦门大学学报》1958 年 1 期。

吴、赣、闽、粤、客家等是现在南方"汉语方言"的几大类群，构成了汉语族中语言成分最复杂的部分。语言学界在南方汉语方言与史前、上古百越土著及中原华夏语言文化的关系问题上，有过不同的认识。一般的历史语言学认为，南方汉语方言的地域差异反映了北方汉人南迁的时代先后，将汉语方言的南北关系解释为汉语的古今关系。① 但最新的语言学调查研究显示这一传统理论的缺陷，邓晓华等借用苏瓦迪士（Swadesh）核心词汇表的词源统计分析法，比较汉语闽、客家方言与台湾高山族诸语（卑南、阿眉斯、排湾）、印尼语、壮侗语族诸语（壮、布衣、傣、侗、仫佬、水、毛难、黎）等南岛系统语言，发现闽、客方言中的许多基本核心词与古南岛的成分高度一致。②

在邓晓华的研究中，闽语以闽南厦门话为例，参考闽东福州话和闽北建瓯话，客话以连城话为例。闽、客核心词的选择标准是，闽语内部五区闽南、闽北、闽东、闽中、莆仙，客话内部三区闽西、粤东、赣南，其中一区通行的特色词，即可视为闽、客核心词。研究表明，闽语保留一批直接来源于古南岛、南亚语的词语，如：闽语"骨交（脚）"，古越人称脚为"骨交"，在印尼、排湾、壮、侗语言中类似，"骨交"是秦汉时北方汉人南迁入闽，第一次与古南岛人接触，"南岛化"的结果，"骨交"则成了闽语的特征词。闽语"台刂（杀）"，壮语 ta：i，标敏瑶语 tai，"死"标敏瑶语 tai，印尼语 mati，"杀死"阿眉斯 pataj，闽语的"台刂"，古台语 trai，古苗语 daih 跟原南岛语同源。闽语"坂（村落）"见于古印尼语、壮语，闽语"水田"见于排湾、鲁凯、卡那卡那布。闽语"鱼"，闽语有些鱼名带 pa 音节如"pa 浪、pa 毛"，见于壮、侗语。闽语"肉"，闽南"肉"文读 hik，闽南"肉"白读是个典型的古南岛语词，见于印尼、拉德、回辉、阿眉斯、布嫩、傣西、水、黎，在南岛语、壮侗语中，"肉肥、油、肉"为同源系列。闽语"舔（舌头、伸舌头）"闽南 la、客话 le，见于川黔东、湘西、布努、勉瑶、标敏、傣、侗，此词客话、壮侗、苗瑶语音韵形式较接近，但意义微殊，苗瑶语指"伸舌头"，壮侗指"舔"，而客话则兼具有此二义，闽、客语此词与南岛语"舌头""舔（伸舌头）"同源，闽语的形式是直接来自南岛语。"母亲"闽语称"女尔"，在闽、粤、台语、苗瑶、南亚语中普遍使用，是同源词，比较建瓯 nai，广州 nai，侗 nai，水 ni，湘西苗 ne，标敏瑶 Sa，南岛语的邵 ina，布农 ina，鲁凯 tina，阿眉斯

① 李方桂：《上古音研究》，商务印书馆，1980 年。张光宇：《汉语方言发展的不平衡性》，《中国语文》1991 年第 4 期。

② 邓晓华：《南方汉语中的古南岛语成分》，《民族语文》1994 年 3 期。邓晓华：《客家话与畲语及苗瑶语、壮侗语的关系》，《民族语文》1999 年 3 期。邓晓华：《壮侗语族、东南汉族方言与"南岛语族"语言的关系》，载吴春明主编《台湾原住民与南岛语族起源研究》（第五章），2004 年国家社科基金项目（01BMZ23）结项成果（全国哲学社会科学规划办公室结项证书号 20040165）。

wina，排湾 ina。南亚语甘塘 nai，胖品 nai。在上述词汇中，"骨交（脚）、台刂（杀）、肉、鱼、水田、舌头（舐）"6 个词在苏瓦迪士（Swadesh）核心词汇表的前一百词内，"女尔（母亲）"在后一百词中，具有相当大的代表性。

闽、客语中还有一批核心同源词，分别来源于古闽越族底层语言、江东等南方文化区域的语言、北方文化区域语言、历史上汉语闽、客族群互动的产物。其中与南岛、南亚语词同源的有："穿山甲"，闽语"鯪鯉"lali，客语"鯪鯉"leli，梁敏等将"穿山甲"的古壮侗语形式构拟为 lin，此词跟南岛语同源，如印尼 tengiling。"斫（砍树、砍肉）"，闽、客语与印尼的 tetak、黔东 to、标敏 dau、川黔滇 ntau、水 te、侗 tak、壮 tham。与苗瑶、壮侗语同源的有："玩耍"，闽语有"客聊"khaliu（闽东）、嬉 khy（闽北），客语有"聊"，比较黔东（水）liuli、畲 a1niu、布努 kau、毛难 ka：u、侗 ko、傣 xo1、临高 liau。"玩耍，撩，开玩笑"，"笑"，"笑话"同源，是同一个同源词体系。闽、客同源词仅与苗瑶语同源的核心词有："亲家（畲婆）"、"畲母"tsiama（北）、"畲婆"tshiaph，苗瑶语"vu""po"都是"祖母"的意思，词序正好与客话相反，客话此词应来源于苗瑶语。汉语闽、客同源词仅与壮侗语同源的核心词有："畲（人）"，"～人"。谓"人"的词尾，闽语漳州 se、客话"畲"均来源于壮侗语。

此外，客话有批词汇与南岛人的后裔——苗瑶、壮侗语族的语言同源，例如"脑袋"、"头"thau、"头那"，"头那"是客话最常用、最重要的特征词，"那"并非汉语词，壮侗语"脸"、"额头""脑门"为一组同源系列词族，词义交叉，但根词仍是相同的，即"na"，正好与客话音义相合，所以客话"那"应是来源于壮侗语无疑。又如"客人"，福建地方历史文献多有"山都木客"的记载，"山都木客"是义音合璧词，"山都"是义译，指"山上的村落"，"都"是古代的军事单位，广泛用来作为南方百越的聚落地名。"木客"是壮侗语音译词，意即"客人"，例如布依语 pu he、仫佬语 mu khek，都是"客人"的意思，与"木客"音义相合。客话跟"山"组合的词中，还有"sano"（连城），"no"是苗瑶语"人"词，畲族自称"山哈"，"哈"即"客"也，与梅县客话 hak 音义相同，连城客话此词跟苗瑶语应是同源关系。

总之，汉语闽、客语都有一批最常用口语词与南方土著民族语包括南岛、南亚、苗瑶、壮侗语同源，这批词汇是汉语闽、客语不同于其他方言的基础。这表明，南方汉语方言不是古代北方中原汉语的简单延续，而与华南土著民族文化关系密切。这是因为，留在大陆上的古南岛人（或称古百越人）的文化分化，一种是已经汉化的闽、粤、吴人，另一种是受中原文化很大影响、但尚未完全汉化的操壮侗、苗瑶语言诸族。总之，现代南方汉语方言都不同程度地包含了百越土著先民的语言成分。

四　民族考古学的解释

在中华民族"多元一体"文化的形成和发展过程中，以"中国—四方"为基本框架的中原汉人与边疆族群间的文化融合是一个复杂的历史文化过程。扩张过程中的中原汉族在对边疆各族文化同化的同时，汉民族也不同程度地吸收"非我族类"的诸多文化成分，丰富、发展汉民族文化的内涵。① 在东南地区汉、越民族文化更迭过程中，两种现象都有生动的表现。

东南汉民人文不同于中原华北的鲜明特色的形成，有作为自然史过程的区域生态塑造、约束的成分，但不应忽视作为文化史过程的民族融合所起的主导作用。民族考古学的研究表明，周末秦汉以来移入并渐为主体的汉民人文在东南的发展是建立在百越及其先民所创造的史前、上古土著文化基础上的。东南汉人的构成不但有自中原内地南迁的"汉人"，还应有汉化了的"越人"。汉化了的越人不可避免地、程度不等地保留了先人的土著文化因素，而南迁的汉人在"与越杂居"、"居越而越"的过程中吸收东南土著文化因素的现象也是普遍存在的。

一方面，自战国晚期以来，随着中原王朝向东南地区政治、军事扩展和汉人的大规模移植，在汉民族群强势文化氛围中，百越土著民族走上了加速和全面汉化的轨道，在周末秦汉东南越族的考古学文化遗存中有深刻的体现。

在物质文化领域，铁器时代的文化进程、汉越器具与聚落形态的共出关系等，都可以看到战国晚期以来东南土著越人深刻汉化的历程。以来中原内地的铁器技术迅速为百越及其后裔所接受，步入文化史上的铁器时代是土著越人汉化的重要标志。这一时期的铜、铁器遗存不但广泛发现于东南湖网平原地带，在武夷山—南岭山地东南一侧的两越地带也是大量发现。在广州西汉前期墓葬中，随葬铁器数量和种类十分庞杂，涉及炊煮器、兵器、生产工具、日用器、服饰配件等，中原内地流行的绝大部分铁器都可以找到。在闽越国地，仅武夷山城村的闽越王城遗址就发现了数百件汉式铁器，同样涉及生产工具、生活器具、兵器、建筑构件等广泛领域，城村闽越王城遗址还发现了几处冶铁作坊，说明土著人群对汉铁器文化与技术的全面接受。②

越式器群与汉式器物共出是这一时空考古学文化内涵的特点。如在闽越族的考古文化中，秦汉初的富林岗文化共出了仿铜陶礼器鼎等为特征的典型汉器，东汉前后的凤林山文化中土著因素虽还存续，但随葬象征财富的模型明器等中原内地汉墓一样的趋势也已发生，可见闽越人也获得了很高的汉化。③ 在南越族考古文化中，广州发现182座西汉前期墓葬中，就有20多座是以成组土著器物为特征的越人墓葬，但也共出不成组合

---

① 费孝通：《中华民族的多元一体格局》，《北京大学学报》1989年4期。

② 杨琮：《武夷山闽越国故城出土铁器的初步研究》，载《福建历史文化与博物馆学研究》，福建教育出版社1993年。

③ 吴春明：《福建秦汉墓葬的文化类型与民族史意义》，《东南文化》1988年3期。

的汉式礼器，应是受到汉文化影响但尚未彻底汉化的南越人，此外的 92 座出成组汉式礼器但共出土著器物的汉人墓葬中可能也有部分是高度"汉化了"的南越人。[①]

百越先民独特的聚落形态在汉化的轨道上也发生重大变化，封闭、特异的土著模式为汉越融合式或完全汉文化的模式所取代。如武夷山闽越王城宫殿建筑仍是土著的低干栏式结构，但该建筑四合院式平面结构、前朝后寝的布局与秦咸阳宫一号建筑基址平面布局如出一辙，城外的一组礼制建筑也是典型的汉文化建筑理念；而在建筑技术上，陶绳纹筒瓦、板瓦、水管道、菱形图案地面砖、云纹和汉字瓦当，与中原王朝地带所出同类建材基本一样，是周汉以来形成华夏、汉民族建筑文化的代表性成分。[②]

在精神文化领域，越人的社会文明、语言文字和丧葬制度也在汉化的轨道上发展。江南句吴、于越国家的产生就是商周国家文明制度推广的结果，而战国晚期以来出现的闽越、东瓯与南越等王国社会制度也不例外。在福建武夷山闽越王城、福州冶都和广州南越国宫署遗址等地，"万岁"、"常乐万岁"、"万岁未央"、龙凤纹"万岁"等宫殿建筑上的瓦当文字充分体现了以皇帝为中心的秦汉中央集权国家制度在两越地的直接"移植"。器具产品上戳印的"公"、"官"、"左官"、"右官"、"居室"、"工官"、"干官"、"官径"等文字，表明两越王国的官僚制度也模仿自秦汉内地。对秦汉国家文明制度的仰慕、仿造，是越人汉化的重要表现。华夏系的语言文字渐为汉化的百越人群所接受，不管是在广州还是福州、武夷山的两越王国的都城、王城遗址，还是都城、王城以外的一般越人聚落、墓葬所出，铜器铭文、陶、瓦戳印、印章与封泥文字等等，[③]都无一例外地属于秦汉时期的汉字系统。丧葬制度是特定民族文化中最保守、最顽强维持的深层领域，越人的丧葬制度也在悄然地汉化。在广州两汉墓葬的内涵变化上，西汉前、中期墓葬结构仍较多维持墓底铺设河卵石设腰坑的土著特征，西汉晚期以后这类结构已经不见。闽越地区的墓葬资料虽有限，但从西汉的富林岗类型到东汉的凤林山类型，也可以看到闽越人埋葬制度类似于南越人的汉化过程。

可见，奠基于史前时代东南土著新石器文化和上古百越先民的"华夏化"态势，秦汉以来的百越文化获得了全面、高度的汉化。汉化后"百越"与内地和迁入的汉民人文在物质文化、精神文化的诸多方面渐趋一致，在此基础上绝大多数已融为南方汉民的有机组成部分。即便"遁逃山谷"的少量越人后裔即唐宋以来的溪峒、蛮獠和现今东南畲、黎、瑶、壮等少数民族虽还不同程度保留土著先民的一些文化特征，但历史上

---

①　广州市文物管理委员会等：《广州汉墓》第二章"西汉前期墓葬"，文物出版社 1981 年。

②　吴春明：《崇安汉城的年代与族属》，《考古》1988 年 12 期。

③　广州市文物管理委员会等：《广州汉墓》，文物出版社 1981 年。广州市文化局编：《广州秦汉考古三大发现》，广州出版社 1999 年。吴春明、林果：《闽越国都城考古研究》，厦门大学出版社 1998 年。

的汉化也使他们与汉族间的文化差距在不断地缩短。

另一方面，由于东南土著先民在史前、上古奠基和发展的人文传统的根深蒂固，东南地域人文的传承使客来的汉民"居越而越"，出现不同程度的"越化"。

《史记·吴太伯世家》载："太伯、仲雍二人乃奔荆蛮，文身断发，示不可用，以避季历。……荆蛮义之，从而归之千余家，立为吴太伯。"《左传·哀公七年》载："太伯端委以治周礼，仲雍嗣之，断发文身，嬴以为饰，岂礼也哉？有由然也。"《吴越春秋·吴太伯传》载："遂之荆蛮，断发文身，为夷狄之服，示不可用。"可见，周王室的太伯、仲雍奔荆蛮后，虽曾试图"以治周礼"，但也无奈陷入吴越文化氛围而不可自拔，最后也得"断发文身，为夷狄之服"。太伯、仲雍从荆蛮俗是华夏民族接受"越化"的一个生动案例。秦汉以来，南来的汉人对东南土著人文也只能采取顺应之道，南越王赵佗籍河北真定，他既将内地文明推广岭南，又顺应南越民族的文化内容，所以《史记·南越列传》说他"与越杂处十三岁"。《汉书·食货志》载："汉连出兵三岁，诛羌，灭两粤，番禺以西至蜀南者置初郡十七，且以其故俗治，无赋税。"汉朝军事战胜两越后，对于越人的信仰、故俗等采取了默认的态度，而处在同一文化氛围中的客来汉人是很难不受感染、影响的。

客来汉人的越化在考古学上也有很多的实证。前述江西新干昌邑的、高安郭家山、上海嘉定外冈、浙江绍兴凤凰山、宁波南郊等地的战国都随葬典型周楚式的仿铜陶礼器鼎、豆（敦）、壶，但也不同程度地共出不成组合的越式印纹陶器，就是周楚子民吸收了越文化因素体现。[①] 在闽越国冶都近畿的闽侯庄边山楚汉贵族墓地，楚汉式的仿铜陶礼器数量最多，鼎、豆或盒、壶组合基本完整，闽越式的印纹陶瓮、匏壶、瓿等只是少量且组合不完整，仿铜陶礼器并非全部是典型楚、汉传统的素面灰陶文化，部分器物是印纹硬陶的仿铜陶礼器，也是楚汉文化在闽中地区变异的体现，代表了居住于闽越国的楚、汉族上层家族接受当地土著文化影响所形成的融合形态。[②] 在广州西汉前期墓葬中，有 92 座都随葬成组楚汉式的铜或仿铜陶礼器的鼎、盒、壶、钫组合，还不同程度地共出瓮、罐、瓿、提桶等土著内涵，应是南越国内具有越文化特征的汉人。而赵佗家族在"与越杂处"的过程中也留下诸多越文化影响的痕迹，在南越文王赵眜陵墓的墓葬结构与丧葬礼制集中体现了周汉文明在岭南的代表，但 36 件铜鼎中"杂"有盘口外撇脚的典型越式鼎，还有罐形的越式铁鼎、骆越式的铜提筒、"长乐宫器"铭但广肩深腹的越式印纹陶瓮等，说明墓主人生前的社会生活中有不少越文化的内容。

---

① 李科友：《东周时期江西地区的楚文化及其有关问题》，《中国考古学会第二次年会论文集》，文物出版社 1980 年。高至喜：《论战国晚期楚墓》，《东南文化》1990 年 4 期。

② 林公务：《闽侯庄边山的古墓群》，《东南文化》1991 年 1 期。

　　武帝平两越后，两越地区的汉民人群不同程度地增长。岭南汉墓资料中，汉民或汉化了的"越人"已成为民族文化的主体，广州发现的227座南越国除后的西汉中、晚期和东汉墓的内涵已与中原内地基本一致，但这些汉人墓葬中越式文化内涵并非完全没有，如印纹陶瓮、罐、匏壶等典型越式器物在不同程度地共出。闽中土著文化延续得更晚些，闽江和晋江流域发现的一百多座三国六朝墓葬是汉民人文主流地位在闽中形成的考古证据，但在这些墓葬中也可以看到不少闽越文化的遗风，如砖室墓结构上的网格纹、米字纹和一些罐、壶肩腹部位的几何印纹，应是越人的几何印纹陶文化影响的痕迹，而不少墓葬中随葬的侈口广肩深腹瓮、罐等器物显然是两越时代典型的土著同类器的余绪。由此可见，郡县时代客来杂处两越的汉人仍然存在明显的"越化"现象。

从蛇神的分类、演变看华南文化的发展*

华南蛮、苗、越、畲等土著各族不具有本民族自身的文献历史,"南蛮蛇种"是上古华南土著蛇神祭祀、图腾等特殊的"他文化"现象先后映入华夏人文视野后出现于汉文史籍的跨文化"话语"。《说文解字》卷十三上"虫"部:"南蛮,蛇种,从虫、亦声。""闽,东南越,蛇种,从虫、门声。"《史记·吴太伯世家》注"荆蛮"引唐司马贞索隐:"蛮者,闽也,南夷之名,蛮亦称越。"《山海经·海内经》载:"南方有赣巨人……又有黑人,虎首鸟足,两手持蛇,方啖之……有人曰苗民,有神焉,人首蛇身,长如辕,左右有首……"《淮南子·原道训》载:"九嶷之南,陆事寡而水事众。于是人民披发文身,以像鳞虫。"高诱注:"文身,刻画其体内,点其中,为蛟龙之状,以入水,蛟龙不伤也。"① 《越绝书·九术传》云:"于是作为策楯,婴以白璧,镂以黄金,类龙蛇而行者,乃使大夫种献之于吴。"《吴越春秋·阖闾内传》:"(子胥)造筑大城……立蛇门者,以象地户也。阖闾……欲东并大越,越在东南,故立蛇门,以制敌国……越在巳地,其位蛇也,故南大门上有木蛇,北向首内,示越属于吴也。"明邝露《赤雅》卷上说:"畲民神宫,画蛇以祭,自称龙种。"清陆次云《峒溪纤志》也说:"畲族,其人皆蛇种,故祭皆祀蛇神。"顾炎武《天下郡国利病书》载:"(潮州)畲人,有姓夷、濮、吴、苏,自古以南蛮为蛇种,观其畲家,神宫蛇像可见。""南蛮蛇种"一词概括下的南方土著自然崇拜、图腾信仰中的崇蛇文化,也成为古代中原华夏、汉人看东南蛮、苗、越等民族的一个重要的族群识别符号。

历史学者、民族学者、民俗学者、宗教学者对华南蛇崇拜文化现象,从不同角度做了大量论述,但都限于资料的归纳、描述与表层的解释。② 笔者曾经对南方蛇神崇拜在

---

* 本文为庆祝严文明教授八十华诞而作,刊于《考古学研究(九)》,文物出版社 2012 年。收入本书时调整若干插图。

① 据何宁撰:《淮南子集释》,中华书局 1998 年 10 月第 1 版,第 38 页。

② 林蔚文:《福建民间动物神灵信仰》,方志出版社 2003 年。林国平:《闽台民间信仰源流》,第 39 页,福建人民出版社 2003 年。秦慧颖:《福建古代动物神灵崇拜》,《东南考古研究》,厦门大学出版社 2003 年。

史前时代的发生到近现代华南社会文化延续积淀的历史，做过初步的阐述。① 实际上，在漫长的南方民族史上，以"蛇"为核心因素的宗教文化的内涵与形态各不相同，从文化类型学上可以大致区分为三类，即"正面"的蛇神、"反面"的蛇妖或镇蛇之神和"改造"的蛇神。我们发现，南方蛇神的多样性是土著文化在周汉以来的华夏、汉文化氛围下发展、变化的结果，与南、北方土、客族群的迁徙、传承、变迁与融合有关。

一 "南蛮蛇"与"中华龙"的差别

"南蛮蛇种"作为华夏、汉人话语中对南方民族的一种典型的"图腾"表述，是南方土著民族精神文化的特征之一，在某种意义上说是华南地区作为东亚古代文化一个特殊区系的代表性因素。但在南方文化史、乃至中华文化史的一般论著中，常见蛇、龙不分，模糊两者界限的观点。因此，开展"南蛮蛇种"、南方蛇神研究的前提，必须首先厘清"南蛮蛇"与"中华龙"的关系。

诚然，"南蛮蛇"与"中华龙"的异同是一个非常复杂的文化史问题，涉及中华民族多元一体文化形成过程中中原（华夏、汉）文化与南方土著（蛮）文化漫长的互动融合，但细究其形态与性质，还是可以找到两者的基本差别的。

"龙"并非生物学上真实存在的一个物种，但作为存在于中国人认知领域的"图腾符号"，"龙"是汉文史籍中"智慧"、"万能"之躯的虚拟的精神象征。《说文解字》说"龙，鳞虫之长。能幽能明，能细能巨，能短能长，春分而登天，秋分而潜渊。"② 对于这样一种虚拟"物种"的历史来源和在现实世界的"原型"，研究者有很不一样的看法，蛇、鳄鱼、蜥蜴、龟、马、牛、猪、鸟、熊、雷电等都曾被不同学者解读为"龙"的隐喻对象。③

实际上，我们难以确定"龙"在现实世界的原型，其形象特征具有非唯一性，如古人所谓的"九似"。宋代罗愿《尔雅·翼》卷二十八"释龙"语："角似鹿，头似驼，眼似龟，项似蛇，腹似蜃，鳞似鱼，爪似鹰，掌似虎，耳似牛。"明代李时珍《本草纲目》卷四十三"鳞"部又有不同的表述："龙有九似，头似驼，角似鹿，眼似兔，耳似牛，项似蛇，腹似蜃，鳞似鲤，爪似鹰，掌似虎，是也。"大量中原、北方史前、上古考古发现中被指为"龙"的图像也证实了这一非生物学"物种"的"多元"形态特征（图一）。

---

① 吴春明、王樱:《"南蛮蛇种"文化史》,《南方文物》2010 年 2 期。

② ［东汉］许慎《说文解字》卷十一篇（下）"龙"部。

③ 张笑恒:《神秘的龙文化》,西苑出版社 2007 年。田秉锷:《龙图腾——中华龙文化的源流》,社会科学文献出版社 2008 年。朱乃诚:《中华龙起源和形成》,生活·读书·新知三联书店 2009 年。

图一　考古资料中的上古"中华龙"形象
1. 安阳小屯 M18：14 铜盘蟠龙纹　2. 徐州狮子山楚王墓 SW4：30 玉龙佩

　　作为一种虚拟的图腾符号、中华人文的精神象征，"龙"的"多元"形态特征，与中华民族文化的"多元"性质吻合，"龙的传人"一语将所有"多元"中国人归于"一体"，正与"龙图腾""九似"、多元、组合特点相吻合。不难推测，"龙"之所以能将不同的图腾动物形象集于一身，大致反映了史前至上古时期以中原为中心的"四方万国"范围内多民族文化冲突、融合的历史过程。因此，把"龙"看成是华夏、汉族原创的，并伴随华夏、汉文化传播、融合而逐步为整个"中华民族"所认同的"统一"的"始祖"精神象征与图腾符号，应该不会是牵强附会。

　　而华南土著文化中原生的"蛇"崇拜完全不同于具有"九似"特征的"龙图腾"，它是华南地理环境中客观存在的大量蛇类爬行动物在土著图腾文化上的反映，是史前、上古文化史和艺术史上一个非常独特的时空类型——华南类型的代表性因素，应该是华夏、汉文化南播之前华南土著的图腾文化特征之一。

　　但是，历史文献中为什么有那么多龙、蛇不分的段落表述呢？据笔者的观察，将图腾文化史上的"中华龙"归源于、甚至等同于"南蛮蛇"，是有复杂的历史原因的。诚然，"龙"作为历史上形成的中华民族"统一"的图腾象征，"南蛮蛇种"理所当然地也是中华民族多元文化的有机组成部分，不能排除"南蛮蛇"曾是塑造"中华龙"虚拟形象的有机元素之一。不过，将"中华龙"等同于"南蛮蛇"，更多的带有古代史上华南士绅阶层仰慕、崇媚中土的主观"心愿表达"。在以"中国—四方"、"中心—边缘"格局为特点,以华夏、汉族强势主导并占据中心的"中华"多元民族关系格局中,边缘族群除了仰慕、依附中心、融入主流外,还得认同华夏、甚至戴上"中州移民"的"金冠"①,达到族群文化的"身份转化",摆脱多元族群格局中的弱势地位。将"中华龙"归源于"南蛮蛇",更是可以"提升"南方族群在"中华民族多元一体格局"中的地位的相当不错的"历史"表述,应该是华南士绅一厢情愿的"历史建构"。因此,澄清被混淆的蛇、龙关系史,是认识华南文化史真实面貌至关重要的一环。

二 华南民族考古中源远流长的"正面"蛇神

所谓"正面"蛇神,是土著族群文化立场上原生的蛇图腾、蛇崇拜形象,是华南蛇神的主体。这类原汁原味的土著蛇神大量发现于"南蛮"、"百越"地带的史前、上古时期的考古文物中,在中古以来直到近现代仍见于黎族、侗族、傣族、壮族、畲族、高山族,乃至华南"汉人"的"蛇祖"、"蛇母"、"蛇娘"、"蛇仙"、"蛇王"、"蛇神"崇拜中。考古发现与民族志上的这类"正面"蛇神,反映了"南蛮"土著蛇图腾文化的源远流长。

(一)华南史前陶器中的崇蛇纹样

印纹陶是华南新石器时代至青铜时代的一种代表性的物质文化因素,有学者认为印纹陶的纹饰是蛇形、蛇皮鳞纹的简化,起源于古越族的蛇图腾崇拜。② 印纹陶的纹饰是复杂多样的,许多几何形纹饰因其简化、抽象的形式,与蛇的确切关系还有待更多明确的证据。但作为印纹陶文化传统前身的华南新石器文化中,确有不少蛇形的装饰纹样,可以感受到鲜明的蛇崇拜韵味。

在距今六七千年间的湘江上游与珠江水系间的高庙、咸头岭等一类文化,出土了一批戳印、压印篦点、刻划、彩绘等形成的精美几何形纹、动物纹、星象纹、祭仪题材等装饰纹样的(白)陶器群,研究者认为动物纹主题是飞鸟、獠牙兽为代表的神性动物图案。实际上,高庙、咸头岭等一类遗存中典型的圈足盘、篦的腹外壁与圜底罐的颈、肩部常见装饰复线填点的波状、曲折状的条带纹饰,就酷似蟠行的长蛇,应是探索华南史前文化中崇蛇形象起源的重要对象(图二)。③

---

① "南方汉人"是汉民族群体中社会文化非常特殊的群体,其中包含"汉化"的土著(百越),但在"南方汉人"晚近历史阶段编撰的"族谱"资料中,"中州移民"似成为所有"南方汉人"的"通史",这是边缘族群历史记忆"建构"的典型版本,是中华民族多元一体形成过程中常见的"汉化"模式。参见拙作《东南汉人的形成:民族考古学提纲》,载《桃李成蹊集——庆祝安志敏教授八十诞辰论文选》,香港中文大学2004年。

② 陈文华:《几何印纹陶与古越族的蛇图腾崇拜》,《考古与文物》1981年2期。

③ 湖南省文物考古研究所:《湖南洪江市高庙新石器时代遗址》,《考古》2006年7期。深圳市文物考古鉴定所等:《广东深圳市咸头岭新石器时代遗址》,《考古》2007年7期。

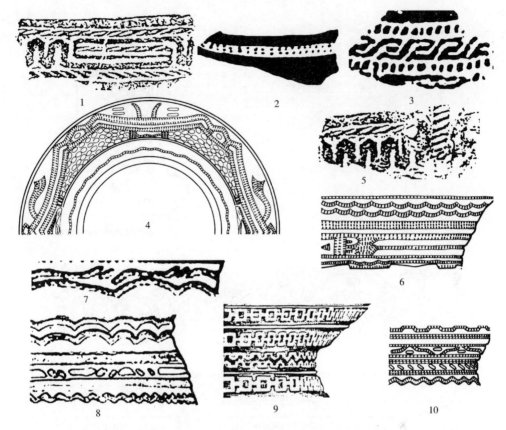

图二　高庙—咸头岭一类遗存中的类蛇纹陶片

1、3、5. 广东咸头岭　2. 广东大黄沙　4、6、10. 湖南高庙　7、8. 贵州坡脚　9. 湖南汤加岗

　　在东南地区史前文化中，比较明确装饰蛇形、蛇纹图案的器物见于良渚文化，浙江余杭良渚、庙前、奉化名山后、海盐龙潭港，江苏吴县草鞋山，上海金山亭林、青浦福泉山等遗址都发现了写实或接近写实的蛇纹陶器，蛇纹常见于扁腹盘形鼎、高足浅盘豆、圈足壶的外腹和器盖上，刻画繁缛有致的螺旋状盘蛇纹，间有卷云、飞鸟，未见于其他文化，具有蛇崇拜的文化特征（图三）。①

① 　施昕更：《良渚——杭县第二区黑陶文化遗址初步报告》，浙江省教育厅 1938 年。浙江省文物考古研究所：《庙前》，文物出版社 2005 年。名山后遗址考古队：《奉化名山后遗址第一期发掘的主要收获》，《浙江省文物考古研究所学刊——建所十周年纪念》，科学出版社 1993 年。浙江省文物考古研究所等：《浙江海盐县龙潭港良渚文化墓地》，《考古》2001 年 10 期。南京博物院：《江苏吴县草鞋山遗址》，《文物资料丛刊》第三辑，文物出版社 1980 年。上海市文物管理委员会黄宣佩主编：《福泉山——新石器时代遗址发掘报告》，文物出版社 2000 年。孙维昌：《良渚文化陶器纹饰研究》，《上海博物馆集刊》第 6 集，上海古籍出版社 1992 年。朱乃诚：《良渚的蛇纹陶片和陶寺的彩绘龙盘》，《东南文化》1998 年 2 期。

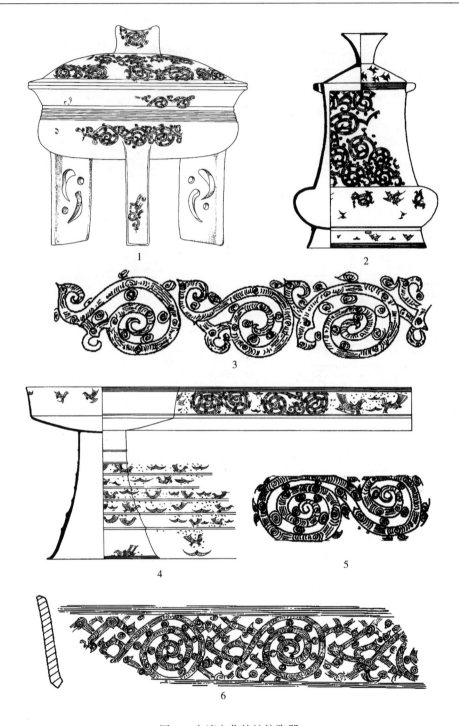

图三　良渚文化的蛇纹陶器

1、3. 福泉山 M65：90　2. 福泉山 M74：166　4、5. 福泉山 M101：90　6. 奉化名山后 H14

（二）越系青铜文化中的崇蛇形态

进入青铜时代后，华南、东南越系青铜器上装饰大量的蟠螭纹、蛇纹、蛙纹、鸟纹，有别于"商周文化"。其中，苏、浙、皖交界青铜文化的造型受到"商周文化"的直接影响，但各式几何纹和蛇、蜥蜴、鸟、鱼、蛙等写实的动物纹样，具有鲜明的吴越文化特征。①

安徽出土的一批商周青铜器如繁昌汤家山的蟠蛇纹纽盖盉、蟠蛇纹矛，汤家山与青阳庙前汪村的鱼蛇纹圈足盘，芜湖的牺首蛇纹尊等，装饰形象的蛇纹、蛇形，几乎都是写实的蛇形象，与中原北方商周青铜器中常见的兽首、鱼鳞身、带鹰爪足并被人格化的华夏"龙"是不同的（图四）。②

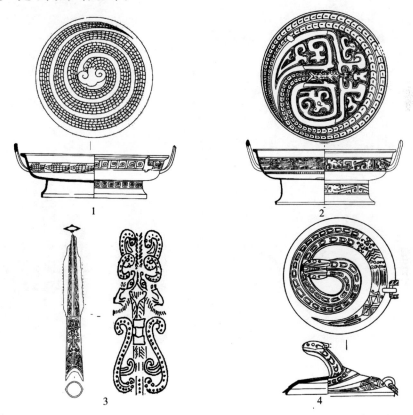

图四　皖南吴越蛇纹、蛇形象青铜器

1. 青阳汪村鱼蛇纹铜盘　2. 繁昌汤家山鱼蛇纹铜盘　3. 繁昌蛇纹矛　4. 繁昌汤家山盉盖蛇形纽

① 肖梦龙：《试论江南吴国青铜器》，《东南文化》第二辑，江苏古籍出版社 1987 年。宋永祥：《试析皖南周代青铜器的几个地方特征》，《东南文化》1988 年 5 期。傅举有：《古越族的青铜艺术》，原载香港《中国文物世界》第 59 期，转引自《中国历史与文物考古研究》，岳麓书社 1999 年。

② 安徽大学、安徽省文物考古研究所：《皖南商周青铜器》，第 91～93、100～104、108～109、176～177、216 页，文物出版社 2006 年。

　　江苏无锡鸿山邱城墩、万家坟等墓地出土一大批仿铜青瓷器、硬陶器、玉器，装饰堆塑、浮雕蛇形象和刻划的蛇纹，诸如堆塑6条或9条蟠蛇的青瓷鼓座、蛇形悬虫的青瓷甬钟、蛇形纽的青瓷镈钟与振铎、以8条蛇盘成的琉璃釉玲珑球形器、雕刻蟠蛇的玉带钩与玉佩饰等，具有浓重的蛇图腾韵味（图五）。①

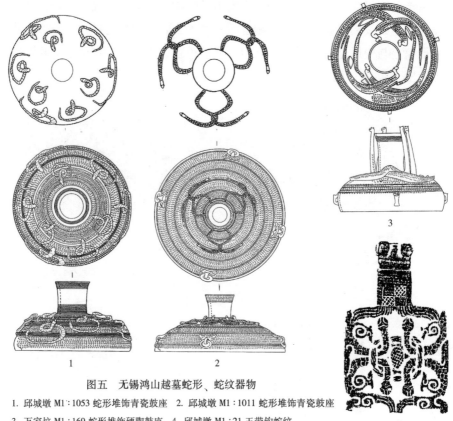

图五　无锡鸿山越墓蛇形、蛇纹器物

1. 邱城墩 M1：1053 蛇形堆饰青瓷鼓座　2. 邱城墩 M1：1011 蛇形堆饰青瓷鼓座
3. 万家坟 M1：169 蛇形堆饰硬陶鼓座　4. 邱城墩 M1：21 玉带钩蛇纹

　　江苏淮阴高庄、镇江王家山、六合程桥等东周墓中，发现了一组精美、繁缛的刻纹铜器，蟠蛇纹、爬行四脚蛇（蜥蜴）纹是其中的主题纹饰，还有青铜盉上的蛇纹提梁、管状环形器上的小蛇装饰等。此外，六合程桥墓发现的9件编钟的鼓面和舞面也都装饰蟠螭纹和近似蛇形的螺旋形纹。江西贵溪崖墓的附加堆蛇纹陶坛、福建武夷山闽越王城的蛇纹铜铎等，也属于同类（图六）。②

①　南京博物院等：《鸿山越墓发掘报告》、《鸿山越墓出土乐器》、《鸿山越墓出土玉器》、《鸿山越墓出土礼器》，文物出版社 2007 年。

②　镇江博物馆：《江苏镇江谏壁王家山东周墓》，《文物》1987 年 2 期。淮阴市博物馆：《淮阴高庄战国墓》，《考古学报》1988 年 2 期。江苏省文物管理委员会等：《江苏六合程桥东周墓》，《考古》1965 年 3 期。福建博物院等：《武夷山城村汉城遗址发掘报告》，第 357 页，福建人民出版社 2004 年。

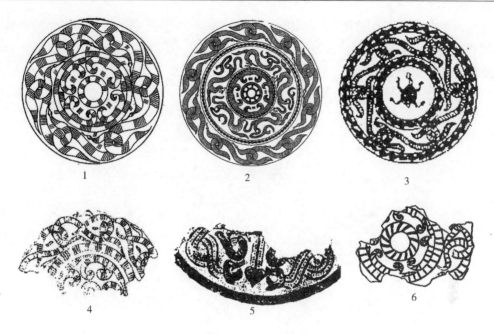

图六　吴越青铜文化中的蛇形象

1. 淮阴高庄 M1：48 铜盘内底外区六蛇蟠绕　2. 淮阴高庄 M1：3 铜盘内底外区十蛇蟠绕　3. 淮阴高庄 M1：0146 铜盘内底六蛇蟠绕　4. 镇江王家山东周铜鉴内底蟠蛇纹　5. 武夷山闽越王城铜铎舞面蛇纹　6. 六合程桥东周刻纹铜残器内底蟠蛇纹

湘江流域东周时期的越人墓葬中，发现一批装饰几何纹和包括蛇纹在内的动物纹的青铜器群，成为区别于中原传统的显著特点。[①] 衡阳渣江区赤石村春秋越人或越文化墓葬中，出土了一件蝎形动物饰提梁卣，造型与中原同类器相似，但卣腹部、器盖满布凸起的 20 条蛇及若干蝎（四脚蛇）形动物形象，突显越人青铜器装饰艺术中的独特风格。[②] 岳阳葟口的一座春秋时期具有墓底铺设河卵石、土坑墓设置壁龛等越文化因素的楚墓中，也发现一件类似的人像动物纹铜卣，器盖及卣腹均装饰阳凸的蛇纹。[③] 湘潭荆州乡金棋村出土有一件动物纹提梁卣，腹中部几何形地纹上凸起双肩越式钺图案和 12 条蛇纹，器盖上也满布 8 条蛇及蜥、蜈蚣、蛙类、四脚小爬虫等动物纹样。[④] 类似的装

① 傅举有：《古越族的青铜艺术》，原载香港《中国文物世界》第 59 期，转引自《中国历史与文物考古研究》，岳麓书社 1999 年。向桃初：《湘江流域商周青铜文化研究》，第 418、437 页，线装书局 2008 年。

② 衡阳市博物馆：《湖南衡阳县赤石春秋墓发掘简报》，《考古》1998 年 6 期。陈建明主编：《湖南商周青铜器陈列》，第 32 页，湖南省博物馆印。

③ 岳阳市文物工作队：《岳阳县葟口出土春秋人像动物纹青铜卣》，《湖南博物馆文集》，岳麓书社 1991 年。

④ 熊建华：《湘潭县出土周代青铜提梁卣》，《湖南考古辑刊》第四集，岳麓书社 1987 年。

饰还见于衡山县霞流出土的一件春秋时期的蛇纹垂腹尊。[1] 广西恭城秧家出土的春秋时期铜尊，颈部和腹部分别装饰四组由蛇斗青蛙纹为主、云雷纹为地的纹饰带，风格与湘江流域所见非常相似，被认为是湘江流域扬越文化的扩展（图七、八）。[2]

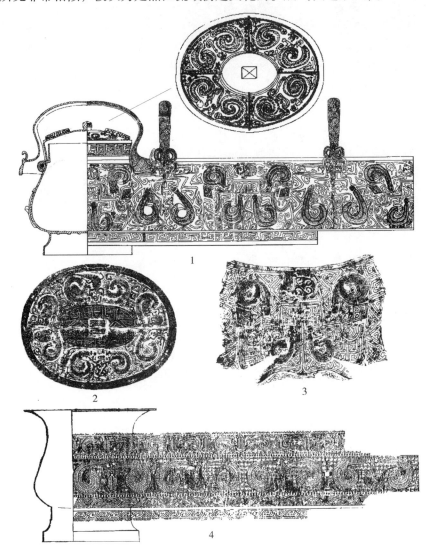

图七　湘江流域崇蛇纹青铜器

1. 湖南衡阳赤石提梁卣　2、3. 湖南湘潭荆州金棋提梁卣器盖与腹面　4. 广西恭城秧家铜尊

① 周世荣：《桑蚕纹尊与武士靴形钺》，《考古》1979 年 6 期。陈建明主编：《湖南商周青铜器陈列》，第 33 页，湖南省博物馆印。

② 李龙章：《岭南地区出土青铜器研究》，第 55~56 页，文物出版社 2006 年。向桃初：《湘江流域商周青铜文化研究》，第 416 页，线装书局 2008 年。

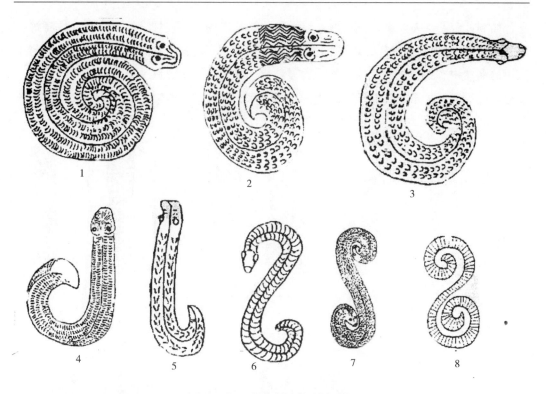

图八　湘江流域青铜器蛇纹图像

1、4. 湖南衡阳赤石村春秋卣　2、8. 湖南岳阳莨口春秋卣　3、6. 广西恭城秧家春秋尊

5. 湖南衡山霞流春秋尊　7. 湖南湘潭金棋村春秋卣（依前引傅举有文修改）

（三）濮系蛇形、蛇纹青铜文化

云贵高原是古代百濮系之滇、夜郎以及滇越等土著族群的活动空间，云南晋宁石寨山、江川李家山、昆明羊甫头、曲靖八塔台等东周至秦汉时期滇文化墓地的考古发现中，从生产工具的斧、锛、凿、铲、锄，到兵器的戈、矛、剑、剑鞘、啄、叉、钺、匕首，礼乐器的钟、储贝器、仪仗器及装饰品、马具等，均有大量的蛇形象或图像，成为滇文化的最大特色之一，表现出滇人对蛇的特别宠爱和崇拜。这些蛇图像形态各异，有些性质有别，反映了蛇崇拜形态的多样性以及文化的融合与发展。[1]

滇文化发现了许多立体蟠蛇或蛇形的青铜器。石寨山多件储贝器上有蟠蛇立柱的雕

① 云南省博物馆：《云南晋宁石寨山古遗址及墓葬》，《考古学报》1956 年 1 期。《云南晋宁石寨山古墓群发掘报告》，文物出版社 1959 年；《云南晋宁石寨山第三次发掘简报》，《考古》1959 年 9 期。《云南晋宁石寨山古墓第四次发掘简报》，《考古》1963 年 9 期。云南省文物考古研究所等：《晋宁石寨山第五次发掘报告》，文物出版社 2009 年。云南省博物馆：《云南江川李家山古墓群发掘报告》，《考古学报》1975 年 2 期。云南省文物考古研究所等：《江川李家山——第二次发掘报告》，文物出版社 2007 年；《昆明羊甫头墓地》，科学出版社 2005 年；《曲靖八塔台与横大路》，科学出版社 2003 年。

塑，如 M1：57A 杀人祭铜柱储贝器器盖雕刻的祭祀广场中心表柱，柱顶立虎，柱身蟠绕两条攀爬向上的长蛇，M12：56 的同类器，柱身蟠绕一条正在吞人的巨蛇。石寨山与李家山的铜器中有蛇形纲网状器、蛇形銎斧与铲、蛇形茎剑等，蛇头张口露牙，透露出一股逼人的气势，羊甫头还有蛇吞蛙形象的卷刃器木柄，蛇的形象都十分生动逼真（图九）。

图九　滇文化中的蛇形青铜器具

1. 石寨山蛇纲网状器　2. 石寨山 M71：139 蛇形銎铜斧　3. 江山李家山 M51：337 蛇形銎铜铲　4. 石寨山 M1：57A 铜储贝器上的蟠蛇立柱　5. 昆明羊甫头 M113：353－2 铜卷刃器木柄蛇吞蛙形象　6. 石寨山 M71：37 蛇首茎一字格铜剑　7. 江川李家山 M47：119 蛇首茎一字格铜剑

　　滇文化中还有大量青铜器装饰平面写实蛇纹。如羊甫头的矛形仪仗器、卷刃器、李家山的剑鞘等有二至四条攀爬的长蛇纹，羊甫头、李家山的铜斧、凿、戈等也都有多条蟠卷的蛇形象，石寨山的一件两鼓叠置储贝器（M71：142）还有蛇吞飞鹰、蛇吞蜈蚣的图像，石寨山"滇王之墓"环纽编钟器身各装饰4条龙首（兽形带角、耳）蛇身（无足）图像，这是滇人蛇纹铜器中少有的龙化的蛇形象，是秦汉时期文化融合的结果（图一〇）。

图一〇　滇文化青铜器上的蛇纹

1. 羊甫头 M113：87 矛形仪仗器　2. 羊甫头 M113：356 卷刃器　3. 江山李家山 M68XI：25 - 3 铜鞘饰　4. 羊甫头 M113：351 - 14 木柲铜凿　5. 羊甫头 M19：83 铜斧　6、7. 江川李家山 M51：284 横銎铜戈　8. 石寨山 M71：142 叠鼓储贝器

　　（四）壮侗语族的"蛇祖"、"龙母"、"蛇母"

　　岭南是商周时期"瓯"、"桂国"、"九菌"故地，周汉时代为"西瓯"、"骆越"及"裸国"等百越支系，汉晋以来，随着中原王朝的军政统一、民族同化，逐步发展为以"汉民"人文为主体，"遁逃山谷"的"南蛮"后裔"乌浒蛮"、"乌蛮"、"俚僚"、

"俚蛮"、"峒僚"等大杂居、小聚居的局面，成为现今华南壮侗语族少数民族僮（壮）、侗、水、布衣、傣、黎等民族文化。在壮侗语族各族群的始祖传说及图腾偶像中，保留着深厚的"蛇祖"、"龙母"、"蛇母"等崇拜。

　　在广西大明山地壮族社会，传说在遥远的古代，一位贫穷的老婆婆在进山采集野菜的路上救起了一只小虫，并把它抚养成可爱的"独龙"。独龙越长越大，养母的茅棚都不够住了，她就告诉独龙只有切掉一段小尾巴才不会越来越长，壮语把剪了尾巴的独龙称为"特吉"。特吉的尾巴不再加长，身体却仍然越长越大，养母就要它出去谋生，于是特吉变成一只腾空巨龙飞向深潭。养母死后，特吉将她葬在龙头山顶，每年前来祭祀。迄今，在大明山地的武鸣、上林、马山、宾阳等县分布有大量龙母村和龙母庙①，武鸣县两江镇的旧龙母屯还保留一尊古老的石雕蛇头图腾石，突显龙母文化的蛇图腾性质（图一一）。"龙母"传说还流行于广东西江流域的"汉人"社会，根据德庆西江与悦城河交汇处"悦城龙母祖庙"的传说，秦汉时期悦城河、西江与绛水河交汇处的一位老渔翁，有一天他救起了西江上游漂来的木盆里的一位女婴，并将其抚养成人。一日她在西江河滩上捧回一个巨卵，回家孵化出五条小蛇，她就将小蛇养在悦城河中，原来她捧回的是龙蛋，五条小蛇是五龙子，她就常与水中游动的五龙子像母子一样相处，她因此被称为"龙母"，五龙子长大后满身鳞光、蟠腾江中，母子扶危济困于西江两岸。龙母死后葬在悦城东岸，后人再设立祠庙祭祀。②

　　岭南壮、汉社会的"龙母"传说故事稍有差异，但都说"龙母"是蛇的养母，因此水神"龙母"实际上就是"蛇母"、是一种蛇神。遗迹遍及岭南，据不完全统计，清代西江流域的龙母庙就有 352 座，龙母行宫更多，大凡江河要冲和出海口处都有龙母庙。龙母是岭南西江流域和珠江流域壮、汉各族人民共同崇拜的至

图一一　广西武鸣两江龙母村龙母庙
明代蛇形石雕
（照片由广西壮族自治区文物考古研究所覃芳提供）

　　①　黄桂秋：《大明山龙母文化与华南族群的水神信仰》，《广西师范学院学报（哲社版）》2006 年 3 期。
　　②　蒋明智：《龙母信仰的历史发展——悦城龙母信仰研究之三》，《广西民族研究》2003 年 4 期。

高无上的女神、水神，表明岭南壮、"汉"民族具有共同的文化源头，这也从一个侧面说明岭南的汉民社会文化与史前上古土著文化的关系，岭南"汉民"实际上是汉化的越人或土著化的汉人。①

侗族有大花蛇始祖的故事，据广西三江、龙胜等县侗家始祖传说，上古时有两父女在上山打柴路上遇到一只大花蛇，昂头张口、牙齿尖长，大花蛇劝说老父把女儿嫁给它，后来姑娘就走入山洞与花蛇成亲，并产下一对儿女。大花蛇就是侗家的始祖"萨堂"，侗家人都是蛇种"登随"，而"登随"只是存在于母系，女子是"登随"流传的渠道。每年元宵节期间，侗族都要以隆重的蛇舞来纪念蛇祖"萨堂"。跳蛇舞时，侗民们身穿织有蛇头、蛇尾、鳞身的蛇形服饰，在侗寨神坛前的石板上围成圆圈，模仿蛇匍匐而行的步态。侗民有严厉的蛇禁忌，禁捕禁食蛇，若违犯禁忌，就要斟酒化纸敬祭祖先，向其赎罪，否则就会遭遇瘟疫、患病等灾难，甚至认为遇见蛇蜕皮、交尾是惹祸损财的凶兆，也要通过祭祖才能逢凶化吉。②

傣族、老龙族是汉晋以来西迁的部分骆越、西瓯及汉晋间云贵高原上故有的越人后裔融合生成的，唐宋时期为越系"黑齿"、"金齿"、"银齿"、"绣脚"、"绣面"、"茫蛮"、"棠魔"、"白衣"等族。蛇图腾是傣族多样图腾文化之一，表现在傣族民间众多的蛇、龙图腾传说，以及蛇纹文身形态上。根据傣文历史记载，傣族部族神为人身蛇尾的猛神，"傣族的祖先是龙，世世代代都是龙变的。经书上说爱在河边水边生活的人是龙，为了不忘记老祖宗是龙，总是要把两条腿纹成龙壳（龙壳即鱼鳞状纹），镶金牙是龙齿。"③

海南黎族为壮侗语族黎语支，古"岛夷"、"儋耳"、"雕题"、"骆越"、"俚"、"俚僚"后裔。黎族各支系的创始神话分别有"黎母山传说"、"勾花的传说"、"蛇郎"、"蛇女婿"、"五妹与蟒蛇"等，都说黎族始祖来源于蛇。据万历《琼州府志》卷三"山川"载："黎母山，（定安）县西南三十里光螺都，《虞衡志》云：'山极高，常在云雾中'。《图经》云：'婺星现此山因名'。旧志又以雷栖蛇卵生一女，号为黎母。"④ "勾花的传说"谓：上古海岛一巨蟒生卵，破出"蛇女"，蛇女长大，与过海采香男子结婚，生下一男孩，不久丈夫去世，剩下母子二人，而海岛荒无人烟，蛇女恐儿子难于婚配而绝后嗣，就与儿子商议，让儿东行寻找配偶，自己则用"勾花"之法在脸上锥刺绣面，然后抄近

① 吴春明：《东南汉人的形成：民族考古学提纲》，载《桃李成蹊集——庆祝安志敏教授八十诞辰论文选》，香港中文大学 2004 年。
② 陈维刚：《广西侗族的蛇图腾崇拜》，《广西民族学院学报》1982 年 4 期。
③ 李子泉：《西双版纳傣族纹身调查》，《傣族社会历史调查》（西双版纳之十），云南民族出版社 1987 年。
④ ［明］万历《琼州府志》卷三"山川·定安县"，《日本藏中国罕见地方志丛刊》，书目文献出版社 1990 年。

道与儿子相遇，因儿子已认不出母亲，遂结为夫妻繁续后代。① "蛇郎"故事说，古时一对孪生姐妹阿花和阿香常在月光下编制箩筐，一日漂亮的妹妹阿香发现箩筐内有一只大蟒蛇，蛇要阿香嫁给它，阿香说她不会嫁给会咬人的蛇，蛇就威胁阿香要杀死她的父母，阿香就随蟒蛇进山洞，逐渐夫妻和睦繁衍后代，成为黎族先祖。②

黎族蛇图腾表现在文身形态上。宋周去非《岭外代答·海外黎蛮》说："其妇人高髻绣面"；宋范成大《桂海虞衡志》："女及笄，即黥颊为细花纹，谓之绣面"；清《广东通志》卷二十八说，黎俗"女将及笄，置酒会亲属，女伴自施针笔，涅为极细虫蛾花卉，而以淡栗纹编其余地，谓之绣面。"黎女绣面文式的"虫蛾花卉"应就是蛇纹。在近代民族学上最早对黎族文身调查的是民国时期的刘咸教授，他看到的黎族文身的"斜形文素"甚似蛇身纹样。③ 海南"美孚黎"妇女在脸部和四肢均刺上蟒蛇状纹样，因而得名"蟒蛇美孚"（图一二）。④

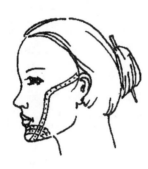

图一二　海南黎族蛇形文身

（引自王学萍主编《中国黎族》，第 253 页，

民族出版社 2004 年）

（五）苗瑶语族的"蛇娘"、"蛇仙"

汉藏语系的苗瑶语族包括苗族、瑶族、畲族等南方少数民族，学界对苗瑶语族的归属还有不同的认识，或认为苗、瑶等族也属于壮侗语族，或认为与壮侗语族并列同属于汉藏语系，无论如何与同奉"南蛮"传说始祖"盘瓠"的华南土著各族关系密切。苗瑶语族也有鲜明的"蛇娘"、"蛇仙"崇拜。

在湘沅间的苗族常见一种"蛇娘"巫术，祭祀蛇神的巫师叫雷师公，他为蛇娘立坛造硐穴，封入一个蛋，并贴有"禁内有蛇"的字符，示人蛇卵生有灵。雷师公的法堂正中，还竖一根雕有人面蛇身的法棍，如同图腾柱。雷公在扮演蛇娘施术时，用二尺四寸桃木板画上"人面蛇身"的蛇符，打在十字路口，或用黄纸画符，火化吞吃，谓能逐邪、断路、变物、藏身，神变万千。从雷师公所诵的咒语中能看出蛇图腾的内涵，即"存吾

---

① 林冠群：《"勾花"的传说》，《民族研究》1981 年 3 期。

② 梅伟兰：《试论黎族的蛇图腾崇拜》，《广东民族学院学报》1990 年 2 期。

③ 刘咸：《海南黎人文身之研究》，《黎族研究参考资料选辑》第 1 辑。

④ 吴永章：《论我国古代越族的蛇图腾》，《百越民族史论丛》，第 250 页，广西人民出版社 1985 年。王学萍主编：《中国黎族》，第 244～260 页，民族出版社 2004 年。

身，化吾身，化在南蛇肚里去藏身。去在南蛇背上去，回在南蛇肚里藏。"①

　　闽东福鼎县双华畲族的蛇崇拜表现在"二月二"歌会，又称为"会亲日"。相传古时一天，突然狂风暴雨，在他们祖先开凿的石洞中先后爬出两条赤黄、青蓝的大蛇盘在厝基上，人们两次将蛇放到水中，两条蛇反复返回到厝基上。第三次，祖头公亲自把蛇送到水口放生并点香祷告，当天晚上，两蛇没再回来，但祖头公在夜里却梦见双龙的化身红面和青面两位将军向他致谢。祖头公醒来后，就召集当地畲民，择二月初二日在水口盖起石板宫，塑红面和青面将军两尊蛇神像以奉祀，从此双华畲民人丁兴旺。于是二月初二的畲民"会亲日"成为当地最大的节日，每逢该日，众多畲民回到双华村祭祀二神。②

　　（六）台湾高山族的蛇图腾

　　台湾高山族的蛇图腾主要存在于南部山区的排湾族、鲁凯族，少量见于中部山地的泰雅族、布农族，表现在创始神话、物质文化与文身艺术上。鲁凯、排湾两族有丰富且相似的始祖神话传统。鲁凯族认为，远古时代从海边漂来一个陶罐，里面有两颗蛋，后来孵化成两条百步蛇，成为鲁凯人的祖先。又说，太阳在山上产了两颗卵，一条蛇前来孵卵，生出一对男女，成为鲁凯部落头目的祖先，鲁凯平民则是由一种青色的蛇产下的卵孵化而成的。③ 在排湾族，大武山（Kavulungan）的神话认为，Pinabakatsan 的一根竹子裂开生出许多灵蛇，化成男女，成为祖先。考加包根山（kinabakan）神话说，太古时山上有处大石裂开生出男女二人，二人成婚后生下许多子女，有蛇、瞎眼儿、单手或单脚或无头的，最后才有完整的男女，后来一部分北上赴知本社为卑南族之祖，其余南下成排湾族的祖先；又说在山的绝顶上，太阳生下红、白二卵，由名叫保龙的灵蛇孵化出男女二神，即为排湾头目之家；还有传说在帕伊鲁斯社（Pairus）的马卡拉乌拉乌吉（Makarawrauzi）太阳每日产下二卵都被大蛇吞掉，后有三女子合力捕蛇投入深渊，太阳卵才孵化繁衍为排湾头目之祖。知本山塔拉马卡乌社的传说认为，从前在匹那布卡兹安的一根竹子破裂，滚下四颗蛋，蛋里出现了蛇身的男女，相婚繁衍生子，长子残障，次子健康，长大后做祈祷产生了众多的人类。④

---

① 杨青：《论龙的原型——南蛇图腾之源变》，《中国民间文化》1993 年 4 期。

② 蒋炳钊：《畲族史稿》，第 235～236 页，厦门大学出版社 1988 年。

③ 达西乌拉弯·毕马：《台湾的原住民——鲁凯族》，第 12 页，台北台原出版社 2003 年。潘英：《台湾原住民族的历史源流》，第 152～153 页，台北台原出版社 1999 年。

④ 台湾总督府临时台湾旧惯调查会原著：《蕃族惯习调查报告书（第五卷——排湾族第一册）》，第 111～119 页，民族学研究所 2003 年编译出版。潘英：《台湾原住民族的历史源流》，第 150～152 页，台北台原出版社 1999 年。铃木作太郎著，陈万春译：《台湾番人的口述传说》，第 51～56 页，《民学集刊》第一册，2003 年 9 月。

　　排湾、鲁凯等族的蛇图腾偶像最突出地表现在建筑形态上，头目家屋、青年会所、骨头棚、祖灵屋等建筑上都不同程度地使用蛇形象的装饰和标志。2008年笔者在屏东县雾台乡鲁凯部落、来义乡望嘉村排湾部落考察时注意到，传统的头目家屋多以石板构筑，一般都有宽阔的前庭广场，中植一棵老榕树，并树立一方饰有表示权威地位的祖像、百步蛇纹和蛇纹陶壶图像的石碑，家屋正面的屋檐、横梁、门楣、门窗、大门上也都刻画猎首与盘蛇形象，室内中厅的雕刻柱以及摆设的屏风、陶壶、木盘、占卜箱、刀剑鞘等也都不同程度装饰蛇纹和人像（图一三～一五）。

图一三　台湾排湾族器具装饰上的蛇纹
（引自台北十三行博物馆2008年"排湾族特展"）

　　高山族的文身图案也由蛇纹演变而来。《隋书·流求传》："男子拔去髭鬓，身上有毛之处皆亦除去。妇人以墨黥手，为虫蛇之文。"《诸罗县志》云：平埔族"文其身，遍刺蝌蚪文及虫鱼之状。"根据现代民族志调查，台湾原住民最典型的文身形态保存于中部山地的泰雅族和赛夏族人群中，纹饰的形态与蛇、人有密切的关系，以百步蛇身上的三角形斑纹演变成的各种花纹如曲折线纹、半圆形文、叉纹、网纹、菱形纹等为主。[①]

---

　　① 何廷瑞：《台湾土著诸族文身习俗研究》，台湾大学《考古人类学刊》第15、16期合刊。

图一四　台湾排湾、鲁凯族的蛇图腾家屋壁板

（左，台北十三行博物馆 2008 年"排湾族特展"葛浩博藏品；右，2008 年拍摄于台湾屏东县雾台乡鲁凯族大头目雄鹰之家 Abelanga 家族家屋大门）

（七）东南汉民社会的"蛇神"、"蛇王"

在东南百越文化分布区内的晚近"汉民"社会中，保存着十分丰富的蛇图腾"文化残余"，除了前述岭南汉民信奉与壮族相同的"龙母"图腾外，江、浙、闽的汉民社会还有许多"蛇神"、"蛇王"崇拜。

图一五　排湾族蛇纹古陶壶

（2008 年摄于台湾人类学系）

在江南苏、浙地带"蛇王庙"及蛇神偶像崇拜随处可见，如南京太仓、苏州娄门内的蛇王庙，宜兴城隍庙、南京太仓土地庙中的蛇神偶像崇拜，这些蛇神塑像或为蟠蛇形态，或为人首蛇身，或为蛇郎君手中握蛇，或蛇娘子佩蛇形发簪。各地把遇到蛇看成是吉利的好事，是祖宗回家或财神将到，于是旧时太仓、常州、宜兴一代还常见"召蛇"或"请蛮家"的巫

术，即在遇到天灾人祸和巨大灾难时，举行仪式，请求蛇神"蛮家"保护，祭祀时使用人首蛇身像和蛇形、蛇蛋形的食物。这些民间崇蛇习俗，基本上都是原汁原味的土著蛇图腾文化。[①]

汉唐以来，闽中的蛇崇拜未有中断，蛇神庙、蛇王庙是常见的民间宫庙。[②] 福州城内的闽越王庙，有蛇神偶像崇拜，据称"王有二将，居左右，尝化青红二蛇，见香几间以示灵显，闽人有祷即应"[③]。清代福州南台、闽侯洋里仙洋村也有较大规模的蛇王庙，供奉雕塑蛇像。闽中还崇尚蛇形装饰，清人施鸿保《闽杂记》说："（福州农妇）多带银簪，长五寸许，作蛇昂首之状，插于髻，俗名蛇簪。……簪作蛇形，乃不忘其始之义。"彭光斗的《闽琐记》记载福建妇女好将头发盘成黑蛇蟠卷状："髻号盘蛇……乃见闽妇女绾发，左右盘绕，宛然首戴青蛇，鳞甲飞动，令人惊怖。"崇尚蛇形装饰是蛇神信仰的族群心理反映。

南平樟湖板镇的"蛇王庙"保存了闽中地区最完整的蛇图腾习俗，传说该庙供奉的"蛇王"为姓连的蟒蛇精，称"连公"、"连公爷"，庙为"连公庙"，庙内斗拱出檐处饰蛇首状昂头，庙内供奉"连公蛇神"偶像，陈列道光十年铸造铁花瓶、铁烛台以及光绪年间蓄蛇瓷瓮，农历正月十七至十九的"游蛇灯"和七月初七的活蛇赛神是主要的崇蛇活动。蛇灯由以色纸糊扎的巨型蛇头、蛇尾及中间衔接长达几里的灯板组成，每块灯板长约 2 米，上置灯笼三盏，内燃红烛，几百人组成的游行队伍人手一板，衔接成长队，代表了蛇的身躯，入夜时分绕镇游行直至夜半。赛神活动初见载于明代谢肇淛《长溪琐语》，"（福州）水口以上，有地名朱船坂（即樟湖坂），有蛇王庙，庙内有蛇数百，夏秋之间赛神一次。蛇之大者或缠人腰缠人头，出赛。"每年六月间，当地民众就外出捕捉活蛇，将之交给庙中的庙祝"蛇爸"，"蛇爸"将活蛇置于蓄蛇瓷瓮中，至七月七日再分发给参加赛蛇神游行活动的男子，人手一蛇，人们或将蛇缠于头上，或盘于腰上，活动后将活蛇放生于闽江水中，之后在蛇王庙前搭台唱戏以酬神（图一六）。[④]

综上所述，以蛇图腾为核心内涵的蛇神崇拜在华南社会文化中源远流长，上溯考古发现的史前与上古土著文化中的一系列崇蛇形象，下迄华南壮侗语族、苗瑶语族、台湾高山族及华南"汉民"社会的"蛇祖"、"蛇母"、"蛇娘"、"蛇仙"、"蛇王""蛇祖"等诸多蛇图腾崇拜。这些原汁原味的蛇神体现了"南蛮蛇种"土著族群文化立场上的

---

① 缪亚奇：《江南汉族崇蛇习俗考察》，《民间文学论坛》1987 年 5 期。姜彬主编：《吴越民间信仰民俗》，第 37～44 页，上海文艺出版社 1992 年。

② 林蔚文：《福建民间动物神灵信仰》，方志出版社 2003 年。

③ ［明］谢肇：《竭镇闽王庙》诗前引，转引自林蔚文：《闽越地区崇蛇习俗略论》，《百越研究》第二辑，安徽大学出版社 2010 年。

④ 林蔚文：《福建南平樟湖板崇蛇民俗考察》，《东南文化》1991 年 5 期。

"正面"形象，具有济世保民的神圣力量与伦理责任，成为数千年来华南社会持续崇拜的神祇，从土著时代传承、积淀、延续到汉人时代，凸显其在华南社会文化体系中的底层特征及其顽强生命力。

三 周汉以来的"反面"蛇妖及"镇蛇之神"

所谓"反面"，实际上是站在中原华夏、汉人社会立场上的蛇文化形象。自周汉以来的华南考古与民族志资料中，逐步出现了许多有关"蛇妖"、"恶龙"、"斩蛇"、"操蛇"、"镇蛇"、"噬蛇"的神话传说与图像记录，生动地反映了华夏、汉文化南播与文化接触过程中，华南土著蛇神的跨文化遭遇。

图一六 福建南平樟湖板"蛇王庙"与游蛇节
（照片由福建省文物局常浩提供）

（一）周汉时代青铜文化中的"擒蛇"、"镇蛇"、"噬蛇"形象

相较于自史前时代迄今源远流长的土著蛇图腾形象与传说，"反面"形象的蛇妖及镇蛇之神的出现要晚一个历史时期，比较明确的资料出现于东周时代。《山海经》中就有不少山海神怪操蛇、衔蛇、践蛇等描述，如"（洞庭）多怪神，状如人而载蛇，左右手操蛇"（《中山经》），"又有神衔蛇、操蛇，其状虎首人身"（《大荒北经》），"南海渚中有神，人面，珥两青蛇，践两赤蛇，曰不廷胡余"（《大荒南经》）等。有学者认为，这类"操蛇神怪"流行于战国到汉代的长江中游，与楚人的崇鸟、厌蛇习俗有关。[1]

前述江苏淮阴高庄发现的不少刻划蟠蛇纹、爬行四脚蛇纹的吴地贵族墓葬青铜器中，就共存不少神人"戏蛇"、"擒蛇"、"斩蛇"、"践蛇"的生动形象。常见的是神人双手擒蛇（图一七，1、2）或执戈擒蛇、斩蛇（图一七，4、5），还有神人双手擒蛇、头顶一蛇、两耳伴蛇（图一七，3），或神人头顶两鸟、两手抓住兽尾、两耳伴蛇、两脚踩踏两蛇（图一七，7），或神人头顶立柱、双手擒蛇、两耳及立柱各伴两蛇（图一

---

[1] 吴荣曾：《战国、汉代的"操蛇神怪"及有关神话迷信的变异》，《文物》1989 年 10 期。

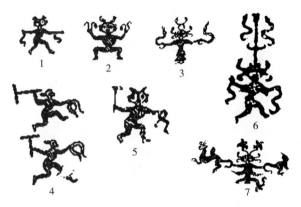

图一七　淮阴高庄东周墓铜器花纹中的
"擒蛇"、"斩蛇"、"践蛇"图像

1. M1：0154 刻纹铜器　2. M1：0138 铜匜内壁　3. M1：0138 铜匜
内壁　4. M1：0153 刻纹铜器内壁　5. M1：0138 铜匜内壁　6.
M1：0147 铜盘内壁　7. M1：0154 刻纹铜器

阳楚墓的镇墓兽，圆目兽首、张口吐舌，两前爪
抓住蛇身的首尾，大口咬噬蛇身中段（图一
八）。③

　　滇墓中浮雕人兽主题的铜扣饰上，也有不少
"践蛇"、"噬蛇"形象，如石寨山 M71：90①鎏金
铜扣饰，牛与驯牛人均践踏在长蛇身上；羊甫头
M104：38 铜腰扣，四虎与牛均践踏在长蛇身上，
一老虎还咬住蛇身前段；李家山 M13：7 铜扣饰，
羊与牧羊人均践踏长蛇；李家山 M57：24 铜扣饰
上，熊践踏着多条蟠卷的长蛇，并做吞噬状（图
一九）。

　　周、汉时代华南青铜文化中出现的这些"操
蛇"、"镇蛇"、"噬蛇"形象，不应该是简单的

七，6）等。①

　　战国楚墓的镇墓兽有明确操
蛇、噬蛇形象，学界已有较多关
注。据说湖南湘乡牛形山战国楚墓
就有噬蛇镇墓兽，"蛇似乎已被镇
住不能动弹，蛇已作为一种被制服
的对象，楚人常常通过这种巫术来
表达自己的愿望与爱恶。"② 河南信

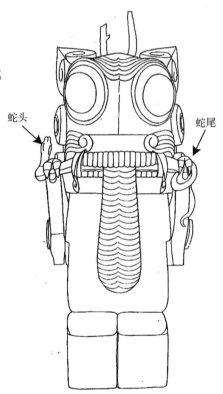

图一八　楚墓中的"噬蛇"镇墓兽
（河南信阳楚墓 M1－694）

①　淮阴市博物馆：《淮阴高庄战国墓》，《考古学报》1988 年 2 期。

②　湖南省博物馆等：《长沙楚墓》上册，第 541 页，文物出版社 2000 年。前引吴荣曾《战国、汉代的"操蛇
　　神怪"及有关神话迷信的变异》文也提及，"（镇墓兽）湖南湘乡出土的也有作噬蛇状的"。但上述书、文
　　所列湘乡楚墓的镇墓兽在所提及的原报告湖南省博物馆《湖南湘乡牛形山一、二号大型战国木椁墓》
　　（《文物资料丛刊》第三辑，文物出版社 1980 年）的图文中，均没有相关表述。

③　河南省文物考古研究所：《信阳楚墓》第 60、61 页，文物出版社 1986 年。

民俗现象，而是一起民族文化史事件，与这一时期周楚、楚汉在华南的文化扩张与强势统一有关。当然，淮阴高庄的东周墓葬族属到底是吴越人，还是楚人，学者间有不同的认识，但这批墓葬共存崇蛇与厌蛇两种现象，无疑代表了越、楚两族截然不同的族群文化立场，其背后蕴含了楚、越文化接触过程中的文化传承与冲突。据《史记·越王句践世家》："楚威王兴兵而伐之，大败越，杀王无彊，尽取故吴地，至浙江，北破齐于徐州。而越以此散，诸族子争立，或为王，或为君，滨于江南海上，服朝于楚。"楚统一江南是周、汉文化南播的前奏，吴地发生的土、客文化的传承与冲突，其内涵的文化史讯息既是复杂的，又是深刻的和有学术价值的。同样地，不管是淮阴高庄东周墓中的"擒蛇"、"践蛇"，还是楚墓中的"噬蛇"镇墓兽与滇墓中的"践蛇"形象，都可以看到跨文化接触过程中，周楚进"南蛮"退、汉进越退的历史踪迹。

图一九　滇文化中的人、兽、蛇母题铜扣饰

1. 石寨山 M71：90①驯牛鎏金铜扣饰　2. 昆明羊甫头 M104：38 四虎噬牛铜腰扣　3. 李家山 M13：7 牧羊铜扣饰

4. 江山李家山 M57：24 熊铜扣饰

（二）汉唐以来华南文化中的"斩蛇"、"镇蛇"民俗

汉唐以来迄于当代，华南民族志中的"斩蛇"、"驱蛇"传说与"镇蛇"民俗从未间断，表明汉越文化接触过程中文化冲突、融合的延续，也佐证了前述周汉时代青铜文

化中的"操蛇"、"镇蛇"、"噬蛇"等形象不是简单的民俗现象，而是华夏、汉族征服百越、"南蛮"之持久文化史事件的开端。

黔东南台江施洞镇苗族龙船节的起源神话蕴含了鲜明的"恶龙祭祀"内容。[①] 传说远古的一天，清水江边的苗民父子保与九保突遇狂风巨浪，江中恶龙把九保拖进龙洞杀死，保就放火烧了龙洞、烧死恶龙，恶龙灵魂作祟并危害清水江边百姓生活。恶龙托梦给苗民，希望他们能用杉木仿照它的身躯造龙船，每年在清水江边划几天，就能保佑苗民，于是各寨纷纷伐木造舟，每年农历五月二十五日划龙船竞赛，果然获得风调雨顺。"恶龙祭祀"体现了华夏、汉文化立场，或非"南蛮"土著文化立场上的"驱蛇"观念，与前述湘沅地带苗族传统的"蛇娘"崇拜反向对立。"恶龙"与"蛇娘"的共存，显示了苗文化的多样性与文化变迁的复杂性。

闽中地区是多种"蛇神"民俗文化共存的典型区域，除了前述各类土著文化立场上正面的"蛇神"、"蛇王"崇拜外，还有一系列"反面"形象的"蛇妖"传说。"李寄斩蛇"传说的主角是一条祸害民间、吞食汉唐朝廷命官的大蟒蛇，故事出自晋干宝《搜神记》卷十九，"东越闽中，有庸岭，高数十里，其西北隰中，有大蛇，长七八丈，大十余围，土俗常惧。东冶都尉及属城长吏，多有死者。祭以牛羊，故不得祸。或与人梦，或下谕巫祝，欲得啖童女年十二三者。都尉令长，并共患之，然气厉不息。共请求人家生婢子，兼有罪家女养之。至八月朝祭，送蛇穴口。蛇出，吞啮之。累年如此，已用九女。尔时，预复募索，未得其女。将乐县李诞家，有六女，无男。其小女名寄，应募欲行……至八月朝，便诣庙中坐。怀剑，将犬。先将数石米糍，用蜜麨灌之，以置穴口。蛇便出，头大如囷，目如二尺镜。闻糍香气，先啖食之。寄便放犬，犬就啮咋，寄从后斫得数创。疮痛急，蛇因踊出，至庭而死。"[②] 危害民间的大蟒蛇终究被民女李寄剑杀。

类似的民间故事还有"买女祭蛇"，也与驱逐吃人的大蟒蛇有关。宋洪迈《夷坚志》支戊卷三载，宋绍兴二十九年，建州政和人借口纳妾从莆田买到一女孩，买回后为其沐浴、抹香、穿着新衣，关在房里不敢碰触，其实此人养了一条大蟒蛇，每天都要焚香跪拜，有一天他终于要将女孩祭蛇，他将蛇笼移到女孩的房间，黄昏时刻陈设祭品、祈祷蛇神，然后离开，大蟒蛇出来后，惧怕而不敢吃，然后就消失了。

此外，嘉靖《建阳县志》记载，妙高峰下的横山王庙为妖蛇所据，祭祀时必用童男童女，否则将引发瘟疫，老百姓以火烧王庙驱逐蛇妖。

---

①　吴春明：《黔东南台江施洞苗族子母船及其在太平洋文化史上的意义》，《贵州民族研究》2008 年 5 期。

②　［晋］干宝撰，汪绍楹校注：《搜神记》，中华书局 1979 年，第 231 页。

　　闽西长汀、连城等地的许多"蛇王庙"祭祀的并非真正的"蛇神"、"蛇王"，而是"镇蛇之神"。据清光绪《长汀县志》卷二十六、二十七载，长汀府城西门外罗汉岭有蛇王宫一座，庙中供有蛇王菩萨像，蛇王形似一僧人，手中执有一蛇。厦门大学人类学博物馆内藏一件长汀蛇王像，青蛇则是被镇压于足下。笔者在闽西连城调查的一座蛇王像，两条黑蛇被镇蛇之神踩踏于脚下（图二〇）。

图二〇　闽西的"镇蛇之神"
（左，拍摄于闽西连城；右，厦门大学人类博物馆藏，闽西长汀出）

　　综上所述，周汉以来的华南考古与民族志资料中出现了一系列与"南蛮蛇种"土著文化伦理相悖的"操蛇"、"擒蛇"、"镇蛇"、"逐蛇"、"噬蛇"、"斩蛇"形象与民俗故事，体现了华夏、汉文化立场上"蛇神"转变成"蛇妖"的文化史过程。这一过程是持续不断的，现有资料缘起于周楚、楚汉南渐的周汉时代，延续到晚近历史时期。这一过程又是复杂的，甚至在特定时空文化中"崇蛇"与"镇蛇"共出，"蛇神"与"蛇妖"共出，这与华南史前、上古以来考古学文化形态中多元文化因素共存的性质是一致的，也体现了宗教信仰在族群文化精神与大众民俗景象之间不完全整合的复杂关系。但无论如何，周汉时代以来出现的一系列华夏、汉文化立场的"反面"蛇神与"镇蛇之神"，折射出的是汉、越族群在长期的跨文化接触过程中土、客文化强烈对立、冲突的主题，以及周楚进"南蛮"退、汉进越退的历史主题。

四　华夏、汉文化强势氛围下"蛇妖""改造"成"蛇神"

所谓"改造"蛇神，是"反面""蛇妖"的进一步发展与变化，同样是站在华夏、汉文化立场上的蛇文化现象，是在南北方文化漫长的接触过程中，在华夏、汉文化强势氛围下，曾经"祸害民间"的"蛇妖"、"蛇精"被"改造"成"蛇面人心"的善神，重归"蛇神"的"改造"过程。

唐宋以来，华南地区出现了这类"改造蛇妖"的蛇神崇拜和民间传说故事，比如闽中地区的"九使蛇神"、"侍者公"传说，还有流传江南的"白蛇传"故事，都体现了土著文化汉化、"南蛮蛇种"被"文化改造"的深刻的文化史过程。

"九使蛇神"的传说流行于闽东沿海一带，始载于明代徐𤊹《榕荫新检》该书载，唐僖宗年间，福州福清黄蘗山中的一只大蟒蛇，把村民孙乾的妹妹抢到山洞中，并生育了十一个蛇仔，其中第九仔成神，乡人立庙祭祀，即所谓"九使"或"九婿"蛇神。清道光《黄蘗山志》引《晋安逸志》的记载更详，说唐僖宗时福清黄蘗山大帽峰西北有一巨蟒作怪，乡人刘孙礼妹妹刘三娘被巨蟒掠入洞内为妻，并先后生育了十一个蛇仔。刘孙礼十分愤怒，就外出学法归来，接连杀了巨蟒及八蛇仔，当要砍到第九仔时，

图二一　福建连江品石岩"九使蛇神庙"
（照片由连江县博物馆骆明勇提供）

刘三娘于心不忍，急忙跪下求饶，后来三个幸存的蛇仔都被教化、皈依为蛇神，民间称之为"九使"、"十使"、"十一使（婿）"，乡民立庙奉祀，春秋献祭。邻近的连江县城关玉山品石岩"蛇王庙"也祭祀"九使蛇神"，庙中供奉有"蟒天洞主"、刘夫人、"九使"、"十使"、"十一使"三蛇仔神像（图二一）。[1] 闽江下游的"九使

---

①　林蔚文：《闽越地区崇蛇习俗略论》，《百越研究》第二辑，安徽大学出版社 2010 年。

蛇神"传说，生动地再现了劫掠百姓、作怪民间的"坏"蟒蛇被教化、皈依为人民喜爱、春秋祭祀的"蛇神"的过程，这一过程所折射出的汉文化（非南蛮蛇种）立场十分鲜明！

"侍者公"的传说流行于闽南地区，大约一千多年前，漳州平和地方有一妖蛇长期危害民众，唐会昌五年僧人杨义以法力制服妖蛇，蛇妖改邪归正，成为杨义的随从侍者并为民众做了许多好事，修炼成神，于是闽南各地民众塑像立庙祭拜"侍者公"神，这就是今闽南漳州地区众多"侍者公庙"的由来。"侍者公"从"蛇妖"被制服、并修炼成"蛇神"的过程，同样是一出十分精彩的"南蛮蛇种"汉化史。

江南地区流传久远的"白蛇传"故事，也透露出类似的文化史讯息。"白蛇传"是中国古代四大民间传说之一，对该神话来源和形成也有多种不同的解释，明代冯梦龙《白娘子永镇雷峰塔》将故事定型。白蛇传故事应有华南区域深厚的蛇神话的基础，反映了汉民人文视野下"南蛮蛇种"被诬为"蛇妖"的文化历史，故事中的"白蛇"时以白衣女子现身、时又蛇形毕露，被设计成专门掠杀男人的"蛇妖"。在明清小说中的白蛇故事中，"蛇妖"白娘子与许仙的爱情遭遇"法海和尚"的阻扰，白娘子被永镇雷峰塔十八年，最终被"改造"成"蛇面人心"好女子。这一民间故事再次折射出汉民人文面临"非我族类"的"南蛮蛇种"时强势的民族文化心态，华夏视野中的"南蛮蛇种"是坏的"妖孽"，需要被"改造"成符合华夏伦理的"好人"。从文化史、民族史的角度观察，唐宋、明清历代的汉家文本下"蛇妖"白娘子故事的跌宕情节，反映了华南越、汉文化更迭过程中，"南蛮蛇种"遭遇"文明"并被征服的命运。

可见，华南社会文化中的"九使蛇神"、"侍者公"、"白蛇传"等传说故事都具有相似的文化景象，都在诉说"祸害民间"的"蛇妖"被制服、皈依为人民喜爱的"蛇神"的过程，"坏"的蛇被"改造"为"善"的蛇。这种蛇神信仰，与前述"南蛮蛇种"源远流长的蛇神境遇截然不同，也有别于汉文化背景下"斩蛇"、"驱蛇"、"镇蛇"传说中的"蛇妖"的下场。"蛇妖改造"反映的是汉、越跨文化接触过程中和平融合与同化的主题。不过，"斩蛇"、"驱蛇"、"镇蛇"或"蛇妖改造"，都表现出华夏、汉文化的立场及其强势氛围。

五 从蛇神演变看"南蛮汉化"的历史轨迹

在传统史学的一般论述中，汉晋以来"中原板荡"、"衣冠南渡"的大移民是以汉族为主体的华南社会文化形成的根本原因。但是，这一历史文化过程是复杂、曲折的，华南文化的形成不能理解为中原南下的华夏、汉人与土著的"南蛮"、百越之间简单的族群更迭。"南蛮蛇种"的文化境遇就是这一复杂文化史过程的生动个案，在大致始于周汉以来的南、北方之间较大规模的文化接触、族群迁徙的漫长进程中，土著"蛇神"文化的内在延续及其在土、客冲突、融合背景下的适应、变迁（或变异）同时发生，最终形成了华南蛇神的多样形态及其发展的阶段性特征，深刻地体现了"南蛮蛇种"传承与汉化的历史轨迹（表一）。

华南蛇崇拜的不同形态是显而易见的，其中"正面形象"的蛇神、蛇王崇拜源远流

表一　　　　　　　　　　　华南民族考古中"蛇神"资料的类型学初步框架

蛇神类型	史前时代	上古时期	周末秦汉	晋唐、宋明以来
正面蛇神	蛇纹陶： 上海福泉山 金山亭林 吴县草鞋山 余杭良渚 海盐龙潭港 洪江高庙 澧县汤家岗 天柱坡脚 深圳咸头岭	蛇纹、蛇形（仿）铜器： 无锡鸿山越墓 繁昌汤家山商周铜器 芜湖商周铜器 青阳汪村商周铜器 衡阳赤石春秋墓 岳阳蒐口春秋墓 湘潭金棋春秋铜器 衡山霞流春秋铜器 恭城秧家春秋墓	蛇纹、蛇形铜器： 淮安高庄战国墓 镇江王家山战国墓 六合程桥战国墓 贵溪仙岩崖墓 武夷山闽越王城 晋宁石寨山墓地 江川李家山墓地 昆明羊甫头墓地	蛇神信仰与传说： 南京太仓蛇王庙 苏州娄门内蛇王庙 宜兴城隍庙蛇神偶像 福州南台蛇王庙 闽侯洋里蛇王庙 南平樟湖板蛇王庙 福鼎畲族蛇仙 台湾鲁凯、排湾族蛇图腾 武鸣大明山壮族龙母 德庆悦城龙母 三江、龙胜侗族蛇祖 海南黎族蛇母 湘沅苗族蛇娘
镇蛇之神与反面蛇神	未见		蛇妖、镇蛇形象： 淮阴高庄擒蛇、斩蛇 湘乡楚墓噬蛇 信仰楚墓噬蛇 滇墓中践蛇、噬蛇	蛇妖、镇蛇神崇拜与传说： 台江施洞苗族恶龙祭祀 闽中李寄斩蛇 建阳买女祭蛇、烧庙驱蛇 连城、长汀镇蛇之神
改造蛇神	未见			改造蛇神崇拜与传说： 闽江下游"九使蛇神" 闽南"侍者公" 江南"白蛇传"
族群文化史	"南蛮"及百越先民文化阶段，土著蛇图腾文化的奠基与发展		土、客族群文化接触阶段，土著蛇神文化传承的同时，成为华夏与汉文化视野中的"反面蛇妖"，遭遇文化上的"镇压"	汉族为主、"南蛮"后裔为辅的社会体系形成阶段，土著蛇神内在传承的同时，遭遇外在的文化上被"镇压"与被"改造"的两种命运，华南蛇神进一步多样化

长，可以上溯到史前时代崇尚蛇形象的新石器时代蛇纹陶，历经上古时代，表现为大量崇尚蛇形象的青铜文化，迄于中古以来华南壮侗语族、苗瑶语族、台湾高山族及华南汉人中大量蛇祖、蛇母、蛇娘图腾及蛇王、蛇神、蛇仙崇拜。这些基于土著"南蛮蛇种"文化立场上"正面形象"蛇神是华南蛇神崇拜的原初形态。从现有资料看，"正面形象"蛇神的文化主体既有史前、上古"南蛮"及百越土著先民，还有壮、侗、傣、黎、苗、畲、排湾、鲁凯等"南蛮"及百越各后裔少数民族，甚至岭南汉人及闽中、江南汉人社会的一些支系，他们基本上保留了"南蛮蛇种"图腾文化的原初形态。据说，电影《白蛇传》要在福建闽侯县上街乡后山村放映时，受到了迄今仍崇拜蛇神的村民的强烈反对而被迫取消，这一事例十分生动地反映了蛇图腾文化在华南"汉民"社会的深厚根基。① 华南汉人崇尚"蛇神"，不但凸显了华南土著文化的传承与基层特征，更透露出华南汉民社会文化发展的复杂性，不管华南汉民是越人的汉化还是越化的汉人，抑或就是"民族识别"中"弄错"了的非汉民族，他们身上浓重的崇蛇文化，表明他们并不是中原汉民简单的"衣冠南渡"，体现了华南文化史上华夏与"南蛮"之间、汉越之间"你中有我、我中有你"的文化混杂局面。

"反面形象"的蛇妖以及各类"镇蛇之神"的出现明显要晚一阶段，始现于中原华夏、汉文化与"南蛮"、"百越"跨文化接触以来的周末秦汉时期，从淮阴高庄战国墓的"擒蛇"、"斩蛇"、"操蛇"形象，湘乡与信阳等地楚墓的"噬蛇"形象，滇墓中的一系列"践蛇"、"噬蛇"形象，延续到中古迄今华南各民族的"恶龙"、"斩蛇"、"驱蛇"、"镇蛇"神录及其崇拜。这些被妖魔化、邪恶化的"反面形象"蛇神显然是基于非"南蛮蛇种"的华夏、汉文化的立场和价值观，一系列的"镇蛇之神"无疑就是汉文化的"卫道士"。"反面蛇神"、"镇蛇之神"的出现，反映出土、客文化强烈的对立与冲突。

"改造蛇神"主要见于中古以来的东南汉民社会的民间传说与蛇神崇拜，不管是闽中的"九使蛇神"、"侍者公"崇拜，还是江南的"白蛇传"故事，均可上溯到唐宋时期。"改造蛇神"的前提是"反面蛇妖"的存在，同样是基于汉文化的立场。从逻辑上说，"改造蛇神"崇拜的出现，是"南蛮蛇种"与非蛇种的土、客文化强烈冲突对立过程中发展起来的文化融合新模式。"改造蛇神"既是站在华夏、汉文化立场上对土著文化的"改造"，同时也是跨文化接触、整合方式的"改造"。诚然，"改造蛇神"与"镇蛇之神"一样，都凸显土、客文化整合过程中华夏与汉文化的强势地位，同样存在土著"南蛮蛇种"遭遇"文化改造"痛苦过程，但"改造蛇神"并重新为土、客民族所接纳，毕竟要比"镇蛇之神""擒蛇"、"斩蛇"、"驱蛇"、"噬蛇"等文化杀戮更符

---

①　林蔚文：《闽越地区崇蛇习俗略论》，《百越研究》第二辑，安徽大学出版社 2010 年。

合人类文化发展的常伦。

　　长江下游以南所在的华南地区，是我国史前文化"重瓣花朵"结构的外瓣，是上古"华夏中国—四方万国"民族文化框架的外围，是中华民族多元一体格局的边缘环节。[①] 在总体上以中原华夏、汉为中心的中华文化史上，华南文化从南蛮到华夏、从百越到汉民的土、客文化分层性、多样性特征十分明显。一方面，周汉以来在华夏、汉文化南下及其强势主导下的文化整合、融合，最终形成了以华南汉人为主导的社会文化体系。另一方面，"居楚而楚，居越而越，居夏而夏"（《荀子·儒效》），客来的华夏、汉文化也处于不断的土著化、"越化"过程中。源于"南蛮蛇种"图腾文化的华南蛇神多样性、多族群性及其发展的阶段性特点，比较客观地反映了华南文化发展的这一复杂过程。

---

① 严文明：《中国史前文化的统一性与多样性》，《文物》1987 年 3 期。费孝通：《中华民族的多元一体格局》，《北京大学学报（哲学社会科学版）》1989 年 4 期。

编后记

本书是拙著《中国东南土著民族历史与文化的考古学观察》的续集，当年曾想把这个领域的新出文章另编一册为"再观察"。十年过去了，当我把这些文字收罗在一起的时候，发现"再观察"已不能涵盖，现在这本《从百越土著到南岛海洋文化》在许多方面都超过了旧作的范畴。

从空间上说，考古与历史人文研究上的"中国东南"，是我校几代前辈经营的传统学术事业。我老师的老师林惠祥教授，我的老师陈国强、蒋炳钊、吴绵吉等先生，无不以东南区考古、东南民族学与民族史的研究著称，"东南区考古"、"东南民族史"一直是我校考古学、人类学经典研究方向。正是由于研究生期间受训于东南区考古，才有我十年前那本"观察"。然而，得益于各种学术机会，近十年来我的调查研究逐步走出了中国东南，从越南、泰国、老挝等的考古考察与民族志调查，到波利尼西亚夏威夷瓦胡岛的学习研究，以及台湾原住民族群文化的观察，映入眼帘的"南岛"印象与脑海中"百越"知识形成鲜明的对比，使我感知到两者的密切关系。"东南"、"百越"仅仅是中原华夏视野所及的"非我族类"，不及其外围之"南岛语族"，而"南岛语族"作为近代西语民族学视野所及之亚太海洋土著，范围不及中国大陆东南之百越系统。其实，"百越"与"南岛"的差异相当程度上是中外学者认知的隔阂，而非客观文化上的两类。因此，本书力图在从百越到南岛的广阔空间内思考，不管是借助林惠祥"亚洲东南海洋地带"概念下的南岛语族起源诸篇，还是红河流域的史前文化与早期方国，华南与太平洋间的"岛夷卉服"、"裸国"社会、"子母船"与边架艇，以及华夏视野扩展下从百越到南岛的认知，都力图在一个宽广的、跨界的空间内思考问题。

从对象上说，不管是中国东南区还是东南亚、太平洋的民族考古，学者间的中心话题多是早期民族文化，所以旧著的"观察"也集中于"土著民族"。传统研究把华南民族史区分为以百越为核心的土著时代和以客汉为主的移民时代，前者着眼于史前考古与先秦汉初的文化，后者专论汉唐以来的历史。其实，这种区分是有缺陷的。我越来越觉得，汉武帝剪灭东南两越以及之后的中原板荡、士族南迁，确实引发了华南民族文化的变革，但汉晋间的华南民族史并非简单的文化"更迭"，其进程是十分复杂的，土著越人的不完全汉化、客汉的土著化，使得华南"汉人"更多的是一个认知符号，而非真实的文化统一。书中的若干篇目不但阐述了自史前时代起发生与持续推进的华南土著文化的北方化、华夏化、汉化进程，更通过民族志的文化因素分析法，钩沉现代华南汉人社会形成过程中的百越文化基础、探索华南现代文化的历史分层。从土著文化史的立场观察华南汉人社会特殊性的成因。

突出海洋文化也与旧著明显的不同。传统的"东南区考古"也常被切割成前、后两段，所谓"前段"侧重先秦两汉时期的印纹陶系统和土著民族，所谓"后段"侧重汉唐宋元时期的外销瓷和海交史迹考古。"前段"出生的我，因 1989 年以来参加水下考古工作，更因师从杨国桢教授学习"海洋社会经济史"，便"误入歧途"进入"后段"，开始关注历史学界热论的唐宋元明以来"形成"的"海上丝绸之路"、"航海交通史"、"海外贸易史"、"古外销陶瓷史"等课题。之后恍然大悟，东南历史中"前段"与"后段"中的海洋文化史被过分切割了，虽然早在 20 世纪 30 年代以来，林惠祥、凌纯声等"亚洲东南海洋地带"、"亚洲地中海文化圈"等理论，概括了东南土著的海洋文化特征，但此后考古、历史学者对东南早期古文化的海洋文化内涵挖掘、认识得不多，"后段"学者在海洋文明史的研究中更主要着眼于唐宋以来华南汉人四洋通番的航海文化成就，忽视了东南海洋文化源远流长的历史传统。因此，本书的许多篇章不但站在跨界的立场，还重视"全史"的角度，从理论上思考百越—南岛土著在亚太海洋文化史上的奠基性贡献，梳理以东南沿海为中心的"环中国海"海洋文化的土著生成与汉人传承的客观历史事实。

最后，我要感谢老师蒋炳钊、吴绵吉、杨国桢教授及中国社会科学院考古研究所黄展岳教授的多年教导。还要特别感谢北京大学考古文博学院严文明、李伯谦教授，他们一直关心、帮助我的学习工作，严先生通篇审阅拙稿，并提出多处关键的修改意见，并为本书撰写长篇序言，李先生更容忍拙稿之冗赘，惠允列入"北京大学震旦古代文明研究中心学术丛书"出版计划，至为感铭。谨以为记！

吴春明于厦门大学西村宿舍

2011 年 3 月 5 日凌晨